토지상품론

자연에서 상품으로

Land Commodity Theory

-From Nature To Commodities-

황경식

박영사

들어가며

'토지'라는 단어는 우리 국민에게 사전적 의미 및 물리적 특성에 더하여 특별한 감성적 의미를 담고 있다. 우리나라는 고대국가부터 근대에 이르기까지 농경사회였다. 따라서 토지는 단순히 건축을 위한 공간적 가치를 넘어 식량의 생산수단이었으며 생존의 수단이었다. 또한 토지의 소유와 이용은 빈부의 격차의 원인이기도 하며, 국가와 권력이 형성되고 이를 유지하고 발전시키기 위한 수단으로서 경제적 가치를 내포하는 대상이었다.

토지는 이처럼 물리적 특성을 넘어 생존을 위한 수단과 권력을 형성하는 수단으로서 경제적 가치가 있는 대상이다. 그런데 현대에 이르러 토지의 이용과 가치는 산업화 이전에 비해 급격한 변화를 맞이하였다. 서구의 산업화와 더불어 토지의 이용은 농업생산지에서 산업생산지와 상업거래의 중심지로 변화하였다. 우리나라 역시 산업화 과정에서 농경지가 감소하고 산업 · 업무시설과 도시를 위한 토지의 면적이 급격히 증가하였다. 이른바 '도시화'로 인하여 토지의 의미와 가치는 한층 더 복잡하고 다양하게 변화하였다.

현대에 이르러 토지는 자연 상태 토지, 농업생산지 그리고 도시의 주거지, 상업지, 공업지, 녹지 등으로 분화되어 다양한 경제적 가치를 가지게 되었다. 이러한 분류는 다시 국가별, 지역별 인문 · 사회적 특성과 자연환경에 따라 세분되어 복잡한 분류체계로 분화되었다.

인간사회에서 거래되는 대상을 우리는 재화와 용역(Goods and Service)이라고 구분하며 이를 통틀어서 상품(Commodity)이라고 부르기도 한다. 또한 상품으로써 가지는 경제적 특성을 상품성이라고 한다. 토지의 경제적 재화로서의 상품성은 복잡하게 분화하였으나 상품을 분류하고 그 가치를 설명하는 학문적, 실무적 체계를 갖춘 이론서는 현재까지 찾아보기 힘들다.

토지에 다양한 경제적 가치를 부여하는 요인은 토지의 물리적 특성, 토지이용의 대가인 지대, 토지의 입지, 국가별 · 지역별로 서로 다른 인문 · 사회적 특성과 자연환경 그리고 법률이 규율하는 토지이용계획에 따라 정해진다. 이러한 요인들을 설명하기 위해서는 다양한 학문 분야에 대한 깊은 이해가 필요하다. 왜냐하면 토지와 같은 부동산은 어느 특정한 학문의 분야로 설명하기에는 인류의 역사와 함께한 시간만큼이나 설명을 위한 학문의 분야가 다양하며, 복합적이고 융합적인 특성을 내포하기 때문이다.

즉, 토지상품의 가치를 설명하기 위해서는 경제학, 도시계획학, 건축학, 법학, 지리학, 경영학, 정책학 등 다양한 학문의 영역에서 이루어진 연구들에 대한 융합적 이해가 필요하다.

부동산학(Real Estate Study)은 이러한 융합적 이해를 바탕으로 토지 등 부동산을 연구하는 학문의 구심점이다. 또한 부동산 자산의 가치가 더욱 중요해짐에 따라 부동산학의 학문적, 실무적 중요성과 역할도 더욱 커지고 있다.

이러한 이유로, 부동산학의 관점에서 여러 학문의 연구 성과를 융합하여 '자연의 일부인 토지'가 어떻게 '경제적 재화로서 상품'이 되었는지 학문적, 실무적으로 체계화하고 정리하는 것은 부동산학의 사명이기도 하다. 이러한 측면에서 토지를 상품으로 체계화하여 분류하고 상품성을 설명하고자 하는 시도는 부동산학의 한 분야로서 연구의 가치가 크다.

토지는 지표상의 생물들이 생존하는 터전이며, 동식물의 생태계에서 생명이 움트는 보금자리이다. 따라서 선사시대 이전부터 인류는 필수적으로 토지를 이용하지 않을 수 없었다. 인류의 사회가 형성되고 고도화되면서 토지를 주거, 경작, 목축, 수렵과 채집 등을 위해 배타적으로 이용하고자 하는 필요, 즉 '수요(demand)'가 생겼다.

그런데, 토지는 지구의 지표 공간으로 한정된 '공급(supply)'으로 한정된다. 따라서 어떠한 원인으로든 토지를 먼저 점유하고 있는 소유자가 토지를 사용 · 수익할 뿐만 아니라 처분할 권리도 갖게 되었다. 이러한 토대에서 토지의 수요자와 소유자 간에 특정한 지표상의 공간을 대상으로 교환, 임대, 매매 등의 거래가 발생하는 '시장(market)'이 형성되었다.

'시장'에서 거래되는 '상품(Commodity)'은 그 자체로 이용되거나, 다른 목적의 수단으로 거래되는 경제적 재화이다. 토지도 경제적 재화로서 상품의 가치가 있다. 토지의 상품성은 '토지의 이용으로 인하여 발생하는 가치' 또는 '기존 토지의 이용을 다른 용도로 전용함으로 인하여 증가하는 가치'이다. 이는 개별적으로 또는 혼합하여 나타난다.

토지를 상품으로 체계화하여 이해하기 위해서는 토지의 가치가 형성되는 원리의 이해가 선행되어야 한다. 토지의 상품성은 자연적인 요인과 인간사회에서 인문 · 사회적으로 형성된 요인으로 구성된다. 따라서 자연발생적 요인과 인문 · 사회적 요인을 여러 학문의 경계를 아우르며 고찰하고, 이에 기반하여 토지상품의 가치 요인을 설명하려 한다. 한편, 인문 · 사회적 요인은 국가나 지역별로 서로 다르게 형성되므로 근대 이후 우리나라의 역사적 기록을 따라 토지상품의 구분 및 상품성, 그리고 가치 영향 요인을 설명하고자 한다.

우리나라에서도 토지를 시장에서 거래되는 상품으로 분류하고 그 특성을 정리하여 사례와 함께 설명한 자료는 찾을 수 없다. 다시 말해, '토지상품'에 대한 이론적, 실무적 연구를 기반으로 정리하고 설명한 자료는 찾기 어렵다.

이 책이 부동산학의 한 분야로서 부동산상품 연구를 발전시켜나가고자 하는 연구자와 부동산상품을 기반으로 하는 사업자 · 실무자를 위한 참고서로 연구와 실무에 참고가 되는 디딤돌이 되기를 바라는 마음으로 독자들에게 소개하고자 한다.

향후 이 책에서 가감(加減)하거나 바로잡아야 하는 내용이 개정판으로 환류될 수 있도록 독자들의 다양한 의견에 마음과 귀를 열고 연구하는 학자의 자세로 독자들을 기다리고자 한다.

차례

01

토지의 경제적 가치

1

토지의 경제적 가치

1.1 자연에서 경제적 재화로

토지는 물리적으로 '지구의 바다를 제외한 육지를 의미'[1]한다. 우리 국어사전[2]에는 '경지나 주거지 따위의 사람의 생활과 활동에 이용되는 땅'이라고 정의되어 있고, 법률적 의미로 '사람에 의한 이용이나 소유의 대상으로서 받아들여지는 경우의 땅, 못이나 늪 · 하천 따위를 포함해서 이르기도 하며, 소유권은 지상과 지하에까지 미친다'[3]라고 되어 있다.

지구의 자연 중 일부인 토지는 자연환경에 따른 인류의 활동으로 인하여 주거와 수렵, 경작 등 생존을 위한 생활과 활동에 이용되었다. 또한 인류의 사회가 발전하면서 소유권 등 사회적 · 법률적 개념이 발전하였고 토지에도 이러한 권리가 부여되었다. 토지에 대한 소유권이 사회적으로 인식됨에 따라 토지는 경제적 가치를 갖는 재화로 수요와 공급이 만나는 시장에서 거래되었다.

그렇다면 자연의 일부인 토지는 어떻게 재화로써 경제적 가치를 갖는가에 대한 물음이 뒤따른다. 토지는 그 자체로 생산수단이기도 하며, 인류사회가 발전함에 따

1 Merriam-webster's Dictionary, 2024, http://merriam-webster.com

2 국립국어원의 표준국어대사전을 의미한다.

3 표준국어대사전, 2024, 국립국어원.

라 더 가치가 높은 활동에 이용되었다. 따라서 이에 대한 답을 얻기 위해서 먼저, 토지의 경제적 가치는 역사적으로 어떻게 변하여 왔는지 살펴볼 필요가 있다. 또한 인류의 역사에서 도시가 생겨남에 따라 토지에 대한 사회적 가치, 경제적 가치가 어떻게 생성되었는지도 함께 살펴보아야 할 것이다.

1.1.1 토지이용의 역사

선사시대부터 인류는 토지를 이용하였다. 인류는 지역의 환경에 따라 목축, 수렵과 채집 또는 비옥한 토지에 농업생산물을 경작하는 활동으로 토지를 이용하여 생존하였다.

또한 인류 문명의 발상지[4]는 모두 큰 강 유역에서 발달하여 관개농업에 유리한 물이 풍부하고 도시국가, 청동기, 문자가 발견되는 특징이 있다. 지구상에 토지 중에 인류가 이용하기에 유리한 지역은 번성하고 발전하였고, 척박한 환경에 놓인 지역은 토지의 이용 가치가 없는 버려진 땅이었다. 즉, 문명의 초기에는 자연적 조건이 토지의 가치를 결정짓는 주된 요인이었다.

문명의 발전과 더불어 도시국가는 왕정국가로 발전하였고, 사회를 규율하기 위한 규칙도 생겨났다. 메소포타미아 문명에서 바빌론을 통치한 함무라비 왕은 그 유명한 바빌로니아의 '함무라비 법전'[5]을 만들었다. 이 법전은 돌기둥에 새겨져 게시할 수 있도록 만들어졌다. 법전의 내용은 소유권 및 손해에 대한 변상 등 농업사회의 법 이외에 운송, 중개 등 상사(商事) 규정까지 포함되어 있어 그 당시 사회의 관습과 경제적 생활양식을 유추할 수 있다.

함무라비 법전에 기록된 몇 가지 법을 살펴보면 다음과 같다. '어떤 사람이 다른

---

4 '인류 문명'이라는 개념은 관습적 표현이다. 중국 청나라 말기 변법자강운동 사장의 사상가인 량치차오가 1900년 '20세기 태평양가'에서 중국, 인도, 이집트 메소포타미아 네 갈래로 구분하였다. 한편 서구에서는 문명의 요람(Cradle of Civilization)이라는 표현을 쓰며 비옥한 초승달지역(메소포타미아, 이집트), 인도, 중국, 메소아메리카, 안데스 등을 꼽는다.

5 기원전 1792년에서 1750년에 바빌론을 통치한 함무라비 왕이 반포한 고대 바빌로니아의 법전으로 높이 2.25m 되는 돌기둥의 게시법으로 282조의 규정이 새겨져 있다.

사람의 땅에 있는 나무를 베었다면 그에 대해 변상해 주어야 한다.', '어떤 사람이 자신의 논에 물을 대려고 하다가 부주의한 사고로 다른 사람의 논에 물이 차게 만들었다면 그는 자신이 망가뜨린 곡식에 대해 변상해 주어야 한다.' 이 두 가지 법률에서 추론할 수 있는 사실은 '땅의 소유권'이 있었다는 사실과 '농업생산'에 이용되는 토지가 인공적으로 조성된 '논'으로 구분되어 있었다는 것이다. 이러한 사실에 근거한 추론은 고대 사회부터 토지에 대한 소유권과 토지이용의 현황에 따라 토지가 구분된다는 점을 시사한다.

우리나라의 역사에서는 고조선이 청동기와 철기에 걸쳐 발전하였으며, 고조선은 신분제 사회, 사유재산 인정, 관직 설치, 왕위 계승 등 국가로서 발전된 모습을 보여주었다. 이러한 사회상을 반영하는 근거는 8조법[6]으로 고조선 사회가 계급 사회로서 사유재산을 중요하게 여겼으며, 응보주의(應報主意)에 따른 형법을 지녔던 당시의 사회상을 보여준다.

8조법 중 현재까지 전해지는 3조목이 있는데, 이 중에 사회경제적으로 유추할 수 있는 조목은 '남에게 상해를 입힌 자는 곡물로써 배상한다.'이다. 이는 고조선 사회가 농업경작을 생산수단으로 하는 사회라는 점과 손해배상에 대한 책임을 곡물로써 배상한다는 규정은 사유재산을 인정하는 사회라는 점을 시사한다. 즉, 고대 사회에서 고조선도 지구의 반대편에 있는 바빌론 왕국과 유사하게 토지에 대한 소유권과 토지이용의 현황이 구분되어 있었음을 알 수 있다.

선사시대 이후 중세에 이르기까지 인류 문명의 발전과 더불어 인구가 밀집하고 증가하면서 도시의 사회적 · 경제적 기능은 분화되었다. 중세 서구사회에서 도시의 토지에는 농지와 달리 밀도가 높은 건축물이 건축되었고 토지의 이용은 영주의 성과 더불어 교회와 광장, 상업중심지, 장인들이 생산활동을 하는 지역과 도시민들의 주거지 등으로 분화되었다. 이처럼 도시의 기능이 발전함에 따라 토지는 농업적 이용 이외의 가치를 가지게 되었다.

중세 서구 도시에는 왕족, 귀족, 영주 등의 지배자가 토지의 이용을 결정하였고

6 팔조지교(八條之敎)는 고조선 사회의 법률이다. 한서(漢書) 지리지(地理志)에 3조목이 전해지고 있다. 3조목은 '사람을 죽인 자는 즉시 죽임으로써 갚는다.', '남에게 상해를 입힌 자는 곡물로써 배상한다.', '남의 물건을 훔친 자는 재산을 몰수하여 그 집의 노비로 삼되, 속죄하려면 한 사람당 돈 50만 전을 내야 한다.'이다.

이때에는 자연적 요인 외에 권력적 요인에 의해 도시의 토지이용이 결정되었다. 서구에서는 영주가 중세도시의 농민, 시민, 상인들을 지배하였는데, 상업의 발전으로 상업자본이 점차 힘을 얻으면서 영주와 교회, 상인길드(guild) 간에 힘의 균형이 생겼다.

서구사회의 경제가 발전하면서 도시는 제조업과 상업을 주 수입원으로 삼았는데, 상인들은 상공업과 시장의 발달을 보장받기 위해서는 왕권과 결탁하는 것이 유리하였다. 또한 왕권 역시 교회와 권력의 균형에서 힘을 얻고, 다른 왕조와 경쟁을 하기 위해서 필요한 자금의 원천이 되는 도시들과 결탁해야 하는 이유가 있었다. 영주와 교회, 상인 간에 균형은 상공업의 기반인 도시와 왕권의 결탁으로 인하여 점차 무너져갔다.

이러한 배경으로 기존의 공동체 간의 견제 상황은 왕권과 시민 계급이 교회와 농민 등 다른 공동체를 압도할 정도로 성장하였고, 이는 절대왕정[7] 탄생의 배경이 되었다. 절대왕정이 강화됨에 따라 상업자본은 정치권력의 배후 세력으로 성장하였다. 이를 기반으로 군주는 강력한 권력을 행사하였으며 군주가 머무르는 도시는 정책적 역할을 하는 넓은 가로와 광장 등이 건설되었다. 한편 상업자본은 군주의 보호 아래 '상업도시'[8]를 형성하게 되었고, 도시의 토지이용에 상업자본의 참여와 영향력이 증대[9]되었다.

18세기에 이르러 서구는 산업혁명을 맞이하게 된다. 서구의 근대는 산업혁명으로 시작되어 자본주의 사회로 정의된다. 자본주의 사회에서 토지는 시민들의 사유재산권이 인정되었고, 농업생산 수단에서 산업생산 요소로 토지의 경제적 가치가 증가하는 방향으로 변화하였다.

산업사회 이후에 상업도시의 산업시설은 소규모 공방에서 대규모 공장으로 변화가 일어났다. 또한 산업시설의 밀집과 인구의 증가로 인하여 공업도시가 생겨났고, 소위 '대도시'에서는 과거 소규모 도시에서 경험하지 못한 '도시문제'가 발생하였다.

7 절대왕정(absolute monarchy): 중세 후기부터 근세까지 약 3세기간 왕에게 권력이 집중되는 현상을 일컫는 역사학계의 용어이다. 스페인의 펠리페2세, 잉글랜드 왕국의 튜더 왕조, 프랑스의 루이14세가 대표적인 절대왕정의 군주로 설명된다.

8 간선도로나 항만, 하구 등에 자연 발생한 상품 집결지, 또는 시장을 기원으로 하는 도시를 말한다.

9 토지이용계획론 제4정판, 2023, 대한국토·도시계획학회, 보성각, p. 24.

일례로, 도시의 토지는 자본에 의한 독과점을 노린 투기의 대상이 되었으며 토지의 경제적 가치가 증가하면서 도시의 외곽으로 무분별한 확장[10]이 일어나는 현상도 발생하였다. 또한 열악한 주거환경과 범죄의 증가와 같은 사회문제 역시 도시화로 인한 문제로 나타났다.

서구의 산업자본은 점차 대규모로 성장하면서 독점 또는 독과점의 체재가 구축되었고, 토지 역시 소수의 독점자본과 권력 계급에 귀속되었다. 열악한 노동 환경으로 인한 인간의 존엄성에 대한 위협과 산업 자본가와 임금 노동자라는 대립하는 계급 형성 등 자본주의의 모순[11]으로 자본주의 사회는 비판받게 되었으며, 이에 대한 반향으로 사회주의의 등장에 직면하게 된다.

사회주의의 등장이 사회주의 국가인 소비에트 사회주의 공화국 연방의 탄생으로 이어짐에 따라 자본주의 사회는 변화를 피할 수 없게 되었다. 자본주의 체계는 노동자의 권익과 시민의 복지 등 사회정책을 수립하고 일부 토지와 생산수단을 공유하였다. 이를 일컬어 '아담 스미스의 자유방임주의'와 구별하여 이른바 '수정자본주의'라고 하며, 정부가 시장에 적극적으로 개입하여 노사대립(勞使對立)과 빈부격차(貧富隔差) 등 자본주의 시장실패와 사회문제를 해결하는 쪽으로 자본주의에 변화가 더해졌다.

우리나라는 조선 후기에 지방 지주 세력에 대한 통제가 약해져 소작료가 수확량의 절반을 넘게 된 상황을 개탄하였다는 기록이 있는데, 일제강점기에는 소작료가 80%를 넘기는 경우까지 나타났다.[12] 마침내, 해방 이후 1949년 6월 21일 제헌국회에서 '농지개혁법'[13]을 제정하였다. 이 법은 농지를 농민에게 적절히 유상 분배함으로써 자영농 육성과 농업생산력 증진으로 인한 농민 생활의 향상을 목적으로 하였다. 1950년 3월 농지개혁법 개정안 및 동법 시행령, 같은 해 4월 농지개혁법 시행규칙이 공포되면서 법적 · 제도적 기반이 마련되었고 같은 해 5월에 시행되었다. 그러나 한국전쟁이 발발함에 따라 농지개혁법의 전면 실시는 연기되었고 1953년이 되어서

---

10 도시계획론 제6정판, 2021, 대한국토 · 도시계획학회, 보성각, p. 43: 어반 스프롤(urban sprawl) 현상은 도시의 무분별한 확산 현상을 의미한다.

11 자본주의, 2013, EBS 자본주의 제작팀, 가나출판사.

12 해방일기1: 해방은 도둑처럼 왔던 것인가, 2011, 김기협, 너머북스, p. 100.

13 1950년~1970년간 '농지개혁법'에 의해 매수 및 분배된 농지는 전국 농지 면적의 약 15%에 해당한다. '농지개혁법'은 1994년 '농지법'이 제정됨에 따라 폐지되었다(한국경제연구, 2006.12, 제17권, p. 57).

야 본격적으로 시행하여 개인에게 불하(拂下)하였다.

이 시기 우리나라는 일제강점기 동안 일제의 수탈을 목적으로 한 도시기반시설 및 경공업 위주의 산업시설을 제외하면 농업생산이 주된 산업이었다. 일제강점기에 우리나라에는 서울에서 부산, 인천, 목포 등 일본을 향하거나 평양, 신의주 등 일본군의 군수물자 운반을 목적으로 교통 · 운반 체계가 설치되었다. 따라서 조선총독부가 있는 서울을 중심으로 부산, 인천, 목포 등의 도시가 일제의 조선 수탈을 목적으로 발전하였다. 이러한 도시들을 제외한 대부분 국토는 토지이용이 마을 단위의 주거지역과 농업생산을 위한 농지로 이용되었다.

해방 이후, 우리나라는 서구 국가들이 18세기 후반부터 약 300년 간 점진적으로 진행되어온 산업화 · 도시화를 1960년 이래 현재까지 짧은 기간 동안 급격히 경험하며 발전하였다. 1960년대 초만 하더라도 국토 전역에 비교적 고르게 분포되었던 인구가 몇몇 중심지로 발전한 도시지역으로 이동하였다. 이러한 변화로 인하여 1960년 당시 37.1%에 불과하던 도시화율이 1990년 82.7%로 급격하게 증가하였으며, 이후 2000년 87.7%, 2010년 90.6%의 도시화율[14]을 나타내고 있다. 이러한 도시화는 인구가 집중하는 대도시와 수도권 과밀현상으로 인한 주택 부족, 생활기반시설 부족, 교통 문제, 공해 문제, 자연환경 파괴 등의 도시문제[15]를 유발하였다.

한편 우리나라의 토지이용 체계는 1962년 『도시계획법』 제정으로 시작되었다. 『도시계획법』은 일제의 잔재를 청산하고 우리나라의 새로운 도시계획체계를 확립한 전환점이 되었다. 이 법을 통해 일제의 『조선시가지계획령』에 포함되어 있던 내용 중 건축과 관련된 사항은 『건축법』으로 분리하였고, 도시계획과 토지구획정리사업은 이 법률을 통해 규율하였다. 이 법으로 도시계획구역 안에 주거 · 상업 · 공업 · 녹지지역 · 풍치 · 미관 · 방화 · 교육 · 위생 및 공지지구를 구분하였다. 즉, 도시의 토지이용이 법률로서 규율되는 근거가 되었다.

1981년 『도시계획법』 전면 개정을 통해 도시기본계획을 비롯하여 상세계획제도 등 계획 관련 제도가 신설되었다. 이 법률의 개정으로 도시기본계획 수립을 제도화

---

14 도시계획론 제6정판, 2021, 대한국토 · 도시계획학회, 보성각, p. 49.

15 도시계획론 제6정판, 2021, 대한국토 · 도시계획학회, 보성각, p. 53: 도시문제란 도시라는 특정한 공간상에서 인간 공동체에 의해 나타나는 반사회적 행위를 일컫는 말이다.

하고 도시기본계획에 부합되도록 시장, 군수가 도시관리계획을 입안하도록 하였다. 또한 도시의 무분별한 확산을 방지하는 시가화조정구역 제도도 도입되었다.

2002년은 『도시계획법』과 『국토이용관리법』을 통합하여 『국토의 계획 및 이용에 관한 법률』을 제정하여 오늘에 이르렀다. 이 법률의 제정으로 1962년 이후 『도시계획법』과 『건축법』으로 이원화되어 운용된 용도지역의 토지이용관리 제도가 비로소 일원화되었다. 또한 국토를 도시지역과 비도시지역으로 구분하여 도시지역에는 『도시계획법』, 비도시지역에는 『국토이용관리법』으로 각각 관리하여 이원적으로 운용해오던 체계를 통합하여 일원화하게 되었다. 이로써 토지이용에 대한 체계가 완성되어 현재의 토지이용의 공법으로써 토지이용의 기준이 되었다.[16]

이상으로 고대문명부터 현대에 이르기까지 토지이용의 역사를 살펴보았다. 고대부터 현대까지 역사적 사실을 기반으로 토지는 사유재산으로써 소유권이 인정되었고 사회가 발전할수록 토지이용을 규율하는 제도가 발전하였음을 알 수 있다.

이어지는 각론을 통해 경제학, 지리학, 도시계획학, 건축학, 법학 등 사회과학의 여러 연구를 토대로 토지이용의 가치를 고찰하고자 한다. 이를 바탕으로 토지가 경제지대, 물리적 입지, 도시의 발전과 도시계획, 지역별 인문 · 사회적 배경, 자연환경 등 요인들의 복합적인 영향을 받으며, 경제적 재화인 상품으로 발전하고 세분되는 과정을 설명하고자 한다.

토지의 상품 사례는 우리나라의 도시 등 지역을 기반으로 소개하고자 한다. 특히 서울과 수도권은 메가시티[17]이며, 우리나라 인구의 절반 가까이 거주하는 지역이기 때문에 사례의 많은 부분을 서울과 수도권에서 찾아 살펴보고자 한다.

1.1.2 지대이론

토지는 자연의 한 부분이다. 인류는 자연의 일부인 토지를 이용하였고, 이용에 따른 이익을 향유(享有)하였다. 자연에서 선물처럼 주어진 토지에 대하여 인류는 어떻

---

16 도시계획론 제6정판, 2021, 대한국토 · 도시계획학회, 보성각, pp. 105~109.

17 메가시티(Megacity)는 인구가 1,000만 명이 넘는 도시를 의미한다. 1980~1990년대 무렵 UN 등 국제기구에서 널리 사용하면서 보편화되었다.

게 경제적 가치를 부여하였을까.

이 물음에 답하기 위하여 먼저 '지대(地代)이론'을 소개하고자 한다. 지대는 토지를 이용한 대가 즉, 이용료(rent)를 의미한다. 인류가 소유권이라는 개념을 갖게 된 이후로 토지를 이용한 가치에 따라 그 이용에 대한 대가를 지급한 현상은 모든 문명에서 공통으로 나타나는 현상이다.

지대이론은 토지를 생산요소의 관점에서 보고 토지이용의 대가로써 경제적 가치를 설명한다. 지대이론은 경제학의 아버지로 일컫는 '아담 스미스' 이후로 여러 학자를 통해 발전되어 현대 경제학에서도 통용되는 이론이다. 토지의 가치를 경제학적 관점에서 체계적으로 발전시킨 지대이론은 토지상품의 경제적 가치를 논할 때 가장 기초가 되는 이론이다.

아담 스미스(Adam Smith)의 지대론(地代論) – 최초의 지대개념

경제학의 아버지라 일컫는 '아담 스미스(Adam Smith)'는 『국부론』[18]에서 토지지대(land rent)[19]라는 개념을 소개하였다. 아담 스미스는 '사회상황의 진보는 어느 것이나 직접적으로든 간접적으로든 토지의 진실지대를 인상시키고, 지주의 진정한 부, 즉 타인의 노동과 타인의 노동생산물에 대한 그의 구매력을 증가시키는 경향이 있다'고 하며, 토지 생산물 중 지주가 갖는 부분은 생산량의 증가와 함께 필연적으로 증가하기 때문에, 토지의 개량 및 경작 확장은 '지대'를 직접적으로 상승시킨다고 설명하였다.

스미스는 토지가 위치의 고정성 · 이질성이라는 물리적 속성을 가지며, 토지소유권과 시장지배력의 두 가지 요인은 자연적이고 인위적인 측면에서 희소성을 발생시키고, 이것이 기본적으로 지대의 발생 원인(cause of rent)이 된다고 하였다. 또한 지대 발생의 원인과 조건을 고려한 스미스의 지대론은 토지소유권의 존재와 불완전경쟁시장 구조 아래에서 다층적 지대, 즉 절대지대와 차액지대의 결합현상이 토지지대의

---

18 국부론의 서명은 *'An Inquiry into the Nature and Causes of the Wealth of Nations'*이다, 1776.03, 아담 스미스가 저술하였으며 본 저술에서는 이종인의 번역본을 참고하였다.

19 국부론 '제1권' '제11장 토지의 지대'와 '제5권' '제2장' '제1절 토지지대와 임대료에 대한 세금'에서 지대의 개념과 논의를 설명하였다.

일반적인 구조라는 점을 보여준다.[20]

고전파 경제학의 시조(始祖)인 스미스의 지대이론은 토지에 관한 경험적이고 다층적인 사실을 기반으로 이론적 접근을 시도하였으나 정합성에서 후대에 혼란을 가중시킨 것으로 평가받기도 하였다.[21] 주요한 비판으로 첫째, 『국부론』의 지대이론은 가치론과 연관될 때 일관성이 없고 자기모순적[22]이다는 평가이다. 제1편 전반부 가치론에서 지대가 가치결정적 요인인 것처럼 취급되었지만, 후반의 지대론에서는 가격결정(price-determined)에 따라 주어지는 분배소득으로 간주되었다. 둘째, 일반적으로 토지지대의 개념에는 여러 종류의 다른 개념의 지대가 함축되어 있는데도 『국부론』에서는 그 지대의 유형이 정확하게 분류되지 못한 채 개념의 불명확성을 가중하였다는 점이다.

스미스의 지대이론은 토지사용에서 관측되는 일반적 차액지대 현상은 최우등지(最優等地)가 시장지배력에 근거해 열등지(劣等地)의 지대를 규제하는 불완전경쟁의 과정에서 발생한다고 설명한다. 아담 스미스의 지대이론을 연구한 김광수(2022)는 계약지대의 내용은 후에 더욱 세분화된 절대지대 및 차액지대를 암묵적으로 내포한 개념이라고 설명하였다.[23]

리카도의 차액지대설(差額地代說) – 지대는 잉여(剩餘)이다.

'아담 스미스'에 이어 지대이론을 정교하게 증명하고 정리한 학자는 '데이비드 리카도(David Ricardo)'이다. 리카도는 지대는 토지의 생산물 중 토양의 힘을 이용한 대

20 김광수, 2022, 아담 스미스의 지대이론에 대한 재조명과 정책적 시사점, 경제학연구 70(2); 97.

21 김광수, 2022, 아담 스미스의 지대이론에 대한 재조명과 정책적 시사점, 경제학연구 70(2); 97.

22 Park(2014), Ward and Aalbers(2016), Gasper(2021), 박삼옥(2008); 김광수, 2022.

23 김광수, 2022, 아담 스미스의 지대이론에 대한 재조명과 정책적 시사점, 경제학연구 70(2);95-131: 김광수는 아담 스미스의 경제이론 가운데 정합성이 결여된 부분으로 비판받아온 지대이론을 재조명한 후 『국부론』에서 지대이론과 가치론은 일반균형에 근거한 고전파 경제학의 접근법(현대 고전파 방법론)에 의거할 때 이론적 정합성을 지니며, 경제의 생산적 측면과 제도적 요인을 중시한 면모를 보여준다고 하였다. 또한 아담 스미스의 지대이론은 가치론과 더불어 경제응용분석과 조세론의 토대를 형성하며, 경제지대에 관한 과세의 타당성을 지적한 현대 연구들의 선구적 역할을 수행하였다고 설명하였다.

가로 지주에게 지급되는 부분이라고 정의하였다. 즉, 토지지대는 일종의 잉여(剩餘)이며 생산에 아무 기여 없이 가만히 앉아서 얻는 불로소득이라 하였다. 그리고 토양의 비옥한 정도에 따라 열등지와 우등지 간에 수확량의 차이가 발생하며 이것이 지대를 유발한다고 설명하며, 이를 '차액지대(differential rent)'라고 하였다.

아담 스미스는 경제학의 아버지라고 하는 학자이고 리카도는 이것을 이어받아 지대의 이론적 토대를 견고히 한 학자이다. 그런데 리카도의 지대이론은 현대 경제학자들로부터 비판받는다. 그 이유는 노동가치설(labor theory of value)[24]과 차액지대설을 설명하는 '잉여(剩餘)이론' 때문이다. 리카도의 노동가치설은 상품의 실체는 인간의 노동이며, 상품의 가치는 특정 사회의 평균적인 생산조건 아래에서 그 상품을 생산하는데 필요한 노동시간, 즉 '사회적 필요노동시간'으로 결정된다고 설명한다. 잉여이론을 이해하기 위해 차액지대설을 살펴보자.

차액지대설(differential rent theory)은 리카도의 지대이론을 일컫는 용어이다. 차액지대설의 이해하기 위해서는 영국의 학자인 리카도 시대에 있었던 유럽의 국제정세 대한 이해가 전제되어야 한다. 프랑스의 나폴레옹1세는 트라팔가 해전에서 영국에게 패한 후 영국에 대한 군사적 공격 대신 영국을 경제적으로 봉쇄하여 굴복시키기 위한 정책으로 1806년 "대륙봉쇄령(Continental Blockade)"[25]을 시행하였다. 이 조치로 인하여 영국은 유럽대륙으로부터 곡물수입이 어려워지게 되었으며, 농경이 유리하고 농업 생산성이 높은 우등지뿐만 아니라 농사를 짓기에 척박한 열등지 토지까지 경작하게 된다.

리카도는 서로 비옥도가 다른 토지에서 경작하는 농작물의 가격이 결정되는 것은 가장 경작하기에 열등한 토지에서 농작물 생산에 투입되는 생산비[26]에 의해서 결정된다고 설명하였다. 예컨대, 경작에 적합한 우등한 토지에서 쌀 한 가마를 생산하

24 노동가치설은 재화의 가치는 노동의 투입으로 만들어진다는 이론인데, 한계효용(marginal utility)학파가 등장하면서 도퇴되었다. 후에 마르크스(Karl Marx)는 노동가치설을 기반으로 잉여가치론을 발전시켰다.

25 나폴레옹의 대륙봉쇄령으로 영국은 열등한 토지까지 경작을 하게 된다. 이로 인하여 곡물가격이 비싸졌는데, 리카도는 영국의 곡물가격이 비싸지고 토지의 가격이 비싸진 이유를 대륙봉쇄령으로 곡물수입이 크게 감소하였기 때문이라고 설명하였다. 따라서 리카도는 지대는 토지에서 노동시간이 증가로 인해 생산된 상품의 가격이 비싸져서 발생하는 결과에 불과하다고 보았다.

26 토지경제학, 2019, 이정전, 박영사, p. 286: 리카도는 이를 '노동투입량'이라고 표현하였다.

는데 소요되는 생산비가 10만 원인데, 경작하기 척박한 열등한 토지에서 쌀 한 가마를 생산하는 데 소요되는 생산비가 15만 원이고, 시장에서 생산되는 모든 쌀이 거래되어 소비된다고 한다면 쌀 한 가마의 비용은 15만 원으로 결정된다. 이때 비옥하여 경작에 적합한 우등한 토지와 열등한 토지에서 생산되는 쌀 한 가마의 가격과 생산비의 차액이 지대이며, 지대의 크기는 토지의 비옥도 차이에 의해 결정된다고 설명하였다.

아담 스미스나 리카도에 의하면 생산비인 총비용과 총수익이 같은 '조방적 한계'에 있는 토지에는 지대가 발생하지 않는다고 하였고, 이처럼 지대가 없는 토지를 지대가 발생하지 않는 토지라고 한다. 리카도는 지대가 없는 토지의 생산비가 곧 한 경제 내에서 통용되는 상품가격을 결정한다고 하였다. 이 가격에는 지대가 오르거나 내리거나 토지의 생산물의 가격에는 아무런 영향을 미치지 못한다.

그렇다면 가장 비옥도가 높은 우등한 토지만 이용하지 않고 척박한 열등한 토지까지 반드시 경작해야 하는가라는 물음이 뒤따른다. 결론부터 말하자면 이는 수확체감 현상 때문이다. 한정된 우등한 토지에 더 많은 노동력, 비료, 농기구 등 생산요소를 투입해서 생산한다고 하여도 추가되는 생산량은 점차 감소한다. 즉, 생산성이 더 떨어져서 더 이상 집약적으로 생산하는 것이 경제적으로 손해가 되는 한계에 이르게 된다. 이 한계 때문에 경작하기에 척박한 열등한 토지까지 경작해야 한다. 이러한 이유로 인하여 조방적 한계가 확장되고 생산비가 상승하여 쌀 한 가마의 가격도 상승하고 지대도 따라서 증가한다.

리카도의 차액지대설에 의하면 지대는 단순히 잉여에 불과하므로 토지에서 생산되는 생산물의 가격이 상승하면 지대 또한 상승하며, 생산물의 가격이 하락하면 지대도 하락한다.[27] 리카도의 지대이론에 따르면 조방적 한계의 확장은 생산비를 상승시키면서 지대의 상승을 이끄는데, 생산비가 증가하고 지대가 상승하면 결국 이윤이 감소한다고 보았다. 또한 장기적으로 이윤이 하락하면서 자본축적이 저조해지고 경제성장이 멈추게 된다고 예상하였다.[28]

27 리카도의 차액지대설은 후에 단일토지세를 주장한 헨리 조지(Henry George) 사상의 기반이 되었다.

28 리카도는 이러한 문제의 대안으로 자유무역을 주장하였다. 이와 더불어 자유무역을 가로막는 나폴레옹의 대륙봉쇄령과 영국의 곡물조례를 강력히 비판하였다.

또한 리카도는 차액지대에 대한 설명과 더불어, 지대를 차액지대와 '절대지대(absolute rent)'로 구분하였다. 차액지대는 토지의 비옥도나 위치에 따라 발생하는 추가적인 수익이라면, 절대지대는 모든 토지가 일정한 수익을 창출해야 한다는 개념에서 비롯되었다. 리카도는 절대지대가 열등한 토지에서도 발생할 수 있다고 주장하였다. 그리고 절대지대의 개념은 카를 마르크스에 의해 더욱 발전하였다.

마르크스의 지대론(地代論) – 지대는 계층 간 착취로 인한 결과이다

'카를 마르크스(Karl Marx)'『자본론』 제3권[29]에서 지대에 대하여 자세히 논하고 있다. 지대에 대한 마르크스의 이론은 리카도의 차액지대와 절대지대의 개념으로부터 출발하여 독창적인 지대이론으로 발전하였다. 통상적으로 주류경제학에서는 지가나 지대를 하나의 가격으로 보고 가격의 측면에서 연구하는 반면에 마르크스는 이를 소득의 측면으로 보았다.

리카도의 차액지대설에서 가장 열등한 토지인 최열등지(最劣等地)인 토지에 지대가 있다는 것은 논리적으로 성립하지 않는다. 그러나 마르크스는 모든 토지가 개인에게 소유되므로 최열등지의 토지라 해도 지대가 없다면 소유자는 임대를 통한 토지이용을 허락할 이유가 없다고 보았다. 이러한 논리를 바탕으로 마르크스는 절대지대 또는 일반적 지대의 존재를 주장하였다.

마르크스의 절대지대론에 의하면 토지 생산물의 가격은 생산에 투입된 생산가격에 절대지대를 추가한 금액이어야 한다. 마르크스는 절대지대는 원래 차지자(借地者)가 생산과정에서 노동자로부터 착취한 잉여가치에서 지급된다고 주장하였다.

마르크스는 최저생계 유지에 필요한 생산물의 생산에 투입되는 노동을 필요노동, 잉여생산물의 생산에 투입되는 노동을 잉여노동이라고 구분하였다. 그리고 노동자는 필요노동뿐 아니라 잉여노동도 수행한다고 보았다. 농업사회보다 산업화된 사회에서는 대규모의 잉여생산물이 생산되고 이에 따라 대규모의 잉여가치가 생산된다. 이러한 저변에는 노동자들이 엄청나게 많은 잉여노동을 수행함을 의미한다.

---

29 자본론, 1894, 카를 마르크스 ; Vol 3 Part 4 chapter 37.

자본주의의 고도화된 산업사회에서 잉여가치가 생산되고 점유되며 다시 분배되는 과정에 대한 설명이 마르스크의 분배이론의 요체라고 할 수 있다. 이는 다시 잉여가치가 창출되고 점유되는 과정과 잉여가치가 분배되는 과정으로 구분된다. 앞의 과정을 '근본계급' 과정이라고 하고 분배되는 과정을 '내포계급' 과정이라고 하며, 내포계급 과정에서 잉여를 분배받는 사람들의 집단을 내포계급이라고 한다. 마르크스에 의하면, 이 두 계급 과정은 어느 사회에서나 존재하는데, 그 두 계급 과정이 어떤 형태로 나타나느냐에 따라 계급구조가 달라지며 이에 따라 사회구조도 달라진다.[30]

마르크스는 토지소유권이 지대의 근본적 원인이라고 보았다. 지주에게 지불되는 지대는 잉여가치로부터 나오며, 모든 지대는 잉여노동의 산물인 잉여가치의 일부이므로 지대가 존재하기 위해서는 노동자들이 잉여노동을 수행해주어야 한다. 마르크스에 의하면 자본주의에서는 장기적으로 점차 이윤율이 하락하면서 이자율로 하락하는 경향을 보인다. 이렇게 되면 토지생산성을 증가하지 않았는데도 땅값은 상승하는 현상이 나타나는데, 이러한 결과는 사회의 다른 계층의 희생 위에 지주만 이득을 보는 결과로 보았다.

튀넨(1826)의 농산물 지대이론 – 공간 경제학의 창시자

도시의 토지이용 가치를 최초로 입지의 관점에서 연구한 것은 독일의 '요한 하인리히 폰 튀넨(Johann Heinrich von Thunen)'이며, 그는 '공간 경제학'을 창시한 것으로 유명하다.

독일의 지주(地主) 가문에서 태어난 튀넨은 자신의 가문이 소유한 토지를 가장 효율적으로 이용하는 방안을 연구하여, 1826년 첫 논문 『고립국』에서 '농업용 토지 이용에 관한 일반이론'을 발표[31]하였다. 튀넨은 농업 경영에 참여하여 관찰한 현실을 바탕으로 실험한 연구 결과를 이론화하였다. 그의 이론은 지대의 결정이 토지의 비

30 토지경제학, 2019, 이정전, 박영사, p. 293.

31 요한 하인리히 폰 튀넨, 1826, 고립국(Der isolierte Staat): 공간 경제학을 심도 있게 연구하여 운송비와 거리를 지대의 변수로 연구한 첫 논문으로 유명하다.

옥도 외에도 위치에 따라 달라진다는 '위치지대'[32]의 개념을 설명하여 농업 입지론이라고도 알려진 이론이다. 튀넨은 복잡한 현실을 단순화하기 위해 아래와 같은 다섯 가지의 가정들을 전제[33]로 하고 있다.

첫째, 농업지역의 중심에 오직 하나의 도시가 있을 뿐이며, 다른 지역과는 유대관계가 전혀 없다고 가정한다.

둘째, 이 도시[34]는 주변 농업지역이 산출하는 잉여생산물의 유일한 시장이며 아울러 농업지역은 그 도시에 대한 유일한 공급자이다.

셋째, 농업지역은 토지의 비옥도, 기후, 기타 물리적 여건이 균일한 이상적 평원(ideal plain)이라고 가정한다.

넷째, 농부들은 모두 '경제적인 인간'으로 행동한다. 즉 그들은 이윤의 극대화를 추구하며 시장수요도 충분히 파악[35]하고 있다.

다섯째, 운송수단은 오직 한 가지만 있으며 수송비는 거리에 정비례한다.[36]

이상 다섯 가지의 기본적인 가정을 기반으로 튀넨은 도시 주변의 특정지점에서 이루어지는 재배작물의 유형은

1. 시장까지의 거리와 수송비,
2. 시장에서 판매되는 당해 농산물의 판매가격,
3. 지대(rent)에 의해서 결정된다고 보았다.

여기서 말하는 지대는 경제지대(economic rent) 또는 '위치지대(locational rent)'라고도 불리는데, 이는 단위 필지의 토지에서 생산한 작물의 시장 판매액에서 그 작물의 생산비용(이윤포함)과 시장까지의 수송비를 뺀 차액으로 표시된다. 즉, 위치지대란 어떤 작물의 재배자가 단위 필지의 토지를 사용함에 따라 그 대가로 지불할 용의가 있는 '최대

---

32 位置地代, locational rent라고도 하며 입지에 근거하여 어떤 토지와 다른 토지 간에 차이를 설명한다.

33 Bradford and Kent, 1977: pp. 28~34; 토지이용계획론, 2023, 대한국토·도시계획학회: p. 56.

34 도시는 고립국의 중앙에 위치한다.

35 고립국은 완전경쟁시장이라는 전제가 된다.

36 고립국은 운송수단이 우마차 한 가지만 존재하며, 도심까지는 최단거리인 직선으로 이동한다.

입찰가격' 또는 '지대지불능력'이라고도 말할 수 있다. 이러한 의미로 인하여 '입찰지대(bid rent)'라고도 한다. 이러한 변수 간의 관계를 식으로 표현하면 아래와 같다.

$$LR = (Ym - Yc) - Ytd = Y(m - c) - Ytd$$

여기서, **LR** : 단위 토지당 입찰지대(bid rent)[37]
Y : 단위 토지당 생산량
m : 단위 농산물당 시장가격
c : 단위 농산물당 생산비용(적정이윤 포함)
t : 단위 농산물당 수송비
d : 해당지점에서 시장까지의 거리

위 식에 살펴보면 도심으로부터 각 지점의 거리별 입지에서 생산하는 임의의 농산물에 대한 '입찰지대곡선(bid rent curve)'를 구할 수 있다. 예컨대, 어떤 농산물 X가 있다고 생각해보자. 일정시점에 있어서 그 농산물의 단위당 시장가격과 생산비용이 일정하다고 할 때, 입찰지대 LR과 d의 관계는 $Ym - Yc$를 절편으로 하고 $-Yt$ 를 기울기로 하는 자료 1-1과 같은 1차 함수 그래프로 표현할 수 있다.

이때 'A'지점에서 단위 토지당 입찰지대가 0이 되어 이론적으로는 이 지점부터 농산물 X의 재배가 불가능하게 된다. 왜냐하면 이 지점부터 더 이상 거리가 멀어지면 입찰지대 LR은 음(-)의 값을 갖게 되므로 생산활동이 일어나지 않을 것이기 때문이다. 즉, 튀넨의 공식에 따르면 토지의 이용은 지대에 의해 결정된다.

37 입찰지대(bid rent)는 위치지대(locational rent)와 같은 의미이다. 이는 토지이용자가 지불하고자 하는 최대 금액으로 초과이윤이 '0'이 되는 수준의 지대를 의미한다.

자료 1-1 시장거리와 입찰지대의 관계

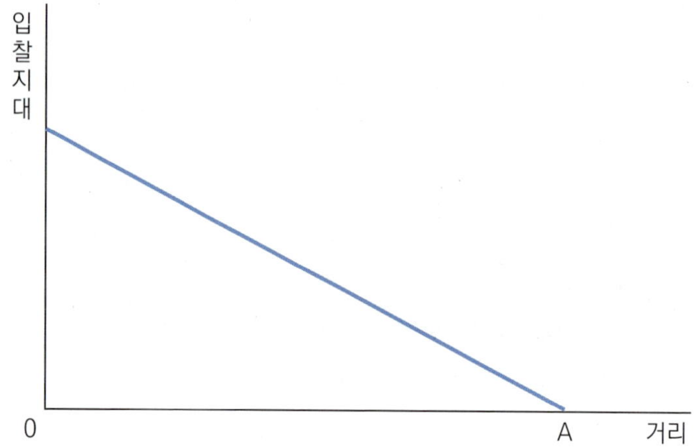

이번에는 여러 농산물이 있는 경우를 살펴보고자 한다. 예컨대, 세 가지 농산물이 있고 이를 각각 *X*, *Y*, *Z* 라고 하자. 이 세 가지 서로 다른 농산물은 부피, 무게, 부패 가능성 등이 각각 다르다. 그리고 시장가격과 생산비용도 농산물에 따라 다르다. 따라서 세 가지 농산물 *X*, *Y*, *Z* 의 입찰지대와 도심의 시장으로부터의 거리와 관계가 자료 1-2와 같이 나타날 때, '시장-A' 구간에서는 *X* 농산물이, 'A-B' 구간에서는 *Y* 농산물이 'B-C' 구간에서는 *Z* 농산물의 '지대지불능력'이 상대적으로 높다.[38] 그러므로 도시 내 시장을 중심으로 하여 동심원적인 농업토지이용을 형성하게 된다.

이처럼 세 가지 농산물이 있는 경우의 '입찰지대곡선'[39]과 '농업토지이용'을 그림으로 나타내면 자료 1-2와 같다.

---

38 세 가지 농산물의 지대곡선을 표현한 자료에서 *X*, *Y*, *Z* 농산물들 간에 입찰지대곡선의 높이를 서로 비교하면 가장 높은 위치에 있는 곡선이 가장 지불능력이 높다. 따라서 자료 1-2의 가장 높은 위치의 곡선을 이은 곡선의 형태로 토지의 이용이 이루어진다.

39 입찰지대곡선은 거리별로 최대의 지대 지불 능력을 나타내는 각 산업의 지대곡선을 연결한 곡선이다.

자료 1-2 세 가지 작물(*X*, *Y*, *Z*)별 시장거리와 위치지대

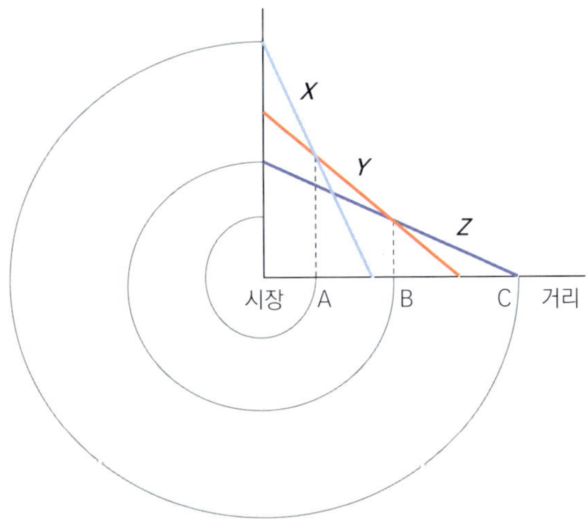

튀넨에 따르면 도시의 시장과 가장 가까운 동심원(시장-A 구간)에서는 자유식 농업(원예, 낙농업)이 입지하게 된다. 당시 이러한 농산물은 쉽게 변질되기 때문에 도시로의 신속한 운송이 필요했기 때문이다. 건축, 연료 등을 위한 임업은 두 번째 동심원(A-B 구간)에 위치한다. 튀넨이 살았던 당시에는 건축과 에너지 공급을 위한 중요한 재료였고, 무거운 무게 때문에 수송이 어렵기 때문이다. 세 번째 동심원(B-C 구간) 조방적 농업이 일어난다고 보았다. 그리고 이 동심원 밖은 황무지로, 시장으로부터 거리가 너무 멀기 때문에 어떠한 형태의 농업도 발생하지 않는다고 보았다.

튀넨에 의한 농업적 토지이용 결정 메커니즘을 확대하여 생각하면 도심을 중심으로 토지이용의 공간적 패턴을 농업토지이용의 경우와 유사한 논리로 설명할 수 있다. 즉, 도시지역 내 다양한 토지이용 활동은 각각의 입찰지대곡선을 가지고 있으며 각각의 해당 지점에서의 토지이용은 각 토지이용 활동들의 입찰지대에 의해서 결정된다. 따라서 각각의 입지에서 가장 높은 지대를 지불하는 토지이용 활동이 그 지점을 이용하게 된다.

예컨대, 도시지역 내 토지이용 활동을 상업 및 업무기능, 주거기능, 공업기능 세

가지로 구분한다고 가정하자. 도시의 중심부인 도심은 도시지역의 기하학적 중심에 해당하므로 도시의 시민들에게 평균적으로 가장 가까운 지점이면서 접근성이 가장 뛰어나므로 보행자, 즉 잠재적 고객의 수가 도시 내에서 가장 많은 지역이다. 따라서 도심지역은 많은 수요자가 있어야만 공급이 가능한 백화점, 전문점, 고급소매점, 특수 상점 등 상업 및 업무기능 시설이 입지를 차지하게 된다. 도시의 중심인 도심에서 나타나는 이러한 특성은 도심 내의 토지를 둘러싼 격심한 입지경쟁을 유발하게 되어 도시 내 토지이용 가운데 입찰지대(bid-rent) 즉, 지대 지불능력이 가장 큰 상업기능이 토지이용을 독점하게 된다.

농업토지이용의 경우와 유사하게 지대곡선의 형태는 교차점에서 꺾이는 형태가 나타나지만 대체로 도심에서 멀어질수록 하강하는 패턴을 보여주고 있다. 도심의 중심은 백화점, 전문점, 고급소매점, 호텔, 행정기관 등 상업 및 업무기능이 차지하고, 그 다음 입찰지대 지역은 주거기능이 차지한다. 마지막으로 도시의 외곽은 공업기능의 입찰지대가 가장 높으므로 공업지역이 형성된다.

자료 1-3은 지대지불능력(또는 입찰지대)을 토대로 할 때 형성되는 도시토지이용의 일반모형을 보여주고 있다.

자료 1-3 도시토지이용의 일반모형

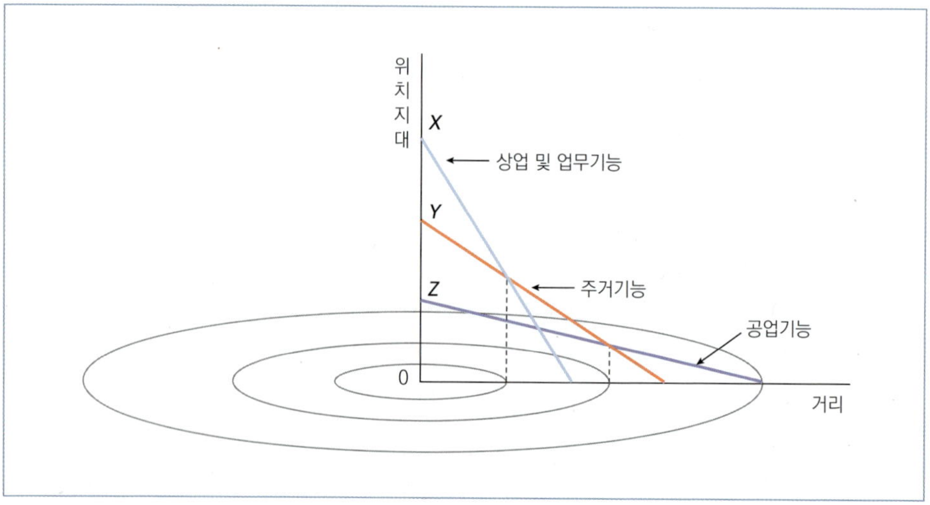

한편, 튀넨의 고립국 이론은 그 전제로 인한 근본적 취약점을 가지고 있다. 튀넨의 전제와는 달리 실제 상황에선 주변에 여러 시장이 존재할 수 있다. 그리고 '수요와 공급'에 의해 가격이 변화되기 때문에 완전경쟁시장의 모습을 보일 수 없다. 또한 기후, 지형, 식생, 토양이 모두 같을 수 없고 운송비는 체감한다.

튀넨의 모형을 발전시켜 토지이용을 설명한 이론이 이른바 '교환모형(trade-off model)'이다. 도시 토지이용 구조에 관한 교환모형은 허드(Hurd, 1903)와 헤이그(Haig, 1926)에 의해 제기되었고, 이후 신고전학파 도시경제모형의 틀 속에서 케인(Kain, 1962), 알론소(Alonso, 1964),[40] 무쓰(Muth, 1969), 그리고 밀스(Mills, 1972) 등에 의해서 더 정교하게 다듬어지게 되었다. 이 모형의 기본 가설은 도시 내 토지 이용자들이 교통비용과 임대료 간의 상호교환(trade-off)을 통해 입지비용을 최소화하려고 노력한다는 점이다. 교환모형은 이론적 구성을 지나치게 단순화함으로써 복잡한 도시사회의 공간구조를 설명하기에는 부족한 면이 많지만 두 가지 측면에서 주목할 가치가 있다.

첫째, '교환모형'은 버제스의 동심원 지대이론에 대한 이론적 토대를 제공함으로써 도시사회구조의 생태학적 설명과 경제학적 설명을 융합하였다. 둘째, 입찰지대함수와 '가족주기의 변화 형태(stages in the family cycle)'를 연계시킴으로써 도시 토지이용의 변천에 대한 또 다른 설명을 가능하게 하였다. 예컨대, 한 부부가 자녀를 낳고 양육하게 되는 '성장형 가구 단계'까지는 넓은 주거 공간이 필요하므로 보다 저렴한 비용으로 넓은 주거 공간을 확보하고자 도시중심으로부터 외곽으로 이동하는 경향을 보이지만, 반대로 자녀가 성인이 되어 출가하고 가족 규모가 축소하는 단계에 있는 가구들은 교통비용 절감과 도심으로 접근성을 확보하기 위해 다시 도심을 지향하

40 알론소(W. Alonso)는 튀넨의 고립국이론에서 농업생산지 지대이론을 도시공간에 적용하여 확장, 발전시켰다. 알론소는 [지대 = 매출 - 생산비 - 수송비]로 보고, 입찰지대는 어떤 토지를 이용하고자 하는 수요자가 지불하고자 하는 최대의 지대로서 초과이윤이 0이 되는 수준의 지대로 설명하였다. 즉, 주택의 입지는 토지의 가치와 통근비용 사이에서 상쇄(trade-off)되며, 이러한 설명은 신고전경제학 모형에서는 공통적으로 상쇄모형(trade-off model)로 정리된다.
또한 어떤 생산요소를 다른 생산요소로 대체하기 쉬운 정도를 '생산요소의 대체성'이라고 설명하고 도심으로 갈수록 토지의 가격이 상승하므로 토지를 덜 사용하고 자본을 많이 사용하므로 도심으로 갈수록 토지에 대한 자본의 대체성이 높다고 보았다.

여 이주한다.

둘째, 튀넨의 고립국 이론은 지리경제학과 도시경제학에서 중요한 위치를 차지하며 도시의 토지이용과 입지에 대한 여러 이론에 영향을 미쳤다. 특히 운송비용이나 통근비용과 같이 거리에 따라 차이가 나는 비용을 절약하기 위해 도시의 구조를 설명하는 튀넨의 이론은 도시 내 토지이용 패턴을 설명하는 소위 '도시구조 이론'의 기초가 되었다.[41] 특히 그의 이론 중에 중심지의 개념은 크리스탈러(Christaller)와 뢰쉬(Losch)의 중심지 이론의 발전에 영향을 미쳤다. 이처럼 입지의 기능적 측면을 다룬 이론은 산업입지(또는 공업입지)의 발전에도 기여한 것으로 평가된다. 고립국 이론은 무엇보다 경제활동에 있어서 물리적 위치가 경제적 가치에 미치는 영향과 공간적 분포를 연구하는 공간 경제학의 이론적 출발이 되었다는 점에서 중요한 기여를 한 것으로 평가된다.

마셜의 지대이론 – 순수지대와 준지대, 공공발생지대

'알프레드 마샬(Alfred Marshall)'은 경제학을 정치경제학이라는 학문 단위에서 독립된 학문[42]으로 정립한 학자로 유명하다. 또한 '토지지대는 잉여'라는 고전학파 경제학에 반론을 제기하며 신고전학파 경제학자[43]로써 토지지대는 '생산을 위한 비용'으로 보았다. 마샬은 지대를 구분하여 순수(純粹)지대와 준(準)지대, 공공발생(公共發生)지대로 설명[44]하였다. 또한 비용과 시간의 개념을 도입하여 지대이론을 설명하였다.

41 도시경제학, 2012, 노형규·정의철, 한국방송통신대학교 출판문화원, pp. 84-98.

42 경제학 원리(*Principles of Economics*, 1890)의 저자이며, 1903년 영국 케임브리지대학교에 독자적인 경제학 과정을 개설하였다. 정치경제학은 사회를 구성하는 집단에 대한 분석이라면 마샬의 경제학은 각 개별 경제 주체를 분석한 점에서 미시경제학의 시조로 본다.

43 신고전학파 경제학은 아담 스미스(Adam Smith)에서 시작되는 영국의 고전학파 경제학의 전통을 중시한 알프레드 마샬(Alfred Marshall)의 경제학을 일컫는 말로 사용되지만, 일반적으로 기존의 고전학파 경제학의 토대 위에 한계(marginal) 혁명 이후의 효용 이론과 시장 균형 분석을 받아들인 경제학을 가리킨다. 통계분석을 발전시킨 것이 특징이며, 대표적인 이론으로 일반 균형 이론과 신고전학파 성장 이론 등이 있다(죽은 경제학자의 살아있는 아이디어, 2023, 토드 부크홀츠, 김영사, p. 338).

44 마샬은 토지와 관련된 지대는 크게 원초적 가치(original value), 사적가치, 공공가치가 있는데 토지지대에는 이 세 가지가 섞여 있다고 보았다.

마샬은 비용을 가변비용과 고정비용으로 구분하였다. 가변비용은 생산량이 변화함에 따라 고용량이 변화하는 생산요소, 즉 가변생산요소에 대한 지출을 의미하고, 고정비용이란 생산량에 따라 변화가 없는 고정생산요소에 대한 지출을 의미한다. 그런데 수요의 증가에 따라 가변생산요소는 즉시 투입을 증가시킬 수 없지만, 고정생산요소는 투입을 증가시키기 위해서 시간과 자본의 투입이 필요하다. 따라서 마셜은 시간이란 요인이 경제 분석을 어렵게 만드는 주된 요인으로 설명하였다. 또한 어떤 비용이 가변비용이고 어떤 비용이 고정비용인지는 시간에 따라 상대적이기 때문에 일률적으로 정의할 수 없다. 시간이 장기로 갈수록 가변비용인 것도 단기적으로는 고정비용이 된다.

한계비용은 생산을 증가시켰을 때 추가되는 비용으로 가변생산요소에 지불되는 비용이다. 마셜은 바로 이 한계비용의 개념에 근거하여 토지지대나 지가가 비용이 아님을 증명하였다. 기업은 이윤극대화를 위해 한계비용이 상품의 가격과 같아질 때까지 생산량을 늘린다. 즉, 한계비용이 상품의 가격과 같아지는 점에서 이윤극대화 생산량이 결정된다. 이러한 의사결정에는 토지에 대한 토지지대는 포함되지 않는다. 다시 말해 토지지대의 많고 적음이 기업의 생산량 결정에 영향을 주지 않음을 의미한다. 단기적으로 토지는 고정생산요소이고 토지지대는 고정비용이므로 이윤을 극대화하는 생산비에 영향을 주지 않는 점을 마셜은 『경제학원리』에서 상세히 설명[45]하고 있다.

마샬은 순수지대를 설명하였는데, 토지의 생산력 속에 자연적 요소와 인위적 요소가 섞여 있다고 한다면 토지를 이용한 소득 중에는 자연적 요소와 인위적 요소에 대한 대가가 혼합되어 있다고 보았다. 또한 자연적 요소로써 자연으로부터 얻은 무상 공여물(供與物)과 관련된 잉여, 즉 순수지대는 현실에서 찾아보기 힘들다고 하였다. 이와 함께 인위적 요소에 대한 대가는 진정한 의미의 지대(즉, 경제지대)가 아니고 공급을 증가하거나 감소시킬 수 있는 대가이며 비용의 범주에 속한다고 보았다.

마샬이 의미하는 준지대는 일시적으로 토지지대의 성격을 가지는, 즉 경제지대의

---

45 마셜은 영국을 떠나 미국을 여행하며 미개간지를 개척하려는 개척자는 개간과 영농에 투입될 노동과 자본 그리고 위험에 대한 대가가 있어야 투자를 감행할 것이라고 보고 토지지대는 경제지대의 성격을 가진 부분과 가변비용과 같은 성격을 가진 부분이 섞여 있음을 설명하였다.

성격을 가지는 소득으로 설명하고 있다. 예컨대, 생산을 위한 기계, 설비 등은 단기적으로 고정생산요소라고 할 수 있다. 자연 상태의 토지 이외의 고정생산요소에 대한 대가인 소득은 단기적으로 지대의 성격을 가지지만, 장기적으로는 생산요소의 공급량을 변화시킬 수 있으므로 비용의 성격을 가진다.

마샬은 공공발생지대라는 개념도 소개하였다. 이는 토지소유자의 노력과 희생없이 주로 공공에 의해 발생하는 지대로서, 사회 전체의 노력으로 창출될 이익이라고 해서 공공가치라고도 불렀다. 공공발생지대는 상대적으로 유리한 사회기반시설에 인접하여 유리한 입지에서 얻게 되는 추가소득을 의미한다.

마샬은 리카도나 마르크스 등의 학자들이 설명한 노동가치설, 즉 '생산물의 가치는 투입된 노동의 가치이며 토지지대는 잉여'라는 주장에 대해 문제를 제기하였다. 그리고 고전학파가 말하는 지대는 사실상 토지의 한계생산에 불과한 것이라고 설명하였다. 지대가 토지의 한계생산을 반영한다면 노동의 한계생산을 반영하는 임금이 비용이 되듯이 지대 또한 비용이 된다고 할 수 있다.

토지지대가 가격결정의 요인이 되지 않는다는 주장은 토지에서 생산된 생산물의 일부인 생산요소가 가격결정에 아무런 요인이 되지 않는다는 결론으로 이어지는데, 이는 명백히 상식에 어긋난다고 보았다. 마샬은 중요한 것은 노동의 가치가 아니라 시장에서 '수요와 공급'에 의해 결정되는 '가격'이라고 보았다. 또한 고전학파 학자들이 시장에서 가격의 결정을 공급 측면에서 강조하였는데, 마샬은 수요와 공급이 모두 중요하다고 강조하였다.

파레토 지대 – 현대적 의미의 지대이론

이탈리아의 경제학자 '빌프레도 파레토(Vilfredo Prareto)'[46]는 지대란 경제 여건의 변화로 어떤 균형의 상태에서 다른 균형 상태로 옮겨가는 과정에서 발생한다고 보았다. 토지를 생산요소로 보면 특정 용도로 이용되고 있는 토지가 다른 용도로 전환되지 않도록 현재의 용도에서 꼭 치러야 할 최소한의 금액을 전용비용(transfer cost)이라

46 빌프레도 파레토는 '80 대 20 법칙'으로 더 유명한 '파레토 법칙'에 그 '파레토'가 맞다. 1848년에 이탈리아에서 태어난 파레토는 정치학자, 사회학자, 경제학자, 정치학자이자 철학자이다.

고 하고, 이 전용비용을 초과한 공급자의 소득[47]을 지대로 보았다.

파레토는 토지를 생산요소의 일종으로 보고 생산요소의 공급탄력성이 지대의 크기를 결정한다고 주장하였다. 토지는 공급이 비탄력적인 대표적인 생산요소이다. 토지는 물리적으로 위치가 고정되어 있고 이전이 불가능하여 어떤 특정한 공간에서 토지의 공급량은 자본을 아무리 투입해도 증가시킬 수가 없으므로, 파레토가 설명하는 지대의 개념은 토지에서 가장 현저하게 나타난다. 파레토 역시 리카도와 같이 지대를 잉여로 보았다. 그런데 파레토가 설명한 지대가 고전학파 리카도와 다른 점[48]은 구체적으로 어떤 용도를 기준으로 삼아 해당 생산요소가 이 용도에 이용되는가 아닌가의 관점에서 파악한 개념이다. 따라서 이 지대는 이용자들 사이의 경쟁 관계의 정도에 의해서 좌우된다는 점에서 신고전학파의 전통을 계승한 부분도 있다.

파레토가 설명하는 지대는 지불하지 않아도 되는 대가로 잉여의 성격을 갖는다. 지대의 지불 여부와 상관없이 어떤 토지에서 해당 생산요소의 용도를 변동시키지 않는다는 특성이 있고, 잉여의 성격을 갖는 지대를 모두 세금으로 환수해도 토지의 이용 양태에 아무런 영향을 주지 않는다고 하였다.

예를 들어, 어느 지역의 토지가 밭으로 이용되어 제곱미터당 1만 원의 지대가 발생하고, 공장으로 이용하면 제곱미터당 5만 원의 지대가 발생한다고 가정하자. 그러면 이 토지는 공장으로 이용될 것이며 이때 토지의 제곱미터당 전용비용은 밭으로 이용될 때의 1만 원이고 공장으로 이용되면 파레토가 설명하는 지대는 4만 원이 된다. 만약 정부가 이 지대 4만 원을 모두 세금으로 징수한다고 해도 토지의 이용에는 아무런 변화가 발생하지 않을 것이며 따라서 토지의 생산량도 아무런 변화가 없을 것이다. 왜냐하면 토지소유자는 토지를 공장에 빌려주고 제곱미터당 5만 원을 받아서 이 중 4만 원을 세금으로 납부하는 것이나 밭으로 이용하게 하고 제곱미터당 1만 원의 지대를 받는 것이나 마찬가지이기 때문이다. 따라서 세금으로 징수하는 세액이

47 특정 생산요소의 공급이 신축성 있게 대응하지 못한 결과, 이것이 귀속되는 소득이 경제 전체의 자본의 평균 수익을 현저하게 초과할 수 있다. 이때의 초과분을 파레토는 '획득된 지대'(la rente acquise)라고 불렀다. 토지경제학, 2019, 이성선, 박영사, p. 341.

48 리카도는 지대를 영국이라는 제한된 영토에서 국민경제 전체의 차원에서 본 지대이고, 파레토의 지대는 개별 용도의 측면에서 본 지대로 그 크기가 다르다. 국민경제 전체에 일률적으로 적용되는 토지정책은 리카도의 지대의 개념이 적용된 것이고, 어느 특정 용도에 국한되는 토지정책은 파레토의 지대의 개념이 적용된 것이다.

크다고 하여 공장으로부터 토지를 회수해서 다시 밭으로 농사를 짓는 토지로 빌려주더라도 이득이 되지 않는다. 이 경우 기준이 되는 '다른 용도'는 밭이며, 밭의 순소득이 공장용 토지의 경제지대를 계산할 때 전용비용이 된다.

위 예시에서 보는 바와 같이 토지에 귀속되는 순소득 중에는 잉여로서 지대의 성격을 가지는 부분(4만 원)이 있고, 그렇지 않은 부분(1만 원) 있음이 나타난다. 그리고 밭으로 이용되는 지대는 잉여로서 지대를 포함하느냐에 대해서는 밭으로 이용되는 토지의 공급탄력성에 의해 결정된다. 밭으로 이용되는 토지의 지대, 제곱미터당 1만 원은 토지의 공급탄력성이 낮으면 잉여의 성격을 가지게 될 것이고, 공급탄력성이 높으면 지대는 잉여의 성격이 아닌 생산을 위한 비용의 성격이 높아질 것이다. 자료 1-4는 이상의 설명을 그림으로 표현한 것이다.

자료 1-4 전용수입과 경제지대

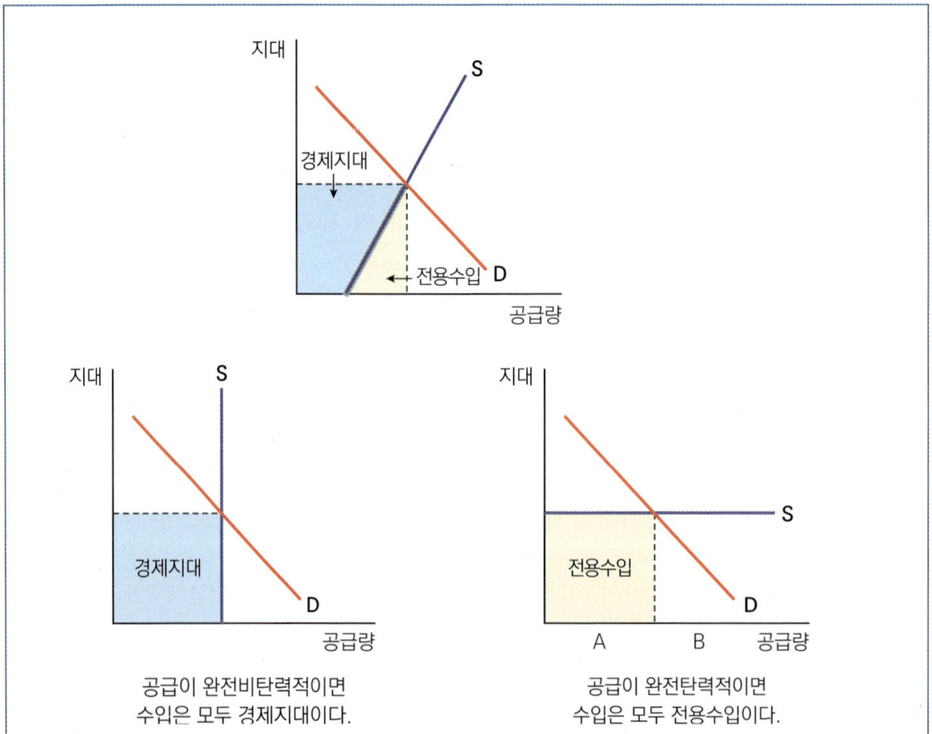

1.1.3 입지 및 공간구조이론

입지(立地)에 대한 선호는 고대 선사시대부터 인류가 정착 생활을 하면서 장소의 안전성과 토지의 비옥도, 위치의 편리성 등 자연환경의 조건으로부터 시작되었다. 인류 문명의 발상지들의 공통적인 특징은 강줄기를 따라 비옥한 토지가 형성된 지역들이며, 이들이 선택한 입지는 인류가 주거, 수렵 · 채집, 경작 등의 활동으로 생존을 위해 더 나은 지표(地表)에 위치를 선택하고 점유하며 이용해야 하는 생존의 문제였다. 역사적 기록에서 수로(水路)나 비옥한 토지를 차지하기 위하여 '부족'부터 '국가'까지 다양한 집단 간에 전쟁을 불사했던 사건을 통해 그 중요성을 이해할 수 있다.

도시 내에서 입지에 대한 선호는 도시의 공간을 구조화하면서 특정 형태로 나타났다 산업혁명 이후 산업의 대량 생산 체제는 도시로 인구 유입과 더불어 생산시설이 설치되는 토지이용의 밀도를 높이는 계기가 되었다. 또한 도시는 도시 내부의 중심상업지역, 주거지역, 공업지역 등 기능적 분화와 교통체계의 발달로 인한 공간적 분화로 인하여 여러 학자에 의해 공간구조(urban spatial structure)이론이 발전하였다.

본 절에서는 근대 산업혁명 이후부터 현대까지 학문적으로 정리된 다양한 입지이론 및 공간구조이론들을 시기순(順)으로 고찰하여 '입지'와 '도시구조'가 토지의 경제적 · 사회적 가치에 미치는 영향을 소개하고자 한다.

허드(1903) – 도시의 성장은 교통축을 따라 성장한다

미국의 부동산경제학자 '허드(Richard M. Hurd)'[49]는 튀넨의 입찰지대에서 나아가 도시의 성장을 생태학적 관점에서 보고 도시성장의 방향과 정주지역 변화의 특징을 연구하였다. 허드는 당시 사회에서 최초의 상업건물들은 교통편의를 위해 철도, 고속도로, 항만 등 교통의 시발점 주변에 형성된다는 점에 주목하였다. 즉, 도시 중심지를 기준으로 사방으로 주요 간선 교통로가 형성되고 이를 따라 도시의 주거, 상업,

49 허드는 부동산경제학자이자 정치활동가였다. 1903년 그가 도시 토지 가치의 원칙을 출판했을 때, 변호사 모기지 보험회사의 사장이었다. 제1차 세계대전 중 그는 미국의 제1차 세계대전 참전을 주장하였으며, 미국의 26대 대통령인 시어도어 루스벨트의 친구였다.

산업 등이 발달한다고 보았다.[50]

허드는 1903년에 『도시 토지 가치의 원칙(Principles of City Land Values)』을 발표하고, 미국의 여러 도시들의 사례들을 근거로 제시하며 도시성장의 방향은 다음과 같이 두 가지로 요약된다고 하였다. 첫째, '해안도시'의 초기 성장은 해변을 따라 형성된다. 왜냐하면 해변에 평행한 교통축이 형성되어 거주자에게 자연적인 도로를 제공하기 때문이다. 둘째, '내륙도시'의 경우 고속도로를 따라 여러 방향으로 도시가 발전해 나간다.

허드에 따르면 도시공간은 생태학적 요인과 경제적 요인, 정책 요인들의 영향을 받아 형성된다. 허드는 생태학적 요인으로 상업 및 업무기능이 사회적 집단의 분포에 결정적 역할을 한다고 하며 용도 간의 질서를 설명하였다. 또한 경제적 요인으로 토지의 단위 면적당 수익성을 기준으로 기능이 배치되며, 정책 요인으로 도시계획 등을 통해 인위적으로 도시공간구조 질서가 수립됨을 설명하였다.

허드는 도시의 성장 방법을 설명하면서 도시가 생태학적 법칙에 따라 형성되며, 성장 방법은 '중심적 성장(central growth)' 또는 교통로를 따른 '축적[51] 성장(axial growth)' 방식을 설명하였다. 중심적 성장은 근접성을 기반으로 설명하여 뒤넨의 입찰지대곡선과 유사한 개념이다. 한편, 축적 성장은 도시의 전체적 성장이 고속도로, 철도 등 축을 따라 성장하여 자료 1-5와 같이 도시가 별 모양의 형태를 보인다는 설명이다.

50 성형(星形)이라는 의미는 주요 교통로를 따라 도시가 별 모양으로 뻗어나간다는 허드의 이론을 강조하는 표현이다.

51 축적(軸的)이라는 의미는 고속도로, 철도 등 교통기관의 시설을 따라 축을 형성된다는 의미이다.

자료 1-5 허드의 성형(星形)이론 모형

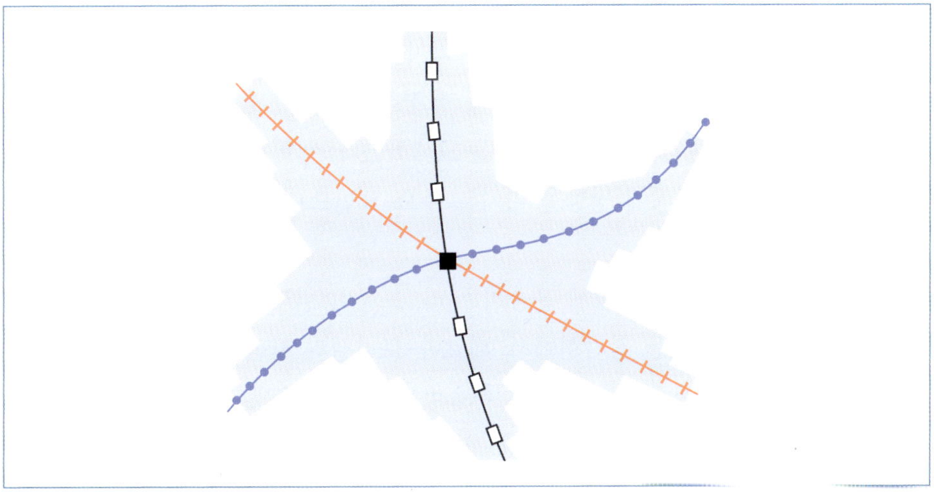

출처: Thomlinson Ralph, (1943: 143)

위와 같은 별 모양 형태의 축적 성장은 전차, 지하철 또는 철도 통근노선을 가진 도시들에서 주로 관찰되며, 자동차를 이용한 고속도로 등 간선도로가 나타나기 이전의 대도시가 대체로 이러한 형태를 보이는 것으로 나타났다.

허드는 도시성장의 유형을 두 가치 측면으로 나타난다고 설명한다. 첫째, 교통시설의 시작점으로부터 모든 방향으로 고르게 성장하는 형태와 둘째, 터미널 · 공공건축물 · 산업시설 · 호텔 등과 같은 시설이 있는 여러 부도심으로부터 성장하는 형태이다. 이와 더불어 허드는 도시 내 중심 성장의 가장 단순한 형태는 도시의 중심지로부터 연결되는 가로를 따라 차례로 건물이 집합된 형태라고 설명하였다.

허드의 결론은 도시성장의 중요한 특징은 연속성과 동질성을 지닌 건축물들이 증가하는 추세를 나타난다는 점을 강조하였다. 그리고 이러한 특징은 중심적 성장이나 축적 성장에서 모두 나타나는 특징이라는 점을 강조하였다. 허드가 실증사례를 조사한 당시 미국 도시에서 철도의 입지는 새로운 지역으로 성장하는 출발점이 된다고 제시하였다.

허드의 도시성장에 관한 견해는 후에 '버제스(E. W. Burgess)'나 '호이트(Homer Hoyt)' 등 학자들에 영향을 미쳤고, 고전적인 도시구조 이론의 선구자적 역할을 하였다.

베버(1902) – 산업입지는 생산 비용을 최소화하는 입지에 형성된다

'알프레드 베버(Alfred Weber)'는 독일의 학자로 1909년 『산업입지에 대하여』[52]를 발표하였다. 베버는 공업입지론의 입지를 설명하여 지리경제학의 발전에 기여하고 공업입지에 관한 최초의 체계적인 이론을 모색하였다. 베버는 최소비용 지점을 최적 입지라고 보고, 공업입지에 영향을 미치는 주요 요인으로서 운송비와 노동비, 집적의 이익을 고려하였다.

베버의 산업입지 이론은 크게 운송비 원리, 노동비 원리, 직접 이익 원리로 이루어져 있다. 운송비 원리는 삼각형에서 '페르마-토리첼리 지점'을[53] 이용하여 최소 운송비 지점을 설명한 이론이다. 베버는 운송비를 생산비 중에서 가장 중요한 요인으로 보았다.

베버의 운송비 원리를 설명하기 위해서는 시장과 두 곳의 원료 및 동력 공급지가 필요하다. 왜냐하면 시장과 두 곳의 원료 및 동력 산지를 선으로 이어 삼각형을 만들어야 하기 때문이다. 그러나 최소 운송비 지점이 단순히 페르마-토리첼리 지점만 고려되는게 아니다. 베버는 경제활동지에서 생산되는 재화의 무게까지 고려하였다. 즉 [최소 운송비 = 재화의 무게 × 단위 거리]가 된다.

이를 정리하면, 한 지역에 원료 공급지 A와 동력 공급지 B, 시장, 공장만이 있다고 가정하면, 원료 공급지 A에서 생산되는 재화의 무게는 a, 동력 공급지 B에서 생산되는 재화의 무게는 b, 시장으로 운송되는 재화의 무게는 c이면, 최소 운송비 지점인 공장입지 P는 다음 식과 같다.

$$ax + by + cz \geq P$$

위 식에서 거리를 나타내는 변수인 x, y, z 를 기하학적으로 표시한 다음 '페르마-

52 Alfred Weber, 1909, '*Theory of the Location of Industries*'

53 '페르마-토리첼리 지점'은 삼각형의 꼭짓점들로부터 중심 방향으로 향하는 선 길이의 총합이 최소가 되는 지점이다. 토리첼리(Evangelista Torricelli)는 이탈리아의 수학자이자 기하학자이다. 그리고 페르마(Pierre de Fermat)는 프랑스의 수학자이다. 페르마는 토리첼리에게 삼각형의 세 꼭짓점으로부터의 거리의 합이 최소가 되는 점을 구하라는 문제를 냈는데, 이 때문에 '페르마-토리첼리의 지점'이라고 한다.

토리첼리의 지점'을 도출한 그 지점이 바로 최소 운송비 지점 P 이다. 이 지점에서 공장이 위치해야 운송비가 최소화되며, 이 모형을 기하학적으로 표시하면 자료 1-6과 같다.

자료 1-6 베버의 최소 운송비 원리(A. Weber)

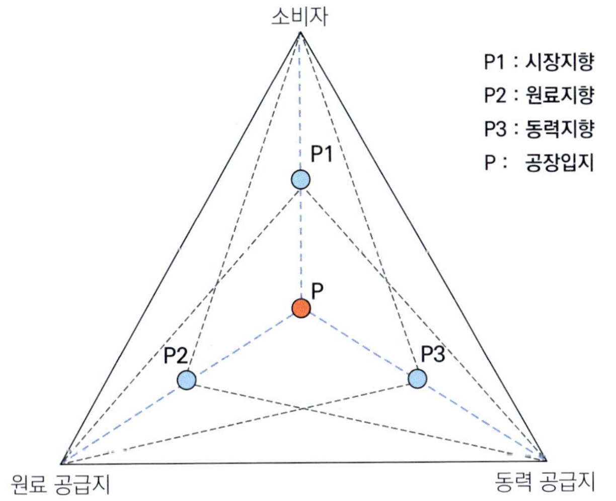

베버의 노동비 원리는 '한계등비용선'[54] 모델을 베버의 문제에 도입하여 운송비와 더불어 노동비를 추가한 이론이다. 한계등비용선에 의한 노동비 절감 이익이 운송비 이익보다 클 때, 노동비가 절감되는 지역으로 최소 생산비 지점이 이동한다는 것을 설명한다.

운송비 최소 지점에서 노동 지향을 하는 지역의 범위를 알기 위하여 총운송비 최소 지점을 중심으로 총운송비가 같은 지점을 연결한 '등비용선(isodapane)'을 그릴 수 있다. 자료 1-7은 두 개의 원료 산지(M_1, M_2)와 하나의 시장(K)을 가진 공업의 총운송비 최소 지점을 P로 할 때의 등비용선의 변화를 나타낸 것이다.

54 한계등비용선은 운송비가 최소화되는 지점에서 노동 지향을 하는 지역의 범위를 알기 위하여 총운송비 최소 지점을 중심으로 총운송비가 같은 지점을 연결한 '등비용선(isodapane)'을 의미한다.

노동비가 아무리 저렴한 장소가 있다고 하여도 노동비가 0 이하인 장소는 없다. 그러므로 총운송비 최소 지점에서 노동 지향을 나타내는 지역 범위와 일치한다. 자료 1-7에서 만일 단위 상품당 노동비가 300원이라면 노동 지향 범위는 300원의 등비용선과 일치하는데, 이 등비용선을 '한계등비용선'이라고 한다.

자료 1-7 베버의 한계등비용선(A. Weber)

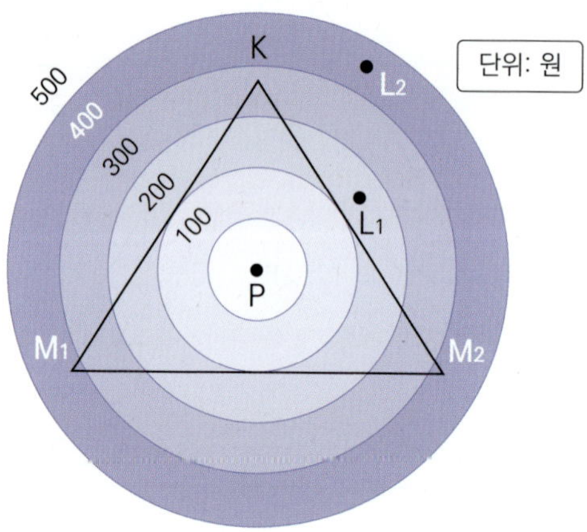

마지막으로 집적 이익 원리가 있다. 지금까지 살펴본 베버의 이론의 전제 조건은 한 지역 내에서 원료 산지 두 곳과 시장 한 곳이 전부라고 하였다. 그러나 시장과 원료 산지가 여러 곳으로 늘어난 경우를 생각하면 공장이 여러 개가 되어 공장 간 정보 교환이 가능해지기 때문에 집적의 이익이 발생하게 된다. 집적의 이익은 협력 업체와의 근접성, 숙련된 노동력의 이용 용이성, 기술 및 정보의 빠른 전파 등 다양한 장점을 제공한다. 따라서 산업이 한 곳에 집중될수록 생산 비용이 낮아지고 효율성은 높아지는 결과로 나타나는 효과를 집적의 이익이라고 한다. 집적에 의한 생산비 절감 효과가 최소 운송비 지점보다 커질 때 최소 생산비 지점은 집적 이익이 최대인 지점으로 이동한다.

베버의 이론은 완전히 균질한 지형에 대한 몇 가지 가정을 하고 있으며, 고르지 않은 지형, 교통 여건, 인프라의 변화와 같은 현실 세계의 복잡성을 고려하지 못하였다. 또한 베버의 이론은 주로 제조업에 초점을 맞추어서 서비스 산업과 같은 다른 산업에는 적용하기에 어려움이 있다. 현실에서 기업은 운송비용 외에도 정부 규제, 숙련된 노동력의 접근성, 시장수요 등과 같은 다른 요소도 고려한다는 점에서 베버의 이론은 한계가 있다.

뢰쉬(1940) – 산업입지는 수요를 최대화할 수 있는 입지이다

뢰쉬(August Losch)는 앞에서 소개한 베버와 더불어 지리경제학과 산업입지 이론의 다른 시각을 보여준 학자이다. 뢰쉬는 베버의 '최소비용이론'에 대해 기업의 생산비용만 고려한 이론이라는 점을 지적하며, 산업의 최적 입지는 수요가 최대로 확보되는 위치에서 결정된다는 '최대수요이론'을 주장하였다.

뢰쉬는 어느 한 지점에 생산한 산업 생산품은 공장에서 운송 거리에 따라 판매 가격이 증가하고, 점차 수요량이 감소하다가 어느 지점에 이르러서는 수요가 0이 되는데, 이 거리를 반지름으로 하는 원이 그 산업이 독점할 수 있는 시장 범위가 된다고 하였다. 그리고 이 원의 중심은 산업입지의 최적 장소로 보고 수요가 최대화되는 지점이라고 설명하였다. 이러한 형태의 산업입지와 배후지는 동심원으로 나타나는데, 뢰쉬의 동심원 이론은[55] 지역 경제의 공간적 구조와 시장 형태에 중점을 두었다. 즉, 경제활동이 산업입지가 공간적으로 분포하는 형태와 그 분포가 나타내는 시장의 특성으로 경제적 효율성에 미치는 영향을 분석하였다.

뢰쉬의 최대수요이론(revealed preference theory)은 기업의 수요가 고정되어 있고 제품의 수요가 예측 가능하다는 가정을 기반으로 제품 생산을 위해 필요한 재고량과 생산량을 결정할 때 유용하다. 이 이론은 수학적 확률 분석을 활용하여 생산 측면에서 적절한 재고량을 결정하는 수학적인 모델로 이어져 공급망 관리가 매우 중요한 요인으로 기업이 생산량과 재고 수준을 조정할 때 최적의 결정을 내리는 방법론의 이론적 토대가 되었다. 이에 따르면 기업은 최적의 생산량과 재고량을 결정하기 위

55 뢰쉬의 동심원 이론은 버제스(E. W. Burgess)의 동심원 이론으로부터 영향을 받은 것으로 보인다.

해 수요 예측과 재고 관리에 수학적 기법을 적용하여 과거의 판매 기록, 경쟁 기업의 영향, 시장 상황 등 여러 데이터를 수집 및 분석하여 수요 예측 모델을 구축하고 최적의 재고량을 계산할 수 있다. 이를 통해 기업은 생산량과 재고 수준을 최적화하여 비용을 최소화하고 수익을 극대화할 수 있다.

뢰쉬의 이론은 수요자의 선호가 고정되어 있고 선호를 파악할 수 있다는 가정에 기반하고 있다. 그러나 실제로는 수요자의 선호를 완전히 파악하기 어려운 것이 현실적이라는 점에서 이론적 한계가 있다. 그러나 시장에서 수요가 최대화되는 지점이 산업입지로 적합하다는 점에서 산업입지 분석에서 베버의 최소비용이론과 더불어 산업과 경제활동의 공간적 배치를 이해하는데 중요한 틀을 제공한다.

버제스(1925) – 도시는 5개의 동심원 지대(zone)로 구분된다

'버제스(E. W. Burgess)'는 『도시의 성장(1925)』이라는 논문에서 '동심원적 도시 성장이론'을[56] 제시하고, 도시 내부구조에 관한 최초의 체계적인 이론과 생태학적 원리를[57] 도시에 적용한 선도적인 학자이다.

동심원 이론의 기본원리는 침입과 천이, 집중의 과정으로 도시는 외부로 성장한다는 생태학적 관점을 전제로 하고 있다. 그래서 버제스는 도시성장은 중심업무지역을 중심으로 자연지역이 원을 그리며 확장되어 가는 과정이라고 설명하였다.

동심원 이론은 1920년대 미국의 중서부 도시인 시카고의 사례를 기반으로 설명하고 있다. 1920년대 시카고는 도시성장 과정에서 서비스 직종이 성장하고 자동차에 의한 이동이 빠른 속도로 증가하였다. 이러한 변화는 도시의 성장과 확장을 야기하였다. 특히, 1920년대 시카고는 많은 이민자들을 받아들였고 가난한 이민자들로 인하여 도시 내 값싼 주택에 대한 수요가 높아졌다. 이러한 현상으로 부유한 사람들

---

56 이 이론은 일반적으로 '동심원 이론(concentric zone theory)'이라고 칭한다.

57 생태학적 접근방법은 도시토지이용의 구조와 변천을 설명하는데 유용한 틀을 제공하고 있다. 도시 생태학자들은 도시 내에서의 대표적인 지배적 지역을 상업중심지로 보았는데, 이는 자연에서 우세종이 종속적인 종의 분포나 생존에 결정적인 조건을 부여하는 것과 같은 원리로 상업지역이 도시 내 여러 사회적 집단의 분포에 결정적인 영향을 미친다고 보았다. 관련된 이론으로 동심원이론, 선형이론, 다핵이론으로 나눌 수 있으며 이를 발전시킨 도시권역이론(도시권역모형)이 있다.

은 도시의 외곽으로 이주하고 가난한 계층의 사람들은 내부지대에 모이게 되었다. 도시 내부에 거주하는 사람들은 교통비를 줄이기 위해 도심에서 가까운 지역에 거주하려 하고, 통근에 필요한 비용이 부담되지 않는 부유한 사람들은 더 넓은 생활공간을 찾아 도시의 외곽에 살고자 하였다.

이러한 사회적 배경에서 20세기 초 대도시 성장과 관련하여 도시계획, 지역지구제(zoning), 지역연구 등에 관심이 있던 학자들은 기존보다 실용적 관점에서 연구하였다. 버제스는 도시성장을 연구하며 도시 인구밀도의 증가보다는 도시의 영역적 확장과 대규모 공동체에 이들 지역을 합병하는 상관적 경향성에 주목하였다. 버제스는 도시의 확장, 도시의 생태학적 과정, 확장과 관련된 이동성에 깊은 관심을 가졌다.[58]

버제스는 시카고의 사례연구를 기반으로 도시가 성장함에 따라 도시의 확장 과정은 일련의 동심원에 의해 설명된다고 보았다. 버제스는 도시의 확장이 연속되는 지역들과 확장의 과정에서 분화되는 유형을 설명하면서 동심원이론을 제시하고 도시 중심에 중심부 즉, CBD(Central Business District)로부터 동심원의 형태로 확장되는 도시의 구조를 표현하였다.

버제스의 이론에 따르면 모든 커뮤니티는 도시의 외곽으로 확장한다. 중심업무지구로부터 도시 외곽으로의 방사형의 확장은 상업 · 업무 및 공업기능의 압력과 거주자들이 외곽의 입지에 선호를 갖기 때문이며, 동시에 중심업무지역과 경공업지역이 성장하면서 주거지를 잠식하게 되어 거주자들이 주거환경이 더 양호한 곳으로 이동하게 된다. 그 결과, 자료 1-8과 같이 동심원에 가까운 형태가 형성된다고 하였다.

58 황희연 외, 2002, 도시생태학과 도시공간구조, 보성각, p. 146.

자료 1-8 버제스의 동심원이론(Burgess. E. W., 1928: 119)

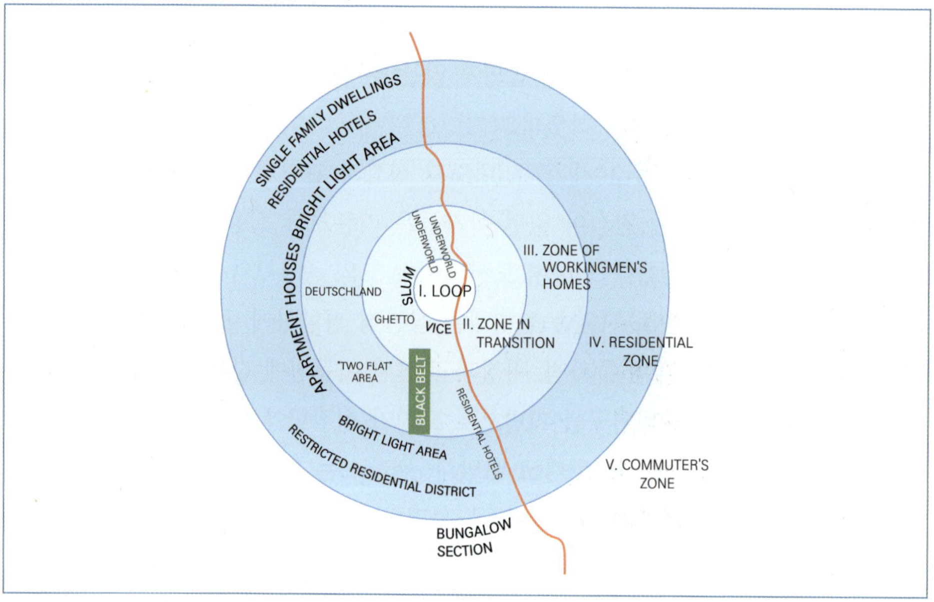

버제스는 도시의 성장이라는 현상을 학문적으로 연구하는 관점 내지는 연구 방법을 제시하였다. 버제스는 도시의 확대현상을 침입, 천이, 집중 등 생태학적 개념을 원용하여 설명하였다. 도시는 각 동심원의 안쪽지대가 바로 바깥쪽의 지대로 침입함에 따라 그 영역을 확장해 가는 경향이 있으며, 이러한 과정은 생태학에서 설명하는 천이과정과 흡사하다고 설명하였다. 또한 도시성장의 일반적인 과정 속에는 보완적인 관계에 있는 집중(concentration)과 분산(decentralization)의 개념이 동시에 포함[59]된다고 설명하였다. 이러한 도시성장 과정에서 나타나는 지역을 아래와 같이 구분하였다.

I 지대 : 중심업무지역(CBD: Central Business District)

도심 또는 다운타운 등으로 불리는 이 지대는 도시의 중심부로 도시가 방사형으로 확대되어 가는 도시 발달의 진원지이다.

59 대도시의 도심에는 지역 내외의 교통이 집중하고 있기 때문에 경제, 문화, 정치활동이 이 곳에 중심을 갖는 집중과정을 보이지만, 다른 한편으로는 외측지대에 부도심이 성장하는 분산과정도 동시에 나타남을 의미한다(토지이용계획론, 2023, 대한국토 · 도시계획학회 편저, p. 47).

중심업무지역은 백화점, 고급 판매시설, 업무용 고층건물, 시청, 극장, 철도역사 등 도시의 경제, 정치, 문화, 교통시설 등 주요기능들이 집적되어 있는 도시 내의 최상위 중심지이다.

II 지대 : 점이지대(zone in transition)

점이지대는 서로 다른 지리적 특성을 가진 두 지역의 사이에서 인접한 두 지역의 특성이 모두 나타나는 지대(地帶)를 의미한다.

점이지대는 CBD와 근로자 주거지대 사이에 형성된다. 이 지대는 도심으로부터 업무기능과 경공업기능이 침투해 옴에 따라 기존의 주거기능은 점차 쇠락하고 주거환경이 황폐화(slum)가 심각하게 나타난다.

점이지대 내에서 CBD와 접하는 내측으로는 경공업지대가 입지하고, 3지대와 접하는 외측으로는 슬럼(slum)이나 저가의 하숙집 등 쇠락한 주거지대가 위치하는 경향이 나타난다.

III 지대 : 근로자 주거지대(zone of workingmen's homes)

근로자 주거지대는 저소득층 주거지대(zone of low income housing)이라고도 불리운다. 이 지대는 쇠락한 주거지대가 있는 점이지대 보다는 주거여건이 다소 양호하지만 중심업무지역과 공장지대 주변에 입지하여 점이지대에서 이주한 사람들이 유입되고, 더 나은 주거환경으로 이동하려는 수요가 있다.

IV 지대 : 중산층 주거지대(residential zone)

중산층 주거지대는 아파트나 단독주택 등으로 사무직이나 전문직에 종사하는 계층이 주로 거주하는 지역이다. 중산층 주거지대에는 통근자 지대에 거주하는 상류층과 비슷한 계층이 포함된 중상류층이 거주하기도 한다.

지대 내부의 주요 교통의 요지(결절점[60])에는 '위성 도심(satellite loops)'이라고 하는

60 결절점이란 전철, 지하철이 교차하는 교차 역세권에서와 같이 여러 교통수단 혹은 간선교통망이 집중되어 토

지역 업무 중심지(local business center)나 부도심(subcenter)이 발달한다.

V지대 : 통근자 지대(commuter's zone)

통근자 지대는 도시의 경계를 넘어 CBD로부터 비교적 멀리 떨어진 방대한 면적의 지대로 교외 주거지역 또는 위성도시 등이 포함된다.

이 지대에는 주로 고소득층의 상류층이 거주하며 승용차를 이용하여 주간에는 도심으로 이동하여 일을 하고 야간에는 교외로 귀가하는 통행패턴이 나타난다.

버제스는 도시의 성장이라는 현상을 학문적으로 연구하는 관점 내지는 연구 방법을 제시하였다. 버제스는 도시의 확대 현상을 침입, 천이, 집중 등 생태학적 개념을 원용하여 설명하였다. 도시는 각 동심원의 안쪽지대가 바로 바깥쪽의 지대로 침입함에 따라 그 영역을 확장해 가는 경향이 있으며, 이러한 과정은 생태학에서 설명하는 천이과정과 흡사하다고 설명하였다. 또한 도시성장의 일반적인 과정 속에는 보완적인 관계에 있는 집중(concentration)과 분산(decentralization)의 개념이 동시에 포함[61]된다고 설명하였다.

버제스는 도시의 확대과정에는 물리적인 성장 및 발달과정의 측면과 더불어 이에 수반하여 일어나는 사회구조나 인간성의 변화과정이라는 측면도 존재한다고 보았다. 버제스는 도시의 성장을 사회의 조직형성(organization)과 조직분해(disorganization)를 통해 이루어지는 일종의 신진대사 과정으로 보았다. 한편 도시확대가 급속히 진행되어 자연증가를 크게 초과하는 급격한 인구증가가 나타나면 도시의 사회적 신진대사가 무질서하게 되어 질병, 범죄, 위생 문제, 자살 등 새로운 도시문제가 발생한다고 설명하였다.

버제스는 도시의 성장이나 확대는 유동성(mobility)의 증대를 동반하는 경향이 있다고 하였다. 도시의 신진대사 상태를 나타내는 지표가 되는 유동성에는 두 가지 요소가 포함되어 있는데, 하나는 인구 유동으로 도시인구의 성별 구성 및 연령별 구성

지이용이 고도화되고 교통 활동이 왕성한 지역을 말한다.

61 대도시의 도심에는 지역 내외의 교통이 집중하고 있기 때문에 경제, 문화, 정치활동이 이 곳에 중심을 갖는 집중과정을 보이지만, 다른 한편으로는 외측지대에 부도심이 성장하는 분산과정도 동시에 나타남을 의미한다(토지이용계획론, 2023, 대한국토·도시계획학회 편저, p. 47).

의 변화, 타 집단으로부터의 격리의 정도(degree of segregation) 등이 있다. 다른 하나는 도시환경 속에 나타나는 접촉 및 자극의 수와 종류로서 빠른 교통량이나 전화 통화량의 증가 등을 지표의 예시로 설명하였다.

레일리(1931) – 상권의 흡인력은 도시의 인구와 거리에 따라 결정된다

'레일리(William J. Reily)'는 1931년 발표한 『소매중력의 법칙(The law of retail gravitation)』에서 상권의 흡인력은 두 도시의 인구수에 비례하고 두 도시로부터 거리의 제곱에는 반비례한다는 이론을 제시하였는데 '레일리의 소매 중력 법칙'으로 더 유명하다.

레일리의 접근은 해당 지역의 지형이 평평하고, 강 · 도로 · 산이 없어 소비자가 상품을 구매하기 위해 어디로 이동할지 결정하는 데 영향을 미치지 않는다고 가정한다. 이때 두 도시가 있고 도시 간에 아무런 차이가 없다고 가정할 때, 뉴턴의 중력 법칙과 유사하게 두 소매점의 크기에 비례하고 거리의 제곱에 반비례한다고 가정하는 점이 무차별점, 즉 두 소매점의 '매력도'가 같아지는 지점이다. 이를 수식으로 표현하면 아래와 같다.

$$\text{상권의 흡인력} = \frac{\text{인구수}}{\text{거리}^2}$$

좀더 자세한 설명을 위해, 두 도시 A, B가 있고 A도시의 인구는 a라 하고, B도시의 인구는 b라 하자. 두 도시 A와 B 사이의 분기점으로부터 A도시까지 거리는 x라 하고, B도시까지 거리는 y라고 할 때, 두 도시 간의 상권의 흡입력은 다음과 같이 표현할 수 있다.

$$\text{A도시의 상권의 흡인력} / \text{B도시의 상권의 흡인력}$$
$$= (a/x^2) / (b/y^2) = (a/b) \times (x/y)^2$$

따라서, A도시와 B도시의 인구가 같다면, 두 도시 간의 상권의 분기점은 중간지점이 되며, A도시가 B도시 대비 인구가 2배 더 많다면 상권의 분기점은 A도시에서 더 멀어지고 B도시에 가깝게 된다.

예컨대, 인구가 1만 명인 A도시가 있고, 인구가 5천 명인 B도시가 있다고 가정하자. 두 도시 사이에는 인구가 9천 명인 C도시가 있고, A도시까지 거리는 1킬로미터, B도시까지 거리는 2킬로미터라고 하자. 이때 레일리의 소매법칙을 이용하여 C도시의 인구가 모두 소비활동을 한다면 A, B 각 도시로 흡인되는 규모를 구해보자.

(A도시 1만 명 / 1킬로미터의 제곱) / (B도시 5천 명 / 2킬로미터의 제곱)

= (1만 명 / 5천 명) / (1킬로미터 / 4킬로미터) = 2/0.25 = 8

이를 비례식으로 표현하면 BA : BB = 8 : 1이므로,

C도시의 인구 9천 명은 A도시에서 8천 명, B도시에서 1천 명이 소비할 것이다.

레일리의 소매 인력 법칙은 다양한 변형과 확장, 그리고 응용으로 여러 학자에게 영향을 주었다. '컨버스(P.D. Converse)'는 1949년 '분기점 모형(breaking point model)'으로 레일리의 법칙을 응용하여 두 도시 각각 입지하고 있는 소매시설 간 상권의 경계 지점을 확인할 수 있는 분기점의 위치를 구하는 방법을 제시하여 레일리의 모형을 수정하였다.

'허프(David Huff)'는 1964년 『상업지역의 정의 및 추정(Defining and Estimating a Trade Area)』[62] 논문에서 발표한 확률모형으로 소비자가 소매점을 방문할 확률을 소매점의 거리, 매력도 및 대안의 상대적 매력도의 함수로 예측하였다. 이 모델은 소매시설의 입지에 관한 연구 및 도시계획뿐 아니라 도시경제, 마케팅에도 사용되며 여러 상용 GIS 시스템에서 구현된다.

62 Huff, David L. (1964), *'Defining and Estimating a Trade Area.'* Journal of Marketing, Vol. 28, pp. 34~38.

호이트(1939) – 도시는 선형(sector)형태로 발전한다

'호이트(Homer Hoyt)'는 미국의 학자로, 1939년에 『미국도시에 있어서 주택지구의 구조와 성장』[63]이라는 논문에서 도시의 성장은 도시의 중심으로부터 외곽을 향해 신분별로 군집을 이루어 부채꼴(sector) 형태로 뻗어나간다는 '선형이론(sector theory)'을 발표[64]하였다.

호이트가 활동하던 1930년대는 대공황 시기였으며, 그는 경제 불황으로 도시의 부동산 시장과 주거지 등의 분포에 관심이 높은 연구자였다. 한편, 주류 이론이었던 버제스의 동심원이론은 시카고를 대상으로 한 연구로 다른 도시에 적용하기에는 어려움이 있었다.

호이트는 미국의 142개 도시의 주택블록별 평균임대료(rent)를 지표로 주택블록의 분포와 성장패턴을 도표화하였다. 이를 토대로 도시가 성장함에 따라 도시중심에서 외곽을 향해 신분별로 군집을 이루어 부채꼴 형태로 뻗어나가는 현상을 발견하였다.

또한 임대료 수준이 증가함에 따라 지역들이 동심원을 형성하는 것이 아니라 서로 다른 임대료 수준의 부류는 서로 다른 부채꼴 형태의 지역을 형성한다는 것을 발견하였다. 즉, 임대료 수준으로 구분하면 동심원이 아니라 서로 다른 부채꼴 형태로 사회적 지위에 따른 주거지가 구분된다고 결론을 내렸다.

호이트의 선형이론은 자료 1-9와 같이 그 모양이 마치 부채꼴 형태와 같다고 하여 '선형이론(Sector Theory)'이라고 한다. 호이트가 제시한 선형이론은 도시생태이론에 근거하여 근린주구의 변화를 파악한 최초의 체계적 접근이다.

---

63 Homer Hoyt, 1939, '*The Structure and Growth of Residential Neighborhoods in American Cities*', Federal Housing Administration.

64 허드의 성형(星形)이론과 버제스의 동심원이론으로부터 영향을 받았으나 미국 내 여러 도시의 표본을 기반으로 독자적인 이론으로 발전되었다.

자료 1-9 호이트의 선형이론(Hoyt. H., 1939)

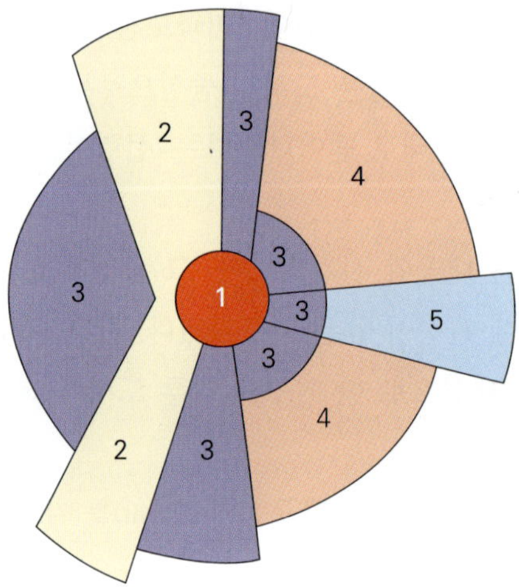

호이트는 자료 1-9와 같이 다양한 주거 임대료 수준을 갖는 임대지역들이 도시 내에 형성된다고 이해하고 있으며, 이러한 임대지역들(sector)은 입지가 고정된 것이 아니라 도시의 성장과 함께 이동한다고 하였다. 그림에서 도시의 성장과 더불어 점차 외곽으로 고급주택들이 위치하려는 경향이 있음을 알 수 있다. 호이트는 이러한 고급주거지역의 외곽 이동 경향을 설명하는 요인을 아래와 같이 정리하였다.

1. 고급주거지역은 초기 개발지역에서부터 기존의 교통로를 따라 발전하거나 일련의 고급건축물 집단이나 상업중지로 구성된 다른 핵심지가 있는 방향을 향하여 그 발전이 진행되는 경향이 있다.
2. 고급주거지역은 홍수위험이 없고 전망이 좋은 고지대 방향으로 발달하거나, 호수, 만(灣), 강, 바다 등 공업적 용도에 사용되지 않는 수변을 따라 발전하는 경향이 있다.
3. 고급주거지역은 자연적, 인위적 장애물이 없고 막다른 지대를 피해 시가지 경계를 넘어서까지도 넓은 부지를 충분히 확보할 수 있는 방향을 향해 성장하는 경향이 있다.
4. 고급주거지역은 그 도시의 지도층 인사들이 거주하는 주택이 입지하는 곳을 향해 성장하는 경향이 있다.
5. 사무소, 건물, 은행, 상점 등은 보다 고급주거지역에 근접하여 이동하는 경향이 있다.

6. 고급주거지역은 기존의 주요 교통노선을 따라 발달하는 경향이 있다.
7. 고급주거지역의 성장은 장기간에 걸쳐 동일한 방향으로 성장을 계속하는 경향이 있다.
8. 고급아파트는 기존 도심의 업무중심지 근처에 건설되는 경향이 있다.
9. 부동산개발사업자들이 고급주거지역의 성장 방향에 영향을 미치는 경우가 있다.

호이트의 이론에 따르면 도시가 성장함에 따라 도시 내의 고급주택지역은 앞에서 설명한 이동 경향과 같은 방식으로 항상 특정한 선형지대(sector) 내에서 확장되어 이동하며, 이렇게 이동한 후에는 종전의 고급주거지역이 중급주거지역으로 변하게 된다. 일반적으로 고급주거지역은 주거환경에 높은 지불용의가 있는 계층이 수요자이므로 공업기능이나 창고 등과 같은 지역에서 가급적 멀리 떨어진 곳에 입지하려 한다. 소득이 높은 계층은 이미 낡고 오래된 종전의 지구에 되돌아가는 경우가 거의 없다.

이처럼 도시의 주거지역에서는 지속적으로 동적 변화가 일어난다. 근린주구는 시간이 경과함에 따라 쇠락하고 외부로의 지속적인 이동이 이루어진다. 건물이 낡게 되고 가속이 고령화됨에 따라 근린주구의 역동적 힘도 감소한다. 또한 시간이 지나면서 주택은 보다 많은 유지관리비용을 필요로 한다. 이처럼 주택의 질이 저하하는 과정을 거쳐 기존 주거지역은 시간이 경과함에 따라 한 단계 낮은 주거지역으로 전락한다.

호이트는 중간주거지역이 일반적으로 기존에 존재하는 고급주거지역의 양측에 입지하지만 도시의 주변부를 향해 현저하게 확대하는 경우는 별로 없다고 하였다. 저가주거지역도 일단 하나의 선형지대 내에 나타나기 시작하면 그 도시의 주변부를 향해 계속 확장하는 성향이 있기 때문에 그 선형지대는 저급주거지역으로 성격을 계속 유지하게 되는 경향이 있다고 설명하였다.

호이트의 선형이론은 미국의 142개 도시를 대상으로 한 경험적인 사실에 기초를 두기 때문에 동심원이론에 비해 한 단계 발전된 이론이지만 다음과 같은 점들이 비판의 대상이 된다.

첫째, 선형모델이 제시하고 있는 '섹터'에 대한 정의가 애매하다는 점이다. 호이트의 연구에서 섹터는 용어는 하나의 블록에서 한 도시 전체의 1/4에 이르기까지 다양한 규모로 적용되었다.

둘째, 많은 도시에서 도시성장의 모습이 선형을 나타내고 있으나 그 이유가 선형이론에서 강조하고 있는 고급주거지역의 확장과 이동보다는 상업지역의 확대와 성장으로 인한 경우가 많다는 점이다.

셋째, 호이트의 이론은 도시의 토지이용을 설명함에 있어 교통시설, 특히 간선도로와 고속도로의 중요성을 강조하고 있다. 그러나 고급주택 거주자는 고속도로 부근에 입지하는 경우도 있으나 그것을 피해 입지하는 경우도 많다.

넷째, 선형이론이 제시하고 있는 여러 현상은 많은 도시에서 관찰되고 있으나 각 섹터 내에서 주택의 질을 통해 도시성장을 설명하고 있기 때문에 활동의 결절지점에 대한 접근성이 중요하게 여겨지는 대규모 도시에 적용하기엔 한계가 있다.

호이트의 이론은 버제스의 도시성장이론에 방향요소(directional element)를 첨가한 것이라고 말할 수 있다. 그러므로 버제스와 호이트의 이론은 배타적인 관계가 아닌 상호 보완적인 관계로 평가받고 있다.[65]

크리스탈러(1933) – 상업 중심지가 3차 산업의 분포를 설명한다

'크리스탈러(Walter Christaller)'는 독일의 지리학자로 1933년에 『남독일의 중심지』라는 저서를 출간하며 도시체계 내에서 취락의 수, 규모, 분포 등을 설명하는 '중심지이론(Central Place Theory)'[66]을 발표하였다. 중심지 이론은 연역적으로 추구한 공간적 질서를 체계화한 이론으로 지리학적 연구의 중요한 이론으로 자리 잡았다.

중심지 이론은 주변 지역에 재화와 용역을 공급하는 중심지의 분포와 계층 구조에 관한 공간적 규칙성을 규명한 이론이다. 인간이 생활하는 사회에서는 여러 종류의 재화와 서비스가 필요하다. 다른 종류의 재화나 서비스는 각기 다른 크기의 상권을 가지고, 같은 종류의 것은 같은 크기의 상권을 가질 것이다. 다른 종류의 재화나 서비스를 제공하는 상점과 서비스 기능이 한 곳에 겹치게 되면 그 곳이 중심지(central place)가 된다. 중심지 기능이 입지한 장소를 중심지라고 하며, 중심지로부터 재화와 용역을 제공받는 지역을 배후지라고 한다.

---

65 황희연 외, 2002, 도시생태학과 도시공간구조, 보성각, p. 161.

66 Walter Christaller, 1933, *Die zentralen Orte in Süddeutschland. Gustav Fischer.* Jena: Gustav Fischer.

중심지 유지를 위하여 필요한 최소한의 수요를 최소 요구치라고 하는데, 이는 중심지 규모에 따라 달라진다. 그리고 중심지 기능의 영향을 받는 공간적 한계 거리를 재화의 도달 범위(the rage of a good)[67]라고 하는데, 이는 교통 발달 정도에 따른 구매자의 이동 범위와 일치한다. 중심지가 형성되기 위해서는 최소 요구치와 지역 범위가 재화의 도달 범위 내에 있어야만 한다.

재화의 도달 범위는 주민들이 중심재를 구입하기 위하여 기꺼이 이동하고자 하는 가장 먼 거리이며, 크리스탈러는 이를 외측 한계(상한)과 내측 한계(하한)으로 구분하였다. 도달범위의 상한은 '중심지로부터의 거리'에 따라 결정되며, 하한은 '최소소비량'에 의해 결정된다.

중심지가 단 한 개라면 중심지의 배후지의 형태는 원형이 된다. 그러나 동일 계층의 중심지가 다수 분포하는 경우, 중심지를 중심으로 한 배후지가 연접하다가 일부가 중첩되고 결국 중첩된 지역에서 서로 더 가까운 재화 도달 거리에 있는 중심지를 기준으로 중첩지역이 분할된다. 따라서 가장 이상적인 형태는 중심지 사이의 경쟁을 최소화하기 위하여, 타원형의 중첩된 지역이 각각의 중심지로 같은 크기로 선형 분할되어 서루 연접한 정육각형의 형태로 나타나게 된다. 이를 그림으로 나타내면 자료 1-10과 같다.

자료 1-10 크리스탈러 중심지이론(Christaller W., 1933)

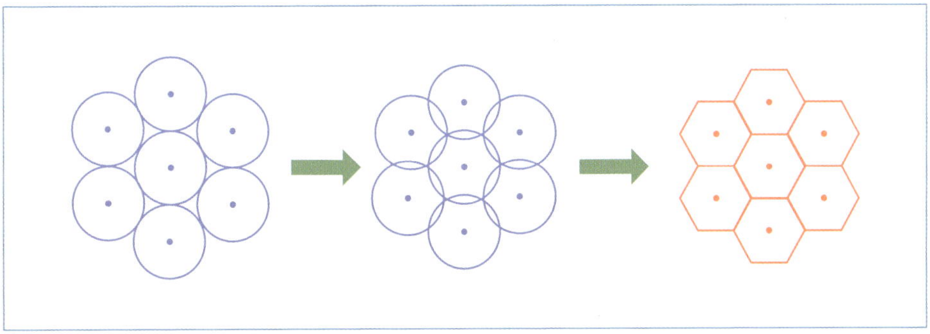

67 구동회, 2017, '크리스탈러 중심지이론에서의 Range 개념', 국토지리학회지 51(4), 391~460,: 크리스탈러가 '남부독일의 중심지'(1933)에서 설명한 범위(Reichweite; Range)의 개념은 후에 Berry and Garrison(1958)의 논문에서 한계점(Threshold)의 개념으로 대체되었다.

한편, 중심지의 계층이란 중심지 상호간의 중심성의 차이, 즉 중심지가 수행하는 3차 산업기능의 보유 정도에 대한 중심지간의 차이를 의미한다. 이때 중심지의 계층은 인구규모에 비례하는 것이 일반적이나, 인구규모가 크다고 해서 반드시 비례하는 것은 아니다.[68]

크리스탈러는 중심지 계층에 관하여 포섭원리(nested principle)로 설명하였다. 포섭원리는 고차중심지의 영향권인 도달범위 내에 낮은 규모의 중심지들이 어떻게 포섭되어 있는가를 설명하는 원리이다. 중심지는 여러 계층으로 나타나며 크리스탈러는 이를 설명하기 위해 K-value 체계를 이용하였다.

1. 시장원리(marketing principle : K=3)

시장원리는 가능한 한 적은 수의 중심지에서 보다 넓은 지역에 재화와 서비스를 공급하기 위해 중심지들은 서로 분리되어야 한다는 원리이다. 또한 하나의 저차 중심지는 이론상 등거리에 위치해 있는 차상(바로 상위계층)의 3개의 중심지에 영향을 받게 되므로 각기 1/3씩 분할되어 가장 가까운 차상의 고차중심지에 포섭되는 원리이다. 따라서 고차중심지의 영향권[69] 내에는 완전한 1개의 차하(바로 아래계층)중심지와 배후지가 포함되고 1/3씩 분할된 차하중심지와 배후지가 6개 포함되므로 실제 3개의 차하중심지가 포섭된다.

$$K = 1 + (1/3 \times 6) = 3$$

이 경우 중심지의 계층이 낮아질수록 중심지의 수는 3배수로 증가한다.

2. 교통원리(transporting principle : K=4)

교통원리는 큰 도시들(고차중심지)를 연결하는 도로선상에 되도록 저차중심지들이 많이 배열되도록 하여 교통상의 편리를 도모한 원리로서, 효과적인 교통망을 건설

68 크리스탈러는 중심성의 크기는 일반적으로 인구규모에 비례하는 것으로 보았다.

69 중심지이론에서 중심지의 영향권은 도달범위 또는 배후지와 같은 의미이다.

할 수 있는 원리이다. 교통원리는 고차중심지의 육각형 선 중앙에 저차중심지가 6개 분포함으로써, 교통상의 효율성을 극대화한 형태이다. 이 경우 고차중심지의 육각형 내에는 1개의 차하중심지와 배후지가 포함되고 1/2로 분할된 차하중심지와 배후지가 6개 포섭된다.

$$K = 1 + (1/2 \times 6) = 4$$

따라서 고차중심지간의 거리는 차하의 저차중심지 간의 거리의 2배이며, 고차중심지로부터 차수가 낮아질수록 중심지의 수는 1 : 4 : 16 …와 같이 기하급수적으로 증가한다.

3. 행정원리(administrative principle : K=7)

행정원리는 경제적 관점이 아닌 정치적인 관점에서 유도된 공간 배열로서, 행정적 통제상 개개의 중심지의 영향권이 세분될 수 없다는 전제 아래 고차중심지의 세력권 내에 6개의 자하중심시가 모두 포섭되게 하는 원리이다.

$$K = 1 + (6) = 7$$

이상에서 설명한 포섭의 원리를 그림으로 표현하면 자료 1-11과 같다.

자료 1-11 중심지 계층에 관한 포섭원리(nested principle)

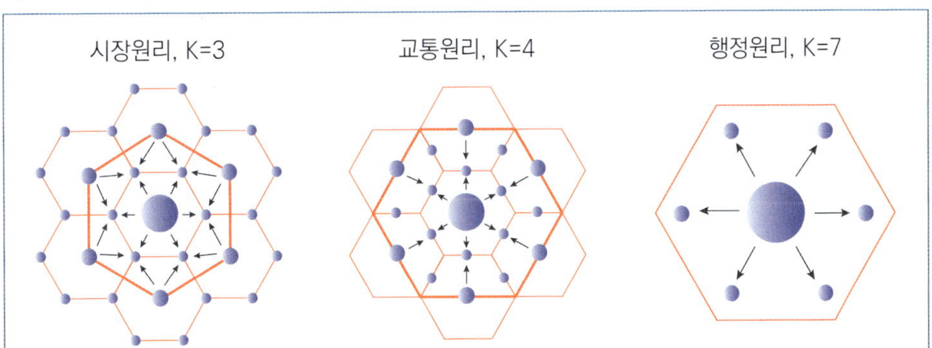

해리스, 울만(1945) – 도시가 성장할수록 여러 핵들이 성장하여 통합된다

해리스(Chuncy Harris)와 울만(Edward Ullman)은 동심원이론과 선형이론으로 설명하기 어려운 복잡한 도시의 구조를 연구하여 1945년 발표한 연구논문 『도시의 본질(the nature of cities)』에서 도시는 하나의 핵(nuclei)이 아닌 여러 개의 핵심 또는 중심지를 갖는다는 '다핵이론(multiple nuclei theory)'을 제시하였다.

다핵이론은 도시가 성장함에 따라 기존의 핵들은 새로운 핵으로 흡수되며 이 과정에서 더 전문화된 핵이 나타난다는 것이다. 이 이론은 도시의 지역 구조와 성장과정은 각 핵 주위에서 특별한 활동을 전문화시키면서 성장하는 여러 개의 많은 구역이 발생한다는 점을 특징으로 한다. 해리스와 울만은 도시 서비스 공급자로서의 도시 유형을 세 가지 범주로 요약하였다.[70]

첫째, 주변지역에 대해서 광범위한 서비스를 제공하는 중심지(central place)로서의 역할을 하는 도시 유형이다. 이러한 도시들은 모든 생산영역에서 균등하게 분포하는 경향이 있다. 중심지로서의 도시는 무역과 사회적 중심으로서 역할을 한다. 중심은 다양한 크기를 나타낸다. 도시의 중심지는 일반적으로 상업지역이며, 미국 도시들은 각 도시규모에 비례하는 쇼핑몰 또는 도매공급자가 나타나며 사회적 · 종교적 기능도 중심지를 유지시키는 역할을 한다. 또한 대규모 중심도시는 정치적 중심으로서도 기능한다.

둘째, 교통로를 따른 물류의 이동 및 저장과 교환 등 적환(積換)과 관련된 서비스를 수행하는 교통도시(cities as transport foci) 유형이다. 이러한 도시는 공간적으로 거리가 떨어져 있지만 '교통로'로서 전략적 위치 때문에 시간적으로 가깝게 연결된다. 이러한 도시들은 철도 또는 수로(水路)를 따라 선형(linear pattern)으로 배치되는 경향이 있다. 모든 도시는 주변 지역과 교류를 위해 교통에 의존하게 된다. 근대 이후 교통의 형태가 해양에서 철도로 확장되면서 물품저장과 교환지점이 더욱 중요하게 되었으며, 항구에서 화물에 대한 재포장, 저장, 분류와 같은 부수적인 서비스업이 발전하게 되었다.

셋째, 다른 도시의 범위를 포함하여 광역적 지역을 위한 광업, 제조업 및 위락 서

70 황희연 외, 2002, 도시생태학과 도시공간구조, 보성각, p. 162.

비스를 수행하는 특수기능도시(specialized-function cities)의 형태가 있다. 석탄, 수력 및 해변과 같은 주요 입지요인의 특성 때문에 이런 도시들은 독립적 또는 집합적으로 형성된다. 특수한 기능은 특별한 자원을 기반으로 발달한다. 미국에서 가장 큰 산업도시가 집중된 미국 북동부와 인접한 캐나다의 제조업 벨트의 발전은 철광석과 같은 원료와 농산물 등을 기반으로 이루어졌다. 한편, 좋은 기후와 해변 등 관광자원을 기반으로 하는 마이애미에 여러 도시에는 위락 서비스가 발전하는 계기가 되었다.

해리스와 울만에 의하면 도시의 토지이용은 몇 개의 핵으로 구성된다. 지역의 핵심은 도시의 발생 초기부터 존재한 것도 있고, 도시의 성장과정에서 발전한 것도 있다. 많은 도시들은 그 도시의 성격에 따라서 광산, 공장, 철도시설, 항만시설, 도매, 소매 등과 같은 단일 중심으로 성장하다가 도시의 발전과정에서 새로운 중심이 출현하게 된다. 해리스와 울만은 이러한 중심의 분리와 지역 분화의 원칙에 근거하여 여섯 개의 지구를 설정했다.

1. 중심업무지구(CBD : central business district)

중심업무지구는 도시 내 교통시설의 편의가 가장 높은 곳인 특성이 있다. 일반적으로 교통이 집중하여 도시의 모든 부분에서 가장 접근이 용이하며 지가가 가장 비싼 지점이다. 이 지구 내에서 가장 좋은 접근성을 갖춘 입지에 소매지구가 형성되는 경우가 많으며, 백화점과 다양한 종류의 상품과 서비스를 공급하는 상점이 집중되어 있으므로 많은 유동 인구가 나타난다.

2. 도매 및 경공업지구(Wholesale and Light-Manufacturing District)

도매 및 경공업지구는 전통적으로 도시 중심부에 인근하여 위치하였으나 도시의 규모가 커지고 교통수단이 발전함에 따라 철도나 자동차로 지역 간 이동이 양호한 위치에 입지하는 경향이 있다. 따라서 이 지구는 지역 간 철도역이나 간선도로가 교차한 교통의 결절점을 따라 집중하고 있다.

3. 중공업지구(Heavy Industrial District)

과거 시내 중심지 주변에 입지하던 중공업지구는 도시의 성장과 규모의 증가로 인하여 점차 넓은 공간을 요구하게 되었다. 이로 인하여 도시 주변지역에 교통 및 여객차와 화물차를 조절하는 조차장(操車場)의 확보가 용이한 지역에 중공업지역이 위치하게 되었다. 미국에 시카고에 있는 약 100개의 공장은 3마일(miles)의 긴 벨트로 형성되었는데 이 지구는 도시 외곽에 화물수송지에 근접해 있다. 또한, 중공업지구는 소음, 악취, 산업폐기물 및 위험물질 등으로 인하여 대도시 중심으로부터 떨어진 곳에 별도의 대단위 지구를 형성하며 성장하게 되었다.

4. 주거지구(Residential District)

주거지구는 다시 고급주택지구, 중급주택지구, 저급주택지구로 구분할 수 있다. 일반적으로 고급주택지구는 소음, 악취, 대기오염 등으로부터 이격되어 있고 배수와 교통이 용이한 높은 지대에 입지한다. 이에 비해 저소득층이 거주하는 저급주택지구는 공장과 철도시설 근처에 나타나고 도심과 공업지구 인근 등 다양한 지역에 입지한다. 중급주택지역은 지리적으로 저급주택지구와 고급주택지구 사이에 위치한다. 주택이 오래되면 건축물이 쇄락하여 주거환경이 열악해지므로 높은 임대료를 지불할 능력이 없는 계층에 의해 대체된다.

5. 소핵심지구(Minor Nuclei)

소핵심지구는 문화중심, 공원, 주변업무지구 등을 포함한다. 미국의 대학은 준독립적인 핵(nuclei)을 형성한다. 예컨대, 미국의 하버드대학, 시카고대학, 캘리포니아대학 등이 이에 해당한다. 또한 주거지구로 이용하기에 적절하지 않은 토지에 공원과 위락시설이 입지하여 고급주택지역의 핵을 형성하기도 한다. 예컨대, 미국 워싱턴의 록 크릭 파크(Rock Creek Park)와 영구 런던의 하이드 파크(Hyde Park)가 이에 해당한다. 외부업무지구에 해당하는 이러한 지구는 향후 중심지로서 기능할 수 있지만, 소규모 소매점과 경공업시설은 도시에 산재해 있어 특화된 지구를 별도로 형성하지 못한 경우가 많다.

6. 교외와 위성도시(Suburban and Satellite)

주거지구이나 공업지구가 교외지역에서 발달하는 것은 미국 도시의 특징이다. 도시가 거대화되면서 자동차 이용의 증가와 교통 통근철도의 발달은 이러한 교외주거지구와 교외공업지구의 발전을 촉진하였다. 위성도시는 경제활동이 중심도시와 밀접한 관련으로 이루어지지만, 중심도시와 거리상으로 분리되어 있다는 점에서 교외지구와는 다르다.

해리스와 울만의 이러한 구분을 그림으로 나타내면 자료 1-12와 같다.

자료 1-12 해리스와 울만 다핵모형(Harris. C. D. and Ullman. E. L., 1945)

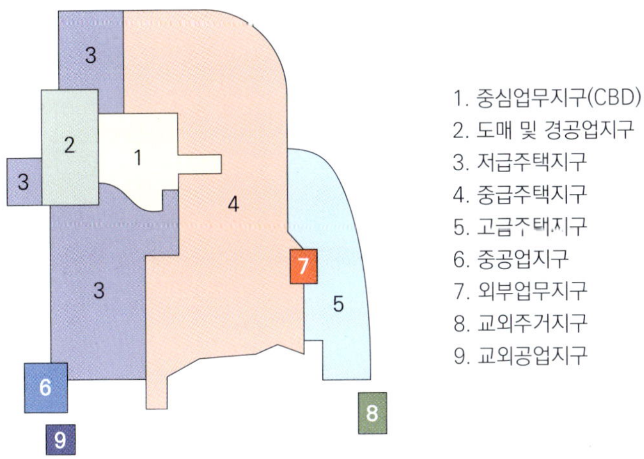

다핵이론은 버제스의 동심원이론과 호이트의 선형이론을 보완하는 이론으로 생각할 수 있다. 도시의 핵(nuclei)은 다수의 핵으로 분화되므로 다핵이론은 대도시의 공간 행태를 설명하는데 설득력을 갖는다. 다핵이론은 동심원이론이나 선형이론보다 더 단순하고 구조상 비조직적이라고 할 수 있으나, 각 지대와 전체 도시지역의 지역적 유기적인 성장을 고려한 것으로 변동이 큰 현대의 도시를 설명하는데 더 적합하다.

한편, 황희연 외(2002)[71]는 동심원이론, 선형이론, 다핵이론 등의 19세기 초반에

71 황희연 외, 2002, 도시생태학과 도시공간구조, 보성각.

제시된 이론들은 토지이용, 특히 주거지 변화에 대한 설명에 개인적 동기나 문화적 요인 또는 정치적 요인이 배제되어 있다고 지적하였다. 또한 주거지의 이동에 대한 공간적 패턴이 주택구매 능력과 주택가격에 대한 관계를 반영하여 연구될 때, 이 관계에 영향을 미치는 사회적 제도나 정치적 요소 그리고 사회문화적 요소 또한 동시에 고려되어야 도시환경에 대한 사회경제적 설명이 가능하다고 지적하였다.

넬슨(1958) – 상점은 서로를 보완하는 방식으로 집적할 때 이익이 크다

미국의 경제지리학자 '넬슨(Richard L. Nelson)'의 『소매입지론(retail location theory)』[72]은 1958년 발표된 이론으로, 당시 도시의 상업활동과 소비자 행동에 대한 이해가 깊어지면서 등장한 이론이다. 또한 이 이론은 중심지이론(central place theory)과 소비자 행동이론의 발전에 따른 대표적인 행태주의적 소매입지 이론 중 하나이다.

소매입지론은 크리스탈러의 중심지이론(1933)의 정태적이고 이상적인 모델의 한계를 보완한 모델이다. 넬슨은 상업시설의 실제 분포는 단일 중심지 원리에 따르지 않다는 점을 관찰하였고 소비자의 선택 행동과 실제 상업시설 간의 상호작용을 설명할 필요가 있다고 보았다. 또한 자동차의 보급, 도시 외곽 쇼핑센터의 등장 등 도시공간의 소비 형태의 변화를 토대로 소매상점이 최대의 이익을 얻을 수 있는 위치를 선정하는데 필요한 8가지 원칙을 제시하였다.

1. 상권의 잠재력(Potential of the Trading Area)

상권의 잠재력은 해당 지역이 수익을 올릴 수 있는 잠재력이 있는지 평가하는 것이다. 인구밀도, 인구성장률, 소비자 소득수준, 소비패턴 등을 포함하는 개념으로 이 요소들이 상점이 위치한 지역에서 소비자가 충분히 많이 있고, 소비력이 있는지 판단하는 요인이 된다.

---

72 넬슨의 소매입지론(retail location theory)는 누적된 매력 이론(thoery of culmulative arrtraction)이라고도 한다. 이는 소매상점들이 서로 시너지 효과를 창출하여 독립적으로 위치하는 것보다 더 많은 고객을 유인할 수 있다는 점을 시사한다.

2. 접근 가능성(Accessibility)

접근 가능성은 고객이 상점을 쉽게 방문할 수 있는지를 의미한다. 이는 교통 인프라, 주차시설, 대중교통 접근성, 도로망 등을 포함한다. 고객이 쉽게 접근할 수 있는 위치는 매출 증가에 매우 중요한 요인이며, 접근성이 좋지 않으면 고객이 방문하기 어려우므로 매출에 부정적인 영향을 미친다.

3. 성장 가능성(Growth Potential)

성장 가능성은 상점이 위치한 지역이 앞으로 얼마나 성장할 수 있는지 평가하는 것이다. 이는 인구 증가, 경제발전, 지역개발계획 등을 포함하는 개념이다. 장기적으로 성장할 가능성이 높은 지역에 상점을 위치하면 지속적인 수익 증가를 기대할 수 있다.

4. 중간 유인(Intervening Opportunity)

중간 유인은 고객의 주거지와 기존 상점 사이의 위치에 상점을 두는 것을 의미한다. 이렇게 하면, 고객이 이동하는 경로 위에 상점이 위치하게 되어 자연스럽게 고객을 유인할 수 있다. 고객이 자주 다니는 경로에 상점을 두는 것은 고객이 상점에 쉽게 접근할 수 있도록 하는 역할을 한다.

5. 집중 흡인력(Agglomeration[73])

집중 흡인력은 비슷하거나 같은 종류의 상점이 집적된 상태를 의미한다. 예컨대, 쇼핑몰이나 상가에 여러 상점이 모여있으면, 상점들이 서로 고객을 유인하는 효과를 볼 수 있으며, 한 상점을 방문한 고객이 주변 상점도 방문할 개연성이 높아진다.

73 '집적의 경제'를 표현할 때 'economy of agglomeration'이라고 한다.

6. 양립성(Compatibility)

양립성은 서로 보완되는 상품을 취급하는 상점과 함께 위치하는 것이 유리하다는 점을 의미한다. 예컨대, 옷가게 옆에 신발가게가 있으면 고객이 옷가게를 방문한 후 신발가게도 방문할 가능성이 크다. 서로 보완재 관계인 상점들이 모여있으면 고객의 쇼핑 경험이 향상되고 매출이 증가할 가능성이 커진다.

7. 경쟁 회피성(Competitive Avoidance)

경쟁 회피성을 경쟁자가 적은 지역에 상점을 두는 것이 유리하다는 원칙이다. 경쟁자가 많으면 가격 경쟁, 고객 분산 등으로 경쟁 비용이 증가한다. 따라서 경쟁이 덜한 지역에 상점을 두면 상대적으로 안정적인 고객 확보가 가능해진다.

8. 경제성(Economic Feasibility)

경제성은 생산성과 성장성을 가진 경제적인 토지를 선택하는 것을 의미한다. 이는 임대료, 인건비, 운영 비용 등을 포함하는 개념이다. 높은 비용은 수익을 내기 어렵게 하므로 경제적인 면을 고려하여 토지를 선택하는 것이 중요하다.

넬슨의 이론은 도시계획적 측면에서 쇼핑몰, 대형 복합상가, 스트리트형 상가 등의 설계 및 입지 전략에 응용되어 오늘날의 복합쇼핑시설(mixed-use shopping complex)[74] 구조의 이론적 기초를 제공하였다. 또한 도심의 중심상업지구뿐 아니라 교외 소매 중심지, 복합상업지구 개발 등의 이론적 근거를 제공하였다.

넬슨이 제시한 원칙은 마케팅 측면에서 중요한 시사점을 제공하였다. 상점의 입지가 경쟁점포와 보완상품을 판매하는 점포의 존재 여부를 고려해야 하며, 단순히 거리나 접근성만으로는 소비자를 유인할 수 있는 원인을 설명할 수 없음을 강조하였다. 넬슨의 소매입지론은 후에 허프의 확률모형(1963)이나 공간적 상호작용 모형 발전에 학문적 영향을 미친 것으로 평가되고 있다.

---

74 '복합쇼핑시설'은 'multi-purpose shopping mall'이라고도 하며 넬슨의 이론은 'anchor store + satellites store' 구조의 쇼핑몰에 가깝다.

반스(1964) – 도시는 중심지로부터 독립적인 도시권역과 공존한다

반스(James E. Vance)[75]는 해리스와 울만의 다핵모형을 확장하여 '도시권역 모형(urban realms model)'을 제시하였다. 도시권역모형과 다핵모형의 주요 차이점은 도시권역모형은 중심도시를 상호 연결된 여러 작은 권역의 집합으로 보는데, 다핵모형은 도시를 내부에 여러 핵(nuclei)이[76] 있는 하나의 단일 도시의 범위로 본다는 점이다.

도시권역모형의 핵심은 중심도시로부터 독립적인 교외지역의 자족적인 도시권역의 등장으로 볼 수 있다. 도시권역모형은 도시가 권역으로 구성되어 있다고 보며, 각 권역에는 주거, 상업, 산업, 공공 등 네 가지 유형의 토지이용이 나타나는 자립도시이다. 도시권역모형은 미국의 거대도시(mega cities)의 등장으로 도시의 다양한 권역권이 중심도시, 교외, 교외도심, 상업중심지들 간에 나타나는 상호연결성과 상호의존성을 설명하며 주목을 받았다.

도시권역모형은 중심도시(CBD: central business district)와 교외지역의 중심지가 각각 독립적인 도시권역을 형성하여 전통적인 중심공간인 CBD와 공존하는 모형으로 설명된다. 이러한 도시권역 모형에서 각 도시권역의 특성은

1. 지형과 하천 등 자연적인 조건
2. 거대도시권(mega cities)지역의 전체 규모
3. 각 도시권역의 경제활동의 규모
4. 각 도시권역의 핵심지역에 접근할 수 있는 적근성
5. 교외지역의 도시권역들 사이의 접근성 등에 의해 형성된다.

이러한 도시권역모형을 그림으로 나타내면 자료 1-13과 같다.

---

75 미국 버클리에 있는 캘리포니아 대학교의 지리학 교수로 있으면서 샌프란시스코 지역의 토지이용 구조를 분석하여 제안하였다.

76 다핵모형에의 핵(nuclei)에는 내부에 반드시 모든 주거, 상업, 산업 등 토지 유형을 갖춘 도시로 기능하지 않는다.

자료 1-13 반스 도시권역모형(Vance, 1964)

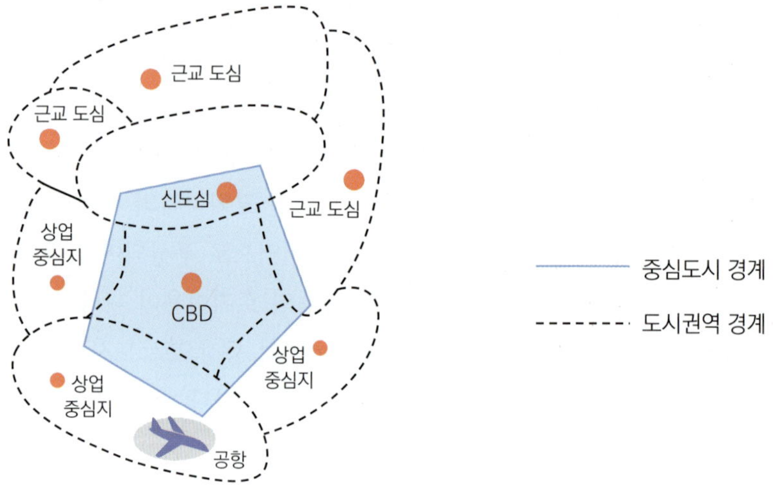

반스는 미국 샌프란시스코의 토지이용 구조 분석을 기반으로 도시권역모형을 발전시켰다. 과거 샌프란시스코가 성장한 역사적 중심지(mission district)는 오늘날 샌프란시스코에서 가장 가난한 동네 가운데 하나가 되었다. 또한 동아시아 이민자들이 정착한 역사적 지역인 차이나타운은 여전히 저소득 거주지이다. 반면, 21세기 샌프란시스코가 성장한 대부분은 교외 지역을 중심으로 촉진되었으며, 교외 지역은 그 자체로 독립적인 권역으로 성장하였다. 이러한 교외 지역은 샌프란시스코만 지역의 일부인 실리콘밸리, 버클리, 오클랜드가 포함된다. 교외 지역은 샌프란시스코와 물리적으로 멀리 위치함[77]에도 불구하고 샌프란시스코와 밀접하게 연결되어 있다. 도시권역모형은 거대도시권의 공간구조 분석에서 인구와 고용의 교외화가 시간이 지나면서 교외 지역에 중심지를 이루게 되어 새로운 도시권역을 형성하는 과정을 잘 설명하는 장점이 있다.

77 실리콘밸리와 버클리가 있는 산호세는 샌프란시스코에서 약 50km정도 떨어져 있다.

입지이론과 토지이용 결정요인 – 도시교통의 영향

입지이론은 도시 내 각종 활동의 공간적 입지 또는 토지이용을 결정하는 요인이 무엇이며 입지가 토지의 가치에 미치는 영향을 연구한 이론이다. 토지이용의 결정요인으로 교통시설과 수단의 발전이 미친 영향을 주거, 상업, 공업, 공공서비스 입지 등의 측면에서 살펴보면 아래와 같다.

1. 주거입지 : 주거입지 이론은 1960년대 알론소(Alonso), 무쓰(Muth), 밀스(Mills) 등에 의해 발전하였다. 주거입지이론은 재화의 소비과정에서 개인은 효용을 극대화하는 행태를 보이고 있음을 전제로 하고 있다. 따라서 도시가구는 주거인의 소득수준 내에서 주거비와 교통비, 그리고 기타 다른 재화에 대한 구입비용을 고려하여 효용이 최대가 되는 지점에서 주거입지를 결정하게 된다. 이 이론은 직장은 모두 도심지에 위치하고 그 수는 일정하며, 모든 가구는 한 사람의 직장이 있으며, 주택의 질이 동일하고, 교통비는 도심지로부터 거리에 따라 비례한다는 가정에 기반한다.

   교통비는 거리에 비례하여 증가하기 때문에 단위 면적당 주거비는 도심지에서 거리가 멀어질수록 낮아지는 특성을 가진다. 즉, 도심에서 멀어 떨어진 외곽지역은 주거비가 상대적으로 낮지만, 교통비는 그만큼 높아짐을 나타낸다. 이는 주거비와 교통비의 관계가 주거입지의 중요한 결정변수로 작용하고 있음을 설명하는 것으로 주거입지는 주거비와 교통비 사이에 상대적인 중요도에 의해 결정된다.

   한편, 알론소 등의 주거입지론은 도심지가 하나인 단핵도시(monocentric city)를 가정하고 있어 다핵도시(polycentric city)에는 적용이 어렵다. 또한 한 가구에 2명 이상의 직장인이 있는 경우에도 설명이 어렵다. 그리고 모든 가구가 동일한 선호를 가진다는 가정도 현실에서 그렇지 않은 경우가 더 많다는 점이 한계이다. 하지만 주거입지론 또는 모형에서 현실을 모두 고려하는 것은 불가능하다. 따라서 알론소 등의 주거입지 이론은 가정이 가지는 한계에도 불구하고, 도시 내 주거지 선택 행태에 대한 인과관계를 규명하는데 기여한 점에서 의의가 있다.

2. 상업입지 : 상업시설의 입지는 구매하고자 하는 소비자들의 접근성이 매우 큰 영향을 미친다. 백화점을 도시 내 어디에 설치하는 것이 매출액을 최대로 할 것인지는 백화점 사업자에게 중요한 의사결정이 아닐 수 없다. 상업시설이 밀집한 상권은 주로 도심지나 부도심에 위치하는 것은 구매자 즉, 소비자에 대한 접근성을 높이기 위한 것이다. 1930년대 레일리(Reilly)가 하나의 상업시설이 포용할 수 있는 구매력의 공간범위를 설정하기 위해 중력모형을 이용한 이후 여러 형태의 상업입지 모형이 연구되었다. 1960년대 허프(Huff), 랙쉬마난(Lakshmanan)과 한센(Hansen) 등은 레일리의 모형이 가지는 단점을 보완하여 상업시설의 입지행태를 확률이론을 확대한 중력모형으로 발전시켰다. 이 모형은 구매자가 상업시설을 선택하는 행태가 각 상업시설이 가지는 매력과 그 위치까지 지출되는 교통비의 함수라는 가정에 기반하고 있다.

   이와 같은 상업입지 모형은 교통비가 감소하면 구매자는 더 멀리 떨어진 곳의 상업시설이 있는 입지까지 기꺼이 이동할 것이므로 대규모 상업시설은 공간적으로 분산하고, 교통비가 증가하면 소규모 상업시설이 공간적으로 집중하여 밀집된 모습을 보일 것이라는 사실을 모형식으로 보여준다.

3. 공업입지 : 공업입지와 관련한 초기 연구는 베버(Weber), 뢰쉬(Losch), 아이사드(Isard), 모제스(Moses) 등의 의해 정립되었다. 베버는 원료산지와 시장의 공간분포를 알고 있을 때 상품의 수송비가 최소화되는 지점 즉, 비용이 최소화되는 지점에 산업입지를 결정하는 것이 기업의 이윤을 최대화할 수 있는 입지라고 보았다. 과거 산업사회에서는 대량의 원료와 제품을 일시에 수송해야 하는 제조업의 입지결정에서 총수송비가 중요한 요인이었다.

   최근의 공업입지 이론은 수송비보다 집접의 이익, 규모의 경제, 산업간의 연관관계, 기반시설의 확충 정도, 인근 노동력의 수준, 기업가의 창의력 등이 입지의 중요한 요인으로 연구되고 있다.

4. 공공서비스 입지 : 도시에 살고 있는 거주민들은 그들의 의식수준과 소득수준이 향상됨에 따라 보다 다양하고 양질의 공공서비스를 요구하게 되었다. 초기 공공서비스 입지는 공급자 중심으로 결정되었다. 즉, 이용자의 편의보다는 공급자의 편의에 따라 입지가 결정되는 경우가 많았다. 그러나 공급자 중심의 입

지결정은 '공공서비스로부터 얻는 혜택이나 피해'를 따질 수 있는 주민의 참여가 높은 사회에서는 문제가 제기될 수 있다. 따라서 1960년대부터 미국이나 일부 유럽국에서는 공공서비스 시설의 입지에 관한 여러 이론과 모형이 제시되었다.

티세와 졸러(Thisse and Zoller, 1983)는 공공서비스 시설의 입지이론을 발전시키는데 티보(Tiebout)의 공공선택 이론, 호텔링(Hotelling)의 차등생산 이론, 크리스탈러(Christaller) 및 뢰쉬(Losch)의 중심지 이론, 베버(Weber)의 최소수송비 이론 등이 기여한 것으로 기술하였다. 특히, 티보는 공공서비스 시설의 경우 그 특성을 고려하여 이용자의 편익이 최대가 되는 지점에 입지 해야 한다고 주장하고 있다. 또한 서비스 이용자가 시설까지 가야 하는 경우, 통행 거리나 비용이 입지결정의 중요한 요인이고, 이용자에게 서비스가 배달되는 경우는 서비스의 질이 입지결정의 중요한 요인으로 보고 있다.

호텔링의 이론은 시장의 공간범위와 판매자의 입지경쟁의 원리를 이용한 것이다. 입지경쟁의 원리는 해변가의 일직선상에 2명의 판매자가 있다고 가정할 때, 판매자의 이윤을 최대화하기 위해서는 이들 모두 중앙에 입지하는 것이 유리하나, 구매자의 편의 또는 후생(welfare)을 최대화하기 위해서는 각각 일정한 거리를 유지하는 지점에 입지하는 것이 유리하다는 점을 제시하고 있다. 이는 이용자의 선호, 소득수준 등에 따라 시설의 수와 서비스 제공의 공간범위, 독점성 등을 고려함으로써 공공서비스 입지를 결정하는데 논리적 기반을 제공하고 있다.

크리스탈러, 뢰쉬의 중심지 이론은 중심지와 배후지간의 계층적 관계를 정립한 것으로, 기업의 수요의 최대점이 되는 시장의 중심지에 집적한다고 보고 있다. 이러한 원리는 공공서비스 입지분석에도 적용되어 서비스 이용자의 공간분포를 고려한 중심지가 시설의 최적입지가 될 수 있음을 보여주고 있다.

베버의 최소수송비 이론은 공업입지에서도 살펴본 바와 같이 총수송비가 최소화되는 지점을 최적입지로 보고 있다. 공공서비스 입지분석에서 베버모형이라하여 이용자와 시설 간의 총통행거리 또는 총통행시간이 최소가 되는 지점[78]을 찾는 기법으로 활용되고 있다. 즉, 베버모형은 공공서비스 시설과 이용자의 총통행거리 또는 총통행시간의 합을 최소화하는 지점을 찾는 공간적 효율성을 추구하는 모형이다.

1.2 토지이용과 도시계획이론

18세기 후반 영국의 산업혁명은 대량 생산 체제를 가능하게 하였고, 농촌 인구가 도시로 급격히 유입되면서 도시의 무분별한 확산, 주거환경 악화, 위생 문제와 공해 발생, 교통 혼잡 및 인프라 부족 등 '도시화로 인한 문제'가 발생하였다.

도시화로 인한 문제는 '왜 도시를 계획해야 하는가?'에 대한 사회적 화두가 되었다. 도시문제로 인한 사회적 효용의 감소는 체계적이고 계획적인 도시 관리 및 설계에 대한 사회적 요구로 이어졌다. 최대 다수가 최대 효용을 얻고자 하는 공리주의적 사상[79]과 '모든 사람은 기본적 자유에 대하여 동등한 권리를 갖는다'는 평등한 자유의 원칙[80] 등을 비롯한 여러 사상의 발전은 '계획'의 필요와 절차 등에 대한 철학적 기반이 되었다.

본 절에서는 토지이용과 도시계획 이론의 패러다임을 고찰하고자 한다. 이를 토대로 토지의 물리적 특성으로 '연접성'과 사회 · 제도적 특성으로 '용도의 다양성'과 '법규와 규제의 적용', 그리고 경제적 특성으로 '이용의 외부효과' 등을 살펴보고 도시계획이 토지의 가치에 어떠한 영향을 미치는지 설명하고자 한다.

78 이를 일컬어 '베버점(Weber point)'이라고 한다.

79 공리주의(utilitarianism)는 고전적인 규범 윤리 이론으로 영국의 사상가 제러미 벤담(Jeremy Bentham), 제임스 밀(James Mill), 존 스튜어트 밀(John Stuart Mill) 등의 사상가로 이어진 사상이다.

80 미국의 정치철학자 존 롤스(John Bordley Rawls)의 사상이다. 롤스는 '공정으로서의 정의(1958)'와 '정의론(1971)을 발표하면서 윤리학·정치철학에서 규범적 논의를 다시 일으킨 철학자이며 20세기에 가장 강력한 철학적 영향을 미친 대표적인 학자이다.

1.2.1 토지이용의 이론적 개념

토지이용은 지구의 지표면의 일부분인 농경지, 목초지, 택지 등 토지의 경제적, 사회적 이용 형태를 설명하는 용어로서, 경제학 · 지리학 · 도시학 및 부동산학 등 여러 학문 분야에서 쓰이고 있다. 그렇다면 토지이용의 의미는 어떻게 구분하고 정의할 수 있을까?

토지이용은 인간의 이용 여부에 따라 이용과 미이용으로 구분할 수 있다.[81] 즉, 인간의 이용 여부에 따라 토지이용 범주에 포함하기도 하고, 그렇지 않은 경우[82]도 있다. 또한 내용적 의미에서 있어서 단순히 그 토지가 이용되는 형태 또는 기능을 대표하는 밀도 및 용도만을 대상으로 하기도 하고, 인구밀도 등 토지이용으로 파생되는 결과까지도 토지이용의 범주에 포함하기도 한다.

토지이용을 파악하는데 '기능'에 기초할 것인가 또는 '형태'에 기초할 것인가에 대한 논쟁이 있으며, 토지이용 조사에 관련해서 토지이용을 '활동'에 기초할 것인지 또는 '형태'에 기초할 것인지에 대한 논쟁이 있다. 이때 기능과 활동을 유사하게 보기 때문에 '기능과 활동 중 어디에서 착안하는 방법이 적절한가'라는 견해 차이도 있다.

토지이용은 인간의 활동을 위한 장소 선정과 관련되며, 일정한 물리적 구조를 가진 토지 위에서 일어나는 인간의 제반 활동 또는 그 활동을 수용하기 위한 유형, 밀도, 용도와 같은 일정한 이용 형태라고 할 수 있다. 이러한 제반 행위는 도시와 비도시라는 공간적인 구분에 따라 명확한 내용적 구분이 있다. 따라서 도시공간에서 발생하는 활동에 한정하여 '도시토지이용'이라는 용어를 사용하고 있다.

토지이용계획 분야로 한정하면 도시토지이용은 크게 세 가지 종류로 사용되고 있다. 첫째, 도시기능과 기능의 공간적 분포, 둘째, 사람의 활동 패턴과 도시 시설의 두 가지로 구성된 도시지역의 시각적 구성, 셋째, 인간의 가치체계에 의해 공간(空間)을 요하는 활동의 규정 및 이용 패턴의 형성 등으로 이용된다.[83]

---

81 토지이용계획론 제4정판, 2023, 대한국토 · 도시계획학회, 보성각, p. 22.

82 황무지, 하천, 호수, 해양 등을 토지이용의 범주에 넣기도 하고 그렇지 않기도 한다.

83 F. Stuart Chapin Jr. · Edward J. Kaiser, 1979, *'Urban Land Use Planning(3rd edition)'*, 1979, University of Illinois Press.

1.2.2 도시적 토지이용과 비도시적 토지이용

토지이용은 '도시적 토지이용'과 '비도시적 토지이용'으로 구분해 볼 수 있다.[84] 비도시적 토지이용은 인간의 활동에 필요한 각종 자원을 생산하는 잠재력(production potential)이 핵심적인 사항이며, 도시적 토지이용은 도시 내 인간의 활동을 수용함으로써 여러 활동 간 접촉을 가능하게 하는 이용 잠재력(use potential)이 강조된다.[85]

넓은 공간 범위를 대상으로 하는 지역적 차원(regional scale)에서는, 사람과 그들의 활동을 지속하기 위해 필요한 재화와 용역을 생산하는 수단으로 토지를 생각하는 경향이 강하다. 이런 규모에서 토지는 자원이며 '토지의 이용'은 '자원의 이용'을 의미한다. 자원이용의 관점에서 토지이용은 농업, 광업, 목축업, 임업과 같은 범주이고, 토지지역의 토지이용은 도시기능과 활동의 입지 형태에 의해 분류된다.

이에 비해 도시적 차원(urban scale)에서는 다양한 활동들이 일어나는 장소와 위치로서 토지를 바라보며 토지의 잠재적인 용도[86]가 강조된다. 흔히 전자는 농촌형 토지이용, 후자는 도시형 토지이용으로 구분하는데, 그 가치는 농촌지역의 경우 내부적 조건(토양, 토질 등)에 의해 많은 영향을 받으며, 도시지역에서는 접근성이나 환경조건 등과 같은 외부적 조건에 의해 많은 영향을 받는다. 따라서 도시적인 토지이용계획에서는 인간을 중심으로 그 활동을 효율화할 수 있도록 필요한 공간 및 물리적 시설의 종류, 규모, 위치가 주요한 검토 대상이 되며, 비도시적 토지이용계획에서는 농업, 임업 등 주요 활동공간의 배분과 자연환경 그 자체가 주요 대상이 된다.

1.2.3 도시계획 이론의 발전

도시계획은 19세기부터 시작된 서구 도시의 산업화와 이에 따른 사회적 · 환경적

84 토지이용계획론 제4정판, 2023, 대한국토 · 도시계획학회, 보성각, p. 23.

85 F. Stuart Chapin Jr. · Edward J. Kaiser, 1979, *'Urban Land Use Planning(3rd edition)'*, 1979, University of Illinois Press.

86 잠재적인 용도는 사회 · 제도적 특성에서 의미하는 용도와 경제적 특성에서 의미하는 법규와 규제로 인한 토지의 잠재적인 가치를 내포한다.

문제를 해결하기 위한 노력에서 시작[87]되었다. 초기의 도시계획은 위생과 공공복지를 중심으로 물리적 계획(physical planning)의 속성에 주목하였으며, 이 시기 계획은 정부가 적극적으로 개입하여 도시의 물리적 환경을 개선하려는 기술적 행위가 주를 이루었다.

19세기 말 이념적 도시계획 운동이 등장하였으며 하워드(Ebenezer Howard)의 전원도시론(garden city),[88] 마타(Arturo Soria Y Mata)의 선형도시론(linear city)[89] 등 이상적인 도시모형을 제시하였다. 20세기 초에 르 코르뷔지에(Le Corbusier)의 '빛나는 도시(Ville Radieues)'[90]라고 하는 도시 생활을 위한 모더니즘 도시계획을 제시하였다. 1960년대부터 물리적 계획에서는 중요하게 인식하지 못했던, 도시계획이 가지는 정치, 경제, 사회적 영향이 중요하게 인식되기 시작하였다. 이에 따라 도시계획의 개념은 물리적 계획을 넘어 경제계획 및 사회계획을 포함하는 포괄적 의미의 종합적인 계획으로 발전[91]하였다.

이처럼 계획이론은 도시계획이 더 효율적이고 과학적으로 사회적 기능을 수행하고 최적의 계획 목표를 달성할 수 있도록 계획 현상을 설명하고 효율적인 계획을 실현하기 위한 체계적인 방법론이다.

---

87 근대 도시계획제도의 시초는 1848년 영국에서 제정된 『공중위생법(Public Health Act)』으로 본다. 영국의 공중위생법은 단순히 공중 보건과 관련된 규정뿐만 아니라, 가로폭, 건축선 위치, 건축물 높이 등을 규제하는 내용까지 담고 있다.

88 1898년, 영국에 하워드가 제창한 도시계획 방안이다. 전원도시는 자족 기능을 갖춘 계획도시로써, 주변에는 그린벨트로 둘러싸여 있고 주거, 산업, 농업 기능이 균형을 갖도록 계획했다. 하워드의 전원도시 개념은 미국에도 영향을 끼쳐, 보스턴의 우드본, 버지니아의 뉴포트 뉴스와 힐튼 마을, 뉴욕의 가든 시티, 뉴저지의 래드번 등이 등장하였다.

89 1882년, 스페인 도시계획가 마타가 제안한 길쭉한 선형의 도시계획이다. 선형도시론이 적용된 사례는 스페인의 마드리드 한 군데 밖에 없다. 그러나 마타의 이론은 르코르뷔지에를 거쳐 여러 도시계획이론과 같은 맥을 형성하며 이어지고 있다.

90 1924년, 스위스 건축가 르 코르뷔지에는 '빛나는 도시'를 사람들이 깨끗하고 효율적이며 아름다운 환경에서 살고, 일하고, 놀 수 있는 유토피아적인 도시가 되도록 설계하였다. 빛나는 도시는 기능주의, 표준화, 신입화의 원칙에 기초하여 도시의 효율성을 높이고 혼잡을 줄이기 위해 주거지역, 상업지역, 산업지역이 서로 분리된 지구로 나뉘었다.

91 도시계획론 제6정판, 2016, 대한국토·도시계획학회, 보성각, pp. 83~85.

팔루디(Andreas Faludi)의 계획내용 분류 – 실체적 이론과 절차적 이론

팔루디는 도시계획내용을 실체적 이론(substantive theory)과 절차적 이론(procedural theory)으로 분류하였다.[92] 팔루디의 계획이론의 분류 방법은 계획현상과 계획과정에 관한 이론으로 계획이론이 '계획의 실체에 관심을 갖는지' 또는 '계획 절차에 관심을 갖는지'에 대한 구분이다. 팔루디는 양자는 상호 보완적이라고 설명하였다.

실체적 이론은 경제 또는 사회의 구조나 현상들을 설명하고 예측하는 이론으로 계획현상이나 계획대상에 관한 이론이며, 다양한 계획 활동에 관하여 각기 필요한 분야별 전문지식에 관한 이론이다. 따라서 절차적 이론은 계획이 어떻게 작용하는가에 관한 이론으로 목표 또는 가치에 따라 계획안으로 만들어 내는 과정에 관한 이론이다. 실체적 이론은 도시계획을 실행할 수 있는 토지이용계획, 교통계획 등 도시에 대한 전문적인 지식과 기술을 기반으로 구체적인 계획안을 작성하는 과정이다.

절차적 이론은 각 분야가 추구하는 목표와 가치에 따라 계획하는 과정에 대한 공통적이고 일반적인 이론이다. 이는 보다 효율적이고 합리적인 계획을 수립하고 실행하기 위한 계획과정에 관한 이론이며, 계획 자체가 어떻게 작용하는가에 관한 이론이다.

허드슨(Barclay M. Hudson)의 계획이론 분류

허드슨은 합리적 계획이론을 중심으로 계획이론의 발전과 변화과정을 다섯 가지의 계획으로 분류하였다.[93]

1. 종합적 계획(synoptic planning) : 허드슨이 제시한 이론으로, 합리적이며 종합적 계획을 채택하는 것을 '목표의 설정', '정책대안의 설정', '수단의 규명', '결정의 집행' 등 네 단계를 순환하고 환류(feedback)를 거치면서 계획을 수립한다. 그러나 반드시 순차적으로 이러한 과정이 이루어지는 것은 아님에 유의해야 한다. 종합적 계획방법을 통해 계획의 문제를 규명하고 결정론적 모형과 계량적 분석

92 도시계획론 제6정판, 2016, 대한국토·도시계획학회, 보성각, pp. 86~87.

93 도시계획론 제6정판, 2016, 대한국토·도시계획학회, 보성각, pp. 87~90.

방법을 주로 사용한다. 목표와 문제, 수단과 제약조건 등이 종합적으로 명료하게 제시되는 장점이 있다.

2. 점진적 계획(incremental planning) : 린드블롬(Lidblom)에 의해 제시된 이론으로, 종합적 계획의 비현실성을 비판하면서 인간의 지적 능력의 한계와 의사결정의 제약으로 합리적 분석은 불가능하므로 제한된 대안만을 고려해야 한다는 이론이다. 현상을 부분적이고 점진적으로 개선할 수 있는 제한된 수의 대안만을 검토, 선택하는 것이며, 합리적 계획에서 목표, 문제해결, 대안평가와 결정의 집행 등이 지나치게 중앙 집중적인 점을 보완하는 이론이다. 따라서 논리적 일관성이나 최적의 해결 대안을 제시하기 보다 지속적인 조정과 적응을 통한 계획의 목표 추구에 의한 현실적인 접근방법을 제시한다.
3. 교류적 계획(transactive planning) : 프리드만(J. Friedmann)에 의해서 발전한 계획이론이다. 공익이라는 불확실한 목표를 추구하기보다는 계획과 관련한 사람들 간의 상호교류와 대화를 통해 계획을 수립하는 것으로, 계획이 합리적이고 과학적이어야 한다는 인식에 대한 비판적 대응이다. 인간의 존엄성에 기초를 두는 신휴머니즘적 사고에 기초한다. 또한 계획가와 계획에 의해 영향받는 사람들 간의 대화와 이를 통한 사회적 학습과정 형성을 중시한다. 그러나 교류적 계획이론은 도시계획가가 충분한 권한을 가지고 있어야 하며, 이상주의적 측면이 강하다는 비판을 받는다.
4. 옹호적 계획(advocacy planning) : 다비도프(P. Davidoff)에 의해 주창된 이론으로 강자에 대한 약자의 이익을 보호하는데 적용된다. 다원적인 가치가 혼재하고 있는 사회에서는 단일 계획안보다 복수의 다원적인 계획안들을 수립하는 것이 합리적이라고 본다. 그러나 계획의 집행 시 옹호적 계획은 건설적인 여러 가지 대안들에 대해서 효율적인 지지를 균등하게 얻어 내지 못하므로 계획 실행에 장애요인이 될 수도 있다는 비판을 받는다. 옹호적 계획의 효과는 사회정책의 수립 과정을 막후의 협상에서 공개적인 과정으로 끌어내는 데 기여하였다는 점이다. 특히 규범적 원칙을 반영하였으며, 의도하지 않았던 계획의 부작용에 대하여 더 많은 관심을 기울이도록 하였다.

5. 급진적 계획(radical planning)[94] : 급진적 계획은 '위로부터의 계획(planning from above)' 실행의 결과로 형성된 현재의 사회구조 속에서 상대적으로 열악한 지위에 있는 계층들의 이익을 보호할 수 있는 거시적 사회구조의 개편에 초점을 맞추고 있다. 급진적 계획이론은 단편적인 문제해결보다는 사회, 경제 전반에 걸친 근본적인 개혁을 시도하는 계획방법으로 단기적이고 일시적인 문제해결보다는 사회구조 및 경제구조 등 모든 분야에서 영향을 미치는 정부에 관한 이론을 더욱 중요시한다.

페리(Clarence A. Perry)의 근린주구 – 계획의 단위

1920년대에 미국의 도시학자 페리는 어린이들이 도로를 건너지 않고 초등학교에 왕래할 수 있는 범위로서 도시계획상의 단위인 '근린주구(neighborhood unit)'의 개념을 처음 제시하였다. 근린주구는 현대적인 도시계획학에서 의미하는 생활권[95]의 개념의 시초로 평가된다. 그러나 페리의 개념 정의는 1940년대 자동차 문화의 발달을 반영하지 못하였고, 이는 훗날 여러 개념정의들이 확장되는 결과로 이어졌다(강재원 외, 2022).

케빈 린치(Kevin A. Lynch)의 공공이미지

미국의 도시계획가 케빈 린치는 도시설계에 공공이미지(public image)개념을 도입하였다. 그는 1960년에 발표한 저서 '도시의 이미지(the image of city)'[96]에서 도시 이

94 급진적 계획은 다소 모호한 철학적 전통해서 유래되었다. 급진적 계획은 자발적 행동주의에 영향을 받은 것으로 여겨진다. 급진주의(radicalism)의 어원적 의미가 근원적(going back to the roots)인 것처럼, 급진적 계획은 단편적인 문제의 해결보다는 사회, 경제 전반에 걸친 근본적인 개혁을 시도하는 계획방식이다. 또한 사회의 계층 구조나 계층 간의 경제적 관계 등과 같은 사회구조 또는 사회적 의사결정 과정의 구조를 거시적인 관점에서 비판적으로 분석하는 시각에 영향을 받았다.

95 도시계획학에서 생활권은 일정한 지역의 사람들이 공통적이고 반복적으로 생활속에서 이용하는 공간적 범위를 의미한다.

96 도시의 이미지는 관찰자가 도시에 대한 정보를 어떻게 받아들이는지에 대한 연구이다. 린치는 미국의 보스턴, 저지시티, 로스엔젤레스 등 세 개의 도시를 예로 들어 사용자가 주변 환경을 일관되고, 예측 가능한 방식으로

미지는 공공이미지 즉 어떤 도시 주민의 대다수, 다시 말하면 건축가가 아닌 시민과 방문객 같은 이용자가 공유하는 심상이라고 하였다.

린치에 의하면 도시 이미지의 개념은 무엇보다도 명료성(legibility)에 있고 도시 이미지의 성격은 공공의 이미지로서 도시경관구조를 파악하는데 중요한 역할을 한다.

도시환경의 이미지는 정체성(identity), 구조(structure), 의미(meaning)의 세 가지로 구성된다고 하였다. 먼저, 정체성은 분리되어 인식되는 형상의 대상이다. 구조는 이미지를 구축하기 위한 공간과 패턴이다. 마지막으로 의미는 그 요소들의 감정적인 또는 실제적인 효용성과 관계가 있다. 이들 세 요소는 동시에 작용하며 도시를 형성하고 도시의 경관을 창출한다.

린치는 뛰어난 도시 이미지는 먼저 독립된 실체로서 다른 것과 명확히 구별되는 오브제(objet)가 필요하며 그 오브제가 다른 것들과 연관되어 하나의 구조를 형성해야 하고, 마지막으로 이런 구조나 패턴이 관찰자에게 어떤 의미를 전달해야만 성립될 수 있다[97]고 하였다.

특히 도시를 이미지화 할 수 있도록 만드는 도시의 물리적 구조에 관한 다섯 가지 요소(통로, 경계, 지역, 결절, 랜드마크)를 강조하였다.

1. 통로(path) : 이동의 경로, 복도, 가로, 수송로, 운하, 철도, 도속도로 등
2. 경계(edges) : 지역을 구분할 수 있는 선형적 영역들(예. 해안, 철도 경계, 개발지 경계, 벽, 강, 옹벽, 철도, 우거진 숲, 고가도로, 빌딩들 등)
3. 지역(district) : 인식 가능한 독자적 특징을 지닌 영역
4. 결절(node) : 도시의 핵, 통로의 교차(집중점), 접합점, 광장, 교통시설, 로터리, 도심부 등
5. 랜드마크(landmarks) : 시각적으로 쉽게 구별될 수 있기 때문에 관찰자가 외부에서 바라보는 주위 경관 속에서 두드러지는 요소로 통로의 교차점에 위치하면 보다 강한 이미지 요소가 된다(예. 탑, 오벨리시크, 기념물, 최고층 빌딩 등).

이해하여 다섯 가지 요소로 구성된 심상을 형성한다고 하였다.

97 도시계획·도시설계 패러다임, 2022, 원제무·원흥식, 박영사, p. 119.

1.2.4 현대 도시개발기법[98] - 주요 패러다임을 중심으로

지속 가능한 개발(ESSD)

지속 가능한 개발(Environmentally Sound and Sustainable Development) 개념은 20세기 도시환경문제에 대한 문제의식에서 비롯된 도시개발 개념이다. 1986년 환경과 개발에 관한 세계위원회에서 '우리 공동의 미래 보고서'에 제시된 개념이다. ESSD는 '미래세대에 필요를 만족시키는 능력을 손상시키지 않으면서 현세대의 필요를 만족시킬 수 있는 개발'을 의미한다. 1992년 브라질 리우 데 자네이루에서 개최된 '환경과 개발에 관한 UN회의'를 통해 일반화되면서 오늘날 도시개발에 있어 가장 중요한 개념으로 정착되었다.

'지속 가능한 도시'란 광의로는 사회 · 경제적 함의까지 포함하는 넓은 개념이지만 일반적으로 개발과 환경보전의 조화를 강조하는 개념으로 자연생태계의 수용범위 내에서 개발된 도시라는 의미[99]이다. 지속 가능한 환경 친화적 도시개발계획의 주요 원칙으로는 자연적 여건에 순응하는 계획, 분산적 집중과 혼합용도개발을 추구하는 토지이용의 원칙, 자연적 여건에 적합한 토지이용 설정, 환경친화적인 각 분야의 조치를 전체적으로 체계화하여 통합효과 추구 등이 있다.

지속가능개발의 개념의 구성요소[100]는 다음과 같다. 지속가능개발은 성장뿐만 아니라 환경, 보건, 교육 등 사회적 복지의 지속적인 증진을 의미하는 삶의 질 향상을 포괄한다. 또한 현세대의 개발행위가 미래세대의 선택할 권리를 제한해서는 안 된다는 세대 간의 형평성을 포함한다. 이는 사후 처리보다 사전예방 조치의 필요성을 강조하는 개념이며, 자연자원의 소비 비율이 그것을 생산할 수 있는 능력을 초과해서는 안 된다는 개념이다.

98 도시개발 이론과 실무 제2판, 2020, 김석명, KSCE PRESS, pp. 393~406 내용을 정리.

99 지속 가능한 도시는 에코폴리스(Eco-polis), 생태도시, 환경친화적 도시라고도 한다.

100 도시계획 · 도시설계 패러다임, 2022, 원제무 · 원흥식, 박영사, p. 153.

복합용도개발(MXD : Mixed-use Development)

복합용도개발은 주거와 업무, 상업, 문화 등 상호보완이 가능한 용도를 서로 밀접한 관계가 되도록 연계하여 개발하는 것을 의미한다. 미국의 ULI(Urban Land Institute, 1976)에서 규정하는 복합용도 개발의 주요 개념은 독립적인 수익성을 지니는 세 가지 이상의 용도를 수용해야 하고, 혼란스럽지 않은 보행동선 체계로 모든 기능을 서로 연결하여 물리적 · 기능적으로 통합되어야 하며, 하나의 개발계획에 의하여 일관성 있게 개발되어야 한다는 것이다.

근래에는 주거와 상업, 업무의 복합화로 이루어진 주상복합건물이나 주상복합단지 등 다소 소극적인 수준에서 복합개발을 의미했으나 최근에는 도시계획적 차원에서 주거, 산업, 학술, 연구 등의 복합화로 이루어진 테크노폴리스, 텔레포트, 인텔리전트 시티 등 첨단기술과 연계된 복합화 · 혼합화를 추구한다.

복합용도개발의 효과[101]는 경제적 측면에서 공간의 절약화, 시설 또는 설비의 효율적 이용, 건설비용과 운영비용의 절감이다. 공간적 측면에서는 토지이용의 고밀화, 공공기반시설의 정비, 공익시설 확충, 녹지 및 오픈스페이스 화보이다. 사회적 측면에선 지속적인 정비를 통한 애착심 강화, 커뮤니티의 활성화, 지역이미지 향상, 지역서비스 수준 향상이다.

압축도시개발(Compact City Development)

압축도시는 지속 가능한 도시형태(sustainable city)를 구현하기 위한 도시정책으로 제시되었으며, 유럽연합(EU)은 도시문제뿐 아니라 환경정책의 일환으로 압축도시를 지향하고 있다. 압축도시는 20세기 중반 자동차 보급의 증가로 도시의 외형적 팽창이 진행되었고 이런 흐름 속에서 여러 도시문제[102]가 발생함에 따라 제시되었다.

압축도시는 도시 내부의 고밀 · 집적개발을 통해 현대도시에서 나타나는 여러 문

101 도시계획 · 도시설계 패러다임, 2022, 원제무 · 원흥식, 박영사, p. 181.

102 도시문제는 도시 중산층의 대규모 거주지 교외 이동, 도심 공동화 현상, 에너지 소비 증가 및 공해 발생, 도시 외곽의 무분별한 환경 파괴 등이 복합적으로 발생하면서 주목되었다.

제의 해결을 도모함과 동시에 경제적 효율성 및 자연환경의 보전까지 추구하는 도시 개발 형태이다. 도시 내부의 복합적인 토지이용, 대중교통의 효율적 구축을 통한 대중교통수단의 이용 촉진, 도시외곽 및 녹지지역의 개발 억제, 도시정체성 유지를 위한 역사적 문화재의 보전 등을 포함하는 개념이다. 우리나라는 1기 신도시 등 대규모 택지개발계획에 압축도시의 개념이 적용되어 높은 밀도와 집적개발을 통해 압축도시가 추구하는 개념이 실현되었다.

스마트 성장 관리(Smart urban growth management)

스마트 성장의 개념은 20세기 도시의 환경오염, 자연환경 파괴, 교통문제, 기성시가지의 쇠퇴 등 여러 도시문제를 해결하기 위해 1980년대 말 미국에서 제시된 도시 성장 관리 기법으로 경제성장, 환경보호, 삶의 질 개선 등 다양한 목표를 지향하는 성장 형태를 의미한다.

스마트 성장은 자동차와 고속도로를 중심으로 하는 개발 패턴 위주의 과거 도시정책으로는 기존의 도시문제를 해결하고 도시환경을 개선하는데 한계가 있음을 인식하고 다양한 도시구성원의 상호교류에 의한 의사결정을 바탕으로 경제성장을 지속하면서 도시와 환경문제를 개선하고 발전을 추구하는 도시정책 모델이다.

스마트 성장 이론의 성장원칙은 아래와 같다.

1. 다양한 소득 및 연령 계층들을 배려한 다양한 주거유형 제공(Create Range of Housing Opportunities and Choices)
2. 걷기 편리한 근린주구 조성(Create Walkable Neighborhoods)
3. 커뮤니티와 이해관계자의 협력 강화(Encourage Community and Stake holder Collaboration)
4. 강한 장소성을 가진 독특하고 매력적인 커뮤니티 조성(Foster Distinctive, Attractive Communities with a Strong Sense of Place)
5. 예측 가능하고, 공정하고 비용 효율적인 개발 의사결정(Make Development Decisions Predictable, Fair and Cost Effective)
6. 토지이용 복합화(Mixed uses Land Uses)

7. 오픈스페이스, 농지, 양호한 자연경관, 중요한 환경지역 등의 보전(Preserve Open Space, Farmland, Natural Beauty and Critical Environmental Areas)
8. 다양한 교통수단 선택 제공(Provide a Variety of Transportation Choices)
9. 기존 커뮤니티에 대한 개발 강화(Strengthen and Direct Development towards Existing Communities)
10. 고밀 개발된 건물 형태의 이점 살리기(Take Advantage of Compact Building Design)

대중교통지향형 개발(TOD : Transit Oriented Development)

대중교통지향형 개발은 미국 캘리포니아주 건축가 피터 캘솝(Peter Calthorpe)이 1993년 그의 저서 『The Next American Metropolis』에서 제시한 개념으로 개인의 자동차 의존적인 도시에서 탈피하여 대중교통 이용에 역점을 둔 도시개발 방식이다.

캘솝은 토지이용과 교통의 연관성을 강조하고 대중교통 중심의 복합적 토지이용과 보행친화적인 교통체계 환경을 유도하고자 하는 방식으로 도시계획적인 측면에서 무분별한 도시의 외연적 확산(urban sprawl)을 억제하고 승용차 중심의 통행패턴을 대중교통 및 녹색교통 위주의 통행패턴으로 변화시키며, 교외화에 의한 도시의 평면적 확산을 억제하고 도심 공동화 방지를 목표[103]로 한다.

대중교통지향형 개발은 도심지역을 대중교통체계가 잘 정비된 대중교통지향형 복합용도의 고밀도 지역으로 정비하고, 외곽지역은 저밀도 개발과 자연생태지역의 보전을 추구한다. 구체적인 방법론으로 전철과 버스 등 대중교통 중심의 안전하고 편리한 도시교통시스템을 구축하고 정거장을 중심으로 한 도보 접근 가능지역(반경 400~800m)에 중심상업지역을 배치하여 업무, 주거, 여가시설 등을 효과적으로 혼합한다.

업무시설의 주차장 용량 및 방사형 도로확장 등을 제한함으로써 개인의 승용차 교통량을 억제하고 교외에 환승 가능한 곳에 주차장 공급을 유도한다. 정거장 주변

103 도시계획·도시설계 패러다임, 2022, 원제무·원흥식, 박영사, p. 162.

의 고밀개발지에는 보행자 위주의 교통시설을 건설하고 환승과 접근이 쉬운 이동시스템을 구축하여 보행성과 대중교통과의 연계성을 높인다.

대중교통지향형 개발의 성공을 위해서는 교통체계의 개선을 넘어 근본적으로 대중교통 이용 자체의 편리성과 더불어 대중교통 이용으로 인한 도시생활의 편리성과 효율성이 보장되어야 한다.

뉴어바니즘(New Urbanism)

뉴어바니즘[104]은 도시계획 및 도시설계, 그리고 도시개발 방식에 대한 성찰과 반성에서 시작하였다. 교외화 현상이 시작되기 이전의 인간적인 척도의 근린주구가 중심인 도시로 회귀하는 것을 목표[105]로 하는 운동이다. 따라서 뉴어바니즘 이론가들은 보행 중심의 대중교통과 도시구조와 패턴을 중심으로 하는 '과거 전통 속의 도시로 돌아가자'고 주장한다.

도시의 사회문제가 무분별한 도시확산(urban sprawl)과 밀접한 관계가 있으며 이러한 사회문제를 해결하기 위해 기존 도시에 대한 반성을 통해 도시개발에 대한 근본적인 접근방법의 전환이 필요하다는 인식에서 기인한 도시계획이론이다.

뉴어바니즘 협회는 '미국의 개발원칙을 체계적으로 변화시키는 것'을 목적으로 1993년 10월 미국 버지니아주 알렉산드리아에서의 모임에서 비롯되어 순수 전문가 조직체가 아닌 서로 다른 분야의 설계전문가와 공공 및 민간의 정책 결정권자, 도시설계나 도시계획에 관심을 가진 시민들의 연합체로서 구성되었다.

뉴어바니즘 운동을 체계적으로 전개하기 위하여 공공정책, 개발행위, 도시계획과 설계를 이끌고자 하는 뉴어바니즘 헌장 27개 조를 수립하여 기본원칙을 제시하였다. 기본원칙 사항으로 근린주구는 용도와 인구가 다양해야 하며, 커뮤니티 설계는 보행자와 대중교통을 중요하게 고려하며, 복합적인 토지이용을 추구해야 한다. 또한 도시와 마을은 어디든지 접근할 수 있으며, 물리적으로는 공공공간과 커뮤니티시설에 의해 형태를 갖추어야 한다.

104 뉴어바니즘은 '신도시주의'라고도 한다.

105 도시계획·도시설계 패러다임, 2022, 원제무·원흥식, 박영사, p. 156.

1.2.5 도시계획의 역할과 중요성

도시계획은 도시의 발전과 더불어 그 역할의 중요성도 커졌다. 도시계획은 무분별한 도시확장과 도시문제를 예방하고, 쾌적하고 효율적인 도시공간을 계획하기 위한 역할을 하고 있다.

도시계획은 지역 · 지구제(zoning), 지구단위계획(district unit plan) 등 국토이용체계를 통해 무질서한 개발을 방지하고 토지이용을 체계적으로 구분하여 공간의 효율성을 극대화한다.

도시계획은 도로, 공원, 학교, 병원, 경찰서 등 공공시설의 적절한 배치를 통해 토지를 이용하는 시민의 삶의 질을 제고한다. 또한 도시계획은 자연재해 예방, 환경오염 방지, 교통안전 및 범죄예방 등을 고려한 계획을 수립하여 도시 시민을 위한 쾌적한 환경을 제공한다.

우리나라는 각 도시마다 도시기본계획을 수립하여 도시의 지향과 미래 도시 공간을 구체화한다. 도시기본계획은 지속가능한 도시와 개발을 위하여 미래 세대까지 고려한 자원의 합리적 이용을 전제로 수립한다. 그리고 거시적인 계획을 통해 개발과 환경의 균형을 맞춰 녹지확보와 친환경적 도시설계를 통해 도시생태 환경을 계획한다.

도시계획은 사회적 형평을 실현하기 위한 도구이기도 하다. 도시계획은 다양한 계층으로 구성된 시민을 고려한 공공시설과 주거복지 정책을 적용하는 계획이다. 이를 통해 교육, 교통, 공공복지를 실현하고 사회적 약자를 위한 도시공간을 설계할 수 있다.

도시계획은 토지이용을 합리화하고, 우리가 살고 있는 공간의 형태, 기능, 아름다움을 제공하고 유지하는 방법이다. 또한 도시의 미래 비전을 제공하며, 지역사회, 시민, 이해집단의 목표를 실현시키고 문제를 해결하는 과정이기도 하다. 따라서 도시계획이 적용된 지역의 토지는 그렇지 않은 지역의 토지보다 더 높은 사회적 · 경제적 가치를 갖게 된다.

02

우리나라의 국토이용체계와 토지이용계획

2 우리나라의 국토이용체계와 토지이용계획

토지의 이용은 국가별로 다른 역사, 사회, 경제, 문화적 여건으로 인하여 각 지역의 특성에 따라 제도적으로 상이하다. 따라서 외국의 토지상품과 우리나라의 토지상품은 같은 주거용지, 상업용지라 하더라도 제도적 측면에선 유사점과 차이점이 있다. 또한 제도적 차이로 인한 토지이용의 경제적 가치는 토지상품의 가치에 영향을 미치는 매우 중요한 특성이다. 따라서 본 장에서는 우리나라의 국토이용체계와 토지이용계획 제도를 살펴본다.

2.1 우리나라의 국토이용체계

우리나라의 국토이용계획은 법률[1]로써 체계를 이루고 있다. 국토계획은 『국토기본법』에 따라 규율된다. 국토계획은 국토종합계획과 도종합계획으로 나누어지며, 더불어 지역계획과 부문별계획이 세워진다. 지역계획은 다시 광역권 개발계획, 수도권정비계획, 특정지역 개발계획, 다른 법률에 의한 지역개발계획으로 구분할 수 있다. 부문별계획은 국가기간망, 주택, 수자원, 환경, 문화, 관광, 정보통신 등에 관하여 수립하는 계획이다.

1 여기서 의미하는 법률은 공법(public law)의 개념이며, 공법은 국가의 조직이나 국가, 공공단체와 국민 간의 법률관계를 규정하는 법률이다. 공법 관계에서는 행정 주체가 상대방의 의사와 관계없이 일방적으로 획일적, 평등하게 규율하는 경우가 많으며 헌법, 행정법, 형법, 소송법 등이 이 법에 해당한다.

국토의 이용계획은 『국토의 계획 및 이용에 관한 법률』에서 규정하고 있다. 이 법은 과거 『국토이용관리법』과 『도시계획법』으로 구분하여 도시지역과 비도시지역을 나누어 관리해온 체계를 2003년 하나의 법률로 통합하여 종합적으로 조정하는 체계로 발전한 것이다. 따라서 도시 및 군을 대상으로 한 도시 · 군 기본계획과 도시 · 군 관리계획이 수립되며, 우리나라의 국토 전체를 도시 · 군 관리계획에 따라 도시지역, 관리지역, 농림지역, 자연환경보전지역으로 구분[2]하여 관리한다. 도시지역은 다시 주거지역, 상업지역, 공업지역, 녹지지역 등 토지의 용도에 따라 구분되어 관리되고, 관리지역은 계획관리지역, 생산관리지역, 보전관리지역으로 구분되어 관리된다. 이러한 체계를 기반으로 각 용도지역[3]별 특성을 고려하여 행위제한을 함으로써 토지이용의 효율성을 제고하고 난개발을 방지하여 지속 가능한 국토이용의 기반을 마련하였다. 이러한 체계를 도표로 표현하면 자료 2-1과 같다.

자료 2-1 국토이용계획체계[4]

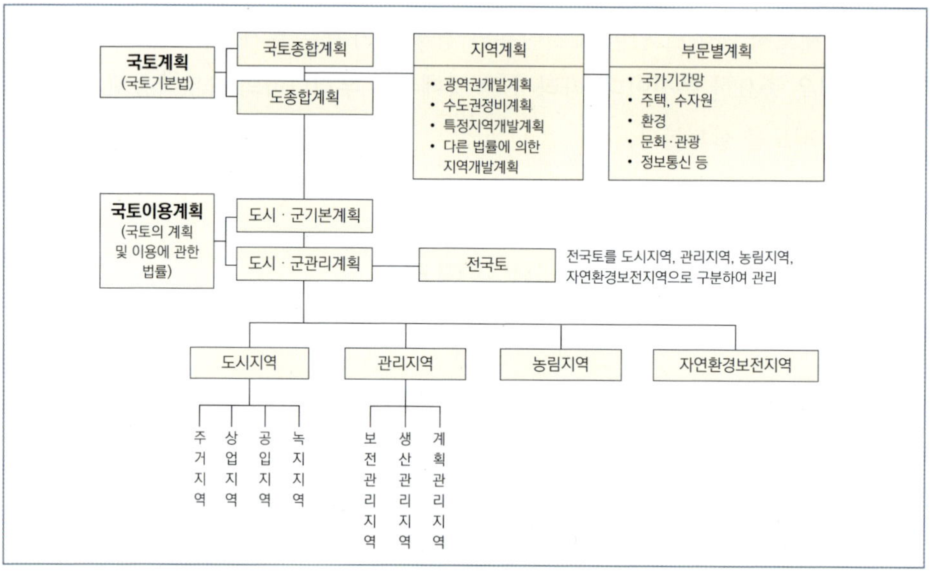

2 이러한 분류 및 관리체계를 '용도지역(zoning)제도'라고 한다.

3 우리나라에서 용도지역제는 일제강점기 '조선시가지계획령(1934)'으로 처음 도입되었고, 이는 해방 후 1962년 도시계획법이 제정되기까지 도시지역 토지의 이용 및 계획의 기본법적 역할을 하였다.

4 국토교통부, 2023, 『국토계획 및 이용에 관한 연차보고서』, p. 21.

2.2 토지이용계획의 실현 수단

우리나라의 국토이용계획 체계에 따라 토지이용계획을 실현하는 수단은 크게 규제, 계획, 개발, 유도 등 네 가지 수단으로 구분[5]할 수 있다. 네 가지 유형 중 개발 수단은 개발사업의 시행으로 토지이용을 즉시 실현하는 직접적 수단이며, 규제, 계획, 유도 수단은 직접적인 개발사업을 수반하지는 않으나 향후 일어날 개발사업이나 개발행위의 방향이나 규모 등을 정하여 토지이용계획을 실현하는 간접적인 수단이다.

토지의 상품 가치는 토지이용계획의 실현으로 인하여 정해지는 토지의 경제적 가치에 따라 주요한 영향을 받는다. 특히 토지를 원재료로 하는 건축 또는 시설 등의 토지이용은 건축물 또는 시설물 등의 규모와 용도에 따라 그 사회적 · 경제적 가치가 결정된다.

2.2.1 토지이용계획의 규제 수단

토지이용계획의 규제 수단은 토지에 건축할 수 있는 건축물의 용도나 규모 등을 정하여 개인이나 집단의 토지이용을 실현하는 방법이다. 우리나라는 『국토의 계획 및 이용에 관한 법률』과 『기타 개별법』[6]에 따른 지역 · 지구 제도(zoning system)를 토지이용계획의 규제 수단으로 하고 있다.

지역 · 지구 제도는 국토의 효율적 관리와 이용을 도모하기 위하여 토지의 용도를 구분하고 이용목적에 부합되지 않는 행위는 규제하며 부합되는 행위는 유도하는 제도적 장치이다. 우리나라의 지역 · 지구 제도는 토지를 용도지역, 용도지구 및 용도

5 도시계획론 제6정판, 2016, 국토·도시계획학회, 보성각, pp. 293~352 요약하여 2025년 6월 현재 현행법규에 따라 정리.

6 기타 개별법에 의한 지역·지구·구역의 지정은 『국토의 계획 및 이용에 관한 법률』 외에 96개 개별법에서 225개 지역·지구 등이 지정되어 있다. 이들 개별법에서 규정하고 있는 225개 지역·지구 등을 분야별로 구분하면 국토·지역·도시·농림·수산업·산업·교통·물류·환경·수자원·교육·문화·관광·군사·방재·기타 통신·체육 등 다양하게 분포되어 있다. 또한 『토지이용규제기본법』 제5조에서 지역·지구 등의 신설을 제한하고 있다.

구역으로 구분하고 용도가 지정된 토지 내에서는 지정된 용도만 허용하고 그 이외의 용도의 이용은 배제함으로써 계획적인 토지의 이용을 실현하는 방법이다. 토지의 이용을 규제함으로써 건축 용도를 제한하는 것은 토지의 사회 · 경제적 가치를 제한하는 방식으로 토지상품의 가치에 영향을 미치는 제도이다.

용도지역 · 용도지구 · 용도구역의 관계

현행 우리나라 용도지역 · 지구 제도는 2002년 2월 제정된 『국토의 이용 및 계획에 관한 법률』에서 토지의 경제적이며 효율적인 이용과 공공의 복리증진을 위하여 도시지역, 관리지역, 농림지역, 자연환경보전지역 등 4개 지역으로 지정하여 구분되었으며 2003년 1월 1일부터 시행되어 현재에 이르고 있다. 4개 지역은 다음과 같이 구분한다.

첫째, '도시지역'은 인구와 산업이 밀집되어 있거나 밀집이 예상되어 당해 지역에 대하여 체계적이고 효율적으로 개발 · 정비 · 관리 · 보전 등이 필요한 지역이다.

둘째, '관리지역'은 도시지역의 인구와 산업을 수용하기 위하여 도시지역에 준하여 관리가 필요한 지역이다. 관리지역은 자연환경 보호, 수질오염방지 등을 위한 보전관리지역, 농업 · 임업 · 어업 생산을 위한 생산관리지역, 계획적이고 단계적으로 토지이용이 필요한 계획관리지역으로 세분된다.

셋째, '농림지역'은 도시지역에 속하지 아니하는 『농지법』에 의한 농업진흥지역 또는 『산지관리법』에 의한 보전산지 등으로서 농림업의 진흥과 산림의 보전을 위하여 필요한 지역이다.

넷째, '자연환경보전지역'은 자연경관 · 수자원 · 해안 · 생태계 · 상수원 및 문화재 보존과 수산자원의 보호 · 육성을 위하여 필요한 지역으로 설정하고 있다.

용도지역은 토지의 이용 및 건축물의 용도, 건폐율, 용적률, 높이 등을 제한함으로써 토지를 경제적 · 효율적으로 이용하고 공공복리의 증진을 도모하기 위하여 서로 중복되지 아니하게 '도시 · 군관리계획'으로 결정하는 지역을 말한다.[7] 따라서 우리나

7 『국토의 계획 및 이용에 관한 법률』 제2조 제15호.

라의 모든 토지는 반드시 하나의 용도지역이 지정되어 있으며 하나의 필지에 둘 이상의 용도지역을 상호 중복하여 지정할 수 없다.[8]

용도지구는 토지의 이용 및 건축물의 용도 · 건폐율 · 용적률 · 높이 등에 대한 용도지역의 제한을 강화하거나 완화하여 적용함으로써 용도지역의 기능을 증진시키고 경관 · 안전 등을 도모하기 위하여 '도시 · 군관리계획'으로 결정하는 지역을 말한다.[9] 이는 특정한 목적에 따라 필요한 지역을 부분적으로 제한하는 것으로서 용도지역을 보완하는 성격을 지니고 있으며, 지역과 지구, 지구와 지구 간에 상호 지정목적이 모순되지 않는 한 같은 위치에 상호 중복하여 지정할 수 있다.

용도구역은 토지의 이용 및 건축물의 용도 · 건폐율, 용적률 · 높이 등에 대한 용도지역 및 용도지구의 제한을 강화하거나 완화하여 따로 정함으로써 시가지의 무질서한 확산방지, 계획적이고 단계적인 토지이용의 도모, 혁신적이고 복합적인 토지활용의 촉진, 토지이용의 종합적 조정 · 관리 등을 위하여 도시 · 군관리계획으로 결정하는 지역을 말한다.[10] 용도구역은 광역 차원의 도시개발 과정의 통제를 위한 전략적 성격을 가지며, 지역 · 지구 제도의 범위를 초월한 자기 완결적 특성을 갖는다. 즉 용도구역은 용도지역 · 지구에 비해 각종 계획 · 규제 · 사업을 연계시켜 개발행위나 토지이용을 총체적으로 제어할 수 있는 수단을 갖춘 것이라 볼 수 있다. 이상의 용도지역 · 용도지구 · 용도구역의 관계를 그림으로 표현하면 자료 2-2와 같다.

8 현실에서 하나의 필지에 두 개 이상의 용도지역이 지정된 경우가 있으나, 이는 같은 토지 전체에 중첩된 시성이 아니며 전체 필지 중에서 일부의 용도가 서로 다른 경우이다.

9 『국토의 계획 및 이용에 관한 법률』 제2조 제16호.

10 『국토의 계획 및 이용에 관한 법률』 제2조 제17호.

자료 2-2 용도지역 · 용도지구 · 용도구역의 관계

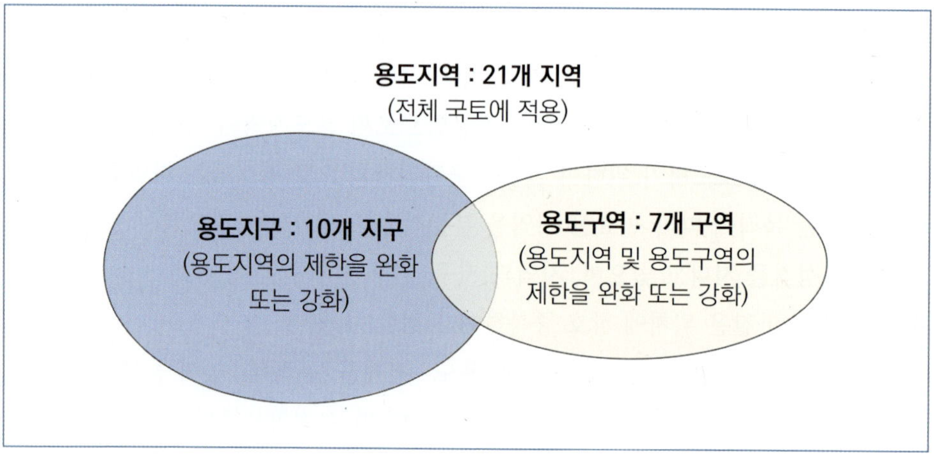

용도지역 · 용도지구 · 용도구역의 세부 종류와 지정목적

용도지역은 크게 도시지역, 관리지역, 농림지역, 자연환경보전지역으로 구분되며, 도시지역은 주거지역, 상업지역, 공업지역, 녹지지역의 4개 용도, 관리지역은 계획관리지역, 보전관리지역, 생산관리지역의 3개 용도로 구분한다.

도시지역 내 4개 용도지역은 세부적으로 16개 용도지역으로 구분되는데 주거지역은 전용주거지역과 일반주거지역으로 그리고 전용주거지역은 다시 제1종 전용주거지역, 제2종 전용주거지역으로 세분되며, 일반주거지역 또한 제1종 주거지역, 제2종 일반주거지역, 제3종 일반주거지역으로 구분한다. 『국토의 계획 및 이용에 관한 법률』 및 동법 시행령에서 정하는 용도지역의 종류와 지정목적을 표로 정리하면 자료 2-3과 같다.

자료 2-3 용도지역의 종류와 지정목적 표[11]

<table>
<tr><th colspan="3">용도지역</th><th>지정목적</th></tr>
<tr><td rowspan="13">도시지역</td><td rowspan="3">주거지역</td><td>제1종 전용주거지역
제2종 전용주거지역</td><td>단독주택 중심의 양호한 주거환경을 보호
공동주택 중심의 양호한 주거환경을 보호</td></tr>
<tr><td>제1종 일반주거지역
제2종 일반주거지역
제3종 일반주거지역</td><td>저층주택을 중심으로 편리한 주거환경을 조성
중층주택을 중심으로 편리한 주거환경을 조성
중고층주택을 중심으로 편리한 주거환경을 조성</td></tr>
<tr><td>준주거지역</td><td>주거기능에 일부 업무·상업기능 보완</td></tr>
<tr><td rowspan="4">상업지역</td><td>근린상업지역</td><td>근린지역에서의 일용품 및 서비스 공급</td></tr>
<tr><td>일반상업지역</td><td>일반적인 상업 및 업무기능 담당</td></tr>
<tr><td>중심상업지역</td><td>도심, 부도심의 업무 및 상업기능 확충</td></tr>
<tr><td>유통상업지역</td><td>도시 내 및 지역 간 유통기능의 증진</td></tr>
<tr><td rowspan="3">공업지역</td><td>준공업지역</td><td>경공업, 기타 공업 수용 및 일부 주거·상업기능 보완</td></tr>
<tr><td>일반공업지역</td><td>환경을 저해하지 아니하는 공업 배치</td></tr>
<tr><td>전용공업지역</td><td>중화학공업, 공해성 공업 등의 수용</td></tr>
<tr><td rowspan="3">녹지지역</td><td>자연녹지지역</td><td>도시의 녹지공간 확보, 도시확산의 방지 ,장래 도시용지의 공급</td></tr>
<tr><td>생산녹지지역</td><td>주로 농업적 생산을 위하여 개발을 유보</td></tr>
<tr><td>보전녹지지역</td><td>도시의 자연환경, 경관, 산림 및 녹지공간 보전</td></tr>
<tr><td colspan="2" rowspan="3">관리지역</td><td>보전관리지역</td><td>주변 용도지역과 관계를 고려할 때 자연환경 보전지역으로 지정하기가 곤란한 지역</td></tr>
<tr><td>생산관리지역</td><td>부전 용도지역과 관계를 고려할 때 농림지역으로 지정하기가 곤란한 지역</td></tr>
<tr><td>계획관리지역</td><td>도시지역으로의 편입이 예상되는 지역 또는, 제한적 이용 개발을 하려는 자역으로 체계적인 관리가 필요한 지역</td></tr>
<tr><td colspan="3">농림지역</td><td>농림업의 진흥과 산림의 보전</td></tr>
<tr><td colspan="3">자연환경보전지역</td><td>자연환경 수자원 해안 생태계 상수원 및 문화재의 보전과 수산자원의 보호 육성 등</td></tr>
</table>

11 『국토의 계획 및 이용에 관한 법률』 제36조[시행 2024.8.7] 및 동법 시행령 제30조[시행 2025.1.21].

용도지구는 공공의 안녕질서와 도시기능의 증진을 위하여 필요한 때 지정하는 것으로서, 『국토의 계획 및 이용에 관한 법률』 시행령 제31조[12]에서 경관지구, 고도지구, 방화지구, 방재지구, 보호지구, 취락지구, 개발진흥지구, 특정용도제한지구, 복합용도지구, 그 밖에 대통령령으로 정한 지구 등 10개의 용도지구를 규정하고 있다.

국토교통부장관 또는 시 · 도지사는 필요하다고 인정되는 때에 대통령령이 정하는 바에 따라 용도지구를 도시관리계획결정으로 다시 세분화하여 지정하거나 이를 변경할 수 있도록 하고 있다. 이에 따라 경관지구는 자연경관지구 · 시가지경관지구 · 특화경관지구 등 세 가지, 방재지구는 시가지방재지구 · 자연방재지구 등 두 가지, 보호지구는 역사문화환경보호지구 · 중요시설물보호지구 · 생태계보호지구 등 세 가지, 취락지구는 자연취락지구 · 집단취락지구 등 두 가지, 개발진흥지구는 주거개발진흥지구 · 산업 유통개발진흥지구 · 관광 휴양개발진흥지구 · 복합개발진흥지

자료 2-4 용도지구의 종류와 지정목적[13]

용도지구		지정목적
경관지구	자연경관	자연경관의 보호 또는 도시의 자연풍치 유지
	시가지경관	주요 수계의 수변 자연경관 보호·유지
	시가지경관	주거지역의 양호한 환경조성과 시가지 도시경관 보호
방재지구	시가지방재지구	건축물·인구가 밀집된 지역으로 재해 예방 필요
	자연방재지구	해안변, 하천변 주변 등 건축제한을 통해 재해 예방
보호지구	역사문화환경 보호지구	국가유산·전통사찰 등 역사·문화적으로 보존가치가 큰 시설 및 지역의 보호와 보존
	중요시설물보호 지구	항만·공항 등 중요시설물의 보호와 기능의 유지·증진
	상태계보호지구	야행동식물서식처 등 생태적으로 보존가치가 큰 지역

12 『국토의 계획 및 이용에 관한 법률』 시행령[시행 2025.1.21].

13 『국토의 계획 및 이용에 관한 법률』 제37조[시행 2024.8.7] 및 동법 시행령 제31조[시행 2025.1.21].

구분	세분	내용
취락지구	자연취락지구	녹지지역·관리지역·농림지역 또는 자연환경보전지역 안의 취락을 정비하기 위하여 필요한 지구
	집단취락지구	개발제한구역안의 취락을 정비하기 위하여 필요한 지구
개발진흥지구	주거개발진흥지구	주거기능을 중심으로 개발·정비할 필요가 있는 지구
	산업 유통개발진흥지구	공업기능 및 유통·물류기능을 중심으로 개발·정비할 필요가 있는 지구
	관광 휴양개발진흥지구	관광·휴양기능을 중심으로 개발·정비할 필요가 있는 지구
	복합개발진흥지구	주거기능, 공업기능, 유통·물류기능 및 관광·휴양기능 중 2 이상의 기능을 중심으로 개발
	특정개발진흥지구	주거기능, 공업기능, 유통·물류기능 및 관광·휴양기능 외의 기능을 중심으로 개발, 정비할 필요가 있는 지구
방화지구		도시의 화재, 위험을 예방
고도지구	최고고도	도시환경과 경관을 보호하고 과밀방지
	최저고도	토지이용을 고도화하고 도시경관을 보호
특정용도제한지구		주거 및 교통환경 보호나 청소년 보호 등의 목적으로 오염물질 배출시설, 청소년 유해시설 등 특정시설의 입지를 제한할 필요가 있는 지구
복합용도지구		지역의 토지이용 상황, 개발 수요 및 주변 여건 등을 고려하여 효율적이고 복합적인 토지이용을 도모하기 위하여 특정시설의 입지를 완화할 필요가 있는 지구
그 밖에 대통령령으로 정하는 지구		『국토의 계획 및 이용에 관한 법률』 제37조 제1항 제10호에 따른 대통령령으로 정하는 지구

구·특정개발진흥지구 등 다섯 가지로 세분하여 지정한다. 이상의 용도지구의 종류와 지정목적을 정리하면 자료 2-4와 같다.

용도구역은 『국토의 계획 및 이용에 관한 법률』[14] 제38조 내지 제40조의6까지에서 개발제한구역, 도시자연공원구역, 시가화조정구역, 수산자원보호구역, 도시혁신구역, 복합용도구역, 도시 · 군계획시설입체복합구역 등 일곱 가지로 규정하고 있다.

개발제한구역은 도시의 무질서한 확산을 방지하고 도시주변의 자연환경을 보전하여 도시민의 건전한 생활환경을 확보하기 위하여 도시의 개발을 제한할 필요가 있거나 국방부장관의 요청이 있어 보안상 도시의 개발을 제한할 필요가 있다고 인정되는 구역이다.

도시자연공원구역은 도시의 자연환경 및 경관을 보호하고 도시민에게 건전한 여가 · 휴식공간을 제공하기 위하여 도시지역 안에서 식생(植生)이 양호한 산지(山地)의 개발을 제한할 필요가 있다고 인정되는 지역에 시 · 도지사 또는 대도시 시장이 지정한다.

시가화조정구역의 지정 또는 변경은 시 · 도지사가 직접 또는 관계된 행정기관의 요청을 받아 도시지역과 그 주변 지역의 무질서한 시가화(市街化)를 방지하고 계획적 · 단계적인 개발을 도모하기 위하여 대통령령으로 정하는 기간 동안 시가화를 유보할 필요가 있다고 인정되면 '도시 · 군관리계획'으로 결정할 수 있다. 다만, 국가계획과 연계하여 시가화조정구역의 지정 또는 변경이 필요한 경우에는 국토교통부장관이 직접 시가화조정구역의 지정 또는 변경을 '도시 · 군관리계획'으로 결정할 수 있다.

수산자원보호구역의 지정은 해양수산부장관이 직접 또는 관계행정기관의 장의 요청을 받아 수산자원을 보호 · 육성하기 위하여 필요한 공유수면이나 그에 인접한 토지에 대한 수산자원보호구역의 지정 또는 변경을 '도시 · 군관리계획'으로 결정할 수 있다.

도시혁신구역은 『국토의 계획 및 이용에 관한 법률』[15] 제35조의6 제1항 및 동법 시행령[16] 제40조의3에 따라 '공간재구조화계획' 결정권자가 다음 세 가지 중 어느 하나에 해당하는 지역을 지정할 수 있다. 첫째 '도시 · 군기본계획'에 따른 도심 · 부도심 또는 생활권의 중심지역, 둘째 주요 기반시설과 연계하여 지역의 거점역할을 수

14 『국토의 계획 및 이용에 관한 법률』 [시행 2024.8.7].

15 『국토의 계획 및 이용에 관한 법률』 [시행 2024.8.7].

16 『국토의 계획 및 이용에 관한 법률』 시행령 [시행 2025.1.21].

행할 수 있는 지역, 셋째 그 밖에 도시공간의 창의적 · 혁신적인 개발이 필요하다고 인정되는 경우로서 대통령령으로 정하는 지역이다. 이때 대통령령으로 정하는 지역은 동법 시행령 제32조의3에 따라 유휴토지 또는 대규모 시설의 이전부지이거나 그 밖에 도시공간의 창의적이고 혁신적인 개발이 필요하다고 인정되는 지역으로서 해당 시 · 도의 '도시 · 군계획조례'로 정하는 지역을 의미한다.

복합용도구역은 공간재구조화계획 결정권자가 다음 세 가지 중 어느 하나에 해당하는 경우 지정할 수 있다. 첫째 산업구조 또는 경제활동의 변화로 복합적 토지이용이 필요한 지역, 둘째 노후 건축물 등이 밀집하여 단계적 정비가 필요한 지역, 셋째 그 밖에 복합된 공간이용을 촉진하고 다양한 도시공간을 조성하기 위하여 계획적 관리가 필요하다고 인정되는 경우로서 대통령령으로 정하는 지역이다. 이때 대통령으로 정하는 지역은 동법 시행령 제32조의4에 따라 복합용도구역으로 지정하려는 지역이 둘 이상의 용도지역에 걸치는 경우로서 토지를 효율적으로 이용하기 위해 건축물의 용도, 종류 및 규모 등을 통합적으로 관리할 필요가 있는 지역 또는 그 밖에 복합된 공간이용을 촉진하고 다양한 도시공간을 조성하기 위해 계획적 관리가 필요하다고 인정되는 지역으로서 해당 시 · 도의 도시 · 군계획 조례로 정하는 지역을 의미한다.

'도시 · 군계획시설입체복합구역'은 동법[17] 제29조에 따라 도시 · 군관리계획의 결정권자가 다음 네 가지 중 하나에 해당하는 경우에 도시 · 군계획시설이 결정된 토지의 전부 또는 일부를 도시 · 군계획시설입체복합구역으로 지정할 수 있다. 첫째 도시 · 군계획시설 준공 후 10년이 경과한 경우로서 해당 시설의 개량 또는 정비가 필요한 경우, 둘째 주변지역 정비 또는 지역경제 활성화를 위하여 기반시설의 복합적 이용이 필요한 경우, 셋째 첨단기술을 적용한 새로운 형태의 기반시설 구축 등이 필요한 경우, 넷째 그 밖에 효율적이고 복합적인 도시 · 군계획시설의 조성을 위하여 필요한 경우로서 대통령령으로 정하는 경우이다. 이때 대통령령으로 정하는 경우란 효율적이고 복합적인 도시 · 군계획시설의 조성을 위해 필요한 경우로서 해당 시 · 도 또는 대도시의 도시 · 군계획 조례로 정하는 경우를 말한다.

17 『국토의 계획 및 이용에 관한 법률』 [시행 2024.8.7].

용도지역 · 용도지구 · 용도구역에 따른 행위제한

지역 · 지구제는 도시관리계획에 의하 토지이용계획 실현의 핵심이 되는 부분으로서 용도지역 · 용도지구 · 용도구역의 결정 및 변경은 도시관리계획 절차에 따라 이루어진다. 또한 용도지구와 용도구역은 『국토의 계획 및 이용에 관한 법률』의 개정에 따라 그 내용이 변경될 수 있다.

용도지역 안에서는 행위제한 용도규제와 건축규제로 나누어 볼 수 있다. 먼저 용도지역 지정에 따른 건축물의 용도규제를 정리하면 자료 2-5와 같다.

자료 2-5 용도지역별 건축물의 용도규제[18]

구분	주거지역						상업지역				공업지역			녹지지역			관리지역			농림지역	자연환경보전지역
	제1종전용	제2종전용	제1종일반	제2종일반	제3종일반	준주거	중심	일반	근린	유통	전용	일반	준	보전	생산	자연	보전	생산	계획		
1. 단독주택	○ △	◎	◎	◎	◎	◎	○ △	□	◎	×	×	□	□	△	◎	◎	◎	◎	◎	○	○
2. 공동주택	△	◎	×	◎	◎	◎	○ △	△	△	×	△	△	△	×	△	△	×	△	○ △	×	×
3. 제1종근린생활시설	○ △	○	◎	◎	◎	◎	◎	◎	◎	◎	◎	◎	◎	△	◎	◎	△	○ △	○	○ △	△
4. 제2종근린생활시설	△	△	△	△	△	○ △	◎	◎	◎	□	○ △	○ △	△	△	△	○ △	△	△	○ △	△	△
5. 문화 및 집회시설	△	△	△	△	△	△	◎	◎	△	△	△	△	△	△	△	□	×	×	□	△	×
6. 종교시설	△	△	□	◎	◎	◎	◎	◎	◎	□		□	□	□	×	□	△	○	□	□	△
7. 판매시설	×	×	△	△	△	□	◎	◎	△	◎	△	○	△	×	△	△	×	△	○	×	×
8. 운수시설	×	×	×	×	×	□	◎	◎	△	◎	□	◎	◎	×	×	□	×	×	□	×	×
9. 의료시설	×	×	△	△	△	○ △	△	◎	○	×	□	□	◎	□	□	○ △	□	□	△	□	×

18 용도지역에 따른 건축물의 용도는 『건축법』 시행령 [별표 1]에서 규정한 건축물을 기준으로 정리한 표이며, 용도지역에 따른 건축물의 건축허용 여부는 『국토의 계획 및 이용에 관한 법률』 시행령 [별표 2] 내지 [별표 22]에 따라 정리하였다.

10. 교육연구 시설	△	△	○ △	○ △	○ △	◎	△	◎	◎	□	△	□	◎	○ △	○ △	○ △	○ △	○ △	○ △	○	○
11. 노유자 시설	□	□	◎	◎	◎	◎	◎	◎	◎	□	□	□	◎	□	◎	◎	□	□	◎	×	×
12. 수련시설	×	×	△	△	△	◎	□	□	◎	□	×	□	◎	□	◎	◎	×	□	○	□	×
13. 운동시설	×	×	△	□	□	◎	◎	◎	◎	□	×	×	□	×	○ △	◎	×	○	△	×	×
14. 업무시설	×	×	△	△	△	◎	◎	◎	□	□	×	△	◎	×	×	×	×	×	×	×	×
15. 숙박시설	×	×	×	×	×	○ △	○	○	○	○ △	×	×	□	×	×	△	×	×	○ △	×	×
16. 위락시설	×	×	×	×	×	×	○	○	○ △	○ △	×	×	×	×	×	×	×	×	×	×	×
17. 공장	×	×	△	△	△	○ △	○ △	○ △	○ △	×	◎	◎	△	×	△	△	×	△	○ △	×	×
18. 창고시설	×	×	□	□	□	□	□	◎	□	◎	◎	◎	◎	○	○ △	○ △	△	○	△	○	×
19. 위험물 저장 및 처리시설	×	×	△	△	△	○ △	○ △	○ △	○ △	○ △	◎	◎	◎	△	○ △	□	□	□	□	△	×
20. 자동차 관련 시설	△	△	△	△	△	○ △	○ △	○ △	○ △	△	◎	◎	◎	×	△	□	×	△	□	×	×
21. 동물 및 식물 관련 시설	×	×	△	△	△	○ △	×	○ △	○ △	×	×	□	□	△	○ △	◎	△	○ △	◎	○ △	△
22. 자원순환 관련 시설	×	×	×	×	×	×	×	×	×	×	◎	◎	◎	×	□	◎	×	□	◎	□	×
23. 교정 및 국방·군사 시설	×	×	□	□	□	□	△	△	□	□	□	□	□	◎	◎	◎	◎	◎	◎	□	△
24. 방송통신 시설	×	×	□	□	□	◎	◎	◎	◎	□	□	□	◎	×	◎	◎	□	□	◎	□	×
25. 발전시설	×	×	□	□	□	□	◎	◎	□	□	◎	◎	◎	×	◎	◎	□	◎	◎	◎	□
26. 묘지관련 시설	×	×	×	×	×	×	×	×	×	×	×	×	×	□	□	◎	□	□	◎	□	□
27. 관광휴게 시설	×	×	×	×	×	□	□	◎	□	□	×	×	□	×	×	◎	×	×	□	×	×
28. 장례식장	×	×	×	×	×	□	□	◎	◎	□	×	□	◎	□	□	◎	□	□	◎	□	×

주.	◎: 『국토의 계획 및 이용에 관한 법률』 시행령에서 모두 허용	△: 도시계획조례에 일부 허용 여부 위임
	○: 『국토의 계획 및 이용에 관한 법률』 시행령에서 일부 허용	□: 도시계획조례에 모두 허용 여부 위임
	×: 『국토의 계획 및 이용에 관한 법률』 시행령에서 금지	

용도지역에 따른 건축물의 용도규제와 더불어 바람직한 건축환경의 조성과 도시의 미관 증진 및 위생적인 생활환경조성 등을 위해 건축물에 대한 밀도 · 용적규제를 하고 있으며, 규제의 내용은 건폐율, 용적률, 대지의 분할제한 등이 있다.

건폐율이란 '대지면적에 대한 건축면적의 비율'을 의미한다. 이는 거주환경의 쾌적성과 안전성 등의 확보를 위한 공지의 조성이 목적이다. 용적률이란 '대지면적에 대한 건축물의 연면적의 비율'을 의미한다. 이는 개방감, 일조, 통풍의 확보 등 양호한 도시공간조성은 물론 건축물과 이를 서비스하는 공공기반시설과의 균형을 유지하기 위한 것이다.

대지의 분할제한은 '건축물이 있는 토지의 영세한 분할을 금지'하는 것을 의미한다. 영세한 필지에 의한 소규모 건축물이 들어섬으로 해서 야기되는 일조, 통풍, 소방 등의 문제와 도시미관의 악화 등을 방지하기 위한 것이다. 이상의 내용을 정리하면 자료 2-6과 같다.

자료 2-6 용도지역별 건축물의 밀도규제[19]

용도지역			건폐율	용적률	대지의 분할제한
도시지역	주거지역	제1종 전용주거지역	50 이하	50 이상 100 이하	60m²
		제2종 전용주거지역	50	50~150	
		제1종 일반주거지역	60	100~200	
		제2종 일반주거지역	60	100~250	
		제3종 일반주거지역	50	100~300	
		준주거지역	70	200~500	
	상업지역	근린상업지역	90	200~900	150m²
		일반상업지역	80	200~1300	
		중심상업지역	70	200~1500	
		유통상업지역	80	200~1100	

19 『국토의 계획 및 이용에 관한 법률』 제77조 내지 제78조 및 동법 시행령 제84조 내지 제85조, 2024.9.20. 개정.

<table>
<tr><td rowspan="6">도시지역</td><td rowspan="3">공업지역</td><td>준공업지역</td><td>70</td><td>150~400</td><td rowspan="3">150m^2</td></tr>
<tr><td>일반공업지역</td><td>70</td><td>150~350</td></tr>
<tr><td>전용공업지역</td><td>70</td><td>150~300</td></tr>
<tr><td rowspan="3">녹지지역</td><td>자연녹지지역</td><td>20</td><td>50~100</td><td rowspan="3">200m^2</td></tr>
<tr><td>생산녹지지역</td><td>20</td><td>50~100</td></tr>
<tr><td>보전녹지지역</td><td>20</td><td>50~80</td></tr>
<tr><td colspan="2" rowspan="3">관리지역</td><td>보전관리지역</td><td>20</td><td>50~80</td><td rowspan="3">60m^2</td></tr>
<tr><td>생산관리지역</td><td>20</td><td>50~80</td></tr>
<tr><td>계획관리지역</td><td>40</td><td>50~80</td></tr>
<tr><td colspan="3">농림지역</td><td>20</td><td>50~80</td><td>60m^2</td></tr>
<tr><td colspan="3">자연환경보전지역</td><td>20</td><td>50~80</td><td>60m^2</td></tr>
</table>

용도지역뿐 아니라 용도지구와 용도구역 안에서도 행위제한이 있다. 용도지구 내에서 행위제한 건축제한이며, 대부분 도시계획조례로 정하도록 위임하고 있다. 따라서 지자체별 도시계획조례를 통해 내용을 확인할 수 있다. 용도지역 · 구역 안에서의 행위제한 역시 각 용도구역에 근거 법령 등에 따라 행위제한에 관한 내용을 상세히 담고 있으므로 필지별로 확인해야 한다.

그러므로 필지별 토지이용계획확인원을 열람하여 용도지역과 더불어 용도지구와 용도구역을 확인하고, 해당하는 시 · 군의 도시계획조례와 건축법 등 관련 법률을 검토하여 행위제한 내용을 확인할 수 있다. 이때 같은 필지에 여러 행위제한이 적용되는 경우 각각의 법률 등에 따른 행위제한 내용이 모두 행위규제가 된다. 이러한 규제 수단은 토지의 이용 가치 및 경제적 효용에 영향을 미치므로 토지의 상품성을 결정한다.

2.2.2 토지이용계획의 계획 수단

토지이용계획의 실현을 위한 계획 수단은 내용으로는 규제의 속성도 있으나, 바람직한 도시공간의 조성을 위하여 일반적인 토지를 대상으로 하기보다 특정 토지를 대상으로 한다. 즉, 특정 토지의 여건에 맞는 구체적인 개발행위나 규모 등을 정하여 향후 건축행위가 이에 부합하도록 유도하는 유연한 토지이용계획 실현 수단이다.

본 절에서는 토지이용계획의 계획 수단으로 지구단위계획[20]과 기반시설연동제를 살펴보고자 한다.

1. 지구단위계획

지구단위계획[21]은 도시 · 군계획 수립 대상 지역의 일부에 대하여 토지이용을 합리화하고 그 기능을 증진시키며 미관을 개선하고 양호한 환경을 확보하며, 그 지역을 체계적이고 계획적으로 관리하기 위하여 수립하는 도시 · 군관리계획이다.

지구단위계획은 어떠한 배경에서 필요하게 되었을까? 도시 전체를 대상으로 하는 대규모 계획 수단인 도시계획으로 개별 필지에서 일어나는 건축행위를 효과적으로 조정하기에는 어려움이 있다. 따라서 도시계획의 한 종류로 특정 지역을 대상으로 더욱 상세한 도시계획을 수립할 수 있는 수단이 필요하였다.

우리나라는 『국토의 계획 및 이용에 관한 법률』 제51조(지구단위계획구역의 지정 등) 제1항 각호에 해당하는 지역에 대하여 지정할 수 있으며, 제2항 각호에 해당하는 지역은 지정하여야 한다. 이때 지구단위계획의 지정은 국토교통부장관, 시 · 도지사, 시장 또는 군수가 할 수 있다. 또한 동조 제3항에 따라 도시지역 외의 지역을 지구단위계획구역으로 지정할 수 있다.

지구단위계획의 내용은 『국토의 계획 및 이용에 관한 법률』[22] 제52조(지구단위계획의 내용)에 따라 지구단위계획구역의 지정목적을 이루기 위하여 제2호 및 제4호를 포함한[23] 둘 이상의 사항이 포함되어야 한다. 다만, 제1호의2[24]를 내용으로 하는 지구

20 지구단위계획은 『국토의 계획 및 이용에 관한 법률』 제정 시 제1종지구단위계획과 제2종지구단위계획으로 구분되었으나 2012년 법 개정을 통해 하나로 통합되었다. 그러나 지구단위계획수립지침에서는 도시지역과 비도시지역을 구분하여 규정하는 내용을 그대로 유지하고 있다.

21 도시계획론 제6정판, 2016, 국토 · 도시계획학회, 보성각, p. 462.

22 『국토의 계획 및 이용에 관한 법률』 [시행 2024.8.7].

23 제2호 기반시설의 배치와 규모 및 제4호 건축물의 용도제한, 건폐율 또는 용적률, 건축물의 높이이다.

24 제1호의2는 기존의 용도지구를 폐지하고 그 용도지구에서의 건축물이나 그 밖의 시설의 용도 · 종류 및 규모 등의 제한을 대체하는 사항이다.

단위계획의 경우에는 그러하지 아니하다

지구단위계획의 내용은 기반시설의 배치와 규모, 계획적인 개발·정비를 위하여 구획된 일단의 토지의 규모와 조성계획, 건축물의 용도제한, 건폐율, 용적률, 건축물의 높이의 최고·최저한도, 건축물의 형태·배치·색채 또는 건축선에 관한 계획, 환경관리계획, 경관계획, 교통처리계획 등으로 일반적인 도시계획보다 구체적인 특수계획이다.

지구단위계획은 필요한 지역에 국한하여 수립하고 일반 도시계획에서 정하는 사항 중 대통령령이 정하는 한정된 사항만을 정하게 되므로 도시관리계획의 하위계획이면서, 또 하나의 도시관리계획이라 할 수 있다. 이러한 관계를 도식화하여 나타내면 자료 2-7과 같다.

자료 2-7 도시계획체계와 지구단위계획의 관계[25]

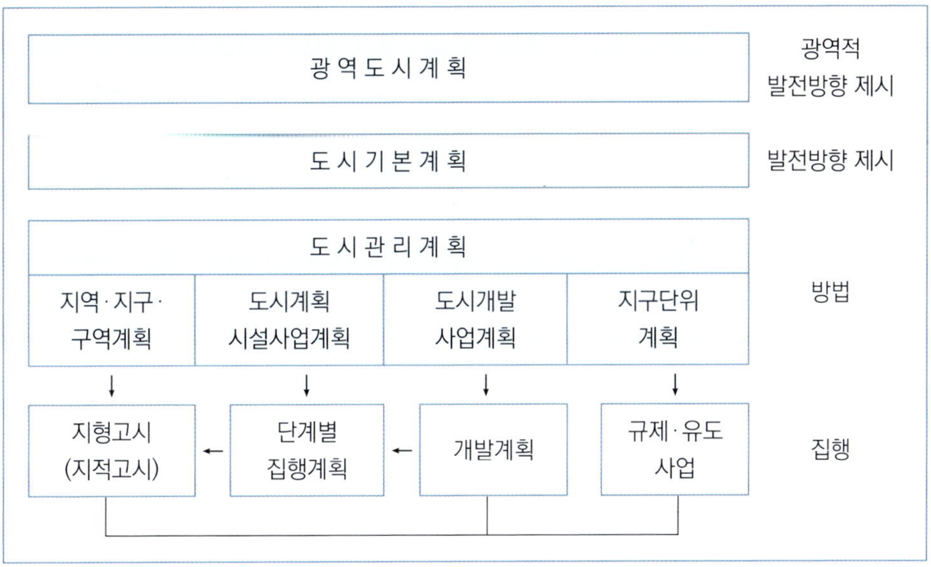

지구단위계획의 성격은 도시계획의 일종으로서 더욱 상세한 도시계획이다. 또한 지구단위계획은 도시기본계획과 광역도시계획의 내용에 부합하여야 하는 하위계획

25 도시계획론 제6정판, 2016, 국토·도시계획학회, 보성각, p. 462.

이다. 따라서 지구단위구역 지정의 일반원칙은 도시 · 군관리계획에서 계획한 지역 또는 시 · 군 안에서 특별한 문제점이나 잠재력이 있는 곳으로서 지구단위계획을 통한 체계적, 계획적 개발 또는 관리가 필요한 지역을 대상으로 함을 원칙으로 한다.

또한 지구단위계획을 지정할 때에는 당해 구역 및 주변지역의 토지이용, 경관현황, 교통여건, 관련계획 등을 함께 고려하여 지구단위계획으로 의도하는 목적이 달성될 수 있는지 그 타당성을 면밀히 검토하여야 한다.

1) 지구단위계획의 유형

지구단위계획은 『국토의 계획 및 이용에 관한 법률』 제49조 내지 제52조까지의 규정에 따른 지구단위계획구역의 지정, 지구단위계획의 입안 및 결정, 지구단위계획의 내용 등에 관한 사항을 국토교통부훈령인 『지구단위계획수립지침』으로 제시하여 제도의 원활한 운영을 도모하고 있다.

지구단위계획은 지구단위계획 수립지침 제2장에 근거하여 용도지역에 따라 도시지역에 지정하는 지구단위계획과 도시지역외 지역(비도시지역)에 지정하는 지구단위계획으로 구분된다.

도시지역에서 지구단위계획을 지정할 때에는 지구단위계획구역의 지정목적, 중심기능, 해당 용도지역의 특성과 도시의 관리정책, 지역 공동체의 활성화, 도시공간구상 등을 종합적으로 고려하여야 하며, 지정 목적에 따라 구분된다. 도시지역 지구단위계획의 유형과 지정목적을 정리한 내용은 자료 2-8과 같다.

자료 2-8 도시지역 지구단위계획의 유형과 지정목적[26]

유 형	지정목적
기존 시가지 정비	기존 시가지에서 도시기능을 상실하거나 낙후된 지역을 정비하는 등 도시재생을 추진하고자 하는 경우
기존 시가지 관리	도시성장 및 발전에 따라 그 기능을 재정립할 필요가 있는 곳으로서 도로 등 기반시설을 재정비하거나 기반시설과 건축계획을 연계시키고자 하는 경우

26 지구단위계획수립지침 제2장 제1절 [국토교통부훈령 제1765호, 시행 2024.05.29].

기존 시가지 보존	도시형태과 기능을 현재의 상태로 유지·정비하는 것이 바람직한 곳으로 개발보다는 유지관리에 초점을 두고자 하는 경우
신시가지의 개발	도시 안에서 상업 등 특정기능으 강화하거나 도시팽창에 따라 기존 도시의 기능을 흡수, 보완하는 새로운 시가지를 개발하고자 하는 경우
복합용도개발	도시지역 내 복합적인 토지이용의 증진을 목표로 공공의 목적에 부합하고, 낙후된 도심의 기능회복과 도시균형발전을 위해 중심지 육성이 필요한 지역으로 복합용도개발을 통한 거점적 역할을 수행하여 주변지역에 긍정적 파급효과를 미칠 수 있도록 하고자 하는 경우
유휴토지 및 이전적지개발	도시지역 내 유휴토지 및 교정시설, 군사시설 등의 이전·재배치에 따른 도시기능의 쇠퇴를 방지하고 도시재상 등을 위해 기능의 재배치가 필요한 지역으로 유휴토지 및 이전부지의 체계적인 관리를 통하여 그 기능을 증진시키고자 하는 경우
비시가지 관리·개발	녹지지역의 체계적 관리 및 개발(체육시설의 설치)을 토하여 그 기능을 증진시키고자 하는 경우
용도지구대체	기존 용도지구를 폐지하고 그 용도지구에서의 건축물이나 그 밖의 용도·종류 및 규모 등의 제한을 대체하고자 하는 경우
복합구역	위에 지성목석 중 2 이상의 목적을 복합하여 달성하고자 하는 경우

도시지역 외 지역, 즉 비도시지역에 지정하는 지구단위계획구역은 당해 구역의 중심기능에 따라 주거형 지구단위계획 · 산업유통형 지구단위계획 · 관광휴양형 지구단위계획 · 특정 지구단위계획 · 복합형 지구단위계획 · 용도지구대체형 지구단위계획 등 여섯 가지로 구분한다. 도시지역외 지구단위계획은 각 유형별로 지구단위계획 내용과 지정목적을 구분하고 있다. 이를 정리한 내용이 자료 2-9이다.

자료 2-9 도시지역 외 지구단위계획의 지정목적별 대상 구분[27]

유형	지정목적
주거형 지구단위계획구역	주민의 집단적 생활근거지로 이용되고 있거나 이용될 아래의 지역으로서 계획적인 개발이 필요한 경우 ① 토지이용현황 및 추이를 감안할 때, 향후 5년 내 개발수요가 크게 증가할 것으로 예상되는 지역 ② 주택이 소규모로 연담화하여 건설되어 있거나 건설되고 있는 지역 ③ 도로·상하수도 등 기반시설과 개발여건이 양호하여 개발이 예상되는 지역 ④ 댐건설·공유수면매립 등 공공사업의 시행으로 인하여 이주단지를 조성할 필요가 있는 지역
사업유통형 지구단위계획구역	① 산업입지 및 개발에 관한 법률에 따른 농공단지 ② 산업직접 활성화 및 공장설립에 관한 법률에 따른 공장과 이에 부수되는 근로자 주택 ③ 물류정책기본법에 따른 물류시설 ④ 물류시설의 개발 및 운영에 관하 법률에 따른 물류단지 ⑤ 유통산업발전벙에 따른 집배송시설과 공동집배송센터 및 공동집배송 센터 개발촉진지구 ⑥ 유통산업발전법에 따른 대규모 점포 ⑦ 기타 농어촌 관련시설
관광휴양형 지구단위계획구역	① 관광진흥법 제3조 제1항 제2호 내지 제7호의 규정에 의한 관광사업을 영위하기 위하여 설치하는 시설 ② 체육시설의 설치·이용에 관한 법률에 의한 체육시설(제1항의 시설과 함께 설치하는 것에 한한다.) ③ 농어촌정비법 제2조 제16호 가목 및 나목의 사업을 영위하기 위한 시설
특정 지구단위계획구역	아래 시설 등의 설치를 위하여 계획적인 개발이 필요한 경우 ① 2002.12.31. 이전에 종전의 『국토이용관리법』에 따라 지정된 준도시지역 안의 시설용지지구 안에 설치하는 시설로서 ①부터 ③까지에 해당하지 아니하는 것 ② ①부터 ③까지에 해당하지 아니하고 도시·군관리계획시설로 설치할 수 없는 시설로서 시장·군수가 당해 지역의 발전 등을 위하여 필요하다고 인정하는 것
복합형 지구단위계획구역	위 네 가지 지구단위계획 중 2 이상을 동시에 지정하는 경우

27 지구단위계획수립지침 제2장 제1절 [국토교통부훈령 제1765호, 시행 2024.05.29].

용도지구 대체형 지구단위계획구역	기존을 용도지구를 폐지하고 그 용도지구에서의 건축물이나 그 밖의 시설의 용도·종류 및 규모 등의 제한을 대체하는 경우

2) 지구단위계획 결정도서

지구단위계획을 결정하기 위하여 작성하여야 할 도서종류[28]는 다음과 같다.

첫째, 지구단위계획에 대한 도시 · 군관리계획결정조서

둘째, 지구단위계획에 대한 도시 · 군관리계획결정도

셋째, 지구단위계획에 대한 계획설명서

넷째, 도시 · 군관리계획 결정조서와 결정도는 '토지이용 및 시설에 관한 부분'과 '획지 및 건축물 등에 관한 부분'으로 나누어 작성한다.

지구단위계획결정도서 작성지침, 발췌[29]

2 지구단위계획에 대한 도시·군관리계획결정조서

2-1 지구단위계획결정조서는 다음 중 지구단위계획구역의 지정목적달성에 필요한 사항에 대하여 작성하도록 한다.

(1) 용도지역·용도지구의 세분 및 세분된 용도지역·용도지구간의 변경에 관한 도시·군관리계획결정조서

(2) 기반시설의 배치와 규모에 관한 도시·군관리계획결정조서

(3) 가구 및 획지의 규모와 조성에 관한 도시·군관리계획결정조서

(4) 건축물에 대한 용도·건폐율·용적률·높이·배치·형태·색채·건축선에 관한 도시·군관리계획결정조서

(5) 기타사항에 관한 도시·군관리계획결정조서

2-2 지구단위계획에 대한 도시·군관리계획결정조서는 다음과 같이 작성한다.

(1) 용도지역·용도지구의 세분 및 세분된 용도지역·용도지구간의 변경에 관한 도시·군

28 지구단위계획수립지침 [별첨1] 지구단위계획결정도서 작성지침 [국토교통부훈령 제1765호, 시행 2024. 05.29].

29 지구단위계획수립지침 제2절 2-6-6에 따라 도시·군관리계획도서와 계획설명서는 지구단위계획수립지침의 [별첨1]의 내용을 담아 아래와 같이 작성한다.

관리계획결정조서는 도시·군관리계획수립지침의 도시·군관리계획조서작성기준에 따른다.

(2) 기반시설의 배치와 규모에 관한 도시·군관리계획결정조서는 도시·군관리계획수립지침의 도시·군관리계획조서작성기준에 따른다.

(3) 가구 및 획지의 규모와 조성에 관한 도시·군관리계획결정조서를 작성하며, 작성예시를 들면 다음과 같다.

<table>
<tr><th rowspan="2">도면
번호</th><th rowspan="2">가구
번호</th><th rowspan="2">면 적</th><th colspan="2">획 지</th><th rowspan="2">비 고</th></tr>
<tr><th>위 치</th><th>면 적</th></tr>
<tr><td></td><td></td><td></td><td></td><td></td><td rowspan="4">대지의
분할 또는
합병표시</td></tr>
<tr><td></td><td></td><td></td><td></td><td></td></tr>
<tr><td></td><td></td><td></td><td></td><td></td></tr>
<tr><td></td><td></td><td></td><td></td><td></td></tr>
<tr><td></td><td></td><td></td><td></td><td></td><td></td></tr>
</table>

(4) 건축물에 대한 용도·건폐율·용적률·높이·배치·형태·색채·건축선에 관한 도시·군관리계획결정조서를 작성하며, 작성예시를 들면 다음과 같다.

도면 번호	위 치	구 분	계 획 내 용
	획지 또는 가구별로 표시	용 도	지정용도, 권장용도, 불허용도, 1층전면 권장용도 등으로 표시
	〃	건폐율	
	〃	용적률	
	〃	높 이	최고 또는 최저한도 표시
	〃	배 치	도면참조
	〃	형 태	
	〃	색 채	
	〃	건축선	건축지정선, 건축한계선, 벽면지정선, 벽면한계선 등으로 표시

(5) 기타사항에 관한 도시·군관리계획결정조서를 작성하며, 작성예시를 들면 다음과 같다.

도면 번호	위 치	계획내용	비 고
	획지 또는 가구별로 표시	계획내용 표시	전면 도로명(번호) 표시

(6) 특별계획구역의 지정에 관한 도시 · 군관리계획결정조서를 작성하며, 작성예시를 들면 다음과 같다.

도면번호	위 치	계획내용	비 고
	획지 또는 가구별로 표시	계획내용 표시	

(7) 2-4-7.에 따라 경미한 사항을 정하여 결정하는 경우에는 이에 대한 도시 · 군관리계획결정조서를 작성하며, 작성예시를 들면 다음과 같다.

도면번호	위 치	경미한 사항	비 고
	획지 또는 가구별로 표시	경미한 사항의 내용 표시	

❸ 지구단위계획에 대한 도시 · 군관리계획결정도

3-1 지구단위계획에 대한 도시 · 군관리계획결정도는 다음과 같이 작성한다.

(1) 용도지역 · 용도지구의 세분 및 세분된 용도지역 · 용도지구간의 변경에 관한 도시 · 군관리계획결정도는 도시 · 군관리계획수립지침의 도시 · 군관리계획도 표시기준에 따른다.

(2) 기반시설의 배치와 규모에 관한 도시 · 군관리계획결정도는 도시 · 군관리계획수립지침의 도시 · 군관리계획도 표시기준에 따른다.

(3) 2-2.의 (3)부터 (6)까지의 사항에 관한 도시 · 군관리계획결정도는 축척 1/1,000~1/5,000의 지적이 표시된 지형도(수치지형도 포함)에 3-2.와 같은 범례를 사용하여 도시 · 군관리계획결정도를 작성한다.

3-2 지구단위계획에 대한 도시 · 군관리계획결정도의 표시기호는 다음과 같이 한다.

• 획지 및 건축물 등에 관한 지구단위계획 표시기호 •

지구단위계획구역	—··—	
획지경계선	———	지적경계선보다 약간 굵은실선
대지분할가능선	······	

구분	표시
건축물의 용도	허용용도 권장용도
건축물의 용적률, 건폐율, 높이	용적률 | 최고높이 건폐율 | 최저높이
건축지정선	
건축한계선	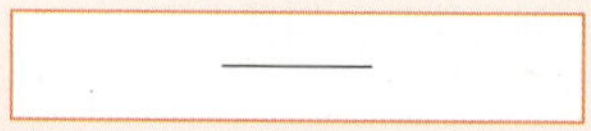
벽면지정선	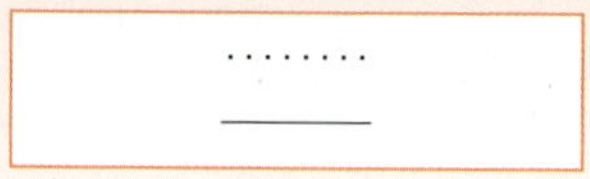
벽면한계선	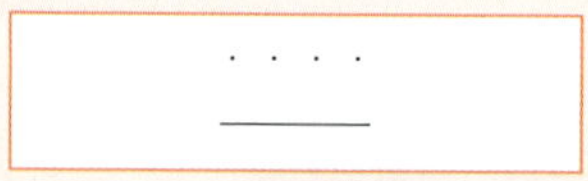
공공보행통로	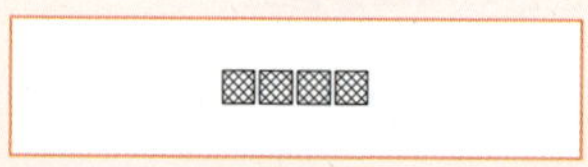
합벽건축	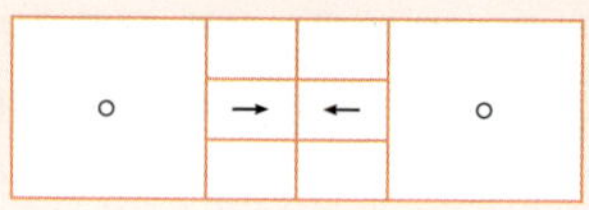
공동개발	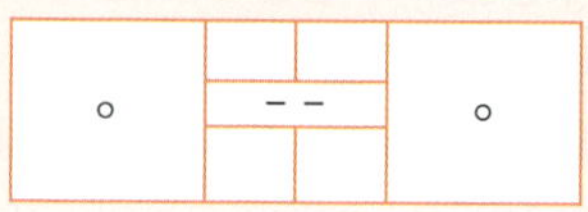
차량출입허용구간	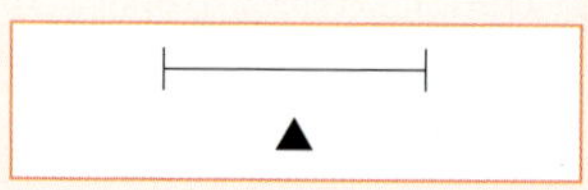
차량출입불허구간	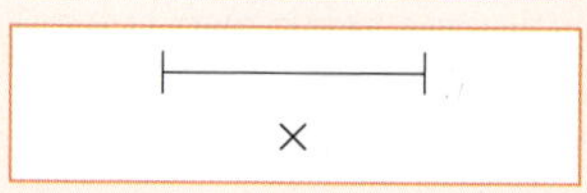
보행주출입구	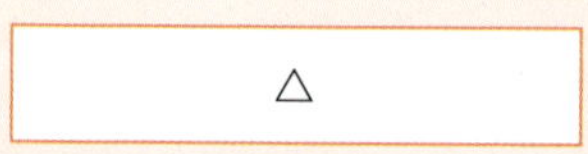
공동주택단지의 분산상가	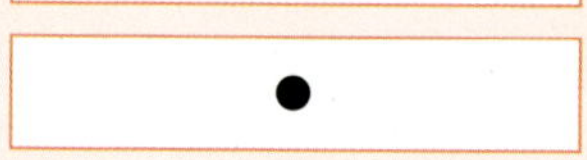
공동주택단지의 단지내 도로	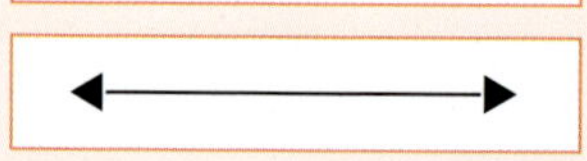

공동주택단지의 주택유형/평형	유형	평형
특별계획구역		

* 상기 범례외의 필요한 범례는 별도로 작성하여 사용할 수 있다.

④ 지구단위계획에 대한 계획설명서

4-1 상기 도시·군관리계획결정도서를 보조하는 계획설명서를 작성하여야 하며, 그 주요내용은 다음과 같고 축척 1/25,000 이상의 지형도에 주요 도시·군관리계획사항을 명시한 도시·군관리계획총괄도를 포함한다.

(1) 지구단위계획에 관한 설명서
(2) 기초조사 결과
(3) 재원조달방안
(4) 환경에 대한 검토결과
(5) 도시·군관리계획으로 결정할 지구단위계획의 내용 및 사유
(6) 사업 시행자·시행기간 및 시행방법
(7) 기타 필요한 사항

⑤ 지구단위계획보고서

5-1 지구단위계획보고서는 다음과 같이 작성한다.

(1) 지구단위계획구역의 지정목적 및 각종 지표와 계획의 효과에 대한 설명을 담는다.
(2) 지구단위계획구역의 자연환경·인문환경의 현황조사와 문제점, 잠재력분석, 계획의 목표와 지표설정에 따라 각 부문의 계획을 수립하는 일련의 과정을 설명한다.
(3) 지구단위계획보고서에는 당해 지구단위계획의 수립근거, 계획적 논리 등 그 지구단위계획의 주요내용이 일목요연하게 정리되어야 한다.
(4) 3-16-2.에 따라 상세한 경관상세계획을 수립하는 경우에는 지구단위계획보고서에 이를 첨부한다.

지구단위계획은 '물리적 환경의 유기적 통합'이라는 목적을 통해 궁극적으로 도시공간을 완성하고자 한다. 따라서 지구단위계획은 토지이용 시 가장 우선 적용되는 구체적이고 입체적인 도시설계 수단이다.

한편, 지구단위계획은 다른 도시계획수단과 구별되는 다음과 같은 특성이 있다.[30] 첫째, 지구단위계획은 도시기본계획이나 도시관리계획 등 도시 전체를 대상으로 하는 일반적인 도시계획과 달리 그 적용범위가 특정지구에 한정된다.

둘째, 지구단위계획에서 언급하는 공간은 도시관리계획 등에서 거론하는 거시적이고 추상적인 공간이 아니라, 사람들이 일상적으로 체험하고 활동하는 구체적인 공간이다.

셋째, 지구단위계획은 이와 같은 공공의 일상적 공간을 특정지구의 여건에 비추어 바람직한 장소로 만들어 가는 것을 목표로 한다. 이를 위해 개발행위에 대한 소극적 규제에 머무르는 도시관리계획과는 달리 지구단위계획은 개별 대지에서 일어나는 개발행위에 대한 적극적인 지침을 제시한다.

넷째, 지구단위계획은 활동의 2차원적 배분 차원에 머물러 있는 도시관리계획과는 달리 3차원적 요소에도 관여한다.

다섯째, 지구단위계획은 공공의 장소를 바람직한 곳으로 만들기 위한 것이기 때문에 장소를 구성하는 물리적 요소가 갖는 개체적 특성보다는 그것들이 이루는 집합된 형태에 중점을 두게 된다.

2. 기반시설연동제

기반시설연동제는 종래 도시개발이 해당 지역의 상 · 하수도, 교통시설 등 기반 시설의 수용량(受容量)을 고려하지 않고 기존의 기반시설에 인접하여 무임승차하여 이루어짐에 따라 발생하는 기반시설 부족 문제를 해결하기 위하여, 2002년 『국토의 계획 및 이용에 관한 법률』에서 제도화된 것으로 기반시설 용량과 개발행위허가를 연계시키는 제도이다.[31]

이는 도심지와 같이 기반시설의 추가 설치가 어려운 지역은 개발밀도를 제한하고, 기반시설 설치가 가능한 지역에서 기반시설 설치를 유발하는 개발행위를 하는 경우에는 개발행위자가 기반시설을 설치하도록 하는 제도이다.

---

30 토지이용계획론 제4정판, 2023, 대한국토 · 도시계획학회, 보성각, p. 320.

31 기반시설연동제 운영지침 제1장 제2절 1-2-1, [국토교통부훈령 제1107호, 시행 2018.11.26].

기반시설연동제는 기성시가지를 대상으로 하는 개말밀도관리구역제도와 새로운 개발지역을 대상으로 하는 기반시설부담구역제도로 구분된다.[32] 개발밀도관리구역은 주거·상업 또는 공업지역에서 개발행위로 당해 지역에서 허용하고 있는 수준보다 강화하여 적용함으로써 개발행위 자체를 억제하는 제도이다.

기반시설부담구역은 개발밀도관리구역 외 지역으로 개발압력이 높아 기반시설의 용량이 부족할 것으로 예상되는 지역 중에서 기반시설의 추가설치가 가능한 지역을 대상으로 지정한다. 이때 개발행위자는 직접 기반시설을 설치하도록 하거나 기반시설 설치에 상당하는 비용을 납부하도록 함으로써 기반시설을 확보하는 제도이다.

또한 기반시설연동제는 광역도시계획·도시기본계획·도시관리계획 등 상위계획과 조화를 이루어야 한다.

1) 개발밀도관리구역

개발밀도관리구역 지정의 일반원칙·지정절차·지정단위 및 경계설정·지정기준·관리방법 등은 국토교통부훈령인 『기반시설연동제 운영지침』에서 정하고 있으며 그 내용은 아래와 같다.

제1절 일반원칙

2-1-1. 개발밀도관리구역은 시장·군수가 주거지역·상업지역 또는 공업지역안에서 개발행위로 인하여 기반시설의 처리·공급·수용능력이 부족할 것으로 예상되는 지역중 기반시설의 설치가 곤란한 지역에 대하여 지정한다.

2-1-2. 개발밀도관리구역의 지정기준인 기반시설은 도로·수도공급설비·하수도 및 학교이며, 개발밀도관리구역은 이 중 어느 하나라도 용량이 부족할 것으로 예상되는 지역에 대하여 지정될 수 있다.

2-1-3. 개발밀도관리구역으로 지정된 지역에 대하여는 용적률을 강화하여 적용한다.

제2절 지정절차

2-2-1. 시장·군수는 개발밀도관리구역을 지정하고자 할 경우 당해 지역이 지정기준에 적합한지 여부를 판단하기 위하여 기초조사를 실시한다. 이 경우 기초조사는 전문기관에 의뢰

32 기반시설연동제 운영지침 제1장 제3절 1-3-2, [국토교통부훈령 제1107호, 시행 2018.11.26].

하여 실시할 수 있다.

2-2-2. 시장 · 군수는 개발밀도관리구역을 지정 · 변경하고자 하는 경우에는 개발밀도관리구역의 명칭 · 범위와 용적률의 강화범위를 포함한 지정(안)을 마련하여 해당 지방도시계획위원회의 심의를 거쳐야 한다.

2-2-3. 시장 · 군수는 개발밀도관리구역을 지정 · 변경한 경우에는 당해 특별시 · 광역시 · 시 · 군(이하 "시 · 군"이라 한다)의 공보에 지정 · 변경내용을 고시하여야 한다.

제3절 지정단위 및 경계설정

2-3-1. 개발밀도관리구역의 지정단위는 다음의 기준에 따라 정하는 것을 원칙으로 하되, 대상지역의 여건 및 지정의 실효성 등을 감안하여 적절히 조정할 수 있다.

(1) 주거지역의 경우 최소면적단위는 근린주구단위 수준(2,000~3,000세대)으로 설정하고, 최대면적단위는 구역의 적정규모 유지를 위하여 도시기본계획상 인구배분계획의 공간단위 범위로서 고려할 수 있는 동(洞)단위 수준의 소생활권(2만~3만명)으로 설정한다.

(2) 상업지역의 경우 이용인구 등을 고려하여 지역실정에 맞게 지정단위를 정한다. 다만, 근린상업지역은 주거지역의 지정단위에 포함하는 것을 원칙으로 한다.

(3) 공업지역의 경우 업체별 종업원수, 물동량, 공장면적 등을 고려하여 지역실정에 맞게 지정단위를 정한다.

2-3-2. 개발밀도관리구역을 효율적으로 관리할 수 있도록 대상지역의 면적이 최대면적단위를 초과하는 등 지나치게 넓은 경우에는 가급적 수개의 구역으로 구분하여 지정한다.

2-3-3. 개발밀도관리구역의 경계는 도로 · 하천 그 밖에 특색 있는 지형지물을 이용하거나 용도지역의 경계선을 따라 설정하는 등 경계선이 분명하게 구분되도록 한다.

2-3-4. 도로를 이용하여 구역경계를 설정할 경우 가급적 보조간선도로 이상의 도로를 기준으로 경계를 설정하도록 한다. 다만, 불가피한 경우 중로 3류 이상의 도로를 기준으로 경계를 설정할 수 있다.

제4절 지정기준

2-4-1. 개발밀도관리구역은 2-4-2. 내지 2-4-6.에 해당하는 지역에 대하여 지정할 수 있다. 이 경우 아래 요건 중 어느 하나라도 해당하는 경우에는 개발밀도관리구역을 지정할 수 있다.

2-4-2. 도로서비스 수준에 의한 지정기준

(1) 대상지역에 면하는 간선도로로 진출입하는 도로의 서비스 수준이 국토해양부제정 도로용량편람의 기준에 의하여 FFF인 상태가 1회 30분 이상으로서 1일 3회 이상이고 주 3일 이상 발생하는 지역은 개발밀도관리구역으로 지정할 수 있다.

(2) 도로서비스 수준의 조사 및 분석은 국토해양부 고시 교통영향평가지침 제16조 및

제17조에 규정된 방법에 의한다.

2-4-3. 도로율에 의한 지정기준

대상지역안의 도로율(도로면적/대상지역면적×100)이 도시계획시설의결정 · 구조및설치기준에관한규칙 제11조의 규정에 의한 용도지역별 도로율에 20% 이상 미달하는 지역은 개발밀도관리구역으로 지정할 수 있다.

2-4-4. 수도시설에 의한 지정기준

향후 2년 이내에 당해 지역의 수도에 대한 수요량이 배수지 · 배수관로 등 수도시설의 시설용량을 초과할 것으로 예상되는 지역은 개발밀도관리구역으로 지정할 수 있다.

2-4-5. 하수도시설에 의한 지정기준

향후 2년 이내에 당해 지역의 하수발생량이 하수종말처리장 · 하수관로 등 하수시설의 시설용량을 초과할 것으로 예상되는 지역은 개발밀도관리구역으로 지정할 수 있다.

2-4-6. 학교시설에 의한 지정기준

(1) 향후 2년 이내에 당해 지역의 학생수가 학교수용능력을 20% 이상 초과할 것으로 예상되는 지역은 개발밀도관리구역으로 지정할 수 있다.

(2) 학교수용능력은 초 · 중등교육법시행령 제51조에 의하여 교육감이 지정한 학급당 학생수에 학급수를 곱한 값으로 한다.

(3) 학교시설기준에 의하여 개발밀도관리구역을 지정할 경우 대상지역의 인구증가에 따른 학생증가와 대상지역안의 학교의 증축 · 개축 등에 따른 수용능력의 증가 등을 고려하여야 한다.

(4) 학교시설에 의한 지정기준은 주거지역에 대하여만 적용한다.

제5절 관리방법

2-5-1. 시장 · 군수는 개발밀도관리구역에 대하여 당해 용도지역에 적용되는 용적률의 최대한도의 5/10까지 용적률을 강화하여 적용할 수 있다.

2-5-2. 용적률의 구체적인 강화범위는 도로 · 수도 · 하수도 및 학교의 부족정도를 감안하여 해당 지방도시계획위원회의 심의를 거쳐 결정한다.

2-5-3. 시장 · 군수는 개발밀도관리구역으로 지정된 지역에 대하여 2년에 1회 이상 도시관리계획, 수도 · 하수도정비기본계획 등 관련계획, 시설물유지관리시스템 또는 별도의 기반시설연동시스템 등에 의하여 기반시설의 처리 · 공급 · 수용능력과 수요량의 변화추이를 측정하여야 한다.

2-5-4. 시장 · 군수는 2-5-3.의 방법 등에 의하여 개발밀도관리구역안의 기반시설의 변화를 주기적으로 검토하여, 용적률을 강화 또는 완화하거나 개발밀도관리구역을 해제하는 등 필요한 조치를 취하여야 한다.

2) 기반시설 부담구역

기반시설부담구역 지정의 일반원칙 · 지정절차 · 지정기준 · 기반시설 및 건축행위의 범위 · 기반시설설치계획의 내용 · 기반시설설치계획 수립절차 · 기반시설부담계획의 내용 · 기반시설부담계획의 수립절차 · 기반시설부담계획에 의한 부담분의 산정 · 기반시설부담계획에 의하지 않은 경우 부담분의 산정 · 기반시설설치비용의 감면 · 납부 의무자 · 기반시설설치비용의 부과 및 납부 · 기반시설설치비용의 납부 등은 국토교통부훈령인 『기반시설연동제 운영지침』[33]에서 정하고 있으며, 기반시설설치비용 산정방법은 동 지침 별표1에서 아래와 같이 정하고 있다.

별표 1

기반시설설치비용 산정방법
(3-10-1. 관련)

가 단일용도 건축물의 경우

▼ 신축의 경우

1) 신축허가연면적이 기초공제면적(200㎡) 이하인 경우: 면제

2) 신축허가연면적이 기초공제면적(200㎡) 초과인 경우 또는 기존건축물을 철거하고 건축물을 신축하는 경우로서 기존건축물의 연면적(주차장면적 제외)이 200㎡ 이하인 경우

> 기반시설설치비용 = 〔기반시설 표준시설비용 + 지역별 용지환산계수 × 건축물별 기반시설유발계수 × 개별공시지가 부담구역별 평균/㎡〕 × 〔건축허가연면적 - 주차장면적 - 기초공제면적(200㎡)〕 × 부담률 - 공제액

3) 기존 건축물을 철거하고 건축물을 신축하는 경우로서 기존 건축물의 연면적(주차장면적 제외)이 200㎡ 초과인 경우

> 기반시설설치비용 = 〔기반시설 표준시설비용 + 지역별 용지환산계수 × 건축물별 기반시설유발계수 × 개별공시지가 부담구역별 평균/㎡〕 × 〔건축허가연면적 - 주차장면적 - 기존 건축물연면적(주차장면적 제외)〕 × 부담률 - 공제액

33 『기반시설연동제 운영지침』, 국토교통부 훈령 제1107호, [시행 2018.11.26].

▼ 증축의 경우

1) 기존 건축물연면적(주차장면적제외)과 증축허가 연면적의 합이 기초공제면적(200㎡) 이하인 경우: 면제

2) 기존 건축물연면적(주차장면적제외)이 200㎡ 이하이고 증축허가연면적과의 합이 기초공제면적(200㎡)초과인 경우

> 기반시설설치비용 = 〔기반시설 표준시설비용 + 지역별 용지환산계수 × 건축물별 기반시설유발계수 × 개별공시지가 부담구역별 평균/㎡〕 × 〔증축허가연면적 + 기존 건축물 연면적(주차장연면적 제외) - 증축 주차장면적 - 기초공제면적(200㎡)〕× 부담률 - 공제액

3) 기존 건축물연면적(주차장연면적제외)이 기초공제면적(200㎡)을 초과하는 경우

> 기반시설설치비용 = 〔기반시설 표준시설비용 + 지역별 용지환산계수 × 건축물별 기반시설유발계수 × 개별공시지가 부담구역별 평균/㎡〕 × 〔증축허가연면적 - 증축 주차장면적〕 × 부담률 - 공제액

나 복합용도 건축물의 경우

* 복합용도 건축물의 경우 기반시설 유발계수가 동일한 건축연면적별로 각각 설치비용을 산출한 후 합산함

▼ 신축의 경우

1) 신축허가연면적이 기초공제면적(200㎡) 이하인 경우: 면제

2) 신축허가연면적이 기초공제면적(200㎡) 초과인 경우로서 기존 건축물이 없거나 연면적(주차장면적제외) 200㎡이하인 경우

> 기반시설설치비용 = Σ{〔기반시설 표준시설비용 + 지역별 용지환산계수 × 건축물별 기반시설유발계수 × 개별공시지가 부담구역별 평균/㎡〕 × 〔(건축허가연면적 - 주차장면적) × 유발계수별 건축허가연면적/(건축허가연면적 - 부속용도면적) - 기초공제면적 (200㎡) × 유발계수별 건축허가연면적/(건축허가연면적 - 부속용도면적)〕 × 부담률} - 공제액

3) 신축허가연면적이 기초공제면적(200㎡) 초과인 경우로서 기존 건축물의 연면적(주차장면적제외)이 200㎡ 초과인 경우

기반시설설치비용 = Σ{[기반시설 표준시설비용 + 지역별 용지환산계수 × 건축물별 기반시설 유발계수 × 개별공시지가 부담구역별 평균/㎡] × [(건축허가연면적 - 주차장면적) × 유발계수별 건축허가연면적/(건축허가연면적 - 부속용도면적) - (기존건축연면적 - 기존건축물주차장면적) × 유발계수별 기존건축연면적/(기존건축연면적 - 기존건축물부속용도면적)] × 부담률} - 공제액

* 다만, (건축허가연면적 - 주차장면적) × 유발계수별 건축허가연면적/(건축허가연면적 - 부속용도면적) - (기존 건축연면적 - 기존건축물주차장면적) × 유발계수별 기존 건축연면적/(기존 건축연면적 - 기존 건축물부속용도면적) ≤ 0 경우에는 0으로 계산함

▼증축의 경우

1) 증축허가연면적과 기존 건축물연면적(주차장면적 제외)의 합이 기초공제면적(200㎡) 이하인 경우: 면제
2) 기존 건축물연면적(주차장면적 제외)이 200㎡ 이하이고 증축허가 연면적과의 합이 기초공제면적(200㎡) 초과인 경우

기반시설설치비용 = Σ{(기반시설 표준시설비용 + 지역별 용지환산계수 × 건축물별 기반시설 유발계수 × 개별공시지가 부담구역별 평균/㎡) × [(증축허가연면적 - 증축주차장면적) × 유발계수별 증축허가연면적/(증축허가연면적 - 증축부속용도면적) + (기존건축연면적 - 기존건축물주차장면적) × 유발계수별 기존건축연면적/(기존건축연면적 - 기존건축물부속용도면적) - 기초공제면적(200㎡) × 유발계수별 증축허가연면적/(증축허가연면적 - 증축부속용도면적)] × 부담률} - 공제액

3) 기존 건축물연면적(주차장면적 제외)이 200㎡ 초과인 경우

기반시설설치비용 = Σ[(기반시설 표준시설비용 + 지역별 용지환산계수 × 건축물별 기반시설 유발계수 × 개별공시지가 부담구역별 평균/㎡) × (증축허가연면적 - 증축주차장면적) × 유발계수별 증축허가연면적/(증축허가연면적 - 증축부속용도면적) × 부담률] - 공제액

다 기타

- 부속용도면적이라 함은 건축법 시행령 제2조 제13호의 규정에 의한 부속용도의 면적을 합산한 면적을 말한다.
- 기초공제면적이라 함은 부과제외대상의 기준이 되는 건축물 연면적 200제곱미터를 말함
- 기존 건축물의 연면적이라 함은 같은 대지 내 기존 건축물의 연면적의 합계를 말한다.

2.2.3 토지이용계획의 개발 수단

개발 수단은 정부나 개발사업자, 개인 등이 토지를 확보하여 직접 토지이용계획에서 정해진 내용에 따라 건축행위를 하거나 건축물의 건축 또는 공작물의 설치 등 개발행위를 통해 토지이용계획을 실현하는 방법이다.

이 같은 개발 수단은 개발사업의 근거가 되는 법령에 따라 이루어지는데 크게 대규모 개발사업과 소규모 개발행위로 구분할 수 있다. 이를 구체적으로 토지이용계획의 직접적 수단인 개발사업이나 개발행위의 주요 사업명이나 성격 및 목적 등을 표로 정리하면 자료 2-10과 같다.

자료 2-10 토지이용계획 실현을 위한 개발 수단의 유형

개발 규모	관련법률	사업명	성격 및 목적
대규모 개발 사업	도시개발법	도시개발사업	민간부문의 참여활성화를 통한 다양한 형태의 도시개발을 유도하여 종합적이고 체계적인 도시개발을 도모함
	도시 및 주거환경 정비법	주거환경개선사업, 주택 재개발사업, 주택재건축사업, 도시환경정비사업, 주거환경 정비사업, 가로주택정비사업	도시기능을 회복하기 위하여 기반시설을 정비하고 주택 등의 건축물을 개량하거나 건설하는 사업
	주택법	주택건설사업 대지조성사업	국민의 주거안정과 주거수준 향상을 위하여 주택의 건설, 공급, 관리와 자금의 조달, 운용에 관한 사항을 정함
	택지개발 촉진법	택지개발사업	도시지역의 택지난을 해소하기 위하여 주택건설에 필요한 택지의 취득, 개발, 공급 및 관리를 위한 사업
	공공주택 특별법	공공주택건설사업	공공주택의 원활한 건설과 효과적인 운영으로 서민의 주거안정 및 주거수준 향상

	산업입지 및 개발에 관한 법률	산업단지개발사업	공업용지의 확보를 원활히 하고 산업의 적정배치로 국토의 효율적 이용과 지역간의 균형개발을 촉진하는 사업
소규모 개발 행위	개발행위	개발행위	소규모 지역 대상 건축물의 건축, 공작물의 설치, 토지형질변경, 토석채취, 토지분할, 물건적치 행위

2.2.4 토지이용계획의 유도 수단

토지이용계획의 유도 수단은 토지 관련 조세나 개발부담금과 같은 각종 부담금의 경감으로 경제적 측면에서 지원하는 방안과 도로, 철도, 항만, 공항, 공원 · 녹지, 광장 등 도시기반시설을 설치 · 정비하는 도시 시설의 설치 · 정비가 있다. 이러한 토지 관련 조세 및 부담금을 표로 정리하면 자료 2-11과 같다.

자료 2-11 토지 관련 조세 및 부담금

구분		내용
조세	국세	상속세, 증여세, 인지세, 종합소득세, 종합부동산세, 법인세, 양도소득세 등
	지방세	등록세, 취득세, 도시계획세, 지역개발세, 공동시설세 등
부담금		개발부담금, 농지/산지 전용부담금, 개발제한구역 훼손부담금 등

1. 토지 조세

토지 관련 조세는 위 자료 2-11에서 보는 바와 같이 크게 국세와 지방세로 구분된다. 이러한 토지 관련 조세는 토지의 취득, 보유, 처분 등 조세의 징수목적에 따라 세 가지로 구분할 수 있다.

먼저, 토지의 취득과 관련된 조세로는 국세인 상속세 · 증여세 · 인지세 등이 있고 지방세는 취득세 · 등록세 등이 있다. 토지의 보유와 관련된 조세는 국세인 종합소득세 · 종합부동산세와 지방세인 도시계획세 · 지역개발세 · 공동시설세 · 농업소득세 등이 있다. 마지막으로 토지의 처분과 관련된 조세로는 국세인 양도소득세와 법인세 특별부가세 등이 있다.

이처럼 토지 관련 조세는 토지의 취득부터 보유, 처분까지 다양한 형태로 운영되고 있는데 이들 토지 관련 조세 제도는 개인이나 기업 등 토지를 이용하고자 하는 개발주체의 토지이용 행위에 많은 영향을 미치고 있다. 따라서 정부는 토지 관련 조세 제도를 통해 토지이용 행위를 유도하는 등 토지이용계획의 유도 수단으로 활용하고 있다.

토지 관련 조세의 감면은 『조세특례제한법』에 근거를 두고 있는데, 조세특례제한법에 따르면 국세의 경우 지역간의 균형발전을 위한 공장의 대도시 외 지역 이전(移轉), 법인본사의 수도권 과밀억제권역 외 지역으로 이전 시 법인 과세특례, 국민생활의 안정을 위한 장기임대주택이나 신축임대주택에 대한 양도소득세 감면, 농어촌주택 취득자에 대한 양도소득세 과세특례 등 토지이용계획의 실현을 유도하기 위한 조세제도가 운영되고 있다. 또한 지방세도 공익적 목적이나 정책적 지원 필요성 등을 고려하여 일정 기간 세액의 일부를 경감하거나 전부를 면제하는 등 토지이용계획의 실현을 유도하기 위한 감면제도를 활용하고 있다.

2. 부담금 제도

토지와 관련된 조세 이외의 부담금은 정부의 수입원이다. 부담금은 특정한 행위로 인해 개인의 이익이 사회전체의 이익보다 큰 경우 또는 반대로 개인이 지불하는 비용이 사회전체가 지불해야 하는 비용보다 작은 경우 그 차이를 정부가 징수해야 한다는 후생경제학적 논리에서 출발한다.

이러한 부담금은 공공재에 대한 공급대가로 징수하는 수익자부담금과 원인을 제공한 자에게 부담시키는 원인자부담금으로 구분되기도 한다. 토지와 관련된 부담금은 특정 사업비에 충당하기 위한 재원조달의 수단으로서 기능과 환경훼손과 같은 원인제공자에게 부담금을 부과하여 훼손을 억제하고자 하는 기능을 동시에 가지고 있는 경우가 일반적이다. 토지와 관련된 주요 부담금은 다음과 같다.

1. 개발부담금 : 개발부담금은 『개발이익환수에 관한 법률』에 따라 택지개발 · 공

장조성 등 법령이 정하는 30개 개발사업으로 인하여 개발대상지역의 지가가 상승하여 사업시행자가 얻게 되는 개발이익[34]의 일정부분을 환수하려는 제도이다.

2. 농지/산지 전용 시 부과되는 부담금 : 농지나 임야, 초지 등을 전용하고자 하는 경우에는 대체농지조성비, 대체초지조성비, 대체산지자원조성비, 대체조림비, 농지전용부담금, 산림전용부담금 등을 납부해야 한다.
3. 개발제한구역 훼손부담금 : 개발제한구역 내의 토지의 형질변경허가를 받은 자는 『개발제한구역의 지정 및 관리에 관한 특별조치법』에 따라 개발제한구역의 훼손을 억제하고 개발제한구역의 관리를 위한 재원을 확보하기 위하여 개발제한구역 훼손부담금을 납부하여야 한다.
4. 수도권 과밀부담금 : 수도권 과밀부담금은 『수도권정비계획법』에 근거한 것으로 수도권 과밀억제권역 안의 지역에 있는 인구집중유발시설 중 업무용 건축물·판매용 건축물·공공청사, 기타 대통령령이 정하는 건축물을 건축하고자 하는 경우에 부과하도록 하고 있다.
5. 광역교통시설부담금 : 광역교통시설부담금은 『대도시권 광역교통관리에 관한 특별법』에 따라 수도권을 비롯한 대도시권에서 심화되고 있는 광역교통문제를 해결하기 위한 재원마련을 위하여 종전에 운영되어 오던 광역전철부담금제를 확대·개편한 제도이다.

3. 도시시설의 설치·정비

도시시설이란 도로, 철도, 공원 등 도시 내 거주자의 편리하고 쾌적하며 안전한 도시생활을 위하여 필요한 시설로서 일반적으로 특정 소수가 아닌 도시민의 누구라도 자유롭게 이용할 수 있는 설치되는 시설[35]을 의미한다.

도시시설과 관련된 가장 대표적인 법률인 『국토의 계획 및 이용에 관한 법률』에

---

34 개발이익은 개발사업의 완료시점의 지가에서 착수시점의 지가와 개발비용, 그리고 사업기간 동안의 정상지가 상승분을 제외한 부분으로 산정.

35 도시시설에 대한 통일된 정의는 아직 없으며, 『국토의 계획 및 이용에 관한 법률』이나 『도시개발법』, 『도시 및 주거환경정비법』 등 도시개발 및 정비와 관련된 각종 법령에서 편의적으로 정의하고 있다.

따르면 도시계획시설로 지정될 수 있는 시설로 정의된 기반시설은 도시관리계획으로 설치할 수 있는 시설로서 다음에 언급하는 시설을 의미하고 있다.

1. 교통시설(11개) : 도로, 철도 항만, 공항, 주차장, 자동차정류장, 궤도, 삭도, 운하, 자동차 및 건설기계검사시설, 자동차 및 건설기계운전학원
2. 공간시설(5개) : 광장, 공원, 녹지, 유원지, 공공공지
3. 유통 · 공급시설(9개) : 유통업무설비, 수도설비, 전기설비, 가스공급설비, 방송 · 통신시설, 공동구, 시장, 유류저장 및 송유시설, 열공급설비
4. 공공 · 문화체육시설(10개) : 학교, 운동장, 공공청사, 문화시설, 체육시설, 도서관, 연구시설, 사회복지시설, 공공직업훈련시설, 청소년수련시설
5. 방재시설(8개) : 하천, 유수지, 저수지, 방화설비, 방풍설비, 방수설비, 사방설비, 방조설비
6. 보건위생시설(7개) : 화장시설, 공동묘지, 봉안시설, 자연장지, 장례식장, 도축장, 종합의료시설
7. 환경기초시설(4개) : 하수도, 폐기물처리시설, 수질오염방지시설, 폐차장

『국토의 계획 및 이용에 관한 법률』에 의한 기반시설은 도시계획시설로 설치할 경우 기본적으로 건교부령 제414호인 『도시계획시설의 결정, 구조 및 설치기준에 관한 규칙』의 설치기준에 따라야 하며, 『도시계획시설의 결정, 구조 및 설치기준에 관한 규칙』에서 별도의 설치기준 없이 기반시설과 관련된 개별법에 설치기준을 준용하도록 하는 경우는 이들 개별법에서 정하는 설치기준에 따르도록 하고 있다.

2.3 서울의 도시계획 역사로 살펴본 지역계획과 토지이용의 변화

우리나라 국토이용체계는 앞서 살펴본 토지이용계획의 실현수단으로 전 국토의 모든 지역을 일률적으로 규제하지 않는다. 왜냐하면 각 지역의 특수성과 지방정부에 의하여 지역 시 · 군의 여건이 정책적으로 반영되기 때문이다. 본 절에서는 우리나라

대표 도시인 서울의 도시계획을 기반으로 도시의 성장과 이에 따른 도시계획 및 토지이용계획의 변화 · 발전사(史)를 살펴보고자 한다.

2.3.1 수도 서울의 지역계획 변천사 : 단핵도시에서 다핵도시로

1. 단핵 동심원 구조의 서울(해방 후~1973)

서울의 인구는 해방 직전 100만 명도 미치지 못하였으나, 한국전쟁 이후 1963년에 이르러 300만 명을 넘었으며, 지속적인 인구 유입 및 급속한 도시화로 행정구역도 확대되었다.

1960년대부터는 국가차원에서 경제개발계획이 시행되고, 서울을 비롯한 대도시가 국가성장의 중추 역할을 하였으며, 대도시로 인구가 급격히 유입되었다. 이 시기에 서울의 도시계획은 도시기본계획, 즉 마스터플랜의 수립이 시작된다. 도시기본계획의 수립은 장기적인 안목에서 도시의 발전방향과 미래상을 제시하고자 한 것이었다. 이 시기 서울시 도시계획가로망도 사례가 자료 2-12이다.

1966년 '서울도시기본계획'의 성형적 동심원구조는 철저히 지역제를 전제로 한 모형이다. 서울의 동심원구조는 이후 도시개발의 과정에서 변형된다. 1967년 건설부[36]는 '수도권광역도시계획'에서 선형도시구조를 채택하였다. 1960년대 서울은 지리적으로 사방이 산으로 둘러싸여 확장하기 어려운 조건[37]이었다. 그러므로 건설부가 지형적 여건을 토대로 대도시권을 형성하는 선형적인 도시개발을 고려한 것은 자연스러운 일이었을 것[38]이다. 이로써 1966년 서울도시기본계획에서 구상했던 성형(星形)의 동심원구조는 그대로 유지하고, 선형도시적 개발(finger type)과 다핵도시구조(multi-nuclei type)를 절충[39]하였다.

---

36 현재 '국토교통부'의 전신이다.

37 이상헌, 2022, 서울어바니즘 p.102: 서울의 지세는 북으로 북한산을 등지고, 중심에는 남산이 놓여 있고, 남으로는 한강이 가로지르니 도심부의 가로망이 지형적 제약을 피해 동서 방향의 띠모양으로 연장되는 패턴으로 나타났다.

38 김혜영, 2024, '1960년대 후반 이후 서울도시구조 형성에 대한 연구 -1978년 서울도시기본계획을 중심으로', 건국대학교 건축설계학 박사학위논문, p. 53.

39 서울의 주변 도시들은 철도나 도로를 따라 시가지가 선형적으로 개발되므로 기본적인 도시발전 형태는 손가

자료 2-12 서울시 도시계획가로망도(1960)[40]

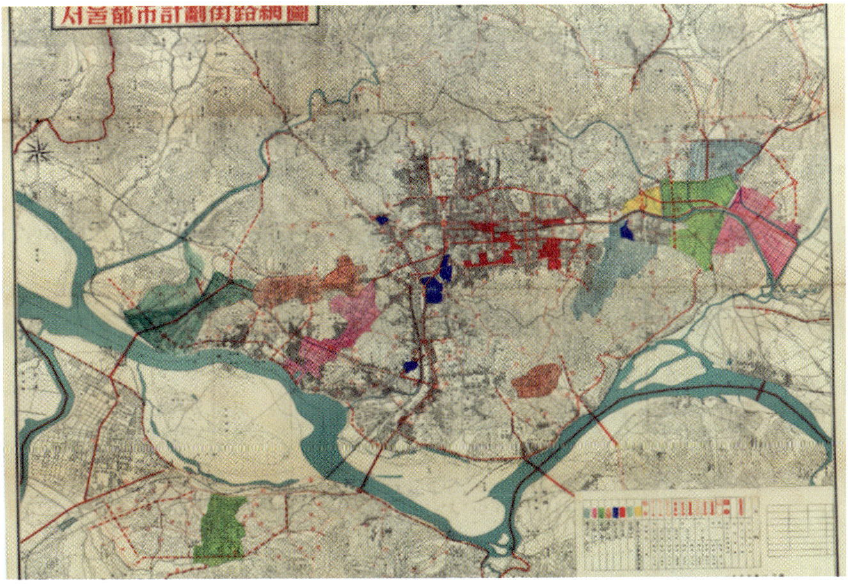

서울의 인구는 지속적으로 증가하였고, 1969년 '여의도 및 한강연안개발계획'에서 서울시는 인구증가에 따른 도시개발 수요로 인해 신시가지 개발을 본격적으로 추진하였는데, 영동지구의 토지구획정리사업에 이어 잠실지구도 개발되었다. 영동지구에 이은 잠실지구 개발은 서울도시구조를 변형케 하는 도시패턴을 만들었다.

영동지구와 잠실지구 개발은 개별적인 도시개발이 아닌 서울도시구조 차원에서 고찰할 필요가 있다. 지속적인 인구 증가로 서울시는 1970년 '서울도시기본계획조정수립'[41]를 토대로 1972년 서울시 행정계획으로 '시정종합계획'을 수립하였다. 이 계획은 체계적인 인구 분산과 급격한 도시화를 조정하기 위한 대안으로 '동심원구조의 지대를 개량'하고 구체화하였다.

락 모양의 '핑거플랜' 방식을 적용하고, 서울-인천, 인천-수원, 수원-서울은 핑거와 핑거가 연접하는 시가화를 토대로 '다핵도시모형' 방식을 추가하였다.

40 서울기록원(https://archives.seoul.go.kr/contents/city)

41 서울시가 대한국토·도시계획학회에 의뢰한 도시계획안이다.

영동지구는 토지구획정리에 의한 격자형 시가지로 개발되면서 강남을 중심으로 잠실, 천호, 뚝섬, 장안평 일대도 격자 형태로 개발되었다. 이는 '서울도시기본계획'의 '방사순환형 도로망 계획'을 부분적으로 변형시켰다. 특히 4개의 계획 순환선 중에 1개가 없어지고, '제4순환선'이 격자형태에 맞도록 수정되었다. 이로써 동심원 구조는 방사순환형 도로망으로 구성되나 순환선 내부는 격자 형태로 채워진 변형된 모습이 되었다.

영동지구에 이어 추진된 잠실지구개발도 서울도시구조를 변형시키는 도시패턴을 만들었다. 잠실지구는 1970년 공유수면매립사업으로 잠실도(島)를 남쪽으로 육지화하였고, 1971년부터 토지구획정리사업으로 개발되었다. 잠실지구는 영동지구와 마찬가지로 한양도성의 인구를 한강 이남으로 이주시키기 위한 목적으로 추진되었다.

잠실지구를 이상적인 신시가지로 조성하기 위해 종합적인 도시계획과 도시설계 기법이 도입되어 입체적인 공간구상이 이루어졌고, 도시구조적으로는 단순한 '격자'형에서 '방사순환형 대가로망에 의해 구획된 격자'형으로 계획하였다.

영동지구와 잠실지구 일대 전체가 격자형태의 가로망으로 구획된 대규모 주거지로 고밀도 개발이 이루어짐에 따라 서울의 동심원지대 밀도계획은 무의미해졌다. 그 결과 서울의 도시구조는 동심원 구조의 밀도배분과 공간질서가 유지되는 대신 시가지가 무질서하게 평면적으로 확장되는 형태로 건설되었다.

한편, 영동지구와 잠실지구가 대규모 주거지를 갖는 신시가지로 발전하면서 점차 부도심으로 기능을 하며 성장하게 되었고 영등포, 강남, 잠실이 새로운 도시 핵(nulcei)으로 기능이 강해짐에 따라 서울의 단핵 동심원 구조는 더 이상 유지되기 어려워졌다.

자료 2-13 서울 동심원 구조의 변형[42]

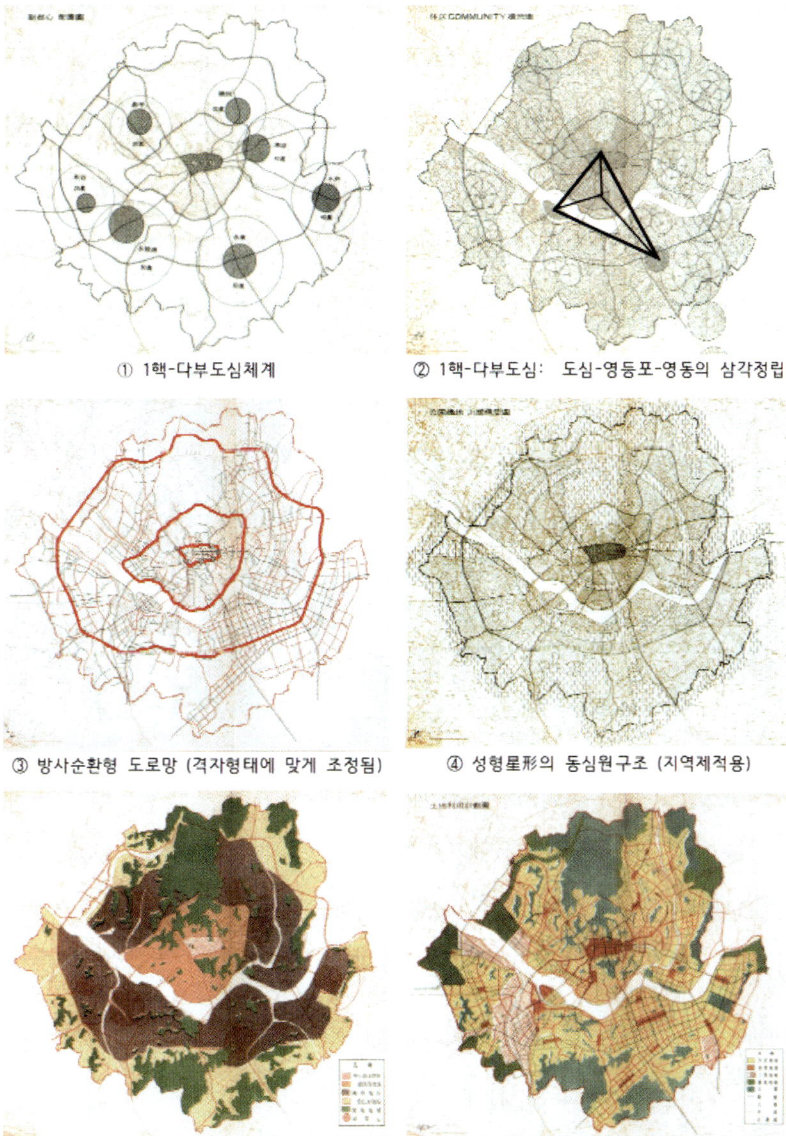

① 1핵-다부도심체계

② 1핵-다부도심: 도심-영등포-영동의 삼각정립

③ 방사순환형 도로망 (격자형태에 맞게 조정됨)

④ 성형星形의 동심원구조 (지역제적용)

⑤ 동심원적 영역 (순환선에 따라 지대개량)

⑥ 동심원적 영역 (토지이용계획)

42 김혜영, 2024, 1960년대 후반 이후 서울도시구조 형성에 대한 연구 -1978년 서울도시기본계획을 중심으로, 건국대학교 건축설계대학원 건축설계학 박사학위논문, p. 62.

2. 서울의 다핵도시구조로 전환(1974~1978)

1970년대 초 서울은 도시기반시설이 갖춰지는 속도보다 빠르게 증가한 인구로 인하여 주거시설 및 도시시설의 부족, 교통 혼잡, 안보 등 심각한 도시문제가 발생하였다. 서울의 도시문제는 한양도성의 단일 도심으로 도시기능과 인구가 집중되는 '단핵동심원구조'에서 비롯된 것으로 지적되었다.[43]

1966년 '서울도시기본계획'은 서울의 3핵[44]에 해당하는 지역에 도심의 기능을 분산하도록 함으로써 다핵도시구조로 발전하는 실마리를 내포하고 있었다. 그러나 이는 도심에 집중된 인구와 도시기능을 부도심에 분산하는 부도심의 구조로 구상되었다.

서울특별시는 1977년 4월 서울의 중심기능을 3개의 핵으로 분산하여 한양도성 단핵도심으로 이루어진 서울을 3개의 핵으로 나누는 '삼핵도시기본구상(三核都市基本構想)'[45]을 담은 '서울도시기본구상'을 발표하였다. 3핵 중 강북의 한양도성은 국가의 중심, 영등포 · 여의도는 수도권의 산업중심, 영동지구 · 잠실지구 등 영동도심은 서울의 중추 · 금융 · 업무기능 등으로 기능분산을 시도하였다. 이러한 3핵 도시구상은 서울도시철도 2호선 건설을 위한 계획적 논리의 토대가 되기도 하였다.

중소도시의 도시공간구조는 중심지가 유일한 '단핵도시공간구조'로 설명할 수 있다. 한편 도시공간구조의 다핵화 과정은 도시 내에 1개 이상의 중심지가 새로 생겨나고 도시가 확장되면서 나타나는 또 다른 중심지가 기존 중심지와 새로 생성된 중심지 간의 관계에 따라 다양하게 설명될 수 있다.

'다핵도시공간구조'를 이해하기 위해서 형태적 측면(morphological dimension)과 기능적 측면(functional dimension)을 함께 검토해야 한다.[46] 형태학적 측면에서 '다핵도시공간구조'란 도시체계 내에서 위계가 동등한 다수의 중심지가 인접하여 위치한 형

---

43 도시계획학자 김형만(홍익대학교 도시계획과)은 도시문제의 근본적인 원인이 단핵 도시구조에 있다고 판단했다(대한국토 · 도시계획학회, 2009, 국토도시계획 반백년, pp. 398~399).

44 한양도성, 여의도 · 영등포, 영동 · 잠실을 의미한다.

45 1974년 9월 서울시장으로 부임한 구자춘은 서울시 도시계획을 획기적으로 바꾸고자 구상하였고, 홍익대학교 도시계획과 김형만 교수를 만나 서울의 도시계획방향을 타진하였다. 1975년 3월부터 김형만 교수에 의한 서울 삼핵화 도시구상의 연구가 본격화되었다(디지털강남문화대전, 삼핵도시구상).

46 최준영, 2020, 서울시 다핵도시공간구조 검증에 관한 연구: 3도심의 형태적 · 기능적 측면 및 균형적 관점에서, 홍익대학교 대학원 도시계획학 박사학위논문.

태를 의미한다. 또한 기능적 측면에서는 중심지 기능의 지역 간 연계가 중요한 부분임을 강조한다. 즉, 형태적 측면에서는 '다핵도시공간구조'로 볼 수 있지만 기능적 측면에서는 '다핵도시공간구조'가 아닐 수도 있는 것이다. 이러한 관점에서 중심지 상호 간 교류가 활발히 발생하는 서울의 대도시권은 기능적인 측면에서 정도의 차이는 있지만 '다핵도시공간구조'의 형태라고 볼 수 있다.

1978년 '서울도시기본계획'은 상위계획인 건설부의 '수도권정비기본계획'이 수립되어 발표되지 못했다. '서울도시기본계획(1978)'은 비록 공표되지 못했지만 법정계획인 1990년 '서울도시기본계획'의 모체가 되었다는 점에서 그 의의가 크다. '서울도시기본계획(1978)'은 서울이 '단핵도시구조'에서 '다심적 다핵도시구조'로 기조가 전환된 최초의 구상으로 다핵화를 유도하는 물리적 도시구조를 제시하였다. 또한 한양도성에 치우쳐 있는 도심에서 한강 이남으로 확장된 서울시 내 전체의 균형발전을 도모하여 어느 한 지점으로 치우치지 않는 다수의 도시핵(nuclei)이 형성될 수 있는 도시구조를 제시하였다.

1978년 '서울도시기본계획'에서 제시된 격자형 도시구조는 이미 개별적인 토지구획정리사업으로 구축되어 존재하고 있었다. 이는 서울의 토지구획정리사업에 의한 시가지의 격자화가 이미 진행되고 있었기 때문에 이를 추인하여 도시기본계획에서 격자형 도시구조를 적극적으로 제시한 것이다. 또한 당시 토지구획정리사업이 개별적인 계획들에 의해 도시의 체계적인 개발이 되지 못하고 무질서하게 진행되어 이를 전체 도시구조로 바로잡고자 한 시도라는 점에서 의미[47]가 있다.

3. 서울의 공간구조의 다핵화(1980~1990)

1979년 서울시는 '도시기본계획 연구작업단'을 구성하고, 1978년 '서울도시기본계획'을 1980년 '서울도시개발 장기구상 중기계획'으로 수정[48]하였다. 이를 통해 서울시 도시기본계획을 향후 20년을 목표로 한 장기계획과 5년 단위로 실행하는 중기

47 김혜영, 2024, 1960년대 후반 이후 서울도시구조 형성에 대한 연구 -1978년 서울도시기본계획을 중심으로, 건국대학교 건축설계대학원 건축설계학 박사학위논문, p. 131.

48 서울대학교 환경대학원 최상철 교수가 주도하여 환경대학원 부설 '도시 및 지역계획연구소'에서 계획작업을 맡았다.

개발계획으로 구분하여 진행하였다.

그러나 이 계획은 법정계획으로서 절차가 미비하다는 이유로 채택되지 못하였다.[49] 이 계획을 토대로 1984년 '2000년대 서울시 도시구조개편을 위한 다핵도시개발연구'가 작성[50]되었고, 이 계획을 1984년 '서울도시기본계획'으로 수립하였다. 그러나 이 계획안의 법정화도 공청회 개최의 시의성을 이유로 연기되었다. 이 시기 1980년과 1990년까지 10년 동안 서울의 공간구조 변화는 다핵화와 분산화 경향이 특징이었다.[51]

1990년 마침내 '(2000년대를 향한) 서울도시기본계획'이 최초의 법정계획[52]으로 확정되었다. 이 계획에서 중심지 체계는 1도심-5부도심[53]-58개 지구중심으로 설정되었다. 이 구조는 이전 계획에서 중심지를 도시기능에 따라 위계적으로 구분한 고정된 도시구조가 아니라 유연한 다핵도시구조를 지향하였다.[54]

도심은 활동 분산을 유도할 수 있도록 부도심과의 상호연계를 확립하였다. 또한 업무 등 고차기능 위주의 입지에 따른 도심공동화의 심화 및 도시성 소실 문제를 해소하기 위해 복합적 토지이용을 도모하였다. 부도심은 도시교통망의 결절점으로 과집적된 도심 기능을 수용하며, 대도시권 대상 기능을 입지시켜 부도심의 외연적 확산을 방지하고 복합적 토지이용을 유도하고자 하였다.

1990년 서울도시기본계획은 서울의 도로를 '도시고속화도로'로 구성된 순환형 도로와 '일반간선도로'로 구성된 방사형 도로로 구분하여 계획하였다. 이 계획을 따라 제2순환선 위치에 내부순환로가 건설되었고, 제3순환선의 북부순환로 계획은 1990년초까지 유지되다가 실행되지 못하고 남부순환로만 그 흔적으로 남게 되었다. 아래는 이 계획의 도로망 구상도이다.

---

49 최상철, 1993, 서울도시계획(1966년 기본계획-2000년 장기구상): 한 계획가의 체험과 교훈, 서울시정개발연구원, pp. 6~8.

50 서울대학교 환경대학원 부설 '도시 및 지역계획연구소'와 '환경계획연구소'가 수정하여 작성하였다.

51 송미령, 1997, 서울 공간구조의 변화와 특징, 대한국토·도시계획학회, 국토계획 제32권 제4호.

52 1981년 도시계획법 개정으로 도시기본계획의 법정화가 이루어진 후.

53 5부도심은 영동, 영등포, 청량리, 신촌, 잠실 등 5개 부도심이었다.

54 김혜영, 2024, 1960년대 후반 이후 서울도시구조 형성에 대한 연구 –1978년 서울도시기본계획을 중심으로, 건국대학교 건축설계대학원 건축설계학 박사학위논문, p. 172.

자료 2-14 1990년 서울도시기본계획(법정계획): 도시고속도로망과 간선도로망[55]

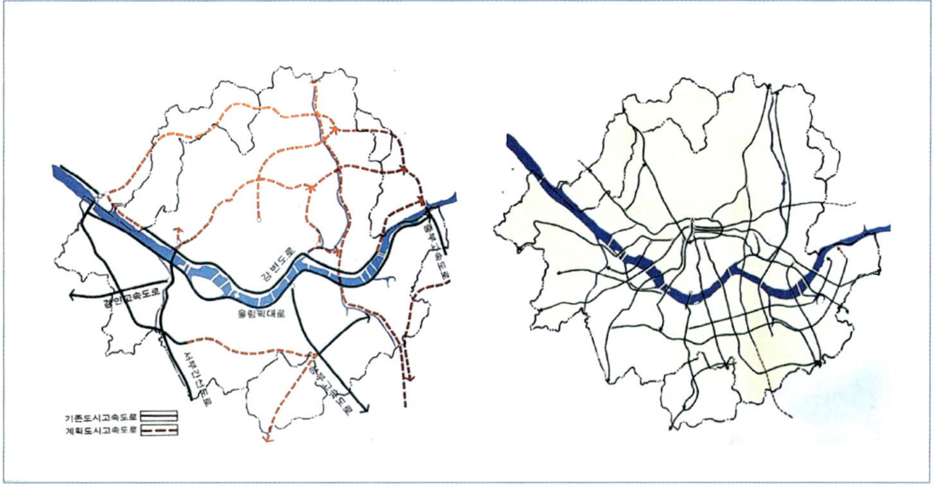

1990년 이후 중심지 체계는 1997년 '2011 서울도시기본계획'에서 1도심-5부도심-11지역중심-53지구중심으로, 2006년 '2020 서울도시기본계획'에서 1도심-5부도심-11지역중심-53지구중심으로 변화하였다.

자료 2-15는 1966년부터 2006년까지 서울시의 도시기본계획과 도시개발의 주요내용을 정리한 표이다.

자료 2-15 서울시 도시기본계획과 도시개발[56]

연도	계획	주요내용	비고
1966년	도시기본계획	• 목표연도 1985년, 계획인구 500만 명 • 서울광역권을 중심시가지역, 교외지역, 녹지지역, 주변지역으로 구분하여 개발방향을 제시 • 6개의 부도심을 구상 • 행정부는 광화문, 입법부는 영등포, 사법부는 영동에 분산배치	비현식적인 목표인구 설정과 여건변화로 수정 불가피

55 서울시, 1990, (2000년대를 향한) 서울도시기본계획, pp.174~175.

56 서울기록원(https://archives.seoul.go.kr/contents/city): 도시기본계획은 『국토의 계획 및 이용에 관한 법률』 제19조에 근거하여 도시의 기본적인 공간구조와 장기 발전방향을 제시하는 종합계획이다.

1970년	도시기본 계획조정	• 목표연도 1991년, 계획인구 760만 명 • 1966년의 계획내용 중 일부를 수정 • 수도권 인구집중억제정책의 강화 등 여건변화 수용 • 여의도의 개발	부분적으로만 법정계획으로 고시
1972년	시정종합계획	• 목표연도 1991년, 계획인구 750만 명 • 기존도심과 미아, 청량리, 천호, 영동, 영등포, 화곡, 은평의 7부심으로 구상 • 가로망은 3개의 순환선과 14개의 방사선도로로 구상	법정계획이 아니며, 도시개발 행정을 추진하기 위한 지침서적 계획
1978년	서울도시 기본계획(안)	• 목표연도 2001년, 계획인구 700만 명 • 강북지역의 개발 억제 • 위성도시 및 신도시 건설 • 광역교통망체계 도입	상위계획인 수도권정비계획의 변경으로 백지화
1980년	서울 도시 개발장기 구상 및 중기계획	• 목표연도 2001년, 계획인구 945만 명 • 단일도심집중식 도시구조에서 다핵도시구조로 개편 • 전철역세권 개발	법정계획으로서의 절차 미비로 인하여 법정계획으로 채택되지 못함
1981- 1983년	구단위 기본계획	• 각 구별 계획	지방자치제 도입에 대비한 시안적 도시계획
1984년	도시기본계획	• 목표연도 2001년, 계획인구 1,000만 명 • 1주핵, 3부핵, 50지구중심의 도시구조로 개편 • 전철 중심의 대중교통체계 수립과 역세권 개발 • 에너지 및 자원 절약적 도시로의 지향	공청회의 지연으로 법정화되지 못함
1990년	2000년대를 향한 서울시도시기본 계획	• 목표연도 2000년대, 계획인원 1,200만 명 • 균형적이고 분산된 다핵도시공간구조 지향 • 공원녹지계획의 비중 증대 • 역세권 개발	최초의 법정계획
1991- 1995년	자치구 도시기본계획	• 22개 자치구별 계획 • 1995년 분구 후 3개 자치구 기본계획 수립	법정계획의 하위계획으로 자치구의 특성을 반영한 도시계획
1997년	2011년 서울도시 기본계획	• 목표연도 2011년, 계획인구 1,200만 명 • 1도심, 4부심, 11지역중심, 54지구중심 • 대도시권 개발계획 • 교통, 공원녹지, 사회복지의 증대	법정계획으로 고시
2006년	2020년 서울도시 기본계획	• 목표연도 2020년, 계획인구 980만 명 • 1도심, 5부도심, 11지역중심, 4대생활권, 9중생활권 • 서북권 광역교통체계의 구축	

4. 서울플랜 2030

1970년대 중반 삼핵도시기본구상을 기점으로 시작된 서울도시구조를 다핵도시구조로 전환하려는 노력은 2014년 수립된 '2030 서울도시기본계획 : 2030 서울플랜'에서 '서울이 기능적으로 삼핵의 도시구조이며, 3도심-7광역중심-12지역중심으로 중심지체계를 구축할 것을 선언'하면서 완성되었다. 이로서 서울은 단핵도시구조가 아니라 한양도성, 강남, 여의도 · 영등포 3도심 체계의 다핵도시구조의 도시가 되었다. 자료 2-16은 '2030 서울플랜'의 중심지체계를 표시한 도면이다.

자료 2-16 '2030 서울플랜' 중심지체계 및 광역교통축[57]

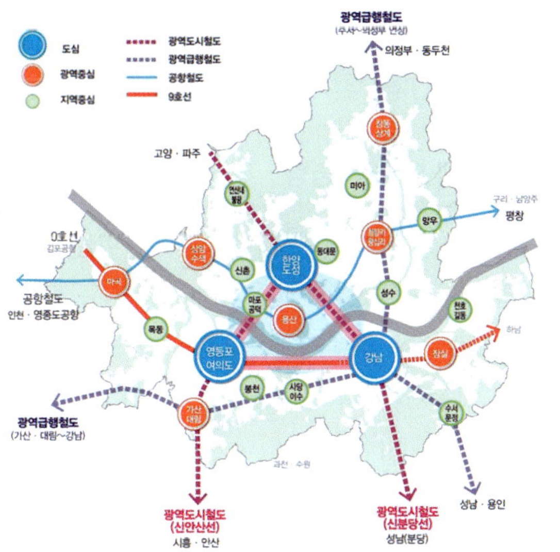

'2030 서울플랜'은 서울의 다핵화된 공간구조를 반영하고 글로벌 경쟁력을 강화하기 위해 한양도성 외에 서울 대도시권의 대표적인 발전 축을 고려하여 강남, 영등포 · 여의도를 도심으로 추가함으로써 3도심 체제를 구성하였다. 또한 3도심이 특화하여 담당해야 할 글로벌 기능을 부여하였다. 한양도성은 역사문화 중심지

---

57 2030 서울도시기본계획 본보고서, p.156.

(international cultural center)로, 업무 및 사업기능이 가장 집적된 강남지역을 글로벌 업무중심지(international business center)로, 금융기능이 집적된 영의도 · 영등포지역을 국제금융특화지역(international fianacial center)로 지정하고 육성하도록 배분하였다. 또한 중심지 간 기능적 연계를 통한 상생 발전이 가능하도록 계획하였다.

'2030 서울플랜'에서 정리된 3핵 도심 체제는 2022년 발표된 '2040 서울플랜'에도 같은 체계로 이어져 3도심-7광역중심-12지역중심의 중심지 체계를 도시공간구조의 기본으로 하고 있다. 차이점으로는, '2030 서울플랜'은 서울시 전역에 일률적으로 적용되는 정량적 층수 기준을 '2040 서울플랜'에서는 절대적인 수치 기준 대신 지역의 여건을 고려하여 위원회 심의 등을 통해 적정 높이계획을 결정하는 정성적이고 유연한 가이드라인을 제시한다는 점에서 차이가 있다.

2.3.2 도시계획이 토지이용 및 가치에 미치는 영향

1. 도시계획이 토지이용에 미치는 영향

도시계획은 토지가치에 직접적이고 구조적인 영향을 미친다. 우리나라는 『국토의 계획 및 이용에 관한 법률』을 중심으로 부동산 관련 공법 중심의 토지이용규제 체계를 구축하였다. 이러한 도시계획 법률 체계에서는 도시계획이 토지의 경제적 가치를 결정짓는 중요한 요소로 작용한다. 따라서 도시계획이 토지의 가치에 미치는 영향을 살펴보아야 상품으로써 토지를 이해할 수 있다.

1) 용도지역 지정에 따른 토지의 가치

『국토의 계획 및 이용에 관한 법률』에서 용도지역 · 지구제를 규정하고 있는데, 이는 도시계획의 핵심으로 토지를 주거, 상업, 공업, 녹지 등 용도로 구분하는 것이다. 용도에 따라서 토지의 이용용도, 규모가 결정되므로 같은 지역에 위치한 토지라 하더라도 용도에 따라 가치가 다르다.

예컨대, 도시지역에서는 상업지역의 토지가 가장 경제적 가치가 큰 용도와 규모로 가장 높은 가치가 형성되고, 그 다음으로 주거지역, 마지막으로 녹지지역 순으로 가치가 정해진다. 이는 토지의 이용용도와 건축규모가 토지의 경제적 가치에 영향을 미치고 있음을 입증하는 사례이다.

개별입지에서는 서울시 송파구 가락시영아파트[58]와 경기도 성남시 백현동[59] 등 일부 개발사례에서 기존의 용도지역보다 상위 용도로 상향하여 변경되어 사회적으로 큰 관심을 끌었던 사례가 있었다.

계획입지로 개발하게 되면 개발계획승인 및 실시계획승인고시를 거쳐 개발지역의 종전 용도를 폐쇄하고, 개발사업 대상 지역을 도시계획하여 토지이용계획 등을 수립하여 개발지역 토지에 용도지역과 지구단위계획 세부 지침을 새롭게 적용하게 된다. 이 결과 개발사업지구의 종전 토지의 가치보다 높은 경제적 가치를 가진 토지로 전환된다.

2) 도시기반시설과 토지의 가치

토지는 인접한 환경에 영향을 받는 외부효과가 발생한다. 또한 연접성으로 인하여 토지의 가치에 영향이 발생한다. 도로, 철도, 상하수도, 공원, 학교, 녹지 등의 도시기반시설 설치 여부는 토지의 접근성과 정주 환경을 개선하는 요인이 된다.

접근성의 개선으로 해당 토지를 이용하는 인구가 증가하고, 정주 환경의 편의성 개선은 토지이용의 만족도를 제고하는 요인이다. 따라서 토지이용 인구가 증가하고 편의성으로 인한 만족도 제고로 토지이용에 대한 수요가 증가하면 이는 토지의 경제적 가치에 반영이 된다.

예컨대, 수도권 광역고속철도인 GTX의 개통으로 인하여 경기도 지역 신도시 주민들의 교통여건이 개선되어 이 결과가 주택가격의 증가[60]로 이어진 사례가 있다. 또한 도시기반시설이 노후하고 열악한 지역을 재개발하여 최적의 도시기반시설이

58 제2종일반주거지역에서 제3종일반주거지역으로 '종'상향되어 종전 660세대의 가락시영 아파트가 9,510세대 규모의 헬리오시티 아파트로 재건축되었고 2025년 현재 시가총액 1위 단지이다.

59 성남시 분당구 백현동에 한국식품연구원 부지로 이용되던 토지가 한국식품연구원이 지방으로 이전하면서, 해당 부지가 자연녹지에서 준주거용지로 4단계 '종'상향되었다. 이후 민간사업자가 1,223가구 규모의 공동주택을 건설하여 분양하였다.

60 경기도 화성시 화성동탄 신도시에서 동탄역 주변 주택가격은 같은 지역 신도시 외곽 가격보다 현저히 높은 가격이 형성되었다.

설치된 '서울시 뉴타운'[61] 지역에서 같은 용도의 토지의 가격이 종전보다 높게 형성되는 사례도 이러한 설명을 입증하는 사례이다.

3) 지구단위계획 및 개발행위 제한으로 인한 토지의 가치

『국토의 계획 및 이용에 관한 법률』은 도시계획으로 지구단위계획을 수립해야 하는 지역을 규정하여 건축물의 규모, 용도, 배치 등에 대한 상세한 규제가 설정되며, 『수도권정비계획법』, 『개발제한구역 지정 및 관리에 관한 특별조치법』 등 여러 법률에서 개발행위를 제한하거나 규제하는 조치가 시행되고 있다.

토지개발을 촉진하는 법률로 인하여 개발 가능성과 그 개발 규모 및 용도가 증가하면 토지의 경제적 가치는 상승한다. 반면, 토지개발을 제한하는 법률로 인하여 개발의 제한되거나 규제되어 개발 규모 및 용도가 감소 · 축소되면 토지의 경제적 가치는 저하된다.

예컨대, 1971년 도입된 개발제한구역 제도는 개발행위를 원칙적으로 금지하여 국민의 재산권을 침해하고 토지의 경제적 가치를 저하시켰으며, 1982년 도입된 수도권 정비계획은 수도권을 과밀억제권역, 성장관리권역, 자연보전권역으로 구분하여 행위 제한을 적용함으로써 토지의 개발 가능성을 저하시켜 경제적 가치의 하락을 야기하였다.

4) 도시정비사업과 토지의 가치

도시는 시간이 지나면 건축물과 도시기반시설이 노후하여 열악한 환경으로 변해간다. 이러한 도시환경은 토지이용의 가치를 저하시킨다. 그러나 이러한 노후하고 열악한 지역을 재개발, 재건축 도시계획에 따라 정비구역으로 지정하면 향후 개발로 인한 이익이 현재 토지와 건축물에 반영되어 그 경제적 가치가 상승한다.

서울시 내 재건축, 재개발사업에서 이러한 개발이익을 추구하며 법률의 허점을 이용하여 재건축, 재개발사업의 조합원으로 인정받으려는 세력들이 등장하기도 하였다.

---

61 은평뉴타운, 수색증산뉴타운 신길뉴타운 등 재개발 사업이 완료된 지역에서 종전보다 편리한 보행자 시설, 교통체계, 전신주 지중화, 공공녹지 확보 등 도시기반시설 적용으로 지역의 경제적 가치가 상승하였다.

예컨대 조합원의 지위를 획득하기 위해 '지분쪼개기' 등의 수법이 등장하는 등 미래가치가 현재에 선반영된 거래가 발생하여 사회적 이슈가 되었으며, 사업추진의 걸림돌이 되기도 하였다. 이에 따라 국회에서 관련 법률을 개정[62]하여 이러한 허점을 이용하고자 하는 수요를 방지하는 노력을 하였다.

5) 도시공간 구조와 토지의 가치

해방 이후 서울시의 도시계획 과정을 앞서 살펴보면서 단핵구조에서 다핵구조로 도시공간구조가 변화하는 과정을 고찰하였다. 도심과 부도심에는 위계적인 중심지 개발이 계획되고, 새로운 중심지가 형성되며 그 중심지의 규모(영향력)는 시기에 따라 변동되기도 한다.

고차 중심지나 저차 중심지는 모두 각 지역의 상업 · 업무 및 주거의 핵심지역으로 인구가 집중되며, 이로 인한 토지 수요의 증가로 토지의 경제적 가치가 상승한다. 예컨대, 우리나라에서 지가가 가장 높은 지역으로 항상 변함이 없는 명동이나, 부도심으로 성장한 마곡지구 광역중심, 수서 · 문정 등의 지역중심지는 그 위계적 차원이 다르긴 하나 중심지일수록 높은 토지가격이 형성되는 것은 마찬가지임이 이를 입증한다.

6) 환경 및 경관계획과 토지의 가치

친환경 도시계획이나 경관보호구역 지정은 주거환경을 개선하거나 개발을 제한하여 인근 토지의 경제적 가치가 증가한다. 이는 쾌적한 환경이나 경관의 가치가 인접 토지의 가치를 증가시키는 요인이 되기 때문이다.

서울은 산으로 둘러싸여 있으나 중심에는 남산을 제외하면 대규모 녹지가 없었다. 2000년대 들어 성동구에 서울숲과 과거 쓰레기매립장이 있었던 상암동에 하늘공원 등 생태공원이 조성됨으로 인해 인근 주민들과 서울시민들이 많이 방문하고 있다. 이러한 대규모 공원조성은 주변 토지의 가격에도 영향을 미쳐 인접한 지역의 토지의 가치가 상승하였다.

한강시민공원은 1988년 서울올림픽을 앞두고 치수(治水)와 경관을 위해 한강의 남안과 북안에 조성된 수변공원이다. 한강을 따라 건설된 주거시설에서는 한강조망

62 『도시 및 주거환경 정비법』 제77조(주택 등 건축물을 분양받을 권리의 산정 기준일), [시행 2024.7.31]

여부가 주택가격에 영향을 미치는 요인이 되기도 하며, 한강공원까지 접근성 또는 물리적 거리가 가까울수록 토지가격 높아지는 영향을 미치기도 한다.[63]

따라서 같은 지역의 토지라 하더라도 환경보존을 위해 환경규제나 경관규제로 인하여 개발이 불가하게 되면, 개발이 가능한 토지의 가치를 상승시키는 역할을 하게 되며, 환경 및 경관을 위한 토지는 경제적 가치가 하락하고 인접한 개발 가능한 토지는 경제적 가치가 상승하게 된다.

7) 도시계획 정책과 토지의 가치 연계

국토의 발전을 위한 도시계획 및 개발사업은 그 정책이 완료되어 시민들이 이용할 수 있는 시점이 아니라, 정책이 발표되는 시점에 미래의 가치 추정치 일부가 현재의 토지에 반영된다.

국가정책으로 시행하는 정책사업은 사업 기간이 장기이며, 사업 시행 과정에서 개인의 재산권을 제한하기도 하므로 고시 및 공고 등을 통해 일반 국민들을 대상으로 이를 알리게 된다. 이를 통해 정책사업의 정보를 득한 시장참여자는 정책사업으로 인하여 발생하는 미래의 이익이 어느 지역에 반영되는지 추정하여 각자의 기회비용에 따라 이를 현재가치에 반영하여 자본을 투입한다.

예컨대, 광역도시고속철도인 GTX 노선과 정차역에 대한 정보가 공개되면, 노선과 정차역 주변에 토지 및 건축물 등의 거래 가격이 상승한다. 또한 대규모 산업단지 등 개발사업이 발표되면 인근 토지와 건축물의 가격이 상승하기도 한다.

---

63 양성돈·최내영, 2003, '한강시민공원이 주변 아파트 가격에 미치는 영향에 관한 연구: 뚝섬지구 한강시민공원을 중심으로', 대한국토·도시계획학회, 국토계획 제38권 제3호.

03

토지상품의 가치산정

3

토지상품의 가치산정

3.1 토지의 수요와 공급, 균형가격

본 장에서는 토지를 경제적 재화인 상품으로 소개하고 이와 관련한 시장가격과 가치산정에 관하여 논의하고자 한다. 토지는 감정평가액으로 정해진 가격에서부터 추첨의 방식으로 매각하는 방법, 경쟁입찰 방법으로 최고가 신청자에게 매각하는 방법, 그리고 공급자와 수요자가 협상으로 결정하는 방법이 있다.

수요(demand)는 경제주체가 어떤 재화나 용역을 일정한 가격으로 사려고 하는 욕구이다. 즉, 소비자가 실제로 구입한 것이 아니라, 주어진 가격에 대해 소비하고자 하는 의사를 의미한다.[1] 수요의 법칙은 다른 모든 조건이 같을 때 해당 재화의 가격이 상승하면 수요량이 감소하고, 가격이 하락하면 수요량이 증가하는 것을 말한다. 즉 가격와 수요량은 음(-)의 관계이다.

'수요함수(demand function)'는 수요량에 영향을 미치는 여러 변수로 수요량을 표시하는 함수이다. 즉, 일정기간 동안 어떤 상품의 수요와 그 수요에 영향을 미치는 결정요인 간에 관계를 함수식으로 나타낸 것인데, 이를 수식으로 표현하면 아래와 같다.[2]

1 이러한 수요의 개념과 관련하여 미국의 경제학자 '케인즈(John M. Keynes)'는 주어진 가격에 대해 구매력을 갖춘 수요를 '유효수요(effective demand)'라고 하였다.

2 권호근, 2022, 부동산경제론, 형설출판사, pp. 145~153.

$$D_Q = f\ (P, P_R, M, N, T, P_E') \qquad \text{식 3-1}$$

D_Q (quantity of demand)는 해당 재화의 수요량이자, 종속변수이다. 함수의 우항에 변수들은 독립변수로 수요량에 영향을 미치는 요인이다. P(price)는 해당 재화의 가격이다. 또한 P_R(price related)는 해당 재화와 관련된 다른 재화의 가격이다.[3] M은 수요자의 소득수준을 의미하며, N은 인구의 변화를 의미한다. T(taste)는 수요자의 기호변화를 의미하는데 여러 요인이 결합하여 해당 재화에 대한 수비자의 선호 또는 수요의 변화를 나타낸다. P_E'(price prime expectation)은 미래의 예상 가격을 의미한다.

토지의 수요곡선은 다른 상품의 수요곡선과 마찬가지로 가격과 수요량 사이의 반비례 관계를 보이는 우하향하는 곡선 형태이다. 시장의 수요곡선은 개별수요를 전부 합친 시장 전체의 수요이다. 이는 시장수요와 가격 사이의 관계를 나타내는 곡선이다. 토지의 지가가 하락하면 수요자들의 토지 매입량은 늘어나고 반대로 지가가 올라가면 토지 매입량은 줄어들게 된다.

공급(supply)은 일정기간에 주어진 가격 조건에서 생산자가 재화나 서비스를 판매하고자 하는 욕구를 의미한다. 경제학에서 공급의 법칙은 다른 모든 조건이 같을 때, 가격이 상승하면 공급량이 증가하고, 가격이 하락하면 공급량이 감소하는 것을 말한다. 즉, 가격과 공급량은 정(+)의 관계이다.

공급함수(supply function)는 일정기간 어떤 상품의 공급과 그 공급에 영향을 주는 요인 간의 관계를 함수식으로 나타낸 것이다. 이를 수식으로 표현하면 아래와 같다.[4]

$$S_Q = f\ (P, P_R, P_F, T_I, N, R, W, P_E') \qquad \text{식 3-2}$$

S_Q(quantity of supply)는 해당 재화의 수요량이자, 종속변수이다. 함수의 우항에 변수들은 독립변수로 수요량에 영향을 미치는 요인이다. P(price)는 해당 재화의 가격이다. 또한 P_R(price related)는 해당 재화와 관련된 다른 재화의 가격이다. P_F(price

3 해당 재화와 관련된 대체재나 보완재의 가격을 의미한다. 예컨대, 아파트의 가격 하락이 다세대주택의 수요를 감소시킨다던가, 휘발유 가격 하락이 휘발유 차량의 판매를 증가시키는 등의 현상이다.

4 권호근, 2022, 부동산경제론, 형설출판사, pp. 145~153.

of factors)는 생산요소의 가격을 의미하며, T_I(industrial technology) 생산을 위한 기술수준을 의미한다. N은 시장공급자의 수를 의미하며, R(regulation)은 정부의 조세부과 및 보조금 등을 의미하며, W(weather)는 기후 조건을 나타낸다. P'_E(price prime expectation)은 미래의 예상 가격을 의미한다.

토지의 공급곡선은 개별 토지개발자들의 공급곡선들을 수평으로 합친 것이며, 이를 토지의 시장공급곡선이라고도 한다. 물리적으로 지구상의 토지로 한정하면 토지의 공급곡선은 수직선으로 표시할 수 있다. 그러나 상품으로써 특정 용도에 이용되는 토지는 가공되어 조성된 토지라는 점을 고려하면 토지의 공급곡선은 수직선이 아니라 우상향하는 모양을 가진 곡선이 될 것이다.

상품으로서 토지는 토지매입비에 더하여 가공에 투입되는 조성비용이 추가된다. 따라서 토지개발자들은 토지매입비와 조성비용을 더한 가격보다 낮은 가격으로 시장에 공급하면 손실을 보게 되므로 이 가격보다 낮은 가격에서 공급되는 토지는 없을 것이다. 그러므로 토지의 공급곡선은 조성원가[5]보다 높은 수준에서 우상향하는 곡선의 형태로 나타난다.

일반적으로 자유로운 시장거래에서 토지의 수요와 공급이 각각 자료 3-1의 실선으로 나타낸 수요곡선 D와 공급곡선 S와 같다면 이 두 곡선이 교차하는 균형점 E에서 결정된 거래량 Q^*와 가격 P^*가 균형거래량과 균형가격이다. 단, 토지[6]는 일반적인 재화의 원가에 해당하는 조성원가 미만 가격에서는 시장에 공급이 되지 않으므로 이 가격 아래에서는 공급곡선이 관찰되지 않는다.

---

5 [조성원가 = 토지매입비 + 투입자본], 조성원가는 토지매입비와 토지를 취득하고 매각할 때까지 토지에 투입된 자본의 합이기 때문에 토지 공급자가 이 가격 이하로 매각하면 손해이다.

6 여기서 의미하는 '토지'는 자연 상태의 토지가 아닌 상품으로써 토지를 의미한다. 즉, 토지에 대한 수요는 토지가 생산하는 재화에 대한 수요로부터 파생한다.

자료 3-1 토지의 수요와 공급, 균형

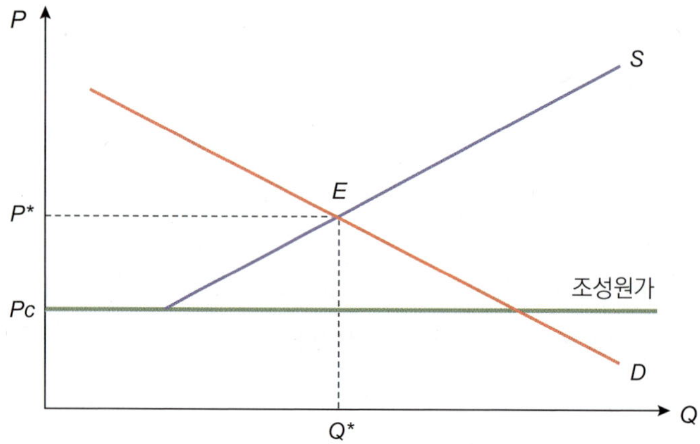

균형가격은 수요와 공급을 일치시킨다는 것 이상의 중요한 의미를 가진다. 시장의 균형가격은 해당 생산요소가 창출하는 사회적 편익을 최대한 크게 만드는 가격이기 때문이다.[7]

시장에서 자유로운 거래로 수요와 공급이 만나는 균형에서 결정된 부동산의 거래량은 곧 해당 용도에 대한 사회적 최적 배분량이 되며, 이때의 가격은 해당 부동산의 사회적 순편익을 최대한 달성하도록 배정하는 가격이기도 하다.

수요와 공급으로 시장에서 결정되는 가격은 자유롭게 매매되거나 경쟁입찰로 매각되는 토지의 균형가격에 대한 이론적 토대가 된다. 다른 제약이 없이 자유로운 매매로 거래되는 경우 자료 3-1의 수요와 공급이 일치하는 균형점 E에서 균형가격 P^*와 균형거래량 Q^*이 결정된다.

수요곡선과 공급곡선을 도출할 때 해당 재화의 가격 이외의 다른 변수들은 주어져 있다고 가정한다. 따라서 이 변수들 중 하나 또는 다수가 변동하면 수요곡선 또는 공급곡선이 이동하여 균형이 변한다.[8]

---

7 이정전(2019), 토지경제학, 박영사, p. 193.

8 수요곡선 또는 공급곡선이 이동하여 균형이 변하는 경우, 새로운 균형과 최초의 균형 상태를 비교하는 것을 비교정태분석(comparative statics)이라고 한다. 김경환·손재영, 2020, 부동산경제학 3판, 건국대학교출판부, p. 27.

현실적으로 부동산은 입지의 부동성으로 인하여 국지화된 시장이며, 개발된 토지는 소수의 개발사업자(developer)에 의해 독과점이 형성되는 시장이다. 그러나 경쟁입찰 방식으로 매각하는 토지는 제한적으로 해당 토지에 대하여 시장원리에 따라 가격이 결정되므로 수요 · 공급 모형으로 균형가격을 설명할 수 있다.

3.2 토지상품의 가격결정 방법

토지를 거래하기 위해서는 가격을 결정해야 한다. 상품으로써 토지가격의 결정은 토지의 가치를 결정하는 다양한 요인들에 대한 지식과 그 지식 간의 관계 및 가중치를 모두 고려해야 하는 복잡한 과정이다. 따라서 우리나라에서 토지상품을 매각하기 위해 가격을 결정하는 제도적 · 실무적 방법들을 설명하고자 한다.

3.2.1 감정평가

토지의 가격산정 방법으로 감정평가가격이 있다. 따라서 감정평가 이론과 가격형성요인을 살펴보고자 한다. 부동산 가격의 정의는 1962년 미국 부동산 감정평가사협회에서 "부동산의 소유에서 비롯되는 장래 이익(future benefit)을 현재가치(present value)로 표현한 것"(American Institue of Real Estate Appraiser, 1962)으로 정의[9]하였다.

한편, 우리나라는 1969년 한국감정원이 금융기관의 담보평가를 목적으로 설립되었고, 1972년 『국토이용관리법』이 제정되어 건설부 주관 아래 토지평가사제도가 도입되었다. 토지평가사는 보상평가 등 공적영역의 평가를 주로 담당했다. 1973년 『부동산의 감정평가에 관한 법률』이 제정되어 재무부 주관 아래 공인감정사제도가 도입되었고, 금융기관의 담보물 평가 등 사적영역의 평가를 주요 업무로 수행하였다.[10] 두 제도는 일본의 부동산 감정평가제도를 참고하여 영향을 받았으며, 일본과

9 방경식 · 장희순(2016), 부동산학 총론, 부연사, p. 205.

10 유선종(2021), 부동산학원론, 박영사, p. 196.

우리나라의 제도는 대만에 영향을 미쳐 3국의 이론체계는 큰 틀에서 유사하다.[11]

1989년 토지공개념 도입과 지가체계 일원화가 추진되어 『지가공시 및 토지 등의 평가에 관한 법률』이 제정되어 두 자격제도는 감정평가사제도로 일원화되었다. 우라나라의 부동산평가가 일반화된 것은 토지평가사제도(1972), 공인감정사제도(1973) 도입으로 시작되었다.

감정평가의 방식은 비용의 측면에서 부동산의 가격을 구하는 원가방식, 시장성의 측면에서 부동산의 가격을 구하는 비교방식, 수익성의 측면에서 부동산의 가격에 접근하는 수익방식으로 구분할 수 있다. 이 세 가지 방식을 '평가의 3방식'이라 한다.[12]

거래사례비교법은 대상부동산과 동일성 또는 유사성이 있는 다른 부동산의 매매사례와 비교하여 가격시점과 대상 부동산의 현황에 맞게 시점수정 및 사정보정을 하여 가격을 추정하는 방법이다.[13] 가격형성요인은 크게 일반요인, 지역요인, 개별요인으로 구분한다. 일반요인은 세부적으로 자연요인, 사회요인, 경제요인, 행정요인으로 분류한다. 지역요인은 택지지역(주택지역, 상업지역, 공업지역, 녹지지역), 관리지역, 농지지역, 임지지역으로 분류한다. 개별요인은 토지의 개별요인(택지, 상업용지, 공업용지, 농업용지, 임업용지, 후보지 및 이행지), 건물의 개별요인, 건물 및 그 부지의 개별요인으로 분류한다. 이러한 구성체계는 한국, 대만, 중국의 감정평가 이론 및 제도의 근간이 되었다.[14]

3.2.2 경쟁입찰

경쟁입찰(Competitive Bidding) 매각은 입찰절차에서 가장 높은 가격을 제시한 사람이 낙찰받는 방식이다. 경쟁입찰 매각은 택지개발지구 조성토지 매각 시 점포겸용 단독주택용지, 상업용지, 업무용지 등을 매각할 때 활용되는 방법이다. 경쟁입찰 방식은 이론적으로 입찰지대[15]를 바탕으로 한다.

---

11 방경식(2008), '토지평가의 가격형성요인 일고찰', 감정평가학 논집 7(1), pp.1~27.

12 유선종(2021), 부동산학원론, 박영사, p. 204.

13 유선종(2021), 부동산학원론, 박영사, p. 207.

14 방경식(2008), '토지평가의 가격형성요인 일고찰', 감정평가학 논집 7(1), pp. 1~27.

15 알론소(W. Alonso)는 기업들의 생산요소용 토지에 적용되는 지대의 논리를 확정하여 일반소비자들의 주거선

택지개발지구에서 공급되는 토지는 한국토지주택공사 등[16] 공공기관이 개발한 후, 경쟁입찰 방식을 통해 매각된다.[17] 경쟁입찰 매각은 공정성과 투명성을 확보하고, 시장수요에 따라 지불용의가 높은 수요자에게 효율적으로 자원이 배분되도록 공급하기 위한 제도이다.

경쟁입찰 매각방식은 매각 절차가 공정하고 투명하며, 매각가격이 가장 지불용의가 높은 매수인이 신청한 가격으로 결정되어 시장원리에 따라 자원이 효율적으로 배분된다.

경쟁입찰 방식의 매각 절차는 다음과 같다.

1. 공고 확인 및 입찰 준비

한국토지주택공사 홈페이지 또는 자산관리공사 온비드(OnBid) 등에서 입찰 공고 확인한다. 공고에 표시된 매각 대상 토지의 위치, 용도, 규모, 감정평가액,[18] 입찰 방식 등을 검토하고 입찰 참여를 결정한다. 입찰 참여를 위해서는 입찰 보증금(입찰가의 일정 비율, 보통 5~10%)을 준비한다.

2. 입찰 가격 제시 및 입찰 서류 제출

정해진 기간 내 통상 온라인 전자입찰[19] 방식으로 입찰 서류를 제출하여 참여한다. 이때 매수인의 결정은 최고 입찰 가격을 제출한 입찰자가 낙찰받는 방식[20]이다. 입찰 참여자는 입찰가 산정 시 상품성과 주변 시세 등을 고려하여 결정한다.

택 행위에 대해서도 경제학의 소비자 효용형태이론을 이용함으로서 입찰지대곡선을 도출할 수 있으며 이를 바탕으로 도시의 주거양태를 설명하고 예측할 수 있다고 하였다.

16 서울시 SH공사, 경기도 GH공사 등 지방공기업과 지자체 등이 있다.

17 택지개발지구 조성토지는 공공시설용지, 공공임대주택용지 등 공익목적의 토지는 조성원가 수준에서 공급하며, 수백선설을 위한 토지는 추첨입찰로 공급한다.

18 택지개발지구 토지 경쟁입찰 매각에서 최저입찰가격(= 입찰예정가격)은 감정평가액으로 정한다.

19 한국토지주택공사의 토지 분양은 "LH청약플러스(apply.lh.or.kr)"를 통해 신청한다.

20 "최고가 낙찰제"라고도 한다.

3. 낙찰자 선정 및 계약 체결

입찰절차에서 최고가를 제시한 입찰자가 낙찰자로 선정된다. 낙찰자는 매각공고에서 정한 기간 내 계약을 체결하고 계약금을 납부하고, 계약에서 정한 약정일에 중도금 및 잔금을 납부한다.

4. 잔금 납부 및 소유권 이전

계약자는 정해진 기간 내 잔금을 완납해야 하고, 토지의 소유권이전등기 서류를 구비하여 관할 법원에 소유권이전등기 신청을 하여 소유권을 등기한다.

3.2.3 매매 협의

매매 협의의 방식은 매도인과 매수인이 가격을 협상하여 협의가 성립되면 거래하는 방식이다. 이론적으로 이러한 매매 협의는 매도인과 매수인 당사자 사이에서 직접 계약조건을 협의하는 방법과 공인중개사의 중개를 통해 계약을 체결하는 방법으로 구분할 수 있다.

1. 직거래 방식

토지 매도자와 매수자가 중개인 없이 직접 계약하는 방식이다. 매도자와 매수인이 서로 알고 있는 지인 간 거래 또는 온라인 플랫폼(부동산 직거래 사이트)을 통해서 협의가 된다. 중개수수료 절감이 가능하지만, 법적 · 행정적 절차를 매수 · 매도자가 직접 수행해야 하며, 법률절차 등에 대한 배경지식이 필요하다.

직거래 방식은 중개인의 개입 없이 매도자와 매수자가 협의하여 가격 및 대금납부조건, 등기부등본의 권리를 말소 또는 인수할 것인지 결정한다. 다음으로 매매계약에 앞서 토지 등기부등본 및 관련 서류 등을 확인한다. 이 확인이 완료되면 매매 계약서를 작성하고 매수인은 매도인에게 계약금을 지급함으로써 계약이 성립한다. 그리고 서로 약정한 날짜에 매수인이 중도금과 잔금을 매도인에게 지급하면, 매도인은 소유권 이전 등기에 필요한 서류 교부로 소유권이전등기가 완료되면 계약은 종료된다.

직거래 방식은 농촌지역이나 마을 등 소규모 지역에서 개인 간 토지를 매매하거나 가족 간 토지 증여 또는 지인 간 토지 매매 등에서 일어나는 거래형태이다.

2. 중개 거래 (부동산 공인중개사)

공인중개사의 중개 과정을 통한 매매계약 체결은 가장 일반적인 매매 협의 방식이다. 중개 거래는 시장 정보 및 시세 파악이 가능하여 매도인과 매수인이 신뢰하기 좋으며, 거래 과정에서 법적 안전성을 확보할 수 있다. 한편, 중개수수료가 발생하여 거래비용이 수반되는 특징이 있다.

중개 거래의 과정은 매도자가 부동산 중개업소에 매물을 등록함으로써 시작된다. 토지를 매수하고자 하는 매수자는 중개업소를 통해 매물을 탐색하고 중개사를 통해 매도인과 가격 등 내내 조건을 협상한다. 매도인과 매수인이 매매 조건에 합의하면 중개사와 함께 매매계약 체결을 체결하고 매수인이 매도인에게 계약금을 지급하고 계약이 성립한다. 계약 체결 후 매수인인 토지 잔금을 지급하고 매도인은 소유권이전등기 서류 교부로 소유권이전등기가 완료되면 계약은 종료된다.

3.3 토지상품의 가치추정 방법

3.3.1 부동산 자산가격결정 모형[21]

부동산의 내재가치(intrinsic value)[22]는 현재 시점에서 부동산에 투자하는 소유자가 갖는 임대료를 수취하는 권리의 가치의 합이다. 즉, 투자 시점 이후 수취할 모든 임대료의 현재가치를 더한 값이다. 이를 수식으로 설명하면 아래와 같다.

---

21 황경식, 2023, '공공택지개발지구 상업용지 매각 관련 요인에 관한 연구', 건국대학교 일반대학원 부동산학 박사학위논문, pp. 23~25 내용으로 김경환 · 손재영(2020)의 '부동산경제학'의 자본자산가격모형을 기반으로 정리하였다.

22 김경환 · 손재영(2020), 부동산경제학, 건국대학교출판부, p. 241, 내재가치는 시장기본가치(market fundamental 또는 fundamental value)라고도 부른다.

현시점의 부동산의 내재가치를 V_0, t기의 임대료를 Rt, t기의 할인율을 i로 표시하고, 모든 시기의 임대료 R이 같고 할인율이 i로 고정되어 있다면 V_0는 다음과 같다.

$$V_0 = \frac{R}{(1+i)} + \frac{R}{(1+i)^2} + \frac{R}{(1+i)^3} + ... \quad \text{식 3-3}$$

〈식 3-3〉은 초항이 $\frac{R}{(1+i)}$, 공비가 $\frac{1}{(1+i)}$인 등비급수이다. 그 합을 구하는 등비급수 공식을 이용하면 다음과 같다.

$$V_0 = \lim_{n \to \infty} \frac{R}{(1+i)} \times \frac{1 - \frac{1}{(1+i)^n}}{1 - \frac{1}{(1+i)}} = \frac{R}{i} \quad \text{식 3-4}$$

즉, 〈식 3-4〉와 같이 모든 시점의 임대료를 할인율로 나눈 값을 합한 것이 자산의 가치이다.

한편, 〈식 3-4〉의 모형은 임대료가 고정되어 있다는 가정으로 모형을 단순화하였는데, 현실에서는 임대료는 변동하는 경우가 더 일반적이다. 따라서 임대료가 상승하는 경우를 반영하면 〈식 3-5〉와 같다.

$$V_0 = \frac{R}{(1+i)} + \frac{R(1+g)}{(1+i)^2} + \frac{R(1+g)^2}{(1+i)^3} + ... \quad \text{식 3-5}$$

임대료의 증가율을 g[23]로 표시하면 부동산 내재가치는 임대료 흐름의 현재가치 합으로 정의할 수 있으며, 등비급수를 이룬다. 이 등비급수의 초항은 $\frac{R}{(1+i)}$이고 공비는 $\frac{(1+g)}{(1+i)}$이므로 다음과 같이 정리할 수 있다.

23 임대료 증가율(growth)는 매기 일정한 비율로 증가하는 것으로 가정한다.

$$V_0 = \lim_{n \to \infty} \frac{R}{(1+i)} \times \frac{1 - \left\{ \frac{(1+g)}{(1+i)} \right\}^n}{1 - \frac{(1+g)}{(1+i)}} \qquad \text{식 3-6}$$

부동산 임대료 증가율이 할인율보다 작다면(즉, $g < i$), n이 무한대로 커짐에 따라 〈식 3-6)〉의 $\left\{ \frac{(1+g)}{(1+i)} \right\}^n$ 는 0에 수렴하게 되고 V_0 가 유한한 값을 갖게 되어 다음과 같아진다.

$$V_0 = \frac{\frac{R}{(1+i)}}{1 \quad \frac{(1+g)}{(1+i)}} = \frac{R}{(i-g)} \qquad \text{식 3-7}$$

토지 가격산정에서 NOI[24](총운영소득)가 중요한 이유는 토지에 투자한 투자자들이 토지의 이용으로 얻을 수 있는 수입이 NOI이기 때문이다. 따라서 자본환원율은 부동산의 가치를 분석하기 위해 광범위하게 쓰이는 개념인데 다음과 같이 정의된다.

Cap Rate(자본수익률) = NOI(총운영소득) / P(가격)[25] 식 3-8

따라서 자산가격결정모형으로 추정할 수 있는 토지의 가격 P는 토지이용으로 기대할 수 있는 총운영소득(NOI)을 토지를 매입한 투자자의 자본수익률(Capital Rate)로 나눈 값이다.

3.3.2 헤도닉(hedonic) 가격 모형

부동산가격에 미치는 요인들의 영향을 연구하는 방법으로 '헤도닉 가격 이론

24 NOI는 Net Operate Income의 약자로 총운영소득(순운영소득의 합)을 의미한다.

25 P(가격)는 V_0와 같은 개념이다.

(hedonic[26] price theory)'이 있다. 상품의 가격을 그 상품이 가진 여러 가지 특성들이 어떠한 영향을 미치는가를 연구하는 방법론을 헤도닉 가격모형이라 한다.[27] 이는 다중회귀분석의 방법으로 좌변에 종속변수인 가격을 우변에 독립변수들의 계수를 토대로 추정하는 방법이다.

로젠(Rosen)은 헤도닉 가설로 재화는 그것들의 효용을 함유한(utility-bearing) 속성들(attributes)과 특성들(characteristics)로 가치로 평가된다고 하였다. 또한 헤도닉 가격은 재화의 속성과 특성의 내재 된 가격(implicit prices)으로 정의하였다.[28] 즉, 이 식에 따르면 어떤 토지의 가격은 그 속성과 특성들의 가치에 합이다.

로젠은 헤도닉 함수 형태가 특성에 대하여 수요자에 의해 영향을 받지 않는다고 밝혔다. 이것은 수요자에 따라 헤도닉 함수 형태가 달라지지 않는다는 것을 의미한다. 이를 기반으로 이질적인 재화의 가격과 해당 재화가 갖는 특성들의 양(quantity)을 갖고 특성들의 균형가격을 추정할 수 있는 것이다.

우리나라 토지의 가격에 적용한 연구에서도 지가(地價) 결정요인에 대한 헤도닉 모형으로 다중회귀분석이 시도되었다. 이후 여러 발전된 연구에서 헤도닉 가격 모형을 이용한 토지가격에 대한 실증연구가 이어졌다.

토지의 가격은 면적, 건폐율, 용적률, 층, 도로폭, 접근성, 용도, 규제, 외부환경, 거시경제 등 다양한 특성들 묶음의 함수이다. 각각의 특성이 개별적인 시장을 형성하는 것이 아니라, 토지라는 상품으로 특성들의 묶음이 거래된다. 따라서 토지의 가격은 해당 토지에 내재된 특성들의 가격을 통해 개별 토지의 가격을 추정할 수 있다. 이를 정리하면 다음과 같이 표현할 수 있다.

---

26 Dipasquale, Denice and William C. Wheaton(1996), *Urban Economics and Real Estate Markets*, Prentice Hall, p. 67: 이용만(2008)은 디파스퀘일 등의 위 저서를 인용하여 '헤도닉'이라는 용어는 공리주의(utilitarianism)의 기초를 이룬 고대 그리스의 쾌락주의(hedonistic philosophies)로부터 가져왔다고 한다고 설명한다.

27 김경환·손재영, 2020, 부동산경제학, 건국대학교출판부, p. 181.

28 Sherin Rosen(1974), *'Hedonic Prices and Implicit Markets: Product Differentiation in Pure Competition'*, the Journal of Political Economy, 82(1), pp. 34~55.

$$(\text{price}) = f(\text{Physical Characteristics, Other Factors})$$[29]

이처럼 가격을 종속변수로 하고 여러 가지 특성 요인들을 독립변수로 회귀식을 수립하여 분석(regression analysis)하는 헤도닉 가격 모형은 토지의 특성 가격을 설명하는 방법으로 매우 유용하며, 학술적 그리고 실무적으로 가격에 영향을 미치는 요인들을 분석하는 방법으로 활용된다. 이를 다중회귀분석 식으로 표현하면 아래와 같다.

$$Y = \alpha + \beta_1 X_1 + \beta_2 X_2 + \cdots + \beta_n X_n + \epsilon$$[30] 식 3-9

Y : 종속변수(단위당 가격)

α : 상수로 절편을 의미

β : 독립변수인 X의 추정해야 할 계수

X : 독립변수 특성

ϵ : 오차항

헤도닉 가격 모형은 계량분석의 방법으로 가설을 수립하고 수학적 논리를 토대로 통계적으로 검증하는 분석 모델로써 추정값에 영향을 미치는 변수를 구성하여 종속변수인 가격에 미치는 영향을 설명하는데, 독립변수의 구성 문제로 인하여 한계가 있다.[31] 이는 토지의 가격을 구성하는 모든 요인을 독립변수로 반영하기 어렵다는 점과 독립변수 간에 중복되는 설명력이 있는 변수들에 대한 설명의 한계 등이다.

헤도닉 가격 모형은 추정결과에 대하여 결정계수를 표시하여 모형의 설명력을 명

29 G. Stacy Sirmans · David A. Macpherson and Emily N. Zietz(2005), *"The Composition of Hedonic Pricing Models"*, journal of Real Estate Literature, 2005;13,1.

30 황경식(2023), '공공택지개발지구 상업용지 매각 관련 요인에 관한 연구', 건국대학교 일반대학원 부동산학 박사학위논문, p. 85, '헤도닉 가격모형' 다중회귀분석 식을 재정리.

31 다중회귀분석은 다음과 같은 기본 가정을 충족해야 한다. 선형성(종속변수와 독립변수 간의 선형 관계), 정규성(잔차가 정규분포), 등분산성(잔차의 분산이 동일), 독립성(잔차 간에 상관관계가 없음), 다중공선성(설명변수 간 상관관계가 크면 변수를 소거).

시한다. 이는 연구모형이 종속변수인 가격을 어느 정도 설명하고 있는지 설명한다. 또한 가격에 영향을 미치는 독립변수의 영향력은 통계적으로 유효한 변수의 계수를 기반으로 추정한다. 따라서 현실에서 거래되는 토지가격에 미치는 요인을 헤도닉 가격 모형으로 가격 전체를 설명하기에는 연구 대상 표본과 변수에 따라 설명력에 한계가 있다.

이러한 한계에도 불구하고, 헤도닉 가격 모형은 부동산가격에 영향을 미치는 요인을 계량화하여 과학적으로 설명하는 연구 방법으로 매우 유용하다. 이 모형은 토지의 가격에 영향을 미치는 요인들을 가설로 수립하여 독립변수로 구성하고 가격에 미치는 영향을 수학적으로 분석하여 그 설명력을 검증할 수 있는 강력한 연구 방법이므로, 여전히 세계적으로 많은 연구자에 의해 활발하게 이용되고 있다.

04

토지상품의 기본 개념과 분류

4

토지상품의 기본 개념과 분류

4.1 토지상품의 정의와 특성

상품은 시장에서 거래되는 재화와 서비스이다. 우리 국어사전[1]에는 '장사로 파는 물건 또는 매매를 목적으로 한 재화(財貨)'라고 정의하고 있다. 상품의 정의에 비추어 볼 때 토지는 자연에서 주어진 그 자체로 판매될 수 있으며 매매를 목적으로 개량되거나 개발되어 조성된 상품으로 두 가지 정의에 모두 부합한다.

자연의 상태 그대로인 토지는 아름다운 자연환경으로 경관의 측면에서 가치를 가질 수 있다. 이러한 토지를 소유함으로써 타인에 대하여 배타적으로 그 경관의 가치를 누리고자 하는 수요자는 자연상태의 토지상품의 수요자가 된다. 하지만, 모든 자연상태의 토지가 모두 수려한 경관가치를 갖는 것은 아니다. 상품으로서 토지는 단순히 관찰의 대상이 아닌 인간의 활동과 연관된 토지이다.

노동과 자본을 투입한 토지는 토지상품으로 다양하게 분화된다. 앞서 고찰한 지대(rent), 입지, 도시계획에서 토지의 용도, 우리나라 부동산 공법체계 등은 토지의 상품으로써 특성들을 설명하는 연구과 체계이다.

한편, 토지는 다른 재화와 구별되는 특수한 특성[2]이 있고, 이러한 특수한 특성들

1 국립국어원의 표준국어대사전이다.

2 이는 토지 등 부동산의 특성으로 부동산학원론, 토지이용계획론 등 여러 이론서에서 설명하는 특성들이다.

은 토지상품의 특성을 구성하는 요인들과 관련이 있다. 첫째, 물리적 특성으로써 위치의 고정성, 부증성, 영속성, 이질성, 연접성, 이용결과에 대한 경직성이 있다. 둘째, 사회 · 제도적 특성으로써 용도의 다양성, 법규와 규제의 적용이 있다. 셋째, 경제적 특성으로 입지의 가치, 이용의 외부효과, 공급의 한정성(희소성)이 있다. 토지의 특수한 특성들의 세부 항목에 대한 개별적인 설명은 다음과 같다.

토지의 특수한 특성

1 물리적 특성

① 위치의 고정성(immobility)

토지는 가장 구별되는 특성은 지리적 위치의 고정성이다. 일반적인 재화의 이동은 가능하지만, 토지는 위치를 이동시킬 수 없는 대표적인 부동산이다. 위치가 고정되어 있다는 점은 다른 위치의 토지와 그 위치의 속성이 다르다는 것을 의미한다. 토지의 효용은 위치의 고정성에 의하여 크게 영향을 받으며 토지의 거래와 가격의 형성을 국지화(局地化)하여 지역시장(local market)이 형성된다.

② 부증성(fixed supply)

토지는 다른 일반적인 재화와 다르게 생산을 통해 물리적인 양을 증가시키지 못한다. 넓은 의미에서 지구상의 육지의 면적을 증가시키지 못하는 점도 이를 설명한다. 좁은 의미에서 한 나라 또는 지역의 토지수요가 증가해도 가격의 변화에 대응하는 토지의 공급은 탄력성이 매우 낮다. 이러한 부증성으로 인하여 지역적인 범위에서는 토지의 이용규제 등 제도적인 변화를 통해 필요한 토지를 '공급'할 수는 있으나 토지의 절대량은 증가하지 않는 특성이 있다.

③ 영속성(indestructibility or durability)

토지는 장기간에 걸쳐 이용되더라도 소모되거나 없어지지 않는다. 건축물이나 기계 등의 자본재도 일반적인 재화에 비해 내구성이 높지만, 시간이 지남에 따라 마모되고 노후화되어 결국에는 소멸하게 된다. 따라서 토지와 같이 영속적일 수는 없다.

④ 이질성(heterogeneity or uniqueness)

토지는 위치와 면적이 고정되어 있다. 따라서 세상에서 모든 특성이 같은 토지는 있을 수 없다. 토지는 상하에 이르러 물리적으로 유사하다고 하더라도 좌표까지 완전히 동일한 토지는 있을 수 없기 때문이다. 이를 이질성 또는 개별성이라고 하며 토지의 비대체성(非代替性)을 나타낸다.

⑤ 연접성

토지는 연속적으로 인접되어 있다. 이 특성으로 인하여 거래 및 이용의 단위가 인위적으로 구별된다. 또한 법률이 허용하는 범위 내에서 인접한 토지 간의 합병 또는 한 필지인 토지의 분할도 할 수 있다. 또한 토지가 연접된 이유로 하나의 토지이용 결과가 다른 토지에 영향을 미치는 외부효과 및 공간적 부조화의 문제 등이 발생하기도 한다.

⑥ 이용결과에 대한 경직성

토지는 이용으로 인한 결과가 경직적인 특성을 갖는다. 토지를 이용하면 그 정착물은 해당 토지와 강하게 결합되어 쉽게 분리되지 않으며, 이를 결합성이라 한다. 또한 건축물의 경우 이용수명이 길어 내구성을 가지고 있다. 마지막으로 일단 건축 등 이용이 이루어진 토지는 그 결과를 제거하거나 이동, 변경하는데 비용과 시간이 크다는 특성을 갖는다. 이러한 이유로 토지의 이용이 발생하면 그 결과에 대한 경직성으로 인하여 시간적 부조화의 문제가 발생한다.

2 사회 · 제도적 특성

① 용도의 다양성(utility or versatility)

토지의 사회 · 제도적 특성 중 하나는 용도(用途)의 다양성이다. 토지의 용도는 그 이용목적에 따라 주택용지, 상업용지, 공업용지, 공공용지, 농업용지, 특수용지, 녹지 등으로 구분할 수 있다. 이러한 용도는 고정된 것이 아니라 토지를 어떻게 이용하느냐에 따라 그 용도가 변경될 수도 있다.

② 법규와 규제의 적용(government policy or regulation)

토지는 사적(私的)인 재화이면서 동시에 공적(公的) 재화의 성격을 가진다. 토지의 소유, 이용, 판매, 취득 등 부동산 관련 활동에 대하여 부동산 사법(私法)과 공법(公法)이 적용된다. 부동산 사법은 개인의 소유권과 권리 등에 관한 내용으로 민법 등이 포함된다. 우리나라는 헌법 제23조 제1항 '모든 국민의 재산권은 보장된다. 그 내용과 한계는 법률로 정한다.' 제2항 '재산권의 행사는 공공복리에 적합하도록 하여야 한다.'고 명시하고 있다. 이에 따라 부동산 공법은 공익을 위한 재산권의 제약을 중심으로 정부가 부동산의 소유 · 이용 · 개발 · 보전 · 거래 등에 대하여 규제를 하는 부동산 관련 모든 행정법이 포함된다.

3 경제적 특성

① 입지의 가치

입지는 개인이나 단체의 특정 토지에 대한 선호가 반영된 선택의 결과이다. 입지의 차이는 다른 유사한 형태의 토지의 이용과 가치에도 영향을 준다. 입지선택에 영향을 미치는 요인은 도심이나 중심지까지 접근하는데 소요되는 시간과 비용, 그리고 노력 등을 의미하는 접근성이 있다.

예컨대, 유사한 품질의 서비스를 제공하는 호텔이 시내 중심지에 있는 경우와, 도시 외곽에 위치한 경우, 상대적인 접근성이 용이한 시내에 호텔이 교외에 위치한 호텔보다 가치가 클 가능성이 높다.

② **이용의 외부효과**(externality)

한 필지의 토지를 이용하게 되면 그 영향이 해당 토지 내에 국한되어 발생하는 것이 아니라, 주변의 다른 토지에도 영향을 미치게 된다. 예컨대, 주택으로 이용되는 주거지 중간에 소음과 분진을 일으키는 생산시설이 설치된다고 가정하면, 주거지 내 주택에 소음과 분진이 부정적인 외부효과를 발생시키게 된다. 토지는 연접성으로 인하여 외부효과가 강하게 나타나며, 이러한 특성으로 공간적 부조화의 문제가 발생하기도 한다.

③ **공급의 한정성, 희소성**(inelastic supply or scarcity)

토지는 실제로 이용되는 모든 토지의 물리적 공급의 합은 고정되어 있기 때문에 희소성이 있다. 또한 토지의 용도별 공급은 다소간 조정이 가능하다. 예컨대, 주거용지에 대한 수요가 증가하면 산업용 또는 상업용 토지가 주거용 오피스텔 또는 주상복합 건축물로 전환이 이루어질 수 있다. 그러나 토지와 건축물은 모두 수요가 있더라도 즉각적으로 공급이 될 수 없는 비탄력적인 공급 특성을 가진다.

4.1.1 토지상품의 물리적 특성

1. 입지 : 토지상품의 가치에 가장 중요한 영향요인은 입지이다.

좋은 입지는 높은 수요로 인하여 상품성이 증가한다. "로케이션 로케이션 로케이션(Location, Location, Location)"이라는 문구는 부동산의 가치에 영향을 미치는 요인이 무엇인가에 대한 답으로 유명하다. 부동산 업계에서 널리 사용되며, 부동산의 가치에서 가장 중요한 요소가 위치임을 강조하는 표현[3]이다.

입지의 가치는 무엇으로부터 기인하는가? 이 가치는 '위치의 고정성(Fixity of Location)'이라는 물리적 특성과 특정한 입지에 대한 선호라는 경제적 특성으로부터

3 이 말의 기원은 정확히 누구인지 명확하지 않다. 1926년에 인쇄되어 사용된 표현이라는 설도 있고, 미국의 부동산 개발업자인 해롤드 새뮤얼(Harold Samuel)이 1944년에 사용했다고도 알려져 있다. 부동산의 가치를 설명하는 요인을 묻는 질문에 대한 대답으로 유명하다.

기인한다. 토지는 이동할 수 없고 특정한 위치에 영구적으로 고정되어 있다. 이는 다른 생산요소(노동, 자본)와 달리 물리적으로 이전(移轉)이 불가능하므로 발생하는 특징이다.

위치의 고정성과 이질성이라는 물리적 특성이 입지에 따른 가치의 차이의 원인이 된다. 토지는 같은 크기나 형상을 가지더라도 도심인지 도시 외곽지역인지에 따라 가치가 다르고, 교통이 편리한 지역과 불편한 지역의 가치가 다르며 이는 경제적 가치의 차이로 이어진다.

입지에 대한 선호로 인하여 특정 지역에 대한 수요가 증가하여도 토지의 부증성과 공급의 비탄력성으로 인하여 공급이 부족해진다. 이처럼 공급이 부족하고 수요가 증가하면 가격이 상승하는데, 공급이 비탄력적이면 탄력적인 경우보다 가격의 상승폭은 더 커진다.

어느 입지에서 공급이 비탄력적인데 구매하고자 하는 수요자들의 선호가 높아지게 되면 토지의 가격이 상승하며, 이러한 상황에서 토지의 시장가격은 해당 토지에 대한 지불용의가 가장 높은 수요자가 지불하는 금액으로 결정이 될 것이다.

그리고 이렇게 결정된 높은 토지가격은 해당 입지에서 이용되는 주거시설, 상업시설, 업무시설 등에 그 가격이 반영될 것이다. 본서 제1장에 지대이론과 입지이론에서 살펴본 바와 같이 토지의 가격은 지대곡선과 같이 입지에 따른 토지의 가치로 결정될 것이고, 토지의 이용은 '입찰지대곡선'과 같이 시장 가치를 고려하여 최유효이용이 가능한 형태로 결정될 것이다.

토지는 국가의 경제발전과 시대의 변화에 따라 입지의 가치가 변화한다. 우리나라는 일제강점기와 해방 이후 현재 서울의 일부 지역인 한양도성이 서울시의 도심으로 이용되었다. 그러나 1960년대 이후로 급격한 경제발전과 산업화를 겪으면서 과거 농경지로 이용되던 서울시의 외곽지역이 점차 서울시의 행정구역으로 편입되었으며, 토지이용의 양상도 공업지, 주거지, 업무중심지 등 시대에 따라 토지의 최유효이용을 추구하며 변화하였다.

입지는 지역시장을 형성한다. 예를 들어 서울시는 서울시청 주변, 강남구 테헤란로 주변, 여의도 업무지구는 상업 · 업무지역으로서 가치가 높다. 주거지역도 마찬가지다. 서울시는 소위 '강남 3구'[4]가 주거지역으로 선호가 높아 다른 지역보다 주택가격이 높다. 인천광역시는 송도신도시 또는 청라신도시가 선호가 높아 주택가격이 높고, 부산광역시는 해운대구 등 선호가 높은 입지의 주택가격이 높다. 그리고 이러한 지역구 내에서도 다시 동(洞)별, 공동주택 단지별로 선호가 다르며 이는 가격에 반영된다.

입지의 가치는 입지의 고정성과 이질성이라는 물리적 특성으로부터 기인하여 도심으로부터 거리, 교통체계 등 접근성, 도시기반시설, 쾌적한 환경 등 외부효과로 인한 입지 요건의 변화에 따라 그 가치가 더해지고 변화하는 것임을 알 수 있다.

2. 면적 : 토지의 적정 면적은 상품의 가치를 증가시킨다

토지의 상품성(매매 가능성, 가치, 수익성 등)은 면적에 따라 크게 영향을 받는다. 적절한 크기의 토지는 활용성이 높아 수요가 많고, 상품 가치가 상승하는 경향이 있다.

토지는 연접하고 있는 특성으로 인하여 서로 합병하거나 하나의 토지를 분할하는 것도 가능하다. 이러한 특성은 또한 어떤 토지가 주변 토지와 얼마나 잘 연결되어 있는지도 의미한다.

토지가 너무 크거나 작으면 수요층이 한정되지만, 용도에 맞는 적절한 면적을 가지면 활용성이 높아지고 상품성이 증가한다. 인접한 토지를 함께 개발하거나 통합하여 활용할 경우, 대규모 개발이 가능해지면서 건축물의 경제적 가치를 높일 수 있다. 예를 들어, 연접한 소규모 필지들이 모여 큰 필지를 형성하면 지하층에 자주식 주차시설을 위한 진출입 램프(lamp) 등 건축 설계의 유연성이 커지고, 규모의 경제로 인하여 개발비용이 절감될 수 있다. 이러한 이점으로 부동산개발을 전문적으로 수행하는 사업자(developer)는 연접하여 개발할 수 있는 토지를 대규모 주거단지, 상업복합시설, 물류센터, 산업단지 등으로 개발하기 위하여 선호한다.

한편, 토지를 적절한 크기로 분할할 수 있다면 분양을 위한 상품성이 증가한다. 토지의 면적이 너무 크면 수요자가 개인보다는 기업이나 투자자로 한정되어 수요층이 줄어들게 된다. 그러므로 토지를 적절한 크기로 나눌 수 있다면 소규모 토지가 필

4 서울시 강남구, 서초구, 송파구를 의미한다.

요한 개인 수요자들로 수요층이 확장되어 일반 수요자를 위한 상품의 가치가 증가하기도 한다.

토지 면적은 도시정비사업[5]의 사업성 검토에도 중요한 요인이 된다. 우리나라 주요 도시 등의 도심이나 수도권 1기 신도시 등에는 여전히 입지의 가치는 선호가 높으나 재건축 또는 재개발이 필요한 대상들이 있다. 재건축은 건축물이 노후하고 안전에 문제가 있는 공동주택이 주된 대상이며, 재개발은 건축물뿐만 아니라 도로 및 상하수도 등 기반시설 등이 노후하고 열악한 대상이다. 재건축 및 재개발을 위해서는 조합을 설립하여 사업을 추진하게 되는데, 조합과 시공사가 정비사업의 사업협의 시 공동주택의 대지 규모 또는 재개발지역의 연접한 대상 면적이 사업성 분석에 주요한 영향을 미친다.

토지의 적절한 면적은 토지이용의 목적과 시장수요에 따라 다양하다. 수요의 주체가 개인인지 사업자인지에 따라 선호하는 면적이 다르고, 토지이용의 목적에 따라 선호하는 면적이 다르다. 따라서 합병과 분할 가능성이 높다면 다양한 수요에 대응할 수 있는 조건이 된다.

3. 모양 : 토지의 모양은 사각형[6]이 가장 상품성이 높다

토지의 모양은 상품성에 영향을 미친다. 계획적으로 조성된 토지는 대부분 사각형인 경우가 많은데 이는 토지의 상품성을 가장 높이는 방법이기 때문이다.

사각형의 토지는 공간 활용의 효율성이 높다. 사각형은 가장 적은 경계선(둘레)으로 가장 넓은 면적(넓이)을 확보할 수 있는 형태이다. 동일한 면적의 토지를 배치할 때 원형이나 삼각형보다 사각형이 건물 배치나 농경지 활용에 유리하다.

사각형 토지는 건축 및 설계에 유리하다. 많은 건물, 도로, 시설물은 직선과 직각 구조로 설계되는데, 사각형 토지는 건물을 배치하거나 도로와 접하는 데 있어 설계가 단순하고 시공이 유리하다. 반면, 삼각형이나 불규칙한 모양의 땅은 건물 설계가 어려워 공간이 낭비될 가능성이 크다.

---

5 도시 및 주거환경정비법 제2조에 따른 정비사업, 정비구역, 정비기반시설 및 대지 등의 의미이다.

6 정사각형, 직사각형 등 격자형 도로를 통해 배치된 사각형의 토지를 의미한다.

사각형 토지는 경계선 및 접근성의 효율성이 높다. 사각형 토지는 도로와 접하는 면적을 최적화하여 접근성이 증가한다. 반면, 삼각형이나 원형 토지는 도로와 접하는 면이 비효율적이어서 출입구를 설계하는 데 어려움이 있을 수 있다.

사각형은 토지분할 및 개발에 유리하다. 사각형 토지는 균등한 크기로 나누기 쉽고 다시 합쳐도 효율적이다. 반면, 삼각형이나 불규칙한 토지는 분할하는 경우 모양이 애매해져 활용도가 떨어진다.

따라서 조성된 토지상품으로써 정형화된 사각형 토지는 수요가 높고, 매매가 잘 이루어진다. 반대로, 특이한 모양의 토지는 활용도가 떨어져 가치가 낮아질 가능성이 크다.

한편, 토지의 연접성과 이용의 외부성으로 인하여 사각형이 아닌 토지가 상품성이 높은 몇 가지 경우가 있다. 대표적으로 산, 강, 바다, 공원 등 경관과 연접한 토지이다. 이러한 토지들은 부정형 또는 다각형이라 하더라도 주변에 자연경관과 조화를 이루고 있는 경우 그 미적가치가 높아 사각형이 아니더라도 오히려 가치가 높다. 그리고 토지의 가격이 현저히 낮으면서 공장, 물류창고, 대규모 판매시설 등으로 토지를 활용할 수 있는 경우는 토지의 가격이 낮으므로 토지이용 시 비용이 절감되는 효과로 토지의 상품 가치가 증가한다.

4. 접근성 : 토지는 접근성이 좋을수록 입지가 좋아져 상품성이 증가한다

'사통팔달(四通八達)'이라는 사자성어가 있는데, 우리 사전에는 '도로나 교통망, 통신망 따위가 이리저리 사방으로 통함'이라고 설명되어 있다. 접근성은 도로, 교통망이 핵심적인 요인으로 작용하여 토지의 상품성에 영향을 미치는 특성이다.

접근성이 좋다는 특성은 입지의 가치와 상관관계가 있다. 입지는 부동성과 이질성, 그리고 선호라는 물리적 · 경제적 특성을 설명하는데, 도로, 정거장, 역(驛), 공항, 항만 등 교통체계에 얼마나 가깝고 편리한 접근이 가능한지가 입지의 가치를 높이는 주요한 요인이 된다.

접근성이 좋은 토지는 수요가 높다. 접근성은 편리함이라는 속성을 기반으로 다양한 용도로 활용할 수 있다. 이는 시장의 수요 증가로 이어져 토지의 상품 가치가 상승한다. 도로 및 교통망과 연결이 용이할수록 토지의 경제적 활용성이 높아진다. 고속도로나 다양한 교통망과 연결된 토지는 물류, 통근, 방문이 쉬우므로 상업적 · 산업적인 이용의 가치가 높아지고 경제적 가치가 높아진다.

접근성이 좋은 토지는 유동인구가 많아 상업적 가치가 증가한다. 접근성이 좋은 토지에는 복합쇼핑몰 등이 건설되는 경우가 이러한 가치를 입증한다. 접근성은 상업시설의 매출 증가로 임대료에 영향을 미치고, 이는 다시 매매가격에 영향을 미침으로써 토지의 가치를 증대시킨다. 또한 경기변동에도 토지가 받는 영향이 상대적으로 적으며 높은 접근성으로 불황에도 안정적인 수익을 창출하고 유지하는 역할을 한다.

5. 지형 : 지형은 토지 활용성과 개발비용에 영향을 미친다

경사, 토질, 조망 등 지형은 토지 활용도와 개발비용에 직접적인 영향을 미치기 때문에 토지 상품성에 영향을 미친다.

경사가 없는 평지는 개발이 쉽고, 건축비용이 적게 들어서 가장 선호된다. 완만한 경사지는 조망이 좋은 경우 앞선 평지와 같이 선호가 높아질 수 있다. 그러나 급격한 경사지는 건축이 어렵고 개발 시 비용이 많이 소요되어 가치가 하락한다.

지형적 특성으로 토질은 지반이 단단하고 배수가 좋은 토지가 가치가 높다. 반면 지반이 암반 없이 모래층 등 연약한 구조로 되어 있는 토지는 건축 시 지반을 보강하는 공정이 필요하며 이는 비용의 증가로 이어져 가치가 하락한다. 토지가 배수 상태가 좋으면 농경이나 건축 시에도 높은 가치를 가진다.

조망은 어느 정도 고지대에 경관 전망이 좋은 토지의 가치가 높다. 이는 지형적으로 고도와 관련이 있으며, 저지대는 상습적인 침수 등 재난 가능성 등으로 인하여 가치가 하락한다.

6. 주변 환경 : 토지는 연접성과 외부효과로 주변 환경의 영향을 받는다

물리적 특성으로 '토지의 주변 환경' 역시 매우 중요한 역할을 한다. 주변 환경이 쾌적하고 생활 · 경제 · 사회적 요소가 잘 갖춰져 있을수록 토지의 활용도가 높아지고, 가치도 상승한다.

토지는 건축물 등 다른 부동산과 달리 영속한다. 그리고 일단 이용이 시작되면 그 이용의 결과가 경직적이다. 예를 들어, 서울시 마포구 상암동에 소재한 하늘공원[7]은 1978년부터 2002년까지 서울시에서 발생하는 쓰레기 매립장으로 오랫동안 이용되었다. 이 지역이 공원화되기 이전에 쓰레기 매립장 주변 지역은 소음, 악취, 분진, 오염물질 등으로 인하여 주거지역으로 선호가 가장 낮은 지역이었다. 그리고 20년이 넘도록 토지이용이 유지되었다. 그러나 2002년 이후로 쓰레기 매립장은 공원으로 조성되었고 이 지역은 언론사, 방송국 등 미디어센터가 되어 업무시설로 자리매김하였으며 쾌적한 주거지역으로 인식됨에 따라 주거지역으로서도 선호가 높다. 이처럼 토지이용이 결과는 단기적·중기적으로 토지이용을 쉽게 바꿀 수 없는 경직성이 있는 한편, 토지의 영속성으로 인하여 장기적으로 토지의 가치를 최유효이용하는 방향으로 변화한다.

토지이용의 변화는 연접한 지역에 영향을 미치며, 긍정적인 외부효과 또는 부정적인 외부효과로 인하여 주변 환경의 가치에 영향을 미친다. 긍정적인 외부효과는 연접한 지역에 토지의 가치에 양(+)의 영향을 미칠 것이고, 부정적인 외부효과는 음(-)의 영향을 미친다.

주거지역 토지는 학교, 병원, 공원, 상업시설 등 생활 편의시설이 잘 갖추어진 경우일수록 토지의 가치가 증가한다. 반면, 소음이나 공해가 발생하는 시설이 주변에 있는 경우 토지의 가치가 하락한다. 치안이 좋고 범죄율이 낮은 환경은 거주 선호도가 높아 토지의 가치도 증가한다.

상업지역 토지는 판매시설과 업무시설이 대규모로 밀집된 지역일수록 토지의 가치가 높아진다. 대형복합쇼핑몰, 업무시설 등은 유동인구를 증가시키며 활발한 경제활동으로 소비도 많이 일어나므로 토지의 가치를 증가시킨다.

개발환경이 좋은 토지는 미래 가치가 높아 토지의 가치를 증가시킨다. 신도시, 도로, 철도 등 대규모 개발이 예정된 지역은 개발호재로 인하여 토지의 가치가 증가한다. 또한 주거환경은 노후하였으나 재개발, 재건축 개발호재가 있는 토지는 미래의 가치가 반영되어 토지의 가치가 증가한다.

---

7 1978년 쓰레기매립장 지정 후 1999년까지 서울시에서 발생하는 쓰레기 매립장으로 활용되다가 2002년 월드컵 유치를 계기로 공원으로 1999년부터 조성하여 2002년 5월 개장하였다.

쾌적한 자연환경에 인접한 토지는 가치가 높아진다. 공원, 하천, 호수, 산 등의 쾌적한 자연환경에 인접한 토지는 주거지로서 높은 가치를 가지며 이는 토지의 가격에 영향을 미치게 된다. 자연환경이 쾌적한 지역은 환경의 가치로 인한 긍정적 외부효과의 경제적 가치가 토지의 가격에 반영된다.

4.1.2 토지상품의 사회 · 제도적 특성

1. 용도 : 토지상품은 용도에 의해서 토지이용 방법이 결정된다

우리나라는 용도지역지구제도[8]를 통해서 토지의 이용을 규제하고 있다. 용도지역지구제도는 토지의 합리적인 이용과 공공복리를 위해 정부가 토지의 사용 목적을 제한하는 제도이다. 따라서 개별 토지 수준에서 결정된 용도[9]는 건축물의 규모[10]와 주거용, 상업용, 산업용, 공공용지 등의 토지이용 방법을 규율한다. 용도지역에서 허용용도를 설정할 때에는 건축물과 토지의 특성을 고려하여 해당 용도가 해당 용도지역에 적합한지 검토하는 것이 중요하다.[11]

용도지역지구제도는 토지의 가치에 직 · 간접적인 영향을 미치며, 용도지역에 따라 토지의 가치가 변동한다. 토지가 주거지역, 상업지역, 공업지역 등 특정 용도로 지정되면 건축 가능 규모가 달라지며, 이에 따라 토지의 가치도 변한다. 예를 들어, 어느 토지가 상업지역으로 지정되면 높은 건폐율과 용적률이 적용되어 더 밀도가 높은 건축이 가능하므로 토지의 가치가 상승한다. 반면, 녹지지역이나 보전용 토지로 지정되면 개발이 제한되므로 토지의 이용이 제한됨에 따라 토지의 시장 가치가 낮아진다. 즉, 같은 면적의 토지라도 지정된 용도에 따라 토지의 경제적 가치가 다르다.

---

8 우리나라 용도지역제는 1934년 일제강점기 조선시가지계획령에 의하여 주거지역, 상업지역, 공업지역이 최초로 지정되었으며, 이후 여러 변화를 거쳐 오늘날 21개의 용도지역으로 운영되고 있다.

9 용도지역, 용도지구, 용도구역 등을 통해 규제되는 공법사항을 의미한다.

10 건폐율, 용적률, 최대층수, 최소층수, 높이, 지하층 등 건축규제로 결정된다.

11 김상조, 2014, 용도지역에서 건축물과 토지 특성을 고려한 허용용도 설정 연구, 서울시립대학교 도시공학 박사학위논문.

용도지역지구제도는 토지에 건축되는 건축물의 이용 용도에도 영향을 미친다. 예컨대, 상업지역으로 지정된 토지에 건설된 시설은 다양한 상업적 용도[12]로 이용될 수 있다. 상업용지는 다시 중심상업용지, 일반상업용지, 근린상업용지, 근린생활시설용지 등으로 세분되며 더 고차의 상업적 기능을 수행하는 토지일수록 더 다양한 상업적 이용이 가능해지므로, 같은 건폐율과 용적률이라 하더라도 더 다양한 상업적 기능을 할 수 있는 상업용지의 경제적 가치가 더 높다. 예를 들어 상업지역에 있는 같은 면적의 상업용지라 하더라도 일반상업용지에는 위락시설이나 오피스텔이 허용될 수 있으나 근린생활시설용지에는 제1종 및 제2종 근린생활시설만 허용된다. 이러한 차이는 건축물의 이용으로 발생하는 매출[13] 즉, 경제적 가치에 영향을 미친다. 이처럼 토지의 용도는 이용방법을 결정하며, 이는 경제적 가치의 차이를 발생시킨다.

2. 지목 : 토지상품은 지목에 의해 주된 용도의 종류를 구분한다

우리나라는 국토의 효율적 관리와 국민의 토지 소유권 보호를 목적으로 『공간정보의 구축 및 관리 등에 관한 법률』 제67조 및 동법시행령 제58조에서 토지의 지목(地目)을 분류하고 있다.

현행 법률[14]에 따르면, 우리나라는 토지에 대하여 28개의 지목이 정해져 있다. 이는 2002년 확정되어 현재까지 이어져오는 것이다. 우리나라 지목 구분의 역사는 다음과 같다.

일제강점기부터 1950년까지는 18개의 지목으로 구분되어 토지를 분류하였다. 당시 지목은 전, 답, 대, 지소, 임야, 잡종지, 사사지, 분묘지, 공원용지, 철도용지, 수도용지, 도로, 하천, 구거, 제방, 성첩, 철도선로, 수도선로 등이었다.

1951년부터 1975년까지는 21개의 지목으로 구분하여 토지를 분류하였다. 1950년 이전의 지목의 분류에서 지소가 지소와 유지로 분리되었고, 잡종지가 잡종지와

12 건축법 시행령 별표1(용도별 건축물의 종류)에서 주거용도 외에 제1종 근린생활시설, 제2종 근린생활시설, 문화 및 집회시설, 종교시설, 판매시설, 운수시설, 의료시설, 교육연구시설, 노유자시설, 수련시설, 운동시설, 업무시설, 숙박시설, 위락시설 등이 있다.

13 현대적 시각에서 차액지대와 유사한 개념이다. 조방적 한계 대신에 토지이용의 규제가 차액지대의 조건으로 작용한다.

14 『공간정보의 구축 및 관리에 관한 법률』, [시행 2025.02.21].

염전, 광천지로 구별되어 2개 지목이 5개로 분리되었다.

1976년부터 2001년까지는 24개의 지목으로 구분하여 토지를 분류하였다. 이때 기존 지목에서 과수원, 목장용지, 공장용지, 학교용지, 운동장, 유원지 등의 지목이 신설되었다. 그리고 철도용지와 철도선로는 철도용지로 합병되었고, 수도용지와 수도선로도 합쳐져 수도용지가 되었다. 유지와 지소 역시 합병되어 유지가 되었다. 또한 공원지가 공원으로 사사지(寺社地)가[15] 종교용지로, 성첩이 사적지로, 분묘지가 묘지로, 운동장이 체육용지로 명칭이 변경되었다.

2002년부터 2025년 현재까지는 28개 지목으로 토지를 분류하고 있다. 2002년에 이르러 유지는 유지와 양어장으로 분리되었다. 그리고 잡종지가 잡종지 이외에 주차장, 주유소용지, 창고용지로 분리되어 28개 지목으로 지목이 정리되었다.

지목은 토지의 경제적 가치를 표현하고 토지 관련 정책정보를 제공에 이용된다. 지목에 따라 토지이용의 목적이 정해져 있어 불법적인 토지이용을 규제하는 기능으로도 역할을 하고 있다.

자료 4-1은 지목의 종류와 지목을 정하는 기준, 그리고 우리나라 전체 국토의 중, 각 지목의 면적 및 필지수의 비율을 정리한 표이다.

자료 4-1 지목의 종류와 기준(전체 국토면적 내 비율)[16]

지목의 종류와 기준		국토 내 비율
종류	지목의 구분	면적비율
		지번비율
전	물을 상시적으로 이용하지 않고 곡물·원예작물(과수류는 제외한다)·약초·뽕나무·닥나무·묘목·관상수 등의 식물을 주로 재배하는 토지와 식용(食用)으로 죽순을 재배하는 토지	7.42%
		18.08%

15 사사지는 과거 종교를 대표하던 사직단(社稷壇)과 사찰(寺刹)의 머리글자를 딴 합성어이며, 현재는 종교용지로 변경되었다.

16 지적통계, 국토교통부 공간정보제도과에서 매년 지적공부에 등록된 전국의 토지와 임야 전체의 면적과 필지수를 지목별로 집계하고 발간하여 토지관련 정책수립 및 학술연구 등의 기초 자료로 활용한다. [국토교통 통계누리(https://stat.molit.go.kr/portal/cate/statMetaView.do?hRsId=24)]

지목	정의	비율
답	물을 상시적으로 직접 이용하여 벼 · 연(蓮) · 미나리 · 왕골 등의 식물을 주로 재배하는 토지	10.85% 19.83%
과수원	사과 · 배 · 밤 · 호두 · 귤나무 등 과수류를 집단적으로 재배하는 토지와 이에 접속된 저장고 등 부속시설물의 부지. 다만, 주거용 건축물의 부지는 "대"로 한다.	0.60% 0.73%
목장용지	다음 각 목의 토지. 다만, 주거용 건축물의 부지는 "대"로 한다. 가. 축산업 및 낙농업을 하기 위하여 초지를 조성한 토지 나. 「축산법」 제2조제1호에 따른 가축을 사육하는 축사 등의 부지 다. 가목 및 나목의 토지와 접속된 부속시설물의 부지	0.55% 0.42%
임야	산림 및 원야(原野)를 이루고 있는 수림지(樹林地) · 죽림지 · 암석지 · 자갈땅 · 모래땅 · 습지 · 황무지 등의 토지	63.04% 12.41%
광천지	지하에서 온수 · 약수 · 석유류 등이 용출되는 용출구(湧出口)와 그 유지(維持)에 사용되는 부지. 다만, 온수 · 약수 · 석유류 등을 일정한 장소로 운송하는 송수관 · 송유관 및 저장시설의 부지는 제외한다.	0.00% 0.00%
염전	바닷물을 끌어들여 소금을 채취하기 위하여 조성된 토지와 이에 접속된 제염장(製鹽場) 등 부속 시설물의 부지. 다만, 천일제염 방식으로 하지 아니하고 동력으로 바닷물을 끌어들여 소금을 제조하는 공장시설물의 부지는 제외한다.	0.08% 0.04%
대	가. 영구적 건축물 중 주거 · 사무실 · 점포와 박물관 · 극장 · 미술관 등 문화시설과 이에 접속된 정원 및 부속시설물의 부지 나. 「국토의 계획 및이용에 관한 법률」 등 관계법령에 따른 택지조성공사가 준공된 토지	3.41% 19.17%
공장용지	가. 제조업을 하고 있는 공장시설물의 부지 나. 「산업집적 활성화 및 공장설립에 관한 법률」 등 관계 법령에 따른 공장부지 조성공사가 준공된 토지 다. 가목 및 나목의 토지와 같은 구역에 있는 의료시설 등 부속시설물의 부지	1.11% 0.82%
학교용지	학교의 교사(校舍)와 이에 접속된 체육장 등 부속시설물의 부지	0.31% 0.13%

주차장	자동차 등의 주차에 필요한 독립적인 시설을 갖춘 부지와 주차전용 건축물 및 이에 접속된 부속시설물의 부지. 다만, 다음 각 목의 어느 하나에 해당하는 시설의 부지는 제외한다. 가. 「주차장법」 제2조 제1호가목 및 다목에 따른 노상주차장 및 부설주차장(「주차장법」 제19조 제4항에 따라 시설물의 부지 인근에 설치된 부설주차장은 제외한다) 나. 자동차 등의 판매 목적으로 설치된 물류장 및 야외전시장	0.05% 0.11%
주유소 용지	다음 각 목의 토지. 다만, 자동차·선박·기차 등의 제작 또는 정비공장 안에 설치된 급유·송유시설 등의 부지는 제외한다. 가. 석유·석유제품, 액화석유가스, 전기 또는 수소 등의 판매를 위하여 일정한 설비를 갖춘 시설물의 부지 나. 저유소(貯油所) 및 원유저장소의 부지와 이에 접속된 부속시설물의 부지	0.02% 0.06%
창고 용지	물건 등을 보관하거나 저장하기 위하여 독립적으로 설치된 보관시설물의 부지와 이에 접속된 부속 시설물의 부지	0.16% 0.38%
도로	다음 각 목의 토지. 다만, 아파트·공장 등 단일용도의 일정한 단지 안에 설치된 통로 등은 제외한다. 가. 일반 공중(公衆)의 교통 운수를 위하여 보행이나 차량운행에 필요한 일정한 설비 또는 형태를 갖추어 이용되는 토지 나. 「도로법」 등 관계 법령에 따라 도로로 개설된 토지 다. 고속도로의 휴게소 부지 라. 2필지 이상에 진입하는 통로로 이용되는 토지	3.48% 17.01%
철도 용지	교통 운수를 위하여 일정한 궤도 등의 설비와 형태를 갖추어 이용되는 토지와 이에 접속된 역사(驛舍)·차고·발전시설 및 공작창(工作廠) 등 부속시설물의 부지	0.15% 0.37%
제방	조수·자연유수(自然流水)·모래·바람 등을 막기 위하여 설치된 방조제·방수제·방사제·방파제 등의 부지	0.21% 0.74%
하천	자연의 유수(流水)가 있거나 있을 것으로 예상되는 토지	2.86% 1.99%
구거	용수(用水) 또는 배수(排水)를 위하여 일정한 형태를 갖춘 인공적인 수로·둑 및 그 부속시설물의 부지와 자연의 유수(流水)가 있거나 있을 것으로 예상되는 소규모 수로부지	1.74% 3.82%

유지	물이 고이거나 상시적으로 물을 저장하고 있는 댐 · 저수지 · 소류지(沼溜地) · 호수 · 연못 등의 토지와 연 · 왕골 등이 자생하는 배수가 잘 되지 아니하는 토지	1.44%
		1.04%
양어장	육상에 인공으로 조성된 수산생물의 번식 또는 양식을 위한 시설을 갖춘 부지와 이에 접속된 부속시설물의 부지	0.02%
		0.03%
수도용지	물을 정수하여 공급하기 위한 취수 · 저수 · 도수(導水) · 정수 · 송수 및 배수시설의 부지 및 이에 접속된 부속시설물의 부지	0.06%
		0.17%
공원	일반 공중의 보건 · 휴양 및 정서생활에 이용하기 위한 시설을 갖춘 토지로서 「국토의 계획 및 이용에 관한 법률」에 따라 공원 또는 녹지로 결정 · 고시된 토지	0.33%
		0.17%
체육용지	국민의 건강증진 등을 위한 체육활동에 적합한 시설과 형태를 갖춘 종합운동장 · 실내체육관 · 야구장 · 골프장 · 스키장 · 승마장 · 경륜장 등 체육시설의 토지와 이에 접속된 부속시설물의 부지. 다만, 체육시설로서의 영속성과 독립성이 미흡한 정구장 · 골프연습장 · 실내수영장 및 체육도장과 유수(流水)를 이용한 요트장 및 카누장 등의 토지는 제외한다.	0.41%
		0.09%
유원지	일반 공중의 위락 · 휴양 등에 적합한 시설물을 종합적으로 갖춘 수영장 · 유선장(遊船場) · 낚시터 · 어린이놀이터 · 동물원 · 식물원 · 민속촌 · 경마장 · 야영장 등의 토지와 이에 접속된 부속시설물의 부지. 다만, 이들 시설과의 거리 등으로 보아 독립적인 것으로 인정되는 숙식시설 및 유기장(遊技場)의 부지와 하천 · 구거 또는 유지[공유(公有)인 것으로 한정한다]로 분류되는 것은 제외한다.	0.06%
		0.04%
종교용지	일반 공중의 종교의식을 위하여 예배 · 법요 · 설교 · 제사 등을 하기 위한 교회 · 사찰 · 향교 등 건축물의 부지와 이에 접속된 부속시설물의 부지	0.06%
		0.14%
사적지	국가유산으로 지정된 역사적인 유적 · 고적 · 기념물 등을 보존하기 위하여 구획된 토지. 다만, 학교용지 · 공원 · 종교용지 등 다른 지목으로 된 토지에 있는 유적 · 고적 · 기념물 등을 보호하기 위하여 구획된 토지는 제외한다.	0.03%
		0.02%
묘지	사람의 시체나 유골이 매장된 토지, 「도시공원 및 녹지 등에 관한 법률」에 따른 묘지공원으로 결정 · 고시된 토지 및 「장사 등에 관한 법률」 제2조 제9호에 따른 봉안시설과 이에 접속된 부속시설물의 부지. 다만, 묘지의 관리를 위한 건축물의 부지는 "대"로 한다.	0.28%
		0.67%

잡종지	다음 각 목의 토지. 다만, 원상회복을 조건으로 돌을 캐내는 곳 또는 흙을 파내는 곳으로 허가된 토지는 제외한다. 가. 갈대밭, 실외에 물건을 쌓아두는 곳, 돌을 캐내는 곳, 흙을 파내는 곳, 야외시장 및 공동우물 나. 변전소, 송신소, 수신소 및 송유시설 등의 부지 다. 여객자동차터미널, 자동차운전학원 및 폐차장 등 자동차와 관련된 독립적인 시설물을 갖춘 부지 라. 공항시설 및 항만시설 부지 마. 도축장, 쓰레기처리장 및 오물처리장 등의 부지 바. 그 밖에 다른 지목에 속하지 않는 토지	1.27% 1.51%

지목은 『공간정보의 구축 및 관리 등에 관한 법률』에 열거된 지목만을 설정할 수 있으며,[17] 지목의 지정은 하나의 필지에는 하나의 지목만을 지정할 수 있다.[18] 또한 어떤 한 필지가 여러 용도로 사용되는 경우 주 용도에 따라 지목을 결정해야 한다.[19] 예컨대, 아파트 단지는 '대지'만 있는 것이 아니라 단지 내 '주차장 용지'도 있지만, 아파트가 주된 용도이며 주차장은 아파트의 대지로서 용도에 필요한 종(從)된 목적의 토지이므로 아파트 전체 토지의 지목은 '대지'이다.

지목은 토지의 현황이 원래의 용도에서 다르게 이용되어도 영속성의 원칙에 따라 지목을 변경할 수 없다.[20] 단, 택지개발 등으로 새롭게 구획된 토지는 토지이용계획에서 정한 목적에 맞게 지목을 정하여 변경할 수 있다.[21]

3. 법규와 규제의 적용 : 재산권은 공공복리에 적합하도록 하여야 한다

공법과 규제는 토지이용을 제한하거나 촉진하는 역할을 하며, 이는 토지상품의 가치에 직접적인 영향을 미칩니다. 정부는 공공복리와 도시계획의 목적을 위해 토지의 사용 방식을 법적으로 규정하고, 이를 통해 토지의 희소성, 개발 가능성, 시장수요 등에 영향을 미친다.

17 이러한 원칙을 '지목법정주의'라 한다.

18 이러한 원칙은 '일필일목의 원칙'이라 한다.

19 이러한 원칙을 '주지목추종의 원칙'이라 한다.

20 이러한 원칙을 '일시 변경 불변의 원칙'이라 한다.

21 이러한 원칙을 '사용 목적 추종의 원칙'이라 한다.

개발행위허가제 및 도시계획 규제는 재산권 행사가 공공복리에 부합하기 위한 규제이다. 정부는 개발이익을 목적으로 도심과 도시 외곽에서 발생하는 무분별한 개발을 방지하기 위하여 개발행위허가를 정책적 수단으로 활용하고 있으며, 기반시설 부족 지역에서는 개발을 억제할 수도 있다.

개인의 재산권을 제한하면서 개발을 억제하기 위한 대표적인 정책 수단으로 개발제한구역[22] 제도가 있다. 개발제한구역으로 지정되면 토지의 개발이 제한되어 경제적 가치가 하락한다. 한편, 1998년 12월 24일에 개발제한구역 제도는 헌법정신과 일치하지만 토지를 종전 용도대로 사용할 수 없는데도 아무런 보상 규정을 두지 않은 것은 위헌이라는 헌법재판소의 결정이 있었다.[23] 이에 따라 우리나라는 『헌법』 제23조 제1항에 근거하여 『개발제한구역의 지정 및 관리에 관한 특별조치법』에 따라 그 지정 및 규제에 관한 방법은 법률로써 정하고 있다.

토지 등 사유재산에 대한 재산권 침해는 정부가 공공을 위한 개발사업을 시행하는 때에도 발생한다. 정부는 도로, 철도, 공원, 신도시 등을 개발하기 위하여 개인의 토지를 사용 또는 수용할 수 있다. 이 경우 『공익사업을 위한 토지 등의 취득 및 보상에 관한 법률』에 따라 토지소유자에게 보상하여야 한다. 이러한 제도를 공공수용제도(eminent domain) 또는 보상제도라고 한다. 이처럼 공익사업으로 인하여 토지가 수용되면 정부가 정한 보상금으로 재산권이 제한되나, 토지 인근에 도로, 공원, 택지 등 도시기반시설이 설치되면 쾌적함과 편리함이 토지 가치에 반영되어 가치가 상승한다.

정부는 환경규제 및 재해방지 관련 규제로 환경보호구역, 상수원보호구역, 산림보호구역 등 개발을 엄격히 제한하고 있다. 이러한 조치는 토지의 가치에 영향을 미친다. 예를 들어 공원 주변, 생태환경이 우수한 지역에 친환경 개발이 가능한 토지의 경우 양(+)의 외부효과로 인하여 경제적 가치는 장기적으로 상승한다. 반면, 환경규제로 인해 공장 · 산업시설 등이 설치될 수 없는 경우이거나, 특정 지역이 홍수나 산

22 개발제한구역은 도시 주변의 녹지를 보존하기 위해 지정한 구역을 일컫는 말이며, 그린벨트라고도 한다. 우리나라는 1971년 처음 도입하였다. 급속한 산업 발전에 따른 도시의 무분별한 팽창으로 인하여 교통, 주거, 환경 등이 악화될 조짐을 보이자 정책적으로 도입하였다.

23 [헌법재판소 89헌마214] 헌법재판소 전원재판부(주심 김문희 재판관)는 89년 축산업자 배모 씨 등 3명이 그린벨트내 개발제한을 규정한 도시계획법 21조에 대해 낸 헌법소원 사건에서 헌법불합치 결정을 내렸다.

사태 등 재난위험지역으로 지정되어 개발이 규제되면 토지를 이용할 수 없게 되어 경제적 가치가 하락한다.

이처럼 공법과 규제는 토지상품의 가치를 결정하는 중요한 요소이다. 따라서 규제가 완화되거나 개발이 가능해지는 경우, 토지의 가치는 상승하게 된다. 반대로, 개발이 제한되거나 규제가 강화될 경우, 토지가치는 하락할 수 있다. 또한 규제 완화 기대감이 있는 지역은 토지에 대한 수요가 증가할 가능성이 크며, 정부의 정책 변화에 따라 특정 지역의 토지가격이 변동할 수 있다.

4.1.3 토지상품의 경제적 특성

1. 입지의 가치 : 장기적으로 '절대적'인 우월한 입지는 없다

입지는 지표상에서 특정한 상대적 위치를 의미하기도 하지만, 경제적인 선호를 의미하는 때에는 시간의 변화가 내포된다. 예를 들어, 1기 신도시들은 주민들의 입주 초기에는 기존에 있는 주변 도시들보다 입지의 가치가 덜 선호되었으나 시간이 흐름에 따라 주변 도시들보다 입지의 가치가 더 증가하였다.

1기 신도시인 분당은 대규모 택지개발지구이다. 분당지역은 1990년대 초반에 입주가 시작되었는데, 초기에는 서울로 출퇴근하는 인구가 많아 자족도시로 성장하지 못하고 베드타운(bed town)이라는 비판이 있었으나 시간이 흐르면서 업무시설이 증가하여 기업들의 입주가 늘어났으며, 도로와 철도 등 교통망이 확장되는 등 도시기반시설 확충에 따라 점차 입지의 경제적 가치가 증가하였다.

이처럼 입지의 가치는 인구 증가, 도시화, 자족시설, 경제성장, 교통망 확충 등에 의해 가치의 상승이 발생하며, 특히 도심 및 개발 예정 지역에서는 미래에 대한 기대감[24]으로 예견되는 미래의 가치가 현재에 미리 반영되기도 한다.

오랜 시간 동안 선호가 꾸준히 높은 지역은 입지의 경제적 가치가 장기적으로 꾸

24 미래에 해당 입지에 인구 증가, 도시기반시설 설치, 경제성장 등으로 인한 수요자들의 선호 증가와 이로 인한 입지의 경제적 가치의 상승에 대한 기대감을 의미한다.

준히 상승하기도 한다. 서울시 일부 입지 등[25]은 수십 년 동안 이어진 입지에 대한 선호로 인하여 토지의 경제적 가치가 장기적으로 지속적인 상승세를 보였다. 이러한 토지의 가치는 재건축, 재개발 시 토지의 가격이 건축물과 함께 시장가격에 반영된다.

2. 외부효과 : 토지는 연접성, 이용의 경직성으로 외부효과가 크게 작용한다

토지는 주변 환경과 밀접하게 연관되어 있으며, 외부효과(positive & negative externalities)가 강하게 작용한다. 앞에서 살펴본 1기 신도시 분당지구를 다시 예를 들고자 한다.

분당신도시 인근에는 미개발된 개발제한구역이 넓게 있었다. 정부[26]는 2003년 판교신도시 개발을 발표하고 분당신도시와 연접한 신도시 개발을 시작하였다. 판교신도시는 분당신도시와 연결되어 건설되었으며, 판교테크노밸리라는 산업단지도 함께 연접하여 조성되었다. 판교신도시의 주민입주가 시작된 이후에 2007년 소위 '서브프라임 모기지 사태'[27]로 기억되는 글로벌 금융위기가 더해지면서 분당신도시 주택가격은 2012년까지 하락[28]하였다. 분당신도시는 연접한 지역에 신축주택이 공급됨으로 인하여 음(-)의 외부효과를 받게 되었다. 반면에, 판교신도시는 이미 분당신도시에 설치된 도로, 교통, 공원, 상업시설 등 도시기반시설을 이용할 수 있는 양(+)의 외부효과로 인하여 신축 아파트 가격이 상승하였다.[29] 도시기반시설은 설치하는 데에 많은 자본과 시간이 필요하지만, 건설이 완료되고 나면 장기간에 걸쳐 오랜 시간 동안 이용이 가능한 생활 편의시설이다.

---

25 서울시 '강남 3구', '마·용·성' 등 선호가 높은 입지에 대해 언론에서는 독자들의 주의를 환기하기 위하여 특정한 용어를 붙이기도 한다. 이러한 '선호 입지'는 서울뿐 아니라 5대 광역시와 지방 주요 도시들에서도 지역적으로 나타난다.

26 당시 '건설교통부'.

27 '서브프라임 모기지 사태(subprime mortgage crisis)'는 미국에서 2007년부터 2010년까지의 일련의 경제위기 사건들로, 국제금융시장에 신용경색을 불러 2007-2008년 세계 금융위기를 일으키는 데 직접적인 영향을 준 세계적 금융위기이다.

28 통계청 공동주택가격지수에서 2008년 7월부터 2025년 1월까지 최저점은 2012년 12월이다.

29 경기도 공동주택가격 1위 아파트단지는 '분당 파크뷰'에서 '판교 푸르지오그랑블'로 변하였다. 이는 두 신도시 간에 외부효과가 미친 영향을 유추할 수 있는 변화이기도 하다.

판교테크노밸리 산업단지는 분당신도시와 판교신도시에 연접하여 IT(information and technology) 관련 산업의 기업들을 유치하였다. 기존 도심으로부터 연결된 편리한 환경은 판교테크노밸리 입지에 긍정적인 외부효과를 미치게 되었다. 이러한 외부효과는 서울시 강남구 테헤란로에 있던 IT 관련 기업들의 이전을 촉진하였고, 판교테크노밸리에 유수의 IT 기업들이 입주하게 되면서 분당 및 판교지역의 자족성이 증가하는 긍정적인 외부효과가 있었다. 이러한 직주근접(職住近接)의 편리함이 더해져 판교테크노밸리 산업단지 인근 주택가격은 2015년부터 2022년 사이 주택가격 상승기에 분당 및 판교지역에 다른 입지보다 더 많이 상승하는 모습을 보였다.

분당과 판교처럼 서로 경쟁하는 것처럼 보이는 입지도 서로에게 긍정적으로 환류되는 외부효과로 인하여 모든 입지의 경제적 가치가 함께 증가하기도 한다. 이처럼 토지는 외부의 환경으로부터 지대한 영향을 받으며 경제적 가치가 변화한다. 위에서 살펴본 사례처럼, 긍정적 외부효과는 주변의 입지에 양(+)의 영향을 미친다. 대규모 개발사업(신도시 조성, 철도 · 도로 개통)으로 인해 인근 토지가치가 상승할 수 있고, 공원, 녹지, 문화시설이 조성되면 주변 주거지역의 가치가 올라갈 가능성이 크다. 반면, 부정적 외부효과는 주변의 입지에 음(-)의 영향을 미친다. 환경오염, 소음, 교통체증 등의 문제가 발생하면 해당 지역의 토지가치가 하락할 수 있다. 이러한 외부효과는 토지가 가진 연접성과 이용의 경직성이라는 물리적 특성에 기인한다.

3. 경기변동의 영향 : 토지의 가격과 거래량은 경기변동의 영향을 받는다

토지상품의 경제적 가치는 경제 상황에 따라 영향을 크게 받는다. 2006년부터 2007년 사이 택지개발지구 판매 현장에서 나타난 현상을 소개한다. 택지개발지구의 토지는 『택지개발업무처리지침』[30]에서 정한 규정에 따라 토지의 판매방식을 결정한다.[31] 이 방법 중 상업적 기능을 가진 토지는 경쟁입찰에 의한 낙찰가격으로 공급가

30 택지개발업무처리지침 제22조(택지의 공급가격 및 방법)에 따라 토지의 용도별, 지역별로 조성원가 이하, 조성원가 수준, 감정평가액, 경쟁입찰에 의한 낙찰가격 등으로 공급한다.

31 감정평가금액으로 판매하도록 승인받은 토지는 감정평가금액으로 판매해야 하며, 경쟁입찰 방식으로 매각하는 토지는 감정평가금액을 입찰예정가격으로 2회 이상 매각공고 후 유찰된 경우에 한하여 수의계약 방식으로 매각할 수 있다. 수의계약으로 판매하는 토지는 감정평가금액으로 판매하며, 임의로 가격을 할인하거나 판매

격을 결정하는데, 최초 매각공고 시 유찰되어 판매되지 않으면 통상 2차례 매각공고 후 수의계약으로 매각한다.

2006은 주택과 토지 매매 시장이 호황기이었고, 2007년 상반기까지도 호황은 이어지고 있었다. 당시 한국토지공사와 대한주택공사 등이 조성한 계획입지 토지들은 높은 선호가 반영되어 매각되었고, 경쟁입찰로 매각하는 토지의 매각가율은 입찰최저가격인 감정평가액 보다 높은 수준에서 매각되었다. 그런데 2007년 말에 이르러 글로벌 금융위기가 발생한 후 토지의 매각률과 매각가율은 급격히 하락하였다. 불과 몇 달 사이에 다른 조건은 크게 변동이 없음에도 시간이 지날수록 매각 실적은 하락하여 2008년과 2009년에는 수의계약으로 매각하게 되는 토지가 늘어났다. 이러한 토지 매각 실적 불안은 2014년까지 계속되었고, 이러한 여파로 인하여 2013년 출범한 박근혜 정부의 공공택지 지정 면적은 역대 정권 중 가장 실적이 저조했다.[32]

반면, 지난 2016년 이후, 수의계약 기간이 1년이 넘어 지나도 매각되지 않는 토지들이 갑자기 매수 문의가 늘기 시작하였다. 그리고 어느 날 갑자기 여러 명이 같은 날에 매매계약을 하겠다고 문의하는 전화도 있었다. 이후 2022년에까지 LH는 보유하고 있던 재고 토지가 대거 소진되는 결과가 있었다. 이처럼 가격을 할인한 것도 아니고 다른 조건이 변경된 것이 아닌데 오랫동안 판매되지 않던 토지가 갑자기 대거 판매되기도 하였다.

이러한 현상은 택지개발사업 현장에서 부동산경기의 변동이 토지상품의 시장의 가격과 매매에 영향이 크다는 점을 시사한다. 이를 논리적 · 실무적으로 입증하기 위하여 관련 연구들을 찾아보니, 학술적으로 토지의 가격과 매매에 경기변동이 미치는 영향을 실증적으로 분석한 연구들이 다수 있었다. 최기헌 · 이상엽(2017)은 '택지개발지구 공동주택용지의 매각결정 요인에 관한 연구'[33]에서 주택가격 하락기와 상승기로 구분하여 공동주택의 매각 여부를 분석하였으며, 거시경제 변수들이 통계적으

조건을 달리할 수 없다.

32 국토교통부, 국회의원 소병훈 의원실(국토교통위원회) 제공 자료(2020.10) ; 2013년부터 2016년까지 4년 간 전국에서 공공택지로 지정한 면적은 553만제곱미터였고, 이 중 수도권은 347만 제곱미터에 불과하였다. 이는 역대 정권 중 가장 낮은 실적이다.

33 최기헌 · 이상엽(2017), 택지개발지구 공동주택용지의 매각결정 요인에 관한 연구, 한국부동산분석학회, 부동산학연구 제23권 제2호, pp. 63~73.

로 유의하게 영향을 미치고 있음을 실증 분석하였다. 황경식 · 이상엽(2023)은 '공공택지개발지구 상업용지 매각가격 영향 요인 연구: 수도권 LH 택지개발지구를 중심으로'[34]에서 거시경제 변수들이 상업용지의 경쟁입찰 매각가격에 통계적으로 유의한 영향을 미치는 것을 실증하여 경기변동 영향을 설명하였다. 또한 황경식(2024)은 '택지개발지구 점포겸용 단독주택용지 경쟁입찰 매각가격 영향 요인 연구: 수도권 LH 택지개발지구를 중심으로'[35]에서 2018년을 기저변수로 2018년부터 2023년까지 연도별 변수와 거시경제 변수를 적용하여 경쟁입찰 매각가격에 경기변동이 통계적으로 유의한 영향을 미치는 것을 실증하였다.

경기변동은 토지의 경제적 가치에 영향을 미친다. 경제 호황기에는 부동산개발이 활발해지고, 투자 수요가 증가하여 부동산개발 사업에서 원재료인 토지의 수요가 증가하여 가격이 상승하고 매매가 활발해진다. 반면에 경제 불황기에는 부동산 경기침체로 인해 개발이 중단되거나 수요가 감소하여 토지의 수요가 감소하여 가격이 하락한다.

4.1.4 토지상품의 마케팅 특성

1. 상품의 개념 : 핵심상품 → 실제상품 → 확장상품

미국의 마케팅학자 필립 코틀러(Philip Kotler)에 의하면 상품은 핵심상품, 실제상품, 확장상품 등 3단계로 정의할 수 있다.[36] 코틀러는 상품의 정의가 핵심상품에서 유형상품과 확장상품으로 그 의미가 확장된다고 설명하고 있다.

핵심상품(core product)은 소비자가 특정 상품을 구매함으로써 원하는 편익을 의미한다. 우리가 특정 문제를 해결해 줄 수 있는 물건을 살 때는 그 물건을 소비자의 문제를 해결해 줄 수 있어야 한다. 예컨대, '옷 = 몸을 감추고 보호'라는 기능이 가장 중

34 황경식 · 이상엽(2023), 공공택지개발지구 상업용지 매각가격 영향요인 연구: 수도권 LH 택지개발지구를 중심으로', 대한국토 · 도시계획학회, 국토계획 제58권 제2호, pp. 92~103.

35 황경식, 택지개발지구 점포겸용 단독주택용지 경쟁입찰 매각가격 영향요인 연구: 수도권 LH 택지개발지구를 중심으로, 대한주택학회, 주택연구 제32권 제4호, pp. 89~108.

36 Philip Kotler et al, *Principles of Marketing*, 2023, Pearson, pp. 248~250.

요하고 이것이 상품을 구매함으로써 얻을 수 있는 핵심 혜택(core benefit)이다. 토지의 경우 토지를 그 자체로 농경이나 임업 등에 이용하거나, 토지를 생산요소로 이용하고자 하는 목적이 핵심상품으로 나타난다.

실제상품(actual product)은 상품의 실체를 나타내는 구체적인 물리적 속성들을 의미한다. '옷 = 몸을 감추고 보호'하는 것은 가장 근본적인 핵심가치이지만, 몸을 감싸는 의류라 할지라도 재질, 디자인, 브랜드, 기능 등은 모두 다르다. 따라서 구매자가 오감으로 느낄 수 있는 가시적인 특징들의 집합이 유형 상품이다. 토지는 면적, 필지의 형상, 경사, 토질, 토지의 건축 규모 규제, 용도지역, 연접한 기반시설 등 물리적 특성과 더불어 용도, 규제 등이 이에 해당한다.

확장상품(augmented product)은 핵심 혜택, 가시적 속성들을 제외한 부가적인 서비스를 의미한다. 예컨대, 의류 브랜드 중에 SPA브랜드[37]는 중저가의 상품을 유행에 맞게 원스탑으로 제공하는 편리함을 소구하고, 백화점에 고가의 명품매장은 의류를 구매하는 과정에서 구매자의 만족스러운 경험에 소구한다.

토지상품은 토지를 매입하여 건축물이 건설하는 것까지는 실제상품의 영역이지만, 높은 선호로 인한 고가의 입지가 가지는 지역 브랜드와 건축물을 설계한 건축가 및 시공사의 평판, 디자인, 설계 그리고 건축물과 토지에 시공된 고가의 자재와 첨단 설비, 고급스러운 조경 등은 상품의 특성으로 확장되고 증폭되어 이용자들에게 구전(word of mouth)된다. 이러한 상품의 가치는 고급 주거지역이라는 확장상품의 구성요소가 되어 토지의 가치를 부가적으로 반영한다.

2. 토지상품의 STP[38] 마케팅

코틀러(Kotler)는 기업의 마케팅 전략이 주도하는 고객 가치를 설계하는 주요한 단

---

37 SPA(specialty store retailer private label apparel) 브랜드는 계절에 맞춰 1년에 네 번 제품을 기획하는 일반 패션 브랜드와 달리 최신 유행과 소비자 반응에 맞춰 1~2주 단위로 빠르게 상품을 기획·생산해 판매하는 의류를 말한다. 한 업체가 디자인부터 생산 유통 판매까지 일괄적으로 담당하면서 유통단계를 줄여 저렴한 가격에 판매한다.

38 Segmentation - Targeting - Positioning의 약자로 시장세분화-표적시장선정-위상정립 과정을 통해 경쟁전략을 수립하는 마케팅 활동을 의미한다.

계들을 시장세분화, 목표시장설정, 차별화 그리고 목표 고객의 마음속에 명확하고 분명히 구별되는 경쟁상품으로 인식되도록 '포지셔닝(positioning)'하는 일련의 절차를 '목표시장을 위한 가치를 창조하는 것'이라고 설명했다.[39]

시장세분화(market segmentation)는 상품을 공급하는 기업의 입장에서 시장을 서로 다른 필요와 욕구, 특성, 행동 등을 통해 서로 다른 마케팅 전략이나 혼합된 마케팅 전략이 필요한 그룹으로 나누는 것이다. 예컨대, 토지상품을 주거용과 비주거용, 개별입지와 계획입지, 도시와 비도시, 수도권과 비수도권 등으로 시장의 수요와 수요자 특성에 따라 세분하는 과정이 이에 해당한다. 이러한 세분화는 더 세분된 단계로 구분할 수 있다. 예컨대 주거용과 비주거용을 다시 주거용을 아파트와 비아파트를 건축할 수 있는 토지로 세분하고, 아파트용지를 다시 분양아파트용지와 임대아파트용지로 나눌 수 있다. 이러한 세분화는 토지상품의 시장수요에 따라 더 마케팅 전략적으로 더 구분할 필요가 없을 때까지 계속할 수 있다.

목표시장(market targeting) 결정은 시장세분화의 결과로 세분된 각 시장에 대한 평가에서 시작한다. 세분된 시장들을 평가하기 위하여 세 가지가 중요한데, 첫 번째는 시장의 크기와 성장성이고, 두 번째는 세분시장의 구조적 매력도, 그리고 세 번째는 기업의 목표와 자원이다. 세분시장의 규모가 크고 성장성도 높다고 해서 항상 그 세분시장이 모든 개발 기업에 매력적이지 않다. 어떤 기업은 이처럼 대규모의 성장세가 가파른 시장에서 경쟁할 수 있는 기술과 자원이 부족할 수도 있기 때문이다. 또한 만약 어떤 세분시장에 이미 많은 강력한 경쟁자가 있다면 그 시장은 구조적으로 매력적일 수 없다. 마지막으로 어떤 세분시장이 규모와 성장세가 적정하고 구조적으로도 매력적일지라도 기업은 기업의 목표와 자원을 고려해야만 한다. 세분시장을 평가한 후에는 목표로 하는 시장을 결정해야 한다. 목표시장은 기업이 공급하려고 하는 상품에 대하여 같은 필요와 특성을 가진 수요자들로 구성된다. 기업들은 목표시장을 결정할 때 많은 요인을 고려하여 결정한다.

예컨대, 앞서 예를 들었던 주거용 토지상품을 매입하여 개발하고자 할 때, 전용면적 60제곱미터 이상 85제곱미터 이하의 아파트를 건설하여 분양하고자 할 때 서울

39 Philip Kotler et al, *Principles of Marketing*, 2023, Pearson, pp.214~241

에 인접한 계획입지에 대규모 토지상품을 선택할 것인지, 아니면 서울에 인접한 개별입지에 300세대 이하의 중소규모의 아파트 건설이 가능한 토지상품을 선택할 것인지에 목표시장을 선택할 수 있다. 이 예시에서 서울에 인접한 아파트는 성장성이 높으며, 구조적으로 매력적인 시장이면서 해당 기업의 기업 목표와 자원의 역량으로 성공적인 개발이 가능한 토지상품일 것이다.

포지셔닝(positioning)은 어느 상품이 경쟁상품과 비교하여 수요자의 마음속에 차지하는 위치를 의미하며, 소비자의 마음에 상품이 가진 중요한 속성으로 정의되는 방법이다. 이를 개념화하여 소비자의 인식을 보여주기 위해서 '포지셔닝 맵(positioning map)'이라는 도식화된 방법을 쓰기도 한다. 예컨대, 앞서 살펴본 예시를 이용하여 주거용 토지와 비주거용 토지를 표시할 수 있다. 포지셔닝 맵은 2차원으로 도식화하는 경우가 많은데 세로축을 가격으로 표시하고, 가로축은 주거용지와 비주거용지로 표시할 수 있다. 토지의 가격에 관한 여러 연구에서 토지의 가격을 구성하는 요인은 토지 자체의 물리적 특성, 제도적 특성, 지역적 특성, 측정 시점의 거시경제적 특성 등에 영향을 받는다고 밝혀진 바 있는데, 이에 기반하여 토지의 가격은 이러한 특성함수로 구성된다. 가로축의 표시되는 주거용지와 비주거용지는 토지상품의 기능적 특성이므로 다양한 가격대의 상품이 존재할 수 있다.

자료 4-2 토지상품의 '포지셔닝 맵' 예시

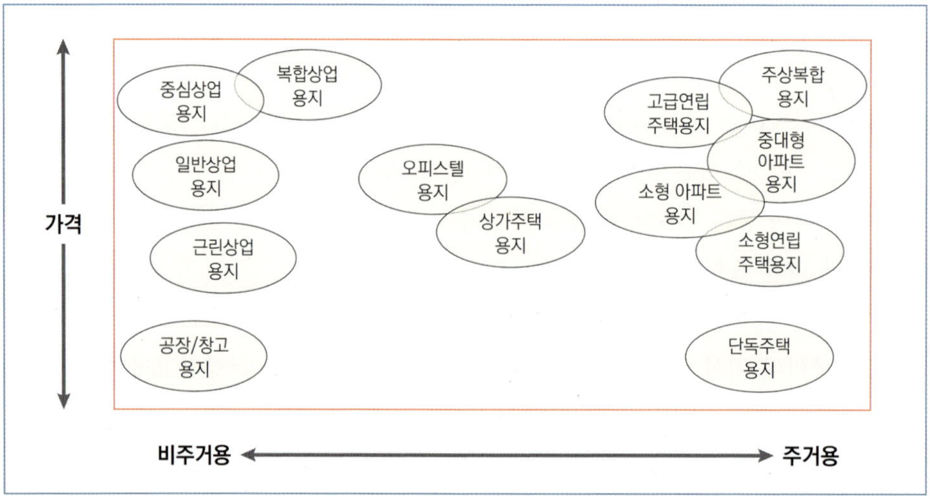

코틀러는 차이점(difference)을 기반으로 포지셔닝의 중요성을 강조하였다. 또한 포지셔닝하는 차이점을 중요성, 구별성, 우선순위, 전달가능성, 모방하기 어려움, 수요자들의 지불용의, 수익성 등으로 설명하였다. 그리고 고객에게 전달하는 가치를 설명하기 위해 세로축은 혜택(benefits)으로 가로축은 가격(price)으로 두고, 각각의 축에 더 많은(more), 같은(the same), 더 적은(less) 세 가지 구분으로 3×3 형태의 가치제안(possible value propositions) 모형을 제시하였다.

토지상품을 개발하는 사업시행자는 시장의 수요를 세분화하고, 세분된 시장을 평가한 후 각 기업이 목표로 하는 시장을 결정하도록 상품을 구분해야 한다. 토지시장은 중간재이자 파생적 수요로써 토지이용의 최종생산물에 따라 상품을 세분화하여 1차 수요자인 건설개발자(developer)들이 목표시장을 결정하고 '포지셔닝'할 수 있도록 토지상품의 용도와 특성 등 차이점을 명확히 해야 한다.

4.2 토지상품의 분류

부동산개발사업에서 토지는 건축물 또는 시설물의 건설을 위한 원재료로 이용된다. 부동산개발사업의 원재료인 토지는 상품화를 위한 조성행위가 있었는지에 따라 상품으로써 차이가 크다. 본 절에서는 토지의 상품을 계획적으로 조성하지 아니하고 현재의 상태 그대로 개별적으로 이용하는 토지와 계획적으로 개발하여 대지 조성공사를 마친 토지로 구분하여 설명하고자 한다.

토지를 개별적으로 이용하기 위하여 토지형질변경, 농지 및 산지전용허가 등의 여러 인·허가를 개별적으로 받아 개별적인 토지 수준에서 조성공사를 실시하고 건축물이나 시설 등을 건설하는 방식의 입지를 '개별입지'라고 한다.

이와 대조적으로 '계획입지'는 국가·지방자치단체 또는 공공기관 등이 공공의 목적을 위하여 계획적으로 조성한 개발사업지구 내 토지를 의미한다.[40] 계획입지 토지에 건설하는 경우 개발사업의 지구단위계획에 따라 건축 용도 및 규모 등이 결정되며 기반시설 등을 포함한 조성공사가 완료된 토지를 의미한다.

40 토지이용 용어사전, 국토교통부(http://luris.molit.go.kr)

4.2.1 개별입지 토지상품

개별입지는 매도인과 매수인 간의 자유의지에 따라 자유롭게 토지를 매입하고 토지형질변경, 건축허가, 농지 · 산지전용허가 등의 개발행위를 위한 관청의 인 · 허가를 개별적으로 득하고, 허가받은 토지에 주택 · 공장 등의 시설 및 건축물을 건설하는 형태의 개발사업을 하는 토지를 의미한다. 이러한 토지들은 개별적인 현황 그대로 거래되고, 대상 토지에 한정하여 개발되므로 개별입지라고 한다.

자료 4-3 개별입지 개발사례

개별입지 토지상품은 주변 환경이나 인프라와 무관하게 독립적으로 활용될 수 있으며, 용도에 따라 다양한 형태로 구분할 수 있다. 즉, 개별입지의 토지상품은 『국토의 계획 및 이용에 관한 법률』에서 규정한 용도지역 · 용도지구 · 용도구역에 따라 이용에 규제가 있다. 용도지역에 따른 분류에 따르면 개별입지의 토지는 도시지역에 주거용, 상업용, 공업용, 녹지 등으로 구분하고, 비도시지역에 관리지역, 농림지역, 자연환경보전지역 등으로 구분한다.

용도지역별로 건축이 가능한 건축물은 『국토의 계획 및 이용에 관한 법률』[41] 제76조 제1항(용도지역 및 용도지구에서의 건축물의 건축 제한 등) 및 동법 시행령[42] 제71조(용도지역안에서의 건축제한)와 동법 시행령 별표 2 내지 별표 25에 따른 건축물 등이다.

41 시행 2024.8.7., [법률 제20234호, 2024.2.6. 일부개정].

42 시행 2025.1.21., [대통령령 제35221호, 2025.1.21. 타법개정].

또한 동법 시행령 별표 2 내지 별표 24에 따르면 도시 · 군 계획조례가 정하는 바에 의하여 건축할 수 있는 건축물도 포함하여 지방정부의 재량권을 반영하고 있다.

개별입지는 특정한 지역에 단지로 조성되지 않고 독립적으로 위치한다. 이처럼 어느 경제주체가 특정 지역에 선호를 가지는 동기가 되는 지리적 특성이나 경제적 요인 등은 개별입지의 장점을 통해 살펴볼 수 있다. 첫째, 개별입지는 개인이나 기업 등이 원하는 입지를 선정하는데 계획입지에 비해 상대적으로 자유롭다. 예컨대, 어느 개인이 호수가 앞에 단독주택을 짓고자 한다면 조건에 맞는 토지를 매입하여 건축할 수 있을 것이다. 또는 어느 기업이 공장을 건설하기 위해 수량이 풍부하고 간선도로에 인접한 토지를 선정하고자 하면 조건에 부합하는 토지를 찾아 매입하고 이용할 수 있을 것이다.

둘째, 개별입지 투지는 계획입지 토지에 비해 상대적으로 토지의 가격이 낮다. 계획입지는 주거단지, 산업단지, 상업 · 업무지구 등 도시계획을 수립하여 일단의 토지들을 조성한다. 이 과정에서 도시기반시설이 건설되는 비용이 모두 조성토지의 조성원가로 투입되어 매각가격에 반영된다. 따라서 투자금이 적은 기업은 투자 자본을 절감하기 위해 개별입지를 선택한다. 이러한 개별입지 토지는 산업단지나 상업 · 업무지구에서 분양하는 조성토지보다 저렴한 토지를 확보할 수 있다.

셋째, 토지의 이용에 규제 및 간섭이 최소화된다. 계획입지 조성토지는 지구단위계획 등 도시계획 규정이 수립되어 규제가 추가된다. 그러나 개별입지는 상대적으로 자유로운 토지이용이 가능하며, 규제가 적게 적용되어 기업이 토지를 이용하고 건축물과 시설설비를 배치하는데 선호가 높다.

넷째, 시장경쟁력이 높은 입지를 선택할 수 있다. 앞서 고찰한 입지이론에서, 산업입지에 대하여 베버(Weber)는 생산비용을 최소화하는 입지에 공업입지가 결정된다고 하였고, 뢰쉬(Losch)는 산업입지는 수요를 최대화할 수 있는 지점에서 결정된다고 보았다. 기업은 경쟁환경에 따라 비용을 최소화하거나 수요를 최대화하는 입지를 선택한다. 예컨대, 원가경쟁력이 중요한 산업에서 경쟁하는 기업이 있는데 생산품의 부피가 작고 무게가 가벼워 운송비용은 상대적으로 중요하지 않은 기업은 베버가 설명한 입지에서 관찰될 것이다. 한편, 거점 물류센터와 같은 대규모 창고시설은 대도시와 인접하고 교통망이 잘 갖춰진 입지를 선호할 것이다. 이처럼 입지는 기업의 경쟁력과 관련이 높을 수 있으며, 이 경우 최적의 입지를 선점하는 것이 기업의 경쟁력이 되기도 한다. 또한 입지는 위치의 고정성, 부증성, 이질성, 이용결과의 경직성 등으로 인하여 그 자체로 기업의 독점적 경쟁력이 되기도 한다.

다섯째, 개별입지에서는 수요자가 원하는 환경조건을 최적화하여 이용할 수 있다. 수요자는 도로, 철도, 해운 및 항공운송 등 교통시설, 도시기반시설, 자연환경 등 다양한 수요를 가지고 있다. 이러한 조건을 모두 충족시킬 수 있는 토지는 대규모로 조성된 토지에서는 찾기 힘들 수 있다. 따라서 수요자의 개별적인 선호가 있는 환경의 조합에 가장 최적화된 토지를 개별입지에서 선택하는 것이 효용을 극대화하는 방법이 된다.

개별입지 토지는 이러한 장점들과 더불어 여러 가지 단점이 있다. 첫째, 개별입지 토지상품의 경제적 가치는 토지의 모양, 면적, 지형, 주변의 도시기반시설 등의 개별적 특성 때문에 가격 비교가 어렵고 같은 지역의 유사한 토지임에도 가격의 차이가 크다. 이처럼 개별적 특성이 강하면 같은 지역에 공법적 규제가 같은 토지라도 서로 다른 경제적 가치를 갖게 된다.

둘째, 개별입지 토지는 계획입지와 같이 매각공고를 통해 공개적으로 매매되지 않고, 불특정한 시기에 지역시장에 중개사를 통해 매물로 등장한다. 이때 토지를 최유효 이용할 수 있는 개인 또는 기업이 우연이 매수인이 된다면 모두에게 좋은 결과로 이어질 수 있으나 가장 지불용의가 높은 잠재적 수요자가 토지 매각 시도를 인지하기 어려울 수 있다.

셋째, 개별입지 토지는 도시기반시설이 열악한 경우가 많다. 예컨대, 상·하수도가 없으면 지하수를 활용해야 하고 하수처리에 높은 비용이 소요되며, 도로가 좁으면 대형차량 통행이 어렵다. 또한 전기, 통신설비가 인접하지 않으면 수익자부담원칙에 따라 추가 비용이 발생하며, 이러한 비용의 지출은 계획입지에 비해 장점이었던 가격 경쟁력이 하락하는 요인이 된다. 또한 교통시설의 문제는 이용자의 접근에 불편함을 유발할 수 있으며, 만약 재난 발생할 시 접근에 오랜 시간이 소요되어 경찰·소방 등 공공서비스가 적기에 도달하기 어려울 수 있다.

넷째, 개별입지 토지는 확장이 어렵다. 개별입지는 연접한 토지라 하더라도 개별적인 물리적 특성과 공법적 규제가 다르기 쉽다. 이처럼 토지의 개별성·이질성은 추가로 연접한 토지의 개발이 필요하거나, 주변에 협력기업을 위한 토지확보가 필요하더라도 공간확장이 어려워 자재 조달이나 기술지원, 유통망 구축에 어려움이 있을 수 있다.

다섯째, 개별입지는 계획입지에 비해 행정적 지원이 어렵다. 예컨대, 산업단지에 기업이 입주하면 정부의 세금 감면, 정책자금 대출 등 정부의 정책적 지원이 있는데, 개별입지는 이러한 행정지원이 계획입지에 비해 상대적으로 적용이 되지 아니하는 경우가 많다.

개별입지 토지상품은 주거, 상업, 공업, 농업, 특수목적 등 다양한 용도로 활용될 수 있으며, 각각의 입지 특성과 활용 방식에 따라 가치가 달라진다. 개별입지의 가치는 일반적으로 물리적 특성과 더불어 도심과의 거리, 교통 접근성, 주변 도시기반시설 등 인프라, 정부 정책 등이 토지의 경제적 가치에 영향을 미친다.

4.2.2 계획입지 토지상품

계획입지 토지는 정부나 지자체가 산업, 상업, 주거 등의 특정 용도로 개발을 목적으로 지정한 토지를 의미한다.[43] 대표적으로, 택지개발지구 조성토지는 정부나 지자체가 주택 공급을 목적으로 계획적으로 조성하는 토지를 의미한다. 보통 신도시, 도시개발사업, 공공택지, 산업단지 등의 형태로 개발되며, 체계적인 도시 인프라를 갖추고 있는 것이 특징이다.

43 공공사업자 외에 민간사업자가 개발한 도시개발사업 등 계획입지도 있으나, 본서에서는 종합적인 도시계획과 다양한 토지상품을 설명하기 위하여 공공개발사업을 중심으로 설명한다.

자료 4-4 개별입지 개발사례 : 분당신도시 전경(한국토지주택공사)

계획입지의 토지는 개별입지에 비해 장점 및 단점이 상반된다

계획입지의 장점은 첫째, 체계적인 도시계획과 편리한 도시기반시설이 갖추어진 단지(團地)로 개발된다는 점이다. 계획입지에는 도로, 철도, 전기, 통신, 상 · 하수도 등 필수적 도시기반시설이 조성공사에 포함되어 입주한 주민이나 기업이 편리하게 이용할 수 있다. 또한 도시를 계획적으로 개발하기 위하여 토지이용계획과 지구단위계획 등으로 도시계획을 고려하여 조화롭게 개발하고 공원, 녹지 등 쾌적한 생활환경을 위한 공공시설을 설치한다.

둘째, 토지이용의 불확실성이 낮아 수요자의 위험이 감소한다. 계획입지 토지상품은 용도지역 · 지구 외에도 지구단위계획으로 구체적인 건축허용 용도와 건폐율, 용적률, 최고(최저) 높이, 건물 외부 색상, 지붕의 형태, 도로로부터 진출입 구간 등 토지이용의 세부적인 사항이 정해져 있다. 이처럼 구체적인 토지이용에 관한 정보는 토지의 매각을 위한 공고 시 포함되어 토지이용에 대한 불확실성을 최소화한다.

셋째, 공공이 개발한 산업단지 및 물류단지 등 산업시설은 개별입지에서 지원되지 않는 정책적 지원을 받을 수 있다. 정책적 지원은 대표적으로 세제(稅制) 혜택, 정책자금(政策資金) 지원, 그리고 용적률 상향이나 부담금 감면과 같은 규제 완화 등이 있다.

넷째, 계획입지는 대규모로 개발되므로 특정 산업의 선도기업이 입주하게 되면 연관된 기업들이 따라 입주하여 집적의 효과가 발생하기도 한다. 이처럼 어느 산업의 기업들이 밀집하면 기업의 생산활동 및 자원관리 등 공급망 관리가 효율적으로 이루어져 기업의 비용을 감소시키고 입주 기업 간에 시너지(synergy) 효과를 발생시킨다.

다섯째, 계획입지 개발은 환경과 조화를 이루는 개발이 적용된다. 계획입지에 입주한 주민이나 기업들은 공원, 녹지와 같은 자연환경으로 쾌적한 생활환경을 누릴 수 있다. 쾌적한 환경은 계획입지 내 토지들에 긍정적인 외부효과를 미쳐 토지의 경제적 가치가 증가하는 요인이 된다. 토지는 특정한 용도로 이용되면 그 결과를 바꾸기 쉽지 않다. 특히 자연환경은 한번 훼손되면 다시 돌이키기에 큰 비용과 시간이 소요된다. 따라서 도시계획을 통해 환경과 조화를 이루는 공원, 녹지 등을 확보하는 것은 난개발을 방지하고 친환경적 개발이 가능하다.

여섯째, 부동산 가치 상승 가능성이 개별입지에 비해 높다. 계획입지는 체계적인 개발과 도시기반시설 등으로 인하여 긍정적인 외부효과가 개별입지에 비해 더 많이 발생한다. 장기적으로 토지와 부동산의 가치는 개별입지에 비해 경제적 가치의 상승이 기대되는 요인들이 더 많다.

계획입지의 단점은 첫째, 토지의 분양가격이 개별입지보다 높다. 계획입지는 조성공사와 도시기반시설이 토지가격에 반영된다. 높은 가격 때문에 수요자는 초기 투자비용이 많이 소요되어 매입에 부담이 될 수 있다. 그러나 조성된 토지는 상품으로써 경제적 가치를 가격에 반영하므로 수요자의 지불용의에 따라 매매가 이루어질 것이다.

둘째, 계획입지 토지는 개별입지에 비해 토지이용이 제한된다. 계획입지 조성토지는 정해진 용도와 규모 등 구체적 이용규제를 준수하여 이용해야 한다. 따라서 특정 목적 외 다른 용도로 사용이 어렵고, 건축 등 개발 과정에 여러 규제를 준수해야 하므로 수요자의 개별적 선호를 반영한 자유로운 이용이 어렵다.

셋째, 계획입지는 공급에 비해 수요가 높으면 분양을 위한 경쟁이 치열할 수 있다. 경쟁이 치열한 경우 추첨 또는 경쟁입찰 등의 방법으로 토지를 매각하게 된다.

이 경우, 원하는 토지를 매수하지 못할 가능성이 있다.

넷째, 계획입지는 대상 지역에 주민, 기업의 정착률이 높아지고 계획한 토지이용이 현실이 되기까지 시간이 소요된다. 계획입지는 새로 개발되는 지역이므로 상업시설, 생활 편의시설, 공공시설 등이 부족할 수 있어 입주 초기에는 생활에 불편함이 있다.

다섯째, 계획입지의 가격 및 매매는 시장 경기에 따라 변동한다. 계획입지에 조성된 토지는 정부의 정책이나 기업이 경영환경, 시장의 경기변동 등에 따라 수요에 영향을 받는다. 수요가 부족하면 토지가 미분양 될 가능성이 증가하며, 미분양 토지가 증가하면 개발사업이 최초 계획보다 지연되어 준공되거나, 도시의 이미지에 부정적인 영향이 생기기도 한다.

아래는 계획입지의 도면 사례이며,[44] 공사계획평면도를 비롯하여 여러 측면에서 계획입지 개발이 개별입지와 기능적으로 어떤 차이가 있는 보여주는 사례이다.

자료 4-5 계획입지 도면 사례 : 과천지식정보타운 공사계획평면도(LH 매각공고 자료)

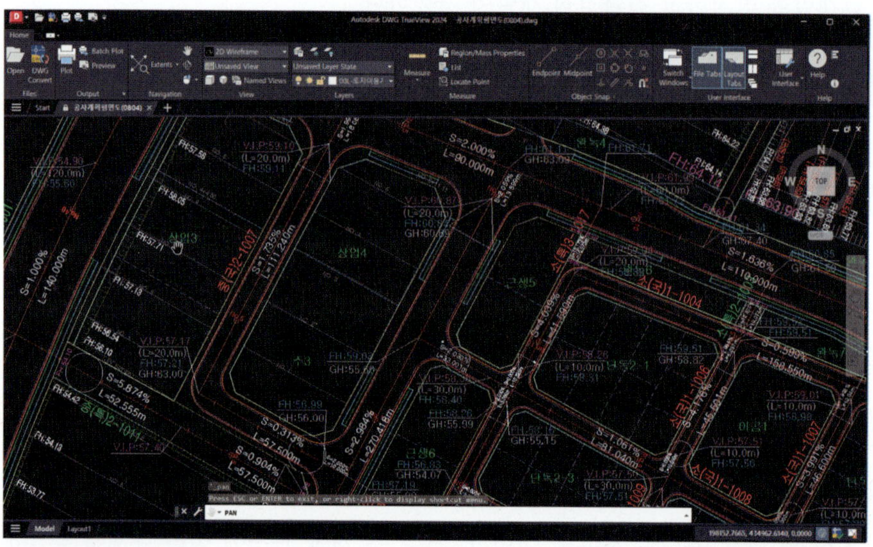

44 과천지식정보타운 토지 매각공고에 첨부된 공개된 자료이며, 계획입지의 공사계획을 다양한 측면에서 보여주는 사례이다.

자료 4-6 계획입지 도면 사례 : 가구및획지 등 결정도(LH 매각공고 자료)

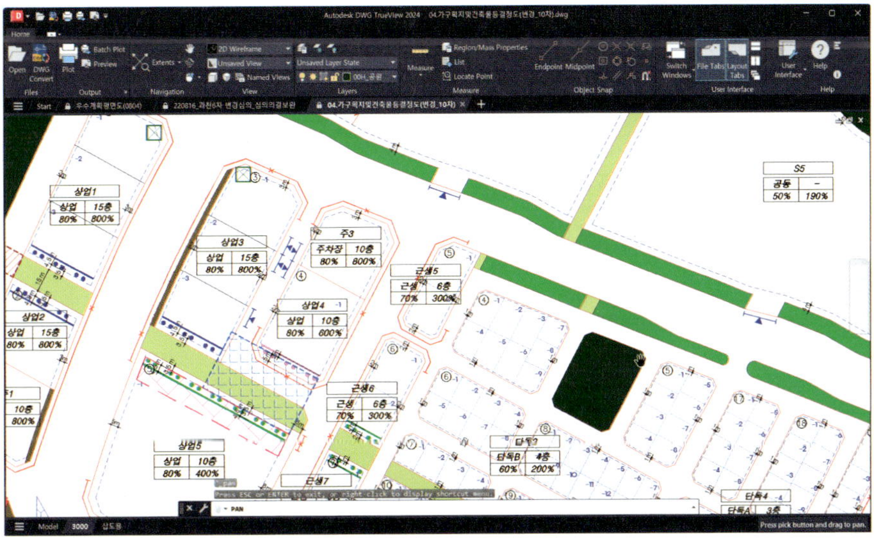

자료 4-7 계획입지 도면 사례 : 교통영향평가 개선안도(LH 매각공고 자료)

자료 4-8 계획입지 도면 사례 : 상수계획평면도(LH 매각공고 자료)

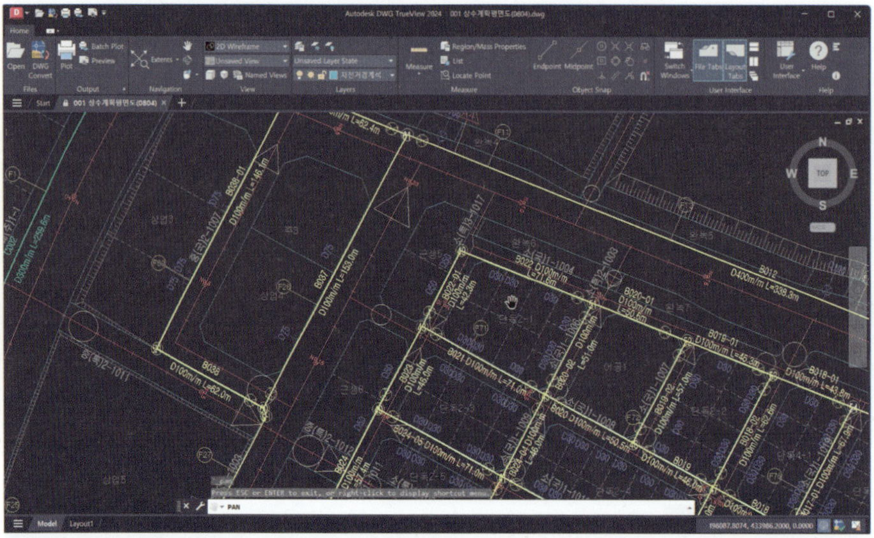

자료 4-9 계획입지 도면 사례 : 오수계획평면도(LH 매각공고 자료)

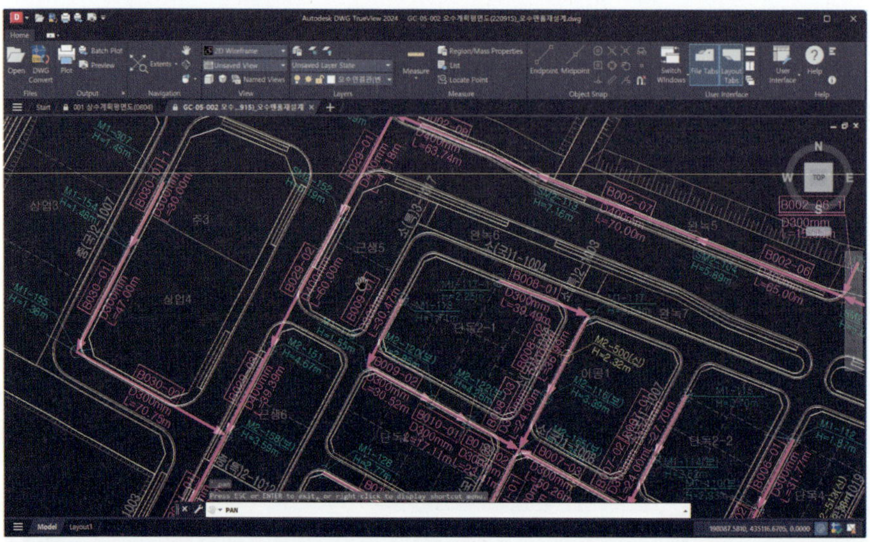

자료 4-10 계획입지 도면 사례 : 우수계획평면도(LH 매각공고 자료)

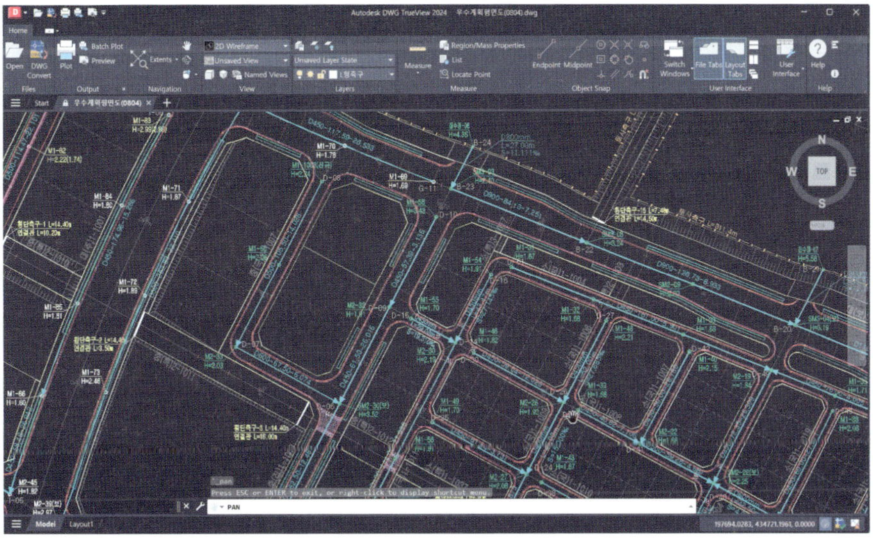

도면을 통해 살펴본 바와 같이, 계획입지 토지는 기능적으로 토지사용자가 토지에 건축물을 건설하고 상·하수도, 우수·전기·통신·도시가스·도로 등 기반시설과 연결하여 즉시 도시의 건설용 토지상품으로서 유기적 기능을 확보할 수 있다. 또한 교통영향평가 등을 사전에 계획하여 건축물과 이용자의 규모와 교통흐름 등을 조절하여 쾌적하고 편리한 생활환경을 가능하게 한다.

4.3 토지상품의 세분화

토지상품은 개별입지에서 자연환경을 적극 이용하여 발생한 결과도 있고, 도시계획의 측면에서 필요한 기능을 조화롭게 배치한 이용계획의 결과물도 있다. 이러한 구분은 어느 한쪽이 반드시 더 높은 가치를 발생하거나 유용하다는 개념이 아니다. 개별입지와 계획입지 토지상품은 각각의 토지이용 목적에 따라 개별입지가 유리한 경우가 있고, 계획입지가 필요한 경우가 있다.

토지상품을 더 세분화하여 상품으로 고찰하기 위해서는 토지의 이용목적, 즉 용도에 따른 분류가 가장 상품성을 잘 설명하는 방법이다. 예컨대, 나대지(裸垈地)[45] 상태의 토지는 건축 허용 용도와 허용 규모를 알 수 없다면 물리적 환경으로 발생하는 가치 이외의 토지이용으로 발생하는 경제적 가치를 판단하기 어렵다.

따라서 이어지는 토지상품의 세부적 각론에서는 토지의 이용 용도를 중심으로 토지상품을 구분하여 용도별로 세분하여 설명할 것이다. 토지의 용도를 기반으로 하는 상품 세분화는 개별입지와 계획입지 토지에 모두 적용하였다.

토지의 용도별 구분은 토지에 건설된 건물과 시설의 사례를 통해 이용현황을 직관적으로 이해할 수 있고, 건축 허용 용도와 건축 규모에 관한 공법적 적용이 용도별로 어떻게 다른지 이해할 수 있으며, 토지의 이용으로 인한 경제적 재화로써 토지상품을 효과적으로 설명할 수 있다.

45 국립국어원 표준대사전은 지상에 건축물이나 구축물이 없는 대지라고 설명한다.

05

개별입지 토지상품

5

개별입지 토지상품

5.1 개별입지 토지상품의 분류

개별입지 토지상품은 용도에 따라 주거용, 상업 · 업무용, 공업 · 창고용, 농림업 및 자연환경 보전용, 기타 목적용 등으로 구분할 수 있다. 개별입지의 토지는 필지별 용도는 정해져 있지 않으며, 용도지역 · 지구와 도시 · 군 도시계획조례에 따라 토지의 이용이 규율된다. 그러므로 개별 토지의 토지이용계획과 형상, 경사 등을 고려한 건축물 등을 건설할 수 있는 조건에 따라 상품성이 결정된다.

토지를 상품성을 기준으로 토지상품을 분류하는 것이 시장에서 거래되는 토지의 경제적 가치를 가장 잘 설명하는 방법이다. 이를 기반으로 토지상품을 분류하면 크게 건축물 등을 건설하기 위한 토지와 그렇지 않은 토지로 구분할 수 있다. 나아가 건축물 등을 건설하기 위한 토지는 주거용과 비주거용 토지로 구분할 수 있다. 이러한 방법으로 토지상품의 이용현황을 건축물 등의 용도로 세분하여 정리하면 아래와 같이 분류할 수 있다.

5.1.1 주거용 토지

1. 단독주택용 토지

『주택법』 제2조 제2호 및 동법 시행령 제2조, 그리고 『건축법』 시행령 별표 1에는 단독주택을 단독주택, 다중주택, 다가구주택, 공관 등 네 가지로 분류하고 있으며, 주택의 유형에 기반하여 토지의 상품 특성을 살펴보고자 한다.

먼저 단독주택을 건축할 수 있는 토지는 개인이 토지에 주택을 건축하여 거주할 목적으로 사용하는 토지이다. 이때 단독주택은 단독가구가 거주하는 건축물이다. 단독주택용 토지는 도시지역뿐만 아니라 비도시지역에 다양한 지역에서 찾아볼 수 있다.

도시의 단독주택용 토지는 과거부터 마을이 형성된 지역에서 많이 찾아볼 수 있다. 서울시의 경우 경복궁을 중심으로 서쪽에 서촌과 동쪽에 북촌 등이 유서 깊은 단독주택들이 모여있는 곳이며, 과거부터 홍수 등 수해로부터 안전한 다소 높은 지대에 입지하고 약한 경사가 있어 배수에 유리한 지형적 특징을 보인다. 자료 5-1은 과거부터 존재한 단독주택들이 밀집한 입지의 모습니다.

자료 5-1 도시 내 개별입지 단독주택용 토지 사례(법원경매 매각공고, 2020)

한편, 비도시지역에 단독주택용 토지는 자연환경과 조화를 이루고 경관이 뛰어난 지역에 마을 규모의 단지로 조성되는 경향이 있다. 단지로 조성된 단독주택용 토지는 상·하수도 및 전기, 통신 등의 기반 시설이 설치되어 비도시지역의 단점인 도시 기반 시설의 열악함을 보완할 수 있다.

자료 5-2 비도시 개별입지 단독주택용 토지 사례(법원경매 매각공고, 2024)

단독주택용 토지는 명확히 구분되는 수요가 있다. 이 토지의 수요자는 공동 주거시설을 선호하지 않는다. 이들은 주거 공간이 사적으로 구별되기를 원하며, 기성품과 같이 설계된 주택보다 개인적 선호와 필요에 따른 설계를 원한다. 또한 단독주택이지만 주거생활에 필요한 기반 시설이 설치되어 편리한 생활이 가능한 토지를 원한다.

우리나라는 아파트 등 공동주택의 형태를 선호하는 인구가 더 많아졌지만, 산업화 이전에는 단독주택을 건축하기에 적합한 토지에 대한 선호가 더 컸다. 지금도 이러한 흔적이 도심에 남아 있는데, 오래된 단독주택이 모여있는 토지는 침수와 배수를 고려하여 지대가 높고, 약한 경사가 있으며, 남향 또는 남서향인 입지에서 찾아볼 수 있다.

이러한 단독주택용 토지는 도심의 기존 주택을 철거하고 개별적인 수준에서 건축하거나, 부동산 개발사업자가 단지형으로 여러 토지가 연접한 형태로 건설하여 시장에 공급하기도 한다.

자료 5-3 개별입지 단독주택용지 단지개발 사례(저자 직접 촬영)

개별입지 단독주택용 토지는 주택용지로 개발하는 기간이 계획입지 개발에 비해 짧으므로 시장의 수요에 탄력적으로 대응할 수 있다. 또한 쾌적한 주거환경을 선호하는 수요로 인하여 토지개발로 인한 대지의 기능에 더해 수려한 주변 환경이 경제적 가치로 더해진다.

2. 다가구[1] · 다중주택[2] 주택용 토지

다가구주택의 기원은 단독주택이다. 다가구주택은 일제강점기와 해방 이후, 도시로 인구가 밀집함에 따라 증가한 주거수요로 인하여 단독주택에서 여러 가구가 함께 사는 전 · 월세 셋방 가구로 시작되었다. 1990년 다가구주택의 제도화되기 전에는 다가구가 함께 거주할 수 있는 단독주택은 대부분 건축이 허가되지 않아 준공 후 개조한 후 세입자들에게 임대하였다.[3]

현재 다가구주택의 개념은 우리나라 건설부[4]가 1990년 2월 『다가구용 단독주택 기준제정』에서 다가구용 단독주택의 개념을 최초로 도입[5]하면서 정리되었다. 1990년 4월에는 다세대주택[6]과 구별하여 단독주택의 다가구주택 건설을 제도화[7]하여 현재에 이르고 있다. 이 당시, 다가구주택은 도심지 주거 부족을 해결하고 주거 불안을 가지는 계층의 주거 안정을 위해 주택공급을 활성화하기 위하여 제도화되었다.

다가구주택은 이처럼 도시의 주거수요에 대응하기 위하여 제도화된 주택이다. 따라서 다가구주택용 토지는 도시에서 단독주택보다 토지의 건폐율과 용적률을 높이고 연면적을 최대한 사용하는 형태로 발전하였다. 지리적으로는 도시의 중심지 또는 부도심의 핵(nuclei)으로부터 가까운 입지에서 단독주택으로 이용되던 토지가 다가구주택으로 이용되었다.

버제스는 동심원이론(1928)에서 도시의 중심지와 중산층 근로자가 거주하는 사이

---

1 다가구주택은 하나의 건축물에 여러 가구가 살 수 있으나, 단독주택이므로 각각의 가구가 거주하는 부분이 개별적인 소유권의 객체가 될 수 없다는 점에서 다세대주택과 구분된다. 연면적이 660㎡ 이하이고 층수는 3층 이하이며, 주택으로 쓰이는 층수가 3개 층 이하여야 한다.

2 다중주택은 여러 가구가 거주할 수 있는 구조로 이뤄진 단독주택으로서, 연면적이 660㎡ 이하이고 층수는 3층 이하이며, 가구별로 취사 시설이 설치되지 않아 독립된 주거 형태를 갖추지 않은 주택을 말한다.

3 다가구주택의 합리적 개발 · 건설방식에 관한 연구, 1992, 장현수 · 송종석, 대한건축학회 학술발표논문집 제12권 제1호.

4 2025년 현재 '국토교통부'의 전신이다.

5 건설부, 1990.2.28., 다가구용 단독주택의 건축기준제정: 다가구용 단독주택 개념을 최초 도입.

6 다세대주택은 1984.12.31. 『건축법』 제2조 제5호에서 연면적 330㎡ 이하로서 3세대 이상 거주할 수 있는 주택으로 정의되었으며, 이는 다세대주택 최초의 정의이다.

7 건설부, 1990.2.21., 다가구용 단독주택 범위 확대: 연면적 330㎡에서 660㎡로 완화, 9가구 이하에서 19가구 이하로 완화하였다.

에 위치한 점이지대(zone in transition)에 거주하는 주거환경에서 저가에 하숙집 등이 생겨날 수 있다고 설명하였다. 호이트는 선형모형(1939)에서 도시의 발전과 함께 도심으로부터 외곽으로 선형으로 성장하는데, 저가주거지역은 도심과 선형으로 저가주거지역이 확장하는 형태로 발전한다고 하였다. 해리스와 울만의 다핵모형(1945)은 버제스와 호이트의 이론을 보완하여 도시가 성장하면서 대도시는 다양한 핵(nuclei)으로 분화되는 현상을 설명하였다.

서구의 도시가 발전하면서 도심 내 주거지역이 주거비용으로 분화하며 고가, 중간, 저가 주거지역이 나타난 것과 유사하게 우리나라도 도시화와 산업화 과정에서 인구의 급격한 유입으로 저비용 주택을 공급하기 위해 나타난 주거 형태가 다가구주택이다. 그리고 다가구주택이 밀집한 지역은 도시가 성장하고 경제가 발전함에 따라 다중주택, 다가구주택, 다세대주택 등이 모여있는 저가주거지역으로 자리매김하였다.

대도시에 다가구주택 등[8] 밀집지역은 과거 우리나라 산업화와 경제발전 시기에 도시에 주거 부족 문제를 해결하며 주택문제 해결에 일조하였으나, 좁은 도로와 열악한 도시기반시설로 인하여 열악한 주거환경으로 쇠락하고 있다.

우리나라는 2003년 『도시 및 주거환경정비법』을 제정하여 도시기능의 회복이 필요하거나 주거환경이 불량한 지역을 계획적으로 정비하고 노후 · 불량건축물을 효율적으로 개량[9]하기 위하여 필요한 사항을 규정하여 법제화하였다.

8 '다가구주택 등'은 다중주택과 다세대주택이 더해진다. 이러한 지역에는 다가구주택과 다중주택 그리고 다세대주택이 혼재하는 경우가 일반적이다.

9 도시재생사업은 도시의 구조 변화, 경제 구조의 변화, 기타 사회의 구조 변화와 같은 요인으로 인하여 쇠락한 지역에 새로운 기능을 추가해 활력을 불어넣고, 쇠락한 지역이 다시금 도시의 기능을 회복되도록 하는 것이다. 이를 통해 궁극적으로 쇠락한 지역을 다시 활동적인 지역으로 재생(Regeneration)시키는 것을 목적으로 하는 사업 혹은 그 사업으로 인해 지역이 재생되는 현상 자체를 의미한다.
『도시재생 활성화 및 지원에 관한 특별법』에 따르면 『도시 및 주거환경정비법』에 따른 '정비사업' 및 『도시재정비 촉진을 위한 특별법』에 따른 '재정비촉진사업'이 도시재생사업의 한 종류로 구분된다.

자료 5-4 대도시 다가구 노후 주거지역 사례 – 서울 종로구(서울역사아카이브 누리집)

대도시 다가구 노후 주거지역 사례 – 부산시(부산시 사하구청 누리집)

3. 공동주택용 토지

『주택법』 제2조 제3호 및 동법 시행령 제3조, 그리고 『건축법』 시행령 별표 1에는 공동주택을 아파트, 연립주택, 다세대주택 등 세 가지로 분류하고 있으며, 다세대주택은 그 형태와 입지가 다가구주택과 유사하며, 앞서 다가구주택 등에 더하여 살펴본 바로 갈음한다.

우리나라 아파트는 도입 초기에는 정부의 정책에 따라 입지가 결정되었다. 우리나라의 최초 아파트단지는 대한주택영단[10]이 1962년 완공[11]한 마포아파트로 10개동 642세대 규모로 서울시 마포구 도화동에 건설되었다.

마포아파트가 준공할 당시에는 아파트단지가 우리나라 근대화의 상징이자 신문물로 주목받았으나 1970~1980년대 우리나라는 단층 주택에서 주거생활이 익숙했기 때문에 아파트 거주를 선호하지 않았다.

마포아파트는 준공 당시에는 모두 임대주택이었다. 이 시기 유럽과 미국 등 지역에서 급격한 도시화와 인구 증가에 대응하기 위해 우리나라보다 먼저 시도된 정부 주도의 집합주택은 모두 임대주택이었다. 왜냐하면 공공주택을 통한 주택 시장 안정과 도시의 공공성 담보를 위해 건설 이후에도 계속해서 정부가 주택을 관리하는 일을 당연하게 여겼기 때문이다.

그러나 1967년 자금난을 겪던 대한주택공사는 마포아파트를 분양하였고, 이후에도 정부 주도의 분양아파트들이 계속 공급되면서 한국의 아파트 공급 방식은 분양 방식 위주로 고착되었다. 자료 5-5는 준공 당시 마포아파트 단지의 모습이다.

10 대한주택공사의 전신으로 2009년 한국토지공사와 합병하여 2025년 현재 한국토지주택공사이다.

11 마포아파트는 5.16 군사정변으로 성립된 국가재건최고회의에서 선포한 '생활 혁명'에 따라 건설되었다. 착공일은 1961.10.16.이며, 1991.3.28. 철거되었다.

자료 5-5 최초의 아파트단지 – 마포아파트(서울역사아카이브 누리집)

1960년 이후 서울로 인구 유입은 더욱 가속화되었고, 정부는 아파트를 통해 주택을 대량으로 공급하기 위하여 1971년 이촌동 한강맨션 아파트와 여의도 시범 아파트를 건설하였다. 이때 영동지구 개발[12]이 더해지면서 서울 한강 주변으로 아파트단지가 늘어났다.

이미 서울 등 대도시는 1960년대부터 주거 부족으로 인한 문제가 심각[13]하였다. 주택의 부족뿐만 아니라 도시기반시설 또한 열악[14]하였는데 서울의 한강 이북(강북)

12 영등포의 동쪽을 의미하는 영동지구 개발사업은 지금의 강남을 있게 한 사업으로서, 1960년대 당시 농경지였던 지금의 서울시 강남구와 서초구를 새로운 시가지로 개발하는 토지구획정리사업이었다.
1966년 12월에 사업지구로 지정되었고, 1968년 1월 사업시행 인가를 받아 착공하였으며, 1991년 12월에 최종 환지처분을 하며 사업이 완료되었다. 이때 정비된 지역은 현재의 강남구 신사동, 압구정동, 논현동, 역삼동, 도곡동과 서초구 반포동, 잠원동, 서초동, 방배동, 양재동의 각 일부 지역이다.

13 서울의 인구는 1953년 약 100만 명에서 1960년 245만 명으로 10년도 않되는 기간에 150만 명이 증가하였다(서울정책아카이브 누리집).

14 서울의 주택 수는 가구 수의 50% 정도였으며 그나마 주택의 1/3이 판잣집이었다. 상수도 보급률은 공식적으로 56%로 집계되었지만, 그마저도 시간제 배급이었다. 도로율은 8%에 불과했고 오수 및 하수는 자연 하천으로 그대로 방류되어 위생 문제를 일으켰다(서울정책아카이브 누리집).

으로는 증가하는 인구를 수용하고 열악한 주거환경을 개선하기 어려웠다. 서울의 행정구역은 점차 확대되었으며, 1970년대에는 강남지역까지 서울로 편입되었다. 1969년 12월 완공된 제3한강교[15]의 건설로 서울 구도심과 강남이 연결되면서 강남개발은 급속하게 진행되었다. 강남개발은 서울시 도시기본계획으로 구체화되어 개별입지 개발이 아닌 계획입지에 해당한다.

아파트의 개별입지는 1994년 『국토이용관리법』 개정 당시 '준농림지' 제도가 도입되고, 농지임에도 농업용도 이외의 일반 주택이 건설될 수 있도록 법을 개정하면서 등장하였다. 기존에 농지였던 수도권의 상당수 지역이 준농림지가 되면서 주택건설업체들이 개별입지인 준농림지에 아파트를 건설하였다.

개별입지에 건설된 아파트는 아파트단지와 진입도로만 계획하고 도로, 학교, 관공서 등 도시기반시설에 대한 고려는 없었다. 이 당시 건설된 아파트단지들이 1995년 이후 언론에 '난개발'이라는 용어를 통해 사회문제로 인식[16]되었다.

진입도로만 개설하는 열악한 아파트단지임에도 불구하고 개별입지 아파트단지가 분양될 수 있었던 이유는 그 입지가 인근 계획도시에 연접하여 개발되었기 때문이다. 1기 신도시인 분당신도시에는 쾌적하고 편리한 공원, 녹지, 도로, 공공시설 등 도시기반시설이 있었기 때문에 남쪽에 연접한 용인시와 동쪽에 연접한 광주시에서 개별입지 아파트단지가 많이 건축되었다. 그러나 개별입지 아파트단지의 확장은 분당신도시의 주거환경을 저해하였고 계획입지와 개별입지 사이에 갈등을 유발하였다. 결국, 준농림지는 『국토의 계획 및 이용에 관한 법률』 제정으로 2003년 1월 1일부로 폐지되었다. 자료 5-6은 아파트단지 개별입지 사례이다.

---

15 오늘날 '한남대교'이다.

16 1기 신도시 분당지구에 인접한 용인시 수지구, 광주시 오포읍 등에서 아파트단지가 무분별하게 건설되어 난개발의 대표적인 사례로 꼽힌다.

자료 5-6 개별입지 아파트단지 입지 사례- 용인시(경기부동산포털 지도, 직접 표시)

현행 『주택법』 제15조(사업계획의 승인) 제1항 및 동법 시행령 제27조(사업계획의 승인)은 일정 세내 이상의 주택건설사업을 시행하려는 자는 사업계획승인권자에게 사업계획승인을 받도록 하고 있다. 또한 동법 제18조(사업계획의 통합심의 등)는 사업계획승인권자가 도시계획 · 건축 · 교통 등 사업계획승인과 관련된 건축심의, 개발행위 관련 사항, 광역교통 개선대책, 교통영향평가, 경관심의 등을 통합하여 검토 및 심의할 수 있다고 규정하고 있다. 이는 준농림지 아파트단지 건설 사례와 같이 아파트단지와 도로만 건설하는 방식의 개별입지 개발은 지양하고 계획적인 주택건설사업을 도모한다는 취지이다. 따라서 과거와 같이 비주거지역에 아파트단지를 단독으로 개발하는 것은 제도적으로 어렵게 되었다.

연립주택(聯立住宅)은 대한민국 『주택법』 제2조 제3호에 따른 공동주택의 하나로, 동법 시행령 제3조 제1항 제2호에 따라 건물 하나당 건축 연면적이 660m²를 초과하는 4개층 이하의 건물을 말한다.

연립주택의 본격적인 건설은 1963년 대한주택공사에 의하여 수유동에 16평형 연립주택 26호가 건설되면서 시작된다. 이때부터 공사비를 절감하고 아파트와 같은 쾌적함을 주면서도 정원을 두어 단독주택의 혜택을 누리게 하는 연립주택의 건설이 활성화되기 시작하였다. 이때 건설한 연립주택이 1970년 서울시가 철거민을 위해서 망원동에 건립한 30호의 연립주택, 1973년 홍은동에 건립한 128호의 연립주택, 1975년 대한주택공사가 서울시 영동지역에 건립한 연립주택, 1976년 민간건설업체가 성산동에 건립한 플랫(flat)형의 2층 4호의 연립주택 등이다.

연립주택은 아파트에 비해 토지가격이 비교적 저렴한 도시 외곽이나 교외 지역에 많이 건설된다. 연립주택은 4개층 이하로 건설할 수 있으므로 아파트와 같이 많은 세대를 수직으로 건설할 수 없으므로 토지의 가격이 저렴하지 않으면 개발이 어렵다. 또한 도시 외곽이나 교외 지역에 건설되므로 대중교통 이용이 편리하고 주요 도로에 접근성이 좋은 입지에서 개발되는 경우가 일반적이다. 이는 입지로 인해 도심으로 출퇴근이 편리해야 함을 나타낸다.

쾌적한 자연환경과 녹지공간이 풍부한 주거환경을 선호하는 수요자를 목표고객으로 개발하는 타운하우스도 연립주택인 경우가 있다. 이러한 수요에 맞춘 연립주택은 개인 정원이나 테라스 등을 갖춘 설계가 적용된 건축물인 경우 많다.

자료 5-7 저가 연립주택 입지 사례 – 서울시 강북구 수유동(법원경매 매각공고, 2024)

중소도시에서 대규모 아파트단지를 건설하기에는 수요가 부족한 경우, 규모가 작은 연립주택 형태의 공동주택을 건설하기도 한다. 연립주택은 다양한 주거 형태를 제공하여 도시의 건축 밀도를 조절하고 다양성을 높인다. 2025년 현재, 우리나라 도시지역에서는 저가 연립주택뿐 아니라 타운하우스로 대표되는 중대형의 고가 연립주택에 이르기까지 다양한 형태로 건설되고 있다.

자료 5-8 고가 연립주택 입지 사례 – 서울시 용산구 한남동(법원경매 매각공고, 2024)

5.1.2 상업 · 업무용 토지

『건축법』 시행령 별표1(용도별 건축물의 종류)에는 건축물의 용도를 주택을 포함하여 크게 29가지 시설로 구분하고 있다. 따라서 상업 · 업무용 토지는 그 세부 용도보다 건축물의 규모와 주된 용도를 종합적으로 고려하여 구분하고자 한다.

1. 상업 겸 주거용 토지

점포 등의 상업시설과 주거시설이 하나의 건물에 들어설 수 있는 토지이다. 도심 등 번화가뿐만 아니라 교통량이 많은 도로변에도 입지 가능한 토지이다. 이는 일제강점기에 도시에서 상업이 발달하면서 주택의 1층을 상점으로 사용하고 2층을 주거시설로 활용하면서 발생하였다. 자료 5-9, 5-10은 그 사례이다.

자료 5-9 일제강점기 목조건물 상가주택 사례(대구시 대구역사문화대전 누리집)

자료 5-10 일제강점기 건설된 목조건물 상가주택(한국관광공사 누리집)

개별입지에서 상가주택이 입지한 토지는 사람들이 많이 통행하는 도로 주변인 경우가 많다. 유동인구가 많은 입지는 소음과 먼지 및 사생활 침해되어 등 때문에 주택용 토지로 선호되지 않는다. 그러나 풍부한 유동인구는 상업활동을 목적으로 하는 상인들에게는 가장 선호하는 조건이다. 근대화 후 단층주택에서 2층 이상의 다층주택으로 건축양식이 발전하면서 상가주택이 발생하고, 이러한 주택들이 연접하여 늘어선 가로가 형성되면서 상권의 형태를 갖추게 되었다.

2010년대에 이후로 과거 상업지역보다 주거지역으로 인식되었던 도심 내 여러 상가주택 지역이 개성 있는 모습으로 사람들의 관심을 끌어 점차 유명세를 타게 되었다. 서울에 연남동, 이태원동, 신사동에서 상가주택이 있는 거리가 상업지역으로 변하였다. 유행처럼 확대된 도심 가로형 상가주택 거리는 유동 인구가 더 많아졌다. 상권의 유동 인구가 증가하면서 일부 지역은 기존 주거시설까지 상업시설로 변하기도 하였다. 자료 5-11은 그 사례이다.

자료 5-11 상가주택 가로 사례 – 서울시 경리단길(서울시 visitseoul.net 누리집)

한편, 상가주택 지역은 고가의 상품을 판매하는 매장보다는 주거지역에서 필요한 식·음료 상점, 세탁소, 보습학원 등 근린생활시설로 이용된다. 그런데 과거 상업지역보다 저렴한 임대료를 내고 상업활동을 하던 상인들은 상권의 발전과 함께 높아진 임대료를 부담하지 못하고 기존에 영업하던 지역을 떠나게 되는 젠트리피케이션[17] 현상이 발생하기도 하였다.

2. 상업시설용 토지

튀넨은 '위치지대'를 설명하면서 시장으로부터 상대적 거리를 운송비의 개념으로 도입하였다. 크리스탈러(1933)은 여러 '중심지'가 존재하며 그 중심지의 중심성은 인구규모에 비례한다고 하였다. 튀넨의 시장과 크리스탈러의 중심지는 상업활동의 중심이고 상업활동을 위한 건축물과 시설 등이 밀집한 상업지역을 의미한다.

17 젠트리피케이션(gentrification)은 도심 인근의 낙후지역이 활성화되면서 외부인과 돈이 유입되고, 임대료 상승 등으로 원주민이 밀려나는 현상이다.

1) 중심지 상업지역

도시의 중심지는 지리적으로 도시의 중심에 위치하며 여러 지역으로부터 접근이 쉬워 상업 · 업무의 중심지로 이용되며, 상업활동이 일어나는 지역에 토지를 상업시설용 토지라 한다. 도심과 부도심의 중심에서도 상업시설로 이용하기 위한 규모가 다른 토지의 수요가 존재한다. 자료 5-12는 상업중심지 토지이용 사례이다.

자료 5-12 상업중심지 토지이용 사례 – 서울시 명동(서울시 서울연구데이터서비스 누리집)

2) 교통의 결절점 상업지역

상업중심지는 교통망의 발전으로 인하여 발생하기도 하며, 규모에 영향을 받기도 한다. 교통 결절점에 해당하는 입지는 도시의 성장과 더불어 새로운 중심지가 되기도 하며, 여러 교통수단 또는 간선교통망이 집중되어 토지이용이 고도화된다. 도시의 기차역 주변에는 상업기능이 발달한 상권이 발전하기 쉬우며, 이 주변에 토지는 상업활동으로 수익을 내기 적합하므로 상업시설용으로 이용되는 경우가 많다. 자료 5-13은 서울시 영등포역 주변 교통 결절점 상권의 사례이다.

자료 5-13 교통 결절점 상권 입지 사례 – 서울시 영등포[18](서울연구데이터서비스 누리집)

3) 주거지역 상권

주거지역이 밀집한 입지에도 상권이 발달한다. 이 상권은 크리스탈러의 설명으로 빗대면 저차 중심지를 형성한다. 또는 주거지역에 근접한 상권이라 해서 '근린상권'이라고도 한다. 이런 입지에는 주거생활에 필요한 식 · 음료 상점, 병 · 의원, 학원, 미용실, 세탁소 등이 주로 영업하며 토지는 인근 주거지역으로부터 접근성이 좋을수록 상품성이 높아진다. 접근성이 좋은 입지는 도로의 전면에 위치하거나, 모서리에 위치, 사거리에 위치, 버스정류장이나 지하철의 출입구에 가까운 곳이다. 접근성이 좋은 토지는 더 높은 경제적 가치를 가지며 경제적 가치는 매매가격과 임대료에 반영된다. 자료 5-14는 근린상가 토지의 사례이다.

18 김하나, 2013, '근대 서울 공업지역 영등포의 도시 성격 변화와 공간 구성 특징', '서울대학교 건축학 박사학위논문': 근대기 철도의 부설은 개항장(開港場) 설치와 더불어 신흥 도시 형성의 기반으로 작용하였다. 새로운 철도의 분기점(分岐點)으로 설정된 지역은 시가지화가 더욱 촉진되는 경향이 있는데, 대표적으로 경인선(京仁線)과 경부선(京釜線)의 분기점이 된 영등포가 있다.

자료 5-14 주거지역 인근 근린상가 사례(저자 직접 촬영)

4) 전통시장 상업지역

전통시장은 오랜 기간에 걸쳐 자연발생적으로 형성된 상업공간으로, 현대적인 쇼핑몰이나 대형마트와 다른 입지 특성이 있다. 전통시장의 입지는 지역의 역사적 · 사회적 배경 그리고 지역 주민의 생활과 밀접한 관계 속에서 결정되었다.

전통시장은 과거 나루터, 성문 근처, 역참이나 주요 도로 주변 등 교통의 결절점에서 형성되기 시작하였다. 현대에 이르러서는 지하철역이나 버스정류장 등과 가까운 경우가 많으며 보행자 중심의 접근성이 두드러지는 특성이다. 이는 자연발생적으로 형성되다 보니 도로 폭이 좁고 비체계적이며, 골목형 상권이 발전한 경우가 많기 때문이다.

전통시장은 오랫동안 상업활동의 중심지로 역할을 하였다. 서울에는 교통의 요지이며 구도심의 중심지인 남대문시장, 종로의 중심지이며 보행자 중심 골목으로 이루어진 광장시장 등이 있고, 한국전쟁으로 피난민을 중심으로 부산에서 부산국제시장이 형성되어 항구 인근에서 무역과 상업활동의 중심지로 자리매김하였다. 인천의 신포시장도 항구도시의 지리적 이점이 있는 위치로 구도심의 생활상권이다. 대구의 서문시장은 조선시대에 형성된 시장으로 도심에 인접한 위치에서 형성되었다. 이처럼 전통시장은 자연스럽게 형성된 유동 인구가 많고 지리적으로 지역의 중심인 위치에서 발생한다.

상설시장이 있기 전에 우리나라 시장은 성읍시,[19] 가로시,[20] 경계시,[21] 항포시[22] 등 시장이 서는 장소, 또는 오일장,[23] 칠일장 등 시장이 서는 주기에 따라 분류하기도 한다. 근대에 상설시장이 등장하면서 오일장들이 많이 사라지고 전통시장으로 대체되었다. 자료 5-15는 전통시장의 사례이다.

자료 5-15 전통시장 입지 사례(서울연구데이터버서비스 누리집)

19 성이 있는 곳에 성시(城市), 관아가 있는 고을에 시장을 읍시(邑市)라 하였고 이 둘을 합하여 성읍시라 한다.

20 성읍과 성읍, 마을과 마을 사이에 중간 지점에 있는 도로를 따라 서는 시장이다.

21 행정구역의 경계나 국경에 서는 시장을 경계시라 한다.

22 항구나 포구에 서는 시장이다. 우리나라의 재래시장 중에는 '강경장'이 유명한 항포시이다.

23 오일장(五日場)은 닷새마다 서는 시장이다. 우리 역사에서 근대의 상설시장이 들어서기 전에 형성된 상거래 장소였다. 아직도 성남 모란오일장, 정선 오일장, 예산 오일장, 제주 동문오일장 등이 열린다.

5) 대학가 상권

우리나라의 대학교 주변에는 소규모 주거시설, 식음료 매장, 세탁소, 미용실, 오락시설 등 근린생활시설이 발달한 상권이 발달하였다. 대학가 상권은 대학교의 학생, 교직원, 그리고 일부 지역 주민이 소비활동의 주체가 되어 상권을 형성하는데, 학생이나 교직원들이 학교 내부뿐 아니라 외부에서도 식사, 여가 등 소비활동을 하면서 상권이 형성된다. 또한 자취, 하숙, 원룸 등 학생들을 위한 저가의 주거 서비스를 제공하는 임대업이 발달한다. 학생들은 소비 능력이 크지 않기 때문에 저렴한 가격과 학생들에게 필요한 음식점, 카페, 편의점, 서점 등이 주로 발달하였다.

서울에는 문화 · 예술 중심지로 유명한 종로구 혜화동에 '대학로', 홍대 상권이 유행을 선도하며, 연세대 · 이화여대 · 서강대가 모여있는 복합 상권인 신촌 상권, 저렴하고 트렌디한 음식점이 밀집한 건국대 상권 등이 있다. 지방에는 부산 최대 대학가로 상업지역과 인접한 부산대 상권, 대구 북구의 대표상권이면서 대형 프랜차이즈와 전통적인 대학가를 형성한 경북대 상권, 대전 최대의 대학가로 유성구 상권과 연계된 충남대 상권 등이 있다. 해외에서는 미국의 주립대학이 소재한 '칼리지 타운(college town)'[24]이 유사한 사례에 해당한다. 자료 5-16은 우리나라 대학로 상권의 사례이다.

24 '칼리지 타운(college town)'은 한 개 이상의 대학교로 도시 전체가 이루어진 도시를 의미하며, 대학가를 중심으로 도시의 경제와 로컬비즈니스가 형성된 곳이다. 또한 큰 규모의 대학 캠퍼스를 형성하려면 넓은 땅이 필요하므로 토지가격이 비싸고 면적이 좁은 대도시보다는 중 · 소규모의 도시에 형성되는 경우가 많다.

자료 5-16 대학교 상권 입지 사례 – 서울 연세로(서울연구데이터서비스 누리집)

3. 업무시설용 토지

기업의 사옥, 업무시설, 연구소 등 독립적인 업무시설이 건축될 수 있는 토지이다. 기업의 사옥 등 업무시설은 주로 도심의 중심지를 주로 선호하나, 도시가 발전하면서 도심과 더불어 부도심에도 업무시설을 위한 토지의 수요가 형성된다.

도시가 발전하면서 도시의 중심 입지에는 업무를 위한 시설이 위치한다. 근대화 이전에는 소규모 생산시설이 마을 단위에 산재하였으나, 산업화 이후에는 많은 근로자가 한 공간에 모여서 일할 수 있는 업무시설이 필요하게 되었다.

서울의 도시발전역사는 업무시설용 토지의 입지를 잘 설명한다. 따라서 서울의 도시발전 과정을 기반으로 업무시설이 건설되는 개별입지의 양태를 설명하고자 한다. 해방 이후 한양도성의 중심은 1980-90년대에 이르기까지 가장 영향력이 큰 단일한 중심지였다. 자료 5-17은 서울시청 주변 업무시설의 사례이다.

자료 5-17 한양도성 업무중심지 사례 - 서울시청 CBD[25](서울연구데이터서비스 누리집)

업무시설용 토지는 도시의 중심인 도심에 주로 위치하는데, 서울의 도심은 해방 이후 한양도성을 중심으로 하는 1도심에서 현재는 서울시청, 여의도, 강남역 등 3도심으로 성장하였으며, 단핵도시에서 다핵도시로 변화하였다. 자료 5-18은 1978년 『서울도시기본계획』에서 최초로 다핵모형이 제시된 계획으로, 서울을 1개의 도심[26]과 7개 부도심[27]으로 구성된 위계적 다핵체계로 계획하였다.

25 CBD: Central Business District의 약자로 도심에 중심업무지구를 의미한다.

26 단핵도시에서 도심이었던 한양도성으로 현재 서울시청 주변 및 숭례문, 돈의문, 흥인지문 안쪽이다.

27 7개 부도심은 영등포, 영동, 잠실 수유, 장안평, 수색, 화곡으로 계획되었다.

자료 5-18 서울도시기본계획(1978)에 제시된 현재와 미래 도시구조

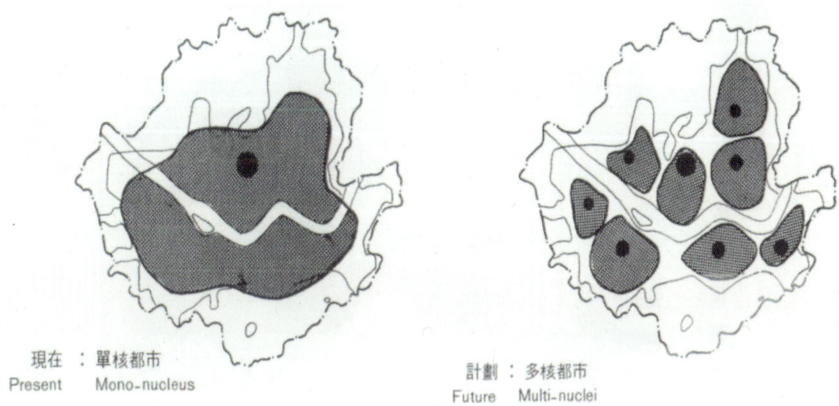

2014년 수립된 『2030 서울플랜』에서 1960년대 이후[28]부터 유지된 1도심 체계를 3개의 도심 체계로 변경하고, 중심지별 기능을 특화하였다. 특히, 중심지 체계를 3도심, 7광역중심, 12지역중심으로 변경하여 다핵의 기능적 체계를 강조하였다. 3도심은 한양도성 외에 강남, 영등포 · 여의도를 도심으로 추가하여 3도심 체제를 구성하였으며, 3도심이 특화하여 담당할 글로벌 기능[29]을 부여하였다.

2013년 이전 서울시 도시기본계획에서 사용한 다핵화의 개념은 '도시 내 생활권을 지원하는 복수의 중심지 개념'으로 볼 수 있으나, 『2030 서울플랜』에서 제시하는 개념은 서구의 다핵도시공간구조 개념과 일치한다.[30]

중심지 체계는 『2040 서울플랜』[31]에도 이어져 자료 5-19, 20, 21과 같이 계획되었다.

---

28 1966년 서울도시기본계획(The Master Plan of Seoul Metropolitan Government)은 최초의 도시기본계획으로 정부 혹은 건설부가 주관하는 상위계획과 일관성에 부합하도록 계획되었다.

29 『2030 서울플랜』에서 한양도성을 역사문화 중심지로, 강남지역을 글로벌 업무중심지로, 금융기능이 집접된 여의도 · 영등포 지역을 국제금융특화지역으로 지정, 육성하도록 기능을 배분하였다.

30 최준영, 2020, '서울시 다핵도시공간구조 검증에 관한 연구 - 3도심의 형태적 · 기능적 측면 및 균형적 관점에서, 홍익대학교 도시계획학 박사학위논문.

31 『2040 서울플랜』은 2023.01.05. 공고되었다

자료 5-19 『2040 서울플랜』에서 제시된 3도심, 7광역중심, 12지역중심

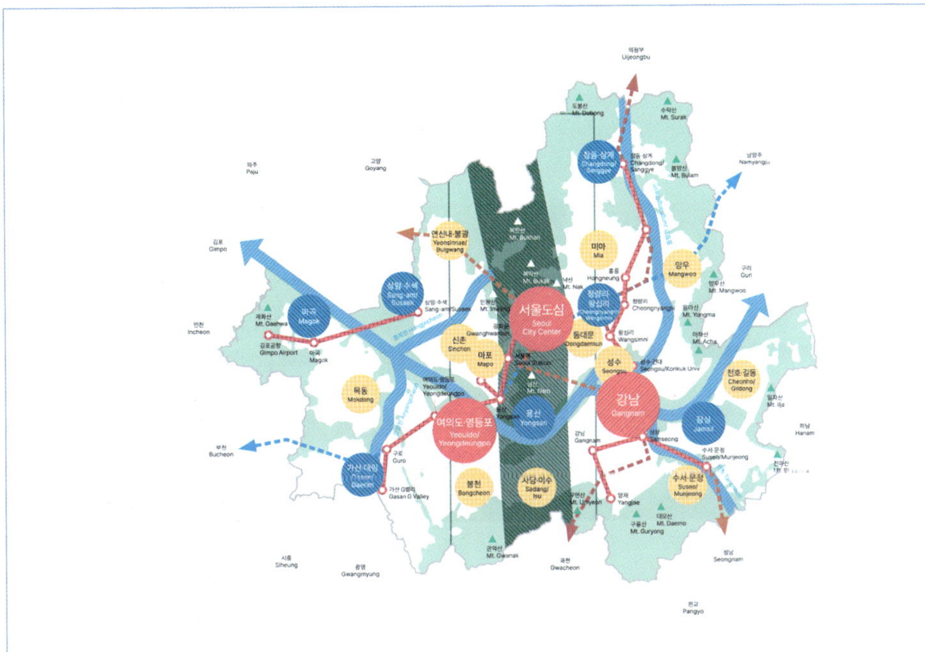

자료 5-20 『2040 서울플랜』 3도심 : 여의도 업무중심지(영등포구청 누리집)

자료 5-21 『2040 서울플랜』 3도심 : 강남 업무중심지(강남구청 누리집)

7광역중심[32]은 도심의 글로벌 기능을 보완하면서 특화된 광역 경제권의 일자리 다기능 복합 중심지로 지역 균형발전을 도모하는 역할을 하도록 설정하였다. 이를 위해 수도권 광역급행철도를 신설·도입하여 서울 내·외간 교통을 효율적으로 연계하고, 광역 일자리 거점으로서 서울의 경제·산업에 활력을 공급할 수 있도록 도시계획적 지원을 강화한다.

7광역중심의 일례로, 용산은 서울도심-여의도와 연계한 국제업무중심지로 정의하였으며, 서울역-용산역 구간의 철도 지하화·입체화로 철도로 인한 단절을 해소하여 공간을 재구조화하는 계획이다. 또한 글로벌 다국적기업, 국제기구 등을 유치하여 국제 비즈니스 MICE[33] 기능을 강화하는 방향으로 계획되어 있다.

---

32 7개 광역중심은 용산, 청량리·왕십리, 상암·수색, 창동·상계, 마곡, 가산·대림, 잠실 등 지역이다.

33 MICE는 회의(Meeting), 포상여행(Incentives Travel), 컨벤션(Conventions), 전시/이벤트(Exhibitions/Events)의 약자로, 기업회의, 인센티브관광, 국제회의, 전시 등을 아우르는 산업을 의미한다.

자료 5-22 7광역중심 사례 : 용산국제업무지구 개발계획(서울특별시장 누리집, 2025)

12지역중심은 서울의 도심권, 동북권, 서북권, 서남권, 동남권 등 5개 권역 12개 지역[34]으로 직주균형의 지역고용기반을 형성하고 공공서비스 공급과 상업 · 문화 등 고차 생활서비스 기능을 담당한다. 지역의 특성을 고려하여 장점을 극대화하는 방향으로 계획되었으며 권역 내 상업 · 업무 · 문화의 중심지 역할을 하도록 계획되었다.

일례로 동남권 수서 · 문정지역을 살펴보고자 한다. 이 지역은 업무 · 상업을 비롯한 산업교류기능을 강화하고 문화 · 여가 및 도심 주거기능을 보완하여 수서와 문정 간 공간적 · 기능적 연계를 강화하게 된다. 자료 5-23은 문정지역에 건설된 상업 · 업무시설이다.

34 도심권에 동대문, 동북권에 성수, 망우, 미아, 서북권에 연신내 · 불광, 신촌, 마포 · 공덕, 서남권에 목동, 봉천, 사당 · 이수, 동남권에 수서 · 문정, 천호 · 길동 등 12개 지역이다.

자료 5-23 12지역중심 업무용지 사례 : 동남권 유통단지(서울연구데이터서비스 누리집)

4. 숙박업용 토지

숙박시설의 기능은 거주지를 떠나 이동하는 사람에게 숙박과 식사 서비스를 제공하는 것이다. 숙박업용 토지는 호텔, 여관, 펜션, 리조트 등의 숙박시설을 운영하기 위한 토지이다. 과거 숙박업은 주로 역사(驛舍) 주변이나 정류장 주변에 위치하였으나 근래에는 자연경관이 수려한 관광지 또는 도심 내 주요 거점 지역에 수요가 더 높다. 그러므로 도심 관광호텔이나 모텔 등 일부 숙박시설 유형을 제외하면 개별입지 개발이 더 적합한 유형이다.

1) 호텔 부지

우리나라 호텔 역사는 구한말 지금의 서울인 경성에 서구 열강의 정치와 외교의 장(場)이었던 정동 일대에서 호텔[35]이란 이름 내건 서양식 숙박시설로 시작한다. 해방 이후 호텔은 1960년대 이후 정부가 주도한 서울의 현대적 재건과 도시적 기능으

35 서울호텔(1887년), 프렌치호텔(1901년), 스테이션호텔(1901년), 손탁호텔(1902년)이 대표적이다. 이 호텔들이 건설되기 이전에는 각국 공사관이 외교관, 선교사 등에게 숙식을 제공하였다.

로 건설[36]되었다.

1960~70년대 서울의 도심 호텔 건설은 외화를 벌어들이는 수단이었다. 박정희 정부는 경제개발을 국정과제로 추진하면서 외화벌이에 유리한 관광산업을 육성하였다. 정부는 1962년 국제관광공사(現 한국관광공사)를 설립하여 1963년 반도호텔과 조선호텔을 인수하여 반도조선호텔로 명칭을 변경하고 운영을 시작하였다. 객실과 더불어 점포 식당, 바(bar), 스카이라운지 등 수익시설을 운영하였고 외국인만 이용[37]할 수 있었다.

우리나라 최초의 리조트 호텔인 워커힐(1963년)을 건설한 목적도 주한 UN군과 외국인을 위한 관광위락시설 제공이었다. 워커힐은 아차산 기슭에 강나루가 내려다보이는 위치에 건설되어 도심에서의 거리, 주변 자연환경 등 휴양호텔로 입지 조건이 우수했다. 워커힐은 숙박과 오락, 휴양을 모두 즐길 수 있는 복합 위락시설로 운영되었으며, 입지의 한계를 극복하기 위하여 도로를 건설·확장하고 주변을 미관지구로 지정하는 등 도시계획에도 영향이 있었다.

자료 5-24 도심 외곽 휴양형 호텔 입지 사례(서울연구데이터서비스 누리집)

36 김미영, 2019, 호텔과 조국근대화, 서울도시연구 제20권 제1호, pp. 61~79.

37 정부는 이 당시 반도조선호텔 외에 온양호텔, 해운대호텔, 불국사호텔 등 3개의 호텔을 미군 장병의 휴양시설로 운영하고 있었다.

1960~70년대 서울 호텔은 정부와 서울시장의 현대화 의지에 부응하는 도시계획 수단이었다. 1967년 1월 경제장관회의는 당시 최고급 호텔이었던 조선호텔을 철거하고 재건축할 것을 결정[38]한다. 조선호텔은 3년 여의 공사를 거쳐 1970년 새로 문을 열었다. 조선호텔은 개관과 동시에 서울의 명소가 되었고, 이 일대에 프라자호텔, 호텔롯데 등 고층 민간 호텔이 밀집하는데 동인[39]이 되었다.

호텔 건설은 도심 현대화의 수단으로 활용되었다. 1973년 9월 서울은 도심지역 12개 지구를 재개발 지구로 고시한다. 이 중 하나인 소공동 일대는 낡은 저층 건물이 밀집한 중국인촌(村)이었다. 이 일대는 한국화약이 사들였고 한국화약은 지하 3층, 지상 22층 객실을 갖춘 프라자호텔을 지었다. 롯데그룹은 인근에 토지를 매입하여 롯데호텔을 건설하였다. 이 시기 국영 호텔도 민간기업에 불하되었는데, 삼성이 영빈관, 선경(現 SK)이 워커힐을 인수하였다.

자료 5-25 도심 호텔 입지 사례(서울연구데이터서비스 누리집)

38 조선호텔의 재건축 재원은 국제관광공사가 아메리칸항공과 컨소시엄으로 각각 50%씩 출자하였다.

39 김미영, 2019, 호텔과 조국근대화, 서울도시연구 제20권 제1호, pp. 61~79.

바다, 산, 숲과 같은 자연경관이 수려한 입지는 관광자원으로 가치가 높다. 예컨대 제주도에는 바다, 산, 오름, 곶자왈, 올레길, 박물관, 체험시설 등 다양한 관광자원이 있고, 이처럼 경관이 수려한 입지에는 호텔 등 숙박시설이 건설되는 경우가 많다. 제주도를 대상으로 한 연구[40]에서 숙박시설의 매출액, 매출총이익, 영업이익 등 경영성과에 미치는 영향 요인을 분석한 결과, 바다와 가까이 위치한 숙박업체의 경영성과가 대체로 높은 것으로 나타났다. 이는 관광산업에서 숙박업체의 입지 선정의 중요성을 설명한다.

자료 5-26 관광지 호텔 입지 사례(이미지 구입)

2) 리조트 부지

리조트는 호텔과 다른 유형의 숙박시설이다. 앞서 살펴보았던 워커힐호텔이 개점 당시 숙박과 오락 그리고 휴양을 모두 즐길 수 있는 대규모 복합 위락시설이었다, 워커힐에는 골프, 승마, 볼링, 나이트클럽, 바, 음악실, TV실 등 오락시설과 한국 민속

40 신우영 · 홍순욱, 2024, 제주 숙박업체의 입지가 경영성과에 미치는 영향, 호텔경영학연구 제33권 제3호.

관까지 갖추고 있었던 점에서 리조트의 개념과 유사하다.

리조트는 일상의 생활권에서 벗어나 휴양이나 여가를 즐기기 위한 장소로, 숙박과 더불어 식음, 오락시설, 관람시설, 휴양시설, 워터파크, 골프장, 스키장 등의 시설을 갖춘 종합 휴양지[41]이므로 대규모 토지가 필요하다.

리조트의 종류는 자연환경과 휴양시설의 종류에 따라 여러 가지로 구분할 수 있다. 산이나 고원 등 자연경관을 활용한 산악형 리조트는 유명한 산이 있는 지역에서 찾아볼 수 있는데 용평리조트와 알펜시아리조트가 대표적이다. 바다, 해변에 가까운 위치에는 해양 레저를 중심으로 한 리조트가 있으며, 강원도 양양에 쏠비치리조트나 거제도 소노캄리조트 등 사례가 있다. 한편, 자연경관을 배경으로 골프장, 워터파크, 테마파크 등의 시설이 결합한 리조트가 있는데 강원도 원주에 오크밸리리조트와 홍천에 소노벨 비발디파크리조트 등 사례가 있다. 겨울철 스포츠를 즐길 수 있는 레저시설은 강원도 평창 휘닉스평창리조트와 경기도 광주시 곤지암리조트 등 사례가 있다.

리조트 입지 결정은 시장의 크기와 교통 접근성과 밀접하게 관련되어 있다. 1990년대 이전에는 주로 서울 인근과 경기도, 그리고 영동고속도로로 근접한 강원도 지역에 스키장 리조트를 중심으로 입지하였다. 휴양형 리조트는 남해안과 강원도 해안지역에, 골프리조트는 설악산 등 산악과 내륙지역에 입지하였다.

교통망이 발전하면서 2000년 이후 수도권이나 유명 관광지 중심의 입지에서 내륙뿐 아니라 과거 유명하지 않았던 해안지역으로까지 입지가 확장되었다. 자료 5-27은 2000년대 리조트의 입지를 스키, 골프, 휴양형으로 구분하여 정리한 도면이다.

---

41 유광민, 2011, '리조트 입지결정구조에 대한 비판적 실재론적 분석', 한양대학교 관광학 박사학위논문.

자료 5-27 리조트 유형별 입지 사례[42]

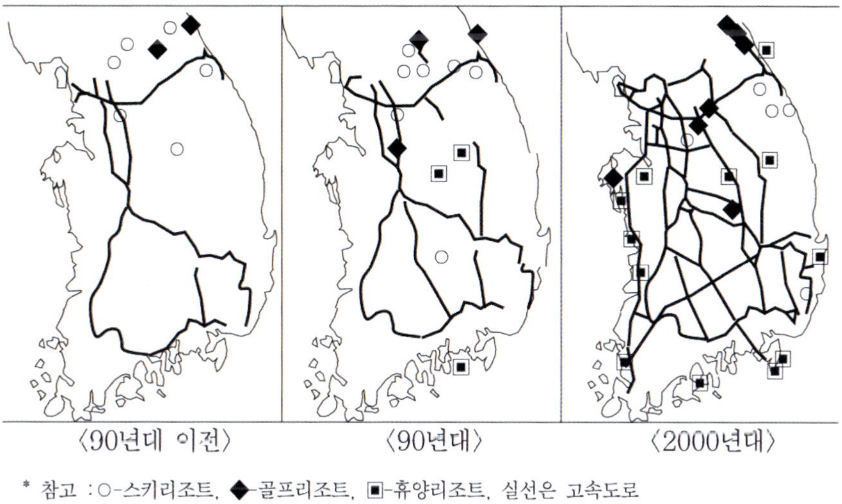

스키리조트의 입지 특성은 대규모 수요가 필요하므로 접근성이 우수한 지역에 입지하며, 산악 지역에 입지하고 있다. 따라서 스키리조트의 입지 결정에는 부지확보, 접근성 등의 요인이 중요하다.

골프리조트는 수도권과 지방 도시 주변 등 대규모 시장과 가까운 지역에 입지하고 있는 경우와 강원도 해안지역과 같이 거리는 멀지만 수려한 경관에 입지하는 경우로 구분할 수 있다. 이처럼 골프리조트는 시장과의 거리와 입지하고 있는 지역의 자연자원의 매력이 입지 선정에 영향을 미치고 있음을 보여준다.

휴양리조트는 수도권으로부터 거리가 먼 지역에 입지하고 있으며, 바닷가를 끼고 있는 해안형과 내수면 인근의 입지 분포가 뚜렷하게 나타나고 있다. 이는 경관자원을 적극적으로 활용하는 입지를 선호함을 나타낸다.

42 유광민·김남조, 2011, '국내 리조트 입지확산과 공간상품화', 관광학연구 제35권 제8호.

자료 5-28 스키장 리조트 입지 사례(이미지 구입)

자료 5-29 골프장 리조트 입지 사례(이미지 구입)

자료 5-30 휴양형 리조트 입지 사례(이미지 구입)

3) 여관(모텔) 부지

여관이라는 말보다 현재는 모텔(motel)이 더 일반적인 용어가 되었다. 모텔은 미국에서 고속도로 중간에 있는 여행자용 숙소[43]가 기원이다. 우리나라는 자가용 운전자가 늘어나면서 주차장이 있는 여관이 등장하였고, 이러한 여관들은 모텔이라는 명칭을 사용하게 되었다.

미국과 한국의 모텔은 이름은 같으나 건물의 입지와 이용하는 고객은 다르다. 미국의 모텔은 장거리 차량 여행 중에 쉬어갈 수 있는 교외의 저렴한 숙박시설이나, 한국의 도시 내 모텔은 단순히 숙박을 넘어 PC게임, 월풀욕조, 대형모니터, 스피커, 노래방 시설 등 파티를 위한 부대시설 등이 설치되어 위락시설의 성격을 띠고 있다. 따라서 도시 내 상업지역 또는 유흥상권에 인접한 사례가 많다.

도심 내 모텔은 출상업무 등 비즈니스 수요, 다른 지역에서 온 단기 체류객, 젊은층의 이용이 많다. 이러한 수요에 따라 중심지 등 상업지역에 주로 위치하며, 번화

43 미국의 모텔은 motorists hotel에서 mo와 tel을 따서 motel로 명칭이 되었다.

가, 주점, 노래방 등 위락시설이 밀집한 지역에 위치한다. 이러한 지역에서는 모텔들이 일정 구역에 밀집하여 모텔촌을 형성하기도 하며 대표적 사례로 서울시 강남역, 홍대입구, 부산 서면, 대구 동성로 등이 있다.

자료 5-31 도심 모텔 입지 사례(법원경매 매각공고, 2020)

도시가 아닌 국도변 등 외곽이나 관광지 인근 모텔은 주차장이 있는 숙박시설이며, 관광지 인근이거나 도시 간 접경지역 등에서 여행자가 숙박을 목적으로 이용하는 시설이다. 이러한 유형의 모텔은 PC, 노래방 기계 등 위락을 위한 시설보다는 숙박과 간단한 조식을 제공하는 경우가 많다.

교외형 모텔은 국도, 교외 주요 간선도로변이나 산, 강, 바다 등 관광지나 휴양지 인근에 위치하는 사례가 많다. 또한 차량 이용객 중심으로 운영하므로 넓은 부지와 충분한 주차 공간을 확보하고 있다. 또한 단독 건물 형태가 일반적이고 도심형 모텔보다 객실 공간이 넓은 경우가 많다.

자료 5-32 관광지 인근 모텔 입지 사례(한국관광공사 누리집)

4) 여인숙 부지

여인숙은 여관보다 더 급이 낮은 숙박시설이다. 여인숙은 객실에 욕실이 없을 수도 있기에 공동으로 사용해야 한다. 냉장고 및 전자레인지, 정수기, 세탁기도 같이 사용한다. 일부 여인숙은 여관 간판을 달고 영업하기도 한다.

근래에는 재래시장이나 오래된 기차역, 시외버스터미널 등의 골목 내 어디로 찾아가지 않는 이상은 찾아보기 어렵다. 많은 여인숙은 지어진 지 상당히 오래되어서 건물 내 · 외부 시설이 노후 · 열악하다. 그래서 여인숙을 숙박시설로 이용하는 경우는 드물며, 대부분 저소득층의 주거를 위한 쪽방으로 활용되고 있다.

자료 5-33 기차역 인근 여인숙 입지 사례(향토문화전자대전 누리집)

5) 펜션 부지

사전적 의미[44]로 펜션(pension)은 "민박의 가정적 분위기와 호텔의 편의성을 갖춘 소규모의 고급 숙박시설"이다. 우리나라 펜션이 민박이나 모텔 등과 다른 것은 조리 시설과 바비큐 시설이 갖추어져 있고, 수영장이나 노래방 시설 같은 위락시설이 설치되어 있는 별장 스타일이라는 점이다.

법률적으로는 2003년부터 관광진흥법 시행령에 '관광펜션업'에 대한 규정을 두기 시작했다. 이에 따르면 '숙박시설을 운영하고 있는 자로서 자연 · 문화 체험관광에 적합한 시설을 갖추어 이를 관광객에게 이용하게 하는 업'이라고 정의되어 있다. 그러나 2023년 기준, 대다수 펜션은 숙박업 대신 농어촌정비법 상 농어촌민박업으로 신고하여 운영 중이다.

펜션의 입지는 일반적으로는 산 또는 숲이 있거나, 하천 인근에 입지 하며 2000년대 이후 전국적으로 그 수가 계속 증가하여 전국에 분포하고 있다. 초기에는 경기

44 표준국어대사전, 국립국어원, 2024.

도 가평역, 대성리역 부근 그리고 대부도나 을왕리, 강화도, 옹진군 등 서해 해안가 지역과 영남 알프스로 유명한 경남 밀양시 단장면과 남해의 거제도 일대에도 이런 형태가 많았다.

펜션이 입지는 관광지 접근성이 좋을수록 체류형 숙박 수요가 증가한다. 환경조건 때문에 차량 접근성이 좋은 고속도로, 국도, 지방도에서 접근이 쉬운 입지를 선호하게 된다. 토지 면적은 주차장 이외에 야외 바비큐(barbecue) 시설, 정원, 텃밭 등을 갖춘 넓은 부지를 선호한다.

자료 5-34 숲에 둘러싸인 펜션 입지 사례(한국관광공사 누리집)

5.1.3 공업 · 창고용 토지

1. 공장용 토지

공장용 토지는 제조업체, 공업, 연구시설 등의 공장 및 생산설비를 건설하고 운영하기 위한 토지이다. 공장은 생산활동을 수행하는 시설로 규모에 따라 입지조건이 크게 다르다. 아래는 대규모 공장단지와 중소규모 공장의 사례이다.

1) 대규모 공장의 입지조건

대규모 공장은 제조업, 중화학공업, 자동차, 철강, 석유화학, 전자 등 대량 생산 체계와 고도화된 물류 인프라가 필수적인 시설이다. 이러한 이유로 대규모 부지확보가 필요하며, 공해 발생 가능성이 높아 도심과 분리된 입지를 선호한다. 또한 항만, 철도, 고속도로 등 물류 접근성이 우수해야 경쟁력을 갖는다.

자료 5-35 대규모 공장단지 입지 사례 – 여수석유화학단지(이미지 구입)

2) 중소규모 공장의 입지조건

중소규모 공장은 경공업, 부품 제조, 식품, 섬유, 가구, 기계부품 등을 생산하는 시설이다. 토지 면적은 수천 제곱미터 이하가 일반적이며 도시 외곽, 중소도시 또는 수도권 인근 지역에 건설된다. 운송비 절감을 위한 도심 접근성과 인력 수급이 중요하므로 물류 편의성과 비용 절감을 위한 입지 전략을 우선으로 한다.

자료 5-36 소규모 공장 입지 사례(저자 직접 촬영)

2. 물류 · 창고용 토지

유통업체, 물류센터, 창고시설을 위한 토지이다. 일반적으로 고속도로 및 도시 접경지역이 물류비 절감에 유리하므로 선호되며, 공항 · 항만 · 철도와의 연계성이 우수한 경우 수출입 또는 전국 배송 물류거점으로 적합한 입지이다.

최근에는 온라인 쇼핑으로 택배산업이 발전하면서 도심에서 물류창고용으로 활용하고자 하는 토지 수요가 증가하였으며 도심과 거리가 가까운 경우 라스트마일(last mile)[45] 배송에 유리하나 토지비용이 높을 수 있다.

수도권은 소비시장 접근성과 토지비용을 고려하여 고속도로, 수도권 순환도로 인근에 건설하며, 토지비 절감을 위해 지하층을 포함하여 고층으로 건설하는 사례가 많다. 한편, 비수도권 유통 · 물류센터는 광역 거점형, 수 · 출입형, 지역 내 유통형 등

45 라스트마일(last mile)은 유통산업에서 주문한 물품이 고객에게 배송되는 마지막 단계를 의미하는 용어다. 이는 고객과의 마지막 접점으로, 상품을 받으면서 만족도가 결정되는 중요한 단계이다. 라스트마일 딜리버리는 이러한 고객 만족도를 높이기 위해 유통업체들이 서비스 차별화를 위해 배송품질에 주안점을 두면서 생겨난 신조어이다. 이와 반대되는 개념으로, 제조사에서 물류 센터로 물품을 인도하는 물류 프로세스의 가장 첫 단계는 퍼스트마일(first mile)이라고 부른다[한경 경제용어 사전].

으로 세분할 수 있으며, 수도권과 달리 국가 물류 네트워크의 중간 거점, 항만과 공항 연계, 지역 물류 허브로서의 역할이 강조된다.

물류·창고용 토지는 대규모 창고건물과 주차장 조성이 필요하므로 평탄한 지형의 대지가 유리하다. 또한 물류를 운반하는 차량은 대형화물차이므로 차량 진출입과 회차를 위한 넓은 공간확보가 필수적이다.

물류·창고를 위한 입지는 화물차량의 진출입을 위해 최소한 2차선 이상의 도로가 접해야 한다. 용도지역은 도시지역 외에 계획관리지역, 생산관리지역, 준공업지역, 일반공업지역 등이 건축과 시설 설치에 유리하다. 배후에 산업단지 또는 물류단지가 조성되어 있거나 간선도로의 확충 등 교통망 개선이 예정된 입지는 물류·창고 시설이 위치하기에 유리한 조건이다.

이와 더불어 주거지역이 인근에 있어 물류창고에서 일하는 근로자들이 출퇴근하기 편리한 입지이면 안정적인 노동력의 확보가 가능하며, 그렇지 않은 입지라면 운영 인력의 안정적 확보를 위해 근로자 숙소, 식당, 휴게시설 등 편의시설 등을 설치해야 할 필요가 있다.

자료 5-37 대규모 물류센터 입지 사례(이미지 구입)

자료 5-38 도시 내 물류창고 입지 사례(저자 직접 촬영)

3. 주유소 · 차량정비소 용시

주요 도로변이나 교외 지역에서 주유소, 정비소, 타이어전문점 등 차량 관련 서비스 제공을 목적으로 활용하는 토지이다. 주유소와 같은 위험물저장시설이나 정비소와 같은 오염물질 발생시설은 주거지역 내에서는 허가가 나기 어렵다. 따라서 이러한 업종이 선호하는 입지는 주거지역 외곽이면서 통행량이 많은 도로변에 위치하여 접근성과 가시성이 높은 토지이다.

주유소는 차량의 연료를 주입하기 위해 방문하는 시설이지만, 최근에는 주유 후 차에서 내리지 않고 식음료를 구매할 수 있는 드라이브 스루(drive-thru) 매장이나 편의점이 입점하기도 하고, 일부 주유소는 차량을 정비할 수 있는 소규모 정비소를 함께 운영한다.

자료 5-39 주유소 입지 사례(저자 직접 촬영)

차량정비소는 차량 정비로 발생하는 폐유와 분진 및 소음 등으로 인하여 입지에 제한이 있다. 정비소는 차량을 수리하는 서비스를 제공하므로, 차량 운전자들이 평소에 잘 인지할 수 있는 가시성이 높은 입지에 위치가 유리하다. 따라서 교차로의 모서리나 대로변이 선호된다. 자료 5-40은 차량정비소의 입지 사례이다.

자료 5-40 차량정비소 입지 사례(저자 직접 촬영)

5.1.4 농업 · 임업 · 자연환경 관련 토지

1. 농지(전 · 답 · 과수원 등)

농업 경작을 위해 사용되는 토지이다. 농지는 전(밭), 답(논), 과수원 등의 형태로 구분한다. 농지는 도시지역과 비도시지역에 골고루 분포되어 있으며, 농업생산을 위하여 활용된다. 주로 농촌지역에서 이러한 토지를 찾아볼 수 있으나 일부 도시지역의 외곽에서 소규모 농지가 있기도 하다.

논(畓)은 저수지, 하천, 수로 등 수자원이 있는 입지에서 찾기 쉬우며, 구릉지이면서 수자원을 이용하기 힘든 입지에는 농경지가 밭(田)으로 이용되는 경우가 많다. 자료 5-41은 논으로 이용되는 농지와 밭으로 이용되는 농지의 사례이다.

자료 5-41 농업 입지 논(畓) 사례(한국향토문화전자대전 누리집)

농경지는 주변 환경과 더불어 기후의 영향을 많이 받는다. 우리나라 농경지는 위도에 따라 특화된 농산물이 다르며, 근래에 기후변화로 인하여 기온이 올라가면서 과수 농가의 생산물이 기후에 따라 지역적으로 남쪽에서 북쪽으로 이동하고 있다. 이에 더해 과거 한반도에서 경작할 수 없었던 열대기후에서 경작할 수 있는 농산물이 한반도 남쪽 지역에서 생산되기도 한다. 이러한 사례는 기후변화가 농지의 생산물 특성에도 영향을 미치는 요인임을 나타낸다.

자료 5-42 농업 입지 구릉지 밭(田) 사례(한국향토문화전자대전 누리집)

농업용지의 입지는 자연환경 외에 경제적 조건에 영향을 받는다. 농지는 생산원가를 고려하여 도시 외곽 또는 비도시지역 등 지가가 낮은 지역이 유리하다. 이와 더불어 생산물의 유통 편의를 위한 도매시장 및 소비지역과 거리 등 시장 접근성이 운송비에 영향을 미친다. 또한 농업생산에는 농기계가 이용되거나 사람의 노동력이 투입되어야 하므로 농기계의 진출입이 가능하고 노동력의 수급이 가능한 입지일수록 유리하다. 이처럼 농업용지의 입지는 생산비 측면에서 원가관리를 요인 종합적으로 고려한 입지를 결정하게 된다.

자료 5-43 기후변화와 농업 입지 사례 – 감귤재배(대구광역시 농업기술센터 누리집)

2. 축사용 토지

가축 사육장 등 축산업 관련 시설이 들어설 수 있는 토지이다. 주로 농촌지역에서 찾아볼 수 있으며, 입지에 따라 개별적으로 이용할 수 있는 토지이다.

축사(畜舍)[46]는 악취,[47] 소음 등의 문제로 일반적으로 사람이 거주하는 주거지나 상업지역과는 일정한 거리를 두고 설치되며, 환경적 · 경제적 · 법적 요건을 고려하여 입지가 결정된다.

축사가 설치되는 토지는 평탄한 지형이 유리하며, 세척 및 분뇨처리 후 배수가 쉬운 지역이 유리하다. 가축의 사육이 기업화되면서 비교적 넓은 면적이 필요하며, 가축의 음용수 및 축사 세척용수 확보를 위해 지하수 또는 관정을 설치할 수 있는 입지[48]가 선호된다. 또한 축사를 설치하기 위해서는 수질 오염 방지를 위해 하천 및 상수원

46 가축을 사육하는 건축물 또는 시설.

47 악취방지법을 준수하는 입지여야 한다.

48 축사의 세척 등으로 오염된 오염수의 처리를 위해 가축분뇨법, 수질오염총량제 등 환경규제를 준수하는 입지여야 한다.

보호구역과 일정한 거리가 이격되어야 하며, 토양 오염 예방 및 침출수로 인한 지하수·토양의 오염을 방지하는 시설을 설치하여야 한다.

축사는 도로와 접근성이 필요하다. 도로는 축사에 사료를 운송하거나, 가축의 출하를 위한 운송비에 영향을 미치는 요인이다. 도로 접근성은 근로자의 통근 거리 및 교통 접근성 등 운영 비용에 영향을 미치는 요인이기도 하다.

축산업이 운영하기 유리한 입지에는 축사가 모여있는 특징이 있다. 예컨대, 경기도 외곽 이천, 여주, 안성, 연천, 포천 등 농촌지역에 양돈·양계 축사가 집중되어 있으며, 한우 축사는 전국적으로 분포되어 있는데 경기도 이천, 여주, 안성, 충청남도 홍성, 예산, 서산, 경상북도 상주, 경주, 안동, 전라북도 정읍, 고창 남원, 전라남도 고흥, 장흥, 해남 등에 밀집되어 있다.

자료 5-44 축산업 입지 사례 – 축사(저자 직접 촬영)

자료 5-45 축산업 입지 사례 – 축사(저자 직접 촬영)

3. 구거

구거는 하천보다 규모가 작은 4~5미터 정도의 폭을 가진 개울을 의미한다. 『공간정보의 구축 및 관리 등에 관한 법률』 시행령[49] 제58조(지목의 구분) 제18호에 '구거는 용수(用水) 또는 배수(排水)를 위하여 일정한 형태를 갖춘 인공적인 수로 · 둑 및 그 부속시설물의 부지와 자연의 유수(流水)가 있거나 있을 것으로 예상되는 소규모 수로부지'로 명시되어 있다.

구거는 하천법의 적용을 받지 않고 공유수면 관리 및 매립에 관한 법률의 적용을 받는다. 우리말로 '도랑'이라고도 하며 주로 농촌지역에서 물이 흐르도록 땅을 좁고 길게 판 작은 개울 형태로 찾아보기 쉽다. 자료 5-46은 구거의 사례이다.

49 『공간정보의 구축 및 관리 등에 관한 법률』 시행령[시행 2025.2.21].

자료 5-46 구거의 입지 사례(저자 직접 촬영)

4. 산림 · 임야

우리나라는 전국적으로 국토의 많은 부분이 산림과 임야로 구성되어 있다. 산림과 임야는 목재 생산, 임업 경영, 자연 보호 목적의 토지이다. 산림과 임야를 활용하기 위해서는 허가된 목적의 사업을 경영하는데 한정되며 우리나라는 『산지관리법』에 근거하여 산림에 대한 체계적 관리를 하고 있다.

산림과 임야는 자연환경의 보고(寶庫)로 국토에 중요한 역할을 한다. 첫째, 풍부한 수목이 조림된 산림과 임야는 빗물을 저장하고, 이를 지하수로 유입시켜 홍수와 가뭄을 조절하는 역할을 한다. 둘째, 산림은 산사태나 토사유출을 방지하는 역할을 하며 이를 통해 토양을 보전한다. 셋째, 수목과 녹지 식물은 미세먼지와 이산화탄소를 정화하여 대기환경을 개선하는 역할을 한다. 넷째, 산림과 임야는 자연 생태계의 터전으로 다양한 동식물에 서식지를 제공하며 생태계의 유지에 중요한 역할을 한다.

산림과 임야는 자연환경 보전과 더불어 경제적 측면에서도 가치가 있다. 산림과 임야는 목재, 약초, 버섯, 수실류[50] 등을 생산하여 농림사업자에게 소득원을 제공한

50 밤, 감, 잣, 호두, 대추, 은행, 도토리, 개암 머루, 다래, 복분자, 산딸리, 석류 등 임산물.

다. 또한 사유림에서 판매를 위한 수목 육성, 산림 복합경영 등을 시도하여 임업 소득을 창출할 수 있다. 근래에는 산림과 임야에서 산림치유를 위한 산림휴양림, 숲체험, 산림관광 등 다양한 프로그램이 운영되기도 한다.

도시기능 측면에서 산림과 임야는 국토의 자연경관을 형성하는 천연자원이며, 도시에 인접한 산림으로 냉각 및 정화 기능으로 도시의 열섬현상을 완화하는 역할을 한다. 또한 도시 외곽 녹지를 보전하여 개발 제한 및 공공재로써 녹지의 기능을 유지하여 도시확산(urban sprawl)을 방지하는 역할을 하기도 한다.

1971년 우리 정부는 그린벨트, 즉 개발제한구역을 설치하였다. 그린벨트의 설치는 당시 정부의 강한 행정력으로 실행하였다. 건설부는 서울 중심 반경 15km 외부에 시가지의 무분별한 확산 방지를 위해 폭 2-12km로 녹지대를 개발제한구역으로 지정하였다. 서울 수도권의 '동심원구조'에서 개념적으로 제시되었던 녹지대가 1964년 '수도권광역도시계획'과 1966년 '서울도시기본계획'에서 유지되었는데, 1971년 도시계획법 전면 개정으로 제도화된 것이다.

자료 5-47 2020년말 이후 개발제한구역 현황(국토연구원 누리집)

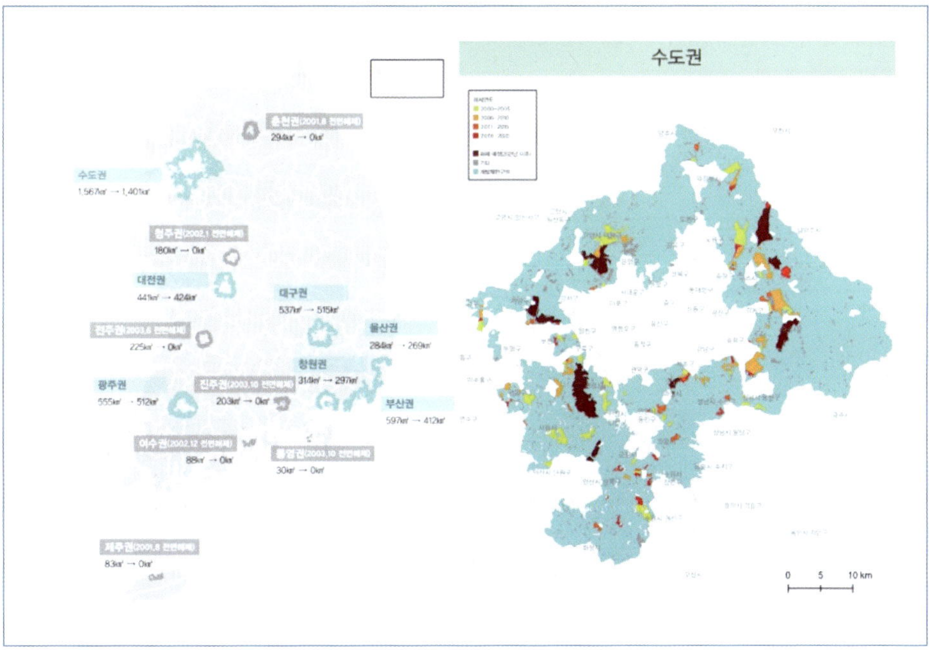

개발제한구역이 확정됨으로 서울의 도시구조는 동심원적 형태로 지켜졌다. 개발제한구역은 이후 택지개발을 위해 해제된 부분이 있지만, 여전히 서울을 둘러싼 원형의 녹지대로 유지되고 있다. 개발제한구역은 서울의 주변 도시와의 연접한 도시화를 방지하고 서울이 외연적으로 무분별하게 확산하지 않도록 제한하는 동심원적 경계로 설정되었다.

5.1.5 기타 목적용 개별입지 토지

1. 교육 · 연구시설용 토지

학교, 학원, 도서관, 연수원, 연구소 등으로 활용되는 토지이다. 도시지역과 비도시지역 모두 분포하며 학교, 도서관, 연수원, 연구원 등이 이에 해당한다.

1) 학교 입지

학교는 도시계획시설로 『국토의 계획 및 이용에 관한 법률』, 『학교시설사업 촉진법』, 『교육환경 보호에 관한 법률』 등에 따라 도시계획, 인구구조, 교통체계, 교육정책을 고려하여 설치된다. 자료 5-48은 학교 관련 도시계획 내용을 정리한 표이다.

자료 5-48 학교유형별 도시계획 지침 기준

항목	초등학교	중학교	고등학교
시설구분	근린생활권 시설 (생활권 시설군)	중생활권 시설	광역생활권 시설
기본 배치 기준	인구 4,000명당 1개소 배치	인구 9,000명당 1개소 배치	수요 기반, 유형별 배치
배치 위치	택지 내 중심부, 보행권 내 위치	초등학교와 중복되지 않는 중간 위치	주간선도로 연접, 교통 접근 용이 지역
면적 기준	8,000㎡ 이상	11,000㎡ 이상	15,000㎡ 이상 (실습 공간 포함 시 더 큼)

접근성 기준	초등학생의 도보 통학권 (500m 이내)	자전거·도보 혼합 통학권 (1~2km)	대중교통(버스, 지하철 등) 통학권
배제 시설	유해시설, 교통량 많은 도로, 급경사 지형 회피	소음, 매연 발생 시설과 거리 확보	유흥·집회 시설 등 유해시설과 분리 필요

학교의 입지 조건은 교육의 대상, 기능, 통학권, 주변 환경, 접근성 등 여러 요소를 고려하여 초등학교, 중학교, 고등학교로 구분하여 입지 조건이 고려된다. 초등학교는 '생활밀착형 안전성', 중학교는 '생활권 중심성', 고등학교는 '광역권 접근성 및 기능다양성'을 중점적으로 고려하게 된다.

초등학교는 보행 안전이 가장 중요한 요소로, 주거지 내부에 위치하며 교육환경을 위해 소음 및 교통량이 적고 어린이 보호구역 설정이 가능한 위치에 입지한다. 중학교는 생활권 단위의 중심부에 배치되어, 도보와 자전거 등 통학이 가능한 거리와 안전한 교통환경이 요구된다. 고등학교는 학교 유형에 따라 입지 조건이 다양해지며, 광역 통학권을 반영하여 대중교통 접근성이 좋고, 넓은 부지확보가 가능한 지역에 자리 잡는다.

자료 5-49 도시 초등학교 입지 사례(저자 직접 촬영)

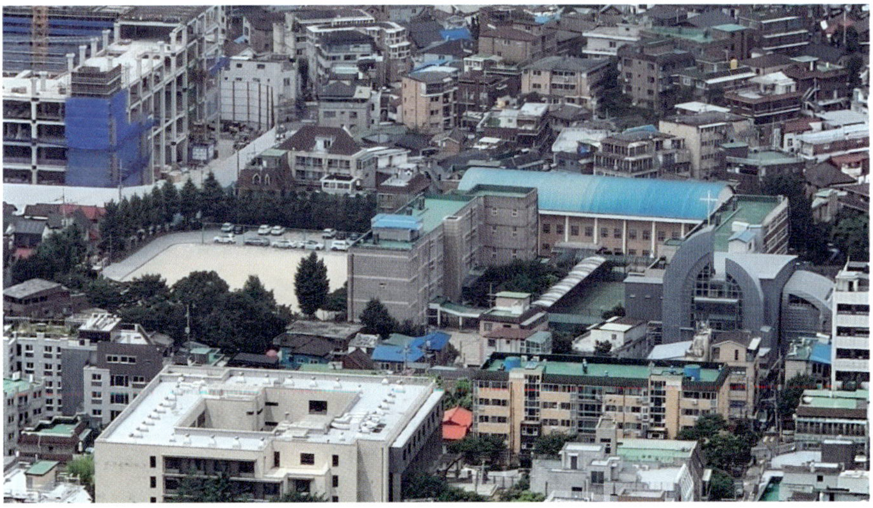

지방 중소도시는 서울과 인구밀도, 교통 인프라, 도시개발 정책 등이 다르므로 학교의 입지 조건에 차이가 있다. 초등학교는 도로 폭이 좁고 통행이 안전한 '스쿨존(school zone)' 중심의 안전시설이 강화되며, 학교 인근에 작은 공원과 어린이집에 연계된 경우가 있다. 중학교는 농촌과 도시 접경지로 생활권 경계에 위치하며 자전거 통학과 셔틀버스가 혼용되기도 한다. 고등학교는 도심 대로변에 위치하며 일부 특성화·마이스터 고등학교는 관련 산업시설 등과 인접하기도 한다.

자료 5-50 비도시 초등학교 입지 사례(저자 직접 촬영)

2) 학원 입지

학원은 우리나라의 특징적인 사교육 체계를 대표하는 시설이다. 우리나라는 조선시대부터 이어진 유교적 전통으로 인하여 교육과 학문을 중시하는 문화가 깊이 뿌리내려있다. 현대에 들어서 학력이 사회적 성공과 높은 상관관계를 갖는다는 인식이 확고해지면서 부모들은 자녀를 좋은 학교에 진학시키려는 열망이 커지면서 사교육 수요가 증가하였다.

대학 입시가 학생의 인생을 좌우한다는 사회적 분위기 속에서 1970~1980년대 경제 성장으로 가계 소득이 증가하면서 사교육에 지출할 수 있는 경제적 여유가 생겨났고, 도시화에 따른 인구 밀집으로 학원 운영을 위한 교육수요가 확보되었다. 한편, 공교육은 획일적 교육 방식으로 다양한 학생들의 수준과 요구를 충족하지 못하였고 맞춤형 지도가 어렵다 보니, 개별지도를 원하는 학생들은 학원을 대안으로 선택하였다.

학원의 입지는 수요 기반으로 결정되었다. 초등학생이나 중학생을 대상으로 하는 학원는 학교에서 인접하여 학생들이 학교 후 이동할 수 있는 거리에 위치하며, 지역적으로는 교육열이 높은 지역의 사교육비를 지출할 여력이 있는 소득계층이 거주하는 지역 중심으로 발달하였다.

고등학생을 대상으로 하는 학원은 지하철역, 버스 정류장에 인접하여 통학이 편리한 교통 요충지를 선호한다. 고등학생은 접근성보다 학원의 명성을 따라 학원을 선택하는 경향이 있는데, 여러 고등학교에서 접근이 가능한 입지에 학원들이 밀집하는 경우가 많다. 이러한 집적의 효과는 학부모와 학생들이 학원 밀접지역에서 여러 학원 중에 선택을 할 수 있는 편리함을 제공한다.

학원이 위치한 용도지역은 준주거, 근린상업지역, 일반상업지역 등이 일반적이며, 주거지역보다는 상업지역을 선호하는데, 이는 상업지역이 지역의 중심부에 위치하는 특성과 연관된다. 이러한 상업지역에서는 학생들이 식사나 음료 등을 소비하는 편의시설이 있고, 사설 독서실, 스터디카페 등 학원의 보완재가 되는 학습시설이 있어 '학원가'라는 지역적 특성으로 인식되기도 한다.

서울과 수도권에 대표적인 대학입시 학원가는 강남구 대치동 학원가, 양천구 목동 학원가, 경기도 성남시 분당구 정자동 학원가, 경기도 고양시 일산동구 백석동 학원가 등이다.

한편, 자격증이나 취업준비를 위한 학원도 별도로 학원가를 이루고 있는데, 수도권을 대상으로 살펴보면 다음과 같다. 서울에 종로 · 광화문 학원가는 어학학원, 세무사, 회계사, 공인중개사 학원, 공무원 시험 학원 등 대형 전문학원의 본원이 밀집되어 있다. 서울에 신촌 · 이대 · 홍대 지역은 서울 서부 지역 대학가를 중심으로 어학학원, 자격증 학원, 취업 준비 학원이 밀집해 있다. 서울에 노량진 학원가는 공무원 · 고시 준비생을 위한 대표적인 학원가이다. 경기도에는 성남시 서현동 · 정자동 그리고 고양시 백석동 · 주엽동에 어학학원과 취업 준비를 위한 자격증 면접 대비 학원 등이 있다. 인터넷을 활용한 온라인 강의가 확산되면서 전통적인 학원가의 학생 고객 집객력은 다소 변동하는 양상을 보이지만 여전히 학원가로서 입지적 특성을 유지하고 있다.

자료 5-51 서울시 대치동 학원가 입지 사례(서울연구데이터서비스 누리집)

3) 연수원의 입지

연수원(training institute)이란 기업, 공공기관, 교육기관 등이 소속 인력의 역량 강화 등을 위하여 운영하는 교육시설이다. 연수는 교육 기간에 따라 단기 · 장기로 구분할 수 있고, 목적에 따라 직무, 리더십, 팀워크(team-work), 자격, 휴양 및 포상 등으로 구분할 수도 있다. 연수원에는 숙박, 식사, 교육장, 강당, 레저 등이 가능한 시설이 필요하다.

연수원의 입지는 연수의 교육 목적에 따라 달라지기도 한다. 직무 역량을 강화하기 위한 교육이 주된 목적의 연수원은 수도권 또는 광역시 접근성, 교통의 편리성 등이 중요한 입지 조건이다. 직무 교육을 위해 기차역, 버스터미널, 고속도로IC 등이 인접해야 하며 강의실, 세미나실, 강당 등이 완비되어 있고 번화하지 않은 도시 외곽 등이 적합하다.

승진자를 위한 리더십(leadership) 과정이나 리더(leader) 육성을 목적으로 하는 교육시설은 도심과 일정한 거리가 있어 심신 안정과 몰입을 유도할 수 있는 환경이 적합하다. 대규모 연수가 아니므로 소규모이나 고급시설의 숙소, 회의실, 휴게 공간 등의 제공이 필요하며, 산림, 숲, 호수 등이 인접하고 차량 접근성을 위주로 입지 조건을 살펴야 한다.

교육기관 소속 임직원, 공무원 등의 협업 강화, 소통 증진 등을 목적으로 하는 팀워크(team-work) 활동을 목적으로 하는 연수는 도시가 아닌 산, 강, 숲 등 자연환경으로 둘러싸인 입지가 적합하며, 체육시설 및 야외활동 등 레저활동이 가능한 시설이 필요하다. 이를 기반으로 다양한 체험활동을 통해 조직 구성원 간에 협업과 소통을 향상하는 활동을 전개할 수 있다.

자격시험이나 인증 교육을 위한 연수 목적이라면 교통이 편리한 도심 또는 교통의 요충지에 적합하다. 이러한 유형의 연수원에서는 강의장, 시험장, 전산시설 등이 필요하며 숙박보다는 당일 교육 중심으로 운영하는 사례가 일반적이다. 따라서 숙박시설은 없지만 구내식당과 휴게시설을 갖춘 도심 내 입지도 가능하다.

휴양이나 복지, 포상을 목적으로 하는 연수는 바다, 산, 온천, 휴양지에 가까운 입지가 적합하다. 자연환경이 수려하고 인근에 레저활동이 가능한 시설이 있으면 교육이 효과를 더욱 극대화할 수 있는 조건이 된다. 이러한 연수원은 쾌적한 숙박시설과 관광 · 휴양이 가능한 환경조건을 고려하여야 한다.

자료 5-52 연수원 입지 사례(교육부 중앙교육연수원 누리집)

4) 연구소의 입지

연구소(research institute)의 입지는 산업적 연계성, 대학 및 연구기관과의 학문적 협력성, 교통 접근성, 쾌적한 환경 및 정책적 지원 등이 복합적으로 고려된다. 기업의 연구소 시설은 주로 기업의 사업 영역과 직접적으로 연결된 연구를 수행하며, 기술개발과 제품 혁신을 목표로 하는데, 연구단지와 입지조건이 다소 차이가 있다.

기업의 연구소는 주요 생산시설 또는 기업의 본사 인근이 유리한 경우가 있다. 연구의 성과가 신속하게 생산 현장에 적용될 수 있도록 근접한 지역에 위치하여 상용화하면, 기업 경쟁력 확보에 유리하다. 경기도 수원시 영통구에 위치한 삼성전자 종합기술원과 경기도 화성시 남양읍에 위치한 '현대자동차 남양연구소', 경상북도 포항시 남구에 위치한 '포스코 기술연구원'이 이러한 사례에 해당한다.

자료 5-53 **연구소 사례 : 삼성전자 기흥캠퍼스 내 연구소**(씨:리얼 누리집 지도)

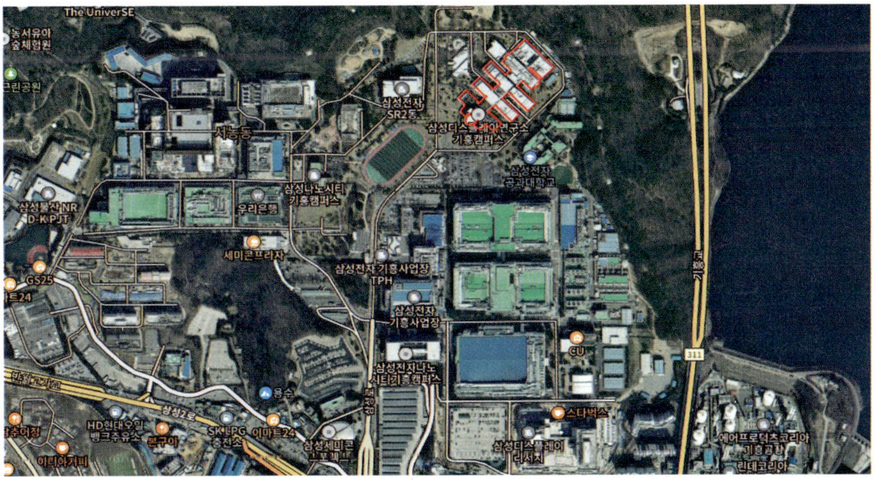

기업의 연구소는 고급 연구인력을 확보할 수 있는 대학이나 협력업체, 벤처기업 등과의 기술협력을 통해 혁신과 기술의 사업화를 촉진할 수 있는 지역에 설치되기도 한다. 대전광역시 유성구 대덕연구개발특구 내 'SK이노베이션 환경과학기술원', '한화종합연구소', 그리고 경기도 성남시 분당구에 위치한 '네이버 랩스(LABS)'와 경기도 수원시 광교신도시에 설치된 'CJ제일제당 블로썸파크'가 이러한 사례에 해당한다.

자료 5-54 **판교테크노밸리 연구소 입지 사례**(한국향토문화전자대전 누리집)

한편, 글로벌 경쟁을 하는 기업들은 해외 협력 및 국제시장 진출을 위해 공항, 철도, 고속도로 등 국제적 접근성이 뛰어난 지역에 연구소를 설립하기도 한다. 서울시 강서구 마곡동 'LG사이언스파크', 인천시 연수구 송도국제도시 내 '셀트리온 연구소' 등이 이러한 사례에 해당한다.

기업의 연구소는 기업의 경영 목표나 경쟁 환경에 따라 생산시설과의 인접성, 우수한 인력이 확보 가능성, 교통 편의성 및 접근성, 국제 접근성, 산학연 연계 환경, 그리고 지가와 운영비 절감 가능성 고려하여 전략적 입지를 선택한다.

최근의 연구소 입지 특성은 서울 도심에서 다소 떨어진 성남, 용인, 과천 등 대도시 주변에 연구소가 확대되는 경향이 있다. 또한 판교 및 광교와 같은 클러스터 효과가 큰 지역이 기업 연구소 입지의 중심으로 주목된다. 이와 더불어 쾌적한 환경, 에너지 효율성 등 ESG 경영 차원의 지속 가능성을 고려한 입지 선정이 점차 중요성이 커지고 있다.

2. 종교시설용 토지

사찰, 교회, 성당 등 종교활동을 위한 독립적인 토지이다. 도시지역과 비도시지역에 모두 분포하며 주거지역과 인접한 입지에 개별적으로 이용된다. 종교시설용 토지의 입지 조건은 도시와 비도시로 구분할 수도 있고, 각 종교가 포교하는 교리적 특성과 종교적 활동 목적의 차이로 인해서도 구분할 수 있다.

1) 도시지역 종교시설의 입지 조건

① 높은 접근성

도시지역의 종교시설은 신자들이 일상적으로 방문하기 쉬운 도심이나 교통이 편리한 대로변, 지하철역 인근 등 접근성이 우수한 지역, 가시성이 높은 자리를 선호한다. 이러한 입지는 포교나 종교활동을 위한 신자 유입에 유리하기 때문이다.

② 인구 밀집지역과의 근접성

종교시설은 신자들의 헌금과 봉사로 운영되므로 일정 규모 이상의 신도의 확보가 중요하다. 따라서 도시의 종교시설은 대규모 아파트 단지나 주거밀집 지역 주변에 근접한 입지를 선호한다.

③ 복합기능 수행 가능성

종교시설은 종교활동뿐만 아니라 지역사회에서 문화센터, 교육시설, 사회복지시설 등 복합기능을 수행하며, 이러한 활동을 기반으로 포교나 지역사회에서 인지도를 쌓기도 한다. 이러한 유형의 복합시설은 상업지역이나 주거지역과 인접하여 다양한 사회활동 지원한다.

④ 적정 규모 확보 가능성

도시지역은 토지가격이 높아 넓은 장소를 이용하기에 비용이 많이 소요되므로, 신자들의 규모를 고려하여 적정 규모와 가격의 장소를 확보할 수 있는 입지를 선호한다. 상업지역에서는 대로변보다 이면도로 토지이거나 비용이 낮은 건물의 고층, 주거지역에서는 저밀도 주거지역 외곽 등이 종교시설로 이용된다.

⑤ 소음 및 혼잡 완화 가능성

도시의 종교시설은 도시 내에서도 비교적 조용하고 종교활동으로 인한 소음으로 주변에서 불편이 발생하지 않는 환경이 가능한 위치를 선택한다.

자료 5-55 도시 내 종교시설 입지 사례 : 명동성당(시울연구데이터서비스 누리집)

2) 비도시지역 종교시설의 입지 조건

① 비도시지역의 종교시설은 생활권의 중심에 위치한다. 비도시지역 종교시설은 도시지역과 달리 지역 공동체를 위한 시설로 역할을 하기도 한다. 이는 종교적 기능 외에 생활권 내 주민들의 사회적 · 문화적 시설로서 기능하기도 한다는 점에서 입지가 마을의 중심지 또는 읍 · 면 행정기관 인근에 있는 것이 편의성이 높아지기 때문이다. 또한 주민들이 도보 또는 차량으로 접근이 쉬운 위치를 선호하며, 도시보다 넓은 권역을 대상으로 포교하므로 종교시설에서 신도들의 이동을 위한 차량을 운행하기도 한다.

② 자연환경 및 경관의 우수성

비도시지역에 산지, 계곡, 해안 등 경관이 뛰어나고 자연 친화적 환경을 갖춘 지역은 종교적 명상과 수행에 적합한 조용하고 한적한 곳으로 선호된다. 종교활동으로 이용되기도 하나 수양을 위한 시설이 위치하기에도 적합하다.

③ 대규모 장소 확보 가능성

비도시지역은 도시지역 대비 상대적으로 낮은 가격으로 넓은 토지를 확보할 수 있다. 넓은 토지는 장소적 이점으로 인해 예배당, 법당, 종교수양, 숙박 등 다양한 시설을 여유 있게 배치할 수 있어 복합적인 기능을 하는 종교시설이 위치하기에 적합하다.

④ 역사적 · 문화적 의미가 있는 지역

일부 종교시설은 역사적 사건이나 전통적 의미가 있는 곳에 입지하여, 종교적 상징성 강화하기도 한다. 역사적으로 국가적 위기에 처한 사건, 역사적으로 포교로 인하여 핍박받은 중요한 사건 등이 있는 경우 이와 연결하여 종교적 · 문화적 가치를 제고하고자 입지를 선정하기도 한다.

⑤ 교통은 다소 불편하나 차량 접근성은 확보된 지역

비도시지역 종교시설은 대중교통 접근성은 낮을 수 있으나 차량으로 접근이 가능한 도로망은 필수적으로 확보된 지역에 설치된다. 역사적 · 문화적 가치가 있는 종교시설은 진출입을 위한 도로가 확장되어 개설되기도 한다.

⑥ 주거지역과 적정 거리 유지

비도시지역 종교시설은 정숙한 환경을 유지하기 위해 주거지역과 적정 거리를 두면서도 지역 주민이 근접할 수 있는 여러 마을 단위 주거지역을 배후로 하는 위치를 선호한다. 또한 종교시설은 종교활동을 위한 신자들의 통행이 필요하므로 지나치게 고립된 위치보다는 보행 또는 차량 통행이 가능한 도로 가까이 위치하는 특성이 있다.

자료 5-56 비도시 종교시설 입지 사례 : 경상남도 합천 해인사(국가유산포털 누리집)

3. 공공시설용 토지

지방정부의 청사, 주민센터, 복지관, 소방서, 경찰서, 우체국, 공공도서관 등 공공기관이 들어설 수 있는 토지로 전국 시 · 군 · 구에 널리 분포하고 있다. 공공시설용 토지는 수요자를 고려한 입지가 가장 중요한 선정 요인이다.

1) 시 · 군 · 구청 청사 입지

지방정부의 청사 입지는 접근성이 가장 먼저 고려된다. 도시지역에서는 버스, 지하철 등 대중교통망과 연계되어 주민들이 쉽게 접근할 수 있는 입지에 위치하는 것이 일반적이나. 시사제의 관할 범위가 넓은 경우는 시 · 군의 중심 또는 주민 접근성이 가장 균형 잡힌 위치에 설치되기도 한다. 이러한 이유로 주요 간선도로 및 도심과 지역 간 접근성을 높이는 지방도, 국도 등 주요 도로 인근에 건설되어 차량 접근 편리성을 고려하게 된다.

지방정부의 청사는 지역의 중심성과 랜드마크로써 상징성을 갖기도 한다. 따라서 지역의 중심상업지구나 전통적 중심지 등 경제활동의 거점 입지에 위치하는 것이 일반적이다. 또한 청사가 지역에서 인지도가 높은 장소에 위치하면 주민들의 정서적 친밀감 및 지역의 상징성을 통해 해당 지역 주민의 유대감과 소속감을 증대하는 역할을 하기도 한다.

지방정부의 청사 내에는 지방의회의 청사도 함께 위치한다. 이는 행정과 입법의 연계성을 고려한 배치이다. 이와 마찬가지로 지방청부 청사 인근에는 지역법원, 보건소, 청소년 · 여성회관 등 교육기관, 농업기술센터, 우체국, 경찰서, 소방서, 공공도서관 등이 인접하여 행정서비스의 효율성을 증대하기도 한다. 이처럼 청사 주변에 여러 공공시설이 연계하여 주민을 위한 행정서비스 및 복지서비스를 제고하고 주민 편의성을 증진할 수 있다.

자료 5-57 시청 주변 입지 사례 : 광주광역시 시청로[51](한국향토문화전자대전 누리집)

51 광주광역시청 인근에는 법원, 등기소, 선거관리위원회, 교육청, 환경청, KBS방송국 등 공공기관이 인접하여 있다.

2) 행정복지센터

행정복지센터는 주민센터 또는 과거 동 · 읍 · 면사무소[52]로도 불렸었는데, 우리나라 시 · 군 · 구청에 소속되어 각 행정동, 읍, 면을 관리하고 주민들을 위한 행정 및 복지 업무를 수행하는 기관이다.

행정복지센터의 규모는 지역마다 다르다. 세종특별자치시의 다정동 행정복지센터[53]는 도서관, 지역아동센터, 체육시설, 문화센터 등 복합커뮤니티센터를 포함한 대규모 시설인데, 어느 지역은 빌딩의 1개 층만 임대하여 운영하기도 한다.

행정복지센터의 입지는 지방정부의 청사와 여러 면에서 유사하다. 행정복지센터는 주민의 접근성이 중요하므로 대중교통, 보행로 등을 통해 편리하게 접근할 수 있는 입지가 선호된다. 특히 주거지역과 근접하면 보행을 통한 접근이 쉬워야 한다. 읍 · 면 소재지는 국도나 지방도 등 주요 교통망에 인접하여 지역 간 접근이 편리한 위치가 선호된다.

행정복지센터는 주민들의 생활권 내에서 중심지에 위치하여 이용 편의성을 높이는 것이 필요하다. 지역의 전통적 중심지나 농촌지역의 주요 상권에 인접한 시장, 상가, 편의시설 등 인근에 배치하면 지역 주민들의 이용 편의성이 높아진다.

행정복지센터는 행정서비스나 복지서비스를 비롯한 여러 주민 민원 서비스가 가능한 행정기능을 담당하므로 공공시설이 집적된 곳에 밀집하기도 한다. 예컨대, 농촌지역은 보건소 분소, 농업기술센터나 우체국 등이 행정복지센터와 인접하여 주민들의 행정 편의를 돕는다.

52 2007년 9월부터 주민센터로 바뀌었고, 2016년부터 동 · 읍 · 면사무소 모두 행정복지센터로 순차적으로 바뀌어 사용되었다. 다만, 아직 일부 지역에서는 주민센터의 명칭을 유지하고 있기도 하다.

53 건물 연면적이 12,564m^2 지하 1층, 지상 4층 규모이다.

자료 5-58 도시의 행정복지센터 입지 사례(저자 직접 촬영)

3) 복지시설

복지시설은 주민의 삶의 질을 향상하기 위해 공공에서 제공하는 여러 복지서비스를 담당하는 시설이다. 복지시설은 공공기관이 직접 운영하거나 민간에 위탁하여 운영한다. 이러한 시설은 그 기능, 이용자 특성, 운영 방식에 따라 입지 조건이 다르다.

자료 5-59 공공복지시설 종류별 분류[54]

분류	시설 종류	주요 기능	입지조건
1. 노인복지 시설	경로당, 노인복지관, 요양시설	여가·교류 공간 제공, 노인 돌봄·간병	- 고령인구 밀집 주거지 근접 - 보행 접근성 우수 - 조용하고 쾌적한 환경 - 의료시설과의 연계성 고려

54 『노인복지법』, 『농어촌주민의 보건복지 증진을 위한 특별법』, 『아동복지법』, 『장애인복지법』, 『영유아보육법』, 『노숙인 등의 복지 및 자립지원에 관한 법률』, 『사회복지사업법』, 『성매매 방지 및 피해자 보호 등에 관한 법률』, 『가정폭력 방지 및 피해자 보호 등에 관한 법률』, 『다문화가족 지원법』, 『청소년 복지지원법』, 『국민 기초생활 보장법』 등에 의한 복지시설이다. [2024 보건복지부 사회복지시설 관리 안내, (https://www.mohw.go.kr/board.es?mid=a10413000000&bid=0021)]

2. 장애인 복지시설	장애인복지관, 직업재활시설, 주간보호시설	재활, 교육, 직업 훈련, 돌봄	- 대중교통 접근성 필수 - 무장애(Barrier-Free) 환경 - 교육·의료기관 인근 - 지역사회와의 통합성 고려
3. 아동·청소년 복지시설	지역아동센터, 청소년수련관, 보육시설	방과 후 돌봄, 교육, 놀이, 상담	- 주거지 또는 학교 인근 - 안전한 보행 환경 - 소음·위험요소로부터 거리 유지 - 공원, 체육시설과 연계 가능 입지
4. 여성복지 시설	여성회관, 여성상담소, 한부모가족복지시설	상담, 교육, 자립 지원	- 주거지 접근성 우수 - 프라이버시 보호 가능한 입지 - 일자리 연계 가능한 상업지역 또는 복합시설 근처
5. 다문화·이주민 지원 시설	다문화가족지원센터, 외국인주민센터	상담, 언어교육, 문화지원	- 다문화 인구 밀집지역 - 대중교통 용이 - 외국어 안내 가능한 다중이용지역 - 공공기관과 연계 용이한 중심지
6. 저소득층 및 긴급구호 시설	자활센터, 무료급식소, 임시거주시설	생계지원, 재기 프로그램, 임시주거	- 저소득 밀집지역 중심 - 교통 편의성 확보 - 민원·주거지원기관과의 연계 - 프라이버시 보호 및 보안 고려
7. 종합복지관	주민종합복지관, 지역복지센터	통합형 복지 서비스 제공 (노인, 장애인, 아동)	- 생활권 중심 입지 - 복합 커뮤니티 시설과의 연계성 - 다중이용 가능 교통 편리지역 - 충분한 주차공간과 접근성 확보

복지시설은 이용자의 물리적 접근성 확보가 중요하므로 대중교통, 도보, 차량 이동 등으로 접근이 쉬운 입지에 설치해야 한다. 복지시설은 노약자나 장애가 있는 주민이 이용하는 시설도 있으므로 주변 환경이 안전하고 쾌적하며, 소음과 위험 요인이 적은 환경에 설치되어야 한다.

복지시설은 이용자를 고려하여 인근에 병원, 교육기관, 고용지원센터 및 행정복지센터 등과 연계가 가능한 입지이면 행정 및 복지서비스의 연계성이 높아진다. 복지가 필요한 주민은 여러 복지가 필요한 경우가 많으므로 복지시설 간에 연계 및 확장이 필요하다.

한편, 여성, 이주민, 긴급구호 대상자 등은 개인 정보 보호와 신변의 안전이 필요하므로 사적인 정보가 노출되지 않도록 건축물 및 조경 등을 이용한 설계가 필요하다.

우리나라는 저출산 고령화 문제에 직면하여 사회적으로 큰 관심과 세원 투입의 필요성이 제기되므로 복지시설의 확장 및 다양한 프로그램 적용 및 운영을 위한 충분한 여유 공간이 확보할 수 있는 입지가 선호된다.

자료 5-60 종합사회복지관 입지 사례(한국향토문화전자대전 누리집)

4) 경찰서 · 경찰파출소

『경찰관 직무집행법』[55]에 따르면 경찰관은 국민의 자유와 권리 및 모든 개인이 가지는 불가침의 기본적 인권을 보호하고 사회공공의 질서를 유지하기 위한 직무를 수행하며, 직무 수행에 필요한 사항은 이 법률로 규정하고 있다.

55 『경찰관 직무집행법』 제1조(목적) 내지 제2조(직무의범위)[시행 2024.09.20].

경찰은 공공의 질서를 유지하기 위하여 필수적인 조직으로 그 체계는 『국가경찰과 자치경찰의 조직 및 운영에 관한 법률』에서 정하고 있으며 경찰의 사무를 지역적으로 분담하여 수행하기 위하여 특별시 · 광역시 · 특별자치시 · 도 · 특별자치도에 시 · 도 경찰청을 두고, 시 · 도 경찰청장 소속으로 경찰서를 둔다.[56] 또한 대통령령인 『경찰청과 그 소속기관 직제』[57]에서는 경찰서와 지구대, 파출소 및 출장소 등의 설치에 관하여 정하고 있다.

경찰청 청사 등은 경찰공무원과 경찰수사관이 근무하며 일정한 규모로 나뉘어 지역의 치안유지를 담당하는 관청이다. 경찰서는 경찰 관서의 한 종류이지만 일반적으로 경찰청 청사 · 지구대 · 치안센터 등을 칭하는 의미로 통칭하기도 한다. 부동산으로써 경찰 관서의 역할은 도시와 비도시지역으로 입지 조건이 다르며, 경찰서와 경찰파출소(지구대 등 포함)도 그 입지 조건이 다르다.

자료 5-61 경찰청 입지 사례(서울연구데이터서비스 누리집)

56 『국가경찰과 자치경찰의 조직 및 운영에 관한 법률』 제13조(경찰사무의 지역적 분장기관)[시행 2023.02.16].

57 『경찰청과 그 소속기관 직제』 제42조(경찰서)에서 전국 시』도 경찰청장 소속으로 259개 경찰서의 범위에서 경찰서를 두며, 제43조(지구대 등)에서 지구대 · 파출소 및 출장소의 명칭 · 위치 및 관할구역 등필요한 사항은 시 · 도경찰청장이 정하도록 하고 있다[시행 2025.02.25].

경찰서는 도시지역과 비도시지역으로 구분하여 토지이용의 양상이 다르다. 도시지역에 경찰서는 고밀도 도시민의 치안 관리, 사건, 사고 대응 중심으로 입지를 결정하게 된다. 입지 기준은 법원 · 검청찰 등 관련 행정기관과 연계성을 고려하며, 도시의 권역 내 중심입지에 위치하게 된다. 또한 경찰서 입지는 교통 접근성과 인구와 지역적 범위를 고려하여 결정한다. 도시 중심지라는 특성으로 인하여 경찰서는 시청이나 구청 등 행정중심지와 인접하기도 한다. 그러나 도시의 높은 토지가격으로 인하여 넓은 대지의 확보가 어렵고, 이 때문에 업무 · 주차 · 유치시설 등 공간확보가 어려워 토지를 높은 밀도로 이용하게 된다.

한편, 비도시지역 경찰서는 광범위한 지역의 치안 및 범죄예방을 위한 순찰 기반 확보가 중요하다. 따라서 경찰서의 위치는 지역의 행정 및 지리적 중심지에 위치하며 군청 등 행정기관과 인접하는 경우가 많다. 또한 넓은 지역을 업무대상 범위로 하므로 지방도 · 국도 등 주요 도로에 인접한다. 비도시지역의 경찰서는 지역사회 사법기능의 거점 기능을 수행하며 넓은 부지의 확보가 가능하므로 주차시설 및 순찰 차량 운영에 유리하다.

자료 5-62 비도시 경찰서 입지 사례(한국향토문화전자대전 누리집)

시 · 도 경찰청장은 경찰서장의 소관 사무를 분장하기 위하여 행정안전부령이 정하는 바에 따라 경찰청장의 승인을 얻어 지구대 또는 파출소를 둘 수 있다.[58] 이때, 시 · 도 경찰청장은 인구, 면적, 행정구역, 교통, 지리적 여건, 각종 사건 사고 발생 등을 고려하여 경찰서의 관할구역을 나누어 지구대, 파출소 등 지역 경찰관서를 설치할 수 있다. 또한 시 · 도 경찰청장은 지역치안을 효율적으로 수행하기 위하여 지역 경찰관서장 소속하에 치안센터를 설치할 수 있다.[59]

도시지역의 경찰파출소 용지의 입지는 도시 내 생활권 또는 행정구역의 중심 입지에서 결정된다. 도시지역 경찰파출소는 고밀도 인구의 치안 관리, 범죄 사건, 사고 대응을 중심으로 하므로 교통량이 많고 유동 인구가 밀집하여 범죄 발생 가능성이 높은 상업지역이나, 인구밀도가 높은 대규모 주거지역에 주로 설치된다. 도시의 토지는 가격이 높아 넓은 면적의 토지를 확보하기 어려우므로 복층 건물로 건축하는 경우가 많으며 생활 치안 중심으로 민원 접근성이 쉬운 입지를 선호한다. 주차 공간은 최소화하며 민원실 위주로 공간이 구성된다.

비도시지역의 경찰파출소 용지는 읍 · 면 행정복지센터 등이 있는 마을 단위 중심지에 설치된다. 비도시지역은 마을 단위로 주거지가 분산되어 소재한 경우가 많아 광역 순찰과 거점 치안 시설의 역할에 중점을 두고 운영된다. 비도시지역은 관할 업무지역의 범위라 넓어 도보 접근보다는 차량 방문을 고려하여 지방도, 국도 등에 근접한 입지가 필요하며, 넓은 토지 확보로 순찰 차량 주차뿐 아니라 민원인을 위한 넓은 주차장도 확보할 수 있다.

---

58 『경찰청과 그 소속기관 직제』 제43조(지구대 등) [시행 2025.02.25].

59 『지역 경찰의 조직 및 운영에 관한 규칙』 제4조 및 제10조[시행 2022.05.31].

자료 5-63 도시 내 경찰파출소 입지 사례(한국향토문화전자대전 누리집)

자료 5-64 비도시 경찰파출소 입지 사례(한국향토문화전자대전 누리집)

5) 소방서

『소방기본법』 제1조(목적)에 따르면 소방기본법은 화재를 예방 · 경계하거나 진압하고 화재, 재난, 재해, 그 밖의 위급한 상황에서의 구조 · 구급 활동 등을 통하여 국민의 생명 · 신체 및 재산을 보호함으로써 공공의 안녕 및 질서 유지와 복리증진에 이바지함을 목적으로 한다. 그리고 이러한 목적을 달성하기 위하여 소방공무원을 채용하여 공공의 목적에 달성을 위하여 소방시설을 운영한다.

소방서는 일반 시민들이 소방청, 소방본부, 소방서, 119출장소, 119안전센터 등을 통칭하는 용어로 일상에서 쓰이는 용어이기도 하다. 소방서 등의 설치기준은 대통령령으로 규정되어 있으며, 대상지역의 면적, 인구, 소방수요, 지리적 접근성 및 지역적 특성 등을 고려하여 소방서 · 119출장소 · 119안전센터 등의 설치에 대하여 규정하고 있다. 자료 5-65는 소방기관 설치에 관한 대통령령이다.

자료 5-65 지방소방기관 설치에 관한 규정[대통령령][60]

소방서 · 119출장소 · 119안전센터 등의 설치기준
(제5조 제3항 및 제8조 제3항 관련)

❶ 소방서의 설치기준

가. 시(「제주특별자치도 설치 및 국제자유도시 조성을 위한 특별법」 제15조 제2항에 따른 행정시를 포함한다. 이하 같다) · 군 · 구(지방자치단체인 구를 말한다. 이하 같다) 단위로 설치하되, 소방업무의 효율적인 수행을 위하여 특히 필요한 경우에는 인근 시 · 군 · 구를 포함한 지역을 단위로 설치할 수 있다.

나. 가목에 따라 설치된 소방서의 관할구역에 설치된 119안전센터의 수가 5개를 초과하는 경우에는 소방서를 추가로 설치할 수 있다.

다. 가목 및 나목에도 불구하고 석유화학단지 · 공업단지 · 주택단지 또는 문화관광단지의 개발 등으로 대형 화재의 위험이 있거나 소방 수요가 급증하여 특별한 소방대책이 필요한 경우에는 해당 지역마다 소방서를 설치할 수 있다.

60 지방소방기관 설치에 관한 규정[별표 2], 대통령령[시행 2023.02.26].

❷ 119출장소의 설치기준

가. 소방서가 설치되지 않은 시 · 군 · 구 지역에 119출장소를 설치할 수 있다.

나. 제1호 나목 또는 다목에 따라 소방서를 설치할 수 있는 지역이거나 가목에 따라 이미 119출장소가 설치된 지역임에도 불구하고 석유화학단지 · 공업단지 · 주택단지 또는 문화관광단지의 개발 등으로 대형 화재의 위험이 있거나 소방 수요가 급증하여 특별한 소방대책이 필요한 지역에는 119출장소를 추가로 설치할 수 있다.

❸ 119안전센터의 설치기준

가. 소방업무의 효율적인 수행을 위하여 다음 기준에 따라 119안전센터를 설치할 수 있다.

1) 특별시 : 인구 5만명 이상 또는 면적 2㎢ 이상

2) 광역시, 인구 50만명 이상의 시 : 인구 3만명 이상 또는 면적 5㎢ 이상

3) 인구 10만명 이상 50만명 미만의 시 · 군 : 인구 2만명 이상 또는 면적 10㎢ 이상

4) 인구 5만명 이상 10만명 미만의 시 · 군 : 인구 1만 5천명 이상 또는 면적 15㎢ 이상

5) 인구 5만명 미만의 지역 : 인구 1만명 이상 또는 면적 20㎢ 이상

나. 가목에도 불구하고 석유화학단지 · 공업단지 · 주택단지 또는 문화관광단지의 개발 등으로 대형 화재의 위험이 있거나 소방 수요가 급증하여 특별한 소방대책이 필요한 경우에는 해당 지역마다 119안전센터를 설치할 수 있다.

❹ 소방정대의 설치기준

가. 「항만법」 제2조 제1호에 따른 항만을 관할하는 소방서에 소방정대를 설치할 수 있다.

나. 가목에도 불구하고 항만의 이동 인구 및 물류가 급격히 증가하여 대형 화재의 위험이 있거나 특별한 소방대책이 필요한 경우에는 해당 지역에 소방정대를 설치할 수 있다.

❺ 119지역대의 설치기준

가. 119안전센터가 설치되지 아니한 읍 · 면 지역으로 관할면적이 30㎢ 이상이거나 인구 3천명 이상 되는 지역에 설치할 수 있다.

나. 농공단지 · 주택단지 · 문화관광단지 등 개발 지역으로써 인접 소방서 또는 119안전센터와 10㎞ 이상 떨어진 지역에 설치할 수 있다.

다. 도서 · 산악지역 등 119안전센터에 소속된 소방공무원이 신속하게 출동하기 곤란한 지역에 설치할 수 있다.

사진 5-66 소방서 입지 사례(한국향토문화전자대전 누리집)

도시지역에서는 고밀도 지역에서 화재 예방 · 신속 대응이 중요하므로, 인구밀도, 건축물 밀집도, 교통혼잡도, 고층건물 유무 등을 고려하여 입지를 결정한다. 이를 고려하여 주요 간선도로 접면, 병원 등의 응급시설 인근, 재난취약시설, 교통 혼잡이 덜한 지역에 입지하는 것이 적합한다. 소방관 등의 출장 상황에서는 5분 이내 출동권 확보가 목표이며, 도시의 높은 지가로 넓은 대지 확보가 어려워 입체적인 건물 공간을 활용하며 주차장, 훈련 공간 등이 복합 시설화 되어 있다.

비도시지역의 소방서 등은 넓은 면적의 관할지역에 대하여 기초 대응 및 지역 대응능력 확보가 중요하다. 비도시지역은 산불, 농촌지역 화재, 구조 · 구급 수요, 도로 사정 등을 고려하여 읍면 단위에 소방파출소 중심의 배치가 필요하다. 비도시지역에서는 출동시간을 10분~15분 이내 확보를 목표로 읍 · 면의 중심지, 병원 등이 밀집한 지역이면서 도로 조건이 양호한 입지가 적정하다.

6) 법원 · 검찰청

우리나라는 『각급 법원의 설치와 관할구역에 관한 법률』에서 법원의 설치와 관할구역 등을 정하고 있다. 법원은 국가의 사법기관으로 효율적인 사법행정과 국민의 접근성 보장을 위해 입지의 접근성과 행정적 편의성이 중요한 입지 선정의 조건이 된다.

법원의 입지는 행정의 중심지에 인접해야 한다. 시 · 도청 및 시 · 군 · 구청 등 지역 행정기관과 인접해야 협업 및 행정의 효율성이 확보되기 때문에 지역의 행정기관이 모여있는 입지가 적합하다.

법원은 형사 사건의 재판 등을 처리하므로 경찰 및 검찰청과 인접한 입지가 행정의 효율성을 고려할 때 적합한 위치이다. 많은 법원이 검찰청 청사와 함께 위치한 사례는 이러한 행정 업무 특성에 따른 입지적 필요성으로 인한 결과이다.

법원은 민원인과 재판을 위해 방문하는 시민들의 접근 용이성 확보를 위하여 버스 및 지하철 등 대중교통으로 접근이 쉬운 곳에 입지하며, 차량을 이용하여 방문자를 고려해 주요 간선도로에 인접한 입지를 선호하며 주차 공간을 설치할 정도의 넓은 부지가 필요하다.

이상의 설명을 토대로 법원의 실제 입지 사례를 살펴보고자 한다. 서울의 대표적인 법원인 서울중앙지방법원은 강남구 서초동 법조타운에 위치하며 서울고등법원과 대검찰청 등 사법행정의 복합 입지에 있으며, 대중교통의 접근성이 매우 우수하다. 광역시인 대전에 대전지방법원은 대전시 서구 둔산동에 정부종합청사 등이 밀집한 행정타운에 위치하며 대전지방검찰청과 경찰청 등이 연접하고 있다.

지방의 중소도시 법원들은 시청과 같은 행정기관과 인접하는 경우가 많다. 강원도 강릉에 있는 춘천지방법원 강릉지원은 강릉 시청과 가까이 위치하여 시민들의 접근성이 좋아 편의성이 높다. 창원지방법원 진주지원은 진주시청 근처에 위치하여 대중교통 및 도로 접근성이 양호하다. 자료 5-67은 법률에 따라 설치된 각급 법원의 명칭과 소재지를 정리한 표이다.

자료 5-67 각급 법원의 명칭 및 소재지[61]

각급 법원의 명칭 및 소재지	
명칭	소재지
서울고등법원	서울특별시
대전고등법원	대전광역시
대구고등법원	대구광역시
부산고등법원	부산광역시
광주고등법원	광주광역시
수원고등법원	수 원 시
특허법원	대전광역시
서울중앙지방법원	서울특별시
서울가정법원	서울특별시
서울행정법원	서울특별시
서울회생법원	서울특별시
서울동부지방법원	서울특별시
서울남부지방법원	서울특별시
서울북부지방법원	서울특별시

61 『각급 법원의 설치와 관할구역에 관한 법률』 제2조(설치) 및 [별표 1] 〈개정 2022.12.27.〉에서 법원의 설치를 법률로 정하고 있다.

서울서부지방법원	서울특별시
의정부지방법원	의 정 부 시
인천지방법원	인천광역시
인천가정법원	인천광역시
수원지방법원	수원시
수원가정법원	수원시
수원회생법원	수원시
춘천지방법원	춘천시
대전지방법원	대전광역시
대전가정법원	대전광역시
청주지방법원	청주시
대구지방법원	대구광역시
대구가정법원	대구광역시
부산지방법원	부산광역시
부산가정법원	부산광역시
부산회생법원	부산광역시
울산지방법원	울산광역시
울산가정법원	울산광역시
창원지방법원	창원시
광주지방법원	광주광역시
광주가정법원	광주광역시
전주지방법원	전주시
제주지방법원	제주시
의정부지방법원 고양지원	고양시
의정부지방법원 남양주지원	남양주시
인천지방법원 부천지원	부천시
인천가정법원 부천지원	부 천 시
수원지방법원 성남지원	성남시
수원가정법원 성남지원	성남시
수원지방법원 여주지원	여주시
수원가정법원 여주지원	여주시
수원지방법원 평택지원	평택시
수원가정법원 평택지원	평택시
수원지방법원 안산지원	안산시
수원가정법원 안산지원	안산시
수원지방법원 안양지원	안양시

수원가정법원 안양지원	안양시
춘천지방법원 강릉지원	강릉시
춘천지방법원 원주지원	원주시
춘천지방법원 속초지원	속초시
춘천지방법원 영월지원	영월읍
대전지방법원 홍성지원	홍성읍
대전가정법원 홍성지원	홍성읍
대전지방법원 공주지원	공주시
대전가정법원 공주지원	공주시
대전지방법원 논산지원	논산시
대전가정법원 논산지원	논산시
대전지방법원 서산지원	서산시
대전가정법원 서산지원	서산시
대전지방법원 천안지원	천안시
대전가정법원 천안지원	천안시
청주지방법원 충주지원	충주시
청주지방법원 제천지원	제천시
청주지방법원 영동지원	영동읍
대구지방법원 서부지원	대구광역시
대구지방법원 안동지원	안동시
대구가정법원 안동지원	안동시
대구지방법원 경주지원	경주시
대구가정법원 경주지원	경주시
대구지방법원 포항지원	포항시
대구가정법원 포항지원	포항시
대구지방법원 김천지원	김천시
대구가정법원 김천지원	김천시
대구지방법원 상주지원	상주시
대구가정법원 상주지원	상주시
대구지방법원 의성지원	의성읍
대구가정법원 의성지원	의성읍
대구지방법원 영덕지원	영덕읍
대구가정법원 영덕지원	영덕읍
부산지방법원 동부지원	부산광역시
부산지방법원 서부지원	부산광역시
창원지방법원 마산지원	창 원 시

창원지방법원 진주지원	진주시
창원지방법원 통영지원	통영시
창원지방법원 밀양지원	밀양시
창원지방법원 거창지원	거창읍
광주지방법원 목포지원	목포시
광주가정법원 목포지원	목포시
광주지방법원 장흥지원	장흥읍
광주가정법원 장흥지원	장흥읍
광주지방법원 순천지원	순천시
광주가정법원 순천지원	순천시
광주지방법원 해남지원	해남읍
광주가정법원 해남지원	해남읍
전주지방법원 군산지원	군산시
전주지방법원 정읍지원	정읍시
전주지방법원 남원지원	남원시

검찰청 역시 『검찰청법』[62]에 따라 검찰청의 설치와 관할구역을 법률로 정하고 있다. 검찰청의 입지 조건은 범죄 수사 · 기소 기능의 특성과 법원 등 연계기관과의 협력 필요성이 중요하다. 자료 5-68은 각 지역별 검찰청의 명칭과 위치이다.

자료 5-68 검찰청의 명칭 및 소재지[63]

대검찰청 외의 각급 검찰청의 명칭과 위치	
명칭	위치
서울고등검찰청	서울특별시
대전고등검찰청	대전광역시
대구고등검찰청	대구광역시
부산고등검찰청	부산광역시
광주고등검찰청	광주광역시
수원고등검찰청	수원시

62 『검찰청법』 제3조(검찰청의 설치와 관할구역) 및 동법 시행령 제2조(대검찰청의 위치) 내지 제3조(대검찰청 외의 각급 검찰청의 명칭과 위치)에서 법률로 정하고 있다.

63 『대검찰청의 위치와 각급 검찰청의 명칭 및 위치에 관한 규정』 [별표], 〈대통령령 개정 2021.5.4〉.

서울중앙지방검찰청	서울특별시
서울동부지방검찰청	서울특별시
서울남부지방검찰청	서울특별시
서울북부지방검찰청	서울특별시
서울서부지방검찰청	서울특별시
의정부지방검찰청	의정부시
인천지방검찰청	인천광역시
수원지방검찰청	수원시
춘천지방검찰청	춘천시
대전지방검찰청	대전광역시
청주지방검찰청	청주시
대구지방검찰청	대구광역시
부산지방검찰청	부산광역시
울산지방검찰청	울산광역시
창원지방검찰청	창원시
광주지방검찰청	광주광역시
전주지방검찰청	전주시
제주지방검찰청	제주시
의정부지방검찰청 고양지청	고양시
의정부지방검찰청 남양주지청	남양주시
인천지방검찰청 부천지청	부천시
수원지방검찰청 성남지청	성남시
수원지방검찰청 여주지청	여주시
수원지방검찰청 평택지청	평택시
수원지방검찰청 안산지청	안산시
수원지방검찰청 안양지청	안양시
춘천지방검찰청 강릉지청	강릉시
춘천지방검찰청 원주지청	원주시
춘천지방검찰청 속초지청	속초시
춘천지방검찰청 영월지청	영월읍
대전지방검찰청 홍성지청	홍성읍
대전지방검찰청 공주지청	공주시
대전지방검찰청 논산지청	논산시
대전지방검찰청 서산지청	서산시
대전지방검찰청 천안지청	천안시
청주지방검찰청 충주지청	충주시

청주지방검찰청 제천지청	제천시
청주지방검찰청 영동지청	영동읍
대구지방검찰청 서부지청	대구광역시
대구지방검찰청 안동지청	안동시
대구지방검찰청 경주지청	경주시
대구지방검찰청 포항지청	포항시
대구지방검찰청 김천지청	김천시
대구지방검찰청 상주지청	상주시
대구지방검찰청 의성지청	의성읍
대구지방검찰청 영덕지청	영덕읍
부산지방검찰청 동부지청	부산광역시
부산지방검찰청 서부지청	부산광역시
창원지방검찰청 마산지청	창원시
창원지방검찰청 진주지청	진주시
창원지방검찰청 통영지청	통영시
창원지방검찰청 밀양지청	밀양시
창원지방검찰청 거창지청	거창읍
광주지방검찰청 목포지청	목포시
광주지방검찰청 장흥지청	장흥읍
광주지방검찰청 순천지청	순천시
광주지방검찰청 해남지청	해남읍
전주지방검찰청 군산지청	군산시
전주지방검찰청 정읍지청	정읍시
전주지방검찰청 남원지청	남원시

도시지역의 검찰청은 고도화된 범죄 수사, 특수 · 경제 · 범죄단체 등 전문 수사 기능 중심으로 전문 기능이 중심으로 조직이 구성되어 있다. 도시지역 검찰청은 대규모 법원(지방법원)과 밀접하게 연계되어, 나란히 연접하여 입지하고 있는 경우가 많다. 또한 도시 내 대중교통 중심지에 소재하여 버스 및 지하철 등 대중교통 수단으로 접근성이 좋은 곳에 위치하며, 민원인과 피의자 등 범죄 혐의자의 동선이 분리되어 있으며 고위험 수사시설의 보안성을 확보하고 있다. 도시지역에 위치하고 있지만 소음이나 교통혼잡이 적은 준업무지역 또는 행정기관이 모여있는 지역에 소재하고 있는 경우가 일반적이다.

비도시지역 검찰청은 기본적인 형사사건 수사 및 기소 중심 등 민생 범죄 위주의 기능을 중심으로 생활권 범죄 대응 및 기초 사법 접근성 확보에 주안점을 둔다. 비도시지역 검찰청은 소규모 법원(지원) 이나 경찰서 등과 연계가 쉬운 입지를 선호하며 중소도시의 경우 생활권의 중심에 법원과 연접하여 위치하는 경우가 많다. 검찰청의 규모는 소규모 청사로 인근 법원 등 공공청사 부지와 함께 활용되는 경우가 많으며, 주로 지방검찰청의 지청 또는 분소 형태로 최소 인력 중심으로 운영되는 것이 일반적이다.

예컨대, 서울시의 대표적인 검찰청인 서울중앙지방검찰청은 서초동 법조타운 내 위치하며 대법원 · 서울중앙지방법원 · 서울고등법원과 인접한 위치에 있다. 또한 지하철을 비롯하여 대중교통 중심의 편리한 접근성이 있는 입지에 있다. 광역시의 경우 대전지방검찰청은 둔산동 행정타운 내에 있으며, 대전지방법원과 경찰청에 연접하여 사법행정에 연계성을 높이는 입지에 있다.

지방 중소도시 검찰청 입지는 대도시 검찰청과 다소 차이가 있다. 경상북도 포항시에 대구지방검찰청 포항지청은 포항시 법원 근처에 있으며 시청 및 경찰서와 인접한 위치에 있다. 춘천지방검창철 강릉지청 역시 법원 강릉지원 인근에 위치하며 민원 접근성과 행정의 연계성을 중심으로 위치한다.

자료 5-69 법원 및 검찰청 입지 사례(서울연구데이터서비스 누리집)

06

계획입지 토지상품

6

계획입지 토지상품

우리나라는 1980년 택지개발촉진법 제정 이후 소위 '신도시 개발'이라고 하는 택지개발사업으로 도시의 발전을 도모하였다. 신도시 토지는 줄여서 택지(宅地)라고 부르기도 하는데, 집(住宅)을 지을 수 있는 땅(地)이라는 말의 줄임이다. 또한 토지이용의 기능적 분류로 주거용 또는 부수 건물을 비롯한 주거생활에 필요한 다양한 용도의 건축물을 건설할 수 있도록 조성된 땅인 대지(垈地)를 의미한다.[1] 본 장에서는 우리나라 토지개발 관련 공익사업을 살펴보고, 대표적인 계획입지로 공공택지개발과 산업단지를 중심으로 토지상품을 구체적으로 살펴보고자 한다.

6.1 계획입지 토지상품의 분류 및 매각방법

6.1.1 계획입지 개발사업

우리나라의 계획입지 개발사업은 법령에 근거한다. 『공익사업을 위한 토지 등의 취득 및 보상에 관한 법률』[2] 제4조에서 공익사업[3]을 규정하고 있으며, 이 법에 근

1 국토교통부 토지이용 용어사전.

2 『공익사업을 위한 토지 등의 취득 및 보상에 관한 법률』의 약칭은 '토지보상법'이다.

3 『공익사업을 위한 토지 등의 취득 및 보상에 관한 법률』 제4조(공익사업) 제1호 내지 제8호에서 토지 등을 취

거하여 공익사업을 위하여 토지 등을 취득하거나 사용할 수 있다.

공익사업 시행 과정에서 국민의 재산권을 제한하는 근거는 우리 『헌법』 제23조이다. 헌법 제23조 제3항은 '공공필요에 의한 재산권의 수용·사용 또는 제한 및 그에 대한 보상은 법률로써 하되, 정당한 보상을 지급하여야 한다'고 하여 공익사업을 위한 토지보상법 등 제도의 근간이다. 공공사업자가 시행할 수 있는 공익사업[4]은 자료 6-1과 같다.

자료 6-1 계획입지 토지개발사업 근거 법률 및 제정목적

사업구분	근거법	훈령·고시	제정목적
택지개발사업 (신도시개발)	택지개발촉진법	택지개발 업무 처리지침	도시지역의 시급한 주택난을 해소하기 위하여 주택건설에 필요한 택지의 취득·개발·공급 및 관리 등에 관하여 특례를 규정함으로써 국민 주거생활과 복지 향상에 이바지함
공공주택지구	공공주택특별법	공공주택 업무 처리지침	공공주택의 원활한 건설과 효과적인 운영을 위하여 필요한 사항을 규정함으로써 서민의 주거안정 및 주거수준 향상을 도모하여 국민의 쾌적한 주거생활에 이바지함
도시개발사업	도시개발법	도시개발 업무 지침	도시개발에 필요한 사항을 규정하여 계획적이고 체계적인 도시개발을 도모하고 쾌적한 도시환경의 조성과 공공복리의 증진에 이바지함
산업입지 개발사업	산업입지 및 개발에 관한 법률	산업입지의 개발에 관한 통합지침	산업입지의 원활한 공급과 산업의 합리적 배치를 통하여 균형 있는 국토개발과 지속적인 산업발전을 촉진함으로써 국민경제의 건전한 발전에 이바지함

득하거나 사용할 수 있는 공익사업을 정의하고 있다.

4 법령에 근거한 개발사업이라 할지라도 모두 공익사업인 것은 아니다. 즉, 공공사업자가 아닌 민간 사업자가 시행하는 경우는 '공익사업'에 해당하지 아니한다. 예컨대, 도시개발사업이나 정비사업 등은 민간 사업시행자가 사업을 시행할 수 있다.

물류시설 개발사업	물류시설의 개발 및 운영에 관한 법률	물류단지 개발 지침	물류시설을 합리적으로 배치·운영하고 물류서설 용지를 원활히 공급하여 물류산업의 발전을 촉진함으로써 국가경쟁력을 강화하고 국토의 균형 있는 발전과 국민경제의 발전에 이바지함
경제자유구역 개발사업	경제자유구역의 지정 및 운영에 관한 특별법	경제자유구역 개발지침	경제자유구역의 지정 및 운영을 통하여 외국인 투자기업의 경영환경과 외국인의 생활 여건을 개선함으로써 외국인 투자를 촉진하고 나아가 국가경쟁력의 강화와 지역 간의 균형발전을 도모함
행정중심복합 도시건설사업	신행정수도 후속대책을 위한 연기·공주지역 행정중심복합 도시 건설을 위한 특별법	행정중심복합 도시 토지공급 지침	수도권의 지나친 집중에 따른 부작용을 해소하기 위하여 새롭게 조성하는 행정중심복합도시의 건설 방법 및 절차를 규정함으로써 국가의 균형발전과 국가경쟁력 강화에 이바지함
혁신도시 개발사업	공공기관 지방이전에 따른 혁신도시 건설 및 지원에 관한 특별법	혁신도시 토지 공급지침	공공기관 지방이전에 시책 등에 따라 수도권에서 수도권이 아닌 지역으로 이전하는 공공기관 등을 수용하는 혁신도시의 건설을 위하여 필요한 사항과 해당 공공기관 및 그 소속 직원에 대한 지원에 관한 사항을 규정함으로써 공공기관의 지방이전을 촉진하고 국가균형발전과 국가경쟁력 강화에 이바지함
정비사업	도시 및 주거 환경 정비법	-	도시기능의 회복이 필요하거나 주거환경이 불량한 지역을 계획적으로 정비하고 노후·불량건축물을 효율적으로 개량하기 위하여 필요한 사항을 규정함으로써 도시환경을 개선하고 주거생활의 질을 높이는데 이바지함
	도시재정비 촉진을 위한 특별법	-	도시의 낙후된 지역에 대한 주거환경의 개선, 기반시설의 확충 및 도시기능의 회복을 위한 사업을 광역적으로 계획하고 체계적·효율적으로 추진하기 위하여 필요한 사항을 정함으로써 도시의 균형 있는 발전을 도모하고 국민의 삶의 질 향상에 기여함

자료 6-1에 해당하는 개발사업은 『국토의 계획 및 이용에 관한 법률』 제51조 제1항에 따라 지구단위계획구역으로 지정할 수 있는데, 일반적으로 지구단위계획구역으로 지정된다. 이는 토지이용을 합리화하고 그 기능을 증진시키며 미관을 개선하고 양호한 환경을 확보하여 그 지역을 체계적 · 계획적으로 개발하기 위함이다.

지구단위계획구역으로 지정되면 『택지개발 업무처리지침』 제36조 제2항에 따라 도시의 기능을 극대화하고 도시의 건전한 발전을 도모할 수 있도록 관리해야 하며, 준공일로부터 5년 간 준공 당시 수립된 지구단위계획을 유지[5]하여야 한다.

택지개발은 도시계획의 여러 이론을 반영하여 개발계획과 토지이용계획, 수용인구 및 주택계획을 수립하며, 이에 따라 도시계획시설 설치계획을 수립한다. 그리고 사업시행을 위한 단계별 조성계획 및 재원조달 · 자금투자에 관한 계획을 수립하고 시행하게 된다. 이러한 절차는 자료 6-2와 같다.

자료 6-2 택지개발계획의 내용(택지개발업무처리지침 별표 1)[6]

구 분	내 용
○ 개발계획의 개요	○ 개발계획의 명칭 ○ 시행자의 명칭, 주소와 대표자의 성명 ○ 개발기간
○ 토지이용계획	○ 주택건설용지에 관한 계획 ○ 공공시설용지에 관한 계획
○ 수용인구 및 주택계획	○ 수용인구 및 주택산정 내용 ○ 인구 및 호수밀도 ○ 블럭별 용적율, 호수, 표준면적형(세대전용 면적을 말한다)
○ 도시계획시설 설치계획	○ 교통계획 ○ 공원, 녹지계획 ○ 공공 및 편익시설계획 ○ 공급처리시설계획 ○ 에너지공급계획 ○ 자전거도로 설치계획

5 단, 『택지개발 업무처리지침』 제36조 제2항 제1호 내지 제11호에 해당하는 경우에는 그러하지 아니하다.

6 택지개발업무처리지침 별표 1.

○ 단계별 조성계획에 관한 사항	
○ 재원조달 및 자금투자에 관한 계획	
○ 기타사항	○ 관련기관의 의견 및 이의 반영 여부에 관한 사항 ○ 건축부문의 에너지 효율향상 대책에 관한 사항

6.1.2 토지상품의 공급가격

주택건설용지의 매각을 위한 공급가격은 『택지개발촉진법』 및 『택지개발업무처리지침』 등 관련 법령에서 그 내용을 정하고 있다. 택지의 공급가격은 토지의 용도에 따라 조성원가 이하,[7] 조성원가 수준, 감정평가액, 경쟁입찰에 의한 낙찰가격으로 구분하여 정하고 있다.

택지의 조성원가는 『공공택지의 조성원가 산정기준 및 적용방법』을 기준으로 산정하는데 총사업비를 총유상공급대상면적으로 나누어 산출한다. 여기서 총사업비는 다시 직접비와 간접비로 구분할 수 있는데, 직접비는 용지비, 조성비, 직접인건비, 이주대책비, 용지부담금 기반시설실치비로 구성되어 있으며, 간접비는 판매비, 일반관리비, 자본비용 및 그 밖의 비용으로 구성되어 있다. 또한 총유상공급대상면적은 총사업면적에서 총무상공급대상면적을 제외한 면적으로 산정한다. 『택지개발업무처리지침』에서 정하는 택지공급가격기준[8]은 자료 6-3과 같다.

7 택지의 조성원가 이하로 공급하는 경우 조성원가를 100으로 했을 때 상대적 비율로 표시한다.

8 '택지공급가격기준'은 택지개발촉진법이 근거법인 경우에 적용되며, 다른 법률로 시행하는 공익사업의 경우는 공급가격과 방법의 기준이 해당 법률에 따라 다르다. 따라서 공급기준은 개별 공익사업의 근거법률에 따라 공급기준을 확인하여야 한다.

자료 6-3 택지공급가격기준[9] (단위 : 퍼센트)

구 분	용 도 별	공 급 지 역		
		수도권·부산권	광역시	기타지역
조성 원가 이하	ㅇ 임대주택건설용지			
	- 60㎡ 이하 임대주택건설용지	• 수도권 : 60(85) • 부산권 : 60(80)	60(80)	60(70)
	- 60㎡ 초과 85㎡ 이하 임대주택 건설용지	• 수도권 : 85(100) • 부산권 : 80(90)	70(90)	60(80)
	ㅇ 공립학교용지(공립 유치원·초·중·고)	무상	무상	무상
조성 원가 수준	ㅇ 공공용지	100	100	100
	ㅇ 협의양도인택지(단독주택건설용지)	• 수도권 : 감정 평가액 • 부산권 : 110	110	110
	ㅇ 사립학교용지(초·중·고)	100	100	110
감정 평가액	ㅇ 단독주택건설용지(점포겸용 단독주택건설용지 제외)	감정평가액	감정평가액	감정평가액
	ㅇ 분양주택건설용지	〃	〃	〃
	ㅇ 임대주택건설용지 - 85㎡ 초과 149㎡ 이하 임대주택건설용지	〃	〃	〃
	ㅇ 공공용지	〃	〃	〃
	ㅇ 점포겸용 단독주택용지(주거부분)	〃	〃	〃
	ㅇ 주상복합용지(주거부분)	〃	〃	〃
경쟁입찰에 의한 낙찰 가격	ㅇ 점포겸용 단독주택용지(비주거부분)	경쟁입찰에 의한 낙찰가격	경쟁입찰에 의한 낙찰가격	경쟁입찰에 의한 낙찰가격
	ㅇ 주상복합용지(비주거부분)	〃	〃	〃
	ㅇ 도시계획시설용지	〃	〃	〃
	ㅇ 근린생활시설용지	〃	〃	〃
	ㅇ 상업·업무시설용지	〃	〃	〃

주 : 1. 공급가격은 상한가격기준이며 지역여건에 따라 기준가격 이하로 공급 가능(영 제13조의2 제5항 제2호에 따른 공공시설용지를 제외한 최초 공급공고 이후 5년이 경과할 때까지 매각되지 않

9 『택지개발업무처리지침』 별표 3.

는 용지의 경우 직전 공급가격의 100분의 10 범위에서 공급가격을 인하할 수 있음)

2. 공공시설용지와 그 밖의 공공시설용지(학교포함)는 해당 공공시설의 관리주체 및 영리성에 따라 구분하여 결정
3. 점포겸용 단독주택용지 및 주상복합용지는 지구단위계획에 명시된 주거부분과 비주거부분(상업부분, 근린생활부분 등) 비율을 준수
4. 임대주택건설용지의 공급가격 중 ( )는 『공공주택특별법 시행령』 제2조 제1항 제1호부터 제5호까지의 공공임대주택 중 같은 법 시행령 제54조 제1항의 임대의무기간이 10년 미만인 임대주택건설용지의 공급가격임
5. 공립학교용지는 공공 · 민간 공동 택지개발 사업시행자의 경우 '학교용지 확보 등에 관한 특례법' 제4조 제3항 제2호에 따라 민간부문에 대해서는 감정평가액으로 공급
6. 주택건설용지를 『민간임대주택에 관한 특별법』 제18조에 따라 민간건설임대주택을 건설하려는 임대사업자에게 우선 공급하는 때에는 감정평가액으로 공급한다. 다만, 85㎡ 이하인 임대주택건설용지를 같은 법 제2조 제4호에 따른 공공지원민간임대주택용지로 공급하는 경우에는 같은 법 제2조 제14호에 따른 주거지원대상자를 위한 주택공급기준(전체 호수 대비 최소 공급비율, 주택규모 등)을 정하고, 해당 주택용지 부분은 대지면적으로 산정하여 조성원가로 공급한다.
7. 점포겸용 단독주택용지를 주택도시기금이 50% 이상 출자하는 리츠에 우선공급하는 경우 또는 『민간임대주택에 관한 특별법』에 따른 임대주택 공급을 위해 『협동조합 기본법』에 따른 협동조합과 사회적협동조합, 『사회적기업육성법』에 따른 사회적기업과 예비사회적기업, 『민법』에 따른 비영리법인에 공급하는 경우 비주거부분의 공급가격을 감정평가액으로 할 수 있다.

한편, 산업단지 내 산업시설용지 등의 분양가격은 『산업입지 및 개발에 관한 법률』 시행령 제40조(분양가격의 결정 등)에 따라 조성원가로 한다. 이 내용을 정리하면 자료 6-4와 같다.

자료 6-4 택지공급가격기준[10]

구분	분양가격
산업시설용지	조성원가
산업단지에 입주하는 자의 생산활동의 지원에 직접 필요한 용지로서 공용화물터미널용지·집배송단지 등 물류시설용지와 직업훈련시설용지	조성원가
학교시설용지·어린이집용지·공공의료시설용지·공공청사용지·공공문화시설용지·공공복지시설용지·국민주택용지(60제곱미터 이하의 용지에 한한다)·임대주택용지 및 연구시설용지	조성원가 또는 조성원가 이하
판매시설용지 등 영리를 목적으로 사용될 용지	경쟁입찰 낙찰가격
사업시행자가 필요하다고 인정하는 경우	감정평가액

6.1.3 토지상품의 공급방법

계획입지로 조성된 토지를 시장에 매각하는 공급방법은 추첨분양, 경쟁입찰, 수의계약의 방식으로 구분할 수 있다.

1. 추첨분양 : 매각할 토지를 미리 공시된 가격으로 공고하고, 매수자를 공개모집하여 추첨으로 계약대상자를 결정하는 매각방식이다.
2. 경쟁입찰 : 매각할 토지의 입찰예정가격[11]을 공고하고 매수자들이 경쟁입찰가격을 제시하여 최고가 입찰자를 계약대상자로 결정하는 매각방식이다.
3. 수의계약 : 매수자를 공개모집하지 아니하고 관련 법령 등에 따른 적격자에게 매각하거나, 추첨분양 또는 경쟁입찰 토지가 매각되지 아니한 경우 선착순으로 매각하는 방식이다.

『택지개발 업무처리지침』 별표 4.에는 조성된 토지인 택지의 매각을 위한 공급방법 및 가격 등 기준이 있으며, 용도에 따른 공급대상자, 공급방법 및 공급가격의 구체적인 내용은 자료 6-5와 같다.

10 『산업입지 및 개발에 관한 법률』 시행령 제40조(분양가격의 결정 등).

11 '입찰예정가격'은 경쟁입찰에 참여할 수 있는 '최저입찰가격'이다.

자료 6-5 택지의 공급방법 및 가격[12]

용 도	공 급 대 상 자	공급방법	공급가격
상가부지	• 생활대책 • 기타 실수요자 • 보상금예치자	수의계약 경쟁입찰 제한경쟁	감정평가액 낙찰가격 낙찰가격
시　장	• 국가, 지자체(농수산물도매시장) • 농수산물유통공사등(농수산물공판장) • 생활대책 • 기타 실수요자	수의계약 수의계약 수의계약 경쟁입찰	조성원가 감정평가액 감정평가액 낙찰가격
종교용지	• 협의양도자(종교법인 소유토지) • 기타 실수요자	수의계약 추　첨	• 기존면적의 120% : 조성원가 • 추가면적: 감정평가액 감정평가액
유치원· 보육시설	• 국가 • 협의양도자(유치원·보육시설 및 부지) • 기타 실수요자	 수의계약 수의계약 추　첨	조성원가 • 기존면적 : 조성원가 • 추가면적 : 감정평가액 감정평가액
공용의 청사	• 국가, 지자체	수의계약	조성원가
주 차 장	• 국가, 지자체 • 기타 실수요자	수의계약 경쟁입찰	조성원가 낙찰가격
자 동 차 정 류 장	• 국가, 지자체 • 대체시설용 • 기타 실수요자	수의계약 수의계약 추　첨	조성원가 감정평가액 감정평가액
의　료	• 국가, 지자체	수의계약	조성원가
시　설	• 기타 실수요자	추　첨	감정평가액
통신시설	• 전기통신사업법에 의한 실수요자	수의계약	감정평가액
집단에너지 시설	• 집단에너지사업법에 의한 실수요자	수의계약	감정평가액
전기공급 시설	• 전기사업법에 의한 실수요자	수의계약	감정평가액

12 『택지개발업무처리지침』 별표 4.

용 도	공 급 대 상 자	공급방법	공급가격
도시형 공장·벤처기업집적시설·소프트웨어진흥시설·산업집적기반시설·지식산업센터	• 국가, 지자체 • 중소기업진흥공단 (중소기업협동조합법에 의한 중소기업중앙회가 국가 또는 지자체로부터 재정지원을 받아 관련시설을 설치하는 경우를 포함한다) • 협의양도자	수의계약 수의계약 수의계약	조성원가 조성원가 (단, 상업용지 및 근린생활시설용지는 감정평가액) 기존면적 : 조성원가 80% 추가면적 : 감정평가액
농업관련 시 설	• 기타 실수요자(관할 지자체장의 추천) • 기타 실수요자 • 국가, 지자체 • 종자산업법 제37조제1항에 따른 종자업과 제37조의2제1항에 따른 육묘업을 등록한자 중 실수요자(관할 지자체장의 추천) • 협의양도자(농업협동조합법 제2조에 따른 조합 및 중앙회의 시설 및 부지) • 기타 실수요자	수의계약 추 첨 수의계약 수의계약 수의계약 추 첨	감정평가액 감정평가액 감정평가액 감정평가액 감정평가액 감정평가액
사회복지 시 설	• 국가, 지자체 • 사회복지법인 (다만, 사회복지사업법에 의한 사회복지시설중 수용보호시설(유료시설 제외)을 설치하고자 하는 사회복지법인으로 관할 지방자치단체장의 추천을 받은 경우에 한함) • 기타 실수요자(관할 지자체장의 추천)	수의계약 수의계약 수의계약	조성원가 조성원가 감정평가액
위험물 저장 및 처리시설(주유소 및 액화석유가스충전소)	• 협의양도자 • 기타 실수요자	제한경쟁 경쟁입찰	낙찰가격 낙찰가격

주: 1. 다음의 경우는 상기 기준의 일부를 변경적용 가능
- 330만제곱미터 이상의 대규모 택지개발사업지구로서 신도시건설차원에서 개발되는 경우
- 당해 사업지구의 시행상 특수성으로 인하여 본 단일기준에 의할 수 없는 특별한 사정이 있는 경우

2. 전력 · 통신 · 가스의 공급대상자가 공공기관의 운영에 관한 법률 제5조에 의한 준시장형 공기업에 해당하는 경우에는 조성원가로 공급
3. 주차장용지를 국가, 지자체에 공급하는 경우 허용용도는 노외주차장 및 노외주차장용지 내 주차전용건축물(건축물의 연면적 중 주차장으로 사용되는 부분의 비율이 95퍼센트 이상인 것을 말한다)로 한정하며, 공급가격 하한을 수도권 · 부산권은 조성원가의 90%, 광역시는 80%, 기타지역은 70%로 하여 공급한다.
4. 단, 주차장 용지는 지역여건에 따라 기준가격 이하로 공급 가능하다.

한편, 산업시설용지는 주택건설용지와 달리 토지를 매각할 때 경쟁이 있는 경우 추첨의 방법으로 공급하는 것이 원칙이나, 일정한 요건에 해당하면 우선순위를 부여하거나 수의계약으로 공급할 수 있다.

우선순위를 부여할 수 있는 경우는 『산업입지 및 개발에 관한 법률』 시행령 제42조의4 제3항에 따른다. 산업시설용지(복합용지 내에 산업시설을 설치하기 위한 용지를 포함하며, 대학 내 산업시설용지는 제외한다)의 경우 아래 각 호에 해당하는 자를 우선적으로 선정할 수 있다.

1. 『수도권정비계획법』 제6조의 규정에 의한 과밀억제권역으로부터 이전하고자 하는 자
2. 『산업집적활성화 및 공장설립에 관한 법률』 제2조 제13호에 따른 지식산업센터를 설립하고자 하는 자
3. 제2호에 해당하는 자에게 출자 또는 융자한 다음 각 목의 어느 하나에 해당하는 자
   가. 『부동산투자회사법』 제49조의3 제1항에 따른 공모부동산투자회사
   나. 『자본시장과 금융투자업에 관한 법률』 제229조 제2호에 따른 부동산집합투자기구 중 같은 법 제9조 제19항에 따른 사모집합투자기구에 해당하지 않는 부동산집합투자기구
4. 『중소기업진흥에 관한 법률』 제29조에 따라 협동화실천계획의 승인을 얻어 시행하고자 하는 자
5. 재생계획에 의하여 이전이 요구되는 자
6. 관련 법률의 규정에 따라 이전이 요구되는 공장이나 물류시설을 소유하고 있는 자
7. 『재해경감을 위한 기업의 자율활동 지원에 관한 법률』 제2조 제6호에 따른 재해경감 우수기업
8. 『국토의 계획 및 이용에 관한 법률 시행령』 제93조 제1항 각 호의 어느 하나에 해당하는 사유로 증축이 제한되는 공장 중 시·도지사가 그 관할구역의 산업단지로 이전이 필요하다고 인정하는 공장을 소유하고 있는 자
9. 『해외진출기업의 국내복귀 지원에 관한 법률』 제2조 제4호에 따른 국내복귀기업
10. 『국가를 당사자로 하는 계약에 관한 법률 시행령』 제42조 제5항 본문에 따른 세부심사기준에 따라 신규채용 실적이 우수하거나 청년고용 실적이 우수한 것으로 평가되는 기업
11. 스마트그린산업단지 조성에 기여하는 다음 각 목의 어느 하나에 해당하는 자로서 사업시행자가 분양공고에서 제시하는 설비규모 등 구체적 조건을 충족하는 자에게 공급하기 위한 경우
   가. 『녹색건축물 조성 지원법』 제16조에 따른 녹색건축의 인증이나 같은 법 제17조에 따른 제로에너지건축물 인증을 받으려는 자
   나. 공장 등 건축물 및 부지에 『신에너지 및 재생에너지 개발·이용·보급 촉진법』 제2조 제3호에 따른 신에너지 및 재생에너지 설비를 설치하려는 자
   다. 그 밖에 사업시행자가 스마트그린산업단지 조성에 기여한다고 인정하는 자

수의계약으로 산업시설용지를 공급할 수 있는 경우는 『산업입지 및 개발에 관한 법률』 시행령 제42조의4 제4항에 따른다. 이에 따르면 사업시행자는 아래 각 호의 어느 하나에 해당하는 경우에는 산업시설용지(복합용지 내에 산업시설을 설치하기 위한 용지를 포함하며, 이하 이 조에서 같다)를 수의계약으로 공급할 수 있다.

1. 제7조 제2항 제3호에 따라 산업단지지정권자와 입주협약을 체결한 기업이 산업단지개발계획 중 유치업종의 배치계획에 포함되거나 그 기업이 사용하려는 면적이 유치업종별 공급면적에 포함된 경우

1의2. 시 · 군 · 구인 사업시행자가 해당 산업단지지정권자와 협의를 거쳐 해당 산업단지 입주희망 기업과 입주협약을 체결한 경우로서 그 기업의 입주가 해당 산업단지개발계획 중 법 제6조 제5항 제6호에 따른 토지이용계획 및 주요기반시설계획과 이 영 제7조 제2항 제3호에 따른 유치업종의 배치계획에 부합하는 경우

2. 『외국인투자 촉진법』에 따른 외국인투자기업 또는 『해외진출기업의 국내복귀 지원에 관한 법률』 제2조 제4호에 따른 국내복귀기업이 직접 사용할 산업시설용지에 대하여 산업단지지정권자와 협의한 경우

3. 국가산업단지 또는 도시첨단산업단지(국토교통부장관이 지정권자인 경우만 해당한다)에서 다음 각 목의 어느 하나에 해당하는 경우로서 해당 산업단지지정권자의 승인을 받아 시 · 도지사 또는 사업시행자와 입주협약을 체결한 기업이 산업단지개발계획 중 유치업종의 배치계획에 포함되거나 그 기업이 사용하려는 면적이 유치업종별 공급면적에 포함된 경우

   가. 산업단지 활성화를 위하여 분양 촉진이 필요한 경우

   나. 해당 지역에 특정산업의 집적화가 필요한 경우

   다. 지역경제 활성화를 위하여 필요한 경우

4. 재생사업지구에서 법 제39조의2 제1항에 따른 재생사업지구지정권자(이하 "재생사업지구지정권자"라 한다)와 협의하여 법 제16조 제1항 제1호 가목부터 다목까지에 해당하는 자가 단독 또는 공동으로 총지분의 100분의 50을 초과하여 출자한 부동산투자회사(『부동산투자회사법』 제2조 제1호에 따른 부동산투자회사를 말한다)에 산업시설용지를 공급하려는 경우

6.1.4 토지의 매각공고

공익사업으로 조성된 토지는 법률에 따라 수의계약으로 매각하는 경우를 제외하면, 추첨분양 또는 경쟁입찰로 매각하며 매각공고를 통해 매수희망자를 모집하고 매각절차를 진행한다.

계획입지에 조성한 토지의 추첨분양 또는 경쟁입찰을 위하여 매각공고하는 때에는 일반적[13]으로 다음과 같은 내용을 공고에 포함하여 매각한다.

13 한국토지주택공사의 매각공고 내용을 참고하여 정리.

1. 공급대상용지의 위치, 면적 및 용도 (지구단위계획 시행지침 및 관련 도면 등)
2. 대상용지별 공급규모
3. 공급시기, 방법 및 조건
4. 공급대상자의 선정방법, 범위 및 우선순위
5. 공급가격(또는 공급가격 결정방법) 및 그 납부방법
6. 공급상의 특전에 관한 사항
7. 지정용도 사용의무
8. 토지사용[14] 및 소유권이전 가능시기
9. 토지사용상의 장애사항이 있는 경우에는 그 내용
10. 계약해제에 관한 사항
11. 신청, 추첨 및 입찰의 일시, 장소, 방법
12. 신청예약금의 납부 및 귀속에 관한 사항
13. 신청, 추첨 및 입찰의 무효 등에 관한 사항
14. 공급신청시 구비서류
15. 그 밖의 필요한 사항

계획입지에서 조성하는 토지는 개별 토지에 상·하수도, 전기, 통신, 도시가스 등 매설된 시설과 도로, 보행자로, 철도 등 교통체계, 공원, 공공시설 등 도시기반시설이 설치되어 있다.

그러므로 토지를 매수한 자는 정해진 토지의 용도, 건폐율·용적률·층수 등 건축규모에 따라 건축 후 사용·수익할 수 있으며, 정해진 목적으로 건축하는데 필요한 인·허가를 득하는데 어렵지 않다. 또한 조성공사가 완료되어 즉시 건축하는데 별도의 토지조성 공사가 필요 없다. 이처럼 조성공사가 완료된 토지의 모습은 자료 6-6과 같다.

14 대규모 개발사업의 경우 개발사업 준공 이전에는 소유권이전등기가 불가능하므로, 사업시행자로부터 '토지사용승낙'을 받아 토지를 이용할 수 있다.

자료 6-6 계획입지 조성토지 전경(LH 매각공고 자료)

6.1.5 지구단위계획의 적용

지구단위계획의 적용은 『국토의 계획 및 이용에 관한 법률』 제51조(지구단위계획의 지정 등)에 따르며, 지구단위계획의 내용은 『국토의 계획 및 이용에 관한 법률』 제52조(지구단위계획의 내용) 및 동법 시행령 제45조(지구단위계획의 내용), 그리고 지구단위계획 시행지침(국토교통부훈령 제523호)에 따른다.

지구단위계획은 지구단위계획 결정조서로 적용되며, 결정조서의 붙임자료로 '지구단위계획 결정(변경)도' 및 '지구단위계획 시행지침'이 첨부되어 지구단위계획구역 전체 그리고 부문별 세부적인 내용을 규정한다.

'지구단위계획 결정도'는 토지상품의 이용 방법과 규제 등을 표시한 도면이다. 지구단위계획도면은 필지의 위치, 모양, 면적, 차량진출입 불허구간, 공공공지, 보행자도로, 연결녹지 등 각 토지와 도로의 표시, 도로의 폭, 학교 등 교육시설 등 매각하는 토지 주변의 도시기반시설 등이 표시되어 있다.

'지구단위계획 시행지침'은 도시와 군의 체계적이고 지속 가능한 발전을 위한 필수적인 도구로써 아래의 내용을 담고 있다. 이를 통해 계획 수립 및 시행 과정에서 일관성, 신뢰성, 실효성을 보장하며, 법적 안정성을 제공하고, 지역 특성을 반영한 계획 수립을 가능하게 한다.

1. 허용용도 : 필지별로 허용되는 건축물의 용도
2. 건폐율 및 용적률 : 건축물의 밀도와 경관을 조절하는 역할
3. 건축물 높이 : 경관 보호 및 일조권과 조망권을 보장하기 위한 수단
4. 건축물 배치 및 형태 : 건축물의 미관과 기능에 영향
5. 외관 및 마감재 : 건축물의 색채, 마감재 규제 등으로 도시경관 유지
6. 조경 및 공지 : 대지 내 녹지, 조경 계획 등 자연과 공존 추구
7. 교통처리 : 보행자와 차량의 안전 및 효율적인 교통 흐름 유지

6.2 주거용 택지(宅地) 상품의 분류

주거용 토지, 즉 택지(宅地)는 용도지역을 세분하여 제1종 및 제2종 전용주거지역과 제1종, 제2종, 제3종 일반주거지역, 그리고 준주거지역으로 구분할 수 있다. 이를 표로 정리하면 자료 6-7과 같다.

자료 6-7 주거용 토지의 용도지역 세분[15]

구분	지정목적
전용주거지역 : 양호한 주거환경을 보호하기 위하여 필요한 지역	
제1종전용주거지역	단독주택 중심의 양호한 주거환경을 보호하기 위하여 필요한 지역
제2종전용주거지역	공동주택 중심의 양호한 주거환경을 보호하기 위하여 필요한 지역

15 『국토의 계획 및 이용에 관한 법률』 제36조 및 동법 시행령 제30조.

일반주거지역 : 편리한 주거환경을 조성하기 위하여 필요한 지역	
제1종일반주거지역	저층주택을 중심으로 편리한 주거환경을 조성하기 위하여 필요한 지역
제2종일반주거지역	중층주택을 중심으로 편리한 주거환경을 조성하기 위하여 필요한 지역
제3종일반주거지역	중고층주택을 중심으로 편리한 주거환경을 조성하기 위하여 필요한 지역
준주거지역 : 주거기능을 위주로 이를 지원하는 일부 상업기능 및 업무기능을 보완하기 위하여 필요한 지역	

6.2.1 주거전용 단독주택용지 : 단독주택과 다가구주택

1. 제1종전용주거지역 주거전용 단독주택용지

전용주거지역 단독주택용지는 쾌적한 주거환경의 단독주택만 건축할 수 있도록 지정된 토지로써 건폐율은 50% 이하, 용적률은 100% 이하이다. 이러한 토지에 건축물의 모습은 자료 6-8과 같다.

자료 6-8 **주거전용 단독주택용지 건설 사례(저자 직접 촬영)**

자료 6-8 사례와 같이 단독주택은 쾌적한 주거환경을 추구하는 환경을 이루고 있다. 이처럼 전용주거지역에 단독주택용지는 택지개발지구의 저밀도 주거지역으로 조성되며 택지개발이라는 인공적인 조성환경 중에서도 자연환경과 어우러진 환경에 가까운 입지에 조성된다. 단독주택용지를 조성하는 지역은 평지에 가까운 약한 경사가 있는 환경이 일반적이다. 그러나 경사도가 보행환경을 저해할 정도는 아니다.

토지 수요자는 공동주택보다 개별주택에 거주를 원하는 수요자들이다. 단독가구의 주택 건물을 건축할 수 있으면서, 공동주택과 같이 편리한 도시기반시설이 설치된 토지를 선호하는 수요자들이 주된 고객이다. 이 토지는 도심에 있는 전원주택 같은 감성을 실현한다.

토지의 소유자는 주택을 설계할 때 개인적인 취향과 선호를 적용하여 설계할 수 있다. 이러한 건축물들은 개성이 넘치고 연접한 주택들과 더불어 다양한 건축물들의 조화를 보여준다. 한편 지구단위계획의 공통사항이 적용되어 부분적으로 일체감을 보여주기도 한다. 일반적으로 1가구가 토지와 주택 건축물을 모두 점유하고 사용하는 형태이다.

자료 6-9는 화성동탄2 신도시에서 매각 공고한 제1종전용주거지역 단독주택용지의 지구단위계획 결정도 사례이다. 토지의 건폐율은 50% 이하, 용적률은 80% 이하, 최고 층수는 2층이며, 최대 허용가구는 2가구까지 가능하다. 제1종전용주거지역은 근린공원으로 이어지는 연결녹지, 보행자도로 등 보행자 위주의 쾌적한 주거환경을 목표로 계획되었음을 지구단위계획 결정도에서 나타나는 주변 토지이용계획을 통해 이해할 수 있다.

자료 6-9 전용주거지역 지구단위계획결정도 – 화성동탄2 신도시(LH 매각공고)

주거전용 단독주택지 사용기준

용 도	건폐율	용적률	층수	허용가구	용도지역	토지사용가능시기
주거전용 단독주택	50%	80%	2층	2세대	제1종 주거전용	'16년 10월 1일 부터

한편, 화성동탄2 신도시 단독주택용지의 '지구단위계획 시행지침'은 자료 6-10과 같다. 자료 6-10은 지구단위계획 시행지침 중에서 매각하는 토지에 해당하는 부분만 발췌하여 정리한 내용이다.

자료 6-10 단독주택용지 지구단위계획 시행지침 – 화성동탄2(LH 매각공고)

제 2편 건축부문 시행지침 (해당부분발췌)

제 1장 단독주택용지

〈 가구 및 획지에 관한 사항 〉

제 1조 (용지의 구분 및 위치)

단독주택용지는 점포겸용(R1), 일반형(R2), 블록형(R3), 일반형 한옥(R4), 블록형 한옥(R5)으로 구분한다

제 2조 (획지의 분할 및 합병)

① 모든 획지는 지구단위계획의 '가구 및 획지계획' 에서 결정한 획지를 기본단위로 하며, 분할할 수 없다.
② 획지의 합병은 일반형 단독주택용지 중 '연접한 2획지' 에 한하여 허용하며, 각 획지에 지정된 지침 및 지침도의 내용을 원칙적으로 따라야 한다.

〈 건축물의 용도 및 규모 등에 관한 사항 〉

제 3조 (건축물의 용도, 건폐율, 용적률, 높이, 가구수 등)

① 단독주택용지의 건축물의 용도, 건폐율, 용적률, 높이, 가구수는 〈표 II-1-1〉에 의하며, 획지별 세부기준은 지구단위계획 지침도에 따른다.
② 단독주택용지의 지하층은 독립된 가구의 거주공간과 욕실 및 취사시설의 설치를 불허한다. 단, 특별계획구역의 블록형 단독주택용지의 경우에는 MP위원회(또는 MA위원회)의 인정을 받아 예외로 할 수 있다.
③ 점포겸용 및 일반형 단독주택용지의 지하층 층별 면적은 건축면적 이내로 하여야 한다.

〈표 II-1-1〉 단독주택용지의 건축물의 용도, 건폐율, 용적률, 최고층수, 가구수

구 분		단독주택용지
건축물 용도	도면표시	R2 (일반형)
	허용용도	• 단독주택(다중주택 제외)
	불허용도	• 허용용도 이외의 용도
건폐율(%)		50% 이하
기준용적률(%)		80% 이하
최고층수		2층
1획지 당 가구수		2가구 이하
해당블록		D 22, 23, 26, 40, 41

④ 일반형 단독주택용지의 1획지 당 가구수는 2가구 이하로 하되, 연접한 2획지의 합병시에는 4가구 이하로 한다.
⑤ 건축물의 1층 전체를 필로티 구조(건축물을 사용하기 위한 경비실, 계단실, 승강기실, 그 밖에 이와 비슷한 것을 포함한다)로 하여 주차장으로 설치한 경우에는 기준용적률 및 최고층수의 산정에서 제외한다. 단, 점포겸용 단독주택용지는 근린생활시설을 설치하지 않을 경우에 한하여 적용한다.
⑥ 단독주택용지의 건축물의 용도, 건폐율, 용적률, 높이에 대한 지침내용은 지구단위계획 지침도에 〈그림 II-1-2〉와 같이 표기한다.

〈그림 II-1-2〉 단독주택용지 지침내용 도면 표시 예시

블록번호

용도	최고층수
건폐율	기준용적률

=

D22

R2	2
50% 이하	80% 이하

- 블록번호 : 단독주택용지 블록번호
- 용도 : 용도표의 R2의 허용용도
- 최고층수 : 2층 이하
- 건폐율 : 50% 이하
- 기준용적률 : 80% 이하

〈 건축물의 배치 등에 관한 사항 〉

제 4조 (건축한계선 등)

① 건축선(건축한계선, 벽면지정선 등)의 위치는 지침도를 따른다.
② 지침도상에 별도의 건축선이 지정되지 않은 경우에는 「화성시 건축조례」 별표 4(대지안의 공지 기준)를 따른다.

〈 건축물의 배치 등에 관한 사항 〉

제 5조 (외벽의 재료, 형태 등)

① 건축물 외벽의 재료 및 색채는 건축물 전면과 측 · 후면이 동일하거나 최소한 서로 조화를 이룰 수 있어야 할 뿐만 아니라, 주변 건축물과도 조화를 유지하여야 하며, 동일 건축물에서 서로 다른 외벽재료를 사용할 경우에는 재료들 간의 조화를 고려하여야 한다.
② 건축물의 외벽은 가급적 페인트의 사용을 지양하여, 재료의 물성, 색상이 그대로 드러나게 한다. 단, 필요에 의하여 채색을 할 경우 주변경관과 조화를 이루어야 한다.
③ 지상에 노출되는 지하층의 외벽이나 기초벽 등 도로에 면하는 건축물 기단부는 지상층의 외벽과 동일하게 처리하되, 기존건축물 또는 개발예정 건축물로 인해 외부에 노출되지 않는 부분은 그러하지 아니한다.
④ 건축물의 재료 및 자재는 '제4편 제1장 제10조(천연자연재료 및 환경친화적 자재 사용)' 에서 규정한 내용을 따르도록 한다.
⑤ 도로 또는 공원변에 면한 점포겸용주택 건축물의 1층 전면부의 외벽면은 50% 이상을 투시형 벽면으로 하고, 셔터는 투시형 셔터를 설치토록 한다. 단, 근린생활시설을 설치하지 않을 경우는 예외로 한다.

제 6조 (1층 바닥높이 등)

① 1층 바닥의 마감높이는 지형적 이유 등으로 인해 불가피한 경우를 제외하고는 대지에 접한 전면도로 평균 지반고와의 차이를 20㎝ 이내로 한다.

② 1층에 여러 개의 점포가 있는 경우 개별 점포로의 출입만을 위한 계단 또는 경사로를 각각 설치해서는 아니 된다.

제 7조 (지붕형태, 옥상 등)

② 일반형 및 블록형 단독주택용지의 지붕은 다음 각 호의 기준에 따라 조성하여야 한다.

1. 평지붕으로 계획된 경우에는 테라스나 정원으로 사용되어야 하며, 옥외계단 및 옥상의 물탱크실을 설치할 수 없다.
2. 평지붕 면적의 30% 이상을 옥상녹화로 조성하여야 한다.
3. 경사지붕을 설치하고자 하는 경우는 제①항 제2호 내지 제5호를 준용한다.

③ 건축물의 옥상에 설치되는 승강기탑, 계단탑, 망루, 장식탑, 옥탑 등의 높이는 4.5m를 초과할 수 없다.

〈그림 II-1-3〉 단독주택 지붕 조성 예시-1

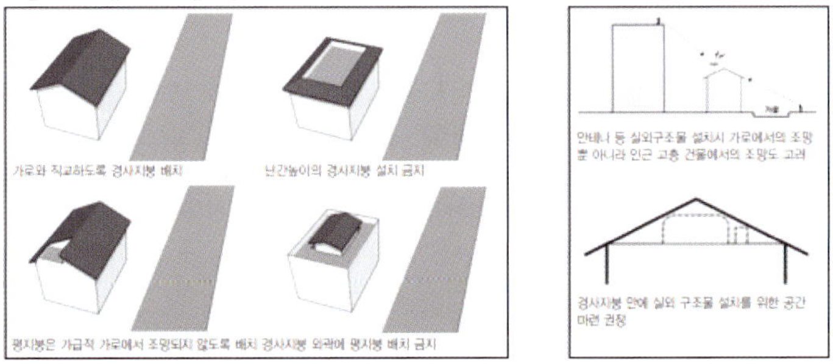

제 8조 (담장 등)

① 건축물의 담장 높이는 2m를 초과할 수 없다.

② 담장의 재료는 화관목류 생울타리, 목재 등의 친환경 소재로 하거나, 지정된 위치의 경우 '한국적 전통 디자인'을 포함하는 구조물로 조성하는 것을 권장한다. 단, 인접대지 또는 도로 등과 0.5m 이상 고저차가 발생할 경우 구조적 안전을 위하여 다른 재료의 담장을 설치할 수 있다.

〈그림 II-1-5〉 담장조성 예시-1

〈그림 II-1-6〉 담장조성 예시-2

제 9조 (색채, 옥외광고물 등)

건축물의 색채 및 옥외광고물(간판 포함)은 '제5편 제2장 (색채경관계획), 제4장 (옥외광고물계획)'의 기준을 따른다.

〈 대지내 공지 등에 관한 사항 〉

제 10조 (전면공지, 공개공지, 공공조경)

지침도상에 지정된 전면공지, 공개공지, 공공조경은 '제1편 제1장 제12조(대지내 공지에 관한 용어의 정의)'의 기준에 따라 조성하여야 한다.

〈 보행교통 처리에 관한 사항 〉

제 11조 (공공보행통로)

지침도상에 지정된 공공보행통로는 '제1편 제1장 제14조(보행교통 처리에 관한 용어의 정의)'의 기준에 따라 조성하여야 한다.

〈 차량 진출입 및 주차 등에 관한 사항 〉

제 12조 (차량 진출입구)

① 지침도상에 차량 진출입구에 대한 별도의 내용이 없는 경우 획지에 접한 도로 중 위계가 가장 낮은 도로 또는 가구의 장변 구간에 설치하는 것을 원칙으로 하며, 도로의 가각구간에는 설치할 수 없다.

② 차량 진출입구는 획지 당 1개소만 허용하며, 그 폭원은 8m를 초과할 수 없다. 단, 1층 전체를 필로티 구조로 조성하는 경우는 예외로 한다.

제 13조 (부설주차장의 설치)

① 단독주택용지의 부설주차장은 「주차장법」 및 「화성시 주차장 설치 및 관리조례」에 따라 설치하여야 한다.

② 부설주차장은 자주식 주차장으로 소요 주차대수를 확보하여야 한다.

자료 6-10과 같이 '지구단위계획 시행지침'은 개별 필지별 '가구 및 획지에 관한 사항', '건축물의 용도 및 규모에 관한 사항', '건축물의 배치 등에 관한 사항', '대지 내 공지 등에 관한 사항', '차량 진출입 및 주차 등에 관한 사항' 등 건축물에 관한 규정과 건축물의 부설 시설에 관하여 규정하고 있다.

'건축물의 배치 등에 관한 사항'은 토지의 경계선으로부터 거리를 의미하는 '건축한계선', '외벽의 재료, 형태 등', '1층 바닥 높이'와 '지붕형태, 옥상 등' 건축물의 입체적 계획에 관한 사항이 포함되어 있다.

또한 건축물의 부설 시설인 '담장'의 높이와 재료 등을 규정하여 공동체 생활에 친근한 미관을 중시하고 오픈스페이스 지향을 확인할 수 있다. 또한 차량의 진출입구를 도면에 표시하고 부설주차장 설치에 관한 기준을 제시하여 개별 필지 수준에서 토지이용과 기반시설의 계획적인 규제를 담고 있다.

이처럼 택지개발지구의 지구단위계획은 도보로 이동하기 편리한 근린주구 단지계획, 오픈스페이스, 대중교통지향형 개발 그리고 환경친화적인 지속 가능한 개발 등 현대적 도시계획의 지향을 반영하는 계획이라는 것을 알 수 있다.

2. 다가구 단독주택용지

'단독주택'이라 하면 앞서 살펴본 제1종전용주거지역 단독주택의 이미지가 가장 먼저 떠오를 것이다. 그러나 우리나라 『주택법』에는 앞서 살펴본 단독주택 외에 '다가구주택'[16]도 단독주택으로 분류하고 있다.

그런데 우리는 '다가구주택'이라는 용어 대신에 속칭 '빌라'라는 외래어로 더 쉽게 인식하고 있다. 그리고 우리가 '빌라'라고 칭하는 유형의 주택은 '다가구주택'뿐 아니라 '다세대주택'[17] 또한 통칭하는 경우가 일반적이다.

그렇다면 다가구주택과 다세대주택의 차이부터 알아야 할 것이다. 다가구주택은 『주택법』 제2조 제2호, 주택법 시행령 제2조 제3호에 따른 단독주택의 한 종류로서,

---

16 다가구주택은 3층 높이로 19가구까지 지을 수 있고, 가구마다 주방 시설이 있지만 단독주택으로 분류된다.

17 다세대주택은 주택법 시행령 제3조 제1항 제3호에 따른 공동주택으로, 주택으로 쓰는 1동의 바닥 면적이 660m^2 이하이며, 층수가 4층 이하인 주택을 말한다.

공동주택에 해당하지 않는 주택을 말한다. 반면, 다세대주택(多世帶住宅)은 주택법 제2조 제3호에 따른 공동주택이다. 또한 집합건물로써 각각의 주택이 소유권의 객체가 되어 등기할 수 있다.

한편, 한국토지주택공사 등의 공공택지사업자는 다가구주택을 지을 수 있는 주택용지도 '주거전용 단독주택용지'라고 부르고 있는데, '주거전용 다가구주택용지'로 상품의 명칭을 변경하면 토지의 수요자들이 토지의 상품 특성을 더 명확히 인지할 수 있을 것이다. 다가구주택의 모습은 자료 6-11과 같다.

자료 6-11 단독주택용지 다가구주택 건설 사례(저자 직접 촬영)

자료 6-11은 주거전용 단독주택용지라 하더라도, 건축물의 규모에 관한 규정이 다르면, 전혀 다른 토지상품이 된다는 점을 보여준다. 그림에서 예시로 본 다가구주택 건축물의 규모는 3층 또는 1층에 필로티[18] 공간이 있는 4층이 일반적이다. 반면,

18 프랑스 건축가 '르 코르뷔지에(Le Corbusier)'가 제창한 건축양식으로 지상층에 면한 부분에 기둥, 내력벽(耐力壁) 등 하중을 지지하는 구조체 이외의 외벽, 설비 등을 설치하지 않고 개방시킨 구조를 말한다. 다가구주택과 다세대주택의 경우에는 1층의 전부 또는 일부를 필로티 구조로 하여 주차장으로 사용하고 나머지 부분을 주택 외의 용도로 쓰는 경우는 해당 층을 주택의 층수에서 제외한다.

전용주거지역 단독주택용지의 최고 층수는 2층 이하이다. 또한 전용주거지역 단독주택은 허용가구수가 2가구 이하이나, 다가구주택의 허용가구수는 3가구 이하 내지 8가구 이하가 일반적이다. 이처럼 지구단위계획에서 허용하는 단독주택용지의 건폐율, 용적률, 최고층수, 허용 가구수는 단독주택과 다가구주택 등 두 가지 유형의 단독주택의 건설로 이어진다.

물론, 전용주거지역의 단독주택용지와 일반주거지역의 단독주택용지 모두 1가구만 건축하여 단일가구의 단독주택 건축으로 토지를 이용할 수 있다. 그러나 경제적 동기를 가진 소유자는 토지의 효용이 가장 극대화되는 방향으로 토지를 이용한다. 여러 가구가 거주할 수 있는 다가구주택은 소유자가 점유하는 공간 이외의 면적을 주택 임대시장에서 거래할 수 있다. 다가구주택 소유자는 주택으로 임대소득을 얻을 수 있으므로 건축 규모를 허용하는 범위까지 최대한 건축하는 것이 경제적으로 이익이다.

다가구주택 단독주택용지는 쾌적한 주거환경보다 편리한 주거환경을 추구한다. 따라서 자연환경과 조화를 이루는 입지보다 교통이 편리하고, 도시의 주거 및 상업지역에 인접한 입지에 조성되는 경우가 더 일반적이다.

토지 수요자는 다가구주택을 건축하여 임대수익을 추구하는 목적이 있는 수요자들이다. 다가구주택의 임대수익은 토지 수요자의 토지 매입비와 건축비 등 투자금 회수로 환원된다. 단독가구만 거주하는 단독주택은 건축물의 감가상각으로 경제적 가치가 감소만 하지만, 다가구주택은 임대수익이 발생하므로 수익형 부동산으로 경제적 가치가 더해진다.

자료 6-12는 2022년 이천중리 택지개발지구에서 매각 공고한 제1종전용주거지역 단독주택의 지구단위계획 결정도 사례이다. 토지의 건폐율은 50% 이하, 용적률은 100% 이하, 최고 층수는 3층이며, 최대 허용가구는 5가구까지 가능하다. 용도지역은 제1종일반주거지역이며, 토지이용계획상 주변에는 근린생활시설용지와 문화집회시설용지가 있어 편리한 주거환경을 제공하는 입지이다.

자료 6-12 주거전용 단독주택용지 지구단위계획결정도 – 이천중리(LH 매각공고)

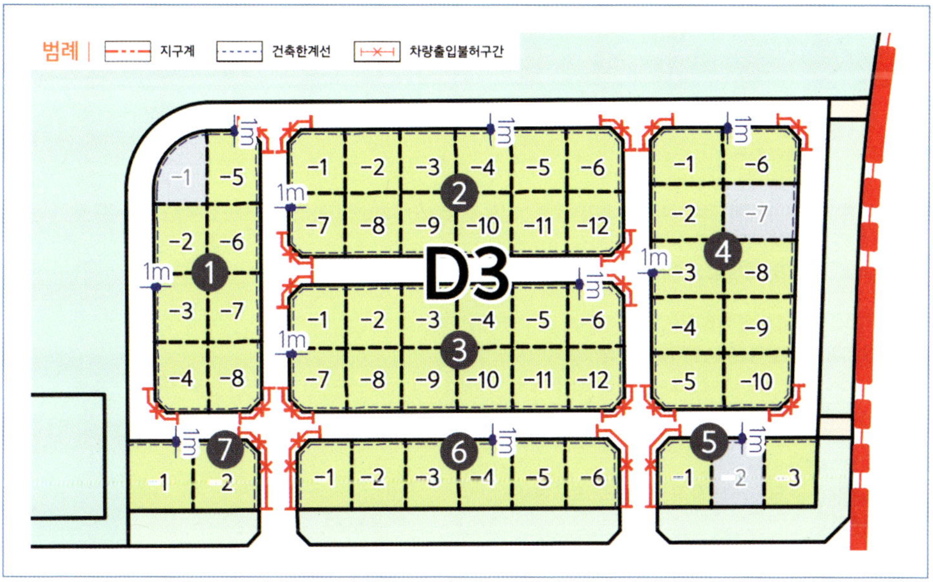

자료 6-13은 이천중리 택지개발지구 지구단위계획 시행지침 중에서 단독주택용지에 해당하는 부분만 발췌하여 정리한 내용이다.

자료 6-13 주거전용 단독주택용지 지구단위계획 시행지침 – 이천중리(LH 매각공고)

지구단위계획 시행지침(일부발췌)

제 1 장 단독주택용지

< 가구 및 획지에 관한 사항 >

제 1 조 (획지의 분할 및 합병)

① 개별필지로 분할된 단독주택용지는 원칙적으로 분할할 수 없다. 단, 대지분할가능선이 표시된 필지에 한하여 대지분할가능선을따라 분할할 수 있다.

② 필지의 합병은 연접한 2개의 필지만 허용하며 각 필지에 지정된지침 및 결정도를 따른다.

< 건축물의 용도 및 규모 등에 관한 사항 >

제 2 조 (건축물의 용도, 건폐율, 용적률, 높이, 가구수 등)

① 단독주택용지의 건축물 용도, 건폐율·용적률·높이의 최고한도·가구수는 <표Ⅱ-1-1>에 의하며, 필지별 세부기준은 지구단위계획결정도를 따르며 <그림Ⅱ-1-1>에서 정하는 바와 같이 표기한다.

② 단독주택용지의 건축물 용도표시는 R1(점포겸용주택), R2(일반형주택)으로 구분하며, 세부용도 표시는 <그림Ⅱ-1-1>의 내용을 따른다.

<그림Ⅱ-1-1> 단독주택용지 지침내용 도면 표시 예시도

블록번호

용도	최고층수
건폐율	용적률

=

D1

R1	4
60% 이하	180% 이하

- 블록번호 : 단독주택용지의 D1블록
- 용도 : R1용도의 단독주택용지
- 건폐율 : 60% 이하
- 최고층수 : 4층 이하
- 용적률 : 180% 이하

<표Ⅱ-1-1> 단독주택용지 건축물 허용용도·건폐율·용적률·높이

구 분		단독주택용지	
건축물 용도	도면 표시	R1 (점포겸용주택)	R2 (일반형주택)
	허용 용도	• 제1종일반주거지역 내 건축할 수 있는 건축물 중 건축법 시행령 <별표 1>에 의한 다음의 용도 - 단독주택 (단, 다중 주택 제외) - 제1종 근린생활시설 (안마원 제외) - 제2종 근린생활시설 (공연장, 종교집회장, 총포판매소, 장의사, 교습소 및 직업훈련소, 골프연습장, 다중생활시설, 제조업소, 단란주점, 안마시술소 제외) • 단, 근린생활시설 설치시 바닥면적의 합계가 총 연면적(지하층 포함)의 40%를 초과하여 설치 할 수 없다.	• 제1종일반주거지역 내 건축할 수 있는 건축물 중 건축법 시행령 <별표 1>에 의한 다음의 용도 - 단독주택 (단, 다중주택 제외)
	불허 용도	• 허용용도 이외의 용도 • 교육환경보호구역 내 금지시설	• 허용용도 이외의 용도
건폐율		60% 이하	50% 이하
용적률		180% 이하	100% 이하
최고층수		4층 이하 (필로티 설치시에도 4층)	3층 이하
1필지당 가구수		6가구 이하	5가구 이하
해당블록		D1, D2, D4	D3

< 건축물의 배치에 관한 사항 >

제 3 조 (건축선 지정)

건축한계선과 건축지정선의 위치와 폭은 지구단위계획 결정도를 따른다.

< 건축물의 형태 및 외관 등에 관한 사항 >

제 4 조 (외벽의 재료, 형태 등)

① 지상에 노출되는 지하층의 외벽이나 기초벽 등 도로에 면하는 건물 기단부는 지상층의 외벽과 동일하게 처리하되, 기존건축물또는 개발예정 건축물로 인해 외부에 노출되지 않는 부분은 그러하지 아니한다.

② 점포겸용주택 1층 전면에 셔터를 설치할 경우에는 투시형 셔터를설치하도록 한다.

제 5 조 (1층 바닥높이 등)

① 점포겸용주택의 1층 바닥의 마감높이는 지형적 사유 등 불가피한 경우를 제외하고는 전면도로의 평균지반고와의 차이를 20cm 이내로 조성한다.

제 6 조 (지붕 및 옥탑 등)

① 단독주택용지의 점포겸용주택이 설치될 경우 옥상층의 부대시설 (옥탑, 철탑 등) 높이는 4.5m를 초과할 수 없다. 단독주택용지의 지붕 형태 및 높이는 다음 각 호의 기준에 따라건축한다.

1. 건축물의 지붕이 평지붕으로 계획된 경우 테라스 혹은 정원의개념으로 사용되어야 하며, 옥상녹화를 통해 녹지공간을 최대화하여야 한다.
2. 건축물의 지붕이 경사지붕으로 계획된 경우 경사도는 1:1 ~ 1:3의 범위로 한다.
3. 경사지붕의 색깔은 원색의 사용은 지양한다.
4. 부속설비(FRP물탱크 등)의 외부노출을 금지하며, 계단실 등의 옥탑구조물 설치 시 경사지붕과 조화를 이루어야 한다.

제 7 조 (담장, 대문, 계단 등)

① 담장 및 대문설치시 높이는 1.2미터 이하로 하며, 투시형 및생울타리 등 친환경 소재를 사용한다.

② 생울타리가 아닌 재료로 담장 및 대문을 설치하는 경우에는 재료, 색깔 및 장식 등은 본 건물의 외벽과 조화되도록 고려하여야한다.

제 8 조 (색채 및 옥외광고물)

① 건축물 외벽의 재료 및 색상은 건물전면과 측·후면이 통일하거나최소한 서로 조화를 이룰 수 있어야 할 뿐만 아니라, 주변건물과도조화를 유지하여야 한다. 동일건축물에서 서로 다른 외벽재료를사용할 경우에는 재료들 간의 조화를 고려하여야 한다.

② 건축물 색채의 세부적인 사항은 '제Ⅲ편 제8장(색채경관)'의 기준을 따른다.

③ 단독주택용지 내 점포는 가로형간판만 허용한다.

④ 가로형간판의 설치는 지상1층 상단 정면에 한하며, 점포당 1개 이내로제한한다. 가로형광고물은 입체형문자, 도형부착으로 제한한다.

⑤ 건축물의 옥외광고물 (간판)은 '제Ⅲ편 제9장 (옥외광고물)'의기준을 따른다.

< 차량 진·출입 및 주차 등에 관한 사항 >

제 9 조 (대지 내 차량출입)

차량의 출입구는 필지에 접한 도로 중 위계가 가장 낮은 도로 또는가구의 장변 구간에 설치하는 것을 원칙으로 하며, 도로의 가각구간에는 설치할 수 없다.

제 10 조 (주차장의 설치)

단독주택용지 내 주차장은 '주차장법' 및 이천시 '주차장 설치및 관리조례'에 따라 설치하여야 한다.

< 친환경계획에 관한 사항 >

제 11 조 (생태면적률)

생태면적률에 관한 사항은'제Ⅰ편 제2장 제2조 ⑤항 (생태면적률)'의기준을 따른다.

< 기타에 관한 사항 >

제 12 조 (기타사항)

이천중리 택지개발지구의 지구단위계획 시행지침은 단독주택용지를 제1종일반 주거지역 내 점포겸용 단독주택용지[19]와 주거전용 단독주택용지로 구분한다. 점포겸용 단독주택용지는 다가구주택과 더불어 같은 토지 내에 건물 1층에 근린생활시설을 설치할 수 있는 토지로 이어서 살펴보기로 한다.

6.2.2 점포겸용 단독주택용지

점포겸용 단독주택용지는 건축물의 1층에 『건축법』상 근린생활시설을 설치할 수 있으며, 2층 이상으로는 다가구 주택을 건축할 수 있는 복합용도 주거용 건물을 건축할 수 있는 토지이다

점포겸용 단독주택용지는 건축물의 주거 기능 외에 상점으로 이용하여 상업활동을 할 수 있는 특성을 가진 상품이다. 1층의 상점은 사업수익을 2층 이상의 다가구주

자료 6-14 점포겸용 단독주택용지 건설 사례(저자 직접 촬영)

19 점포겸용 단독주택용지는 건축물의 1층에 근린생활시설을 설치할 수 있으며, 2층 이상으로는 다가구주택을 건축할 수 있는 토지이다.

택은 임대수익을 발생시키며, 소유자는 다가구주택을 주거목적으로 이용할 수 있다.

점포겸용 단독주택용지의 이러한 복합적 특성 때문에 택지개발사업으로 생활의 근거지를 상실하는 이주자에게 '이주 및 생활대책 용도'로 공급하는데 활용되었다. 사업대상지에 기존 거주자의 재정착을 지원하는 용도로 상업적 수익과 주거공간을 동시에 제공할 수 있기 때문이다. 이렇게 공급하는 토지는 소위 '이주자용 점포겸용 단독주택용지'라고 부르며, 『공익사업을 위한 토지 등의 취득 및 보상에 관한 법률』 제78조 및 동법 시행령 제41조의2에 따라 공급가격은 택지조성원가에서 생활기반 시설설치비를 제외한 단가[20]로 공급한다.

한편, 2017년까지 일반 실수요자를 대상으로 점포겸용 단독주택용지의 매각하는 방법은 감정평가한 금액으로 추첨방식 계약자를 결정하는 방법이었다. 그런데 점포겸용 단독주택용지의 청약과열 현상[21]이 사회적 문제로 나타났다. 택지의 공급은 단기적으로 비탄력적이므로 단기에 급격히 늘어난 수요의 증가가 청약과열로 나타났음에도 불구하고, 감정평가액으로 공급하게 된 제도는 가격상한제의 역할을 함으로써 초과수요로 이어졌다.

추첨분양 공급은 시장에서 효율적인 자원배분을 왜곡시키는 문제가 있었다. 추첨분양에 당첨된 계약자는 감정평가가격으로 토지를 매입하므로, 사실상 가격상한제 토지를 계약 후 시장에서 매각하여 잉여이익을 가져갈 수 있었기 때문이다.

이러한 문제로 인하여 정부는 『택지개발촉진법』 및 『택지개발 업무처리지침』을 개정하여 점포겸용 단독주택용지의 공급방법을 기존의 추첨분양에서 경쟁입찰에 의한 낙찰가격방식으로 변경[22]하였다. 자료 6-15는 2022년에 한국토지주택공사가 매각공고한 점포겸용 단독주택용지의 지구단위계획도 사례이다.

20 기존에 공익사업 대상지에 주택을 소유했던 이주자는 이미 상·하수도 등 생활기반시설이 설치된 부동산을 소유하고 있었으므로, 택지조성원가에서 생활기반시설 설치비를 제외한 단가로 공급한다.

21 국토교통부 입법예고(2017.09.18.)에 따르면 2016년부터 2017년 상반기까지 LH의 점포겸용 단독주택용지 청약 경쟁률은 평균 199대1을 기록하였으며, 2017년 기준 LH가 매각한 점포겸용 단독주택용지가 매각 후 5년 이내 61%가 1회 이상 선매되었다.

22 정확히는 점포겸용 단독주택용지의 비주거부분인 근린생활시설에 대한 부분만 경쟁입찰에 의한 낙찰가격으로 변경하였으나, 1필지의 토지를 비주거부분과 주거부분으로 분리하여 매각할 수 없으므로 사실상 경쟁입찰 방식으로 변경되었다.

자료 6-15 점포전용 단독주택용지 지구단위계획도 – 평택고덕(LH 매각공고)

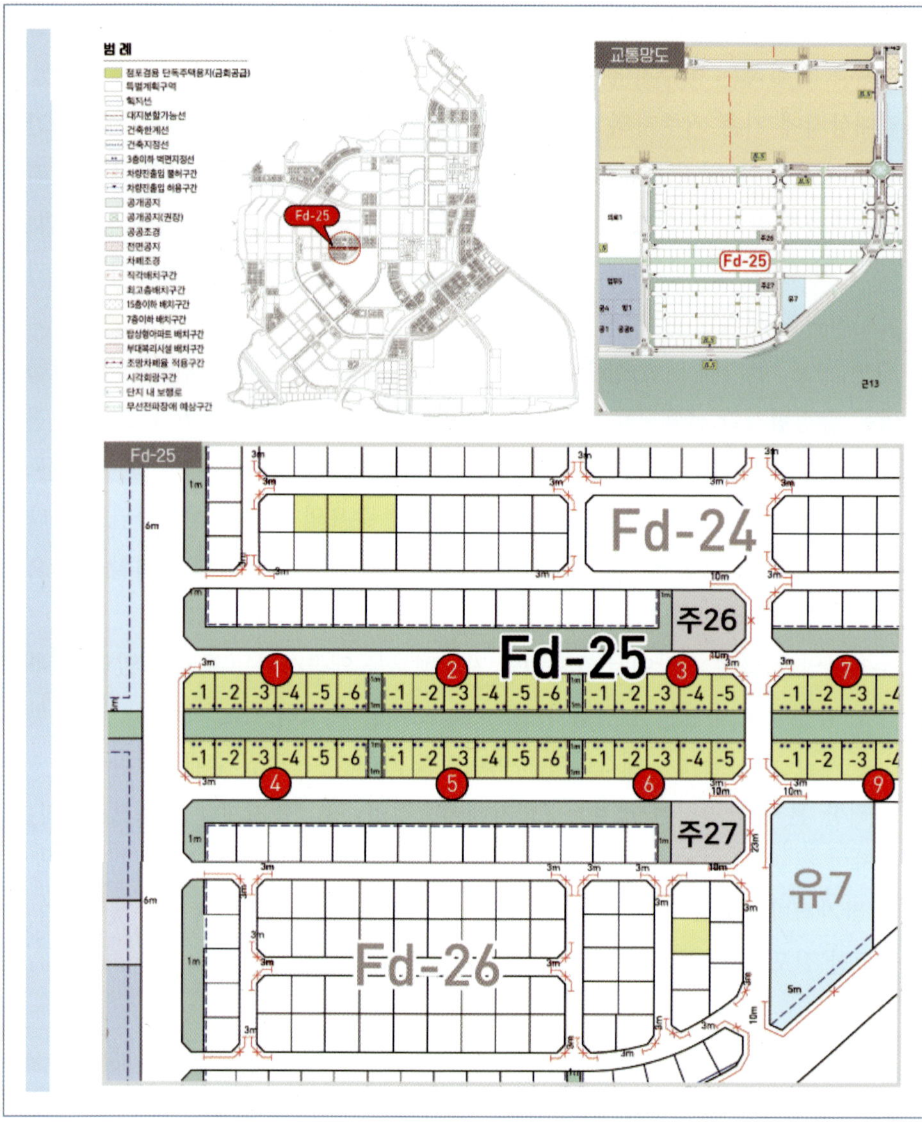

점포겸용 단독주택용지는 지구단위계획 시행지침에서 건축물에 허용되는 근린생활시설과 불허용도를 규정하고 있다. 자료 6-16은 지구단위계획 시행지침 사례이다.

자료 6-16 점포겸용 단독주택용지 지구단위계획 시행지침 – 평택고덕(LH 매각공고)

지구단위계획 시행지침 (일부발췌)

제1장 단독주택용지 및 근린생활시설용지

< 가구 및 획지에 관한 사항 >

제1조 (용지의 구분 및 위치

① 단독주택용지는 점포겸용(R1), 국제테마가로(R2), 일반형(R3)으로 구분하며, 단독주택용지 및 근린생활시설 용지의 위치는 <그림 Ⅱ-1-1>과 같다.

<그림 Ⅱ-1-1> 단독주택 용지 및 근린생활시설용지 위치도

제2조 (획지의 분할 및 합병)

① 모든 획지는 지구단위계획의 '가구 및 획지계획'에서 결정한 획지를 기본단위로 하며, 분할할 수 없다.

② 획지 합병은 '연접한 2획지'에 한하여 허용하며, 각 획지에 지정된 지침 및 지침도의 내용을 원칙적으로 따라야 한다.

< 건축물의 용도 및 규모 등에 관한 사항 >

제3조 (건축물의 용도, 건폐율, 기준용적률, 높이, 가구수 등)

① 단독주택용지와 근린생활시설용지의 건축물 용도, 건폐율, 기준용적률, 층수의 최고한도, 가구수는<표 Ⅱ-1-1>과 <표 Ⅱ-1-2>에 의하며, 획지별 세부기준은 지구단위계획 지침도를 따른다.

② 점포겸용 단독주택용지의 근린생활시설 용도는 지상 1층 이하에 한하여 허용하며(교육용 근린생활시설은지하층 불허), 건축물 연면적의 40% 이하에 한하여 설치할 수 있다.

③ 단독주택용지의 지하층은 독립된 가구의 거주공간과 욕실 및 취사시설의 설치를 불허한다.

④ 연접한 2개의 획지 합병 시 단독주택 용지의 가구수는 당초 지정된 개별 획지 당 가구수의 합을 초과할 수없으며, 합병된 점포겸용 단독주택용지에 근린생활시설을 설치하는 경우 10가구 이하, 주거전용으로 사용하는 경우 12가구 이하로 한다.

⑤ 단독주택용지의 경우 건축물 1층의 전체를 필로티 구조(건축물을 사용하기 위한 경비실, 계단실, 승강기실,그 밖에 이와 비슷한 것을 포함한다)로 하여 주차장으로 설치한 경우에는 기준용적률의 산정에서는 제외하나, 층수산정 시에는 포함한다. 단, 주거용도로 사용되는 층수는 3층 이하여야 한다.

⑥ 단독주택용지 및 근린생활시설용지의 건축물의 용도, 건폐율, 기준용적률, 높이에 대한 지침내용은지구단위계획 지침도에 <그림 Ⅱ-1-2> 및 <그림 Ⅱ-1-3>과 같이 표기한다.

<그림 Ⅱ-1-2> 단독주택용지 지침내용 도면 표시 예시

블록번호

용도	최고층수
건폐율	기준용적률

=

Fd-1

R1	4
60%이하	180%이하

- 블록번호 : 단독주택용지 블록번호
- 용도 : R1용도의 단독주택용지
- 건폐율 : 60%이하의 단독주택
- 최고층수 : 4층 이하
- 기준용적률 : 180% 이하

<표 Ⅱ-1-1> 단독주택용지 허용용도, 건폐율, 기준용적률, 높이, 가구수

구분		단독주택용지		
건축물 용도	도면표시	R1 (점포겸용)	R2 (국제테마가로)	R3 (일반형)
	허용용도	• 단독주택(다중주택 제외) • 제1종근린생활시설 • 제2종근린생활시설 중 가목, 라목, 바목 내지 하목, 너목, 러목의 노래연습장	• 단독주택(다중주택 제외) • 제1종근린생활시설 • 제2종근린생활시설 중 가목, 라목, 바목 내지 하목, 너목, 러목의 노래연습장	• 단독주택(다중주택 제외)
	불허용도[주1]	• 허용용도 이외의 용도 • 학교환경위생정화구역내 금지시설 (당구장, 청소년실이 설치된 노래연습장 제외)	• 허용용도 이외의 용도 • 학교환경위생정화구역내 금지시설 (당구장, 청소년실이 설치된 노래연습장 제외)	• 허용용도 이외의 용도
건폐율(%)		60% 이하	60% 이하	60% 이하
기준용적률(%)		180% 이하	150% 이하	150% 이하
최고층수[주2]		4층 이하	3층 이하	3층 이하
1획지 당 가구수		5가구 이하 (주거전용으로 사용시 6가구 이하)	3가구 이하 (주거전용으로 사용시 4가구 이하)	3가구 이하
해당 블록		Fd-1~6, Fd-8, Fd-10~11, Fd-13, Fd-15~16, Fd-19~22, Fd-27~32, Fd-41, Fd-43, Fd-45	Fd-25	Fd-7, Fd-9, Fd-12, Fd-14, Fd-18, Fd-23~24, Fd-26, Fd-33~40, Fd-44, Fd-46

주1) 학교환경위생정화구역내에 위치한 점포겸용 단독주택용지의 경우, 당구장, 노래연습장은 불허용도임
주2) 단독주택용지 내 건축물의 최고층수는 필로티 구조를 포함한다. 단, 주거용도로 사용되는 층수는 3층 이하여야 한다.

< 건축물의 배치 및 건축선에 관한 사항 >

제4조 (건축선의 지정)

① 건축선(건축한계선, 벽면지점선 등)의 위치는 지침도를 따른다.

② 지침도상에 별도의 건축선이 지정되지 않은 경우에는 「평택시 건축조례」 별표 (대지안의 공지 기준)를 따른다.

제5조 (건축물의 전면방향 및 배치형태)

① 점포겸용 단독주택 및 근린생활시설용지 내 건축물의 주전면은 2개 이상의 도로와 면하고 있는 대지의경우 폭원이 큰 도로에 면한 외벽면에 위치하는 것을 원칙으로 한다. 단, 지형여건 등으로 불가피한 경우는예외로 할 수 있다.

② 근린생활시설용지 내 건축물은 다음 각 호의 경우 주전면에 준하는 외관 설계를 해야 한다.

1. 20m 이상의 도로에 면한 외벽면(가각이 있는 경우 가각 포함)
2. 건축지정선, 벽면지정선이 면한 외벽면
3. 공원, 광장, 보행자 전용도로, 공공공지에 면한 외벽면

< 건축물의 형태 및 외관, 색채 등에 관한 사항 >

제6조 (외벽의 재료, 형태 등)

① 건축물 외벽의 재료 및 색채는 건축물 전면과 측 ㆍ 후면이 동일하거나 최소한 서로 조화를 이루면서 주변건축물과도 조화를 유지하여야 하며, 동일 건축물에서 서로 다른 외벽재료를 사용할 경우에는 재료들 간의조화를 고려하여야 한다.

② 지상에 노출되는 지하층의 외벽이나 기초벽 등 도로에 면하는 건축물 기단부는 지상층의 외벽과 동일하게처리하되, 기존 건축물 또는 개발예정 건축물로 인해 외부에 노출되지 않는 부분은 그러하지 아니한다.

③ 도로 또는 공원변에 면한 점포겸용단독주택 및 근린생활시설용지 내 건축물 1층 전면부의 외벽면은 50%이상을 투시형 벽면으로 하고, 셔터는 투시형 셔터를 설치하도록 한다. 단, 점포겸용단독주택용지 및 국제테마가로변 용지로서 1층에 점포를 설치하지 않은 경우는 예외로 한다.

④ 건축부속시설(실외기, 배수홈통 등)은 전면도로에 접하는 입면에 설치할 수 없다.

⑤ 각 건축물의 입면은 동일한 디자인계획을 지양하고 다양성을 추구하되 가로경관의 조화를 고려하여야 한다.

제7조 (1층 바닥높이 등)

① 1층 바닥의 마감높이는 지형적 이유 등으로 인해 불가피한 경우를 제외하고는 전면도로 평균 지반고와의차이를 15㎝ 이내로 하되, 가급적 단차 없는 무장애공간으로 조성하는 것을 고려하여야 한다.

② 1층에 여러 개의 점포가 있는 근린생활시설용지의 경우 보행자의 통행을 방해하지 않도록 개별 점포로의출입만을 위한 계단 또는 경사로를 각각 설치하는 것을 불허한다.

제8조 (지붕형태, 옥상 등)

① 옥상층에는 승강기탑, 계단탑, 옥탑 등을 제외하고 돌출되는 시설을 설치할 수 없으며 승강기탑, 계단탑, 옥탑등의 높이는 4.5m를 초과할 수 없다.

② 점포겸용 단독주택용지의 지붕은 다음 각 호의 기준에 따라 조성하여야 한다.

1. 건축물의 지붕형태는 경사지붕을 원칙으로 하되, 평지붕은옥상층 수평 투영 면적의 30% 이내에서 허용한다.
2. 도로, 공원, 하천변 등 시각적으로 노출되어 경관적으로 중요한영향을 미치는 면은 경사지붕 및 합각벽이 노출되는 형태로설치되는 것을 권장한다.
3. 경사지붕은 박공형식의 지붕형태를 권장하며, 경사도는 세로 :가로의 비율이 3/10 ~ 7/10이 되도록 한다.
4. 평지붕으로 계획된 부분은 테라스나 정원 등의 녹지공간으로조성하는 것을 권장 한다.
5. 난간 높이의 경사 지붕면을 평지붕 외곽에 설치하거나, 경사지붕 외곽에 평지붕을 배치하는 것을 금지한다.
6. 경사지붕에는 가로경관에 영향을 주지 않는 범위 내에서실외기, 안테나, 물탱크실 등을 설치할 수 있으며, 지붕의 형태및 색상을 고려하여 조화로운 차폐시설을 설치하여야 한다.

③ 일반형 단독주택용지 및 근린생활시설용지의 지붕은 다음 각 호의 기준에 따라 조성하여야 한다.

1. 평지붕으로 계획된 경우에는 테라스나 정원 등의 녹지공간으로 조성하는 것을 권장한다.
2. 경사지붕을 설치하고자 하는 경우에는 제②항 제3호를 준용한다.
3. 경사지붕 내부에는 가로경관에 영향을 주지 않는 범위 내에서 실외기, 안테나, 물탱크실 등을 설치할 수있으며, 지붕의 형태 및 색상을 고려하여 조화로운 차폐시설을 설치하여야 한다.

< 그림 Ⅲ-1-4> 경사지붕 경사도

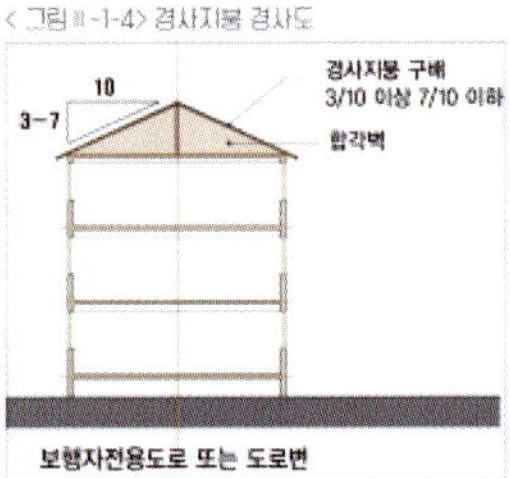

<그림 Ⅲ-1-5> 난간 높이의 경사 지붕면

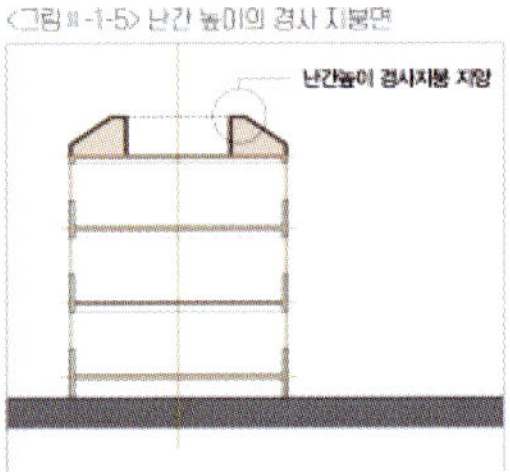

제9조 (색채, 옥외광고물, 야간경관 등)

① 건축물의 색채, 옥외광고물(간판 포함), 야간경관에 관한 사항은 '제5편 (경관부문 시행지침)'의 기준을 따른다.

② 점포겸용주택은 가로형 광고물을 제외한 광고물의 설치를 금지한다.

< 대지 내 공지 및 경계부 처리에 관한 사항 >

제10조 (전면공지, 공개공지, 공공조경)

지침도상에 지정된 전면공지, 공개공지, 공공조경은 '제1편 제1장 제12조(대지 내 공지에 관한 용어의 정의)'의 기준에 따라 조성하여야 한다.

제11조 (담장, 대문 등)

① 단독주택용지 내 담장 조성시 1.2m 이하의 투시형 담장 또는 화관목류의 생울타리로 설치하여야 한다.

② 근린생활시설용지의 담장 설치는 원칙적으로 불허한다. 다만, 인접대지 또는 도로와 높이차로 인해 보행자안전이 우려되는 등 부득이한 사유가 있어 허가권자의 승인을 받은 경우는 예외로 한다.

<그림 II-1-6> 생울타리 설치 예시

< 차량 진출입 및 주차 등에 관한 사항 >

제12조 (차량 진출입)

① 지침도상에 차량 진출입구에 대한 별도의 내용이 없는 경우 차량의 진출입구는 필지에 접한 도로 중 위계가가장 낮은 도로 또는 가구의 장변 구간에 설치하는 것을 원칙으로 하며, 도로의 가각구간에는 설치할 수 없다.

② 근린생활시설용지의 경우 차량의 진출입구는 획지 당 1개소만 설치하며, 그 폭원은 8m를 초과할 수 없다.단, 획지를 합병하는 경우에 한해 진입동선과 진출동선을 분리하여 설치하는 것을 허용하며 각각의 폭원은5m를 초과할 수 없다.

③ 근린생활시설용지의 경우 주차를 위한 대기 장소나 차량용 램프 진입을 위한 여유 공간 역할을 수행할 수있도록 일정구간의 평탄부 조성을 고려하여야 한다.

④ 근린생활시설용지 내 차량 출입 시 운전자 측에서 도로 쪽으로 확보되어야 할 안전시계 구간 내에는 시선에장애가 되는 어떠한 시설물도 설치되어서는 아니 되며, 지하주차장의 출입구에는 도로교통의 안전에 필요한교통안전시설(경보장치, 신호등 등)을 설치하여야 한다.

⑤ 단독주택용지의 차량 진출입구는 인접 필지와의 공동 진출입구 설치를 권장한다.

제13조 (부설주차장의 설치)

① 단독주택용지와 근린생활시설용지 내 주차장은 건축인허가 접수 시 현행「주차장법」및「평택시 주차장설치 및 관리조례」에 따라 설치하여야 한다.

② 단독주택용지 내 건축물 부설주차장은 자주식 주차장으로 소요주차대수를 확보하여야 한다. 이때, 필지 연접도로를 주차를 위한 진입도로로 간주한다.

③ 근린생활시설용지의 부설주차장은 자주식주차를 원칙으로 하며 부득이하게 기계식 주차장을 설치하는 경우시설물의 외부 노출이 없는 건물 매립형에 한해 허용한다.

④ 단독주택용지에서 주차장의 위치는 인접필지 간 연접하여 설치하는 것을 권장하며 주차출입구의 위치 또한주차의 효율성을 고려하여 인접필지와 공동으로 활용하는 것을 권장한다.

<그림 II-1-7> 단독주택용지 내 주차장 확장 예시

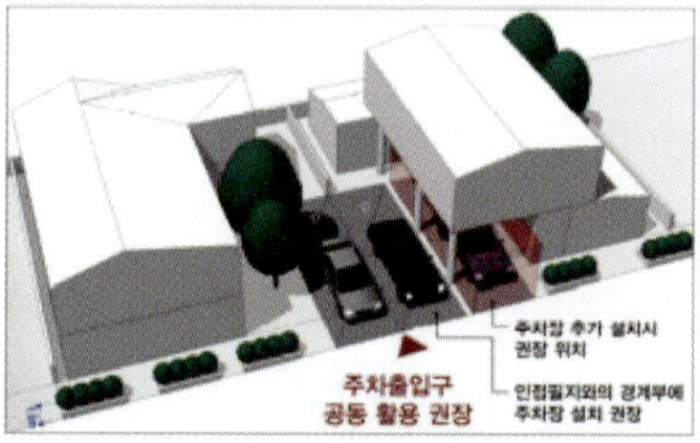

점포겸용 단독주택용지는 1층에 설치되는 근린생활시설과 2층 이상에 다가구의 특성으로 수익형 부동산으로 특성이 두드러진다. 황경식(2024)은 경쟁입찰 매각방식으

로 매각되는 점포겸용 단독주택용지의 상품특성을 실증하기 위해 헤도닉 가격모형으로 2018년 이후 수도권에서 매각되는 점포겸용 단독주택용지의 낙찰가격에 영향을 미치는 요인을 분석하였다. 분석한 결과, 점포겸용 단독주택용지는 주거기능보다 상업시설의 접근성, 집적도, 배후 수요 규모 등이 영향을 미치는 것으로 나타나 수익형 부동산으로 특성이 강하게 나타남을 설명하였다. 아래는 연구의 주요 부분을 발췌한 내용이다.

자료 6-17 점포겸용 단독주택용지 매각가격 영향요인 연구사례(발췌)

주택연구 제32권 제4호 2024.11 : 89-108 (발췌)

택지개발지구 점포겸용 단독주택용지 경쟁입찰 매각가격 영향요인 연구: 수도권 LH 택지개발지구를 중심으로

A Study on the Factors Influencing the Sales Price of Competitive Bidding on Store-Housing Land in Land Development Districts: Focusing on the Seoul Metropolitan Area Developed by LH

황 경 식 (Hwang, KyungSik)

① 분석모형 개요

본 연구의 실증분석 표본은 2017년 9월 입법예고 이후 2023년 12월까지 LH 수도권 택지에서 경쟁입찰로 매각되어 매매계약 체결한 점포겸용 단독주택용지 1,588필지이다. 종속변수는 경쟁입찰로 매각된 필지별 가격이다.

본 연구의 공간적 범위는 서울시, 경기도, 인천시 등 수도권에서 LH가 개발한 41개 택지개발지구이며, 시간적 범위는 2018년부터 2023년까지이다.

이 기간에 LH가 수도권에서 경쟁입찰로 매각한 점포겸용 단독주택용지는 모두 1,642필지이고, 경쟁입찰에서 유찰된 토지를 제외하고 매매계약 체결된 토지는 1,588필지이다. 미매각된 54필지 중 48필지는 특정한 2개 택지개발지구에 대부분 포함되어, 나머지 표본에서 매각가격이 유찰된 표본으로 인하여 절단된(truncated) 표본선택 편의는 없다. 따라서 본 연구의 분석을 위한 실증모형은 헤도닉 가격 모형을 선정하였다.

❷ 분석대상 변수의 정의

본 연구의 종속변수는 점포주택 단독주택용지의 매각가격이다. 그런데 매각가격은 서로 매각된 시점이 다른 가격이므로 하나의 모형에 투입(Pooled OLS)할 수 없다. 따라서 필지별 경쟁입찰 매각가격의 제곱미터 단위당 가격을 해당 연월의 소비자물가지수를 나누어 불변가격을 구한 후 자연로그로 로그변환하였다.

가격을 설명하는 독립변수는 토지개별요인, 주택블록요인, 택지지구요인, 지역요인, 매각연도요인으로 구분하여 구성하였다.

토지개별요인은 선행연구에서 고찰한 특성들을 포함하여 주거기능과 상업기능의 가치를 설명하는 변수들로 구성하였다. 용적률이 높을수록, 허용가구수가 많을수록, 토지형상이 가로장방형인 경우, 접한 도로 수가 많을수록, 접한 도로의 최대폭이 넓을수록, 경관요소와 연접하여 경관조망이 가능하면, 블록관통 도로에 접한 경우 경쟁입찰 가격에 양의 영향을 미칠 것으로 추론하여 포함하였다.

토지사용가능시기 이후 매각여부는 본 연구에서 처음 도입한 변수이다. 토지사용이 가능한 이후에 매각되는 토지는 건축 후 사용, 수익이 가능하므로, 입찰가격에 양의 영향을 미칠 것이라고 추론하여 변수로 구성하였다.

주택블록요인은 블록 내 동일용도 필지수, 블록 내 주차장용지 유무, 공원유무, 인접한 상업지역 유무 및 공동주택 유무로 변수를 구성하여 집적의 효과와 배후수요가 매각가격에 미치는 영향을 분석하였다.

점포겸용 단독주택용지는 필지가 속한 블록의 규모가 클수록 1층 상가의 업종이 다양해지고 상권의 규모가 증가하여 상업가치가 증가하고 거주자의 만족도도 증가한다. 또한 블록 내 공원 및 주차장이 있는 경우 쾌적한 주거환경으로 인하여 주택의 가치가 향상될 수 있다. 또한 공동주택 인접 유무를 필지별 특성 변수로 구성하였다. 공동주택이 인접하면 점포겸용 단독주택에 건축되는 상업시설의 수요자가 된다.

택지지구요인은 점포겸용 단독주택용지의 상업기능에 대한 수요가 될 수 있는 요인으로 구성하였다. 택지개발지구 상업용지의 매각가격은 택지개발지구의 인구밀도와 토지이용계획 등 단지계획에 영향을 받는다(황경식 · 이상엽, 2023). 따라서 택지지구별 인구밀도, 상업용지비율, 업무용지비율, 산업용지비율을 변수로 추가하여 분석하였다.

인구밀도가 매각가격에는 양의 영향을 미칠 것으로 추론하였다. 상업용지의 다양한 상업기능은 점폼겸용 단독주택의 근린생활시설와 더불어 다양한 상가를 형성하여 가격에 양의 영향을 미칠 것으로 추론할 수 있다. 또한 상업용지 내 건설되는 오피스텔 내 거주자는 상가의 수요자가 될 수 있으므로 점포겸용 단독주택 가격에 양의 영향을 미칠 것으로 추론할 수 있다(황경식 · 이상엽, 2023).

택지개발지구별 업무시설 및 산업시설에 정주하는 근로자들은 점심과 저녁에 가까운 근린생활시설에서 음식과 음료 등을 소비하는 수요자이다. 또한 직장과 거주지의 거리가 먼 근로자들은 점포겸용 단독주택의 다가구 주택의 임차인이 될 수 있는 수요자이다. 따라서 업무 및 산업시설의 비율이 높을수록 가격에 양의 영향을 미칠 것이라고 추론할 수 있다.

서울의 중심지로부터의 거리는 각 필지가 위치한 택지지구의 상대적 입지를 반영하여 위하여 적용하였다. 중심지로부터 가까울수록 지가는 높을 것으로 추론하였다. 또한 지역특성이 가격에 미치는 영향을 분석하기 위하여 경기도를 북부지역과 남부지역으로 나누고, 인천시와 서울시를 구분하여 경기도 북부를 기저변수로 하여 지역의 입지가치를 분석하였다.

마지막으로 각 필지별 매각연도는 2018년도부터 2023년까지 분류하여 분석에 포함하였다. 기저변수는 2018년도이며, 연도별 시장환경을 반영하는 변수로 시간을 통제하고 주택매매시장과 비교하기 위한 변수로 도입하였다(Mills and Simenauer, 1996).

이상의 변수의 정의는 〈표 1〉에 변수별로 정리하였다.

표 1 변수의 정의

변수명		단위	변수의 정의	자료출처
종속변수	LN매각가격	로그값	LN [(매각가격 / 필지면적) / 물가지수(CPI)]	LH청약
토지개별요인	용적률(%)	%	필지별 지구단위계획 허용 용적률	지구단위계획
	허용가구수	가구수	필지별 지구단위계획 허용 최대가구수	지구단위계획
	가로 장방형 더미	dummy	도로 접면이 넓은 가로 장방형 여부 (1=해당)	공사도면
	접한 도로 수	개	필지별 접한 도로의 수	공사도면
	접한 도로 최대폭	미터	필지별 접한 도로의 가장 넓은 폭	공사도면
	블록 관통 접도 여부	dummy	접도가 블록 관통 도로인 경우 (1=해당)	공사도면
	경관 조망 더미	dummy	필지별 경관(호수, 공원 등) 연접 여부 (1=해당)	토지이용계획
	토지사용가능 전후 여부	dummy	토지사용가능시기 전후 매각 여부 (1=이후)	매각공고
주택블록요인	블록 내 동일용도 필지수	필지	필지가 속한 블록의 동일용도 필지수	토지이용계획
	블록 내 주차장용지 유무	dummy	블록별 주차장용지 유무 (1=해당)	토지이용계획
	블록 내 공원 유무	dummy	블록별 공원 유무 (1=해당)	토지이용계획

주택 블록 요인	블록 연접 상업용지 유무	dummy	단독주택 블록 인근 상업지역 유무 (1=해당)	토지이용계획
	블록 연접 공동주택 유무	dummy	단독주택 블록 인근 공동주택 유무 (1=해당)	토지이용계획
택지 지구 요인	택지지구별 총인구 밀도	명	택지개발지구 총면적 / 계획인구	지구단위계획
	지구별 상업용지비율	%	택지개발지구별 상업용지 비율	토지이용계획
	지구별 업무용지비율	%	택지개발지구별 업무용지 비율	토지이용계획
	지구별 산업용지비율	%	택지개발지구별 산업용지 비율	토지이용계획
	서울 중심지 최단거리	km	시청(CBD), 강남역(GBD), 여의도(YBD), 최단거리	토지e음 지도
지역 요인	경기 북부지역 더미 (기저)	dummy	한강 이북 경기도 소재 (기저변수)	택지정보시스템
	경기 남부지역 더미	dummy	한강 이남 경기도 소재 (1=경기남부)	택지정보시스템
	인천시 더미	dummy	택지지구가 인천시 소재 (1=인천시)	택지정보시스템
	서울시 더미	dummy	택지지구가 서울시 소재 (1=서울시)	택지정보시스템
매각 연도 요인	2018년 매각 더미 (기저)	dummy	필지별 매각연도가 2018년 여부(기저변수)	매각공고
	2019년 매각 더미	dummy	필지별 매각연도가 2019년 여부 (1=2019)	매각공고
	2020년 매각 더미	dummy	필지별 매각연도가 2020년 여부 (1=2020)	매각공고
	2021년 매각 더미	dummy	필지별 매각연도가 2021년 여부 (1=2021)	매각공고
	2022년 매각 더미	dummy	필지별 매각연도가 2022년 여부 (1=2022)	매각공고
	2023년 매각 더미	dummy	필지별 매각연도가 2023년 여부 (1=2023)	매각공고

③ 실증분석 결과

〈표 2〉는 점포겸용 단독주택용지 경쟁입찰매각가격을 종속변수로 설정하고 헤도닉 가격모형을 다중회귀분석한 분석결과이다.

다중회귀분석 결과 F값은 272.982이고 유의확률은 0.000 미만으로, 다중회귀분석 모형의 분석결과가 통계적으로 유의한 것으로 나타났다. 다중회귀분석 모형의 유용성을 설명하는 결정계수는 0.820로 나타났으며 수정된 결정계수는 0.817로 나타났다. 따라서 본 연구의 실증분석 모형은 점포겸용 단독주택용지의 경쟁입찰 매각가격에 대해 81.7%의 설명력을 가진다고 할 수 있다.

경쟁입찰 매각가격을 설명하는 독립변수 간의 다중공선성을 나타내는 분산팽창요인(VIF)는 대부분 1 또는 2 수준으로 나타났으며, 최대 4.410 으로 나타나 변수 간 다중공선성 문제는 없는 것으로 볼 수 있다.

상수(constant), 용적률, 가로장방형 더미, 접한 도로 수, 접한 도로의 최대폭, 블록 관통 도로 접도 더미, 블록 내 동일용도 필지수, 블록 연접 상업용지 유무, 블록 연접 공동주택 유무, 택지지구 총인구밀도, 택지지구별 상업용지 비율, 업무용지 비율, 산업용지 비율, 서울중심지로부터 최단거리, 경기남부, 서울시 지역더미, 각연도요인은 모두 1% 수준에서 통계적으로 유의한 것으로 나타났다. 토지사용가능시기 전후 더미와 지역요인 중 인천시 지역 더미는 5% 수준에서 통계적으로 유의한 것으로 나타났다.

한편, 허용가구수, 경관 조망 더미, 블록 내 주차장 더미, 블록 내 공원 더미는 통계적으로 유의하지 않은 것으로 나타났다. 따라서 쾌적한 주거환경을 설명하는 변수들이 가격에 미치는 영향은 기각되었다.

표준화계수를 통해서 살펴본 변수의 중요도는 용적률, 택지사업지구별 업무시설용지, 산업시설용지, 서울중심지로부터 최단거리, 경기남부지역 택지지구 더미, 2022년 매각더미 등이 높은 것으로 나타났다. 이들 변수의 표준화계수는 0.2 이상으로 나타났다. 또한 접한 도로 최대폭, 블록 내 동일용도 필지수, 택지지구별 인구밀도가 0.1 이상 수준으로 나타났다. 이외의 변수들의 표준화계수는 0.1미만 수준이다.

표 2 점포겸용 단독주택 헤노닉 분석결과

<table>
<tr><th colspan="2">변수명</th><th>추정계수</th><th>표준오차</th><th>표준화 계수</th><th>t</th><th>VIF</th></tr>
<tr><td colspan="2">(상수)</td><td>12.234***</td><td>0.126</td><td></td><td>96.897</td><td></td></tr>
<tr><td rowspan="8">토지 개별 요인</td><td>용적률(%)</td><td>0.007***</td><td>0.001</td><td>0.203</td><td>13.137</td><td>2.073</td></tr>
<tr><td>허용가구수</td><td>0.009</td><td>0.009</td><td>0.017</td><td>1.050</td><td>2.387</td></tr>
<tr><td>가로 장방형 더미</td><td>0.036***</td><td>0.010</td><td>0.043</td><td>3.490</td><td>1.296</td></tr>
<tr><td>접한 도로 수</td><td>0.066***</td><td>0.009</td><td>0.093</td><td>7.208</td><td>1.454</td></tr>
<tr><td>접한 도로 최대폭</td><td>0.016***</td><td>0.002</td><td>0.132</td><td>9.079</td><td>1.817</td></tr>
<tr><td>블록 관통 접도 더미</td><td>-0.068***</td><td>0.017</td><td>-0.062</td><td>-4.127</td><td>1.932</td></tr>
<tr><td>경관 조망 더미</td><td>0.000</td><td>0.032</td><td>0.000</td><td>-0.009</td><td>1.194</td></tr>
<tr><td>토지사용가능시기 전후</td><td>0.038**</td><td>0.013</td><td>0.044</td><td>2.873</td><td>2.022</td></tr>
<tr><td rowspan="3">블록 요인</td><td>블록 내 동일용도 필지수</td><td>0.001***</td><td>0.000</td><td>0.182</td><td>9.481</td><td>3.174</td></tr>
<tr><td>블록 내 주차장용지 유무</td><td>0.012</td><td>0.021</td><td>0.007</td><td>0.565</td><td>1.493</td></tr>
<tr><td>블록 내 공원 유무</td><td>0.024</td><td>0.014</td><td>0.028</td><td>1.720</td><td>2.305</td></tr>
</table>

	블록 연접 상업용지 유무	0.083***	0.015	0.091	5.398	2.456
	블록 연접 공동주택 유무	0.071***	0.015	0.062	4.694	1.530
택지 지구 요인	택지지구별 총밀도	0.002***	0.000	0.123	5.703	3.994
	지구별 상업용지비율	0.041***	0.006	0.143	6.503	4.174
	지구별 업무용지비율	0.163***	0.006	0.528	26.981	3.308
	지구별 산업용지비율	0.048***	0.004	0.236	12.495	3.092
	서울 중심지 최단거리	-0.014***	0.001	-0.341	-16.778	3.573
지역 요인	경기도 남부지역 더미	0.328***	0.018	0.403	17.848	4.410
	인천시 지역 더미	-0.091**	0.036	-0.042	-2.567	2.268
	서울시 지역 더미	1.564***	0.128	0.137	12.191	1.088
매각 연도 요인	2019년 매각 더미	-0.019***	0.025	-0.012	-0.773	1.956
	2020년 매각 더미	0.246***	0.037	0.115	6.716	2.520
	2021년 매각 더미	0.189***	0.020	0.187	9.683	3.222
	2022년 매각 더미	0.436***	0.017	0.511	25.828	3.388
	2023년 매각 더미	0.273***	0.024	0.198	11.168	2.706
유효표본 수			1,588			
F			272.692			
유의확률 (Prob 〉 F)			0.000			
결정계수 (R-squared)			0.820			
수정된 결정계수 (Adjusted R-squared)			0.817			

주: * p 〈 0.10 ** p 〈 0.05 *** p 〈 0.01.

1) 토지개별요인

토지개별요인은 주거 및 상업기능의 입지와 건축 가치와 관련된 변수들이다.

용적률은 다가구 주택의 가치를 설명하는 변수이다. 다가구 주택용지는 건축가능면적이 클수록 임대하는 면적이 증가한다. 따라서 용적률은 점포겸용 단독주택용지의 다가구주택의 면적이 커질수록 토지의 가격에 양의 영향을 미치는 것을 나타낸다.

반면, 허용가구수는 통계적으로 유의하지 않은 것으로 분석되었는데, 이는 기초통계에서 살펴본 바와 같이 평균을 중심으로 밀집되어 있고, 가구수의 차이가 택지지구 및 블록별로 차이가 없어 입찰가격에 유의한 영향을 미치지 못한 것으로 추론된다.

가로 장방형 토지여부, 접한 도로의 수와 폭, 블록 관통 도로 접도여부는 점포겸용 단독주택용지의 1층 상가의 가치를 설명하는 변수들이다. 또한 가로 장방형 형태는 시각적 노출 및 출입구 배치 등에 유리하게 작용한다. 이러한 특징은 상가의 가치에 양의 영향을 미친다.

토지에 접한 도로 수가 많은 것은 노출면의 증가와 접근이 용이함을 의미한다. 이는 상업기능의 가치를 증대시키는 요인이다. 접한 도로의 더 넓은 도로일수록 통행하는 유동인구가 더 많아진다. 따라서 도로의 폭은 넓을수록 점포의 가치를 높이게 되어 필지의 가격에 양의 영향을 미친다.

블록 관통 도로에 접한 경우 입찰가격에 음의 영향을 미치는 것으로 나타났다. 블록 관통 도로는 통행을 위한 이동경로이다. 소위 '흐르는 입지'에 위치한 경우 상가의 가치에 음의 영향을 미치는 것으로 설명할 수 있다. 따라서 입찰가격에는 음의 영향으로 나타났다.

경관 조망 가능여부는 통계적으로 유의하지 않은 것으로 나타났다. 이 결과는 입찰신청자가 점포겸용 단독주택용지의 다가구 주택과 상가의 임대수익에 중점을 두기 때문이다. 직접 거주하는 경우는 경관의 가치가 중요할 수 있으나 임대수익에는 영향이 입증되지 아니한다.

토지사용가능시기 이후 매각 시 토지에 건축을 할 수 있으므로 입찰가격에 양의 영향을 미치는 것으로 설명할 수 있다.

2) 주택블록요인

주택블록요인은 점포겸용 단독주택용지가 집단을 형성하고 배후에 연접한 주거와 상업 기능의 수요에 따라 어떠한 영향을 받는지 나타내고 있다.

블록 내 동일용도 토지 수는 필지별 입찰가격에 양의 영향을 미치는 것으로 나타났다. 필지 수가 많은 블록일수록 상권의 규모가 증가하여 집적의 효과를 통해 개별 토지의 가치에도 양의 영향을 미칠 것이라는 본 연구의 가설을 입증하는 결과이다. 또한 다수의 다가구 주택이 모여있는 경우, 다양한 주택이 공급될 수 있는 점도 반영된 것으로 볼 수 있다.

블록 내 주차장용지 유무와 공원 유무는 통계적으로 유의하지 않았는데, 이는 입찰신청자가 입찰가격 산정 시 주거환경에 대한 고려를 하지 아니함을 나타낸다.

점포겸용 단독주택용지 블록 인근에 상업용지가 있는 경우, 입찰가격에 양의 영향을 미치는 것으로 나타났다. 이는 상업지역의 정주인구가 다가구 주택과 근린생활시설의 수요가 된다는 본 논문의 가설을 입증하는 결과이다. 또한 상업용지에 건설되는 고차 상업시설과 점포겸용 단독주택용지의 근린생활시설은 전체 상권을 확장하고 주거지역 내 근린생활시설의 요식업, 카페 등이 상업지역의 상업시설과 기능적으로 보완관계에 있음을 시사한다.

점포겸용 단독주택용지 블록 인근에 공동주택이 있는 경우, 입찰가격에 양의 영향을 미치는 것으로 나타났다. 이러한 결과는 공동주택용지의 거주자들이 점포겸용 단독주택용지에 설치되는 근린생활시설의 수요자이기 때문이다.

3) 택지지구요인

택지지구별 요인은 단지계획과 택지의 입지가 점포겸용 단독주택용지의 상업가치에 미치는 영향을 설명한다.

택지지구별 인구밀도는 입찰가격에 양의 영향을 미치는 것으로 나타났다. 인구밀도가 높을수록 점포겸용 단독주택용지의 상업시설을 이용하는 수요자가 많아진다. 따라서 인구밀도가 높을수록 토지의 입찰가격에 양의 영향을 미치는 것으로 나타났다.

택지개발지구별 상업용지비율은 점포겸용 단독주택용지 입찰가격에 양의 영향을 미치는 것으로 나타났다. 이러한 결과는 상업지역 정주인구는 일반주거지역 내 입지한 점포겸용 단독주택용지에 설치되는 상가와 다가구 주택의 수요자가 되기 때문이다.

택지개발지구별 업무용지비율과 산업용지비율은 토지의 입찰가격에 양의 영향을 미치는 것으로 나타났다. 특히 업무용지비율은 표준화계수가 변수들 중에서 가장 높은 0.528을 나타내 본 연구의 실증모형에서 입찰가격에 가장 큰 영향을 미치는 변수로 나타났다. 산업용지비율의 표준화계수는 0.236으로 나타나 경쟁입찰 매각가격에 미치는 영향이 큰 것으로 나타났다. 이러한 결과는 택지개발지구 내 업무 및 산업시설에 정주하는 인구는 점포겸용 단독주택의 상가와 다가구에 주요한 수요자임을 나타내는 결과이다.

서울 중심지로부터 택지지구들의 상대적 입지를 비교하고 그 가치를 설명하는 서울중심지로부터 최단거리는 토지의 입찰가격에 음의 영향을 미치는 것으로 나타나, 서울 중심지로부터 가까울수록 입찰가격은 증가하는 것으로 나타나 입지의 상대적 가치를 입증하였다.

4) 지역요인

본 연구의 표본은 수도권에서 매각된 택지개발지구 내 점포겸용 단독주택용지이다. 수도권은 서울시, 인천시, 경기도로 구성되어 있으나 한강을 중심으로 경기도 북부지역은 경기도 남부지역에 비해 업무시설 및 산업시설과 고속도로 같은 기반시설이 열악하다.

본 연구의 실증분석 결과, 경기도 남부와 서울시는 경기도 북부 기저변수에 비해 토지 입찰가격에 양의 영향을 미치는 것으로 나타났다. 이는 서울 및 경기도 남부에 업무중심지와 산업시설 등으로 인한 지가에 반영된 결과로 이해할 수 있다.

한편, 인천시는 계수의 값이 음의 영향을 미치는 것으로 나타났으나, 인천시의 표본 56필지 중 55필지가 인천검단지구에 포함된다. 따라서 기저변수인 경기도 북부지역에 비해 검단지구의 지역요인 변수의 계수가 음의 값으로 나타났으나, 이는 인천시 전체로 일반화하기에는 표본의 다양성에 한계가 있다.

5) 매각연도요인

본 연구의 점포겸용 단독주택용지 경쟁입찰 매각표본은 2018년도 공고부터 적용되었다. 2018년부터 2023년까지 각각의 연도는 지속적으로 변화하는 시장상황을 내포한다. 본 연구는 2018년을 기저변수로 반영하여 2019년부터 2023년까지 연도별 변수를 구성하였다. 실증분석 결과 매각연도 더미변수는 모든 연도가 통계적으로 0.1% 유의수준에서 모두 유의하였다. 점포겸용 단독주택용지의 매각가격 영향은 2019년도만 음의 영향을 미치는 것으로 나타났으며, 2020년부터 2023년까지 모든 연도가 양의 영향을 미치는 것으로 나타났다.

즉, 2019년을 제외하면 주택매매가격지수 통계와 연도별로 같은 흐름을 갖는 것으로 나타났다. 2019년도의 계수값은 택지개발지구 점포겸용 단독주택용지의 시장 수급, 해당연도의 거시경제여건 등 복합적인 요인에 의한 결과이다.

4 결론

본 연구의 목적은 택지개발지구 내 점포겸용 단독주택용지의 경쟁입찰 매각가격을 종속변수로 가격에 영향을 미치는 요인들을 실증 분석하여 부동산상품으로서 특성과 경제적 가치를 밝히는 것이다.

본 연구의 분석모형의 결과는 통계적으로 유의하였으며, 점포겸용 단독주택용지의 경쟁입찰 매각가격에 영향을 미치는 독립변수들의 설명력도 높게 나타났다.

본 연구의 실증분석 결과, 점포겸용 단독주택용지는 다가구 주택과 근린생활시설의 가치를 모두 내포하고 있음을 입증하였다. 특히, 점포겸용 단독주택용지는 주거와 상업 기능 모두 임대수익을 기대할 수 있는 수익형 부동산이나, 상업 기능과 관련된 변수들이 매각가격에 더 영향을 미치는 것으로 나타났다. 연구의 결론을 정리하면 다음과 같다.

첫째, 점포겸용 단독주택용지는 다가구 주택으로 임대주택의 특성을 갖는다. 단독주택의 규모를 나타내는 용적률은 토지의 입찰가격에 양의 영향을 미쳐 임대면적이 클수록 매각가격에 양의 영향을 나타냈다. 이처럼 용적률은 수익형 임대주택의 임대수익 가치를 제고하기 때문에 토지의 입찰가격에도 경제적 가치가 반영된 것을 시사한다.

주거환경의 쾌적성을 제공하는 경관, 블록 내 주차장용지 유무, 공원 유무는 점포겸용 단독주택용지의 입찰가격에 통계적으로 유의한 영향을 나타내지 아니하였다. 입찰에 참여하는 수요자는 거주자로서 필지의 주거환경은 고려하지 아니하는 것으로 나타났다.

둘째, 점포겸용 단독주택용지의 상업기능 측면의 가치를 제고하는 변수들이 토지의 입찰가격에 유의하게 양의 영향을 미치는 것으로 나타났다. 토지형상, 입지, 도로여건은 상업입지의 가치에 가시성과 접근성을 제고하여 입찰가격에 양의 영향을 미치는 변수이다. 주택블록요인은 상권규모와 배후수요의 가치가 토지의 입찰금액에 반영되었음을 입증한다. 택지지구요인은 인구밀도, 업무 및 산업시설 등의 정주인구가 수요요인으로써 토지의 입찰금액에 양의 영향을 미치는 것을 시사한다. 특히 업무용지와 산업용지의 비율은 표준화계수가 가장 높게 나타나 입찰가격 책정에 주요한 변수인 것으로 나타났다.

셋째, 점포겸용 단독주택용지는 주거기능과 상업기능이 복합되어 있으나 주거기능은 임대수요를 고려한 변수들만 유효하여, 전체적으로 수익형 부동산으로서 특징을 나타낸다.

본 연구는 점포겸용 단독주택의 수익형 부동산으로서의 특성이 경쟁입찰 매매가격에 영향을 미치는 변수들의 영향에 대해 최초로 실증함으로써 학문적 발전에 기여하였다. 실증분석에서 통계적으로 유의하게 나타난 변수별 계수의 방향과 표준화계수로 나타난 변수의 중요성은 향후 매각공고되는 필지별 경제적 가치의 비교와 입찰가격 산정의 기준이 될 것이다. 따라서 본 연구의 결과는 향후 3기 신도시에서 수요자에게 점포겸용 단독주택 입찰가격산정을 위한 기준이 되는 시사점을 제공할 것이다.

또한 공공사업시행자는 사업타당성 분석을 위한 매출추정 시 유사한 매각사례를 참고하여 추정한다. 따라서 사업타당성 매출추정 시, 기존 매각사례의 가격에서 본 연구의 실증분석 결과를 변수별로 적용하여 매출가격을 정교하게 추정하는데 기여할 것이다.

본 연구의 결과는 택지개발지구에서 점포겸용 단독주택용지의 부동산 상품으로서 가치를 규명하고 경쟁입찰 매각가격에 미치는 영향요인을 입증한 연구로써 학문적, 실무적 의미가 있다. 또한 향후 3기 신도시의 점포겸용 단독주택용지의 공급이 이루어지면 본 연구를 토대로 더 발전된 연구가 이어지기를 기대한다.

본 연구의 한계는 다음과 같다. 먼저 지역요인의 분석에서 경기도 북부지역에 비해 인천시의 계수가 음의 값으로 나타났는데, 이는 인천시의 표본의 다양성이 충분치 않은 한계가 있기 때문에 일반화에 무리가 있다. 따라서 향후 매각표본이 늘어난 후에 지역요인에 대한 분석을 다시 실시하여 지역요인에 대한 실증분석 결과를 확인하여 검증할 필요가 있다.

본 연구의 매각연도변수 중, 2019년도 계수의 부호가 주택매매가격지수와 정합성을 갖지 못한 결과는 해당 연도의 택지 수급 및 거시경제여건 등으로 추론하였다. 2019년 매각연도추정계수의 부호가 음의 값으로 나온 원인은 해당 시점의 변수에 대한 추가 연구가 있어야 보다 명확히 설명할 수 있으며 이는 연구의 한계로 남긴다.

또한 택지지구는 대규모 개발사업의 특징으로 인하여 지하철 및 버스 등 대중교통 체계가 완성되기 이전에 토지를 공급하므로, 교통체계를 필지별 영향요인 변수로 추가하지 못하였다. 따라서 이는 연구 대상인 택지개발사업과정의 구조적 한계이다. 향후, 대중교통 체계가 완성된 시점에서 시장에서 거래되는 점포겸용 단독주택의 거래사례를 표본으로 더욱 발전된 연구가 이어지기를 기대한다.

6.2.3 블록형 단독주택용지

블록형 단독주택용지는 개별 필지로 구분하지 아니하고 적정 규모의 블록을 하나의 개발단위로 공급함으로써 보다 신축적인 부지조성 및 주택건축과 효율적인 관리가 가능하도록 계획된 주택건설용지[23]이다.

1970년대 강남개발과 1980년 『택지개발촉진법』 제정 후 우리나라의 주거유형은 '아파트단지' 형태의 공동주택 건설을 중심으로 개발되었다. 이러한 변화의 뒤편에는 과거 1970년대 이전에 보편적 주거유형이었던 단독주택이 넓은 부지를 소유한 고급 단독주택과 관리소홀과 노후화로 인해 불량한 단독주택으로 양분화되었다.

한편, 우리나라의 경제 성장과 더불어 주택의 양적 공급이 충족되면서 주거환경의 질적 문제에 대한 사회적 기대가 커지고 있있고, 다양한 주거수요를 충족시킬 수 있는 주택용지의 개발에 요구되고 있었다.

한국토지공사는 택지개발사업을 통해 아파트, 연립주택, 단독주택, 다가구주택 등 다양한 주거용지를 공급하였고, 2000년 1월 주거환경의 질적 문제와 관리 효율화 등 새로운 주거수요에 부응한 단독주택용지 조성방안에 관한 연구용역[24]의 결과로 블록형 단독주택용지의 개념을 제시하였다.

한편, 국토해양부는 2000년 4월 『택지개발업무처리지침』 [별표 5] 「환경친환적인 블록형 단독주택용 조성요령」에서 블록형 단독주택용지의 개념과 조성규모, 조성방법, 일반원칙 및 유의사항 등을 정리하여 제도화하였다.

2002년 용인죽전 택지개발지구에 사실상 처음으로 블록형 단독주택용지가 공급되었다. 이후 2000년대 중반까지 용인동백, 용인흥덕, 성남판교, 화성동탄, 파주운

23 『택지개발업무처리지침』 [별표 5] 환경친화적인 블록형 단독주택 조성요령: 블록형 단독주택용지의 개요.

24 「신수요에 부응한 전용단독주택지 조성방안에 관한 연구」, 2000, 대한국토·도시계획학회, 한국토지공사 발주.

정 등 여러 택지개발지구에서 블록형 단독주택용지가 공급되었는데, 중산층을 위한 보급형보다 동호인을 위한 일반형 또는 고소득층을 위한 전원형 등 넓은 면적의 블록형 단독주택용지가 공급[25]되었다. 그러나 2012년 블록형 단독주택용지의 분양이 어려워지면서 미분양 블록형 단독주택용지의 매각을 위하여 여러 방안을 시도하였다.

시장환경 변화에 따라 『택지개발 업무처리지침』의 [별표 5]는 2009년을 시작으로, 2010년, 2011년, 2014년, 2015년에 개정되었으며, 이후 [별표 5]의 내용은 『택지개발 업무처리지침』 본문에 포함되어 2025년 현재에 이르렀다. 블록형 단독주택용지는 고급주택단지에서 중산층의 주택지가 되도록 시장의 수요 여건에 부합하도록 제도에서 규제하던 여러 규정이 삭제되거나 변경되었다.

자료 6-18 블록형 단독주택용지 건설 사례(경기부동산포털 지도서비스)

블록형 단독주택용지 내 건축은 단독주택, 단독형 집합주택 또는 3층 이하의 공동주택 등을 실수요자의 선호도와 자연지형 등 여건에 따라 선택하여 건축할 수 있도록 하고 있다. 또한 블록형 단독주택용지는 각각의 블록 단위로 공급하는 것을 원

25 보급형은 가구당 평균 필지 규모가 165~265㎡, 일반형은 265~400㎡, 전원형은 400~660㎡으로 계획되었다.

칙으로 하되 필요시 연접한 여러 필지의 블록형 단독주택용지 전체를 하나의 단위로 공급할 수 있다.

블록형 단독주택용지 내에는 거주자들의 편의를 위하여 지구단위계획으로 정한 당해 블록의 건폐율 및 용적률을 초과하지 않는 범위 내에서 공동이용시설을 설치할 수 있으며 영리를 목적으로 할 수 없다. 또한 거주자의 공동체 의식 함양을 위한 각종 커뮤니티 시설 및 보안 · 관리시설 등 공동이용시설은 민간 부문의 창의적인 계획에 의해 설치될 수 있도록 규제를 최소화하였다.

한편, 블록형 단독주택용지는 '타운하우스(town house)'[26]라는 이름의 주택단지 개발 용지로 관심을 받게 되었다. 언론을 통해 소개된 '타운하우스'는 분당신도시 특별설계구역이었던 구미동 일부 지역의 필지가 1990년대 개발되기 시작하면서부터이다. 당시 '한국토지개발공사[27]'는 1기 신도시 분당지구의 전원주택지로 개발하고자 단독 및 연립주택용지를 공급하였고, 주로 빌라형 연립주택이 건축되었는데, 일부 토지에서 타운하우스[28]로 계획되었다.

2005년 파주에서 분양된 '헤르만하우스'라는 타운하우스는 연립주택이었지만, 형태적으로는 단독주택들이 합벽되어 일렬로 세대가 배치되고 개별 정원을 갖게 되어 접지성(接地性)이 확보되는 도시 소비자의 욕구에 부합하는 새로운 주택형식으로 인정받았다.[29]

2006년에는 용인동백 택지개발지구에서 '그랑시아 1 · 2단지'를 시작으로 2007년 '아펠바움 1차', 2008년에는 '아펠바움 2 · 3차', '라폴리움' 등의 단독주택형 타운하우스가 공급되었다. 이 주택들은 하나의 세대가 지하 1층부터 지상 2~3층 규모의 단독주택으로 계획되어 단지를 이루는 집합주택으로 계획되었으며, 높은 담장으로 필지의 영역을 명확히 구분하고 있지만 지하주차장, 외부정원, 주택의 외벽이 연속

---

26 '타운하우스(townhouse)'는 공동주택 중 공동 정원에 연이어서 저층으로 건축된 주택을 의미한다. 우리나라에서는 1970년대 말부터 1980년대 초 무렵 서울화곡 구릉지 아파트, 구미 형곡 주택단지, 서울 항동 그린빌라 등을 효시로 보며, 도시 외곽지역에 단독주택단지 형태로 나타났다.

27 현재 '한국토지주택공사'이다.

28 분당지구 구미동 한신타운하우스, 3개동 11세대, '듀플렉스형 타운하우스'로 계획되었다.

29 윤춘섭 외, 2016, 신도시 블록형 단독주택지 타운하우스의 변화양상, 대한건축학회학술지 제32권 제11호, p. 61.

되는 가로경관을 형성하고 있다.

2008년에는 화성동탄 택지개발지구에서도 여러 타운하우스가 분양되었는데, 이 주택들도 단독형 집합주택이었다. 그런데 2008년 미국의 금융위기로 인한 경제위기는 타운하우스 매매시장을 얼어붙게 해 블록형 단독주택용지 내 주택개발에 어려움이 닥쳤다. 2011년에 분양된 블록형 단독주택 '아이올라'는 대형의 단독주택으로 건설되던 타운하우스가 중소형 다가구 주택형으로 변화되는 시작이었다.

블록형 단독주택용지는 대형의 단독주택으로 건설되던 타운하우스가 중소형의 다가구 주택형으로 다변화되었다. 이는 사회적 수요가 반영된 것이며, 제도 변화에 기반을 마련하게 되었다. 또한 세대수 증가를 기반으로 단지의 규모가 확대되어, 단독주택 거주자가 증가하였다는 의미를 나타낸다.[30]

우리나라의 타운하우스 단지는 크게 단독주택형과 병렬식 타운하우스형으로 구분할 수 있다. 이를 다시 제도적으로 구분하면 단독주택단지는 1세대 단독주택 단지이고, 병렬식 타운하우스는 다가구 단독주택 단지, 다세대주택 단지, 연립주택 단지로 구분할 수 있을 것이다. 이러한 구분은 대형의 단독주택으로 건설되던 블록형 단독주택의 타운하우스가 중소형의 다가구, 다세대 단지 등 주택형을 포함하여 다양하게 변화되었다는 점을 보여준다. 자료 6-19는 '부산명지 경제자유구역'에서 2022년 공급된 블록형 단독주택용지의 사례이다.

30 윤춘섭 외, 2016, 신도시 블록형 단독주택지 타운하우스의 변화양상, 대한건축학회학술지 제32권 제11호, p. 68.

자료 6-19 블록형 단독주택용지 지구단위계획도 – 부산명지(LH 매각공고)

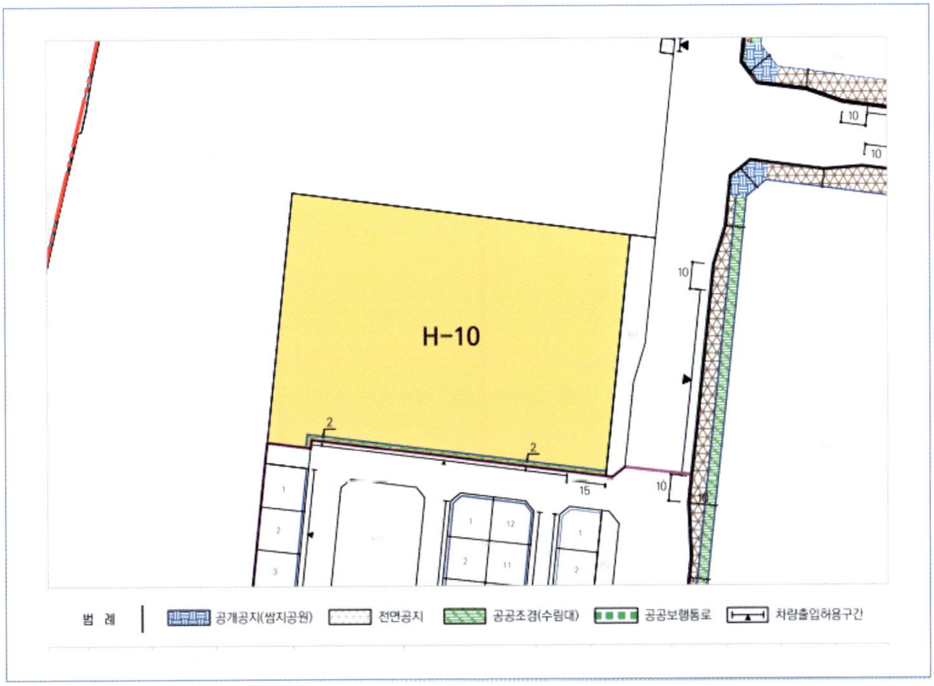

「환경친화적인 블록형 단독주택용지 조성요령」에서 블록형 단독주택용지의 입지 선정기준은 '자연경관이 수려하여 이를 적극적으로 활용할 필요가 있는 부지', '비교적 완만한 경사지로 이루어져 있고 수림이 양호하여 경사지를 활용한 주택건설이 용이한 부지', '생활편익시설의 이용 및 기반시설의 설치가 용이한 부지', '기타, 소규모의 개별 필지로 분할하는 것보다 블록으로 공급하는 것이 필요한 부지'로 명시하였다.[31]

『택지개발 업무처리지침』[32]에서 블록형 단독주택용지의 용도지역은 전용주거지역 또는 일반주거지역으로 정하고, 용적률은 150퍼센트 이하(제1종 전용주거지역의 용적률은 100퍼센트 이하), 건폐율은 50퍼센트 이하, 층수는 3층 이하로 규정하고 있다. 자료 6-20은 블록형 단독주택용지의 지구단위계획 시행지침 사례이다.

31 2025년 현행『택지개발 업무처리지침』[시행 2025.04.23] 본문 제16조 내지 제18조에서는 블록형 단독주택용지의 입지에 대한 조건을 별도로 규정하지 않는다.

32 『택지개발 업무처리지침』[시행 2025.04.23] 제16조 제7항에서 세대밀도와 규모를 규정한다.

자료 6-20 블록형 단독주택용지 지구단위계획 시행지침 – 부산명지(LH 매각공고)

<표 II-1-1>단독주택용지 및 근린생활시설 건축물 허용용도·건폐율·용적률·높이

구 분		단독주택용지		근린생활시설용지	
	도면표시	R1	R2	SR	
건축물 용도	허용 용도	• 단독주택(필지당 5가구에 이하에 한함, 다중주택 제외) • 점포주택(제1종근린생활시설, 제2종근린생활시설 중 가목, 라목, 바목, 아목 내지 하목) • 지하층은 주거용도 불허	•단독주택(다중주택 제외), 타운하우스	• 제1종·제2종 근린생활시설(안마시술소, 단란주점 제외) ※ 근린생활시설의 부대시설로 필지당 1개층에 한하여 1가구 허용 (단, 근생 7, 8은 제외) - 부대시설은 허용용도인 주용도의 기능을 지원하는 시설로서 총 연면적의 30%이하 적용하며, 지하층 및 1층에는 불허	
	불허 용도	•허용용도 이외의 용도 •「교육환경 보호에 관한 법률」에 의한 교육환경보호구역 내 금지시설은 불허			
가구수		•필지당 5가구 이하	•블록형 단독주택 계획 참조	근린생활시설의 부대시설로 1가구 이하(단 근생 7,8은 제외)	
건폐율		60% 이하	50% 이하	60% 이하	
용적률		150% 이하	100% 이하	180% 이하	250% 이하
높 이		3층 이하	3층 이하	3층 이하	5층 이하
해당블럭		D1-D13	H2, H10	근생 30	근생 1, 2, 7-14, 17-25, 29, 31-38
비 고					

<블록형 단독주택용지에 관한 사항>

제18조 (획지의 분할 및 합병)

① 인접한 블록형 단독주택용지와의 합병은 불허한다.

② 필지를 분할할 경우 단위필지의 규모는 330㎡~660㎡에 한한다.

제19조 (수용세대수(가구수))

① 블록단위 수용세대수(가구수)는 <표Ⅱ-1-2> '블록형 단독주택용지의 규모 및 세대수(가구수)'를 초과 할 수 없으며, 필지분할을 할 경우 분할된 필지의 세대수(가구수) 합의 당초 블록단위별 계획세대수(가구수)를 초과 할 수 없다.

② 블록단위 수용세대수(가구수)가 '주택법 시행령 제15조(사업계획의 승인)'규정에서 정한 세대 규모 이상인 경우에는 '주택법 제16조(사업계획의 승인)'규정에 의한 사업승인을 받아 건축하여야 한다.

<표Ⅱ-1-2> 블록형 단독주택의 규모 및 세대수(가구수)

블록번호	규모유형	대지면적	허용세대수(가구수)	인구수	평균규모	비고
계		32,098	118	330		
H2	660㎡ 이하	20,066	68	190	271㎡	
H10		12,032	50	140		

블록형 단독주택용지는 단독주택과 공동주택의 장점을 살리고, 단점을 보완하는 토지상품이다. 블록형 단독주택용지는 택지개발지구 등 계획입지에 위치하여 도시기반시설이 잘 갖추어진 한편, 단독주택에서는 관리하기 어려운 시설유지, 공용부분의 관리, 보안, 방범 등을 공동으로 관리할 수 있다. 또한 공동주택에서 발생하는 층간소음, 사생활 보호 등의 문제를 해결할 수 있으며, 단독주택의 장점인 마당과 정원 등 접지성, 쾌적한 환경, 사생활 보호 확보 등 장점이 있다.

한편, 사회적으로는 주거수요가 유사한 수요자들이 도시에서 공동체를 형성하고 다양한 주거환경을 만들어가는 토대가 되는 상품으로도 의미가 있다.

6.2.4 연립주택용지

연립주택용지는 『주택법』 제2조 제3호 및 동법 시행령 제3조에 따른 공동주택인 '연립주택(聯立住宅)'을[33] 건축할 수 있는 토지이다. 택지개발지구 등 계획입지에서 저층 · 저밀도 주거환경의 공동주택[34] 건설을 위한 토지로 계획된다.

우리나라의 연립주택은 일제강점기 1930년에 지금의 서울인 경성에서 일본 기업인 미쿠니(三國) 상사(商社)에서 근무하는 일본인 노동자들을 수용하기 위한 공동숙소로 건축한 기숙사를[35] 시작으로 본다. 1932년[36]에는 일본인 건축가 '토요타 타네오'가 설계한 아파트가 지금의 서울시 충정로3가 부근에 건설되어 '토요타아파트'로 명명되었는데, 이 공동주택은 2025년 현재까지 '충정아파트'[37]라는 이름으로 남아 있다.

한국전쟁 이후 1950년대에는 주택문제보다 식량문제가 국가적 관심사였으나, '베이비부머'[38] 세대의 인구 증가와 도시로 인구 유입은 점차 주택문제에 대해서도 국가적 관심이 옮겨가게 되었다. 마침내 1958년 서울시 성북구 안암동에 우리나라 최초로 아파트먼트라는 이름을 내건 '종암아파트'가 준공된다. '종암아파트'는 4층~5층 높이의 3개 동으로 지어졌으며 성북동 산자락 언덕에 지형을 그대로 살려 건축한 공동주택이었다. '종암아파트'는 평면설계는 독일에서 하였으나, 우리나라 건설사인 중앙산업이 건설하였고 준공 후에는 '대한주택영단'[39]에 인수되었다. '종암아파트'

33 『건축법』 시행령 [별표 1]에서 연립주택은 '주택으로 쓰는 1개 동의 바닥 면적(2개 이상의 동을 지하 주차장으로 연결하는 경우는 각각의 동으로 본다) 합계가 660제곱미터를 초과하고, 층수가 4개 층 이하인 주택'으로 정의하고 있다.

34 '공동주택'은 『주택법』 제2조 및 『건축법』 시행령 [별표 1]에 따라 아파트, 연립주택, 다세대주택 등 세 종류로 구분한다.

35 1930년 경성(지금의 서울) 회현동에 3층의 벽돌식 구조로 건축된 '미쿠니(三國) 아파트'는 1990년에 철거되었다. 식당이 있었고, 화장실은 공동화장실이었으며 주거를 목적으로 지어진 건물이었다.

36 사용승인일은 1932년이나 폐쇄건축물대장 상 준공일은 1937년 7월 12일로 되어 있다.

37 서울특별시가 2013년에 '충정아파트'를 우리나라 최초의 아파트로 공인하여 '100년 후의 보물, 서울 속 미래유산'으로 지정한 적이 있다. 2021년 재개발 계획이 확정되어 2022년 철거가 확정되었으나 2025년 현재 아직도 철거가 시작되지 않고 있다.

38 북미에서는 제2차 세계대전 이후에 태어나고 자란 1946년생부터 1964년생을 의미하며, 우리나라는 1955년부터 1974년까지 출생아 수가 한 해 90만 명이 넘던 시기에 태어난 세대를 의미한다.

39 대한주택영단은 대한주택공사를 거쳐 현재 한국토지주택공사이다.

의 낙성식에서는 이승만 대통령이 축사했을[40] 정도로 국가적인 관심을 받았다.

1964년에는 서울시 마포구 도화동에 6층규모 10개동 624가구의 '마포아파트'[41]가 준공되면서 단지(團地) 형태의 고밀도 아파트가 건설되었다. 이를 기점으로 힐탑아파트, 동부이촌동 공무원아파트, 한강맨션아파트, 여의도 시범아파트 등이 지어지면서 공동주택은 대표적인 주거문화로 발전하였다.

주거단지로 공급된 연립주택은 서울에 회기동 '재건주택(再建住宅)',[42] 휘경동 '희망주택', 홍제동 '부흥주택' 등이 건설되었다. 또한 대한주택공사에 의해 1963년 수유동에 16평형 연립주택 26호가 건설되면서 연립주택의 건설이 활성화되었다. 하지만, 1970년대에 가속화된 도시화와 급격한 경제 성장으로 주택문제가 사회화되면서 연립주택보다 토지이용 효율성이 높고, 고밀도 개발로 사업 경제성도 우수한 아파트가 공동주택의 주된 형태로 발전하였다.

1970년대에는 서울시가 철거민을 위해서 1970년 망원동에 건축한 30호의 연립주택, 1973년 홍은동에 건축한 128호 연립주택, 1975년 대한주택공사가 건설한 영동 연립주택 등 서민을 위한 주거 형태로 연립주택이 공급되었다. 그렇게 서민층을 위한 저가의 공동주택으로 연립주택의 상품성이 굳어지는 것 같던 주택 시장에 변화를 일으킨 연립주택이 등장하였다.

1981년 서울시 강남구 청담동에 지어진 '효성빌라'[43]는 '고급 연립주택'이라는 새로운 시장을 열었다.[44] 1984년 당시 기업인 등 재력가들이 '효성빌라'를 분양받아 고소득층을 겨냥한 '빌라형 고급 연립주택'의 시장을 개척하였다는 점에서 의미가 크다. 1980년대에 강남지역 일대에는 '방배', '진흥', '그린', '중앙', '반포' 등 고급 연립

---

40 대한경제, 2023.04.21. 기사: [건설로 읽는 현대사](11) – 서울 종암아파트.

41 마포아파트는 1962년 1차 준공 당시 6개동에서, 1964년 2차 준공 당시 10개동으로 지어졌다. 마포아파트는 1991년 철거되고 1994년에 14개동 941가구의 마포 삼성아파트로 재건축되었다.

42 '재건주택'은 '유엔한국재건지원단(UNKRA)'이 원조하는 자재와 자금으로 건설한 주택이다. 1953년 12월 '대한주택영단'(현재의 한국토지주택공사)이 안암동에 지은 이후 정릉동, 회기동 등 서울 시내에 희망주택, 부흥주택 등의 이름으로 다양한 공영주택을 건설하였다(서울기록원 https://archives.seoul.go.kr/contents/unkra).

43 효성그룹은 1977년 12월 대동건설을 효성건설로 상호 변경하면서 청담동에 기존에 없던 새로운 주거 형태인 '빌라형 주택'을 선보였는데, 1982년 6월 7개 동 48세대, 1984년 1월 3개 동 28세대를 지었으며 전용면적이 182~228제곱미터에 이르는 대형 주택이었다

44 헤럴드경제, 2016.03.10. [꼬마아파트가 사라진다 ②] 서민주택, 붉은벽돌 연립주택도 역사의 뒤안길로.

주택이 '빌라'라는 이름으로 연이어 신축되었고, 다양한 연립주택 단지가 조성됐다. 이러한 이미지의 영향으로 여러 연립주택과 다세대에까지 '빌라'라는 명칭이 널리 쓰이게 되었다.[45]

사진 6-21 고급 연립주택 '효성빌라' 건설 사례(법원경매 매각공고,2017)

우리나라의 연립주택은 짧은 역사 속에서 근로자들의 합숙소와 집단수용을 위한 주거형태로 시작되어 저소득 서민을 위한 주택으로 지어지다가 산업화 성공 이후에는 고급 대형 주택의 형태로 발전하였다. 한편, 연립주택은 아파트와 달리 벽돌 등을 자재로 건축하여 내구성이 약하고, 1960~1980년대에 건축공법과 자재로 지어진 연립주택은 리모델링이나 재건축이 필요한 시점이 되었다.

『택지개발촉진법』 제정으로 촉진된 택지개발사업지구는 공동주택용지로 연립주택과 아파트를 건설할 수 있는 주택용지를 공급해 왔다. 이는 택지개발로 인하여 도시가 아파트 일변도 주택공급으로 고밀화되는 것을 방지하고, 쾌적한 저밀도 공동주택을 공급하기 위한 수요에 부응하기 위함이다.

45 1990년대 이후 2025년 현재까지 '빌라'의 이미지가 다세대·다가구 주택이 된 이유가 여기에 있다.

자료 6-22 계획입지 고급 연립주택 '판교월든힐스' 사례(저자 직접 촬영)

연립주택용지는 공급하는 토지에 건설될 주택의 공급면적을 기준으로 구분할 수 있다. 연립주택용지는 주택의 전용면적을 기준으로 '60제곱미터 미만', '60제곱미터 이상 85제곱미터 미만', '85제곱미터 이상'으로 구분하여 주택용지에 건설되는 주택의 규모를 규정함으로써 구분할 수 있다. 주택의 규모로 세분한 토지의 상품 특성은 주택건설사업자의 파생적 수요에[46] 영향을 미치며, 주택의 분양자인 최종수요자에게[47] 공급하는 주택건설계획을 수립하는데 기초가 된다.

2000년대 이후 '성남판교 택지개발지구'와 '위례 택지개발지구' 등 2기 신도시에서 건설된 연립주택은 우수한 건축 설계와 시공 등으로 주택 건축물에 대한 물리적 만족감과 더불어 쾌적한 환경, 정숙한 커뮤니티 확보, 안정된 이웃 관계 등 거주자의

46 '파생적 수요(derived demand)'는 최종적으로 소비되는 재화에 대한 직접적인 수요의 결과로 발생하는 간접적인 수요이며, 생산요소에 대한 수요이다. 즉 주택건설 용지에 대한 수요는 토지가 생산하는 재화와 서비스에 대한 수요로부터 파생한다.

47 '본원적 수요(primary demand)'는 시장에서 수요자가 최종적으로 직접 사용하는 상품이나 서비스에 대한 수요를 의미한다. 토지에서 건설되는 주택은 주거의 본원적 수요로 직접 사용되는 상품이다.

주거 만족도를 고양하는 사회적 만족감까지 제공하여 선호가 높은 주택 유형으로 재평가되고 있다. 자료 6-23은 연립주택용지 지구단위계획도 사례이다.

자료 6-23 연립주택용지 지구단위계획도 - 화성동탄2(LH 매각공고)

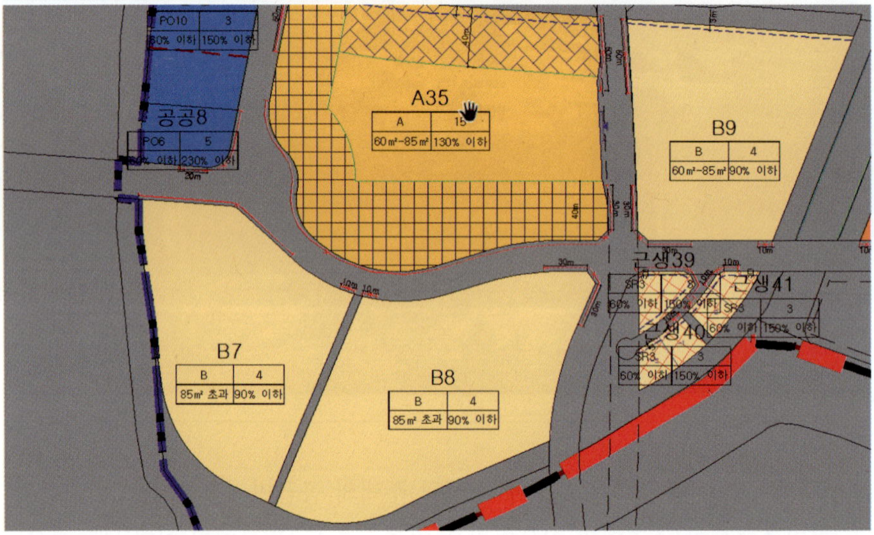

자료 6-24 연립주택용지 지구단위계획 시행지침 – 화성동탄2(LH 매각공고)

< 가구 및 획지에 관한 사항 >

제1조 (용지의 구분 및 위치)

공동주택용지는 아파트용지(A, Ak(유치원 포함))와 연립주택용지(B)로 구분하며, 각 용지의 위치는 <그림II-3-1>과 같다.

<그림II-3-1> 공동주택용지(아파트용지, 연립주택용지) 위치도

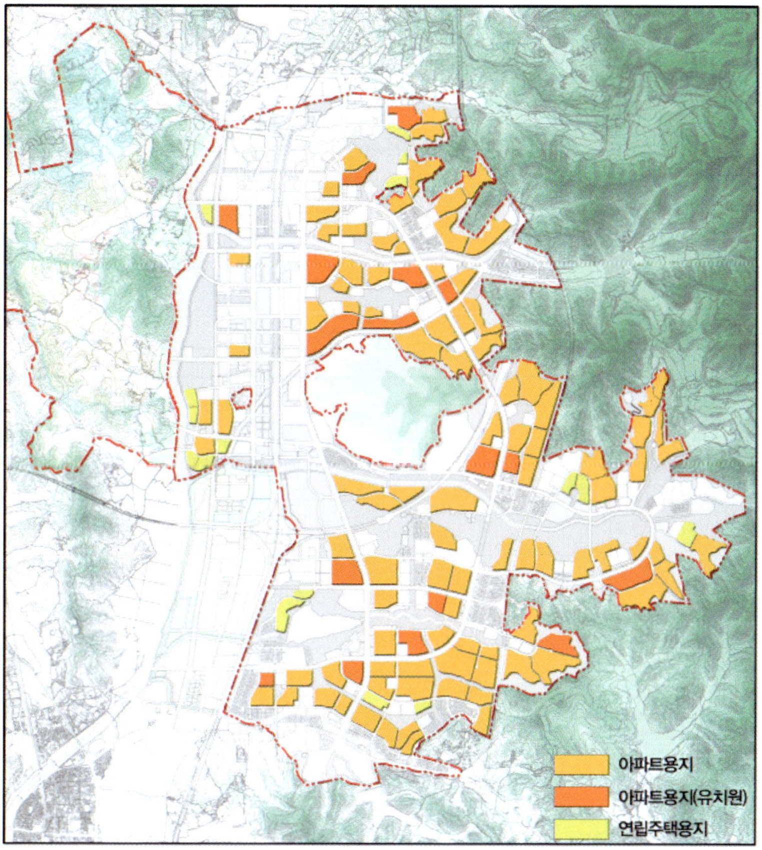

제 2 편 건축부문 시행지침 제 3 장 공동주택용지

제2조 (획지의 분할 및 합병)

① 공동주택용지의 획지는 가구 단위로 하며, 모든 획지는 분할하거나 합병할 수 없다. 다만, 「주택법」 제2조의 제8호, 제9호와 「주택건설기준 등에 관한 규정」 제4조, 제5조 규정의 부대복리시설은 예외로 한다.

< 건축물의 용도 및 규모 등에 관한 사항 >

제3조 (건축물의 용도)

① 공동주택용지의 건축물의 용도는 <표Ⅱ-3-1>에 의하며, 획지별 세부기준은 지구단위계획 지침도에 따른다.

② 부대복리시설은 「주택법」 제2조의 제8호, 제9호와 「주택건설기준 등에 관한 규정」 제4조, 제5조의 부대복리시설과 주택건설사업계획 승인권자가 요구하는 주민공동시설을 포함하여야 한다.

③ Ak 용도로 지정된 아파트용지는 유치원을 반드시 건축하여야 한다.

<표Ⅱ-3-1> 공동주택용지의 건축물의 용도

구 분		아파트용지		연립주택용지
건축물 용도	도면표시	A	Ak	B
	허용용도	•아파트, 연립주택, 부대복리시설(「건축법」 시행령 별표 1에 의한 종교집회장 및 종교시설 제외)	•아파트, 연립주택, 부대복리시설(「건축법」 시행령 별표 1에 의한 종교집회장 및 종교시설 제외) •유치원*	•연립주택, 부대복리시설(「건축법」 시행령 별표1에 의한 종교집회장 및 종교시설 제외)
	불허용도	•허용용도 이외의 용도 •교육환경보호구역내 금지시설	•허용용도 이외의 용도 •교육환경보호구역내 금지시설	•허용용도 이외의 용도 •교육환경보호구역내 금지시설
해당 블록		A 2, 3, 4-1, 6~14, 16, 17, 19, 20, 23~25, 27~41, 43, 44, 46~48, 50~58, 60~65, 67~70, 72, 73, 75~79, 81, 83~86, 88~107	A 1, 4-2, 5, 15, 18, 21, 22, 26, 42, 45, 49, 59, 66, 71, 74, 80, 82, 87	B1~16

주) Ak 용도의 유치원은 지정용도임
주) 공공주택 특별법에 따른 공공주택의 허용용도는 공공주택 특별법을 따름

<표Ⅱ-3-3> 연립주택용지의 주택규모, 세대수, 건폐율, 용적률, 최고층수

획지 번호	주택규모 (전용면적)	획지면적 (㎡)	세대수 (호)	평균규모* (㎡)	최고 층수*	건폐율 (%)	기준용적률 (%)*	비고
계	-	401,758.1	2,881	-	-	-	-	-
B1	85㎡ 초과	19,845.0	108	165	4	50% 이하	90% 이하	
B2	60㎡초과 85㎡이하	20,019.7	164	109	4	50% 이하	90% 이하	
B3	60㎡초과 85㎡이하	8,901.3	73	109	4	50% 이하	90% 이하	
B4	85㎡ 초과	24,066.3	166	130	4	50% 이하	90% 이하	
B5	85㎡ 초과	22,891.1	158	130	4	50% 이하	90% 이하	특별계획구역 3
B6	85㎡ 초과	15,265.1	105	130	4	50% 이하	90% 이하	특별계획구역 3
B7	85㎡ 초과	19,170.1	104	165	4	50% 이하	90% 이하	특별계획구역 3
B8	85㎡ 초과	23,048.1	125	165	4	50% 이하	90% 이하	특별계획구역 3
B9	60㎡초과 85㎡이하	17,881.1	147	109	4	50% 이하	90% 이하	특별계획구역 3
B10	60㎡초과 85㎡이하	17,184.0	141	109	4	50% 이하	90% 이하	
B11	85㎡ 초과	23,283.0	161	130	4	50% 이하	90% 이하	특별계획구역 6
B12	85㎡ 초과	33,818.0	234	130	4	50% 이하	90% 이하	특별계획구역 6
B13	60㎡초과 85㎡이하	29,148.3	240	109	4	50% 이하	90% 이하	
B14	60㎡초과 85㎡이하	57,228.0	472	109	4	50% 이하	90% 이하	특별계획구역 6
B15	85㎡ 초과	16,855.0	116	130	4	50% 이하	90% 이하	특별계획구역 5
B16	85㎡ 초과	53,154.0	367	130	4	50% 이하	90% 이하	특별계획구역 5

주1) 평균규모는 세대수 산정을 위한 기준임
주2) 기준용적률은 부대복리시설이 포함된 것임
주3) 층수산정시 테라스하우스 등 접지가 가능한 층은 모두 1층으로 본다

⑩ 공동주택용지의 블록별 용도, 주택규모, 용적률, 높이에 대한 지침내용은 지구단위계획 지침도에 <그림Ⅱ-3-2>와 같이 표시한다.

<그림Ⅱ-3-2> 공동주택(아파트, 연립주택)용지 지침내용 도면 표시 예시

블록번호

용도	최고층수
주택규모	기준용적률

=

A1

A	30
85㎡ 초과	170% 이하

대지번호 : 아파트용지의 블록번호
용도 : 용도표의 A의 허용용도
최고층수 : 30층 이하
주택규모 : 85㎡초과의 공동주택
기준용적률 : 170% 이하

특히, 경사 지형이 많은 우리나라는 택지개발계획에서 자연 지형을 이용한 토지 이용계획과 저층주택이 가지는 장점을 기반으로, 토지의 경제적 활용 및 공동주택용지 상품으로써 연립주택의 가치를 재고해야 할 필요가 있다.

향후 개발하는 택지개발지구에서도 아파트의 단점인 획일적이고 단조로운 평면형을 지양하고, 입주자의 사회적 여건과 환경조건을 고려하고, 건축의 물리적 여건 등을 다양하게 반영한 연립주택용지 상품이 공급될 것이다. 따라서 사회의 발전과 더불어 변화하는 시대적 선호와 생활양식의 발전적 개선에 따른 계층별 수요자의 상품 선택 가능성을 높이는 연립주택용지에 대한 상품성이 세분될 것이다.

6.2.5 아파트[48]용지

'아파트용지'는 『주택법』 제2조 제3호 및 동법 시행령 제3조에 따른 공동주택인 '아파트'를[49] 건축할 수 있는 토지이다. 우리 사전[50]에 '아파트'는 5층 이상의 건물을 층마다 여러 집으로 일정하게 구획하여 각각 독립된 주거 가구가 거주할 수 있도록 만든 주거형태를 의미한다.

해방 이후 우리나라 최초의 아파트는 서울에 지어진 '종암아파트'였지만, 단지형 고밀도 아파트는 '대한주택영단'이 1964년 준공한 '마포아파트'가 그 시작이다. 이후 1965년에 서울 동대문구 창신동에 완공한 7층짜리 '동대문아파트'는 중앙정원식 아파트로 과거 여러 연예인들이 거주하여 연예인아파트로 불리기도 하였다.[51] 1965년에는 서울 중구 정동에도 두 번째 중앙정원식 아파트인 '정동아파트'를 지었다. 2025년 현재 '동대문아파트'와 '정동아파트'는 서울미래유산으로 지정된 상태이다.

1971년 여의도동에 준공된 여의도 시범아파트는 우리나라 최초로 민간기업이[52]

48 『건축법』 시행령 [별표 1]에서 아파트는 주택으로 쓰는 층수가 5개 층 이상인 공동주택이다.

49 아파트는 영어 '아파트먼트(apartment)'에서 유래한 단어로, 영어로는 건축양식을 의미하며 미국에서는 콘도미니엄(condominium) 또는 임대아파트에 대한 표현이며, 영국에서는 플랫(flat)이라 한다.

50 국립국어원 표준국어대전이다.

51 오마이뉴스, 2008.02.09. 기사, 1960년대엔 여기가 연예인 아파트였지-단수위기에 떨고 있는 2008년 동대문 아파트.

52 삼부토건을 비롯하여 현대건설, 부국건설, 대림산업, 한국건업 등이 건축을 맡았다.

건설한 1,790세대 대단지 고층 아파트단지였다. 이후 여의도에 증권거래소가 설치되고 금융기업들의 건물들이 지어졌으며, 국회의사당과 방송국 3사 본사 건물, 그리고 우리나라 고도 개발의 상징과 같았던 당시 최고층 63빌딩이 여의도에 건설되었다.

우리나라의 아파트 한 채의 규모는 1972년 12월 30일 제정한 『주택건설촉진법』[53]과 동법 시행령 및 시행규칙에 따라 『건축법』 시행령에서 규정한 '바닥 면적'을 기준으로 한다.[54] 당시 도시의 심각한 주거 문제를 타개하기 위하여 제정된 『주택건설촉진법』은 아파트 주도의 건설방식으로 주택공급을 촉진하는데 제도적 기반이 되었다.

1973년 대한주택공사가[55] 서울 반포에 건설한 '반포주공아파트'는 3,786가구 규모로 지어진 최초의 대단지 아파트였다. 이후 '주공아파트'는 우리나라 전역에 아파

자료 6-25 아파트단지 건설 사례 – 서울시 압구정동(한국향토문화전자대전 누리집)

53 『주택건설촉진법』은 1972년 12월 30일[법률 제2409호]로 제정되어 1977년 12월 31일[법률 제3075]에서 전부개정 되었으며, 2003년 『주택법』으로 전부개정되었다.

54 박철수, 2004, 아파트 발코니공간의 설계관행 탈피방안 연구 –법령정비 방향과 그 내용을 중심으로–, 대한건축학회논문집, 제20권, 제4호, pp. 67–76.

55 현재 한국토지주택공사이다.

트단지를 건설하여 주택이 없는 국민의 주거생활 안정과 공공복리의 증진에 중요한 역할을 하였다.

1976년 서울시 강남구 압구정동에 현대산업개발이 건설한 '현대아파트'는 고도의 경제 성장과 도시의 공간 팽창을 보여주는 상징과 같다. 특히 전용면적 160제곱미터 이상의 대형 아파트를 국내 처음으로 선보이며 시민들이 아파트를 '고급 주택'으로 인식되는 계기가 되었으며, 40여 년이 지난 2025년 현재에도 압구정동 현대아파트는 고가 아파트의 상징으로 가장 비싼 아파트 가운데 하나이다.

1980년 제정된 『택지개발촉진법』은 급격히 증가하는 아파트단지 공급을 원활하게 하는 주택건설 용지를 조성하기 위한 제도적 기반이 되었다. 1980년대 서울에서 건설된 개포동 개포주공아파트를 비롯하여, 고덕동, 목동, 상계동, 중계동 등에서 택지개발로 대단위 아파트단지가 건설되었다.

1988년 서울올림픽을 앞두고 주택가격이 급속히 오르고 도시의 주택부족 문제는 여전히 사회문제로 남아있었다. 당시 노태우 대통령은 대선 공약으로 내세운 주택 200만호 건설 정책을 추진하기 위해 신도시 건설을 추진하였다. 수도권 5개 신도시에 계획된 주택물량은 약 30만 호였으며, 나머지 170만 호는 인천 연수, 대전 둔산, 부산 해운대 좌동, 울산 삼산 및 화봉, 대구 칠곡 및 성서 등, 광주 상무 및 수완 등 지방 거점 신도시 및 전국 각지의 택지개발 사업들을 통해 계획하였다. 이때 건설된 신도시를 소위 '1기 신도시'라고 한다.

수도권 1기 신도시는 성남분당, 고양일산, 부천중동, 안양평촌, 군포산본 등 5개로 서울 근교에 건설되었다. 1992년 말 입주를 완료해 총 117만 명이 거주하는 29만 2천가구의 도시가 되었으며, 1985년 69.8%이었던 주택보급률이 1991년에는 74.2%로 증가하였다.[56]

택지개발사업으로 조성된 아파트용지를 기반으로 공공기관과 민간기업이 아파트를 공급하기 시작하면서 아파트단지의 공급은 더욱 가속화되었다. 또한 2000년 이전에는 건설사 이름이 곧 아파트 이름이었으나, 2000년에 민간 건설사가 만든 아파

56 매일경제용어사전 : 1기 신도시.

트 브랜드(brand)가[57] 생겨나면서 브랜드로 경쟁하는 시대가 시작되었다.[58]

택지개발사업지구에서 공급하는 아파트용지는 학교, 공원, 녹지를 비롯한 도시기반시설로 인하여 주택수요자들에게 선호가 높다. 또한 높은 소비자 선호는 주택건설사업자의 사업성에 긍정적인 영향을 미쳤으며, 개별입지에 비해 인 · 허가 기간이 짧고 사업추진과정에 불확실성이 낮아 공공택지 내 아파트용지에 대한 주택건설사업자 간에 추첨 경쟁률도 높아졌다. 자료 6-26은 서울시 송파구, 경기도 성남시 및 하남시에 걸쳐 개발된 위례신도시 택지개발지구 아파트용지 사례이다.

자료 6-26 아파트용지 토지이용계획 – 위례신도시(LH 매각공고)

아파트용지는 분양 또는 임대 여부에 따라 '분양아파트용지', '임대아파트용지', '복합분양용지' 등으로 세분한다. 또한 공급하는 아파트의 전용면적에 따라 '60제곱미터 미만', '60제곱미터 이상 85제곱미터 미만', '85제곱미터 이상'으로 구분하기도

57 2000년 대림산업이 '이편한세상'을 같은 해 삼성물산 건설부문에서 '래미안'을 발표하였다.

58 아파트를 브랜드로 경쟁하는 시대적 배경에는 1998년 분양가 자율화의 영향이 있다. 아파트 분양가격을 건설사가 정할 수 있게 되면서 다양한 품질과 가격의 아파트가 나타났고 이를 소비자에게 인식시키기 위한 수단이 필요했고 그 대안이 브랜드였다.

한다. 이를 더하여 택지개발지구에서 공급하는 아파트용지는 '전용면적 60제곱미터 이상 85제곱미터 미만, 분양아파트용지'와 같이 표현하여 주택의 면적과 공급방식을 조합하는 방법으로 상품성을 명확히 구분한다.

자료 6-27 아파트용지 지구단위계획도 – 위례신도시(LH 매각공고)

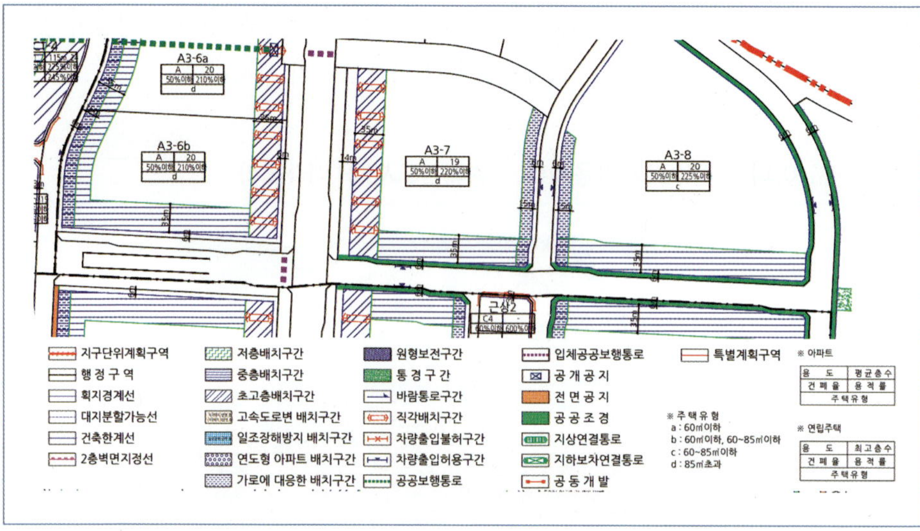

지구단위계획 시행지침은 가구 및 획지에 관한 사항, 건축물의 용도 및 규모 등에 관한 사항, 부대복리시설에 관한 사항, 건축물의 높이에 관한 사항, 건축물의 배치에 관한 사항, 주택의 형태에 관한 사항, 건축물의 형태 및 외관에 관한 사항, 대지 내 공지에 관한 사항, 차량 진·출입 및 주차에 관한 사항, 친환경 계획에 관한 사항 등을 자세히 명시하여 도시계획 측면에서 아파트용지를 규율하고 있다.

자료 6-28 아파트용지 지구단위계획 시행지침 – 위례신도시(LH 매각공고)

제 3 장 공동주택용지

< 가구 및 획지에 관한 사항 >

제 1 조 (획지의 분할 및 합병)

① 공동주택용지의 획지는 가구단위로 하며, 모든 획지는 분할할 수 없다. 다만, '주택법 제2조 제8호, 제9호'와 '주택건설기준 등에 관한 규정 제4조, 제5조' 규정의 부대복리시설은 예외로 한다.

② 공동주택용지 A3-6a, A3-6b 블록은 승인권자(또는 허가권자)가 인정하는 경우에 한하여 합병을 허용한다.

③ 합병전 지정되었던 지침 및 결정도의 내용을 원칙적으로 따라야 하며, 세대수 및 인구수는 블록별 합산한 값을 적용한다.

< 건축물의 용도 및 규모 등에 관한 사항 >

제 2 조 (건축물의 용도)

① 공동주택용지의 건축물 용도는 아파트, 연립주택 및 부대복리시설에 한하며, 블록별 세부기준은 지구단위계획 결정도에 따른다. 용도표시는 아파트는 A, 연립주택은 B로 한다.(<표Ⅱ-3-1> 참조)

② A1-9, A2-6, A2-7 블록은 국토교통부와 국방부간의 '위례 택지개발예정지구내 군 시설 이전사업 협력을 위한 기본협약서'에 성의된 "대체시설"로서 "주거복지시설" 중 군아파트 용도에 부합되어야 한다.

③ 부대복리시설은 '주택법 제2조 제8호, 제9호'와 '주택건설기준 등에 관한 규정 제4조, 제5조'의 부대복리시설과 주택건설사업계획 승인권자가 요구하는 주민공동시설을 포함하여야 한다.

<표Ⅱ-3-1> 공동주택용지의 건축물 용도

구 분		공동주택용지		
건축물 용도	도면표시	A		B
	허용용도	아파트, 부대복리시설	아파트, 부대복리시설 ※지역편의시설(창업지원시설 포함)은 공공주택업무처리지침 제34조의7 및 주택건설기준 등에 관한 규정 제55조의2에 의거 설치하여야 함	연립주택, 부대복리시설
	불허용도	허용용도이외의 용도	허용용도이외의 용도	허용용도이외의 용도
해당블록		A1-1 ~ A1-14, A2-1 ~ A2-13, A3-1 ~ A3-10	A2-15	A2-14

블록명	주택유형	면적(㎡)	세대수(호)	인구수(인)	주택규모(㎡)	평균층수	건폐율(%)	용적률(%)	비고
A1-9	60㎡이하	25,600.0	705	1,763	81	21	50	230	임대
	60~85㎡	34,926.0	735	1,837	106		50	230	임대
	85㎡초과	3,390.0	60	150	126		50	230	임대
A1-10	60㎡이하	**52,895.5**	1,202	3,005	75	16	50	170	국민임대
	60㎡이하	**24,483.9**	556	1,390	75		50	170	임대
	60~85㎡	**28,200.3**	442	1,105	108		50	170	임대
A1-11	60㎡이하	49,439.0	1,210	3,025	79	18	50	200	분양
	60~85㎡	32,959.0	600	1,500	109		50	200	분양
A1-12	60~85㎡	20,420.0	394	985	109	17	50	210	분양
A1-13	60~85㎡	**32,454.4**	685	1,712	109	21	50	230	임대
A1-14	60㎡이하	22,500.0	600	1,500	75	18	50	200	임대/공공분양
A2-1	60㎡이하	79,718.0	2,334	5,835	58	15	50	170	국민임대
A2-2	60㎡이하	47,724.0	1,087	2,718	79	15	50	180	분양
	60~85㎡	20,453.0	337	842	109		50	180	분양
A2-3	85㎡초과	42,017.0	517	1,293	138	14	50	170	분양
A2-4	60㎡이하	76,396.0	2,568	6,420	55	18	50	185	국민임대, (영구임대 550호 포함)
A2-5	85㎡초과	31,445.0	410	1,025	138	15	50	180	분양
A2-6	60~85㎡	33,284.0	795	1,987	92	19	50	220	임대
A2-7	60~85㎡	52,722.0	1,289	3,223	92	20	50	225	임대
A2-8	85㎡초과	64,696.8	1,137	2,842	128	20	50	225	분양
A2-9	85㎡초과	39,467.0	693	1,733	128	20	50	225	분양
A2-10	85㎡초과	98,550.0	1,385	3,462	128	17	50	180	분양
A2-11	60~85㎡	88,977.0	1,550	3,875	109	17	50	190	분양
A2-12	85㎡초과	50,902.0	627	1,567	138	14	50	170	분양
A2-13	85㎡초과	45,307.0	566	1,415	128	13	50	160	임대
A2-15	60㎡이하	13,040.1	471	753	47	15	50	170	임대 (행복주택)
A3-1	85㎡초과	35,787.0	559	1,398	128	18	50	200	분양
A3-2	85㎡초과	31,435.0	442	1,105	128	18	50	180	분양
A3-3a	**60㎡이하**	**14,349**	**336**	**840**	**84**	**20**	**50**	**200**	**공공분양**
	60㎡이하	**3,307**	**75**	**187**	**84**	**20**	**50**	**200**	**10년임대**
A3-3b	60㎡이하	7,540.0	204	510	67	20	50	200	분양 (신혼희망타운)
	60㎡이하	3,740.0	101	252	67	20	50	200	행복주택 (신혼희망타운)
	60㎡이하	5,840.0	136	340	78	20	50	200	분양 (신혼희망타운)
	60㎡이하	2,880.0	67	167	78	20	50	200	행복주택 (신혼희망타운)
A3-4a	85㎡초과	60,021.0	1,078	2,695	128	20	50	230	분양
A3-4b	85㎡초과	51,256.0	921	2,302	128	20	50	230	분양
A3-5	85㎡초과	42,118.0	699	1,748	138	21	50	230	분양
A3-6a	85㎡초과	41,450.0	680	1,700	128	20	50	210	분양
A3-6b	85㎡초과	42,474.0	696	1,740	128	20	50	210	분양
A3-7	85㎡초과	57,173.0	982	2,455	128	19	50	220	분양
A3-8	60~85㎡	81,088.0	1,673	4,182	109	20	50	225	분양
A3-9	85㎡초과	71,388.0	1,003	2,507	128	17	50	180	분양
A3-10	85㎡초과	37,616.0	500	1,250	128	16	50	170	분양

주1) 주택규모는 택지개발업무처리지침에 의거한 세대수 산정기준이며, 주택건설사업계획 승인내역에 따라 달라질 수 있음
주2) 행복주택은 세대당 1.6인임(신혼희망타운 제외)

제 14 조 (건축선 지정)

① 지정목적

1. 공동주택용지의 대지외곽 경계중 도로변에는 '프라이버시 보호와 주행차량 소음저감을 위한 조치'에 필요한 공간을 확보하고자 건축한계선을 지정한다.
2. 공동주택용지의 대지외곽 경계중 보행자전용도로와 공원, 기타 공공공지 변에는 쾌적한 보행환경과 풍부한 녹지환경 조성을 지원할 수 있도록 건축한계선을 지정한다.
3. 공동주택용지의 대지외곽 경계중 모퉁이 변에는 결절점으로서의 기능을 수행할 수 있도록 건축한계선을 지정한다.

② 지구단위계획에서 지정한 건축한계선은 주거동에 한하며, 그 위치와 폭은 지구단위계획 결정도를 따른다. 단, 결정도에 별도의 지정이 없을 경우는 아파트는 대지경계선으로부터 최소 6m 이상, 연립주택은 최소 4m 이상 이격하여 건축하여야 한다.

< 주택의 형태에 관한 사항 >

제 15 조 (가로대응형)

<그림Ⅱ-3-2> 가로대응형 배치도

① 트랜짓 몰 구간 및 상업용지에 면한 영역의 특성을 고려한 공동주택 및 건축계획 유형이다.

② 트랜짓 몰 구간 및 상업용지에 면하여 주동을 배치하며 가로에 평행 및 직각배치 모두 허용하며, 15층 이하(12층 이하 권장)로 계획한다.

③ 가로와 평행으로 배치된 각 주거동의 지상층부는 다양한 형태의 연도형 시설로 계획한다.

④ 단지 내부로는 클러스터형 외부공간을 조성한다.

⑤ 주거동의 입면은 돌출형 발코니 및 복층형 평면을 통해 변화감을 준다.

⑥ 최상층부는 펜트하우스 계획으로 리듬감 있는 생활가로를 구성한다.

제 16 조 (경관특화형)

① 서울도심에서의 접근로와 남북방향 간선도로와의 교차부 및 위례

<그림II-3-3> 경관특화형 배치도

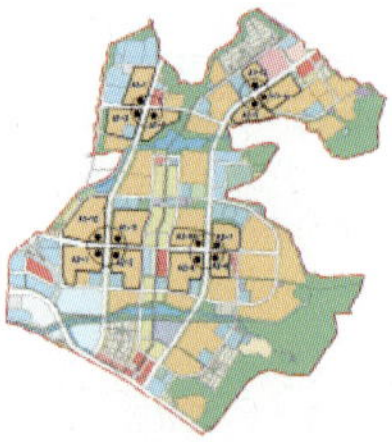

신도시 도입 지점의 인지성을 강화하기 위한 공동주택 배치 및 건축계획 유형이다. 교차부에 대응하여 탑상형의 공동주택을 배치하고 도로반대편 주거동과의 조화를 고려한다.

② 경관특화형 주거동은 주요 접근로상의 경관을 고려하여 옥탑부 및 외관 디자인을 단지 내 타 주거동과 차별화하여 특화한다. 또한 야간경관을 고려하여 경관 조명을 계획한다.

③ 경관특화형을 배치해야하는 인접 단지 간에는 상호 디자인협의를 통하여 배치 및 디자인이 조화를 이룰 수 있도록 한다.
(시행시기가 다를 경우 선행 단지의 배치 및 디자인을 고려한다.)

<그림II-3-4> 지구상징형 배치도

제 17 조 (지구상징형)

① 지구 외부에서 위례신도시의 인지가 쉬운 영역의 특성을 고려한 공동주택 배치 및 건축계획 유형이다.

② 위례신도시를 상징할 수 있는 차별화된 디자인의 주거동을 계획한다.

③ 주변 주거동과 차별화된 재료 및 색상으로 입면을 특화하여 디자인한다.

④ 지상층부 부대시설 및 필로티 계획과 연계된 중앙광장의 위치를 지정하며, 주거동은 중앙광장을 중심으로 배치한다.

⑤ 최상층부는 신도시의 상징성이 강조되도록 디자인한다.

⑥ 주거동은 주변 주거동보다 층수를 높게 계획하여 인지성을 확보한다.
(초고층권장)

<그림II-3-5> 도시경관형 배치도

제 18 조 (도시경관형)

① 위례신도시를 남북방향으로 관통하는 2개의 간선도로변에 면한 영역의 특성을 고려한 공동주택 배치 및 건축계획 유형이다.

② 간선도로변의 획일적이고 위압적인 경관 조성을 방지하고 도로변의 개방감을 확보하기 위하여 판상형 주거동과 탑상형 주거동 또는 판상형과 탑상형의 혼합형으로 상호 조화를 고려하여 배치한다.

③ 각 주거동의 상층부는 특화된 주거 유형(복층형, 펜트하우스 등) 또는 정원(옥상정원, 공중정원) 또는 경관을 고려한 디자인(조형물,

특화된 지붕형태)이 반영되도록 계획한다.

④ 판상형의 측벽이 도로에 면할 경우 가로 경관을 고려하여 디자인 한다. (측벽 특화 디자인)

⑤ 도로변의 저층부는 필로티를 적극적으로 도입한다.

<그림Ⅱ-3-6> 수변경관형 배치도

제 19 조 (수변경관형)

① 장지천과 창곡천에 면한 영역의 특성을 고려한 공동주택 배치 및 건축계획 유형이다.

② 수변으로의 개방감을 확보하고 광장과 같은 개방적인 공간을 적절히 계획하여 수변 커뮤니티 활동의 거점이 되도록 한다.

③ 수변으로의 시각적 연속성, 단지 개방감 확보를 위하여 공중정원과 필로티를 적극적으로 도입한다.

④ 지상층부는 테라스하우스로, 최상층부에는 수변경관 조망이 양호한 펜트하우스로 계획한다.

<그림Ⅱ-3-7> 산록경관형 배치도

제 20 조 (산록경관형)

① 청량산에 면한 영역의 특성을 고려한 공동주택 배치 및 건축계획 유형이다.

② 산록변에 보행자 녹도축을 중심으로 탑상형을 배치하여 단지의 상징성을 부여한다.

③ 필로티 계획으로 바람길 및 시각적 통로를 확보한다.

④ 최상층부는 산록조망이 양호한 펜트하우스를 계획한다.

⑤ 측벽 녹화 및 옥상녹화를 권장한다.

< 건축물의 형태 및 외관에 관한 사항 >

제 21 조 (주거동의 길이제한 및 층수변화)

① 양호한 일조 및 조망의 확보, 원활한 통행의 보장, 경관 차폐감의 저감 및 질서 있는 스카이라인의 조성 등을 달성하기 위하여 건축물 1개 층의 호수 또는 길이(이하 '주거동의 길이'라 한다.)를 제한하며, 그 기준은 4호 연립 이하 또는 50m 이하로 건축하여야 한

<표Ⅱ-3-5> 지붕형태, 옥상 등 천공구조물의 특화 아이템

구 분	특화아이템
상층부	 단지의 상징성을 부여할 수 있는 특징적인 지붕의 형태 고려한다.
지붕/ 옥상정원	 경사지를 이용한 테라스형 옥상정원 조성을 권장한다. 지붕은 같은 형태를 사용하여 통일감을 조성하고 산세와 조화되는 상층부와 지붕이 일체화된 형태, 곡선형 등으로 계획한다.
발코니	  중저층 주동은 벽감형 발코니, 코너형 발코니, 돌출형 발코니 등 다양한 유형의 개방형 발코니를 계획하여 입면 변화를 유도한다.
지상층부	 경사지에 자연지형의 레벨로 인해 형성되는 공간은 주거동의 저층부와 연계하여 외부 휴게공간이나 주거동의 진입공간으로 활용한다.

자유롭게 설치할 수 있다. 다만, 지붕형태를 경사지붕으로 하는 경우 경사지붕의 형태는 다음 각 호의 기준에 의한다.

1. 지붕의 형태가 경사지붕이 아닌 부분(옥탑 등 천공부구조물 포함)은 옥상면적의 8분의 1 이하 이여야 한다.
2. 경사지붕은 용마루를 갖춘 완전 경사지붕이 되도록 하며, 구배의 범위는 세로 : 가로의 비율이 1 : 2.5이하가 되도록 한다. 단, MP 심의를 거쳐 기준을 완화할 수 있다.
3. 최상층은 다락방설치 또는 복층형을 권장한다. 다만, 전용면적 60㎡ 이하인 경우는 예외로 한다.
4. 경사지붕이 아닌 경우, 최상층부에 차별화된 디자인의 입면 또는 구조물을 설치하여 단지 내 변화감 있는 모습을 연출하도록 한다.

제 28 조 (담장, 계단 등)

① 담장의 높이는 0.8m 이하로 한다.

② 담장의 재료는 화목류의 생울타리로 한다.

③ 보행자전용도로변이나 공원 등의 공공옥외공간시설과 접한 부분에는 담장을 대신하여 식수대 또는 둔덕 등을 조성하여 경계부를 자연스럽게 처리하도록 한다.

④ 계단의 경우 장애인·노인·임산부 등의 편의를 위하여 미끄럼 방지를 위한 소재를 사용한다.

제 29 조 (색채, 옥외광고물, 야간경관 등)

건축물의 색채, 옥외광고물(간판 포함), 야간경관에 관한 사항은 '제Ⅳ편 제8장(색채), 제9장(옥외광고물), 제11장(야간경관계획)'의 기준을 따른다.

< 대지 내 공지에 관한 사항 >

제 30 조 (전면공지)

결정도에서 지정한 대지 내 공지 중 전면공지는 '제Ⅰ편 제1장 제12조 ①항(전면공지) 및 ②항(전면공지 조성기준 및 방법)'의 규정에 따라 조성하여야 한다.

스위스 출생의 프랑스 건축가 르 코르뷔지에(Le Corbusier)[59]는 프랑스의 빈곤층의 주거 문제의 대안으로 '현대 도시(Ville Contemporaine)' 계획안 그리고 '브와종(Voisin)' 계획안을 제시하였다. 이 계획에서 르 코르뷔지에는 자동차가 인간을 거리의 제약으로부터 자유롭게 한다는 생각으로 교통체계를 높은 위계에 두고, 주거지역과 업무지역을 멀리 구분하여 최대한 쾌적한 생활을 하도록 계획하였다.

르 코르뷔지에의 도시계획은 도심지 과밀을 완화하고 거주밀도는 높게, 녹지의 면적은 넓게, 그리고 교통수단으로는 자동차를 중심으로 하는 것이 원칙이다. 그러나 정작 프랑스에서는 많은 비판을 받고 실현되지 못하였다.

르 코르뷔지에의 모더니즘 건축은 기능 만능주의로도 비판받았다. 하지만 당시 프랑스의 도시 주거환경은 위생적 · 기능적으로 열악한 상태였고 전쟁과 도시인구 급증으로 인해 주택의 공급이 수요를 뒷받침하지 못하고 있었다. 이러한 배경은 해방에 이어 한국전쟁을 겪은 우리나라의 상황과 유사했다.

르 코르뷔지에의 계획안은 그의 제자인 김중업[60] 등 우리나라의 건축가들에게도 상당한 영향을 주게 되며 우리나라에서 도시의 주거 문제 대안으로 아파트를 시도한 것은 이러한 배경과 무관하지 않다. 특히 김중업은 마포아파트 관련 좌담회에서 아파트는 한국 주거생활의 혁신이라 극찬했고 우리나라는 국토의 85% 이상이 산악지대라 주택건설을 위한 공지 조성이 어려워 가능한 한 집단 주거 위주로 발전해야 한다고 주장했다.

르 코르뷔지에는 주택은 사람이 살기 위한 기계라고 주장하며 기능이 중심이 된 건축을 지향했는데, 우리나라의 대단지 아파트를 살펴보면 르 코르뷔지에의 계획과 이상이 우리나라 주택 건축에서 실현된 것으로 볼 수 있다.

택지개발사업의 발전과 더불어 최근에 개발된 택지지구 아파트용지는 가로조건, 도시의 경관, 자연환경, 등을 기준으로 다양한 유형으로 세분되어 이를 지구단위계획에 반영하였다. 위례신도시 '지구단위계획 시행지침' 제3장 공동주택용지 부문, '주택의 형태에 관한 사항'에서 이러한 사례를 찾아볼 수 있다.

---

59 본명은 '샤를-에두아르 잔레-그리(Charles-Edouard Jeanneret-Gris)'이다. 르 코르뷔지에는 필명이고, 본명보다 필명이 더 유명하다. '르 코르뷔지에'는 그의 외할아버지의 이름을 약간 변형한 것이다.

60 르 코르뷔지에의 제자 중, 김중업은 세계적으로 인정받는 '기억되어야 하는 제자 5명' 가운데 한 명으로 평가된다. 김중업은 르 코르뷔지에의 아래서 3년 2개월 간 일하면서 수학하였고, 1970년대에는 미국 로드아일랜드 디자인스쿨과 하버드대학교에서 교수직을 역임하고, 우리나라에도 많은 작품을 남겼다.

한편, 택지개발지구 공동주택용지의 실제 매각사례를 대상으로 매각 여부에 영향을 미치는 연구가 있는데, 이 연구를 기반으로 파생적 수요 측면에서 토지상품의 매각 가치를 살펴볼 수 있다. 최기헌 · 이상엽(2017)은 수도권 택지개발지구에서 2011년 1월부터 2016년 5월까지 매각공고된 469필지를 대상으로 매각 또는 미매각 여부를 종속변수로 로지스틱 회귀분석으로[61] 분석하였다.[62] 아파트용지의 매각에 미치는 요인들을 설명하고자 아래 논문을 소개하고자 한다.

> 부동산학연구 제23집 제2호 2017.6 : 63-73 (발췌)
>
> **택지개발지구 공동주택용지 매각결정 요인에 관한 연구**
>
> **A Study on the Sales Determinants of Housing Lots in Residential Development Districts**
>
> 최 기 헌 (Choi, Ki Heon) · 이 상 엽 (Lee, Sang Youb)
>
> **❶ 분석모형 개요**
>
> 본 연구에 사용된 데이터는 2011년 1월부터 2016년 5월까지 수도권 38개 택지지구에서 시장에 공급한 469개의 공동주택용지에 대한 월별 매각/미매각 자료이다. 실증분석을 위해 대상토지가 매각/미매각되었을 때 대상토지가 속해있는 시군구의 지역부동산시장 요인과 해당 연월의 거시경제요인을 일대일로 매칭시켰다. 토지요인 지표로 토지공급 공고문에 게시되는 토지의 면적이나 가격, 면적, 용적률, 주택평형규모 등을 사용하였다(LH공사 : 윤성현 · 이성근, 2015). 토지수요는 토지가격의 함수임에 따라 공동주택용지 가격결정요인 연구에서 유의하다고 밝혀진 변수들을 선정하였다. 토지총금액에 영향을 미치는 요인과 용적률당 토지단가에 영향을 미치는 요인 중 용적률, 아파트 평당매매가, 아파트 평당전세가, 아파트 가격지수상승률(1년), 분양이득변수를 선정하였고, 연구의 한계로 언급되었던 선납할인율, 미분양주택호수, 주택담보대출금리 같은 거시경제변수를 추가하였다(최기헌 · 이상엽, 2016). 기타 조성공사 후 얼

61 공동주택용지의 매각은 감정평가한 가격으로 추첨방식으로 매각하기 때문에, 로지스틱 회귀분석을 연구 방법으로 종속변수는 매각 또는 미매각으로 구분하여 매각결정요인을 분석하였다.

62 최기헌·이상엽, 2017, 택지개발지구 공동주택용지의 매각결정 요인에 관한 연구, 한국부동산분석학회, 부동산학연구 제23집 제2호, pp. 63~73.

마 후에 토지가 매각되었는지를 살펴보기 위해 지구성숙도 변수를 추가하였고, 주택청약률 결정요인에서 영향력 있는 변수로 제시된 지역아파트 전세가율을 추가하였으며, 주택담보대출금리 외에도 거시경제 건전성과 성장성을 보여줄 수 있는 지표로 전산업매출실적과 건설업매 출실적지수를 추가변수로 선정하였다(한상섭, 2011; 정수현 · 강지협, 2016; 손재영, 2005).

매각결정과 같이 '매각' 또는 '미매각' 두 가지 경우로 표현되는 질적변수를 설명하기 위해서는 로지스틱회귀분석을 이용하는 것이 일반적이다. 로지스틱 회귀분석은 설명변수들의 효과, 어떤 사건이 발생하는 경우 와 발생하지 않는 경우를 예측하기보다는 발생할 확률을 예측하는 방법이다.

❷ 분석대상 변수의 정의

분석대상변수는 토지특성(5개), 지역요인(5개), 거시요인(3개)로 총 13개의 변수를 선정하였으며, 세부내용은 〈표 1〉과 같다.

표 1 변수의 정의

변수구분	변수명	설명	단위
종속 변수	매각 여부	토지 매각 여부(미매각=0, 매각=1)	더미
시간	기간	전체(2011-2016.5), 전기(2011-2013), 후기(2014-2016.5)	년
토지 특성	용적률당 토지단가	용적률당토지단가(토지가격/용적률)	천원/평
	주택평형	중소형평형(전용85㎡ 이하)=0, 대형평형(85㎡초과)=1	더미
	용적률	용적률	%
	지구 성숙도	지구성숙도 : 택지지구 조성공사 착공후 매각된 시점까지의 월수	월수
	선납 할인율	선납할인율(토지잔금 만기 이전에 완납시 총액대비 할인받을 수 있는 할인율)	%
지역 요인	전세가 비율	아파트전세가비율 : 대상토지가 속한 시군구의 전세가격/아파트매매가 비율	%
	아파트평 당전세가	아파트전세가 : 대상토지가 속한 시군구의 아파트평균전세가	천원/평
	아파트매 매가격지수상승률	아파트매매가격지수 상승률(1년차)	%

지역 요인	분양이득 변수	분양이득변수 : 대상토지가 속한 시군구의 아파트 분양가- 아파트평균매매가 차이	천원 /평
	미분양 호수	토지매각/미매각 시점의 시군구 미분양호수	호
거시 요인	주택담보 대출금리	토지매각월의 전국 주택담보대출금리	%
	전산업 매출실적	전산업매출실적	지수
	건설업 매출실적	건설업매출실적	지수

❸ 실증분석 결과

〈표 2〉는 로지스틱 회귀분석 결과 분류정확도이다.

표 2 분류정확도

구분			예측		
			매각 여부		분류정확(%)
			미매각	매각	
전기간	매각 여부	미매각	238	35	87.2
		매각	41	155	79.1
	전체퍼센트		-	-	83.8
전기	매각 여부	미매각	165	10	94.3
		매각	16	52	76.5
	전체퍼센트		-	-	89.3
후기	매각 여부	미매각	86	12	87.8
		매각	10	118	92.2
	전체퍼센트		-	-	90.3

〈표 3〉은 전기간 분석결과 토지매각에 유의하게 영향을 주는 변수를 의미한다.

표 3 분석결과

요인	변수명	전체기간 (2011.1~2016.5)		전기 (2011.1~2013.12)		후기 (2014.1~2016.5)	
		B	Exp(B)	B	Exp(B)	B	Exp(B)
상수항		-51.90	0.000	-88.58	0.000	-113.80	0.000
토지 요인	용적률당토지단가	0.00***	1.001	0.00*	1.001	0.00***	1.001
	주택평형더미	-2.04***	0.130	-3.42***	0.033	-2.03***	0.131
	용적률	0.01**	1.009	0.02	1.016	0.01*	1.012

	지구성숙도	-0.06***	0.941	-0.05**	0.949	-0.06***	0.941
	선납할인율	0.07**	1.076	-0.03	0.972	0.26***	1.303
지역 요인	전세가비율	0.06*	1.062	-0.02	0.984	0.03	1.029
	아파트평당전세가	0.00	1.000	0.00**	1.002	0.00	1.000
	아파트매매 가격지수 상승률(1년차)	-0.20***	0.816	-0.13	0.875	-0.37***	0.693
	분양이득변수	0.00*	1.000	0.00	1.000	0.00***	0.999
	당해월미분양호수	0.00	1.000	0.00	1.000	0.00**	0.999
거시 요인	주택담보대출금리	-6.06***	0.002	-7.29***	0.001	-3.62*	0.027
	전산업매출실적	0.52***	1.685	0.59***	1.801	0.84***	2.311
	건설업매출실적	0.36***	1.436	0.79***	2.205	0.76***	2.141
주요 통계량	표본수	469		243		226	
	-2Log 우도값	316.361		95.497		134.106	
	Cox와 Snell의 R-제곱	0.496		0.547		0.539	
	Nagelkerke R-제곱	0.667		0.788		0.724	

토지매각에 영향을 줄 것으로 예상되는 13개의 변수들 중 11개의 변수들이 유의하게 추정되었으나 승산비가 1에 가까운 용적률당토지단가, 용적률 및 분양 이득변수는 매각결정 시 유의한 변수이긴 하나 매각확 률에 영향을 미치지 않는 것으로 분석되었다. 토지요 인으로 주택평형이 대형으로 갈수록 토지가 미매각될 확률이 1.87배 높아지고, 지구성숙도가 1월 높아질수 록 미매각될 확률은 1.059배 증가하였으며, 선납할인 율이 1% 증가할 경우 토지가 매각될 확률은 1.076배 증가하는 것으로 나타났다.

지역부동산시장요인의 경우 아파트전세가비율이 1% 증가할 경우 토지가 매각될 확률은 1.062배 증가 하였으며, 아파트매매가격지수상승률(1년차)이 1단위 높아질 때 토지가 비매각될 확률은 1.184배 증가하는 것으로 분석되었다. 거시경제요인으로 주택담보대출 금리가 1%

상승할 경우 토지가 미매각될 확률은 1.998배 증가하였으며, 전산업매출실적과 건설업매출실적이 1단위 증가할 때 토지가 매각될 확률은 각각 1.685배, 1.436배 증가하는 것으로 분석되었다.

수도권 주택시장 침체기에 해당하는 전기(2011.1~ 2013.12)의 경우, 7개의 변수들이 유의하게 분석되었다. 이중 토지매각에는 유의하나 승산비가 1에 가까워 서 토지매각확률에 영향을 미치지 않는 변수는 용적률당 토지단가와 아파트평당 전세가로 나타났다.

토지 요인으로 주택평형이 대형으로 갈수록 토지가 미매각될 확률은 1.967배 상승하였으며, 지구성숙도가 1개월 증가할수록 토지가 미매각될 확률은 1.051배 증가하였다. 지역부동산시장 요인으로는 아파트평당전세가가 있었으나 승산비가 1에 가까워 토지매각확률에 영향을 미치지 않았다. 거시경제요인으로 주택담보대출금리 가 1% 상승할 때 토지가 미매각될 확률은 1.999배 증가하였으며, 전산업매출실적과 건설업매출실적이 1단위 증가시 토지가 매각될 확률은 각각 1.801배, 2.205배 증가하였다.

수도권 주택시장이 호황기에 해당하는 후기(2014.1~ 2016.5)에는 11개의 변수들이 유의하게 추정되었다. 이중 토지매각에는 유의하나 승산비가 1에 가까워서 토지매각확률에 영향을 미치지 않는 변수는 용적률당 토지단가, 용적률, 분양이득변수, 미분양호수로 나타 났다.

토지요인부터 살펴보면 주택평형이 대형으로 갈 수록 토지가 미매각될 확률은 1.969배 증가하였으며, 지구성숙도가 1월 증가시 토지가 미매각될 확률은 1.059배 증가하였으며, 선납할인율을 1% 커질 경우 토지가 매각될 확률은 1.303배 증가하였다.

지역부동산시장요인으로 아파트매매가격지수상승률(1년차)이 1단위 높아질 때 토지가 미매각될 확률은 1.307배 증가하였다. 거시경제요인을 살펴보면 주택 담보대출금리가 1% 증가할 때 토지가 미매각될 확률은 1.973배 증가하고, 전산업매출실적과 건설업매출 실적이 1단위 증가시 토지가 매각될 확률은 각각 2.311배, 2.141배 증가하였다.

상기 요인을 종합해보면 토지매각결정에 유의한 영향을 준 변수는 토지요인, 지역부동산시장요인, 거시경제요인이 모두 영향을 미친 것으로 나타났다. 따라서 서론에서 설정한 첫 번째 가설이 유의함이 입증되었다. 두 번째 가설의 경우 선납할인율을 한 단위 높일 경우 전기간과 후기의 경우에는 토지매각확률이 증가하였으나, 주택시장 침체기에 해당하는 전기의 경우 유의하지 않게 나타났다. 이는 불경기에는 단순한 가격할인전략만으로 토지매각을 할 수 없다는 것을 나타낸다. 따라서 두 번째 가설도 부분적으로 유효함을 알 수 있다. 세 번째 가설의 경우 주택수요가 금리에 영향을 받으므로 토지매각률도 금리에 영향을 받을 것이라는 가정에 대해 전기간, 전기, 후기 모든 기간에서 유의하게 나타남에 따라 가설이 유의한 것으로 입증되었다.

④ 결론

토지공급자 관점에서 택지지구를 개발하여 토지를 시장에 공급할 때 토지의 매각가능성을 예측하고 어떠한 요인이 토지매각에 유의한 영향을 미치는 지를 사전에 파악하는 것은 매우 중요한 일이다. 이는 택지개 발사업이 부동산시장과 지역경제에 미치는 경제효과가 크고, 대규모 자금이 투자되는 사업이며, 다른 개발사업에 비해 장시간이 요구된다는 사업의 특성을 고려하면 매각예측에 대한 중요성은 다른 어떤 개발사업보다도 중요하다고 할 수 있다.

토지를 매수하는 건설시행사는 토지매입을 결정하기 전에 개별토지에 대한 가설계를 작성하고, 시장성 분석을 토대로 사업성분석을 수행하게 되며, 장래위험과 현금흐름에 대해 각자 다른 할인율을 적용하여 사업수지를 산정하게 된다(최기헌 · 이상엽, 2016). 이렇게 도출된 사업성 결과는 건설시행사의 내부화된 정보로 토지매각 주체는 알 수 없는 정보이므로 토지매각 결정요인을 알기 위해서는 토지매각 시점의 토지특성과 시장상황을 활용하여 이를 추정해 볼 수 있을 것이다.

분석결과에 의하면 전기간, 전기, 후기 모든 기간에서 토지요인, 지역부동산시장요인, 거시경제요인이 토지매각에 영향을 미치는 것으로 입증되었다. 토지매각 결정시 유의한 결과를 보였으나 승산비가 1에 근접하여 토지매각확률에 직접적 영향을 주지 않는 변수로는 용적률당 토지단가, 용적률, 아파트 평당분양가, 아파트 평당매매가가 있었으며, 건설시행사는 토지매수 검토 시 해당변수를 암묵적으로 고려하고 있었음을 알 수 있었다.

토지매각은 거시경제 전반적인 상황과 특히 주택담보대출금리로부터 영향받는 것으로 분석되었다. 토지수요는 토지가격의 함수이므로 선납할인율을 높일 경우, 토지수요가 증가하여 토지매각 확률이 증가할 것이다. 주택시장 침체기에는 선납할인율 인하보다는 주택시장 침체기에 선호되는 소형평형으로 토지 이용계획을 변경하거나 선납할인율 인하를 병행하는 방안이 토지매각에 유리한 것으로 나타났다. 주택 및 가격이 금리와 역의 관계가 있고 토지매각도 금리와 역의 관계가 있는지에 대한 분석에서는 주택담보대출 금리 1% 인상 시 토지가 미매각될 확률이 크게 증가하였고 이에 따라 금리요인은 토지매각에 결정적인 영향을 미치는 변수로 확인되었다.

공동주택용지의 매각결정요인은 토지요인, 지역부동산시장요인, 거시경제요인 모두로부터 영향을 받고 있으며, 주택시장 상황에 따라 변수별 영향력이 상이하게 나타났다. 특히 주택시장 침체기에는 선납할인율 인상 같은 가격할인방법보다는 주택평형을 소형화하는 등 토지의 시장성을 확보해주는 노력이 더 중요함을 시사하고 있다. 주택시장 회복기에는 용적률 인상, 선납할인율 인상, 주택평형 조정 등의 미세한 조정으로도 토지매각 확률이 증가하였다. 상기 연구결과를 토대로 택지지구개발 시 토지매각 확률을 높일 수 있는 다양한 시도를 해 볼 수 있을 것이다.

6.2.6 주상복합(mixed-use)용지

'주상복합용지'는 주상복합 건축물을 건설할 수 있는 토지이다. '주상복합'이라는 용어는 『건축법』이나 『주택법』에 정의되어 있지 않은 비법정 용어이다. 다만, 공동주택으로서 주상복합아파트의 법적 개념은 『주택법』 제15조 제1항[63] 및 동법 시행령 제27조 제4항과[64] 『건축법』 제11조에 따른 건축 허가를 받아 주택으로 쓰는 층수가 5개 층 이상인 주택과 상가 시설을 동일 건축물로 건축한 공동주택이라고 정리할 수 있다.[65]

한편, 택지개발사업지구에서는 주상복합아파트를 건설할 수 있는 토지를 '주상복합용지'라는 토지상품으로 공급하고 있다. '주상복합아파트'의 법적 정의가 명확하게 규정되어 있지 않은 상태에서, 실무적 의미로 '주상복합아파트'는 한 건축물 내에 공동주택의 주거 기능과 더불어 상업 · 업무 등 다른 기능을 함께 수용하는 공동주택을 의미한다.

주상복합주택의 건립 배경은 기본적으로 '주거기능과 함께 구매시설, 편익시설 등을 함께 제공함으로써 상호 보완적 효과를 기대한 것'에서 비롯되었다.[66] '주상복합'이라는 명칭은 1990년대 이후 용도지역 상업지역 내 공동주택과 상업시설이 복합된 대규모 건축물이 건축되면서 이를 지칭하면서 통용되었다. 우리나라에서는 1960년대 서울에 지어진 세운상가와 낙원상가를 그 효시로 본다.

1967년 서울 종로3가에 김수근 건축가가 설계한 세운[67]상가가 지어지면서 우리

---

63 『주택법』 제15조는 사업계획의 승인에 관한 조문으로 주택건설사업을 시행하려는 자는 사업계획승인권자에게 사업계획승인을 받아야 한다. 단 주택 외의 시설과 주택을 동일 건축물로 건축하는 경우 등은 그러하지 아니하다고 예외를 두고 있다.

64 『주택법』 시행령 제27조는 사업계획의 승인에 관한 대통령령으로 제4항 제1호 가목과 나목에서 준주거지역 또는 상업지역에서 300세대 미만의 주택과 주택 외의 시설을 동일 건축물로 건축하는 경우, 그리고 해당 건축물의 연면적에서 주택의 연면적이 차지하는 비율이 90퍼센트 미만인 경우로 규정하고 있다.

65 김서기, 2016, 공동주택으로서 주상복합아파트의 법적 정의와 성립요건, 집합건물법학 제20집, p. 43.

66 오덕성 · 김정태, 1992, 주상복합주택의 계획방향에 관한 연구, 대한건축학회, 대한건축학회 논문집 제8권 제10호, p. 74.

67 세운상가는 일제강점기 공습을 대비한 소개지(疏開地)였으나 해방과 한국전쟁 이후 불법 판자촌이 난립하자, 당시 서울시에서 주도하여 건설하였다. 세운상가의 이름은 '세계의 기운'이라는 뜻이다.

나라 최초의 주상복합아파트가 건설되었다. 1960년대에 주거시설과 상업시설이 함께 설계된 건축물은 편리한 주거생활을 가능하게 했으며 과거 재력가나 정부의 고위급 인사가 거주하였다.

1968년에 완공된 낙원상가는 서울 종로구 낙원동에 있었던 낙원시장을 철거하고 안국동에서 한남동으로 이어지는 간선도로 개설을 위하여 낙원시장의 상인들을 이주시키기[68] 위하여 건설한 주상복합아파트였다.

자료 6-29 주상복합아파트 '타워팰리스' 사례(서울연구데이터서비스 누리집)

1997년 외환위기 이후 서울에서 주상복합아파트 건설이 현저히 증가하였다.[69] 이러한 현상은 외환위기에 따른 경기침체를 극복하기 위하여 부동산 관련 규제가 대폭 완화되었기 때문이다. 이 시기에 대표적인 서울의 주상복합아파트는 강남구 도곡동

68 낙원시장의 상인들은 대부분 이 당시 낙원상가의 상가로 입주했고, 1970년대와 1980년대를 지나면서 상가의 3층과 4층에 악기상점들이 들어서면서 유명해졌다.

69 양재섭, 2011, 주상복합건물의 계획적 관리 방향, 서울시정개발연구원: 1990년부터 2010년 상반기까지 서울 상업지역에서만 193건 42,000여 세대의 주상복합주택이 공급되었는데, 2000년에서 2004년 사이 5년간 허가 건수가 124건으로 64%를 차지한다.

에 지어진 '타워팰리스'와 양천구 목동에 지어진 '현대하이패리온'이다.[70]

'타워팰리스'가 '현대하이패리온'보다 조금 더 일찍 건설되었으며 두 건물 모두 최소 40층에서 최대 60층을 넘는 초고층 건축물이다. 두 건물은 넓은 지하주차장, 호텔식 로비와 보안서비스, 여유로운 엘리베이터 수, 각종 커뮤니티시설 등으로 고급 주상복합아파트의 편리한 서비스를 널리 알리는 역할을 하였다.

자료 6-30 1기 신도시 주상복합아파트 사례(저자 직접 촬영)

2000년대 초반 1기 신도시 중 분당신도시 정자역 인근 상업 · 업무지역[71]에서도 주상복합아파트가 등장하였는데, 성남시가 정자역 인근 상업 및 업무시설용지에 주상복합아파트를 지을 수 있도록 용도변경을 통과시키면서 주상복합아파트 건설이 가능하게 되었다.[72]

---

70 삼성물산과 삼성중공업이 시공한 타워팰리스 1차가 2002년 준공되었고, 현대건설이 시공한 현대하이패리온이 2003년에 준공되었다.

71 성남시 정자동 일원 '백궁 · 정자 상업 및 업무지역'이다.

72 1998년 당선된 성남시장이 후보 시절 '분당 상업용지 용도변경'을 공약으로 내세우면서 용도변경에 대한 논

원래 수도권 1기 신도시는 서울의 주택난을 해결하기 위하여 대규모 주거지역을 신도시로 만드는 것이 정책적 목표였다. 5개 신도시가 건설되는 입지와 규모는 각기 다르나 아파트 중심의 신도시라는 점에서 유사하였다.

그런데 개발 후 10년 정도 시간이 흐르면서 신도시의 입지적 특성이 차이를 보이면서 서로 다른 주거 공간으로 인식되었는데, 가장 크게 영향을 미친 것은 '서울'과 관계와 연결성의 차이였다. 5개 신도시 중 평촌과 산본, 중동은 안양과 군포, 부천의 신시가지로 성격이 더 컸지만 일산과 분당은 고양시와 성남시에 속하였으나 서울을 모도시(母都市)로 삼고 있었다. 또한 분당신도시는 서울의 강남지역에 인접하였고 교통망으로 연결된 조건은 분당이 강남의 대체지역으로 주목받을 수 있는 배경이 되었다.

분당신도시 정자동 주상복합아파트는 분당신도시의 기존 아파트와 다른 특징이 여러 가지 있다.[73] 먼저, 정자동 주상복합아파트는 30층 이상의 초고층으로 지어졌는데 이는 상업지역에 건설되어 아파트보다 높은 용적률이 적용되었기 때문이다.[74] 두 번째 특징은 대형 평형 중심의 주택으로 구성되어 있다는 점인데, 주상복합아파트는 일반 아파트와 달리 소형평형 의무 비율 등의 규제가 적용되지 않았기 때문이다. 세 번째 특징은 높은 분양가격이다. 앞서 살펴본 특징들과 연관된 특징이기도 한데 고급 주상복합아파트를 표방하며 건축물의 설계와 단지 내 편의시설뿐 아니라 '고급' 주택, '상류층 거주지' 등의 이미지를 더욱 강화하면서 높은 분양가격을 책정하였다.[75]

1기 신도시 분당의 지구단위계획은 최초에 주상복합용지가 별도로 존재하지 않고 상업용지에 포함되었기 때문에 주거와 관련된 세부 내용이 많지 않았다. 그러나 2기 신도시에 이르러 사업시행자에 의해 '주상복합용지'가 별도로 공급 토지로 구분되면서 용지별 세대수 및 규모 등의 상세한 내용을 포함하여 지구단위계획에 반영되었다. 아래는 판교지구의 주상복합용지 지구단위계획도 사례이다.

의가 본격화되었고, 토지소유자인 한국토지공사가 상업·업무시설용지를 주상복합용지로 변경하는 내용의 도시설계변경을 성남시에 요청하여 2000년 5월 9일에 도시설계변경안이 확정되었다.

73 이성호, 2006, 분당신도시 초고층 주상복합 아파트지구의 형성과 주거지 선택 요인에 관한 연구, 지리학논총 제48호, pp. 43~46.

74 분당신도시 정자동 주상복합아파트의 평균 용적률은 329%이고, 필지에 따라 600% 이상의 높은 건물도 있다.

75 이성호(2006)는 이처럼 분당신도시 아파트와 다른 특성을 가진 주상복합아파트의 등장은 기존에 균질한 공간으로 인식되었던 분당신도시 내부에서 주상복합단지가 밀집한 지역을 이질적으로 인식하는 공간적 분화가 나타나는 계기가 되었다고 보았다.

자료 6-31 2기 신도시 주상복합용지 지구단위계획도 – 성남판교(LH 매각공고)

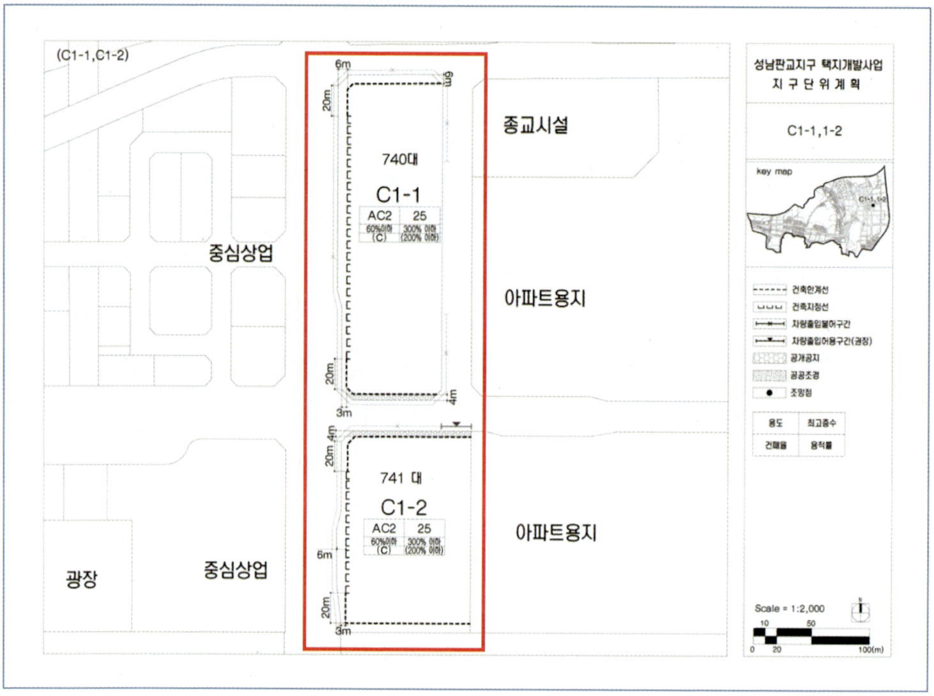

1기 신도시 분당에서는 주상복합용지의 상업용도 비율을 10% 이상으로 하여 주거용도 비율을 90%가량 배치할 수 있었는데, 성남판교, 수원광교 등 2기 신도시에서는 지구단위계획에서 주거용도 비율을 70% 이하로 규정하였다. 분당신도시 주상복합아파트는 근린생활시설이 1층과 2층 도로 면에 접하여 소규모로 배치하였고,[76] 판교와 광교에서는 주상복합아파트 내 건축물 구성이 저층부 상가에 '스트리스트몰(street-mall)' 형태로 도로 면뿐 아니라 대지 내 보행로를 중심으로 구성되고, 오피스텔동이 별도로 배치되는 등 하나의 대지에 주거와 상업 · 업무공간 등 다양한 용도 구성이 이루어졌다.[77]

76 분당신도시 주상복합아파트는 대부분 1종, 2종 근린생활시설로 구성되어 있으며, 업무시설이 있는 단지는 '아이파크분당1'과 같이 일부에 한하였다.

77 이유경·김기호(2016)은 주상복합용지의 주거용도 對 상업용도 비율로 주상복합건축물의 도시계획적 기능으로 직주근접의 기능을 설명하고자 하였다.

자료 6-32 2기 신도시 주상복합아파트 건설 사례(저자 직접 촬영)

2기 신도시 주상복합용지는 건축물의 규모에 관한 사항을 주택유형, 세대수, 평균 평형, 최고층수, 건폐율과 용적률, 그리고 건축물의 용도 등을 세분하여 규정함으로써 초고층·고밀도 일변도를 지양하고 도시계획의 전체적인 조화와 신도시의 다양한 스카이라인을 구성하였다.

또한 택지지구의 개발 규모와 대상 지역의 지리적 특성 및 도시계획적 측면을 고려한 배치로 사업지구별로 주상복합용지의 공급 규모와 건축물의 용도 등 내용이 다르며, 같은 사업지구라 하더라도 공급유형별 권장용도, 허용용도, 불허용도 등 건축물의 용도를 달리 정하기도 한다.

예컨대, 성남판교 주상복합용지는 건축물의 용도에서 일괄적으로 층별 허용용도와 불허용도를 규정하였고, 건폐율은 60%, 용적률은 300%, 최고층수는 25층으로 정하였다. 한편, 화성동탄2 주상복합용지는 건축물의 용도를 9가지 유형으로 구분하여 권장용도, 허용용도, 불허용도를 다르게 적용하였고, 중심지 위계에 따라 건폐율, 용적률 및 최고층수를 다르게 적용하였다.

자료 6-33, 34는 2기 신도시 성남판교 및 화성동탄2 택지개발지구의 지구단위계획 시행지침 사례이다.

자료 6-33 2기 신도시 주상복합용지 지구단위계획 시행지침 – 성남판교(LH 매각공고)

제 3 장 주상복합용지

< 가구 및 획지에 관한 사항 >

제 1 조 (획지의 분할 및 합병)

획지는 가구단위로 하며, 모든 획지는 분할하거나 합병할 수 없다. 다만, 획지분할계획을 작성하여 해당 승인권자(또는 허가권자)가 인정하는 경우에는 분할 할 수 있다.

< 건축물의 용도에 관한 사항 >

제 2 조 (건축물의 용도 및 주거용도의 주택유형 지정)

① 건축물 용도는 근린상업지역내 설치 가능한 용도로 계획하며, 블록별 세부기준은 <표II-3-1>과 지구단위계획 지침도에 따라 건축하여야 한다.

1. 주거용도의 비율(당해 건축물의 연면적 합계에 대한 비율임)은 70%이하로 한다..
2. 유흥 및 위락기능은 불허용도로 한다.
3. 건축물 용도표시는 권장용도에 따라 AC1, AC2로 구분하며, 주거용도의 주택규모는 전용면적 85㎡초과의 공동주택으로 규정한다.

② 하나의 건축물에 공동주택과 주거외 용도를 복합건축하는 경우 상업기능의 시설은 2층까지만 설치를 원칙으로 한다.(지하는 2층이내 허용)

③ 주거 환경이 보호될 수 있도록 주거동의 출입구·계단 등을 주거외 다른 용도의 시설과 분리된 구조로 하여야 한다.

〈표II-3-1〉 주상복합용지의 건축물 용도

구 분			주상복합용지
건축물 용도	기본방향		주거 및 문화 지원기능의 강화
	도면표시		AC2
	허용용도[주1]	2층이하	•근린상업지역내 허용용도
	허용용도[주1] (주용도)	3층이상	•아파트, 부대복리시설(근린생활시설등 제외)
	권장용도[주1] (부수용도)	3층, 4층	•문화집회시설 중 공연장, 전시장 •주차장
	불허용도[주2]		•숙박시설, 위락시설, 제2종근린생활시설 중 단란주점 및 안마시술소, 창고시설, 단독주택, 공장, 위험물저장 및 처리시설, 자동차관련시설(주차장 제외), 동물 및 식물관련시설, 방송통신시설 , 관광휴게시설, 청소년보호법 제2조5호가목의 청소년출입·고용금지업소
	해당블록		C1-1, C1-2

주1) 다수의 건축물이 일체적으로 연결된 하나의 건축물일 경우에는 불허용도를 제외한 허용용도를 1층이상에도 설치 가능하며, 다수의 건축물 중 건축물 용도가 주거용도인 경우 지하에는 주차장 및 건축설비에 한하여 허용

주2) 학교위생정화구역내에 위치한 주상복합용지의 경우 학교위생정화구역내 금지시설은 불허용도임

< 건축물의 규모에 관한 사항 >

제 3 조 (건축물의 건폐율, 용적률, 높이 등)

① 주거용도의 주택규모는 개발계획에서 정한 <표Ⅱ-3-2>에 규정된 주택규모 이내로 하되 개발계획상의 세대수를 준수하여야 하며, 택지개발사업 승인권자가 인정하는 경우에는 <표Ⅱ-3-2>에 의한 주택의 규모보다 작은 평형의 규모로 계획할 수 있다. 단, 세대수조정이 불가피 할 경우 MP자문을 통해 개발계획상 세대수의 2% 범위내에서 축소 조정할 수 있다.

② 블록별 건폐율, 용적률, 높이의 제한은 근린상업지역에서 허용하는 범위 내에서 블록별로 <표Ⅱ-3-2>를 초과하여 건축할 수 없다. 다만, 개발계획 승인 후 확정 측량시 대지면적 감소에 따라 특정 블록의 용적률이 지구단위계획에 규정된 용적률을 초과할 경우 지구단위계획에 의한 용적률을 충족한 것으로 본다.

③ 건축물의 높이는'최고높이제한'이하에서 중심상업·업무용지와의 조화를 도모토록 한다. 단, 지정된 최고층수의 해발높이가'최고높이제한'보다 높은 경우에는'최고높이제한'을 따른다.

〈표Ⅱ-3-2〉 주상복합부분의 주택 규모 및 세대수, 건축물의 건폐율, 용적률, 최고층수

필지번호	주택유형(㎡)	필지면적(㎡)	세대수	인구수	평균평형	최고층수	건폐율	용적률	비 고
C1-1	85㎡초과	14,741.3	178호	534인	50평	25층	60%	300% (주거 : 200%)	
C1-2	85㎡초과	11,733.7	142호	426인	50평	25층	60%	300% (주거 : 200%)	
합 계		**26,475.0**	**320호**	**960인**	-	-	-	-	

④ 지구단위계획 지침도에서 지정한 주택의 유형과 용적률, 층수 등에 대한 지침 내용은 <그림Ⅱ-3-1>에서 정하는 바와 같이 표기한다.

〈그림Ⅱ-3-1〉 지침내용 도면 표시 예시도

단지번호

용도	최고층수
건폐율(%)	전체용적률(%)
주택유형	주거용적률(%)

=

C1-1

AC2	25
60%이하	300%이하
a (60㎡이하) b (60㎡초과~85㎡이하) c (85㎡초과)	(200%이하)

- 단지번호 : 주상복합용지의 블록번호
- 용도 : AC2용도의 주상복합용지
- 주택유형(C) = 85㎡초과의 공동주택
- 건폐율 : 60%이하
- 최고층수 : 25층
- 전체용적률 : 총 300%이하
- 주거용적률 : 200%이하

자료 6-34 2기 신도시 주상복합용지 지구단위계획 시행지침 – 화성동탄2(LH 매각공고)

제4장 주상복합용지

< 가구 및 획지에 관한 사항 >

제1조 (용지의 구분 및 위치)

일반형주상복합(MA1, MA1-2), 앵커형주상복합(MA2), 연도형주상복합(MA3), 중심지형주상복합(MA4), 저층복합형주상복합(MA6), 근로자주택(MA7), 소형공공주택(MA8), 수변형(MA9)으로 구분하며, 각 용지의 위치는 <그림Ⅱ-4-1>과 같다.

<그림Ⅱ-4-1> 주상복합용지 위치도

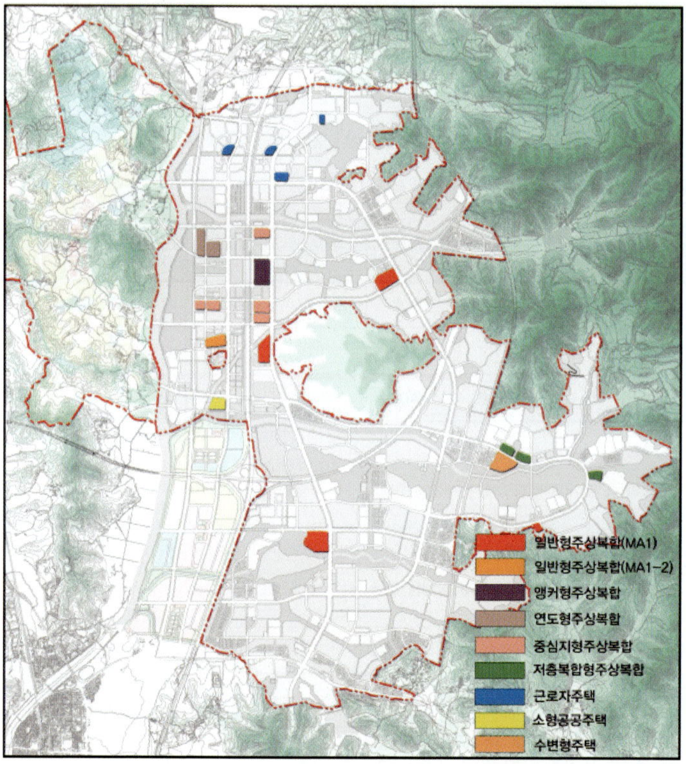

제2조 (획지의 분할 및 합병)

모든 획지는 지구단위계획의'가구 및 획지계획'에서 결정한 획지를 기본단위로 하며, 획지는 원칙적으로 분할 및 합병할 수 없다.

< 건축물의 용도 및 규모 등에 관한 사항 >

제3조 (건축물의 용도)

① 주상복합용지의 건축물의 용도는 <표Ⅱ-4-1>, <표Ⅱ-4-2>, <표Ⅱ-4-3>, <표Ⅱ-4-4>, <표Ⅱ-4-5>, <표Ⅱ-4-6>, <표Ⅱ-4-7>, <표Ⅱ-4-8>에 의하며, 획지별 세부기준은 지구단위계획 지침도에 따른다.

② 주거용도의 비율(건축물 연면적에 대한 비율로 주거용도는 아파트에 한함)은 <표Ⅱ-4-9>의 기준을 준수하여야 한다.

③ 업무시설 중 오피스텔은 전체 건축물 연면적의 20% 이하에 한하여 설치할 수 있다. 단, 특별계획구역에 속한 용지는 특별계획구역의 내용을 따른다.

④ 수변공원 및 하천변 공공공지에 접한 C16, 17블록은 수변공간과 경관적으로 조화되고, 기능적으로 연계될 수 있도록 지하층 중 수변공원에 면하는 층은 까페, 음식점, 전시·판매점 등의 설치를 권장한다.

⑤ 주거환경이 보호될 수 있도록 주거동의 출입구, 계단 등을 비주거용도의 시설과 분리된 구조로 하여야 한다.

<표Ⅱ-4-1> 주상복합용지의 건축물의 용도 - 1

구 분		주상복합용지	
	도면표시	MA1(일반형)*	MA1-2(일반형)
	권장용도	•까페, 음식점, 소규모 전시 · 판매점 등*	-
건축물 용도	허용용도	•아파트, 부대복리시설 •제1종근린생활시설 •제2종근린생활시설(안마시술소, 단란주점, 옥외철탑이 설치된 골프연습장 및 다중생활시설 제외) •문화 및 집회시설(마권관련시설 제외) •판매시설 •의료시설(정신병원 및 요양병원, 격리병원, 장례식장 제외) •교육연구시설 •노유자시설 •수련시설(생활권수련시설에 한함) •운동시설(옥외철탑이 설치된 골프연습장 제외) •업무시설* •자동차관련시설(주차장, 세차장에 한함) •방송통신시설	•아파트, 부대복리시설 •제1종근린생활시설(3층 이하) •제2종근린생활시설(안마시술소, 단란주점, 종교 집회장, 제조업소 옥외철탑이 설치된 골프연습장 및 다중생활시설 제외, 3층 이하) •문화 및 집회시설(마권관련시설 제외, 3층 이하) •판매시설(3층 이하) •의료시설(정신병원 및 요양병원, 격리병원, 장례식장 제외.) •교육연구시설 •노유자시설 •운동시설(옥외철탑이 설치된 골프연습장 제외) •업무시설(4층 이상)* •자동차관련시설(주차장, 세차장에 한함) •방송통신시설
	불허용도 *	•허용용도 이외의 용도 •「청소년보호법」 제2조 제5호 가목의 청소년출입·고용금지업소(청소년실이 설치된 노래방 제외) -청소년보호위원회 고시 제1997-07호의 청소년 유해업소 포함	•허용용도 이외의 용도 •「청소년보호법」 제2조 제5호 가목의 청소년출입·고용금지업소(청소년실이 설치된 노래방 제외) -청소년보호위원회 고시 제1997-07호의 청소년 유해업소 포함
해당 블록		C 15~17, 29	C18

주1) 교육환경보호구역내 위치한 주상복합용지의 경우, 교육환경보호구역내 금지시설은 불허용도임
주2) 업무시설 중 오피스텔은 전체 건축물 연면적의 20% 이하에 한하여 설치 가능
주3) 권장용도는 지하층 중 수변공원에 면하는 층에 한함(MA1 유형에 한함)

<표Ⅱ-4-2> 주상복합 용지의 건축물의 용도 - 2

구 분		주상복합용지
건축물 용도	도면표시	MA2(앵커형)
	지정용도	• 「유통산업발전법」 에 의한 대규모 점포(백화점 등 이와 유사한 시설)
	허용용도	•아파트, 무대복리시설 •제1종근린생활시설 •제2종근린생활시설(안마시술소, 단란주점, 옥외철탑이 설치된 골프연습장 및 다중생활시설 제외) •문화 및 집회시설(마권관련시설 제외) •판매시설 •의료시설(정신병원 및 요양병원, 격리병원, 장례식장 제외) •교육연구시설 •노유자시설 •수련시설(생활권수련시설에 한함) •운동시설(옥외철탑이 설치된 골프연습장 제외) •업무시설 * •자동차관련시설(주차장, 세차장에 한함) •방송통신시설
	불허용도 *	•허용용도 이외의 용도 • 「청소년보호법」 제2조 제5호 가목의 청소년출입·고용금지업소(청소년실이 설치된 노래방 제외) -청소년보호위원회 고시 제1997-07호의 청소년 유해업소 포함
해당 블록		C 11

주1) 교육환경보호구역내 위치한 주상복합용지의 경우, 교육환경보호구역내 금지시설은 불허용도임
주2) 업무시설 중 오피스텔은 전체 건축물 연면적의 25% 이하에 한하여 설치 가능

<표Ⅱ-4-3> 주상복합 용지의 건축물의 용도 - 3

구 분		주상복합용지
건축물 용도	도면표시	MA3(연도형)
	1층이하 권장용도	•제1종근린생활시설 •제2종근린생활시설(안마시술소, 단란주점, 옥외철탑이 설치된 골프연습장 및 다중생활시설 제외) •판매시설
	허용용도	•아파트, 무대복리시설 •제1종근린생활시설 •제2종근린생활시설(안마시술소, 단란주점, 옥외철탑이 설치된 골프연습장 및 다중생활시설 제외) •문화 및 집회시설(마권관련시설 제외) •판매시설 •의료시설(정신병원 및 요양병원, 격리병원, 장례식장 제외) •교육연구시설 •노유자시설 •수련시설(생활권수련시설에 한함) •운동시설(옥외철탑이 설치된 골프연습장 제외) •업무시설 * •자동차관련시설(주차장, 세차장에 한함) •방송통신시설
	불허용도 *	•허용용도 이외의 용도 • 「청소년보호법」 제2조 제5호 가목의 청소년출입·고용금지업소(청소년실이 설치된 노래방 제외) -청소년보호위원회 고시 제1997-07호의 청소년 유해업소 포함
해당 블록		C 5, 8

주1) 교육환경보호구역내 위치한 주상복합용지의 경우, 교육환경보호구역내 금지시설은 불허용도임
주2) 업무시설 중 오피스텔은 전체 건축물 연면적의 25% 이하에 한하여 설치 가능

<표Ⅱ-4-4> 주상복합 용지의 건축물의 용도 - 4

구 분		주상복합용지
건축물 용도	도면표시	MA4(중심지형)
	허용용도	•아파트, 부대복리시설 •제1종근린생활시설 •제2종근린생활시설(안마시술소, 단란주점, 옥외철탑이 설치된 골프연습장 및 다중생활시설 제외) •문화 및 집회시설(마권관련시설 제외) •판매시설 •의료시설(정신병원 및 요양병원, 격리병원, 장례식장 제외) •교육연구시설 •노유자시설 •수련시설(생활권수련시설에 한함) •운동시설(옥외철탑이 설치된 골프연습장 제외) •업무시설* •자동차관련시설(주차장, 세차장에 한함) •방송통신시설
	불허용도 *	•허용용도 이외의 용도 • 「청소년보호법」 제2조 제5호 가목의 청소년출입·고용금지업소(청소년실이 설치된 노래방 제외) -청소년보호위원회 고시 제1997-07호의 청소년 유해업소 포함
해당 블록		C 6, 7, 9, 12, 14

주1) 교육환경보호구역내 위치한 주상복합용지의 경우, 교육환경보호구역내 금지시설은 불허용도임
주2) 업무시설 중 오피스텔은 전체 건축물 연면적의 25% 이하에 한하여 설치 가능

<표Ⅱ-4-5> 주상복합용지의 건축물의 용도 - 5

구 분		주상복합용지
건축물 용도	도면표시	MA6(저층 복합형)
	허용용도	•아파트, 부대복리시설 •제1종근린생활시설 •제2종근린생활시설(안마시술소, 단란주점, 옥외철탑이 설치된 골프연습장 및 다중생활시설 제외) •문화 및 집회시설(마권관련시설 제외) •판매시설 •의료시설(정신병원 및 요양병원, 격리병원, 장례식장 제외) •교육연구시설 •노유자시설 •수련시설(생활권수련시설에 한함) •운동시설(옥외철탑이 설치된 골프연습장 제외) •업무시설* •자동차관련시설(주차장, 세차장에 한함) •방송통신시설
	불허용도*	•허용용도 이외의 용도 • 「청소년보호법」 제2조 제5호 가목의 청소년출입·고용금지업소(청소년실이 설치된 노래방 제외) -청소년보호위원회 고시 제1997-07호의 청소년 유해업소 포함
해당 블록		C10, C13, C28

주1) 교육환경보호구역내 위치한 주상복합용지의 경우, 교육환경보호구역내 금지시설은 불허용도임
주2) 업무시설 중 오피스텔은 전체 건축물 연면적의 20% 이하에 한하여 설치 가능

제 2 편 건축부문 시행지침 　　　　제 4 장 주상복합용지

<표Ⅱ-4-6> 주상복합용지의 건축물의 용도 - 6

구 분		주상복합용지
	도면표시	MA7(근로자주택)
건축물 용도	1층 권장용도	•노유자시설(노인복지시설 제외)
	허용용도	•공동주택 •제1종근린생활시설 •제2종근린생활시설(안마시술소, 단란주점, 옥외철탑이 설치된 골프연습장 및 다중생활시설 제외) •판매시설(1층 지정) •의료시설(정신병원 및 요양병원, 격리병원, 장례식장 제외) •교육연구시설 •노유자시설(노인복지시설 제외) •운동시설(옥외철탑이 설치된 골프연습장 제외) •업무시설* •방송통신시설
	불허용도	•허용용도 이외의 용도
해당 블록		C 1~4

주1) 업무시설 중 오피스텔은 전체 건축물 연면적의 25% 이하에 한하여 설치 가능
주2) C1블록은 경기도고시 제2014-47호에 따른 동탄도시첨단산업단지에 포함됨

<표Ⅱ-4-7> 주상복합용지의 건축물의 용도 - 7

구 분		주상복합용지
	도면표시	MA8(소형공공주택형)
건축물 용도	허용용도	•아파트, 부대복리시설 •제1종근린생활시설 •제2종근린생활시설(안마시술소, 단란주점, 옥외철탑이 설치된 골프연습장 및 다중생활시설 제외) •문화 및 집회시설(마권관련시설 제외) •판매시설 •의료시설(정신병원 및 요양병원, 격리병원, 장례식장 제외) •교육연구시설 •노유자시설 •수련시설(생활권수련시설에 한함) •운동시설(옥외철탑이 설치된 골프연습장 제외) •업무시설* •자동차관련시설(주차장, 세차장에 한함) •방송통신시설
	불허용도 *	•허용용도 이외의 용도 •「청소년보호법」 제2조 제5호 가목의 청소년출입고용금지업소(청소년실이 설치된 노래방제외) 　- 청소년보호위원회 고시 제1997-07호의 청소년 유해업소 포함
해당 블록		C 26

주1) 교육환경보호구역내 위치한 주상복합용지의 경우, 교육환경보호구역내 금지시설은 불허용도임
주2) 업무시설 중 오피스텔은 전체 건축물 연면적의 20% 이하에 한하여 설치 가능

화성동탄(2) 택지개발사업 지구단위계획 72

<표Ⅱ-4-8> 주상복합용지의 건축물의 용도 - 8

구 분		주상복합용지
	도면표시	MA9(수변형)
건축물 용도	권장용도	•카페, 음식점, 소규모 전시·판매점 등 • 「유통산업발전법」 에 의한 대규모점포(대형마트 등 이와 유사한 시설)
	허용용도	•아파트, 부대복리시설 •제1종근린생활시설 •제2종근린생활시설(안마시술소, 단란주점, 옥외철탑이 설치된 골프연습장 및 다중생활시설 제외) •문화 및 집회시설(마권관련시설 제외) •판매시설 •의료시설(정신병원 및 요양병원, 격리병원, 장례식장 제외) •교육연구시설 •노유자시설 •수련시설(생활권수련시설에 한함) •운동시설(옥외철탑이 설치된 골프연습장 제외) •업무시설＊ •자동차관련시설(주차장, 세차장에 한함) •방송통신시설
	불허용도 ＊	•허용용도 이외의 용도 • 「청소년보호법」 제2조 제5호 가목의 청소년출입·고용금지업소(청소년실이 설치된 노래방 제외) -청소년보호위원회 고시 제1997-07호의 청소년 유해업소 포함
해당 블록		C27

주1) 교육환경보호구역내 위치한 주상복합용지의 경우, 교육환경보호구역내 금지시설은 불허용도임
주2) 업무시설 중 오피스텔은 전체 건축물 연면적의 20% 이하에 한하여 설치 가능

제4조 (주택규모, 건폐율, 용적률, 높이, 세대수 등)

① 주거용도의 주택규모는 개발계획에서 정한 <표Ⅱ-4-9>에 규정된 주택규모(전용면적) 이내로 하되, 개발계획상의 세대수를 준수하여야 한다.

② 제①항에도 불구하고 세대수 조정이 불가피 한 경우 MP위원회(또는 MA위원회)의 인정을 받아 개발계획상 세대수의 1% 범위 내에서 축소 조정할 수 있다. 단, 조정되는 세대수는 10세대를 초과할 수 없다.

③ 주택규모가 혼합된 주상복합용지 내 아파트의 경우 총 세대수 범위 내에서 MP위원회(또는 MA위원회)의 인정을 받아 규모별 세대수의 조정을 허용하되, 조정범위는 각 규모별 세대수의 3% 이내로 한다. 단, 최소 조정가능 범위가 5세대 이하로 산정될 경우 5세대로 하며, 최대 10세대를 초과할 수 없다.

④ 주상복합용지의 건폐율, 기준용적률, 최고층수 제한은 <표Ⅱ-4-9>에 규정한 내용을 따른다. 다만, 개발계획 승인 후 확정 측량시 대지면적 감소에 따라 특정 블록의 용적률이 지구단위계획에 규정된 용적률을 초과할 경우 지구단위계획에 의한 용적률을 충족한 것으로 본다.

⑤ 1층부의 높이는 4.5m 이상을 권장한다.

<표Ⅱ-4-9> 주상복합용지의 주택규모, 세대수, 건폐율, 용적률, 최고층수

획지번호	주택규모(전용면적)	획지면적(㎡)	세대수(호)	평균규모*(㎡)	최고층수	건폐율(%)	기준용적률(%)	비고
계	-	528,674.6	10,414	-	-	-	-	-
C1	60㎡이하	11,816.5	444	79	-	60% 이하	425% 이하 (주거 297% 이하)	특별계획구역4, 동탄도시첨단산업단지
C2	60㎡이하	10,197.2	383	79	-	60% 이하	425% 이하 (주거 297% 이하)	특별계획구역4
C3	60㎡이하	15,094.9	468	79	-	60% 이하	350% 이하 (주거 245% 이하)	특별계획구역4
C4	60㎡이하	6,358.9	197	79	-	60% 이하	350% 이하 (주거 245% 이하)	특별계획구역4
C5	소계	29,289.6	710	-	-	60% 이하	400% 이하 (주거 280% 이하)	특별계획구역 2
	60㎡초과 85㎡이하	19,331.1	496	109				
	85㎡ 초과	9,958.5	214	130				
C6	소계	11,475.1	278	-	-	60% 이하	400% 이하 (주거 280% 이하)	특별계획구역 2
	60㎡초과 85㎡이하	7,573.7	194	109				
	85㎡ 초과	3,901.4	84	130				
C7	소계	20,685.0	501	-	-	60% 이하	400% 이하 (주거 280% 이하)	특별계획구역 2
	60㎡초과 85㎡이하	13,652.0	350	109				
	85㎡ 초과	7,033.0	151	130				
C8	소계	27,699.5	671	-	-	60% 이하	400% 이하 (주거 280% 이하)	특별계획구역 2
	60㎡초과 85㎡이하	18,282.0	469	109				
	85㎡ 초과	9,417.5	202	130				
C9	소계	17,635.4	428	-	-	60% 이하	400% 이하 (주거 280% 이하)	특별계획구역 2
	60㎡초과 85㎡이하	11,638.9	299	109				
	85㎡ 초과	5,996.5	129	130				
C10	85㎡ 초과	14,160.0	130	130	7	60% 이하	150% 이하 (주거 120% 이하)	특별계획구역 6
C11	소계	54,989.0	952	-	-	60% 이하	600% 이하 (주거 200% 이하)	특별계획구역 2
	60㎡초과 85㎡이하	36,293.0	665	109				
	85㎡ 초과	18,696.0	287	130				
C12	소계	25,565.1	621	-	-	60% 이하	400% 이하 (주거 280% 이하)	특별계획구역 2
	60㎡초과 85㎡이하	16,873.3	434	109				
	85㎡ 초과	8,691.8	187	130				
C13	85㎡ 초과	14,036.0	129	130	7	60% 이하	150% 이하 (주거 120% 이하)	특별계획구역 6
C14	소계	19,548.4	610	-	-	60% 이하	400% 이하 (주거 280% 이하)	특별계획구역 2
	60㎡이하	15,791.6	520	85				
	60㎡초과 85㎡이하	3,756.8	90	117				
C15	소계	41,313.9	740	-	40	60% 이하	300% 이하	특별계획구역 1
	60㎡초과 85㎡이하	23,542.1	453	109				
	85㎡ 초과	17,771.8	287	130				
C16	85㎡ 초과	34,553.1	428	130	16	60% 이하	230% 이하 (주거 161% 이하)	특별계획구역 3
C17	85㎡ 초과	59,227.7	956	130	35	60% 이하	300% 이하	특별계획구역 5
C18	60㎡초과 85㎡이하	26,802.0	464	109	-	60% 이하	210% 이하 (주거 189% 이하)	특별계획구역 3

획지번호	주택규모(전용면적)	획지면적(㎡)	세대수(호)	평균규모*(㎡)	최고층수	건폐율(%)	기준용적률(%)	비고
C26	50㎡이하	21,890.3	613	45	10	60% 이하	180% 이하 (주거 126% 이하)	특별계획구역 3
C27	85㎡ 초과	45,583.0	473	130	20	60% 이하	150% 이하 (주거 135% 이하)	특별계획구역 6
C28	85㎡ 초과	13,123.0	120	130	7	60% 이하	150% 이하 (주거 120% 이하)	특별계획구역 6
C29	60㎡초과 85㎡이하	7,631.0	98	109	20	60% 이하	200% 이하 (주거 140% 이하)	특별계획구역 6

주1) 평균규모는 세대수 산정을 위한 기준임

⑥ 주상복합용지의 건축물의 용도, 건폐율, 용적률, 높이에 대한 지침내용은 지구단위계획 지침도에 <그림Ⅱ-4-2>와 같이 표기한다.

<그림Ⅱ-4-2> 주상복합용지 지침내용 도면 표시 예시

블록번호

용도	최고층수
건폐율	기준용적률
주택규모	주거부문용적률

=

C1

MA	40
60% 이하	**400% 이하**
85㎡ 초과	**280% 이하**

· 대지번호 : 주상복합용지의 블록번호
· 용도 : 용도표의 MA의 허용용도
· 최고층수 : 40층 이하
· 건폐율 : 60% 이하
· 기준용적률 : 400% 이하
· 주택규모 : 85㎡초과의 공동주택
· 주거부문용적률 : 280% 이하

< 건축물의 배치 등에 관한 사항 >

제5조 (건축한계선 등)

① 건축선(건축한계선, 벽면지정선 등)의 위치는 지침도를 따른다.

② 지침도상에 별도의 건축선이 지정되지 않은 경우에는 「화성시 건축조례」 별표 4(대지안의 공지 기준)를 따른다.

③ 공동주택(부대복리시설을 제외한 주거동에 한함)은 제①항 및 제②항에도 불구하고 각 대지경계선으로부터 6m의 건축한계선이 지정된 것으로 본다.

제6조 (건축물의 전면방향)

① 건축물의 주전면은 2개 이상의 도로와 면하고 있는 대지의 경우 폭원이 큰 도로에 면한 외벽면에 위치하는 것을 원칙으로 한다. 단, 지형여건 등으로 불가피한 경우 예외로 할 수 있다.

② 다음 각 호의 경우에는 주전면에 준하는 외관설계를 하여야 한다. 단, 차폐되어 가로변에서 인식할 수 없거나, 특별한 디자인으로 인해 불가피 하다고 승인권자가 인정하는 경우 예외로 할 수 있다.

1. 20m 이상 도로에 면한 외벽면(가각이 있는 경우 가각 포함)
2. 건축지정선, 벽면지정선에 면한 외벽면
3. 공원, 광장, 보행자전용도로, 공공공지에 면한 외벽면

1980년대말 개발된 1기 신도시와 2000년대에 개발된 2기 신도시의 주상복합용지의 지구단위계획 시행지침은 주거와 상업의 비율, 건축물의 용도, 대지 내 공지, 용적률, 건축물의 높이 등에서 차이를 보인다.[78] 이러한 차이는 1기 신도시보다 2기 신도시에서 더 적극적이고 구체적인 지침으로 적용되어 주상복합이 도시의 주거와 상업시설로 조화롭게 적용되고 도시가 활성화되도록 하였다.

3기 신도시의 주상복합용지도 개발사업지구별 환경요인과 도시계획 및 경관계획 등을 고려하여 주상복합용지는 건폐율, 용적률, 최고층수 등 '건축규모'와 권장용도, 허용용도, 불허용도, 주거와 상업의 비율 등 '건축용도'를 기반으로 다양한 토지상품으로 세분화가 이루어질 것이다.

특히, 계획입지에서 지구단위계획 시행지침으로 구분되는 토지의 건축 규모와 용도는 토지상품의 가치를 결정하는 가장 주된 요인으로 작용한다. 과거에는 지구단위계획 시행지침에서 공급하는 토지의 유형별로 같거나 유사한 내용으로 규정한 '건축 규모 및 용도'가 2기 신도시 이후에는 사회의 다양한 수요를 반영하여 더욱 세분되고 구체적으로 규정되었다. 앞으로 건설될 택지개발사업에서 주상복합용지의 공급 규모와 건축 규모 및 용도 역시 사업시행자와 토지를 매수하는 개발사업자, 그리고 건축물을 분양받고 사용 · 수익하는 최종소비자의 선호와 이해를 반영하여 더욱 세분되어 계획될 것이다.

6.2.7 준주거용지

'준주거용지'는 준주거지역에 허용되는 건축물을 건설할 수 있는 토지상품이다. '준주거지역'은 『국토의 계획 및 이용에 관한 법률』 제36조 제2항 및 동법 시행령 제30조 제1항 제1호에 따른 용도지역의 세분에서 주거지역 가운데 하나로 '주거기능을 위주로 이를 지원하는 일부 상업기능 및 업무기능을 보완하기 위하여 필요한 지역'으로 정의하고 있다.

---

78 이유경 · 김기호, 2016, 지구단위계획지침에 따른 주상복합의 기능분석 -1기 신도시와 2기 신도시 주상복합 건축물 비교를 중심으로, 한국도시설계학회, 학회지 제17권 제6호, pp. 99~113.

한편, 『건축법』 시행령 [별표 1]에서 주택의 종류는 크게 단독주택(단독주택, 다중주택, 다가구주택, 공관)과 공동주택(아파트, 연립주택, 다세대주택, 기숙사)으로 분류하고 있는데 준주거라는 주택의 정의는 찾을 수 없다.[79] 단, 『국토의 계획 및 이용에 관한 법률』 제76조 및 동법 시행령 제71조 제1항에서 건축물의 용도 · 종류 및 규모 등에 제한은 있으며, 동 시행령 [별표 7]에는 준주거지역 안에서 건축할 수 없는 건축물을 규정하고 있다.

『국토의 계획 및 이용에 관한 법률』 제78조 및 동법 시행령 제84조 내지 제85조에서는 용도지역에 따른 건폐율과 용적률을 규정하고 있는데, 주거지역 내에서는 준주거지역이 가장 높은 건폐율과 용적률이 허용되므로 공동주택으로 건축하기에 가장 유리하다.

택지개발사업지구에서 '준주거용지'는 앞서 살펴본 '주상복합용지'처럼 지구단위계획 시행지침에서 건축물의 용도에서 허용용도와 불허용도를 규정하여 건축물의 규모와 용도를 정한다. '준주거용지'와 '주상복합용지'는 주거와 상업 · 업무 기능이 복합된 건축물이라는 점에서 유사하지만, 준주거용지는 용도지역상 준주거지역에 해당하므로 상업지역에서 공급하는 주상복합용지와 차이가 있다. 자료 6-35, 6-36은 준주거용지 건축 및 지구단위계획도 사례이다.

자료 6-35 준주거용지 건축 사례(저자 직접 촬영)

79 『건축법』상 건축물로 정의되지 아니한 점에서 '주상복합'과 유사하다.

자료 6-36 준주거용지 지구단위계획도 – 위례신도시 C1-3, C1-4블록(LH 매각공고)

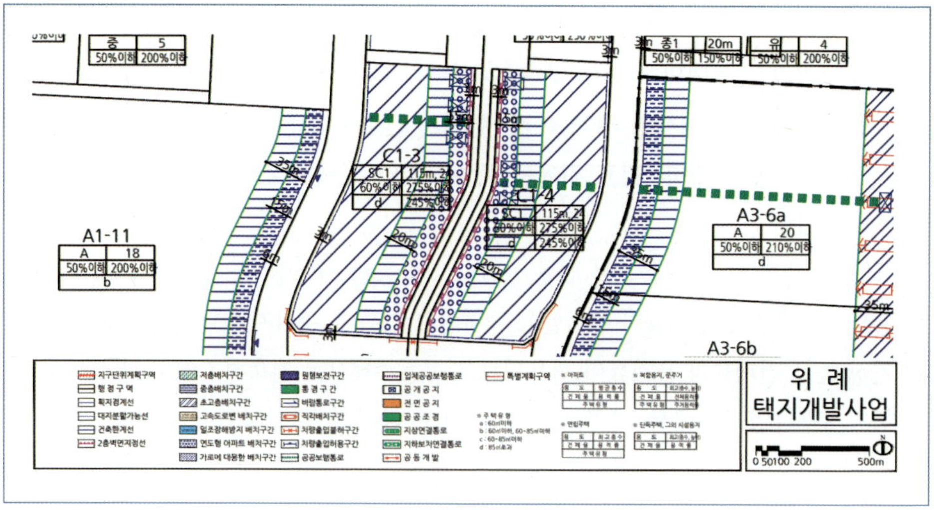

자료 6-37 준주거용지 지구단위계획 시행지침 – 위례신도시(LH 매각공고)

제 4 장 준주거용지

< 가구 및 획지에 관한 사항 >

제 1 조 (획지의 분할 및 합병)

① 준주거용지의 획지는 지구단위계획의 "가구 및 획지계획"에서 결정한 획지를 필지의 기본단위로 하며, 필지는 분할할 수 없다. 다만, 획지분할계획을 작성하여 해당 승인권자(또는 허가권자)가 인정하는 경우에는 분할할 수 있다.

② 준주거용지 C1-7, C1-8, C3-1 블록은 '연접한 2필지' 또는 '연접한 3개의 필지를 2개의 필지로 조정하고자 할 경우'에 한하여 허용한다.

③ 연접한 3개의 필지를 2개의 필지로 조정할 경우 각 필지의 최소 규모는 조정 전 1개 필지 규모를 초과한 규모가 되어야 한다.

< 건축물의 용도 및 규모에 관한 사항 >

제 2 조 (건축물의 용도)

① 건축물 용도는 <표II-4-1>과 지구단위계획 결정도에 따라 건축하여야 한다.

1. 건축물 용도표시는 SC1, SC2, SC3, SC4, SC5로 한다.
2. 주거용도와 주거외 용도의 비율은 <표II-4-2>에 따른다.

② '연도형 아파트 배치구간'의 건축물은 저층부(2층 이하) 상업시설, 상층부(3층 이상) 주거시설로 구성한다.(지하는 2층까지만 허용, 주차장 및 기계실, 전기실은 예외로 한다.)

③ SC1용도의 건축물 중 중층배치구간의 건축물은 상층부(3층 이상) 주거기능의 보호를 위하여 3층을 필로티 구조의 개방된 공간으로 조성하고 주거, 상업 등의 시설 설치를 불허하며, 녹지 및 휴게공간 등으로 조성하여야 한다.

④ 주거 환경이 보호될 수 있도록 주거동의 출입구·계단 등을 주거외 다른 용도의 시설과 분리된 구조로 하여야 한다.

<그림Ⅱ-4-1>
트랜짓 몰 스카이라인 예시도

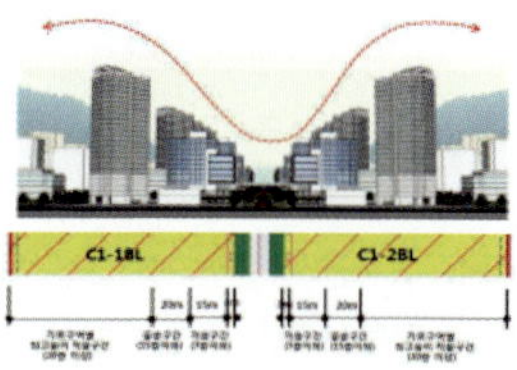

제 3 조 (건축물의 규모, 건폐율, 용적률, 높이 등)

① 준주거용지의 주택규모는 개발계획에서 정한 주택규모 및 세대수 이내로 한다. 세대수는 개발계획상 세대수의 5%범위 내에서 축소 조정할 수 있다. 또한 주택건설사업계획 승인권자가 인정하는 경우에는 <표Ⅱ-4-2>에 의한 주택의 규모보다 작은 평균면적의 규모로 계획할 수 있다.

② 블록별 건폐율, 용적률, 최고높이는 <표Ⅱ-4-1>에 규정한 내용을 초과할 수 없다. 다만, 확정 측량시 대지면적 감소에 따라 특정 블록의 용적률이 지구단위계획에 규정된 용적률을 초과할 경우 지구단위계획에 의한 용적률을 충족한 것으로 본다.

③ 건축물의 높이는 주변용지와 조화롭게 계획하고, 신교통수단과 연접한 구간은 보행활성화를 위하여 휴먼스케일을 고려하여 계획한다.

④ 트랜짓 몰의 개방감 확보를 위해 저층 배치구간(7층 이하), 중층배치구간 (15층 이하)으로 구분하여 높이제한을 적용하며, 건축물의 높이제한은 결정도를 따른다.

⑤ C1-1~C1-6블록 및 C2-1~C2-3블록은 연도형 아파트 배치구간, 중층배치구간, 초고층배치구간에 대하여 가로 구역별 최고높이를 적용한다.

1. 가로구역별 최고높이 적용시 '건축법 제60조 3항' 관련 사선제한 규정(1:1.5D)을 적용하지 않는다.

<표Ⅱ-4-1> 준주거용지의 건축물 용도 및 규모

구 분		준주거용지				
건축물 용도	도면표시	SC1				
	허용용도	• 건축법시행령 <별표1>에 의한 다음의 용도 - 공동주택 - 제1종 근린생활시설 - 제2종 근린생활시설 (안마시술소 및 단란주점 제외) - 문화 및 집회시설 가목 공연장 - 교육연구시설 - 노유자시설 가목 아동 관련 시설 - 업무시설 (오피스텔 제외)				
	불허용도	• 허용용도 이외의 용도 • 1층 : 업무시설 불허				
	해당블록	C1-1, C1-2	C1-3, C1-4	C1-5, C1-6	C2-1, C2-2, C2-3	C2-4, C2-5, C2-6
건축물 규모	건폐율	60% 이하				
	용적률	전 체 : 300% 이하 주거부분 : 270% 이하	전 체 : 275% 이하 주거부분 : 245% 이하	전 체 : 260% 이하 주거부분 : 220% 이하	전 체 : 200% 이하 주거부분 : 180% 이하	전 체 : 190% 이하 주거부분 : 170% 이하
	최고높이	130m, 29층	115m, 24층	100m, 19층	15층	-

주) 교육환경보호구역내 포함되는 부분은 교육환경보호구역내 금지시설을 불허용도로 함

(계속)

<표Ⅱ-4-1> 준주거용지의 건축물 용도 및 규모

구 분		준주거용지			
건축물 용도	도면표시	SC2	SC3	SC4	SC5
	허용용도	• 건축법시행령 <별표1>에 의한 다음의 용도 – 제1종 근린생활시설 – 제2종 근린생활시설 (안마시술소 및 단란주점 제외) – 문화 및 집회시설 가목 공연장 – 교육연구시설 – 노유자시설 가목 아동 관련 시설 – 업무시설 (오피스텔 제외)	• 건축법시행령 <별표1>에 의한 다음의 용도 – 제1종 근린생활시설 – 제2종 근린생활시설 (안마시술소 및 단란주점 제외) – 문화 및 집회시설 가목 공연장 – 판매시설 – 운수시설 – 운동시설 – 업무시설 (오피스텔 제외) – 창고시설 – 자동차 관련 시설	• 건축법시행령 <별표1>에 의한 다음의 용도 – 제1종 근린생활시설 – 제2종 근린생활시설 (안마시술소 및 단란주점 제외) – 문화 및 집회시설 가목 공연장 – 교육연구시설 – 노유자시설 가목 아동 관련 시설 – 업무시설 (오피스텔 제외) – 의료시설 (정신병원, 격리병원, 장례식장 제외)	• 건축법시행령 <별표1>에 의한 다음의 용도 – 제1종 근린생활시설 – 제2종 근린생활시설 (안마시술소 및 단란주점 제외) – 문화 및 집회시설 가목 공연장 – 판매시설 – 운수시설 – 운동시설 – 업무시설 (오피스텔 제외) – 창고시설 – 자동차 관련 시설 – 의료시설 (정신병원, 격리병원, 장례식장 제외) – 관광휴게시설 – 수련시설
	불허용도	• 허용용도 이외의 용도	• 허용용도 이외의 용도	• 허용용도 이외의 용도	• 허용용도 이외의 용도
	해당블록	C1-7, C1-8, C3-1	C3-2	C2-7	C3-3
건축물 규모	건폐율	60% 이하	60% 이하	60% 이하	60% 이하
	용적률	400% 이하	400% 이하	400% 이하	400% 이하
	최고높이	–	–	–	–

주) 교육환경보호구역내 포함되는 부분은 교육환경보호구역내 금지시설을 불허용도로 함

<그림Ⅱ-4-2> 준주거용지 지침내용 도면 표시 예시도

블록번호	
용도	최고높이
건폐율	전체용적률
주택유형	주거용적률

=

C1-1	
SC1	130m, 29층
60% 이하	300% 이하
d	270% 이하

- 블록번호 : 준주거용지이 블록
- 용도 : SC1용도의 준주거용지
- 최고높이 : 최고높이 130m, 29층
- 건폐율 : 60% 이하
- 전체용적률 : 300% 이하
- 주거용적률 : 270% 이하
- 주택유형(d) : 85㎡ 초과

<표Ⅱ-4-2> 준주거용지의 주택유형, 세대수, 최고높이, 건폐율, 용적률

블록명	규모유형	면적 (㎡)	세대수 (호)	인구수 (인)	주택규모 (㎡)	최고 높이	건폐율 (%)	용적률(%)		비고
								전체	주거부분	
계		174,449.3	3,067	7,667	–	–	60	–	–	2.5인/세대
C1-1	85㎡초과	23,948.0	490	1,225	131	130m (29층)	60	300	270	
C1-2	85㎡초과	24,109.0	495	1,238	131	130m (29층)	60	300	270	
C1-3	85㎡초과	21,063.5	400	1,000	128	115m (24층)	60	275	245	
C1-4	85㎡초과	20,538.0	390	975	128	115m (24층)	60	275	245	
C1-5	85㎡초과	9,493.1	165	413	125	100m (19층)	60	260	220	
C1-6	85㎡초과	8,625.0	150	375	125	100m (19층)	60	260	220	
C2-1	85㎡초과	9,108.7	131	327	125	15층	60	200	180	
C2-2	85㎡초과	9,652.6	125	312	138	15층	60	200	180	
C2-3	85㎡초과	7,026.6	91	227	138	15층	60	200	180	
C2-4	60~85㎡	13,854.0	214	535	110	–	60	190	170	
C2-5	60~85㎡	9,818.5	151	378	110	–	60	190	170	
C2-6	60~85㎡	17,212.3	265	662	110	–	60	190	170	

주) 주택규모는 택지개발업무처리지침에 의거한 세대수 산정기준이며, 주택건설사업계획 승인내역에 따라 달라질 수 있음

6.3 상업용지 상품의 분류

'상업(商業)'의 사전적[80] 의미는 '상품을 사고파는 행위를 통하여 이익을 얻는 일'이다. 그렇다면 '상업용지(商業用地)'는[81] 상업을 목적으로 이용하려는 시설 및 건축물을 건설하기 위한 토지라고 정의함이 적절하다.

『국토의 계획 및 이용에 관한 법률』 제36조 제2항 및 동법 시행령 제30조 제1항 제2호 '가목 내지 라목'에 따르면, 용도지역 중 상업지역을 '중심상업지역', '일반상업지역', '근린상업지역', '유통상업지역' 등 아래와 같이 구분한다.

자료 6-38 상업지역의 분류

용도지역	용도지역의 공법적 정의
중심상업지역	도심·부도심의 상업기능 및 업무기능의 확충을 위하여 필요한 지역
일반상업지역	일반적인 상업기능 및 업무기능을 담당하게 하기 위하여 필요한 지역
근린상업지역	근린지역에서의 일용품 및 서비스의 공급을 위하여 필요한 지역
유통상업지역	도시 내 및 지역 간 유통기능의 증진을 위하여 필요한 지역

한편, 『건축법』 제2조에서는 건축물의 용도를 29가지로 규정하고 있으며, 동법 시행령 제3조의5에 따른 [별표 1]에서는 29가지 용도를 다시 세분하여 상세하게 서술하고 있다. 그런데 『국토의 계획 및 이용에 관한 법률』 제71조에서 규정하는 '용도지역 안에서의 건축 제한' 내용을 살펴보면 일상에서 대표적인 '상업시설'로 분류하는 근린생활시설은[82] 주거지역, 상업지역, 공업지역, 녹지, 관리지역, 농림지역 및 자

80 국립국어원 표준국어대사전이다.

81 국립국어원 표준국어대사전에서 '상업용지', '상업용 토지'와 같은 단어들의 정의는 찾을 수 없다.

82 『건축법』 시행령 [별표 1]에 명시된 제1종 근린생활시설 및 제2종 근린생활시설을 의미한다.

연환경보전지역까지 모든 용도지역에서[83] 건축이 허용된다.[84] 이러한 내용은 근린생활시설 이외에 다른 건축물 용도에서 일부 나타난다.

이상에서 설명한 토지의 용도지역과 건축 제한을 고찰하면, 토지의 용도지역만으로 '상업용지'를 구분하기에는 상품으로써 상업용지를 설명하기 어려운 면이 있다. 그러므로 토지상품으로써 상업용지를 구분하기 위해서는 『국토의 계획 및 이용에 관한 법률』에 기반하여[85] 토지에 건축되는 건축물 용도를 기준으로 분류하는 것이 합리적이다.

택지개발사업자는 이러한 점을 반영하여 토지의 '공급용도'를 건축물의 특성으로 구분하며,[86] 세부적인 건축 제한은 지구단위계획 시행지침에서 필지별로 다르게 규정하여 토지상품의 세부적 특성을 구분한다.

계획입지의 상업용지의 공급 용도는 '근린생활시설용지', '근린상업용지', '일반상업용지', '중심상업용지'로 구분할 수 있다.[87] 그런데 택지개발사업의 토지이용계획에서 '근린생활시설용지'는 주거용지로 구분하는데 이는 주거지역에 설치되는 특성을 고려한 것에 불과하며, '근린생활시설용지'에 제1종 및 제2종 근린생활시설 외에 주택이나 준주택 등 주거시설의 설치가 불가능한 점을 고려하면 토지상품의 성격은 상업용지로 분류함이 타당하다.

83 『국토의 계획 및 이용에 관한 법률』 제76조 및 동법 시행령 제71조(용도지역안에서의 건축제한)에 따른 6개 주거지역, 4개 상업지역, 3개 공업지역, 3개 녹지지역, 3개 관리지역, 농림지역, 자연환경보호지역 등 21가지로 세분되는 모든 용도지역이다.

84 용도지역에 따라 제1종 근린생활시설 및 제2종 근린생활시설의 전부 또는 일부 건축이 허용된다.

85 『국토의 계획 및 이용에 관한 법률』 제6장 용도지역 · 용도지구 및 용도구역 안에서의 행위제한.

86 『택지개발 업무처리지침』을 비롯하여 『공공주택 업무처리지침』 등 지구단위계획 수립이 의무인 사업지구에서 공급하는 토지상품의 분류는 『국토의 계획 및 이용에 관한 법률』의 범위 내에서, '지구단위계획'으로 규정한 건축물의 특성으로 세분한다.

87 종교시설용지, 위험물 저장 및 처리시설용지, 자동차관련시설용지 등은 특정한 목적으로 제한되므로 별도로 분류하여 설명하고자 한다.

6.3.1 근린생활시설용지

근린생활시설용지는 제1종 및 제2종 근린생활시설을 건설할 수 있는 토지상품이다. 근린생활시설이라는 용어는 근린(近隣) 즉, '이웃에 근접하여'라는 의미와 주거생활 공간의 합성어로 이웃에 근접한 생활편의시설을 의미한다.

『건축법』 시행령 제3조의5 조항에 따른 [별표 1]에서는 근린생활시설을 제1종 근린생활시설과 제2조 근린생활시설로 구분하고 있는데, 그 세부내용은 자료 6-39와 같다.

자료 6-39 제1종 근린생활시설 및 제2종 근린생활시설

구분	내용
제1종근린생활시설	가. 식품·잡화·의류·완구·서적·건축자재·의약품·의료기기 등 일용품을 판매하는 소매점으로서 같은 건축물(하나의 대지에 두 동 이상의 건축물이 있는 경우에는 이를 같은 건축물로 본다. 이하 같다)에 해당 용도로 쓰는 바닥면적의 합계가 1천 제곱미터 미만인 것 나. 휴게음식점, 제과점 등 음료·차(茶)·음식·빵·떡·과자 등을 조리하거나 제조하여 판매하는 시설(제4호너목 또는 제17호에 해당하는 것은 제외한다)로서 같은 건축물에 해당 용도로 쓰는 바닥면적의 합계가 300제곱미터 미만인 것 다. 이용원, 미용원, 목욕장, 세탁소 등 사람의 위생관리나 의류 등을 세탁·수선하는 시설(세탁소의 경우 공장에 부설되는 것과 「대기환경보전법」, 「물환경보전법」 또는 「소음·진동관리법」에 따른 배출시설의 설치 허가 또는 신고의 대상인 것은 제외한다) 라. 의원, 치과의원, 한의원, 침술원, 접골원(接骨院), 조산원, 안마원, 산후조리원 등 주민의 진료·치료 등을 위한 시설 마. 탁구장, 체육도장으로서 같은 건축물에 해당 용도로 쓰는 바닥면적의 합계가 500제곱미터 미만인 것 바. 지역자치센터, 파출소, 지구대, 소방서, 우체국, 방송국, 보건소, 공공도서관, 건강보험공단 사무소 등 주민의 편의를 위하여 공공업무를 수행하는 시설로서 같은 건축물에 해당 용도로 쓰는 바닥면적의 합계가 1천 제곱미터 미만인 것 사. 마을회관, 마을공동작업소, 마을공동구판장, 공중화장실, 대피소, 지역아동센터(단독주택과 공동주택에 해당하는 것은 제외한다) 등 주민이 공동으로 이용하는 시설 아. 변전소, 도시가스배관시설, 통신용 시설(해당 용도로 쓰는 바닥면적의 합계가 1천제곱미터 미만인 것에 한정한다), 정수장, 양수장 등 주민의 생활에 필요한 에너지공급·통신서비스제공이나 급수·배수와 관련된 시설

제1종근린 생활시설	자. 금융업소, 사무소, 부동산중개사무소, 결혼상담소 등 소개업소, 출판사 등 일반업무시설로서 같은 건축물에 해당 용도로 쓰는 바닥면적의 합계가 30제곱미터 미만인 것 차. 전기자동차 충전소(해당 용도로 쓰는 바닥면적의 합계가 1천제곱미터 미만인 것으로 한정한다) 카. 동물병원, 동물미용실 및 「동물보호법」 제73조 제1항 제2호에 따른 동물위탁관리업을 위한 시설로서 같은 건축물에 해당 용도로 쓰는 바닥면적의 합계가 300제곱미터 미만인 것
제2종근린 생활시설	가. 공연장(극장, 영화관, 연예장, 음악당, 서커스장, 비디오물감상실, 비디오물소극장, 그 밖에 이와 비슷한 것을 말한다. 이하 같다)으로서 같은 건축물에 해당 용도로 쓰는 바닥면적의 합계가 500제곱미터 미만인 것 나. 종교집회장[교회, 성당, 사찰, 기도원, 수도원, 수녀원, 제실(祭室), 사당, 그 밖에 이와 비슷한 것을 말한다. 이하 같다]으로서 같은 건축물에 해당 용도로 쓰는 바닥면적의 합계가 500제곱미터 미만인 것 다. 자동차영업소로서 같은 건축물에 해당 용도로 쓰는 바닥면적의 합계가 1천제곱미터 미만인 것 라. 서점(제1종 근린생활시설에 해당하지 않는 것) 마. 총포판매소 바. 사진관, 표구점 사. 청소년게임제공업소, 복합유통게임제공업소, 인터넷컴퓨터게임시설제공업소, 가상현실체험 제공업소, 그 밖에 이와 비슷한 게임 및 체험 관련 시설로서 같은 건축물에 해당 용도로 쓰는 바닥면적의 합계가 500제곱미터 미만인 것 아. 휴게음식점, 제과점 등 음료·차(茶)·음식·빵·떡·과자 등을 조리하거나 제조하여 판매하는 시설(너목 또는 제17호에 해당하는 것은 제외한다)로서 같은 건축물에 해당 용도로 쓰는 바닥면적의 합계가 300제곱미터 이상인 것 자. 일반음식점 차. 장의사, 동물병원, 동물미용실, 「동물보호법」 제73조 제1항 제2호에 따른 동물위탁관리업을 위한 시설, 그 밖에 이와 유사한 것(제1종 근린생활시설에 해당하는 것은 제외한다) 카. 학원(자동차학원·무도학원 및 정보통신기술을 활용하여 원격으로 교습하는 것은 제외한다), 교습소(자동차교습·무도교습 및 정보통신기술을 활용하여 원격으로 교습하는 것은 제외한다), 직업훈련소(운전·정비 관련 직업훈련소는 제외한다)로서 같은 건축물에 해당 용도로 쓰는 바닥면적의 합계가 500제곱미터 미만인 것 타. 독서실, 기원 파. 테니스장, 체력단련장, 에어로빅장, 볼링장, 당구장, 실내낚시터, 골프연습장, 놀이형시설(「관광진흥법」에 따른 기타유원시설업의 시설을 말한다. 이하 같다) 등

제2종근린 생활시설	주민의 체육 활동을 위한 시설(제3호 마목의 시설은 제외한다)로서 같은 건축물에 해당 용도로 쓰는 바닥면적의 합계가 500제곱미터 미만인 것 하. 금융업소, 사무소, 부동산중개사무소, 결혼상담소 등 소개업소, 출판사 등 일반업무시설로서 같은 건축물에 해당 용도로 쓰는 바닥면적의 합계가 500제곱미터 미만인 것(제1종 근린생활시설에 해당하는 것은 제외한다) 거. 다중생활시설(「다중이용업소의 안전관리에 관한 특별법」에 따른 다중이용업 중 고시원업의 시설로서 국토교통부장관이 고시하는 기준과 그 기준에 위배되지 않는 범위에서 적정한 주거환경을 조성하기 위하여 건축조례로 정하는 실별 최소 면적, 창문의 설치 및 크기 등의 기준에 적합한 것을 말한다. 이하 같다)로서 같은 건축물에 해당 용도로 쓰는 바닥면적의 합계가 500제곱미터 미만인 것 너. 제조업소, 수리점 등 물품의 제조·가공·수리 등을 위한 시설로서 같은 건축물에 해당 용도로 쓰는 바닥면적의 합계가 500제곱미터 미만이고, 다음 요건 중 어느 하나에 해당하는 것 1) 「대기환경보전법」, 「물환경보전법」 또는 「소음·진동관리법」에 따른 배출시설의 설치 허가 또는 신고의 대상이 아닌 것 2) 「물환경보전법」 제33조 제1항 본문에 따라 폐수배출시설의 설치 허가를 받거나 신고해야 하는 시설로서 발생되는 폐수를 전량 위탁처리하는 것 더. 단란주점으로서 같은 건축물에 해당 용도로 쓰는 바닥면적의 합계가 150제곱미터 미만인 것 러. 안마시술소, 노래연습장 머. 「물류시설의 개발 및 운영에 관한 법률」 제2조 제5호의2에 따른 주문배송시설로서 같은 건축물에 해당 용도로 쓰는 바닥면적의 합계가 500제곱미터 미만인 것(같은 법 제21조의2 제1항에 따라 물류창고업 등록을 해야 하는 시설을 말한다)

『건축법』에서 정의하는 근린생활시설은 주택 및 준주택 등 주거시설은 해당하지 아니하며, 일상생활에 필요한 상업용도의 시설이 대부분 포함되어 있다. 따라서 근린생활시설용지는 주거지역에 인접한 소규모 상업용 토지상품으로 구분하는 것이 적절하다. 또한 택개발지구에서 공급하는 근린생활시설용지의 낙찰가격 결정요인에 관한 연구 등 최근의 여러 연구에서도[88] 근린생활시설용지의 상품 특성을 상업용지

88 김미영·신종칠, 2022, 택지개발지구 근린생활시설용지 낙찰가격 결정요인에 관한 연구, 한국부동산분석학회 학술발표논문집 2022, pp. 155~162.
황경식·이상엽, 2023, 공공택지개발지구 상업용지 매각가격 영향요인 연구: 수도권 LH택지개발지구를 중심으로, 대한국토·도시계획학회, 국토계획 제58권 제2호, pp. 92~103.

로 구분하고 있다.

택지개발지구의 근린생활시설용지는 제1종 및 제2종 근린생활시설을 설치할 수 있는 건축물을 건설할 수 있는 토지이며, 주거지역에서 허용됨에 따라 단란주점, 안마시술소, 종교집회장, 제조업소, 옥외철탑이 설치된 골프 연습장 등이 제한되기도 한다. 자료 6-40은 근린생활시설용지의 건축물 사례이다.

자료 6-40 근린생활시설용지 건축 사례(저자 직접 촬영)

근린생활시설은 『국토의 계획 및 이용에 관한 법률』에 따라 모든 용도지역에 설치될 수 있는데, 용도지역에 따라서 근린생활시설의 일부 용도만 설치가 제한적으로 허용되기도 한다.

택지개발지구에서 공급하는 근린생활시설용지는 제1종 및 제2종 근린생활시설의 대부분 용도를 건축할 수 있으나 일부 용도는 지구단위계획에서 불허하고 있다. 이는 택지개발지구의 토지이용계획에 따라 다를 수 있으며, 지구단위계획 시행지침에서 필지별로 제한하는 용도를 명확히 규정하고 있다. 예컨대, 동탄2신도시의 경우 근린생활시설용지를 5가지 유형으로 구분하여 각 유형별로 건폐율, 용적률, 최고층수 등 '건축 규모'와 권장용도, 허용용도, 불허용도 등 '건축물의 용도'를 다르게 적용

자료 6-41 근린생활시설용지 지구단위계획도 – 동탄2신도시(LH 매각공고)

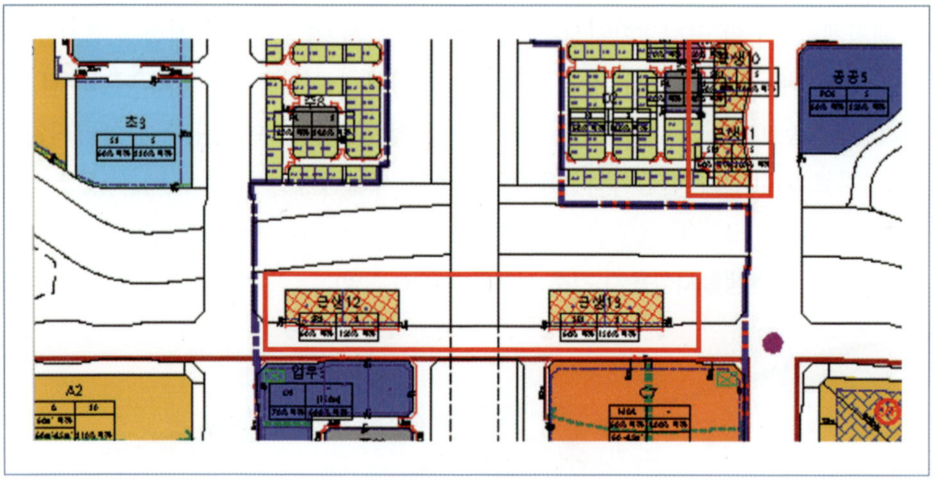

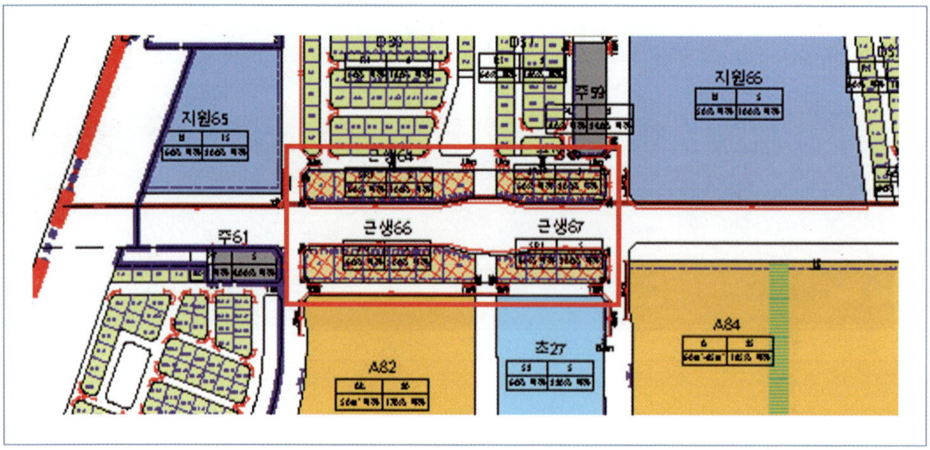

하고 있다. 자료 6-41은 동탄2신도시의 근린생활시설용지 지구단위계획도 사례이다.

근린생활시설용지는 지구단위계획도에서 나타나는 바와 같이 아파트, 단독주택, 등과 같은 주거지역 인근에 배치하는 사례가 많은데, 이는 근린생활시설용지의 건축물 규모가 다른 상업용지 대비 밀도가 낮아 일조권 등을 침해하지 않으며 건축물의 용도가 주거환경을 저해하지 않는 생활편의시설로 구성되기 때문이다. 자료 6-42는 근린생활시설용지의 지구단위계획 시행지침 사례이다.

자료 6-42 근린생활시설용지 지구단위 시행지침 – 동탄2신도시(LH 매각공고)

제2장 근린생활시설용지

< 가구 및 획지에 관한 사항 >

제1조 (용지의 구분 및 위치)

근린생활시설용지는 일반형(SR1)과 수변형(SR2), mall형(SR3), 연도형(SR4), 소규모형(SR5) 으로 구분하며, 각 용지의 위치는 <그림Ⅱ-2-1>과 같다.

<그림Ⅱ-2-1> 근린생활시설용지의 위치도

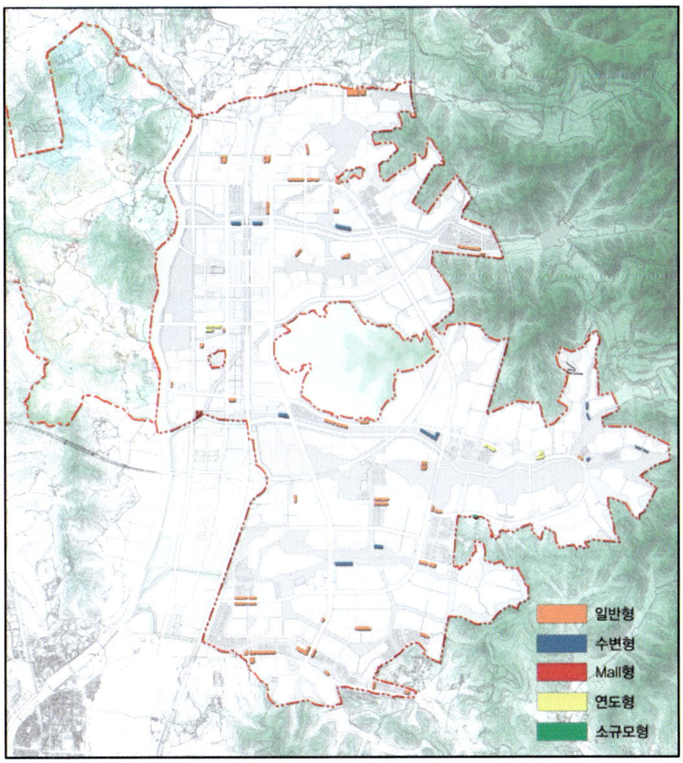

제2조 (획지의 분할 및 합병)

① 모든 획지는 지구단위계획의 '가구 및 획지계획'에서 결정한 획지를 기본단위로 하며, 분할할 수 없다.

② 획지의 합병의 경우 '연접한 2획지'에 한하여 허용하며, 각 획지에 지정된 지침 및 지침도의 내용을 원칙적으로 따라야 한다.

< 건축물의 용도 및 규모 등에 관한 사항 >

제3조 (건축물의 용도, 건폐율, 용적률, 높이 등)

① 근린생활시설용지의 건축물의 용도, 건폐율, 용적률, 높이는 <표Ⅱ-2-1>에 의하며, 획지별 세부기준은 지구단위계획 지침도에 따른다.

② 수변형(SR2) 근린생활시설용지는 인접한 수변공간과 경관적으로 조화되고, 기능적으로 연계될 수 있도록 지하층 중 수변공간에 면한 층은 까페, 음식점, 소규모 전시·판매점 등의 설치를 권장한다.

<표Ⅱ-2-1> 근린생활시설용지의 건축물의 용도, 건폐율, 용적률, 최고층수

구 분		근린생활시설용지			
	도면표시	SR1 (일반형)		SR2 (수변형)	SR3 (mall형)
건축물 용도	권장용도	-		•까페, 음식점, 소규모 전시·판매점 등 *	•판매시설(음악, 디자인, 영상, 게임, 패션 관련 업종)
	허용용도	•제1종근린생활시설 •제2종근린생활시설(안마시술소, 단란주점, 옥외철탑이 설치된 골프연습장 및 다중생활시설 제외) •「고등학교 이하 각급학교 설립·운영 규정」에 의한 유치원 •「영유아보육법」에 의한 보육시설		•제1종근린생활시설 •제2종근린생활시설(안마시술소, 단란주점, 종교집회장, 제조업소, 옥외철탑이 설치된 골프연습장 및 다중생활시설 제외) •「고등학교 이하 각급학교 설립·운영 규정」에 의한 유치원 •「영유아보육법」에 의한 보육시설	•문화 및 집회시설(마권관련시설 제외) •제1종 근린생활시설 •제2종 근린생활시설 (안마시술소, 단란주점, 옥외철탑이 설치된 골프연습장 및 다중생활시설 제외) •판매시설
	불허용도	•허용용도 이외의 용도 •교육환경보호구역내 금지시설(당구장, 청소년실이 설치된 노래방 제외) *		•허용용도 이외의 용도 •교육환경보호구역내 금지시설	•허용용도 이외의 용도 •교육환경보호구역내 금지시설
건폐율(%)		60% 이하	60% 이하	60% 이하	60%이하
기준용적률(%)		300% 이하	150% 이하	150% 이하	150%이하
최고층수		5층	3층	3층	3층
해당블록		근생 1~11, 14, 16, 18~21, 29, 32, 35, 43, 44, 53~60, 63~73, 75~77, 79, 80, 82, 84~87	근생 49, 74, 78, 95	근생 12, 13, 17, 42, 45~47, 61, 62, 102~104, 106, 107	근생 39~41

주1) 교육환경보호구역내에 위치한 근린생활시설용지의 경우, 당구장, 노래방은 불허용도임
주2) 수변형 근린생활시설용지의 권장용도는 지하층 중 수변공간에 면한 층에 한함

<표Ⅱ-2-1> 근린생활시설용지의 건축물의 용도, 건폐율, 용적률, 최고층수

구 분		근린생활시설용지		
건축물 용도	도면표시	SR4 (연도형)		SR5 (소규모형)
	권장용도	–		–
	허용용도	•문화 및 집회시설(마권관련시설 제외) •제1종 근린생활시설 •제2종 근린생활시설 (안마시술소, 단란주점, 옥외철탑이 설치된 골프연습장 및 다중생활시설 제외) •판매시설 • 「고등학교 이하 각급학교 설립·운영규정」 에 의한 유치원 • 「영유아보육법」 에 의한 보육시설		•제1종근린생활시설 •제2종근린생활시설(안마시술소, 단란주점, 옥외철탑이 설치된 골프연습장 및 다중생활시설 제외)
	불허용도	•허용용도 이외의 용도 •교육환경보호구역내 금지시설		•허용용도 이외의 용도 •교육환경보호구역내 금지시설
건폐율(%)		70% 이하	60%이하	50% 이하
기준용적률(%)		240% 이하	300이하/250%이하 (지침도에 따름)	100% 이하
최고층수		4층	5층	2층
해당블록		근생 98~101	근생 23, 96, 97	근생 110

③ 수변형 근린생활시설은 층수산정시 도로에 면한 층을 기준으로 한다. 단, 지하층은 「건축법」 제2조 제5항에 의한 지하층 인정 기준에 적합하여야 한다.

④ 근린생활시설용지의 건축물의 용도, 건폐율, 용적률, 높이에 대한 지침내용은 지구단위계획 지침도에 <그림Ⅱ-2-2>와 같이 표기한다.

<그림Ⅱ-2-2> 근린생활시설용지 지침내용 도면 표시 예시

블록번호

용도	최고층수
건폐율	기준용적률

=

근생1

SR1	5
60% 이하	**300% 이하**

블록번호 : 근린생활시설용지 블록번호
용도 : 용도표의 SR1의 허용용도
최고층수 : 5층 이하
건폐율 : 60% 이하
기준용적률 : 300% 이하

< 건축물의 배치 등에 관한 사항 >

제4조 (건축한계선 등)

① 건축선(건축한계선, 벽면지정선 등)의 위치는 지침도를 따른다.

② 지침도상에 별도의 건축선이 지정되지 않은 경우에는 「화성시 건축조례」 별표 4(대지안의 공지 기준)를 따른다.

제5조 (건축물의 전면방향)

① 건축물의 주전면은 2개 이상의 도로와 면하고 있는 대지의 경우 폭원이 큰 도로에 면한 외벽면에 위치하는 것을 원칙으로 한다. 단, 지형여건 등으로 불가피한 경우 예외로 할 수 있다.

② 다음 각 호의 경우에는 주전면에 준하는 외관설계를 하여야 한다.

1. 20m 이상 도로에 면한 외벽면(가각이 있는 경우 가각 포함)

6.3.2 근린상업용지

근린상업용지는 앞서 살펴본 근린생활시설용지에서 허용되는 제1종 근린생활시설 및 제2종 근린생활시설에 더하여 『건축법』 시행령 [별표 1]에서 정하는 여타의 용도가 허용되는 상업용지이다. 그러나 '근린'이라는 용어에서 나타나는 바와 같이 주거지역을 배후에 두고 배치되며, 이는 주된 이용자를 배후 주거지역 거주자로 계획하였기 때문이다. 용도지역으로는 근린상업지역에 해당한다.

근린상업용지는 근린생활시설용지에 비해 건축물의 규모가 더 크고 지구단위계획에서 허용하는 건축물의 용도 역시 더 다양하다. 예컨대, 문화 및 집회시설, 판매시설, 종교시설, 의료시설, 업무시설, 교육연구시설, 노유자시설, 수련시설, 운동시설, 자동차관련시설 등이 허용될 수 있다. 이러한 이유로 근린상업용지는 소위 '학원가(學院街)'를 형성하거나 '메디컬빌딩(medical building)'으로 개발되기도 한다. 자료 6-43은 근린상업용지의 개발사례이다.

자료 6-43 근린상업용지 건설 사례(저자 직접 촬영)

근린상업용지는 근린생활시설용지 보다 토지의 면적이 크고 건폐율, 용적률, 최고높이 등 건축물의 규모도 더 크다.[89] 건축물의 용도는 근린생활시설용지에 비해 상업기능이 더 강화되나 주변에 아파트, 단독주택 등 주거지역과 학교가 있어 위락시설, 숙박시설 등은 허용되지 않는 사례가 많다. 일부 상업지역에 배치된 근린상업용지의 사례에서는 위락시설이나 숙박시설이 제한적으로 허용되기도 한다.

자료 6-44는 근린상업용지의 지구단위계획도 사례이다. 붉은색으로 표시된 근린상업용지는 좌우에 배치된 근린생활시설용지와[90] 토지이용계획 상 배치형태와 필지규모를 비교할 수 있다.

자료 6-44 근린상업용지 지구단위계획도 – 동탄2신도시(LH 매각공고)

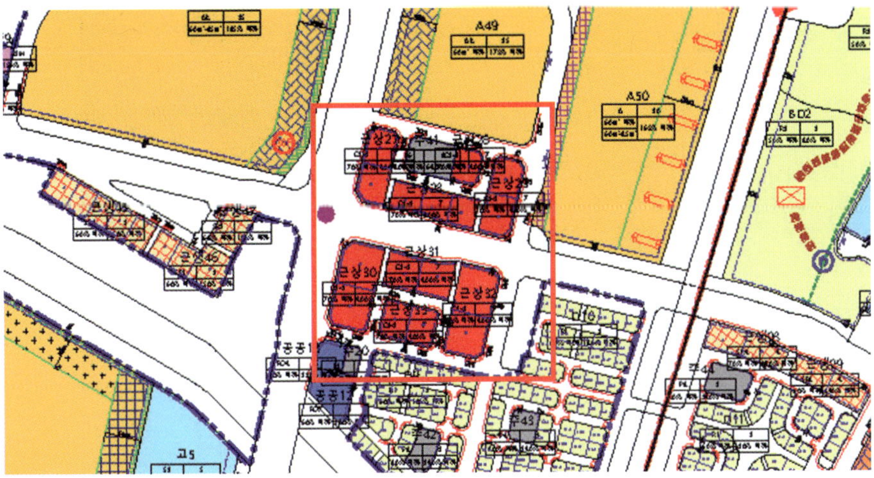

근린상업용지는 지구단위계획에서 여러 유형으로 구분하여 계획될 수 있다. 이는 주거지역에 인접하였는지 또는 상업지역에 인접하였는지 등 여러 요인에 따라 구분된다. 자료 6-45는 근린상업용지의 지구단위계획 시행지침 사례이다.

89 근린상업지역의 건폐율은 70% 이하 용적률은 200~900% 이하이다.

90 주황색에 붉은 격자선이 있는 토지들이 근린생활시설용지이다.

자료 6-45 근린상업용지 지구단위계획 시행지침 – 동탄2신도시(LH 매각공고)

제6장 상업·업무용지

< 가구 및 획지에 관한 사항 >

제1조 (용지의 구분 및 위치)

상업·업무용지는 중심상업용지(C1), 일반상업용지[C2-1(위락형), C2-2(일반형), C2-3(여객터미널형)], 근린상업용지[C3-1(위락형), C3-2(일반형), C4(에듀몰)], 업무시설용지(O1, O2, O3), 준주거용지(QR)로 구분한다. 각 용지의 위치는 <그림II-6-1>과 같다.

<그림II-6-1> 상업·업무용지 위치도

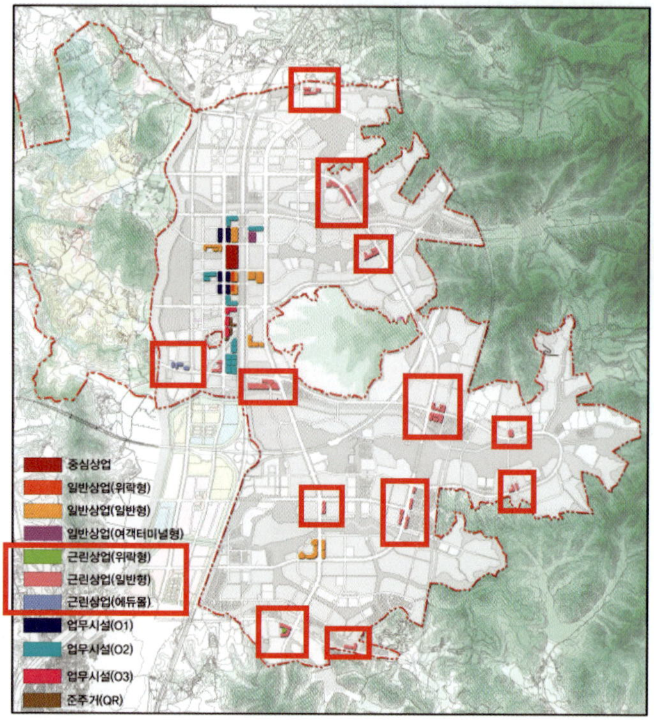

<표Ⅱ-6-5> 근린상업용지의 건축물의 용도, 건폐율, 용적률, 최고층수 - 1

구 분		근린상업용지		
건축물 용도	도면표시	C3-1(위락형)	C3-2(일반형)	C3-3(저층형)
	허용 용도	•제1종근린생활시설 •제2종근린생활시설 (옥외철탑이 설치된 골프연습장, 다중생활시설 제외) •문화 및 집회시설(공연장, 전시장에 한함) •종교시설(부수용도의 종교집회장에 한함) •판매시설 •의료시설(정신병원 및 요양병원, 격리병원, 장례식장 제외 •운동시설(옥외철탑이 설치된 골프연습장 제외) •업무시설 •숙박시설 •위락시설 •자동차관련시설(주차장, 세차장에 한함) •방송통신시설	제1종근린생활시설 제2종근린생활시설 (안마시술소, 단란주점, 옥외철탑이 설치된 골프연습장 및 다중생활시설 제외) 문화 및 집회시설(공연장, 전시장에 한함) 종교시설(부수용도의 종교집회장에 한함) 판매시설 의료시설(정신병원 및 요양병원, 격리병원, 장례식장 제외) 교육연구시설 노유자시설 수련시설 운동시설(옥외철탑이 설치된 골프연습장 제외) 업무시설 자동차관련시설(주차장, 세차장에 한함) 방송통신시설	
	불허 용도*	•허용용도 이외의 용도	허용용도 이외의 용도 「청소년보호법」 제2조 제5호 가목의 청소년출입·고용금지업소 (청소년실이 설치된 노래방 제외) - 청소년보호위원회 고시 제1997-07호의 청소년 유해업소 포함	
건폐율(%)		70% 이하	70% 이하	70% 이하
기준용적률(%)		400% 이하	400% 이하	280% 이하
최고층수		7층	7층	4층
해당 블록(획지)		근상 22, 23-1, 51	근상 1~13, 18~21, 23-2, 24~33, 37, 40, 41-2, 42~50, 52, 53	근상 41-1

주) 교육환경보호구역내 위치한 상업용지의 경우, 교육환경보호구역내 금지시설은 불허용도임

<표Ⅱ-6-6> 근린상업용지의 건축물의 용도, 건폐율, 용적률, 최고층수 - 2

구 분		근린상업용지
건축물 용도	도면표시	C4 (에듀몰)
	허용용도	•교육연구시설 중 학원* (자동차학원 및 무도학원 제외) •제1종 근린생활시설 •제2종 근린생활시설 (안마시술소, 단란주점, 옥외철탑이 설치된 골프연습장 및 다중생활시설 제외) • 「고등학교 이하 각급학교 설립·운영규정」 에 의한 유치원 • 「영유아보육법」 에 의한 보육시설
	불허용도	•허용용도 이외의 용도 •교육환경보호구역내 금지시설
건폐율(%)		60% 이하
기준용적률(%)		400% 이하
최고층수		7층
해당 블록(획지)		근상 14~17

주1) 교육연구시설 중 학원은 주용도로서 건축물 연면적의 50% 이상을 확보하여야 함

동탄2신도시의 토지이용계획에서 근린상업용지가 배치된 지역은 동탄역을 중심으로 하는 상업지역이 아니라 주거지역에 보조간선도로를 따라 배치된 것을 확인할 수 있다. 근린생활시설용지는 주거지역에서 주요 도로보다 더 주거지역에 인접하여 배치된 반면, 근린상업용지는 도로를 따라 배치된 것 또한 차이점이다.

근린상업용지는 일부 상업지역에 배치되기도 하지만 대부분 주거지역을 배후로 하는 입지에 설치되며, 근린생활시설용지에서 공급하지 못하는 상업기능이 허용되는 토지상품이다. 따라서 대규모 학원빌딩 등 교육연구시설, 전문병원 등 병원급 의료시설, 오피스텔 등 업무시설로 이용될 수 있다.

근린상업용지는 주거지역에서 시민들이 일상에 이용하는 근린생활시설에 더한 상업기능을 제공하여 시민들의 생활편의 및 문화생활을 증진하고 근린주구 단위에서 경제활동 활성화에 이바지한다.

6.3.3 일반상업용지

일반상업용지는 도시의 중심이 되는 상업지역에 조성되는 상업 및 업무시설 등의 설치가 허용되는 상업용지이다. 일반상업용지에는 10층 이상의 대형상가 또는 오피스텔과 상가로 구성된 상업 · 업무용 건물이 건설된다.

근린상업용지와 비교하면 위락시설, 숙박시설, 노유자시설, 업무시설 등 건축물의 허용용도가 더 늘어나며, 근린상업용지보다 더 큰 규모의 건축이 가능하도록 필지면적, 건폐율, 용적률과 최고층 기준이 높게 적용된다.[91]

용도지역으로는 일반상업지역에 해당하며 용도지역에서 나타나는 바와 같이 일반적인 상업기능 및 업무기능을 위해 필요한 지역에 조성하는 토지상품이다. 주거지 인근보다 도시의 상업지역이므로 교통기능이나 업무기능 및 상업기능이 집적된 지역적 특징을 보이기도 한다. 또한 토지이용계획에서 주간선도로를 따라서 배치되거나 교차지점에 배치되는 입지특성을 보인다.

---

91 일반상업지역의 건폐율은 80% 이하, 용적률은 300~1,300% 이하이다.

자료 6-46 일반상업용지 건설 사례(저자 직접 촬영)

일반상업용지는 다른 용도지역에 비해 폭넓은 건축 허용용도와 큰 규모의 건축이 가능하여 지가가 높다. 또한 상업용과 더불어 오피스텔 등 복합개발이 가능하여 토지이용 효율성이 높고 수익을 더 높일 수 있는 구조를 가진다.

택지개발에서 토지이용계획에 일반상업용지가 배치되는 입지의 특성은 생활권 내 중심지로서 상업 · 문화 · 의료 · 교육 등 다양한 상업시설이 집적하도록 하여 유동인구가 제일 높은 지역이 된다. 일반상업용지는 여러 필지가 함께 계획되어 집적의 효과로 지역 중심 상권의 역할을 하게 되는 사례가 많다.

일반상업용지 건설 사례에서 보이는 바와 같이, 교육시설, 병의원, 금융기관, 쇼핑몰과 중대형 마트, 오피스텔 등이 다양하게 어우러져 계획적 중심 입지로 상권을 형성하도록 배치된 토지상품이다. 자료 6-47은 일반상업용지의 지구단위계획도 사례이다.

자료 6-47 일반상업용지 지구단위계획도 – 동탄2신도시(LH 매각공고)

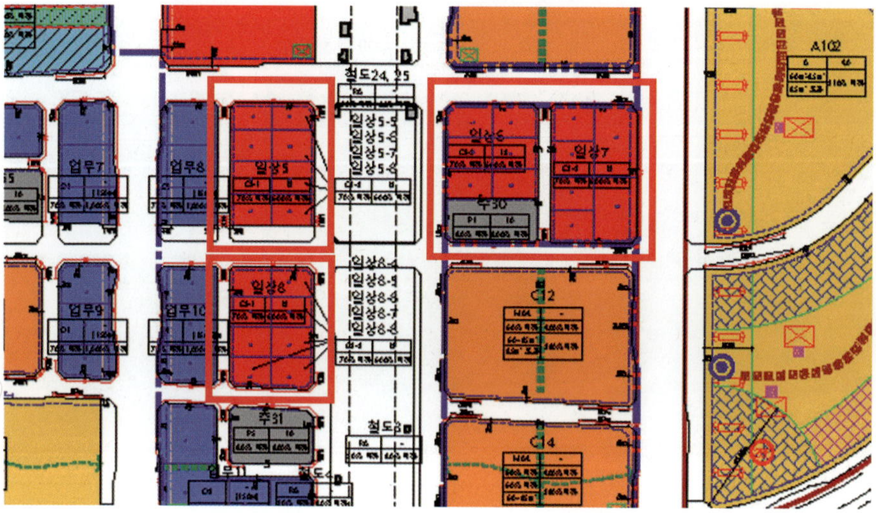

일반상업용지의 유형은 같은 택지개발지구 안에서도 입지와 주변환경 등을 고려하여 건축물의 규모와 권장용도, 허용용도 및 불허용도를 다르게 정할 수 있다. 자료 6-48, 6-49는 일반상업용지의 지구단위계획 시행지침 사례이다.

자료 6-48 일반상업용지 지구단위 계획지침 – 위례신도시(LH 매각공고)

제 6 장 상업용지 및 업무시설용지

<그림Ⅱ-6-1> 상업업무시설용지의 구역 구분도

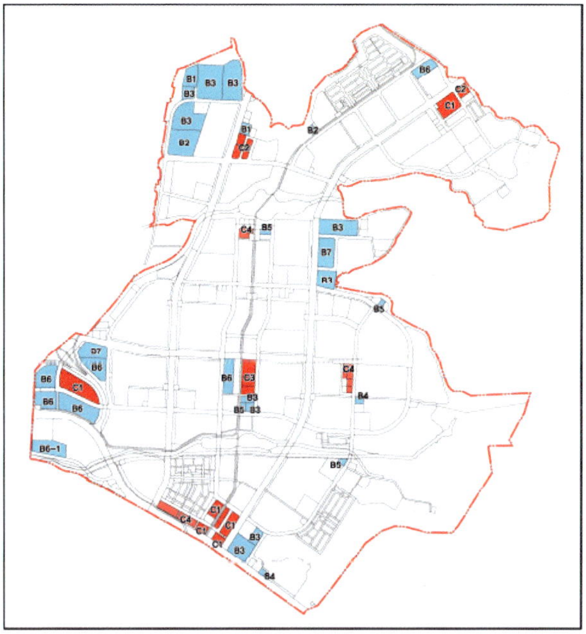

89
위례 택지개발사업 지구단위계획

경우에는 1층 바닥면적의 50% 이상 권장용도를 확보하여야 한다.

④ 필지에 대한 건축물의 용도, 건폐율, 용적률, 층수 <그림 II -6-3> 과 같이 표시한다.

<표 II -6-1> 일반상업용지 및 근린상업용지의 용도 분류표

구 분	일반상업용지				근린상업용지
	C1 배후상업	C1-1 호텔	C2 일반상업	C3 트랜짓 몰 연계지원	C4 근린상업
단독주택	X	X	X	X	X
공동주택	X	X	X	X	X
제1종 근린생활시설	●	X	●	●	●
제2종 근린생활시설	●	X	●	● 안마시술소, 단란주점 제외	● 안마시술소, 단란주점 제외
문화 및 집회시설	●	X	●	○	○
판매시설	● 상점 및 이와 유사한 용도에 한함	X	● 상점 및 이와 유사한 용도에 한함	●	● 상점 및 이와 유사한 용도에 한함
종교시설	△ 종교집회장에 한함	X	△ 종교집회장에 한함	△ 종교집회장에 한함	△ 종교집회장에 한함
의료시설	● 정신병원, 격리병원, 장례식장 제외	X	● 정신병원, 격리병원, 장례식장 제외	● 정신병원, 요양병원, 격리병원, 장례식장 제외	● 정신병원, 요양병원, 격리병원, 장례식장 제외
업무시설	●	X	●	○ 오피스텔 제외	○ 오피스텔 제외
숙박시설	△ 호텔 및 관광숙박시설에 한함(호텔의 경우 지자체 조례에 따른 이격거리 확보가 가능할 경우 허용)	● 호텔 및 관광숙박시설에 한함	△ 호텔 및 관광숙박시설에 한함(호텔의 경우 지자체 조례에 따른 이격거리 확보가 가능할 경우 허용)	X	X
위락시설	○ 주거지역과 면한 지역은 제외	X	△ 주거지역과 면한 지역은 제외	X	X
방송통신시설	△ 방송국, 전화국, 통신용 시설에 한함	X	△ 방송국, 전화국, 통신용 시설에 한함	△ 방송국, 전화국, 통신용 시설에 한함	△ 방송국, 전화국, 통신용 시설에 한함
교육연구시설	●	X	●	●	●
노유자시설	X	X	X	○	○
수련시설	X	X	X	○	○
운동시설	○	X	○	○	○
위험물저장 및 처리시설	△ 주유소에 한함	X	△ 주유소에 한함	X	X
자동차관련시설	△ 주차장, 세차장에 한함	X	△ 주차장, 세차장에 한함	△ 주차장, 세차장에 한함	△ 주차장, 세차장에 한함

주1) ● : 지구단위계획에서 권장하는 용도, ○ : 국토의 계획 및 이용에 관한 법률에서 허용한 용도, △ : 조례에 따라 건축할 수 있는 용도, X : 불허용도
주2) 상업용지 내 보행자전용도로변은 판매 및 영업시설과 근린생활시설을 1층전면 권장용도로 지정한다.
주3) 상업용지 중 교육환경보호구역에 포함되는 부분은 교육환경보호구역내 금지시설을 불허용도로 함 다만, 허용용도 중 상대보호구역내 심의 후 설치 가능한 시설에 한하여 심의 결과에 따름
주4) 일반상업용지 및 근린상업용지의 용도 분류표에서 제외된 시설은 불허
주5) C1-1(일상3 블록② -1)의 경우 관광진흥법에 따른 관광숙박업(호텔)으로 한정. 다만, 판매공고(2012.9.27) 후 1년 이상 호텔부지가 미 매각될 경우 C1의 허용용도 적용

< 건축물의 규모에 관한 사항 >

제 4 조 (건축물의 건폐율, 용적률, 높이 등의 지정)

① 각 구역별, 용지별 건축물의 건폐율, 용적률, 건축물 높이는 <표Ⅱ-6-2>, <표Ⅱ-6-3>을 따른다.

<표Ⅱ-6-2> 일반상업용지 및 근린상업용지의 건축물 건폐율, 용적률, 높이

구 분	일반상업용지					근린상업용지
	C1 (배후상업)		C1-1 (호텔)	C2 (일반상업)	C3 (트랜짓 몰 연계지원)	C4 (근린상업)
건폐율	60% 이하	70% 이하	70% 이하	60% 이하	60% 이하	60% 이하
용적률	600% 이하	700% 이하	700% 이하	600% 이하	600% 이하	600% 이하
최고층수	-		-	-	-	-
최소층수	-		-	-	-	-
해당블록	일상12*	일상1, 일상2, 일상3(②-1제외), 일상4, 일상9	일상3 ②-1	일상8, 일상5, 일상6, 일상7	일상10, 일상 11	근상1, 근상2, 근상3

주) * 특별계획구역

<표Ⅱ-6-3> 업무시설용지의 건축물 용도, 건폐율, 용적률, 높이

구 분		업무시설용지						
건축물 용도	도면표시	B1 (공공업무)	B2 (복합공공청사)		B3 (일반업무시설)		B4 (소형 공공청사)	
	허용용도	•건축법시행령 <별표1>에 의한 다음의 용도 - 업무시설 (오피스텔 제외) - 운동시설	•건축법시행령 <별표1>에 의한 다음의 용도 - 업무시설 (오피스텔 제외) - 운동시설 - 교육연구시설 - 노유자시설	•건축법시행령<별표1>에 의한 다음의 용도 -업무시설 가목 공공업무시설 -제1종 근린생활시설 -제2종 근린생활시설 (안마시술소, 단란주점 제외) -노유자시설 -문화 및 집회시설 -교육연구시설 -수련시설 -운동시설	•건축법시행령 <별표1>에 의한 다음의 용도 -업무시설 나목 일반업무시설 (설치의무비율 연면적의 50% 이상) -운동시설 -문화 및 집회시설 -교육연구시설 -노유자시설 -제1종 근린생활시설 -제2종 근린생활시설 (안마시술소 및 단란주점 제외)	•건축법시행령 <별표1>에 의한 다음의 용도 -업무시설 가목 공공업무시설(권장) -업무시설 나목 일반업무시설 (설치의무비율 연면적의 50% 이상, 오피스텔 제외) -운동시설 -문화 및 집회시설 -교육연구시설 -노유자시설 -제1종 근린생활시설 -제2종 근린생활시설 (안마시술소 및 단란주점 제외)	•건축법시행령 <별표1>에 의한 다음의 용도 -업무시설 가목 공공업무시설 -제1종 근린생활시설 -제2종 근린생활시설 (안마시술소 및 단란주점 제외)	
	불허용도	• 허용용도 이외의 용도	• 허용용도 이외의 용도	• 허용용도 이외의 용도	• 허용용도 이외의 용도	• 허용용도 이외의 용도	• 허용용도 이외의 용도	
건폐율		60% 이하	60% 이하	60% 이하	60% 이하	60% 이하	50% 이하	60% 이하
용적률		400% 이하	400% 이하	300% 이하	400% 이하	400% 이하	250% 이하	300% 이하
최고층수		-	-	-	-	-	-	
해당블록		업무3, 업무4	업무1	업무8	업무15, 업무22, 업무26, 업무2-1	업무6, 업무16, 업무25, 업무31, 업무34, 업무2-2	업무13, 업무14	업무5

주1) * 특별계획구역

(계속)

자료 6-49 일반상업용지 지구단위 계획지침 – 동탄2신도시(LH 매각공고)

제6장 상업·업무용지

< 가구 및 획지에 관한 사항 >

제1조 (용지의 구분 및 위치)

상업·업무용지는 중심상업용지(C1), 일반상업용지[C2-1(위락형), C2-2(일반형), C2-3(여객터미널형)], 근린상업용지[C3-1(위락형), C3-2(일반형), C4(에듀몰)], 업무시설용지(O1, O2, O3), 준주거용지(QR)로 구분한다. 각 용지의 위치는 <그림Ⅱ-6-1>과 같다.

<그림Ⅱ-6-1> 상업·업무용지 위치도

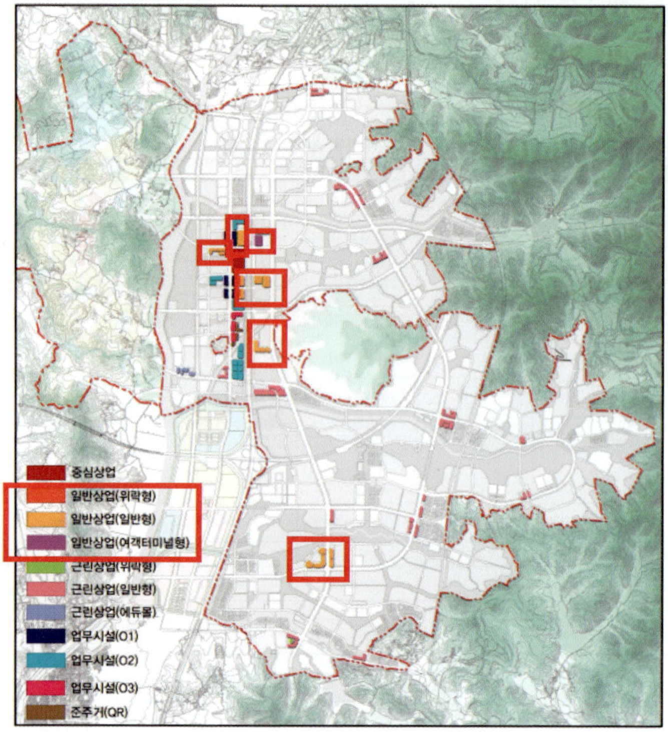

<표II-6-1> 중심상업용지의 건축물의 용도, 건폐율, 용적률, 최고높이

구 분		중심상업용지
건축물 용도	도면표시	C1
	지정용도	• 「관광진흥법」 에 의한 관광숙박시설(호텔 등 이와 유사한 시설)로서 부대시설이 포함된 객실수 200실 이상의 시설 * •문화집회시설 중 전시장(산업전시장, 박람회장 등 이와 유사한 시설) * •업무시설*
	허용용도	•제1종근린생활시설 •제2종근린생활시설(옥외철탑이 설치된 골프연습장, 다중생활시설 제외) •문화 및 집회시설 •종교시설(부수용도의 종교집회장에 한함) •판매시설 •의료시설(정신병원 및 요양병원, 격리병원, 장례식장 제외) •교육연구시설(학교교과교습학원 제외) •노유자시설 •수련시설 •운동시설(옥외철탑이 설치된 골프연습장 제외) •업무시설* •자동차관련시설(주차장, 세차장에 한함) •방송통신시설
	불허용도 *	•허용용도 이외의 용도
건폐율(%)		70% 이하
기준용적률(%)		600% 이하
최고높이		250m
해당 블록(획지)		중상 1

주1) 교육환경보호구역내 위치한 상업용지의 경우, 교육환경보호구역내 금지시설은 불허용도임
주2) 관광숙박시설, 전시장, 업무시설은 지정용도로서 건축물연면적의 50% 이상 확보하여야 한다.
주3) 업무시설 중 오피스텔은 업무시설 연면적의 50% 이하에 한하여 설치 가능

<표II-6-2> 일반상업용지의 건축물의 용도, 건폐율, 용적률, 최고층수 - 1

구 분		일반상업용지
건축물 용도	도면표시	C2-1(위락형)
	허용용도	•제1종근린생활시설 •제2종근린생활시설 (옥외철탑이 설치된 골프연습장 및 다중생활시설 제외) •문화 및 집회시설 •종교시설(부수용도의 종교집회장에 한함) •판매시설 •의료시설(정신병원 및 요양병원, 격리병원, 장례식장 제외) •교육연구시설(학교교과교습학원 제외) •노유자시설 •수련시설 •운동시설(옥외철탑이 설치된 골프연습장 제외) •업무시설 •숙박시설 •위락시설 •자동차관련시설(주차장, 세차장에 한함) •방송통신시설
	불허용도 *	•허용용도 이외의 용도
건폐율(%)		70% 이하
기준용적률(%)		600% 이하
최고층수		13층
해당 블록(획지)		일상 5-1~5-4, 8-1~8-3

주1) 교육환경보호구역내 위치한 상업용지의 경우, 교육환경보호구역내 금지시설은 불허용도임

제 2 편 건축부문 시행지침 　　　　　　　　　　　　　　　　　　　　　제 6 장 상업·업무용지

<표II-6-3> 일반상업용지의 건축물의 용도, 건폐율, 용적률, 최고층수 - 2

<table>
<tr><th colspan="2">구 분</th><th>일반상업용지</th></tr>
<tr><td rowspan="3">건축물 용도</td><td>도면표시</td><td>C2-2(일반형)</td></tr>
<tr><td>허용용도</td><td>•제1종근린생활시설
•제2종근린생활시설 (안마시술소, 단란주점, 옥외철탑이 설치된 골프연습장 및 다중생활시설 제외)
•문화 및 집회시설(공연장, 전시장에 한함)
•종교시설(부수용도의 종교집회장에 한함)
•판매시설
•의료시설(정신병원 및 요양병원, 격리병원, 장례식장 제외)
•교육연구시설
•노유자시설
•수련시설
•운동시설(옥외철탑이 설치된 골프연습장 제외)
•업무시설
•자동차관련시설(주차장, 세차장에 한함)
•방송통신시설</td></tr>
<tr><td>불허용도*</td><td>•허용용도 이외의 용도
•「청소년보호법」 제2조 제5호 가목의 청소년출입고용금지업소(청소년실이 설치된 노래방 제외) - 청소년보호위원회 고시 제1997-07호의 청소년 유해업소 포함</td></tr>
<tr><td colspan="2">건폐율(%)</td><td>70% 이하</td></tr>
<tr><td colspan="2">기준용적률(%)</td><td>800% 이하 / 700% 이하 / 600% 이하 : 지침도에 따름</td></tr>
<tr><td colspan="2">최고층수</td><td>10층 / 13층 / 제한없음 : 지침도에 따름</td></tr>
<tr><td colspan="2">해당 블록(획지)</td><td>일상 1, 3, 4, 5-5~5-8, 6, 7, 8-4~8-8, 9~15</td></tr>
</table>

주1) 교육환경보호구역내 위치한 상업용지의 경우, 교육환경보호구역내 금지시설은 불허용도임

<표II-6-4> 일반상업용지의 건축물의 용도, 건폐율, 용적률, 최고층수 - 3

<table>
<tr><th colspan="2">구 분</th><th>일반상업용지</th></tr>
<tr><td rowspan="3">건축물 용도</td><td>도면표시</td><td>C2-3(여객터미널형)</td></tr>
<tr><td>허용용도</td><td>•운수시설(여객자동차터미널에 한함)*
•제1종근린생활시설
•제2종근린생활시설(안마시술소, 단란주점, 옥외철탑이 설치된 골프연습장, 다중생활시설 제외)
•문화 및 집회시설(공연장, 전시장에 한함)
•판매시설
•의료시설(정신병원 및 요양병원, 격리병원, 장례식장 제외)
•교육연구시설
•운동시설(옥외철탑이 설치된 골프연습장 제외)
•업무시설(오피스텔 제외)
•자동차관련시설(차고 및 주기장에 한함)
•방송통신시설</td></tr>
<tr><td>불허용도*</td><td>•허용용도 이외의 용도
•「청소년보호법」 제2조 제5호 가목의 청소년출입고용금지업소(청소년실이 설치된 노래방 제외) - 청소년보호위원회 고시 제1997-07호의 청소년 유해업소 포함</td></tr>
<tr><td colspan="2">건폐율(%)</td><td>70% 이하</td></tr>
<tr><td colspan="2">기준용적률(%)</td><td>600% 이하</td></tr>
<tr><td colspan="2">최고층수</td><td>13층</td></tr>
<tr><td colspan="2">해당 블록(획지)</td><td>일상 2</td></tr>
</table>

주1) 교육환경보호구역내 위치한 상업용지의 경우, 교육환경보호구역내 금지시설은 불허용도임
주2) 여객자동차터미널은 주용도로서 건축물 연면적의 50% 이상을 확보하여야 함

화성동탄(2) 택지개발사업 지구단위계획 93

위례신도시와 동탄2신도시에서 개발된 일반상업용지의 지구단위계획 시행지침에서 유형별 권장용도, 허용용도, 불허용도로 일반상업용지가 다양한 유형으로 구성될 수 있음을 알 수 있다. 한편, 일반상업용지의 유형은 다양하게 계획할 수 있지만, 입지는 도시의 교통축을 이루는 주간선도로를 따라 상업거점을 형성하도록 배치된 특성은 공통되게 나타나는 특징이다.

위락시설은 일반상업용지 중에서도 제한적으로 허용되는 용도이다. 위락시설이 허용되는 일반상업용지는 용도의 희소성으로 인하여 대로이면 등 입지적 열세에도 불구하고 토지의 매각가격을 높이는 효과가 있다.[92]

오피스텔[93]은 준주택으로서 민간이 공급하는 소규모 주거시설이며, 1~2인 가구가 선호하는 주택이다. 택지개발지구에서 소규모 공동주택은 주로 임대주택으로 구성되는데 오피스텔은 임대주택 입주자격에 해당하지 아니하는 주거 수요의 대체재이자, 임대료 수익을 기대하는 투자자에게는 수익형 부동산으로 투자수요가 발생하므로 토지의 상품가치를 높이는 효과가 있다.[94]

일반상업용지의 상품성은 건축 규모와 용도에 크게 영향을 받는다. 특히, 위락시설, 숙박시설 등 일부 건축 용도는 일반상업용지에 한하여 허용되는 용도이며, 선택적으로 규정되는 허용용도는 토지의 상품 가치에 미치는 영향이 크다.[95]

92 황경식·이상엽(2023), 공공택지개발지구 상업용지 매각가격 영향요인 연구: 수도권 LH 택지개발지구를 중심으로', 대한국토·도시계획학회, 국토계획 제58권 제2호, pp. 92~103.
상업용지의 가격에 미치는 영향을 헤도닉 가격모형으로 실증분석한 결과 위락시설이 허용되는 토지의 경우 상업용지 매각가격에 정(+)의 영향을 미치는 것으로 나타났다.

93 지구단위계획에서 허용용도는 '업무시설'이며 업무를 주로 하면서 일부의 구획에서 숙식을 할 수 있도록 한 건축물이다. 오피스텔은 오피스와 호텔을 합성한 용어로 『주택법』 제2조 제4호 및 『건축법』 시행령 [별표 1] 제14호 나목 2)에 따른 오피스텔을 의미한다.

94 황경식·이상엽(2023), 공공택지개발지구 상업용지 매각가격 영향요인 연구: 수도권 LH 택지개발지구를 중심으로', 대한국토·도시계획학회, 국토계획 제58권 제2호, pp. 92~103.
상업용지의 가격에 미치는 영향을 헤도닉 가격모형으로 실증분석한 결과 오피스텔이 허용되는 토지의 경우 매각가격에 정(+)의 영향을 미치는 것으로 나타났다.

95 황경식, 2023, 공공택지개발지구 상업용지 매각 관련 요인에 관한 연구, 건국대학교 일반대학원 부동산학과 박사학위논문, pp. 107~108.

6.3.4 중심상업용지

중심상업용지는 택지개발지구 내 중심지인 사업지구의 중심 또는 사업지구가 포함된 지역의 중심에 배치되어 유동인구를 흡수하고, 상업 · 업무 · 서비스 · 문화기능 등이 복합적으로 적용된 생활권 중심입지에 핵심이 되는 상업용지이다. 용도지역은 중심상업지역이며 도심 · 부도심의 상업기능 및 업무기능의 확충을 위하여 필요한 지역이다.

중심상업용지는 지역생활권의 '중심축 역할'을 하도록 배치되며, 상업 및 업무의 기능을 포함한다. 중심상업용지는 도시의 모든 지역으로부터 접근이 쉽고, 대중교통수단의 이용이 편리한 지역으로 도시 · 군기본계획 상 도시의 중심 지역으로 선정된 지역에 배치한다. 또한 고밀화 · 고도화에 적합한 지형 조건과 휴식을 위한 공지(空地)[96] 및 기반시설 확보로 신도시의 '중심'으로 계획된다.

자료 6-50 중심상업용지 건설 사례 – 판교 알파돔 시티(저자 직접 촬영)

96 공지(空地)는 오픈 스페이스(open space)라고도 한다.

중심상업용지는 택지개발지구의 규모에 따라 한 필지 또는 소수의 필지로 계획되며, 일부 중소규모 택지개발지구에는 계획되지 않기도 한다. 따라서 신도시[97] 규모 수준에서 지역의 중심성을 고려하여 계획된다. 아래는 판교신도시의 지구단위계획도 사례이다.

자료 6-51 중심상업용지 지구단위계획도 – 판교신도시(LH 매각공고)

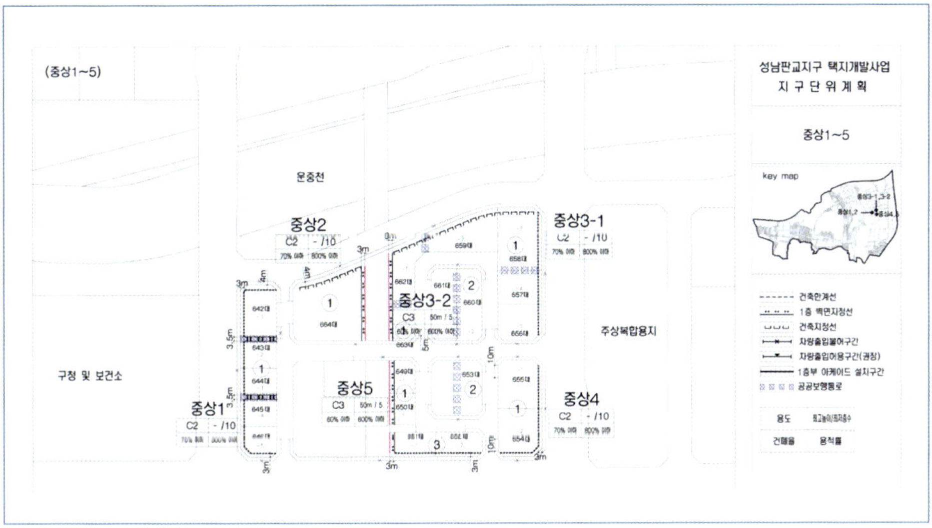

판교신도시의 중심상업용지는 당초 알파돔 복합단지를 계획하여 여러 필지를 하나로 묶는 구상으로 계획하였으나 최초 설계와 달리 개별적인 건물들을 광장과 보행자 구조물로 연결하는 것으로 변경되었다. 한편, 동탄2신도시에서는 GTX-A노선 동탄역 주변으로 중심상업용지가 계획되었으며, 세부계획내용은 자료 6-52 지구단위계획 시행지침과 같다.

97 국토교통부, 「지속가능한 신도시 계획 기준」, (2007.1.1. 제정): 신도시는 330만제곱미터 이상의 규모로 시행하는 개발사업으로 자족성, 쾌적성, 편리성, 안정성 등을 확보하기 위하여 국가적인 차원의 계획으로 국책사업으로 추진하거나 정부가 특별한 정책목표를 달성하기 위하여 추진하는 도시로 정의하였다.

자료 6-52 중심상업용지 지구단위계획 시행지침 – 동탄2신도시(LH 매각공고)

제 2 편 건축부문 시행지침

제 6 장 상업·업무용지

제6장 상업·업무용지

< 가구 및 획지에 관한 사항 >

제1조 (용지의 구분 및 위치)

상업·업무용지는 중심상업용지(C1), 일반상업용지[C2-1(위락형), C2-2(일반형), C2-3(여객터미널형)], 근린상업용지[C3-1(위락형), C3-2(일반형), C4(에듀몰)], 업무시설용지(O1, O2, O3), 준주거용지(QR)로 구분한다. 각 용지의 위치는 <그림II-6-1>과 같다.

<그림II-6-1> 상업·업무용지 위치도

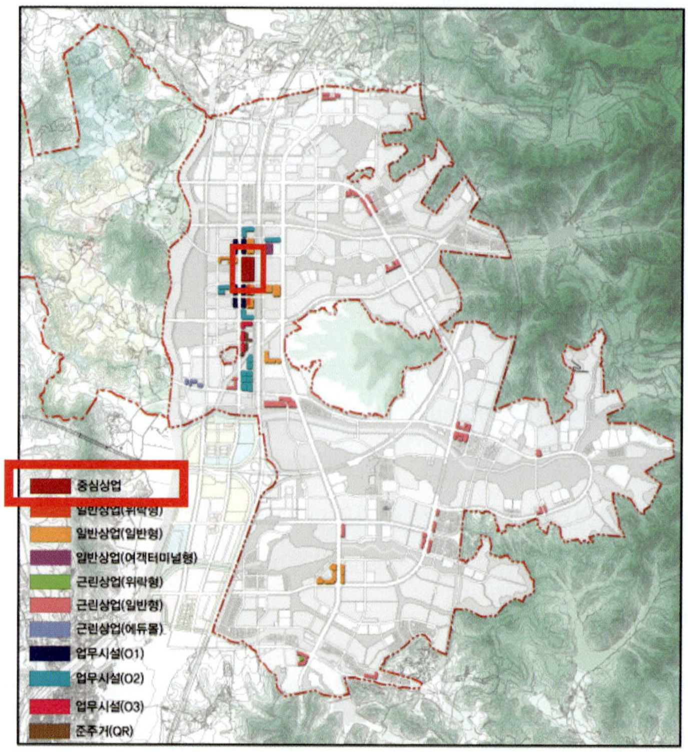

화성동탄(2) 택지개발사업 지구단위계획 90

<표Ⅱ-6-1> 중심상업용지의 건축물의 용도, 건폐율, 용적률, 최고높이

구 분		중심상업용지
건축물 용도	도면표시	C1
	지정용도	• 「관광진흥법」 에 의한 관광숙박시설(호텔 등 이와 유사한 시설)로서 부대시설이 포함된 객실수 200실 이상의 시설* •문화집회시설 중 전시장(산업전시장, 박람회장 등 이와 유사한 시설)* •업무시설*
	허용용도	•제1종근린생활시설 •제2종근린생활시설(옥외철탑이 설치된 골프연습장, 다중생활시설 제외) •문화 및 집회시설 •종교시설(부수용도의 종교집회장에 한함) •판매시설 •의료시설(정신병원 및 요양병원, 격리병원, 장례식장 제외) •교육연구시설(학교교과교습학원 제외) •노유자시설 •수련시설 •운동시설(옥외철탑이 설치된 골프연습장 제외) •업무시설* •자동차관련시설(주차장, 세차장에 한함) •방송통신시설
	불허용도*	•허용용도 이외의 용도
건폐율(%)		70% 이하
기준용적률(%)		600% 이하
최고높이		250m
해당 블록(획지)		중상 1

주1) 교육환경보호구역내 위치한 상업용지의 경우, 교육환경보호구역내 금지시설은 불허용도임
주2) 관광숙박시설, 전시장, 업무시설은 지정용도로서 건축물연면적의 50% 이상 확보하여야 한다.
주3) 업무시설 중 오피스텔은 업무시설 연면적의 50% 이하에 한하여 설치 가능

구 분		일반상업용지
건축물 용도	도면표시	C2-1(위락형)
	허용용도	•제1종근린생활시설 •제2종근린생활시설 (옥외철탑이 설치된 골프연습장 및 다중생활시설 제외) •문화 및 집회시설 •종교시설(부수용도의 종교집회장에 한함) •판매시설 •의료시설(정신병원 및 요양병원, 격리병원, 장례식장 제외) •교육연구시설(학교교과교습학원 제외) •노유자시설 •수련시설 •운동시설(옥외철탑이 설치된 골프연습장 제외) •업무시설 •숙박시설 •위락시설 •자동차관련시설(주차장, 세차장에 한함) •방송통신시설
	불허용도*	•허용용도 이외의 용도
건폐율(%)		70% 이하
기준용적률(%)		600% 이하
최고층수		13층
해당 블록(획지)		일상 5-1~5-4, 8-1~8-3

주1) 교육환경보호구역내 위치한 상업용지의 경우, 교육환경보호구역내 금지시설은 불허용도임

상업용지는 근린생활시설용지, 근린상업용지, 일반상업용지, 중심상업용지의 순으로 더 많은 건축물의 용도와 더 큰 규모의 건축이 가능하다.[98] 상업용지의 상품 가치는 건축 규모와 건축물 허용용도에 영향을 받는다. 또한 지역의 중심지와 상업지역, 근린상권과 주거지역 내 근린생활시설 등으로 위계에 따라 상업용지가 구분되어 택지개발지구의 상품으로 구성된다.

상업용지의 위계는 중심성과 상권의 크기 그리고 배후 주거지역의 크기 등을 고려하여 계획되며, 대규모 신도시의 경우 택지개발지구를 넘어 지역의 중심성을 갖는 경우 중심상업용지가 계획된다. 신도시보다 작은 규모의 택지개발에서는 일반상업용지와 근린상업용지 및 근린생활시설용지로 상업용 토지가 구분되어 계획되기도 한다. 또한 소규모 주택지구개발에서는[99] 다른 상업용지 없이 준주거용지 또는 근린생활시설용지로만 상업용지를 구성하기도 한다.

택지개발지구에서 상업적 성격을 가진 토지상품은 매각방식이 일반을 대상으로 하는 경쟁입찰방식이다. 따라서 가장 높은 가격을 제시하는 수요자가 토지를 계약할 권리를 갖게 된다. 이러한 점에 착안하여 황경식(2023)은 토지상품의 경쟁입찰 매각가격을 시장 가치로 보고, 2009년부터 2021년까지 기간동안 수도권에서 매각된 모든 내 상업용지를 대상으로 헤도닉 가격모형으로 매각가격 영향요인을 분석하였다. 이 논문은 상업용지의 상품 가치를 설명하기 위해 기존의 연구에서 도입하지 않았던 여러 변수를 도입하여 변수 간의 다중공선성 없이 모든 변수가 유효함을 입증하였다. 상업용지의 상품 가치를 설명하고자 이 논문을 참고자료로 소개하고자 한다.

98 중심상업지역의 건폐율은 90% 이하, 용적률은 400~1,500% 이하이다.

99 경기도 성남에서 개발되는 '성남신촌 공공주택사업지구'에는 상업용지가 준주거용지와 근린생활시설용지로만 구성되어 있다.

국토계획 제58권 제2호 2023 : 92-103 (발췌 후 일부 수정)

공공택지개발지구 상업용지 매각결정 영향요인 연구: 수도권 LH택지개발지구를 중심으로

A Study on the Influencing Factors of Commercial Land Sales Price in Public Land Development District : Focusing on the Seoul Metropolitan Area Developed by LH

황 경 식 (Hwang, KyungSik) · 이 상 엽 (Lee, Sang Youb)

❶ 분석모형 개요

본 연구는 LH가 서울시, 경기도, 인천시에서 시행한 81개 공공택지개발지구에서 2009년 1월 1일부터 2021년 12월 31일까지 LH 청약센터를 통해 경쟁입찰로 매각되어 계약이 체결된 81개 택지개발지구 2,654필지의 상업용지를 대상으로 분석하였다.

본 연구는 설명변수의 구분을 개별필지의 특성, 택지개발지구의 특성, 택지개발지구가 속한 지역의 특성, 그리고 거시요인으로 나누어 각 구분 단계에서 상업용지의 수요와 공급 영향요인에 중점을 두고 분석하였다.

필지 가격에 영향을 미치는 특성은 필지의 개별적 특성으로 수요에 영향을 미치는 변수가 있고, 택지개발지구의 단지계획에 따라 필지 수요에 영향을 미치는 변수가 있다. 또한 택지개발지구가 속한 지역의 시장 여건이 상업용지 가격에 미치는 영향을 분석하였다.

❷ 분석모형 변수의 정의

본 연구는 본 연구의 분석방법은 헤도닉가격모형이다. 헤도닉가격모형은 재화의 가치는 해당 재화에 내포되어 있는 특성들의 묶음에 의해 결정된다는 가정을 전제로 하고 있다.(이용만, 2008) 헤도닉가격모형은 일반적으로 다음과 같은 형태로 나타낼 수 있다.(G. Stacy Sirmans et al., 2005)

$$(\text{price}) = f(\text{Physical Characteristics, Other Factors})$$

헤도닉모형의 유용성은 토지의 물리적특성과 기타 요인 등의 개별적인 특성들을 다중회귀분석으로 하나의 모형에 투입하여 분석할 수 있다는 점이다. 반로그 함수는 종속변수인 가격에는 자연로그를 취하여 로그변환하고 독립변수들에는 자연로그를 취하지 않은 형태의 함수이다. 반로그 함수는 분석결과로 나타난 각 독립변수의 추정계수 값이 해당 특성의 변화에 대한 가격의 변화율 근사치를 보여주므로 추정결과의 해석이 단순해지므로 유용하다. 본 연구의 분석을 위한 변수의 설명은 아래 〈표 1〉과 같다.

표 1 분석 대상 변수의 정의

변수명		변수의 정의	자료출처
종속변수			
매각가격의 로그값		LN [(매각가격 / 토지면적) / 물가지수]	LH 청약센터
독립변수			
토지 개별 특성	토지면적 (㎡)	각 필지별 면적 (㎡)	지구단위계획
	건폐율 (%)	(건축물의 바닥면적/토지면적)의 비율	지구단위계획
	용적률 (%)	(건축물의 바닥면적 합계/토지면적)의 비율	지구단위계획
	도로전면 여부 (더미)	도로이면=0 , 도로전면=1	지구단위계획
	도로각지 여부 (더미)	해당없음=0, 도로각지=1	지구단위계획
	도로 폭 (m)	접한 도로의 폭(미터)	지구단위계획
	중심상업지역 여부 (더미)	중심상업지역 해당없음=0, 해당=1	지구단위계획
	오피스텔 허용 어부 (더미)	오피스텔 불허=0, 오피스텔 허용=1	지구단위계획
	위락시설 허용 여부 (더미)	위락시설 불허=0, 위락시설 허용=1	지구단위계획
	토지사용시기 전후(더미)	토지사용가능시기 이전=0, 이후=1	LH 청약센터
택지 개발 지구 특성	택지개발지구 계획인구	택지개발지구별 계획인구(명)	국토교통부
	상업용지 비율 (%)	토지이용계획 상 상업용지 비율 (%)	국토교통부
	업무시설용지 비율 (%)	토지이용계획 상 업무시설용지 비율 (%)	국토교통부
	산업시설용지 비율 (%)	토지이용계획 상 산업시설용지 비율 (%)	국토교통부
	산업단지 인접 여부 (더미)	택지지구 1km 이내 산업단지 인접 (인접=1)	LH Map
	기존택지 인접 여부(더미)	택지지구 1km이내 기존택지 인접(인접=1)	LH Map
	서울 중심지부터 거리(km)	시청, 여의도, 강남역부터 최단거리 (km)	LH Map
지역 요인	상가공급량 (호)	시도별 월별 상가 공급량	R114 REPS
	미분양주택수 (호)	시군별 월별 미분양주택수	통계청 KOSIS
	토지거래량 (1,000㎡/월)	시군별 월별 토지거래량(1,000㎡/월)	통계청 KOSIS
거시 요인	예금은행 대출금리 (%)	월별 대출이자율 (%)	통계청 KOSIS
	코로나 펜데믹 (더미)	코로나 펜데믹 해당없음=0, 해당=1	'20.01~'21.12

③ 실증분석 결과

본 연구의 실증분석 결과는 아래 〈표 2〉와 같다.

표 2 분석결과

Variables	Coefficient	Std. err.	B	t value	VIF
(상수)	14.429***	.126		114.450	
토지면적(㎡)	-0.00001***	.000	-.062	-4.739	1.138
건폐율(%)	0.004***	.001	.053	2.879	2.220
용적률 (%)	0.000***	.000	.117	5.628	2.838
도로전면 여부 (더미)	0.055***	.020	.048	2.748	2.000
도로각지 여부 (더미)	0.111***	.014	.098	7.800	1.050
도로 폭(m)	0.005***	.001	.090	5.083	2.054
중심상업지역 여부 (더미)	0.187***	.021	.170	8.806	2.457
오피스텔 허용 어부 (더미)	0.070***	.018	.064	3.817	1.847
위락시설 허용 여부 (더미)	0.075***	.021	.056	3.573	1.608
토지사용시기 전후 매각 (더미)	0.413***	.082	.063	5.063	1.041
택지개발지구 계획인구(명)	0.000001***	.000	.190	11.927	1.681
상업용지 비율(%)	-0.017***	.004	-.069	-4.155	1.840
업무시설용지 비율(%)	0.032***	.006	.079	5.176	1.524
산업시설용지 비율(%)	0.036***	.002	.242	17.384	1.279
산업단지 인접 여부 (더미)	0.057***	.018	.050	3.234	1.613
기존택지 인접 여부 (더미)	0.303***	.016	.269	18.719	1.369
서울 중심지부터 거리(km)	-0.018***	.001	-.387	-23.886	1.738
상가공급량 (N)	0.000***	.000	.095	6.708	1.331
미분양주택수(N)	-0.00004***	.000	-.075	-5.297	1.320
토지거래량(1,000㎡)	0.00006***	.000	.105	6.526	1.703
대출금리(%)	-0.117***	.011	-.179	-10.646	1.873
코로나 펜데믹 여부 (더미)	0.030***	.022	.021	1.367	1.549

주) * $p < 0.10$ ** $p < 0.05$ *** $p < 0.01$

분석 결과, 건폐율, 용적률, 도로폭, 전면도로 여부와 도로각지 여부, 중심상업지역 여부는 본 연구에서도 종속변수인 상업용지 매각가격에 양의 영향을 미치는 것으로 나타났고, 면적은 음의 영향을 미치는 것으로 나타났다. 이러한 계수의 방향은 선행연구의 분석결과와 같은 결과이다.

또한 본 연구의 차별적 변수인 지구단위계획 허용용도로 오피스텔, 위락시설과 토지사용가능시기 변수도 매각가격에 모두 양의 영향을 미치는 것으로 나타나 본 연구에서 최초로 도입하여 분석을 시도한 변수들의 가설이 통계적으로 입증되었으며 1% 수준에서 유의하였다.

상업용지의 면적은 가격에 음의 영향을 미치는 것으로 나타났는데, 근린생활시설용지와 같이 토지면적이 작을수록 허용용도가 근린생활시설로 한정되어 매각가격에는 음의 영향을 미치는 것으로 이해할 수 있다. 건폐율와 용적률은 필지별 건축물의 규모를 제한하는 변수이기 때문에 상업용지 가격에 양의 영향을 가질 것이라는 본 연구의 가설이 입증되었다.

상업용지가 접한 도로의 폭, 전면 여부와 각지 여부는 상업용지의 가치에 영향을 미치는 변수이다. 상업입지는 수요자에게 인지와 접근이 용이하면 이용률이 높아져 가치가 높아지므로 도로폭과 전면도로 및 도로각지 여부는 입지요인으로 매각가격에 중요한 변수임이 본 연구에서도 입증되었다.

또한 중심상업지역 여부는 상업용지의 매각가격에 양의 영향을 미치는 것으로 나타났다. 중심상업지역에 있는 상업용지는 중심성으로 인하여 유동인구가 많고 상권 내 소비규모가 높으므로 상업용지의 가격에 양의 영향을 미치는 것으로 이해할 수 있다. 이러한 가설은 본 연구에서도 입증되었다.

오피스텔이 허용되는 필지는 상업용지 가격에 양의 영향을 미치는 것으로 나타나 본 연구의 가설이 입증되었다. 오피스텔은 택지개발지구에서 소규모 주택을 공급하는 공동주택형 민간주택이다. 택지개발지구 내 소규모 공동주택은 공공임대주택이므로 입주할 자격이 되지 않는 수요자의 경우 소형 공동주택에 거주할 수 없다. 이러한 수요자들은 공동주택과 유사한 오피스텔을 선호할 개연성이 높다. 그러므로 오피스텔은 택지개발지구에 공급되는 공동주택의 대체재로 소규모 공동주택에 거주하고자 하는 가구의 주거수요를 만족시키는 공급이다. 따라서 실증분석결과 오피스텔 건축허용 상업용지의 추정계수가 양의 값을 갖는 것은 오피스텔의 주거시설 대체재로써 가설을 지지하는 입증결과로 해석할 수 있다.

위락시설이 허용되는 필지는 가격에 양의 영향을 미치는 것으로 입증되어 본 연구의 가설이 입증되었다. 위락시설은 제한적으로 낮은 비율로 일반상업용지 또는 중심상업용지에서만 허용되며 지구단위계획에서 위치를 도로의 후면이나 상업지역 블록의 내측에 배치된 필지에 허용한다. 상업용지 입지가 열악함에도 인접한 다른 상업용지에 비해 높은 가격에 매각되는 경우가 있는데, 위락시설 허용 여부는 유흥업종 등이 허용되는 위락시설용도의 희소성으로 인하여 입지가 열악한 상업용지가 높은 가격으로 매각되는 상업용지의 가격을 설명하는 차별화 변수이다. 일반적으로 상업용지는 전면도로인 경우와 각지인 경우, 접근성과 인지성이 높아져 토지가격에 양의 영향을 미치는데, 위락시설이 허용되는 상업용지는 후면에 열악한 입지에도 불구하고 상업용지 가격에 양의 영향을 미치는 것으로 나타났다. 이러한 결과는 지구단위계획으로 위락시설의 공급량을 제한하여 시장의 균형거래량보다 적은 수준의 위락시설이 허용되는 상업용지가 공급되는 것을 의미하며, 시장거래량에서 초과수요를 발생시켜 매각가격에 양의 영향을 미칠 것이라는 본 장의 연구의 가설을 지지한다.

토지사용가능시기 이후 매각된 토지는 상업용지의 가격에 양의 영향을 미치는 것으로 나타나 본 연구의 가설을 입증하였다. 토지사용가능시기 변수는 택지개발지구의 조성공사부터 사업준공까지 오랜기간이 소요되는 개발특성을 반영한 변수이다. 필지별로 토지사용이 가능한 시점 이후 매각하는 경우 토지 매수자는 토지대금을 납부와 동시에 즉시 건축과 상가분양 및 사용이 가능하기 때문에 사업성 개선효과로 토지의 매각가치는 높아질 것이라는 본 연구의 가설을 지지하는 결과이다.

택지개발지구 특성은 택지지구별 계획인구와는 양의 영향을, 상업용지 비율과는 음의 영향을 받는 것으로 나타나 선행연구와 같은 결과로 나타났다. 또한 서울 중심지로부터 거리도 거리가 가까울수록 가격에는 음의 영향을 받는 것으로 나타났다. 택지개발지구의 계획인구는 주택과 상업서비스의 수요자이다. 선행연구에서 계획인구가 양의 영향을 미친바와 같이 본 연구에서 같은 결과로 나타났다.

업무시설용지와 산업시설용지의 비율, 그리고 인접 산업단지 유무는 매각가격에 양의 값으로 유의했나. 업무시설인 오피스와 산업시설인 도시형공장, 지식산업센터 등에서 종사하는 근로자 등과 인근 산업단지에 상주하는 근로자 등은 상가를 이용하는 수요자이며, 상업용지의 매각가격에도 양의 영향을 미칠 것이라는 본 연구의 가설을 통계적으로 지지하는 결과이다. 예를 들어, 판교신도시 내 판교테크노밸리와 동탄신도시에 인근에 삼성전자본사 및 생산단지가 소재하는 택지개발지구는 이와 같은 대규모 업무시설 및 산업시설이 인접하지 않은 파주운정3신도시나 양주옥정신도시에 비해서 상업용지의 매각가격이 더 높은 현상을 설명하는 입증사례이다.

서울시 내 중심지로부터의 택지개발지구까지 직선거리는 가까울수록 상업용지의 가격에 양의 영향을 미쳤다. 이 변수는 택지개발지구의 입지를 설명하는 변수로 서울의 중심상업지역인 시청, 여의도, 강남역으로부터 최단 거리가 수도권 택지개발지구의 상대적 입지의 가치를 설명하는 주요한 변수임을 입증하는 결과이다.

택지개발지구가 속한 지역적 특성은 공동주택 매매가격 지수, 상가공급호수와 미분양주택수, 토지거래현황 모두 유의하였다. 시도별 공동주택 매매가격 지수는 상업용지 가격에 양의 영향을 미치는 것으로 나타났다. 이는 공동주택의 매매가격 지수가 상업용지의 가격에 양의 영향이 있음을 나타낸다.

상가공급이 증가할 때 상업용지 가격이 양의 영향을 받는 것으로 입증되었다. 상가거래의 증가는 원재료인 상업용지의 수요에도 양의 영향을 미칠 것이라는 본 연구의 가설을 지지하는 결과로 볼 수 있다.

또한 시군별 미분양주택수는 상업용지 가격에 음의 영향을 미쳤다. 미분양주택이 증가하는 지역은 주거지역으로 선호도가 떨어지고 이로 인하여 상가와 상업용지의 수요 또한 음의 영향을 받는 것으로 설명할 수 있다.

한편, 시군별 토지거래현황은 거래량이 증가할수록 상업용지의 가격에 양의 영향을 갖는 것으로 나타났다. 토지의 거래량이 높을수록 택지개발지구의 토지에 대한 수요도 높아지고 상업용지 가격에 양의 영향을 미치는 것으로 해석할 수 있다.

예금은행 대출금리는 선행연구에서와 같이 상업용지의 가격에 음의 영향을 미치는 것으로 나타났다. 이것은 대출금리가 상업용지의 토지대금 및 건축비용 등에 필요한 자본의 조달비용이므로 상업용지 투자수요에 영향을 미치기 때문이다.

4 결론

본 연구의 분석결과는 다음의 시사점들을 제공한다. 상업용지의 개별요인은 상업용지가 수요자에게 가시성과 접근성, 용도의 희소성이 높아야 가치가 증가함을 시사한다. 오피스텔과 위락시설은 그 용도의 공급량이 제한되어 희소성을 갖게 된다. 또한 오피스텔은 택지개발지구에서 공급이 부족한 소형 공동주택의 공급기능을 수행한다. 따라서 택지개발지구 내 소규모 공동주택 수요예측을 선행하여 오피스텔 허용 상업용지의 적정규모 산정이 필요하다. 위락시설 허용 상업용지는 열악한 입지에 획지계획 시 효율적인 대안이 될 수 있다. 또한 본 연구는 토지사용가능시기가 토지가격에 미치는 영향을 분석하였다. 분석결과, 토지공급시기는 토지사용시기를 고려하여 계획하는 것이 효율적이나, 토지사용가능시기 이후 장기간 경과한 경우 오히려 매각가격에 음의 영향을 미치는 것으로 나타났다.

상업용지의 가격은 택지개발지구의 특성에 영향을 받는다. 상업용지의 비율은 매각가격에 음의 영향을 미치며 토지이용계획은 변경이 쉽지 않으므로 개발규모에 따라 적절한 상업용지의 비율이 계획되어야 한다. 업무시설용지와 산업시설용지의 비율이 상업용지의 매각가격에 양의 영향을 미치는 결과는 주목할 점이다. 이는 도시의 자족적 생산기능이 유효한 소비수요가 되어 도시의 상업용부동산 수요에 긍정적인 영향을 미치는 것을 시사한다. 또한 택지개발지구 인근에 산업단지가 있으면 상업용지 규모를 계획할 때 수요로 반영하는 것이 필요함을 시사한다.

상업용지는 지역시장의 영향을 받는다. 따라서 택지개발지구가 속한 지역의 시장여건이 상업용지의 가격에 영향을 미치기 때문에 사업시행자는 상업용지의 공급 시 이를 토대로 적정한 외부환경 분석을 실시하고 공급시기를 조정해야 한다. 수요자는 시장여건을 고려하여 가격산정에 반영할 수 있다. 상가공급은 상업용지의 본원적 수요이므로, 상가공급량 증가로 상업용지의 가격이 높아질 것으로 예상할 수 있다. 지역의 주택수요 감소는 상업서비스 수요감소로 이어져 상업용지의 가격에 음의 영향을 미친다. 한편, 상업용지 거래량은 상업용부동산 시장의 활성화 수준을 나타내는 지표가 될 수 있음을 시사한다.

본 연구를 참고하여 상업용지 공급자는 실증분석된 변수를 토대로 상업용지의 매각가치를 증진시키기 위한 토지개별요인, 택지지구요인을 개발계획에 참고하여 토지의 상품성 제고에 기여할 수 있다.

6.4 도시 '자족기능' 토지상품의 구분 및 특성

새로 건설된 도시의 시민들이 주거생활과 경제활동을 도시 안에서 '스스로 넉넉히'[100] 감당할 수 있다면, 그 도시의 자족기능은 원활히 작동한다고 할 수 있다. 그런데 택지개발로 조성된 신도시는 자족기능이 제대로 작동하지 않으면, 신도시는 모도시(母都市)가 있는 먼 거리까지 통근해야 하는 근로자들의 '베드타운(bed town)'에 머물게 된다. 이러한 현상은 도시계획에서 지양하는 바이며, 이를 방지하기 위하여 신도시 등 택지개발사업의 도시계획에서는 자족기능 용지가 포함되어 있다.

우리나라는 정책적으로 신도시의 자족기능을 강화하기 위하여 『택지개발촉진법』, 『공공주택특별법』 등의 법률과 하위지침 등에서 자족시설용지의 유형과 비율, 배치기준을 구체적으로 제시하였다.

『택지개발촉진법』은 공공시설용지의 범주에 지역의 가족기능 확보를 위해 필요한 시설로 판매시설, 업무시설, 의료시설, 유통시설, 생활복리시설 등을 포함하였고,

100 국립국어원 표준국어대사전에서 '자족(自足)'의 의미는 '스스로 넉넉함을 느낌'이다. 도시가 시민의 주거와 경제생활을 스스로 넉넉히 감당할 수 있도록 도시가 기능할 때에 도시의 자족기능이 원활히 작동한다고 할 수 있다.

지역 경제발전 및 고용창출을 위하여 벤처기업집적시설, 도시형공장, 소프트웨어진흥시설, 호텔업, 문화 및 집회시설, 교육연구시설 등을 포함하고 있다.

또한 하위지침인 『택지개발 업무처리지침』에서 자족시설용지 배치비율을 일반적으로 10% 이내로 규정하고 있으며, 사업지구의 규모 및 지역적 특성을 감안하여 불가피한 경우는 20%까지 할 수 있도록 규정하고 있다. 자료 6-53은 주요 시기별 『택지개발촉진법』 시행령에 따른 자족기능용지의 허용용도 변화를 정리한 표이다.

자료 6-53 자족기능용지 허용용도 변화

구분	1995.7	1996.6	2001.7	2013.1
허용 용도	중소기업용 도시형공장	• 도시형공장 • 벤처기업집적 시설 • 소프트웨어개 발사업관련시설	• 도시형공장 • 벤처기업집적 시설 • 소프트웨어개발 사 업관련시설 • 원예시설 등 농업 관련시설	• 도시형공장 • 벤처기업집적시설 • 소프트웨어진흥시설 • 호텔업 시설 • 문화 및 집회시설 : 집회장 중 제2종근린생활시설이 아닌 공회당, 회의장 및 전시장 • 제2종 근린생활시설이 아닌 교육연구시설 : 교육원 및 연구소 • 업무시설 : 일반업무시설 (오피스텔 제외) • 원예시설 등 농업관련시설

3기 신도시 개발의 근거법인 『공공주택특별법』의 하위지침인 『공공주택 업무처리지침』에서는 공공주택사업지구의 면적이 100만m^2 이상 ~ 330만m^2 미만이면 10% 내외, 330만m^2 이상은 15% 수준으로 주택사업지구의 규모에 따라 자족시설용지의 계획 규모를 다르게 정하고 있다. 한편, 공공주택지구 자족시설은 『지속가능한 신도시계획기준』을[101] 준용할 수 있다.

101 『지속가능한 신도시계획기준』은 행정규칙으로 2005년 4월 25일 건설교통부(現국토교통부)가 최초 발표하고, 2006년 '11.15 부동산시장 안정화방안'의 추진을 위하여 2007년 1월 1일 개정되었다. 건설교통부에서 국토해양부로 변경 후 2010년 1월 21일 개정 전문으로 현재에 이르고 있다.

『지속가능한 신도시계획기준』 제3장 경제적 지속성 제고를 위한 계획기준, 제1절에서 자족성 확보에 관한 계획 수립과 조성방법 등에 관하여 규정하고 있다. 이 규칙에서 자족시설용지 조성 목적은 '단순 주거기능위주의 신도시개발에서 탈피함으로써 모도시와의 교통비용을 줄이고 고용창출 등 지역경제기반을 구축하는데 있으며,

자료 6-54 자족기능용지 관련 법규 및 지침[102]

구분	택지개발촉진법 택지개발업무처리 지침(2015)	지속가능한 신도시계획기준 (2010)	공공주택특별법 공공주택업무처리지침 (2015)
적용 대상	• 택지개발사업	• 330만㎡ 이상 택지개발 사업	• 공공주택지구
확보 비율	• 택지개발지구 면적 10~20%	• 계획면적 990만㎡ 이상 또는 인구규모 20만명 이상: 15% 이상 • 계획면적 990만㎡ 미만 또는 인구규모 20만명 미만: 10% 이상	• 주택지구 면적 100만~330만㎡ 미만: 10%내외 • 주택지구 면적 330만㎡ 이상: 15% 수준 ※ 지역여건 및 주택지구 규모에 따라 필요한 경우 조정가능
허용 용도	• 도시형공장 • 벤처기업집적시설 • 소프트웨어진흥시설 • 호텔 • 문화 및 집회시설: 2종근생시설이 아닌 공회당, 회의장 및 전시장 • 제2종근생시설이 아닌 교육연구시설: 교육원 및 연구소 • 일반업무시설(오피스텔 제외)	• 판매계: 백화점, 쇼핑센 터 등 • 업무계: 오피스텔, 컨벤 션센터, 청사 등 • 연구계: 대학, 연구소, 연 구원 등 • 유통계: 배송센터, 창고 등 • 공장계: 도시형공장, 아파트형 공장 등 • 관광계: 유원지, 휴양호텔 등	• 도시형공장 • 벤처기업집적시설 • 소프트웨어 진흥시설 • 호텔 • 문화 및 집회시설: 2종근생시설이 아닌 공회당, 회의장 및 전시장 • 제2종근생시설이 아닌 교육연구시설: 교육원 및 연구소 • 일반업무시설(오피스텔제외) • 상업·업무용지 • 공공청사, 연구소, 사회 복지시설

102 신도시 자족기능용지 관리방안, 2015, 경기연구원, p. 12.

신도시에 기존의 주거 · 상업 기능 이외에 업무 · 연구 · 문화 · 공업 등 모든 도시적 용도를 포괄적으로 수용함으로써 도시성과 자족성을 확보함과 아울러 장래의 도시 변화와 진화에 유연하게 대응하기 위해서'라고 설명한다.

자족시설의 유형은 『지속가능한 신도시계획기준』에서 '크게 판매계(백화점, 쇼핑센타 등), 업무계(오피스텔, 컨벤션센터, 청사 등), 연구계(대학, 연구소, 연수원 등), 유통계(배송센타, 창고 등), 공장계(도시형공장, 아파트형공장 등), 관광계(유원지, 휴양호텔 등)로' 구분하고 있으며, 토지이용계획을 고려한 입지규모 결정 및 배치가 이루어져야 한다고 규정하고 있다. 이상에서 설명한 자족기능용지와 관련한 법규 및 지침 등을 종합하면 자료 6-54와 같다.

도시의 자족기능을 위한 토지상품의 공급방법은 토지의 유형과 공급대상에 따라 다르게 적용된다. 『택지개발 업무처리지침』에서는 공공을 위한 토지는 공공시설의 관리주체 및 영리성에 따라 구분하여 택지 조성원가 수준에서 감정평가가격까지 기준을 달리하여 공급하도록 정하고 있다. 이러한 기준에 따라 도시형공장, 벤처기업 집적시설, 소프트웨어사업용시설을 건설하기 위한 토지는 공급대상자가 공공일 경우 수의계약의 의한 조성원가로 매각하고, 일반 실수요자에게는 감정평가한 가격으로 추첨 등의 방법으로 매각한다. 이와 관련하여 『공공주택 업무처리지침』은 『택지개발 업무처리지침』을 준용하고 있다.

『산업입지 및 개발에 관한 법률』에 따른 산업단지와 토지공급방법을 비교하면 산업시설용지는 조성원가에 공급하며, 기업유치 및 분양촉진을 위해 필요한 경우 조성원가 이하로 토지가격을 정하여 공급이 가능하여 자족기능용지 가격수준과 차이가 발생한다. 자료 6-55, 6-56은 법률에 따른 공급방법의 차이를 설명한 표이다.[103]

103 신도시 자족기능용지 관리방안, 2015, 경기연구원, p. 13.

자료 6-55 택지개발지구 자족기능용지 공급방법 및 가격(택지개발업무처리지침)

구분	공급대상자	공급방법	공급가격
도시형공장, 벤처기업집적 시설, 소프트웨어 사업용 시설	• 국가, 지자체	• 수의계약	• 조성원가
	• 중소기업진흥공단 (중소기업중앙회가 국가 또는 지자체로부터 재정지원을 받아 관련 시설을 설치하는 경우 포함)	• 수의계약	• 조성원가
	• 협의양도자	• 수의계약	• 기존면적 : 조성원가 80% • 추가면적 : 감정가격
	• 기타 실수요자 (관할 지자체장의 추천)	• 수의계약	• 감정가격
	• 기타 실수요자	• 추첨	• 감정가격

자료 6-56 산업단지 자족기능용지 공급방법 및 가격(산업입지 개발에 관한 통합지침)

<table>
<tr><th>구분</th><th colspan="2">공급가격</th><th>비고</th></tr>
<tr><td>산업시설용지
(복합용지 내 산업용지 포함)</td><td colspan="2">조성원가</td><td>• 분양촉진 등을 위하여 필요한 경우 총 조성 원가의 범위에서 일부 산업시설용지를 조성
• 원가보다 높거나 낮은 가격으로 분양 가능</td></tr>
<tr><td rowspan="4">산업시설용지
외의 용지</td><td colspan="2">감정가격</td><td>-</td></tr>
<tr><td rowspan="3">예외
조항</td><td>조성원가</td><td>• 물류시설용지, 직업훈련시설용지</td></tr>
<tr><td>조성원가 또는
그 이하</td><td>• 학교, 어린이집, 공공의료시설, 공공청사, 공공문화시설, 공공복지시설, 국민주택용지</td></tr>
<tr><td>경쟁입찰
낙찰가격</td><td>• 판매시설용지 등 영리목적</td></tr>
</table>

경기도 지역에서 개발된 택지개발사업지구 중에 자족기능용지를 확보한 사업지구는 2기 신도시, 공공주택사업지구, 국민임대주택지구, 일반 택지개발지구까지 서울 주변 여러 도시에 적용되어 있다. 이를 통해 택지개발사업은 도시의 자족성을 고려하여 계획되고 있음을 알 수 있다. 이를 도면으로 살펴보면 자료 6-57과 같다.

자료 6-57 자족기능용지 확보 개발사업지구 위치도[104]

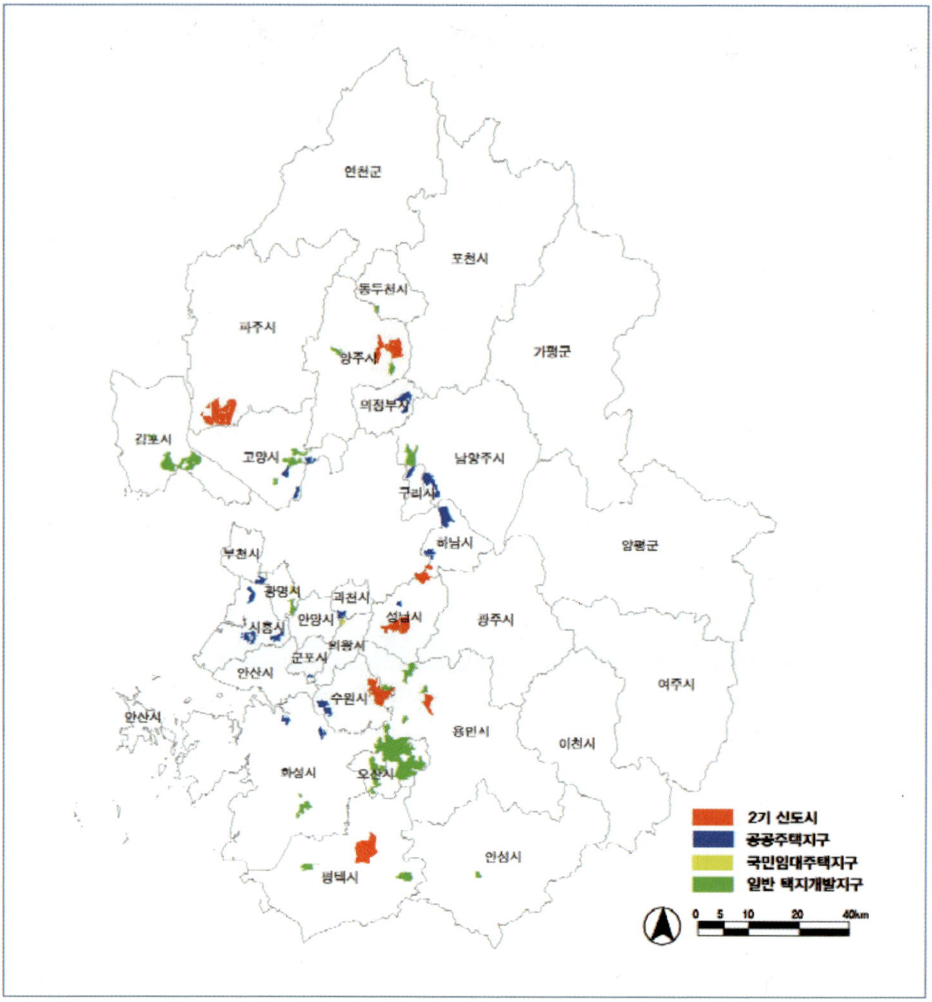

1970년대~2000년대 사이 개발된 과거 택지개발사업은 도시의 주거 부족 문제를 해결하는데 주안점을 두고 있었기 때문에 주거시설을 중심으로 계획되었다. 한편 2기 신도시 이후 개발되는 택지개발사업지구에서는 점차 다양한 기능을 수용하여 도시의 자족성을 확보하고 운영할 수 있도록 경제적 자족도시를 지향하고 있다.

---

104 신도시 자족기능용지 관리방안, 2015, 경기연구원, p. 21.

최근의 택지개발은 도시의 경제기반이라 할 수 있는 고용 창출 및 중심지기능인 상업·업무기능의 활성화를 기반으로 도시의 자족성을 확보하는 것이 중요함을 강조한다. 이러한 추세에 따라 택지개발사업에서 도시의 자족기능을 확보할 수 있는 도시지원시설용지, 업무시설용지, 유통시설용지 등에 대한 계획의 중요성이 부각되고 있다.

한편, 제도적으로 성격이 명확하게 정의되지 않은 '자족기능용지'는 생산업종을 위한 토지상품으로 제한하기보다는 고용을 창출하는 시설과 도시서비스 제공 시설들을 포괄적으로 수용할 수 있는 토지상품으로 법률에서 명확히 성격을 규정하고, 하위지침에서도 통일된 용어로 일관된 계획의 정합성을 확보하여야 한다.

이를 기반으로 계획된 자족기능을 위한 토지상품은 도시 경제활동의 조기 활성화 및 상위계획과의 위계적 정합성 확보 차원에서 지자체의 전략 업종을 유도하고 기존 사업자들을 존치(存置)시켜 적극적으로 수용하는 공급기준이 마련되어야 할 것이다.

6.4.1 업무시설용지

업무시설용지는 지구단위계획에 의해 건축의 규모와 용도가 결정된다. 앞에서 살펴본 상업용지와 같이 지구단위계획에서 도면에 표시된 기호로 필지 단위나 여러 필지의 묶음인 블록 단위로 건폐율, 용적률, 최고높이 등 건축 규모가 정해지며, 허용용도, 불허용도 등 세부적인 용도에 관한 내용이 정해진다.

업무시설용지에 건설되는 건축물은 지구단위계획 시행지침에 따라 규모와 용도가 정해지며, 이는 토지의 수요자인 개발사업자들에게는 토지의 상품가치가 된다. 자료 6-58은 택지개발지구 업무시설용지의 건설 사례이다.

자료 6-58 업무시설용지 건설 사례 - 판교신도시(저자 직접 촬영)

업무시설용지의 공급방법은 국가 · 지자체 등에는 수의계약으로 택지개발사업의 조성원가 수준으로 공급하고, 공공(公共)이 아닌 일반 실수요자에게는 경쟁입찰방식으로 최고가 매수신청인에게 매각한다. 자료 6-59, 6-60은 수도권 신도시의 업무시설용지 지구단위계획도 사례이다.

자료 6-59 업무시설용지 지구단위계획도 - 동탄2신도시(LH 매각공고)

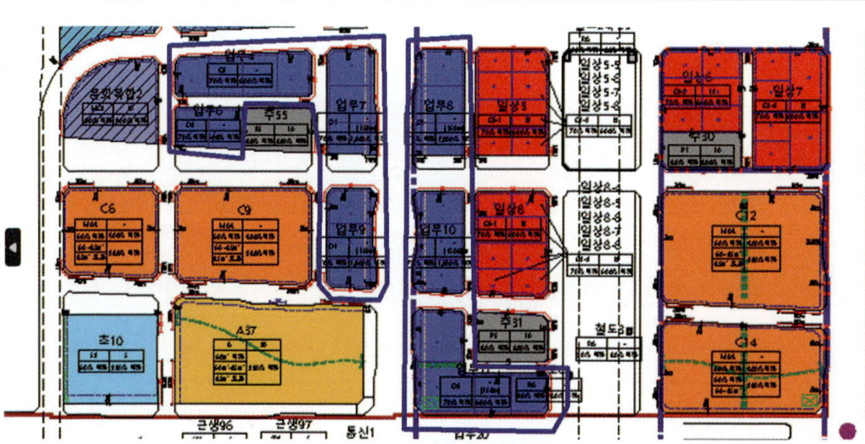

자료 6-60 업무시설용지 지구단위계획도 – 위례신도시(LH 매각공고)

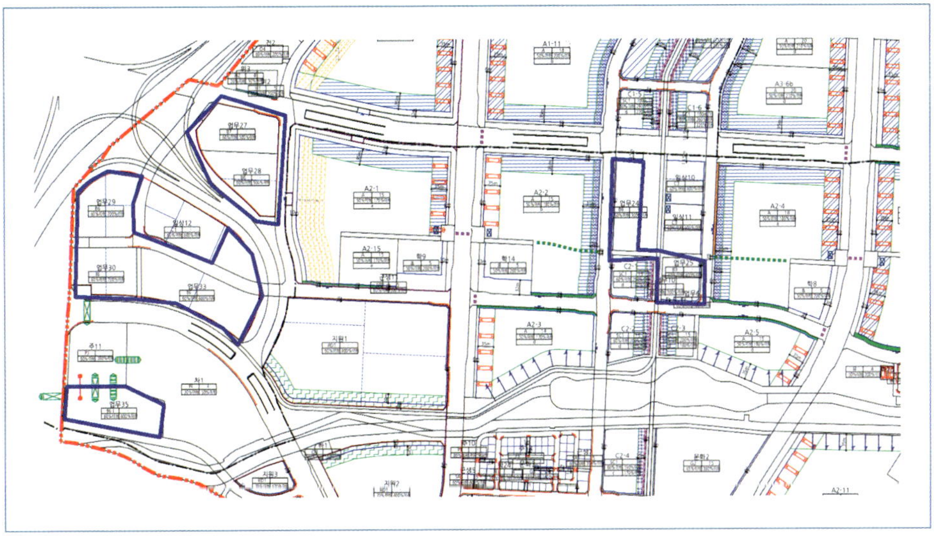

지구단위계획도를 보면, 업무시설용지는 상업용지, 주차장용지, 지원시설용지 등과 인접한다. 이는 상업과 업무기능이 보완적인 역할을 하기 때문이며, 업무시설용지는 업무시설을 주된 용도로 건축물 연면적의 일정 비율 이상을 확보하도록 지구단위계획에서 규정하기도 한다. 자료 6-61, 6-62는 지구단위계획 시행지침 사례이다.

자료 6-61 업무시설용지 지구단위계획 시행지침 – 위례신도시(LH 매각공고)

<표Ⅱ-6-3> 업무시설용지의 건축물 용도, 건폐율, 용적률, 높이

구 분		업무시설용지						
	도면표시	B1 (공공업무)	B2 (복합공공청사)		B3 (일반업무시설)		B4 (소형 공공청사)	
건축물 용도	허용 용도	•건축법시행령 <별표1>에 의한 다음의 용도 – 업무시설 (오피스텔 제외) – 운동시설	•건축법시행령 <별표1>에 의한 다음의 용도 – 업무시설 (오피스텔 제외) – 운동시설 – 교육연구시설 – 노유자시설	•건축법시행령<별표1>에 의한 다음의 용도 –업무시설 가목 공공업무시설 –제1종 근린생활시설 –제2종 근린생활시설 (안마시술소, 단란주점 제외) –노유자시설 –문화 및 집회시설 –교육연구시설 –수련시설 –운동시설	•건축법시행령 <별표1>에 의한 다음의 용도 –업무시설 나목 일반업무시설 (설치의무비율 연면적의 50% 이상) –운동시설 –문화 및 집회시설 –교육연구시설 –노유자시설 –제1종 근린생활시설 –제2종 근린생활시설 (안마시술소 및 단란주점 제외)	•건축법시행령 <별표1>에 의한 다음의 용도 –업무시설 가목 공공업무시설(권장) –업무시설 나목 일반업무시설 (설치의무비율 연면적의 50% 이상, 오피스텔 제외) –운동시설 –문화 및 집회시설 –교육연구시설 –노유자시설 –제1종 근린생활시설 –제2종 근린생활시설 (안마시술소 및 단란주점 제외)	•건축법시행령 <별표1>에 의한 다음의 용도 –업무시설 가목 공공업무시설 –제1종 근린생활시설 –제2종 근린생활시설 (안마시술소 및 단란주점 제외)	
	불허 용도	• 허용용도 이외의 용도	• 허용용도 이외의 용도	• 허용용도 이외의 용도	• 허용용도 이외의 용도	• 허용용도 이외의 용도	• 허용용도 이외의 용도	
건폐율		60% 이하	60% 이하	60% 이하	60% 이하	60% 이하	50% 이하	60% 이하
용적률		400% 이하	400% 이하	300% 이하	400% 이하	400% 이하	250% 이하	300% 이하
최고층수		–	–	–	–	–	–	
해당블록		업무3, 업무4	업무1	업무8	업무15, 업무22, 업무26, 업무2-1	업무6, 업무16, 업무25, 업무31, 업무34, 업무2-2	업무13, 업무14	업무5

주1) * 특별계획구역

제Ⅱ편 건축부문 시행지침

제 6 장 상업용지 및 업무시설용지

<표Ⅱ-6-3> 업무시설용지의 건축물 용도, 건폐율, 용적률, 높이

구 분		업무시설용지									
	도면표시	B5 (소형 공공청사)		B6 (복합업무)					B6-1 (복합업무)	B7 (유통업무)	
건축물 용도	허용 용도	• 건축법시행령 <별표1>에 의한 다음의 용도 – 업무시설 가목 공공업무시설 – 제1종 근린생활시설 – 제2종 근린생활시설 (안마시술소, 단란주점 제외) – 노유자시설		• 건축법시행령 <별표1>에 의한 다음의 용도 – 업무시설 나목 일반업무시설 – 운동시설 – 문화 및 집회시설 – 교육연구시설 – 노유자시설 – 제1종 근린생활시설 – 제2종 근린생활시설 (안마시술소 및 단란주점 제외)					•건축법시행령 <별표1>에 의한 다음의 용도 –제1종 근린생활시설(안마원 제외) –제2종 근린생활시설(안마시술소 및 단란주점 제외) –문화 및 집회시설 중 공연장, 전시장, 집회장(예식장에 한함) –판매시설 중 소매시장 –운수시설 –교육연구시설 –노유자시설 –운동시설 –업무시설 나목 일반업무시설 –자동차 관련 시설(폐차장, 정비공장 제외)	• 건축법시행령 <별표1>에 의한 다음의 용도 –판매시설 –업무시설 나목 일반업무시설 –운동시설 –문화 및 집회시설 –교육연구시설 –노유자시설 –제1종 근린생활시설 –제2종 근린생활시설 (안마시술소 및 단란주점 제외)	
	불허 용도	• 허용용도 이외의 용도		• 허용용도 이외의 용도					• 허용용도 이외의 용도	• 허용용도 이외의 용도	
건폐율		50% 이하	60% 이하	60% 이하					60% 이하	60% 이하	
용적률		250% 이하	300% 이하	300% 이하	400% 이하	500% 이하	600% 이하	700% 이하	600% 이하	400% 이하	500% 이하
최고층수		–		–	10층	–			–	–	
기타		–		–					•판매시설, 제1종 근린생활시설, 제2종 근린생활시설의 면적 합은 전체 연면적의 10%를 초과하지 못함(계약면적 기준)	–	
해당블록		업무9, 업무11	업무7, 업무10	업무24	업무21	업무28*	업무33*	업무29*, 업무30*,	업무35	업무23	업무27*

주1) * 특별계획구역

자료 6-62 업무시설용지 지구단위계획 시행지침 - 동탄2신도시(LH 매각공고)

제 2 편 건축부문 시행지침

제 6 장 상업·업무용지

<표Ⅱ-6-7> 업무시설용지의 건축물의 용도, 건폐율, 용적률, 최고높이

구 분		업무시설용지		
건축물 용도	도면표시	O1	O2	O3
	허용용도	•업무시설(오피스텔 제외) * •제1종근린생활시설 •제2종근린생활시설(안마시술소, 단란주점, 옥외철탑이 설치된 골프연습장 및 다중생활시설 제외) •문화 및 집회시설 •판매시설 •의료시설(정신병원 및 요양병원, 격리병원, 장례식장 제외) •교육연구시설 •노유자시설 •운동시설(옥외철탑이 설치된 골프연습장 제외) •자동차관련시설(주차장, 세차장에 한함) •방송통신시설	•업무시설 * •제1종근린생활시설 •제2종근린생활시설(안마시술소, 단란주점, 옥외철탑이 설치된 골프연습장 및 다중생활시설 제외) •문화 및 집회시설 •판매시설 •의료시설(정신병원 및 요양병원, 격리병원, 장례식장 제외) •교육연구시설 •노유자시설 •운동시설(옥외철탑이 설치된 골프연습장 제외) •자동차관련시설(주차장, 세차장에 한함) •방송통신시설	•업무시설 * •제1종근린생활시설(2층 이하) •제2종근린생활시설(안마시술소, 단란주점, 종교집회장, 제조업소, 옥외철탑이 설치된 골프연습장 및 다중생활시설 제외, 2층 이하) •문화 및 집회시설 •의료시설(정신병원 및 요양병원, 격리병원, 장례식장 제외) •교육연구시설 •노유자시설 •운동시설(옥외철탑이 설치된 골프연습장 제외) •자동차관련시설(주차장, 세차장에 한함) •방송통신시설
	불허용도 *	•허용용도 이외의 용도 •「청소년보호법」 제2조 제5호 가목의 청소년출입고용금지업소-청소년보호위원회 고시 제1997-07호의 청소년 유해업소 포함	•허용용도 이외의 용도 •「청소년보호법」 제2조 제5호 가목의 청소년출입고용금지업소-청소년보호위원회 고시 제1997-07호의 청소년 유해업소 포함	•허용용도 이외의 용도 •「청소년보호법」 제2조 제5호 가목의 청소년출입고용금지업소-청소년보호위원회 고시 제1997-07호의 청소년 유해업소 포함
건폐율(%)		70% 이하	70% 이하	70% 이하
기준용적률(%)		1,000% 이하	600%이하	400%이하
최고높이		150m	150m / 제한없음 : 지침도에 따름	제한없음 : 지침도에 따름
해당 블록		업무 1, 2, 7~10	업무 3~6, 11~19	업무 20~22

주1) 업무시설은 주용도로서 건축물 연면적의 60% 이상을 확보하여야 함
주2) 교육환경보호구역내 위치한 업무용지의 경우, 교육환경보호구역내 금지시설은 불허용도임

업무시설용지의 지구단위계획 시행지침에는 건축물의 허용용도가 상업용지와 유사한 내용이 많다. 업무시설용지는 업무시설이 주된 용도로써 연면적의 일정 비율을 확보하도록 하고 있지만, 오피스텔과 상업시설로 구성된 업무시설이 허용되어 경제 · 산업 관련 시설이 아닌 상업적 성격으로 이용될 우려가 있다.

또한 앞서 살펴본 위례신도시와 동탄2신도시 사례에서 나타난 바와 같이, 개발사업지구의 토지이용계획과 지구단위계획에서 자족기능을 하는 토지상품의 위계, 업무시설용지의 허용용도와 건축계획 기준을 다르게 정하고 있다. 물론 사업지구의 여건에 따라 지구단위계획에 차이가 있을 수 있지만, 상위법에서 토지상품의 정의와 조성목표, 그리고 허용용도와 건축계획의 기준이 없으므로 업무시설용지 유형별로 지나친 차이가 있다. 지구단위계획 시행지침을 통해 살펴보면 업무시설용지 유형별로 나타나는 차이는 토지 매각에 중점을 두고 세분하여 시행지침을 결정하고, 허용

용도와 건축계획을 정하였기 때문에 발생한다.

그러므로 법률과 제도적 측면에서 업무시설용지의 기능과 역할 등에 대한 명확한 정의가 필요하며,[105] 이를 기반으로 업무시설용지가 자족기능을 목표로 도시의 토지이용계획에 구분되는 역할을 할 수 있도록 제도적으로 보완해야 할 것이다.

6.4.2 도시지원시설용지

도시지원시설용지는 법령에서 정의된 법정 용어는 아니지만 『택지개발촉진법』 제2조 제2항 및 동법 시행령 제2조에 규정된 '공공용지'의 일부로 개발대상 지역의 자족기능 확보를 위하여 필요한 시설들을 수용할 수 있는 용지를 지칭하는 용어로 토지이용계획 수립에 널리 사용되고 있다.[106]

자료 6-63 도시지원용지 건설 사례 – 광교신도시(경기주택도시공사)

105 『택지개발업무처리지침』, 『공공주택업무처리지침』 및 『지속가능한 신도시 계획기준』에서 자족기능용지의 범위와 허용용도를 각각 정의하고 있어 일관적이지 않다.

106 손동욱·박현신, 2011, 택지개발사업구역 내 도시지원시설용지의 계획과 공급을 위한 제도정비방안 연구, 한국도시설계학회지 제12권 제3호, p. 30.

도시지원시설용지의 개념은 1995년 7월 『택지개발촉진법』 시행령 개정으로 처음 도입되었으며, '지역의 자족기능 확보를 위하여 필요한 시설'로 명시하고 있다. 또한 『택지개발업무처리지침』, 『공공주택업무처리지침』, 『지속가능한 신도시 계획기준』 등에서 상업, 업무, 연구, 유통, 관광 등의 용도를 광범위하게 도시지원시설용지에 계획 가능한 용도로 규정하고 있다. 자료 6-64는 도시지원시설용지 건설 사례이다.

자료 6-64 도시지원용지 계획 사례 – 광교신도시(경기주택도시공사)

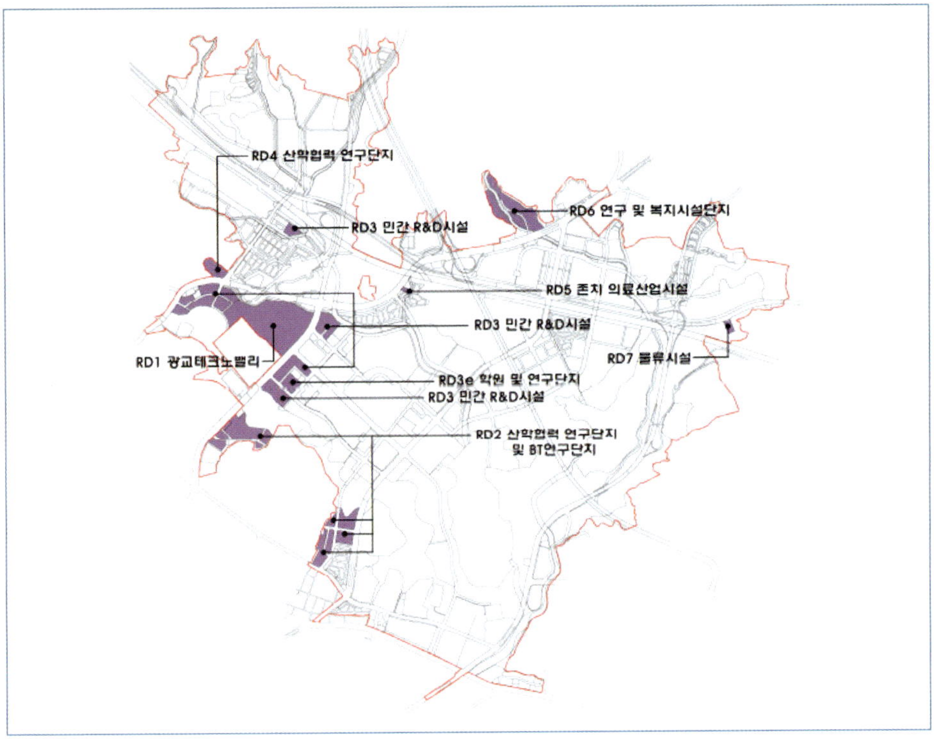

광교신도시 도시지원시설용지는 총 16개 블록, 503천m^2가 계획되었다. 광교신도시는 첨단 산 · 학 · 연 R&D단지를 비롯하여 유형별로 구체적인 도시지원시설용지 지구단위계획이 수립되어 허용용도와 건축계획이 정해져 있다.

유형별로 연구시설단지, 산학협력 및 BT연구단지, 민간 R&D시설, 학원 및 연구단지, 산학협력 연구단지, 존치의료 산업시설, 연구 · 복지시설단지 및 민간 R&D시설,

자료 6-65 도시지원용지 지구단위계획 시행지침 사례 – 광교신도시(경기주택도시공사)

<table>
<tr><th colspan="2">구분</th><th>허용용도</th><th>불허용도</th><th>건폐율</th><th>용적률</th><th>최고층수</th><th>해당블록</th></tr>
<tr><td>RD1</td><td>연구시설
단지</td><td>· 벤처기업 및 벤처기업집적시설
· 도시형공장
· 교육연구시설(연구소 및 그와 유사한 시설)
· 업무시설(오피스텔 제외)
· 위험물 저장 및 처리시설
· 제1종 근린생활시설(바닥면적의 합이 전체 연면적의 20%미만)
· 제2종 근린생활시설(단란주점, 안마시술소, 종교집회장 제외, 바닥면적의 합이 전체 연면적의 10%미만)</td><td>· 허용용도 이외의 용도</td><td>60</td><td>200</td><td>16층</td><td>도시2</td></tr>
<tr><td rowspan="3">RD2</td><td rowspan="3">산학협력
및
BT연구
단지</td><td rowspan="3">· 벤처기업 및 벤처기업집적시설, 도시형공장
· 교육연구시설
· 업무시설(오피스텔제외)
· 의료시설
· 문화 및 집회시설
· 공동주택 중 기숙사
· 노유자시설
· 제1종 근린생활시설(바닥면적의 합이 전체 연면적의 10% 미만. 단, 도시10-②은 20%미만)
· 제2종 근린생활시설(도시7에 한함, 단란주점, 안마시술소, 종교집회장, 제외, 바닥면적의 합이 전체 연면적의 10%미만)
· 방송통신시설</td><td rowspan="3">· 허용용도 이외의 용도</td><td rowspan="3">60</td><td>300</td><td>10층</td><td>도시8,
도시9</td></tr>
<tr><td>400</td><td>10층</td><td>도시
10-②</td></tr>
<tr><td>400</td><td>15층</td><td>도시7,
도시10-①</td></tr>
<tr><td rowspan="2">RD3</td><td rowspan="2">민간
R&D
시설</td><td rowspan="2">· 벤처기업 및 벤처기업집적시설
· 도시형공장
· 교육연구시설(연구소 및 그와 유사한 시설)
· 업무시설(도시12, 13은 오피스텔 제외)
· 문화 및 집회시설
· 제1종 근린생활시설(바닥면적의 합이 전체 연면적의 10%미만)
· 방송통신시설(도시4, 6 제외)
· 공동주택 중 기숙사(도시13에 한함)
· 노유자시설 중 아동관련시설(도시13에 한함)
· 운동시설(옥외철탑 골프연습장 제외)(도시13에 한함), 단, 도시13 내 제1종 근린생활시설, 기숙사, 아동관련시설, 운동시설의 바닥면적의 합은 전체 연면적의 30%미만(골프연습장은 최상층 설치 금지)</td><td rowspan="2">· 허용용도 이외의 용도</td><td rowspan="2">60</td><td rowspan="2">400</td><td>15층</td><td>도시3,
도시4,
도시6,
도시13</td></tr>
<tr><td>10층</td><td>도시12</td></tr>
<tr><td>RD3e</td><td>학원 및
연구단지</td><td>· 벤처기업 및 벤처기업집적시설
· 도시형공장, 업무시설, 문화 및 집회시설
· 제1종 근린생활시설(바닥면적의 합이 전체연면적의 30%미만)
· 교육연구시설(학원, 연구소)
※ 권장용도 : 교육연구시설(학원, 연구소)</td><td>· 허용 및 권장용도 이외의 용도</td><td>60</td><td>400</td><td>10층</td><td>도시5</td></tr>
<tr><td>RD4</td><td>산학협력
연구단지</td><td>· 교육연구시설
· 업무시설(오피스텔 제외)
· 방송통신시설</td><td>· 허용용도 이외의 용도</td><td>60</td><td>300</td><td>5층</td><td>도시1</td></tr>
<tr><td>RD5</td><td>존치의료
산업시설</td><td>· 교육연구시설 중 연구소
· 업무시설(오피스텔 제외)
· 창고</td><td>· 허용용도 이외의 용도</td><td>20</td><td>100</td><td>4층</td><td>도시11</td></tr>
</table>

<표 계속>

구분		허용용도	불허용도	건폐율	용적률	최고층수	해당블록
RD6	연구, 복지시설 단지 및 민간R&D시설	· 노유자시설 · 의료시설 · 교육연구시설	· 허용용도 이외의 용도	60	200	10층	도시 14-④-1
		· 노유자시설 · 의료시설 · 교육연구시설 · 제1종 근린생활시설 · 제2종 근린생활시설(단란주점, 안마시술소, 종교집회장 제외)					도시 14-③-2
		· 노유자시설(도시14에 한함) · 의료시설 · 교육연구시설 · 벤처기업 및 벤처기업집적시설 · 도시형공장 · 업무시설(오피스텔 제외) · 제1종 근린생활시설 · 제2종 근린생활시설(단란주점, 안마시술소, 종교집회장 제외) · 공동주택 중 기숙사 · 운동시설(옥외철탑 골프연습장 제외)					도시14-①, 도시14-②, 도시 14-③-1, 도시 14-④-2
				60	300	10층	도시17
RD7	물류시설	· 창고시설 · 업무시설 (오피스텔 제외)	· 허용용도 이외의 용도	60	200	5층	도시15

주 : 벤처기업은 「벤처기업 육성에 관한 특별조치법」제2조 제1항, 벤처기업집적시설은 「벤처기업 육성에 관한 특별조치법」제2조 제4항, 도시형공장은 「산업집적활성화 및 공장설립에 관한 법률」 제28조에 의함

물류시설로 구분하고 있다. 자료 6-65는 광교신도시 지구단위계획 시행지침 사례이다.

자족기능용지가 성공적으로 조성된 사례로 광교신도시와 광교테크노밸리, 그리고 판교신도시와 판교테크노밸리가 대표적이다. 신도시 조성과 자족기능용지의 조성이 동시에 이루어져 성공적인 결과로 평가되고 있다. 두 신도시의 자족기능용지는 도입기능, 용도, 필지구성, 유치업종, 분양방안 등 활성화를 위한 구체적인 계획을 기반으로 수립하였다.

성공적인 자족기능용지의 사례를 고찰하면, 자족기능용지가 도입취지에 맞게 제 기능을 발휘하기 위해서는 매각 가능성 등 분양방안에 그치지 않고, 자족기능용지의 조성목적, 발전방향, 도입기능, 지구 및 획지규모, 유치업종, 분양방식 등이 구체적으로 포함되어야 함을 알 수 있다.

6.5 기반시설용지

『국토의 계획 및 이용에 관한 법률』 제2조 제6호 및 동법 시행령 제2조 제1호 내지 제7호에는 기반시설에 대하여 나열하고 있다. 또한 동법 제43조 및 『도시 · 군계획시설의 결정 · 구조 및 설치기준에 관한 규칙』은 기반시설의 세분 및 범위에 관한 사항을 규정하고 있다.

본 절은 택지개발사업지구에서 공급 사례가 있는 기반시설용지를 설명하고자 한다. 기반시설용지는 그 자체로는 영리를 목적으로 하지 않지만, 연접성과 외부효과로 지역적으로 토지의 경제적 가치에 영향을 미치는 토지상품이다. 자료 6-66은 기반시설의 분류이다.

자료 6-66 기반시설의 세부 분류[107]

구분	기반시설
교통시설	도로, 철도, 항만, 공항, 주차장, 자동차정류장, 궤도, 차량검사 및 면허시설
공간시설	광장, 공원, 녹지, 유원지, 공공공지,
유통 및 공급시설	유통업무설비, 수도공급설비, 전기공급설비, 가스공급설비, 열공급설비, 방송 · 통신시설, 공동구, 시장, 유류저장 및 송유설비
공공 · 문화체육 시설	학교, 공공청사, 문화시설, 체육시설, 연구시설, 사회복지시설, 공공직업훈련시설, 청소년수련시설
방재시설	하천, 유수지, 저수지, 방화설비, 방풍설비, 방수설비, 사방설비, 방조설비,
보건위생시설	장사시설, 도축장, 종합의료시설
환경기초시설	하수도, 폐기물처리 및 재활용시설, 빗물저장 및 이용시설, 수질오염방지시설, 폐차장

『택지개발촉진법』, 『공공주택특별법』 등에 의한 계획입지 개발사업의 개발계획 및 실시계획은 기반시설의 설치에 관한 계획을 포함한다. 따라서 개발사업의 규모

107 『도시 · 군계획시설의 결정 · 구조 및 설치기준에 관한 규칙, [시행 2024.4.3]』 제2장 내지 제8장 정리.

및 지역별 여건 등을 고려하여 필요한 기반시설을 개발계획에 포함한다.

한편, 기반시설로 명시되지 않으나 기반시설에 준하는 용도로 공공건축물 및 기타시설용지로 함께 분류하는 토지상품도 있는데, 대표적으로 종교용지가 있다. 본 절에서는 먼저 종교용지를 살펴보고 이어서 기반시설을 설명하고자 한다.

6.5.1 종교시설용지

종교시설용지는 종교시설 및 종교시설의 부속용도로 건축물의 허용용도가 규정된 토지상품이다. 종교시설용지의 공급방법은 감정평가액을 매각가격으로 실수요자를 대상으로 추첨하여[108] 당첨된 사람을 계약자로 선정하는 방식이다.

종교시설용지는 주로 주거지 또는 주거지의 경계부에 주로 배치한다. 종교시설로 접근성을 고려하여 주거 밀집지역 인근이나 단지의 외곽 또는 학교나 공원 인근에 배치한다. 종교용지는 신도들의 접근성과 인근 주민들의 가시성이 높을수록 가치가 높다. 따라서 매각가격 산정을 위한 감정평가서에 입지나 접근성이 더 우월한 경우 평가자가 그 가치를 산정하여 가격에 반영하고 그 근거를 기재한다.[109] 종교용지의 매각방식은 기존 개발사업지에 있었던 종교시설에 대한 공급을[110] 제외하면 추첨방식으로 공급하는데 이는 종교시설이 영리를 추구하는 시설이 아님을 고려하였기 때문이다. 자료 6-67은 종교시설용지의 건설 사례이다.

108 추첨분양방식이라고도 하며, 이때 추첨은 전산시스템을 이용하여 계약자를 선정한다.

109 토지매각을 위한 감정평가는 일반적으로 거래사례비교법으로 평가하며, 표준지와 비교하여 평가대상 토지의 세부항목을 평가하여 가격을 산정한다.

110 기존에 개발대상부지에 있었던 종교시설운영인에게는 수의계약으로 종교용지를 공급한다.

자료 6-67 종교시설용지 건설 사례 - 위례신도시(저자 직접 촬영)

개발사업지역 여건에 따라 지구단위계획에서 종교시설용지 내 사회복지시설이 허용되기도 한다. 자료 6-68은 종교시설용지에 복지시설이 설치된 사례이다.

자료 6-68 종교시설용지 복지시설 사례 - 성남분당(저자 직접 촬영)

개발사업지구에 따라 지구단위계획에서 종교시설용지의 허용용도와 건축계획만 규정하는 사례도 있고, 건축물의 지붕형태, 조명 규제 등 건축물의 외부형태까지 규정하는 사례도 있다. 이는 개발하는 지역의 여건과 도시계획을 종합적으로 고려하여 지구단위계획 시행지침에 적용된다.

자료 6-69 종교시설용지 지구단위계획 시행지침 – 위례신도시(LH 매각공고)

<표Ⅱ-8-4> **종교시설용지의 허용용도, 건폐율, 용적률, 높이**

구 분		종교시설용지		
건축물 용도	도면표시	종1	종2	종3
	허용용도	• 종교시설 및 종교시설 부속용도 (봉안당 제외, 연면적 50% 초과) – 종교시설 및 종교시설 부속용도[주1] 외 다음의 시설 (연면적 50% 미만) 가.고등학교 이하 각급학교 설립·운영규정에 의한 유치원 나.영유아보육법에 의한 어린이집 다.노인복지법에 의한 노인복지시설 중 노인여가복지시설 및 재가노인복지시설 라.문화재 수리 등에 관한 법률 제2조에 따른 문화재수리 연구시설[주2]	• 종교시설 및 종교시설 부속용도 (봉안당 제외, 연면적 50% 초과) – 종교시설 및 종교시설 부속용도[주1] 외 다음의 시설 (연면적 50% 미만) 가.고등학교 이하 각급학교 설립·운영규정에 의한 유치원 나.영유아보육법에 의한 어린이집 다.노인복지법에 의한 노인복지시설 중 노인여가복지시설 및 재가노인복지시설 라.문화재 수리 등에 관한 법률 제2조에 따른 문화재수리 연구시설[주2]	• 종교시설 및 종교시설 부속용도 (봉안당 제외, 연면적 50% 초과) – 종교시설 및 종교시설 부속용도[주1] 외 다음의 시설 (연면적 50% 미만) 가.문화재 수리 등에 관한 법률 제2조에 따른 문화재수리 연구시설[주2]
	불허용도	• 허용용도 이외의 용도	• 허용용도 이외의 용도	• 허용용도 이외의 용도
건폐율		50% 이하	50% 이하	50% 이하
용적률		150% 이하	150% 이하	150% 이하
최고층수 (최고높이)		20m 이하 (종탑제외 시 12m 이하)	16m 이하 (종탑제외 시 12m 이하)	20m 이하 (종탑제외 시 12m 이하)
해당블록		종4 ~ 종7, 종10	종1*, 종2, 종3, 종8, 종9	종11

종1* : 산림의 원형을 보전하기 위한 "원형보전구간"포함

1) 부속용도라 함은 '건축법시행령 제2조 제13호'의 규정에 의해 건축물이 주된 용도의 기능에 필수적인 용도이어야 함.

2) 문화재 보존·수리를 위한 연구시설의 경우 최고높이 20m 적용

종교의 사전적 의미는[111] '신이나 초자연적인 절대자 또는 힘에 대한 믿음으로 인간 생활의 고뇌를 해결하고 삶의 궁극적인 의미를 추구하는 문화 체계'이다. 현대 도시에서는 여러 종교시설이 주거환경과 어우러진 입지에 설치되어 종교활동과 사회복지활동의 중심으로 역할하고 있다. 이러한 이유로 택지개발에서 도시민의 종교활동을 지원하기 위하여 토지이용계획에 종교용지를 포함한다.

111 국립국어원 표준국어대사전이다.

6.5.2 주차장용지

주차장용지는 『주차장법』에 의한 자동차 주차장을 설치할 수 있는 토지상품이다. 주차장용지는 주된 용도가 주차장이며, 제1종 및 제2종 근린생활시설을[112] 일부[113] 면적에 설치할 수 있다.

주차장용지는 도시에서 차량 주차 공간을 제공하여 주차난을 완화하는 역할을 한다. 또한 적절한 주차장용지 배치는 보행자와 운전자의 안전을 확보하며, 도시의 교통혼잡을 줄이고 쾌적한 도시환경 유지에 도움이 된다.

한편, 주차장용지는 주차장과 근린생활시설을 통해 영리를 추구하는 상업시설이다. 따라서 경쟁입찰을 통해 최고가 매수신청인과 계약하는 방식으로 공급한다. 자료 6-70, 6-71은 주차장용지의 건설 사례와 지구단위계획 시행지침 사례이다.

자료 6-70 주차장용지 건설 사례 – 판교신도시(저자 직접 촬영)

112 지구단위계획 시행지침에 따라 안마시술소, 단란주점 등 일부 근린생활시설용도는 설치가 제한된다.

113 『주차장법』 및 지자체 조례 등을 따라 연면적의 20% 미만 또는 30% 미만으로 규정하고 있다.

자료 6-71 주차장용지 지구단위계획 시행지침 - 동탄2신도시(LH 매각공고)

② 주차장용지의 건축물 용도는 「주차장법」 제2조의 규정에 의한 노외주차장 및 주차전용건축물에 한한다.

<표II-8-16> 자동차 관련시설용지의 건축물의 용도, 건폐율, 용적률, 최고층수-2

구 분		자동차 관련시설용지 주차장			
건축물 용도	도면표시	P1 (CBD)	P2 (상업/도시지원)	P3 (근린생활시설)	P4 (단독주택)
	허용용도	• 「주차장법」 제2조에 의한 노외주차장 및 주차전용건축물			
	불허용도	•허용용도 이외의 용도 •교육환경보호구역내 금지시설			
건폐율(%)		80% 이하	80% 이하	80% 이하	80% 이하
기준용적률(%)		800% 이하	640% 이하	400% 이하	240% 이하
최고층수		10층	8층	5층	3층
해당블록		주 30	주 17, 27, 49, 51~53, 57, 66	주 6, 16, 20	주 8, 9, 18, 25, 26, 28, 40, 43, 48, 56, 58, 59

구 분		자동차 관련시설용지 주차장				
건축물 용도	도면표시	P5 (CBD)	P6 (상업/도시지원)	P7 (근린생활시설)	P8 (단독주택)	P9 (공공주차장)
	허용용도	• 「주차장법」 제2조에 의한 노외주차장 및 주차전용건축물				
	불허용도	•허용용도 이외의 용도 •교육환경보호구역내 금지시설 •자동차 관련 시설 중 정비공장				
건폐율(%)		80% 이하	80% 이하	80% 이하	80% 이하	80%이하
기준용적률(%)		800% 이하	640% 이하	400% 이하	240% 이하	400% / 640% 이하 : 지침도에 따름
최고층수		10층	8층	5층	3층	5층 / 8층 이하 : 지침도에 따름
해당블록		주 29, 31, 54, 55, 70	주 1, 3, 4, 13, 24, 32, 34, 36~39, 41, 47, 50, 68, 69	주 2, 7, 12, 35	주 14, 19, 21~23, 42, 44, 46, 62~65, 67, 72	주5, 61

주1) 주4용지는 경기도고시 제2014-47호에 따른 동탄도시첨단산업단지에 포함됨.
주2) 주70용지는 근린공원7호 지하부지에 설치하는 것에 한함.
주3) 공공주차장(P9)은 한국토지주택공사법 시행령 제10조의2(공공지원을 위한 건축물의 범위)에 해당하여야 함

『주차장법』 제12조의2는 주차전용건축물의 건폐율, 용적률, 높이 제한 등을 규정하고 있는데, 건폐율은 90% 이하, 용적률은 1,500% 이하이다. 그런데 택지개발사업의 지구단위계획에서는 고밀도 주차장전용건축물로 인한 도시미관 저해 및 주거지 내 쾌적한 주거환경을 고려하여 건폐율과 용적률을 더 낮게 적용한다.

주차장용지는 노외주차장 또는 주차전용건축물을 허용하며, 주차전용건축물로 건설하는 경우, 근린생활시설을 1층과 2층에 설치하여 상업시설에 대한 접근성을 높이고 3층 이상 지상층에 주차시설을 배치한다.

상업지역이나, 점포겸용 단독주택이 밀집한 지역에서 주차 공간이 부족하면 주차전용건축물 이용 가능성이 증가하며, 지하철역이나 광역버스 정류장 등 광역교통시

설 주변에 인접한 주차전용건축물은 월 단위로 이용자를 모집하기도 한다.

한편, 주차장용지는 주차 공간 외에 1층과 2층에 판매시설을 설치하고[114] 3층 이상의 공간에는 방문객을 위한 주차장으로 활용하여 대형마트 또는 특정 카테고리의 전문매장으로 이용되기도 한다. 자료 6-72는 전문매장 이용 사례이다.

자료 6-72 주차장용지 가구전문매장 건설 사례(저자 직접 촬영)

택지개발지구의 주차장용지는 자동차의 주차 공간을 제공하는 기능적 측면에서 도시기반시설인 '자동차 관련 시설'이고, 동시에 건축물의 소유자가 영업 또는 점포 임대를 통해 영리를 추구하는 상업시설로써 성격을 포함하는 토지상품이다.

6.5.3 주유소용지

주유소용지는 주유소를 건설할 수 있는 토지상품이다. 주유소는 휘발류, 경유, 등유를 판매하는 시설이며, 이러한 유종은 화재, 폭발, 유독성 등의 위험이 있는 물질

114 지구단위계획에서는 주차장용도와 비주차장용도의 배치에 관하여 층별로 배치하는 수평적 배치 외에도 건축물을 도로 전면과 후면 등으로 구분하여 수직적 배치를 규율하는 세부사항을 규정하기도 한다.

이므로 안전하게 보관·취급할 수 있도록 여러 법규 등에 따라 설계된다.

주유소는 자동차가 접근하기 쉬운 주요 간선도로 또는 도로 진출입로 인근에 배치하는 사례가 많다. 또한 차량 이동량이 많은 주요 동선 또는 물류 차량 통행량이 많은 입지에 배치한다. 개발계획 수립 시 주유소용지는 상업지역 또는 근린상업지역의 외곽이나 간선도로를 따라 배치하고 진출입이 유리한 도로의 모서리 입지에 배치하기도 한다. 자료 6-73은 주유소용지 건설 사례이다.

자료 6-73 주유소용지 건설 사례 – 판교신도시(저자 직접 촬영)

주유소용지는 지구단위계획에서 허용용도를 주유소로 한정하기도 하고, 주유소를 주용도로 하되, 근린생활시설을 부수적으로 허용하기도 한다. 이는 개발사업지구의 여건과 주변환경 등을 고려하여 지구단위계획에 반영한다. 자료 6-74는 주유소용지의 지구단위계획도 사례이다.

자료 6-74 주유소용지 지구단위계획도 – 충남도청(내포)신도시(LH 매각공고)

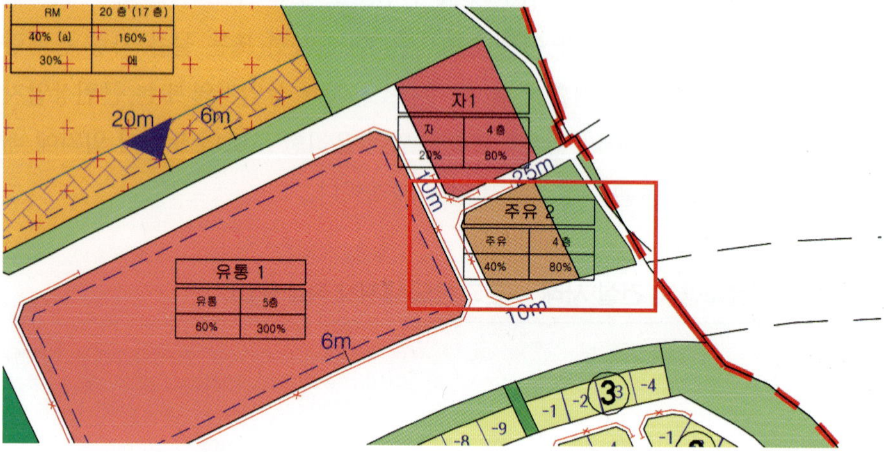

주유소용지는 '위험물 저장 및 처리시설'이므로 일반적으로 주거지역에 인접하지 않도록 계획한다. 이를 위해 주거지역과 주유소용지 사이에 도로, 녹지, 비주거용 토지 등을 계획하여 주거환경을 저해하지 않도록 배치한다.

주유소는 여러 유종을 판매하는 판매시설이다. 게다가 근린생활시설의 설치가 허용되는 주유소는 자동차의 연료 외에 일반 소비재를 판매하기도 하는 영리시설이다. 이러한 이유로 주유소용지의 공급은 일반 실수요자를 대상으로 경쟁입찰을 실시하여 최고가 매수금액 신청인과 계약을 체결하는 방식이다. 앞서 상업용지와 주유소용지가 이처럼 경쟁입찰방식으로 매각되는 사례를 살펴보았는데, 주유소용지 역시 영리성을 고려하여 매각방식이 결정된다.

주유소용지의 지구단위계획 시행지침은 허용용도와 건축계획뿐 아니라 진출입로 운영방안 등을 포함하기도 한다. 자료 6-75는 주유소용지 지구단위계획 시행지침 사례이다.

자료 6-75 주유소용지 지구단위계획 시행지침 – 충남도청(내포)신도시(LH 매각공고)

〈그림Ⅱ-6-3〉 주유소용지 진출입로 운영방안 〈개정 2018.8.29.〉

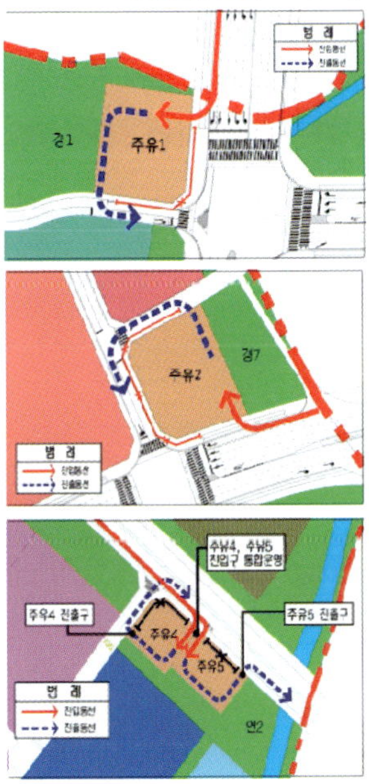

〈표Ⅱ-6-7〉 위험물 저장 및 처리시설의 허용용도, 건폐율, 용적률, 높이 분류표 〈개정 2013.4.30., 2014.10.24., 2015.12.29., 2018.8.29.〉

구 분		위험물 저장 및 처리시설	
건축물 용도	도면표시	주유	
	허용용도	• 위험물저장 및 처리시설 – 주유소 및 부대시설[주1] – 석유판매소 – 액화석유가스 충전소 및 부대시설[주2] – 수소가스 충전소 · 판매소 · 저장소 및 부대시설[주3]	• 위험물저장 및 처리시설 – 수소가스 충전소 · 판매소 · 저장소 및 부대시설[주3]
건 폐 율		40% 이하	20% 이하
용 적 률		80% 이하	80% 이하
최고층수		4층 이하	4층 이하
해당블록		주유1~4	주유5

주1) 부대시설은 '위험물안전관리법 시행규칙 별표 13 (주유취급소의 위치 · 구조 및 설비의 기준)' 에 부합되도록 할 것

주2) 부대시설은 '액화석유가스의 안전관리 및 사업법 시행규칙 별표 4 (액화석유가스 충전의 시설 · 기술 · 검사 · 정밀안전진단 · 안전성평가 기준)' 에 부합되도록 할 것

주3) '고압가스안전관리법 시행규칙 별표5(고압가스자동차 충전의 시설 · 기술 · 검사 기준)' 와 '위험물안전관리법 시행규칙 별표 13 (주유취급소의 위치 · 구조 및 설비의 기준)' 에 부합되도록 할 것. 또한 주변지역의 토지이용을 우선하여 영향이 없도록 하여야 한다

제 23 조의 1 (차량 출입구) 〈신설 2014.10.24.〉 〈개정 2018.8.29.〉

① 주유1 · 2, 주유4 · 5의 차량출입은 원활한 진출입 동선 및 차량간 상충을 최소화하기 위하여 〈그림Ⅱ-6-3〉 같이 처리한다.

1. 주유1의 진입부 및 진출부 분리 운영
2. 주유2의 진입부 및 진출부 분리 운영
3. 주유4와 주유5 진입부 통합운영
4. 주유4와 주유5 진출부 분리운영

주유소용지는 자동차에 연료를 공급하는 기능을 하는 도시기반시설이다. 동시에 시설물의 소유자는 영리활동으로 수익을 창출하는 수익형 부동산이다. 이와 유사한 시설물로 액화석유가스 충전소가 있다.

6.5.4 액화석유가스 충전소용지

액화석유가스 충전소용지는 액화석유가스(LPG) 충전소를 설치할 수 있는 토지상품이다. 액화석유가스 충전소 주유소와 마찬가지로 '위험물 저장 및 처리시설'로 분류되며, 영리시설이므로 실수요자를 대상으로 경쟁입찰방식으로 매각한다.

액화석유가스 충전소의 입지는 안전성, 접근성, 주변환경과의 조화를 고려하여 배치한다. 고압가스는 그 위험성으로 인하여 사고발생 시 인명 피해 위험을 줄이기 위해 주거 밀집지역, 교육시설 등에서 일정 거리 이상 떨어지도록 하고 있다. 또한 충전소 주변에 완충녹지를 두거나 도로, 주차장과 같은 기반시설을 배치하기도 한다.

액화석유가스의 주된 소비자는 택시, 화물 차량이므로 충전소로 진입과 회치가 유리한 간선도로를 따라 설치되거나 중로 이상으로 폭이 넓은 도로변에 위치한다. 액화석유가스는 택시차고지나 산업시설 인근 또는 상업지의 외곽 등에 수요와 연계하여 배치한다. 자료 6-76은 액화석유가스 충전소용지 건설 사례이다.

자료 6-76 액화석유가스 충전소용지 건설 사례(저자 직접 촬영)

액화석유가스 충전소용지는 충전설비, 주차장, 회차 공간확보가 필요하므로 넓은 면적의 부지가 필요하며 입차와 출차의 동선이 직관적이고 간결하도록 도로에서 진출입이 유리한 입지에 배치한다. 자료 6-77은 액화석유가스 충전소용지 지구단위계획도 사례이다.

자료 6-77 액화석유가스 충전소용지 지구단위계획도 – 동탄2신도시(LH 매각공고)

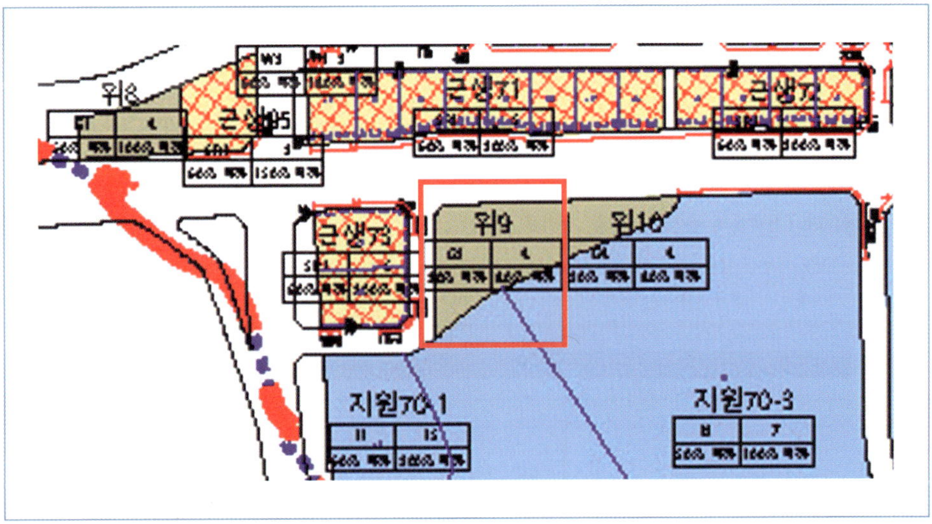

액화석유가스 충전소용지는 도시계획시설규칙 제9조 제2호에 따른 도로의 구분에서 중로[115] 이상 폭의 도로변 또는 간선도로 교차지점 인근에 위치한다. 또한 회전공간 확보가 필수이므로 모서리 토지와 같이 대형차량이 무리 없이 진출입 가능한 모양으로 계획한다.

액화석유가스 충전소는 주유소와 더불어 자동차 등 교통시설의 연료를 공급하는 도시기반시설로 교통 서비스 체계의 일부이다. 자료 6-78은 액화석유가스 충전소용지의 지구단위계획 시행지침 사례이다.

115 『도시·군계획시설의 결정·구조 및 설치기준에 관한 규칙』 제9조 제2호에서 도로의 규모를 도로폭을 기준으로 광로, 대로, 중로, 소로 순으로 구분하고 있다.

자료 6-78 충전소용지 지구단위계획 시행지침 – 동탄2신도시(LH 매각공고)

< 위험물 저장 및 처리시설에 관한 사항 >

제25조 (건축물의 용도, 건폐율, 용적률, 높이)

위험물 저장 및 처리시설의 건축물의 용도, 건폐율, 용적률, 높이는 <표Ⅱ-8-14>에 의하며, 획지별 세부기준은 지구단위계획 지침도에 따른다.

<표Ⅱ-8-14> 위험물 저장 및 처리시설용지의 건축물의 용도, 건폐율, 용적률, 최고층수

구 분		위험물 저장 및 처리시설			
	도면표시	G1 (주유소)	G2 (LPG충전소)	G3 (수소충전소)	G4 (존치주유소)
건축물 용도	허용용도	•위험물저장 및 처리시설 – 주유소 및 석유판매소 「위험물안전관리법 시행규칙」 별표13호의 부대시설	•위험물저장 및 처리시설 – 액화석유가스충전소 「액화석유가스의 안전관리 및 사업법 시행규칙」 별표4호의 부대시설	•위험물저장 및 처리시설 – 액화석유가스충전소 「액화석유가스의 안전관리 및 사업법 시행규칙」 별표4호의 부대시설 – 고압가스충전소 「고압가스안전관리법시행규칙」 별표5호의 수소자동차 충전시설 및 부대시설주1)	•위험물저장 및 처리시설 – 주유소 및 석유판매소 「위험물안전관리법 시행규칙」 별표13호의 부대시설
	불허용도	•허용용도 이외의 용도	•허용용도 이외의 용도	•허용용도 이외의 용도	•허용용도 이외의 용도
건폐율(%)		60% 이하	20% 이하	20% 이하	30% 이하
기준용적률(%)		100% 이하	80% 이하	80% 이하	80% 이하
최고층수		4층	4층	4층	4층
해당블록		위 1~3, 6~8	위 4, 9	위 5	위 10

주1) '고압가스안전관리법 시행규칙 별표5(고압가스자동차 충전의 시설・기술・검사 기준)'와 '위험물안전관리법 시행규칙 별표 13 (주유취급소의 위치・구조 및 설비의 기준)'에 부합되도록 할 것. 또한 주변지역의 토지이용을 우선하여 영향이 없도록 하여야 한다

액화석유가스 충전소용지는 공동주택 외벽, 놀이터, 의료시설 등으로부터 최소 50m 이상 이격하여 설치하도록 규정하고 있다.[116] 또한 주유소와 더불어 도시계획시설 지정이 필수적으로 필요한 시설이다.

6.5.5 유통업무설비용지

유통업무설비용지는 『농수산물유통 및 가격안정에 관한 법률』에 의한 농수산물 도매시장, 농수산물공판장 및 농수산물종합유통센터, 『유통산업발전법』에 의한 대

116 다수의 지자체 도시계획조례에서 공동주택 배치 시 외벽 기준 50m 이상으로 명시되어 있다.

규모 점포, 전문상가단지 및 공동집배송센터, 그리고 『물류시설의 개발 및 운영에 관한 법률』에 의한 물류단지 등이 있다.

유통업무설비용지는 택지개발지구의 규모 및 사업대상지에 존치해야 하는 시설 등을 고려하여 토지이용계획에 반영한다. 토지이용계획에 필요한 경우 지구단위계획에서 필지별 계획도면을 반영하고, 지구단위계획 시행지침에서 허용용도 및 건축계획을 규정한다. 자료 6-79는 유통업무설비용지의 건축 사례이다.

자료 6-79 유통업무설비용지[117] 건설 사례(저자 직접 촬영)

동탄2신도시 유통업무설비용지는 주거지역을 배후로 상업 · 업무시설이 인접한 입지에 위치하여 대규모 점포가 운영되고 있다.[118] 자료 6-80은 유통업무설비용지의 지구단위계획 시행지침이다.

---

117 존치시설로 『농수산물유통 및 가격안정에 관한 법률』에 의한 농수산물공판장 및 농수산물종합유통센터로 이용되고 있다.

118 동탄2신도시에는 모두 4개 필지의 유통업무설비용지가 있으며, 3개 필지가 대규모 점포로 이용 중이고, 1개 필지는 아직 나대지이다.

자료 6-80 유통업무설비용지 지구단위계획 시행지침 – 동탄2신도시(LH 매각공고)

< 유통업무설비용지에 관한 사항 >

제19조 (건축물의 용도, 건폐율, 용적률, 높이)

유통업무설비용지의 건축물의 용도, 건폐율, 용적률, 높이는 <표II-8-9>, <표II-8-10>에 의하며, 획지별 세부기준은 지구단위계획 지침도에 따른다.

<표II-8-9> 유통업무설비용지의 건축물의 용도, 건폐율, 용적률, 최고층수 – 1

구 분		유통업무설비용지	
건축물 용도	도면표시	L1 (존치시설)	L2
	허용용도	• 「농수산물유통 및 가격안정에 관한 법률」에 의한 농수산물도매시장, 농수산물공판장 및 농수산물종합유통센터 • 「유통산업발전법」에 의한 대규모점포, 임시시장, 전문상가단지 및 공동집배송센터 • 「물류시설의 개발 및 운영에 관한 법률」에 의한 물류단지 •교육연구시설 중 교육원* •문화 및 집회시설 중 전시장*	
	불허용도	•허용용도 이외의 용도	
건폐율(%)		50% 이하	60% 이하
기준용적률(%)		100% 이하	300% 이하
최고층수		5층	–
해당블록		유통 1	유통 3

주) 교육연구시설, 문화 및 집회시설은 부수용도로서 건축물 연면적의 30% 이하에 한함

<표II-8-10> 유통업무설비용지의 건축물의 용도, 건폐율, 용적률, 최고층수 – 2

구 분		유통업무설비용지
건축물 용도	도면표시	L3
	허용용도	• 「유통산업발전법」에 의한 대규모 점포* •제1종근린생활시설 •제2종근린생활시설(안마시술소, 단란주점, 옥외철탑이 설치된 골프연습장 및 다중생활시설 제외) •문화 및 집회시설(공연장, 전시장에 한함) •판매시설 •교육연구시설 •노유자시설
	불허용도	•허용용도 이외의 용도
건폐율(%)		60% 이하
기준용적률(%)		300% 이하
최고층수		–
해당 블록		유통 2, 4

주) 대규모 점포는 주용도로서 건축물 연면적의 50% 이상을 확보하여야 함

유통업무설비용지는 자족기능용지로 역할을 할 수 있는 기능을 포함한다. 그러나 제한된 용도 때문에 대규모 신도시가 아니면 토지이용계획에 포함하기 어렵다.

6.5.6 학교용지

학교는 『유아교육법』에 의한 유치원, 『초 · 중등교육법』에 의한 초등학교, 중학교, 고등학교 등, 『고등교육법』에 의한 대학교, 산업대학교, 교육대학, 전문대학, 방송대학 · 통신대학 · 방송통신대학 및 사이버대학 등으로 구분한다.

『도시 · 군계획시설의 결정 · 구조 및 설치기준에 관한 규칙』 제89조에 따르면, 학교용지는 교육목적 달성과 주민의 문화교육향상에 기여하는 중심시설이 되도록 통학권의 범위, 주변환경의 정비상태 등을 종합적으로 검토하여 계획한다.

초등학교는 2개의 근린주거구역단위에[119] 1개의 비율로, 중학교 및 고등학교는 3개 근린주거구역단위에 1개의 비율로 배치하며, 초등학교는 학생들이 안전하고 편리하게 통학할 수 있도록 다른 공공시설의 이용관계를 고려하여야 하고 통학거리는 1천 5백미터 이내로 하도록 규정하고 있다. 따라서 택지개발을 위한 토지이용계획 시 인구 규모, 취학률 및 주변환경과 공공시설 연계를 고려하여 학교용지를 계획하여야 한다.

학교용지의 공급가격은 택지개발사업의 근거법에 따라 결정된다. 예컨대 『택지개발업무처리지침』 [별표 3]에서는 공립 유치원 · 초 · 중 · 고등학교용지는 무상으로 공급하고, 사립 초 · 중 · 고등학교는 택지개발사업 조성원가 수준으로 공급하도록 하고 있다. 그런데 사립 유치원용지는[120] 영리성에 따라 구분하여 경쟁입찰 방식으로 공급하고 있다.

한편, 3기 신도시 개발의 근거법인 『공공주택특별법』의 하위규정인 『공공주택업무처리지침』의 [별표 2]에서는 사립 유치원 · 초 · 중 · 고등학교 모두 공공주택지구의 조성원가 수준으로 공급하도록 규정하고 있다. 또한 한국토지주택공사 등 공공사업 시행자가 개발하는 신규 택지개발사업의 근거법이 『공공주택특별법』임을 고려하면 향후 공급하는 사립 유치원용지의 공급가격 역시 사립 초 · 중 · 고등학교와 같이 조성원가 수준으로 결정될 것으로 예측할 수 있다. 자료 6-81은 택지개발지구 내 학교용지 건설 사례이다.

---

119 『도시 · 군계획시설의 결정 · 구조 및 설치기준에 관한 규칙』 제89조 제2항에서 '근린주거구역의 범위는 새로 개발되는 지역은 2천세대 내지 3천세대를 1개 근린주거구역으로 한다'고 규정하고 있다.

120 『택지개발촉진법』 시행령 제7조 제4항 제2호에서 유치원용지는 연면적의 70퍼센트 이상의 면적에 유치원을 건축하게 하고, 남은 면적에 어린이집 또는 『학원의 설립 · 운영 및 과외교습에 관한 법률 시행령』 [별표 2]에 따른 교습과정 중 미성년자를 주된 대상으로 하는 학원을 건축할 수 있다. 따라서 이 부분을 영리를 목적으로 하는 시설로 보아 경쟁입찰방식으로 공급한다.

자료 6-81 학교용지 건설 사례(한국향토문화전자대전)

학교용지는 주거지역 내에 인접하고 학생들이 안전하고 편리하게 통학할 수 있도록 주변 공공시설과 연계하여 보행자전용도로, 자전거전용도로, 공원 및 녹지축과 연계하여

자료 6-82 학교용지 지구단위계획도 – 동탄2신도시(LH 매각공고)

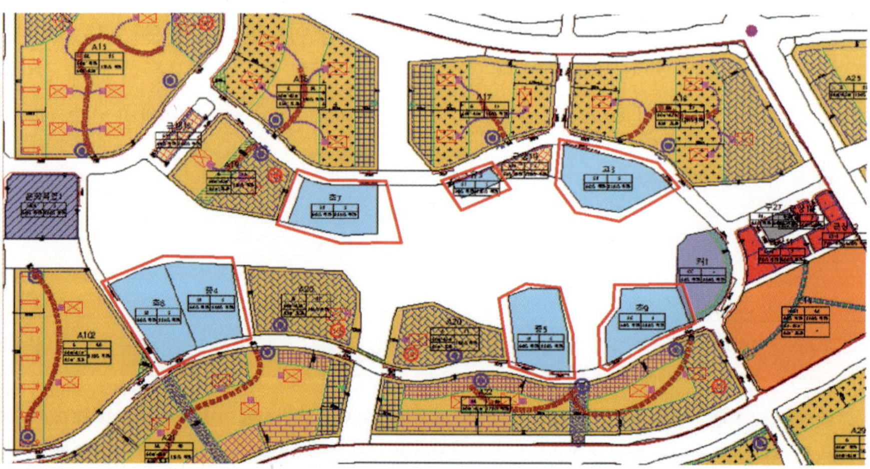

설치된다. 자료 6-82는 도로 및 통학여건 등이 반영된 학교용지의 지구단위계획도 사례이다.

『택지개발촉진법』 시행령 제7조는 유치원용지의 일부분을 교습학원 등으로 이용할 수 있도록 정하고 있다. 자료 6-83은 학교용지의 지구단위계획 시행지침 사례이다.

자료 6-83 학교용지 지구단위계획 시행지침 – 동탄2신도시(LH 매각공고)

<표II-8-1> 교육시설용지의 건축물의 용도, 건폐율, 용적률, 최고층수

구 분		교육시설용지				
건축물 용도	도면표시	S1 (유치원)	S2 (학교)			S3 (특수학교)
	허용용도 *	• 「고등학교 이하 각급 학교 설립·운영규정」에 의한 유치원 • 「영유아보육법」 에 의한 보육시설 • 「학원의 설립·운영 및 과외교습에 관한 법률 시행령」 에 의한 학교교과교습학원	•초등학교	•중학교	•고등학교	• 「초·중등교육법」 에 의한 특수학교
	불허용도	•허용용도 이외의 용도	•허용용도 이외의 용도			• 허용용도 이외의 용도
건폐율(%)		60% 이하	60% 이하	60% 이하	60% 이하	60% 이하
기준용적률(%)		230% 이하	230% 이하	230% 이하	230% 이하	230% 이하
최고층수		5층	5층	5층	5층	5층
해당블록		유 1~20	초1~8, 10~15, 17~18, 20~30	중 2~14	고 1~11	특수 1

주) 유치원은 「택지개발촉진법 시행령」 제7조 제4항 제2호에 규정된 용도를 복합하여 건축할 수 있으며, 이 경우 동 규정에 따라 건축물 연면적의 70% 이상을 유치원으로 건축하여야 함

6.5.7 공공업무시설용지

공공업무시설용지는 공공청사, 행정복지센터,[121] 경찰서, 경찰지구대, 소방서, 119안전센터, 우체분국, 공공도서관, 교육연구시설, 노유자시설 및 제1종 근린생활시설 중 바목에[122] 해당하는 공공업무시설을 설치할 수 있는 토지상품이다.

공공업무시설용지는 그 세부 용도에 따라 공공시설의 업무지역 범위가 다르며,

121 지구단위계획 시행지침에 기재된 '주민센터'는 '행정복지센터'로 명칭이 변경되었다.

122 제1종 근린생활시설 중 '바목'은 지역자체센터, 파출소 지구대, 소방서, 우체국, 방송국, 보건소, 공공도서관, 건강보험공단 사무소 등 주민의 편의를 위하여 공공업무를 수행하는 시설로써 같은 건축물의 해당 용도로 쓰는 바닥면적의 합계가 1천제곱미터 미만인 것을 의미한다.

업무지역 범위가 넓은 경우 지역중심지 또는 택지의 중심 지역에 간선도로 또는 보조간선도로에 접하여 계획한다. 반면, 업무지역 범위가 좁은 경우 주거지역 또는 근린상권에 보조간선도로 또는 집산도로에 접하여 배치된다. 자료 6-84, 6-85는 공공업무시설용지의 지구단위계획도 사례 및 지구단위계획 시행지침이다.

자료 6-84 공공업무시설용지 지구단위계획도 – 동탄2신도시(LH 매각공고)

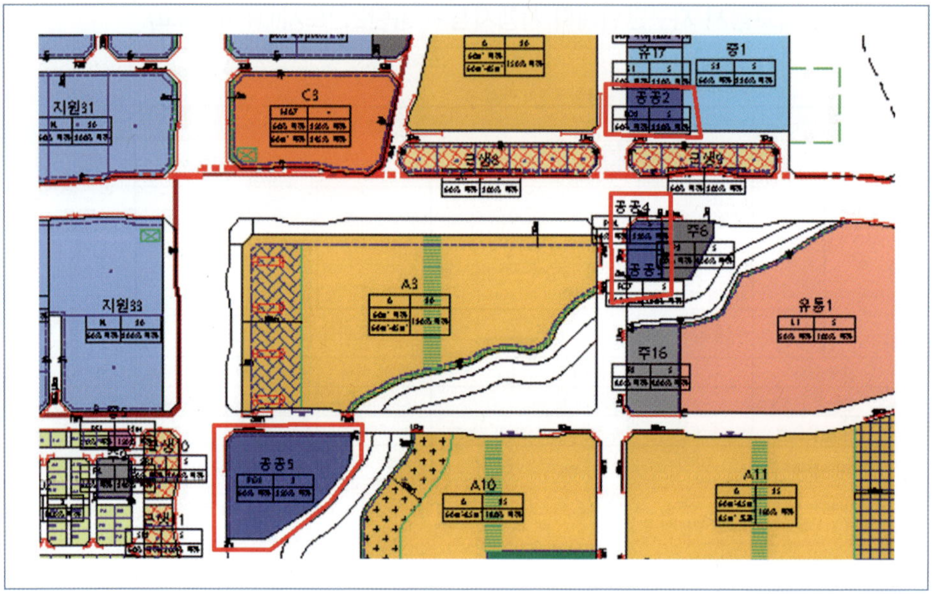

자료 6-85 공공업무용지 지구단위계획 시행지침 – 동탄2신도시(LH 매각공고)

<표Ⅱ-8-4> 공공업무시설용지의 건축물의 용도, 건폐율, 용적률, 최고층수

구분		공공업무시설용지			
	도면표시*	PO1 (공공청사)	PO2 (동 주민센터)	PO3~PO9 (기타)	PO10 (커뮤니티 프라자)
건축물 용도	허용 용도	•공공청사(「도시군계획시설의 결정·구조 및 설치기준에 관한 규칙」 제95조 제2항을 포함한다.) •업무시설(오피스텔 제외) •도서관 •문화 및 집회시설 •교육연구시설 •노유자시설 •운동시설 •방송통신시설	•동 주민센터 •제1종 근린생활시설 중 나목, 바목 •업무시설(오피스텔 제외)	•경찰서 •경찰지구대 •소방서(부대시설로 소방교육시설 포함) •119안전센터 •우체분국 •도서관 •제1종 근린생활시설 중 바목 •교육연구시설 •노유자시설 •업무시설(오피스텔 제외)	•문화 및 집회시설 •교육연구시설 •수련시설 •운동시설(옥외철탑이 설치된 골프연습장 제외) •제1종 근린생활시설 중 나, 바목 •업무시설(오피스텔 제외)
	불허 용도	•허용용도 이외의 용도	•허용용도 이외의 용도	•허용용도 이외의 용도	•허용용도 이외의 용도 •교육환경보호구역내 금지시설
건폐율(%)		60% 이하	60% 이하	60% 이하	60% 이하
기준용적률(%)		300% 이하	230% 이하	230% 이하	150% 이하
최고층수		-	5층	5층	3층
해당블록		공공 10	공공 2, 6, 15	경찰서(공공 9,18), 경찰지구대(공공 4, 13, 16), 소방서(공공 5), 119안전센터(공공 1, 8, 11), 우체분국(공공 3, 12, 17)	공공 7

주) 도면표시 : 경찰서 PO3, 경찰지구대 PO4, 소방서 PO5, 119안전센터 PO6, 우체분국 PO7, 도서관 PO8, 공공업무 PO9

공공업무시설용지는 다양한 종류만큼 건설 사례 역시 다양하고 그 수도 많다. 또한 공공업무시설의 설치목적이 중앙정부 · 지방정부 및 공공기관의 행정업무를 위한 건축물 등이 있기도 하고, 주민들의 복지를 실현하기 위한 목적으로 설치되는 건축물도 있다.

예컨대, 시청과 행정복지센터는 지방정부의 행정업무를 위한 건축물이고, 경찰서와 소방서는 안전을 위한 행정시설이며, 법원이나 검찰청, 그리고 세무서와 같은 건축물은 사법행정 및 국세행정을 위하여 설치된 시설이다. 한편, 공공도서관, 노인복지시설, 청소년복지관 등의 건축물은 주민들의 삶의 질을 제고하는 복지시설이다. 자료 6-86, 87, 88, 89는 중심지 및 근린단위의 공공업무시설 건설 사례이다.

자료 6-86 공공업무용지 중심지 건설 사례 – 성남시청 청사(성남시청 누리집)

자료 6-87 공공업무용지 중심지 건설 사례 – 법원 · 검찰청 청사(저자 직접 촬영)

자료 6-88 공공업무용지 근린단위 사례 – 행정복지센터(한국향토문화전자대전 누리집)

자료 6-89 공공업무용지 근린단위 사례 – 공공도서관(한국향토문화전자대전 누리집)

공공업무시설용지는 공공서비스를 제공하는 정부 및 공공기관에 매각하는 토지상품이다. 따라서 매각가격은 시장에서 정해진 가격이 아니라 택지의 조성원가 또는 무상으로 공급하기도 한다.

공공업무시설용지는 택지개발사업시행자에게 매각으로 인한 이익을 발생시키지 않지만, 공공업무시설용지에 건설되는 시설에서 발생하는 공공서비스로 인하여 다른 토지상품에 가치를 향상되는 외부효과가 발생한다. 이러한 외부효과의 도달범위는 각각의 공공서비스가 도달하는 지리적 범위까지 영향을 미칠 것이다.

한편, 시청, 법원 및 검찰청과 같이 광범위한 지역에 영향을 미치는 공공시설은 공공시설용지 인근에 공공서비스 관련 민간의 업무시설용지 수요가 발생한다. 예컨대, 법원 및 검찰청 주변에는 법률사무소, 법무법인, 법무사, 은행지점 등과 같이 민간의 법률서비스 및 관련 산업의 업무공간 수요가 발생하며, 시청 등 공공청사 주변에는 건축사, 세무사, 행정사, 지적측량업체 등의 업무공간 수요가 발생하여 민간 사업자를 위한 업무시설용지의 배치가 필요하다.

공공업무시설용지는 공공의 이익을 위한 시설을 건설하는 토지상품으로 택지개발사업자에게 수익을 발생하지 않더라도 공공서비스가 도달하는 범위까지 토지상품의 가치에 영향을 미치며, 광역 공공시설은 관련 서비스 산업의 활성화를 유발하여 지역 경제발전에 도움을 준다.

도시계획의 측면에서 공공업무시설용지는 주민들의 편리하고 쾌적한 주거생활에 기여하고, 도시가 제공하는 서비스를 유기적으로 구성할 수 있는 토지이용계획 수립을 완성하는 기능을 한다.

6.5.8 문화시설용지

문화시설용지는 문화시설을 설치할 수 있는 토지상품이다. 문화시설이란[123] 국가 또는 지방자치단체가 설치하거나 문화체육관광부장관, 특별시장, 광역시장, 특별자치시장, 도지사 또는 특별자치도지사가 도시 · 군계획시설 설치할 필요성이 있다고

123 『도시 · 군계획시설의 결정 · 구조 및 설치기준에 관한 규칙』 제96조.

인정하여 설치하는 시설이다. 구체적인 시설로는 공연장, 박물관 및 미술관, 지방문화원 시설, 공연시설, 도서관, 문학관, 창작물 공연 · 전시 시설, 과학관, 전시시설, 전문도서관 등이 있다.

문화시설용지는 설치되는 지역의 문화발전과 문화증진을 위하여 지역의 특성과 기능을 고려하여야 한다. 또한 이용자가 접근하기 쉽도록 대중교통수단의 이용이 편리하고 보행로를 통한 접근이 쉬운 장소에 설치하여야 한다. 자료 6-90은 문화시설용지의 건설 사례이다.

자료 6-90 문화시설용지 건설 사례 – 위례신도시 밀리토피아(저자 직접 촬영)

지자체와 공공기관이 협력하여 문화시설을 건설한 사례도 있는데, 성남시가 LH, 성남문화재단, 가천대학교와 함께 기획하여 위례신도시에 설치한 문화시설 '스토리박스'이다. 컨테이너 55개로 3층 규모 5개동으로 설치되었으며, 북카페, 커뮤니티 공간, 문화강좌를 위한 스튜디오 및 야외공연장 등 창작공간과 방문객을 위한 휴게공간으로 이뤄졌다. 자료 6-91은 '스토리 박스' 건설 사례이다.

자료 6-91 문화시설 건설 사례 – 위례신도시 복합문화시설[124](저자 직접 촬영)

문화시설용지는 택지개발의 규모가 신도시급 이상이거나 택지개발사업지구의 입지가 지역의 중심에 입지하여 문화시설의 설치가 필요한 때 토지이용계획에 반영되는 사례가 있으며, 중소규모의 택지개발사업에서는 계획된 사례를 찾기 어렵다. 이는 문화시설의 건립과 운영에 많은 예산이 소요되어 신도시 규모 이하의 택지지구에 계획하기에는 재정적 부담이 있기 때문이다. 자료 6-92, 6-93은 문화시설용지의 지구단위계획도 및 지구단위계획 시행지침 사례이다.

124 위례신도시 복합문화시설 '스토리박스'는 성남시 수정구청 청사 이전이 지연되어 업무용지에서 복합문화시설용지로 용도가 바뀌었으며, 성남시가 토지를 매입하기로 하고 LH는 스토리박스 시설을 조성하여 성남시에 기부채납하고, 성남문화재단과 가천대학교가 문화예술 프로그램을 맡아 진행한다.

자료 6-92 문화시설용지 지구단위계획도 – 위례신도시(LH 매각공고)

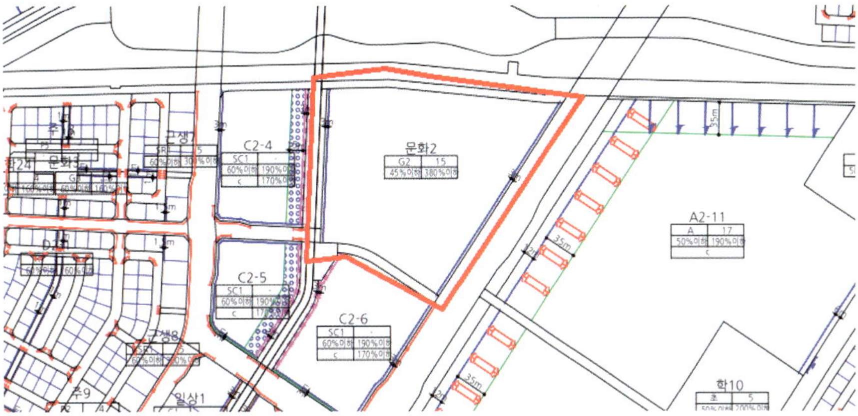

자료 6-93 문화시설용지 지구단위계획 시행지침 – 위례신도시(LH 매각공고)

<표Ⅱ-8-2> 문화시설 및 체육시설용지의 허용용도, 건폐율, 용적률, 높이

구 분		문화시설 및 체육시설용지					
건축물용도	도면표시	G1	G2	G3	G4	G5	G6
	허용용도	•건축법시행령 <별표1>에 의한 다음의 용도 (건축연면적의 50% 이상을 문화 및 집회시설로 건축하여야 한다.) - 문화 및 집회시설 - 교육연구시설 바목 도서관 - 운동시설 - 수련시설	• 건축법시행령 <별표1>에 의한 다음의 용도 - 문화 및 집회시설 - 제1종 근린생활시설 - 제2종 근린생활시설 (안마시술소 및 단란주점 제외) - 업무시설 - 교육연구시설 - 운동시설 - 교정 및 군사시설 라목 국방·군사시설 - 관광숙박시설	•건축법시행령 <별표1>에 의한 다음의 용도 (건축연면적의 50% 이상을 문화 및 집회시설로 건축하여야 한다.) - 문화 및 집회시설 (공연장 및 관람장 제외) - 노유자시설	•건축법시행령 <별표1>에 의한 다음의 용도 - 운동시설 중 골프연습장 - 제1종 근린생활시설 - 제2종 근린생활시설 (안마시술소 및 단란주점 제외) - 교정 및 군사시설 라목 국방·군사시설	•건축법 시행령<별표1>에 의한 다음의 용도 - 제1종 근린생활시설 중 마목 - 제2종 근린생활시설 중 파목 - 문화 및 집회시설 중 다목의 체육관 및 운동장 - 운동시설 - 업무시설(오피스텔 제외) *제1종 근린생활시설 중 마목, 제2종근린생활시설 중 파목, 문화 및 집회시설 중 다목의 체육관 및 운동장, 운동시설은 50%이상(수영장 또는 스케이트장은 반드시 포함) [부수용도] •제1종 근린생활시설 (마목 제외) •제2종 근린생활시설 (파목, 안마시술소, 단란주점, 다중생활시설 제외) *부수용도는 건축물 연면적의 30%미만에 한함	• 「체육시설의 설치·이용에 관한 법률」에 의한 생활체육시설 •건축법시행령 <별표 1>에 의한 다음의 용도 - 운동시설 및 부속용도 (옥외철탑이 설치된 골프연습장 제외) - 제1종 근린생활시설 - 제2종 근린생활시설 (안마시술소, 단란주점, 종교집회장, 옥외철탑이 설치된 골프연습장, 다중생활시설 제외) *근린생활시설의 설치는 건축물 연면적의 30% 이하에 한함
	불허용도	• 허용용도 이외의 용도	• 허용용도 이외의 용도	• 허용용도 이외의 용도	• 허용용도 이외의 용도	• 허용용도 이외의 용도	• 허용용도 이외의 용도
건폐율		60% 이하	45% 이하	60% 이하	20% 이하	• 60% 이하	• 60% 이하
용적률		300% 이하	380% 이하	160% 이하	50% 이하	• 400% 이하	• 300% 이하
최고층수		5층 이하	15층 이하	3층 이하	–	–	–
해당블록		문화1	문화2	문화3	체1	체2	체3

6.5.9 체육시설용지

체육시설용지는 체육시설을 설치할 수 있는 토지상품이다. 체육시설이란 『체육시설의 설치 · 이용에 관한 법률』에서 정하는 체육시설을 의미한다.

체육시설의 입지는 인구밀집지역에 설치하지 않도록 토지이용현황을 고려하여야 하나, 생활체육시설은 주거지역에 가까운 곳에 설치하도록 하고 있다. 다수의 주민이 이용하는 시설이므로 이용자의 접근과 분산이 쉬워야 하며, 다수의 이용자가 단시간 내에 모이고 흩어질 수 있도록 다른 교통수단과의 연계를 고려하고, 지역 간의 교통연결이 편리한 장소에 설치해야 한다. 체육시설용지는 평탄한 지형인 지대에 설치하고 경사면은 부대시설 등으로 적절히 이용할 수 있도록 계획해야 한다. 자료 6-94, 6-95는 체육시설용지의 건설 사례이다.

자료 6-94 체육시설용지 건설 사례 – 동탄2신도시[125](저자 직접 촬영)

125 동탄역 인근 상업·업무지역에 인접한 체육시설용지로 생활체육시설, 운동시설 외 제1종 및 제2종 근린생활시설이 허용된다.

자료 6-95 생활체육시설 건설 사례 – 동탄2신도시 어울림센터[126](한국관광공사 누리집)

체육시설용지는 체육시설 단독으로 계획하기도 하지만, 주민편의를 고려한 복합시설로 계획하기도 한다. 자료 6-96, 97은 체육시설용지의 지구단위계획 사례이다.

자료 6-96 체육시설용지 지구단위계획도 – 동탄2신도시(LH 매각공고)

126 화성시가 동탄2신도시에 건립한 생활체육시설로 지상3층, 지하1층 규모이며, 수영장, 체력단련실, 휴게음식점 등의 시설을 갖추고 있다.

자료 6-97 생활체육시설용지 지구단위계획 시행지침 – 동탄2신도시(LH 매각공고)

< 생활체육시설용지에 관한 사항 >

제13조(건축물의 용도, 건폐율, 용적률, 높이)

① 생활체육시설용지의 건축물의 용도, 건폐율, 용적률, 높이는 <표II-8-6>에 의하며, 획지별 세부기준은 지구단위계획 지침도에 따른다.

② 생활체육시설용지 내에는 「건축법 시행령」 별표 1에 의한 제1종 및 제2종 근린생활시설(안마시술소 등 제외)을 부수용도로서 건축물 연면적의 30% 이하에 한하여 설치할 수 있다.

<표II-8-6> 생활체육시설용지의 건축물의 용도, 건폐율, 용적률, 최고층수

구 분		생활체육시설용지	
	도면표시	H1	H2
건축물 용도	허용용도	• 「체육시설의 설치·이용에 관한 법률」 에 의한 생활체육시설 •운동시설(옥외철탑이 설치된 골프연습장 제외) •제1종 근린생활시설 * •제2종 근린생활시설(안마시술소, 단란주점, 종교집회장, 옥외철탑이 설치된 골프연습장 및 다중생활시설 제외) *	•운동시설(옥외철탑이 설치된 골프연습장 제외)
	불허용도	•허용용도 이외의 용도 •교육환경보호구역내 금지시설	•허용용도 이외의 용도
건폐율(%)		50% 이하	20% 이하
기준용적률(%)		300% 이하	80% 이하
최고층수		7층 / 8층 : 지침도에 따름	4층
해당블록		체육 1, 4	체육 2

주) 제1종 및 제2종 근린생활시설은 부수용도로서 건축물 연면적의 30% 이하에 한함

체육시설용지는 계획되는 입지가 상업 · 업무지역인지 주거지역인지에 따라 토지의 면적과, 건폐율, 용적률, 최고층수 등 건축규모가 다르게 정해진다. 상업 · 업무지역에 체육시설용지는 토지 면적과 건축규모가 크며, 주거지역에서는 토지 면적과 건축규모가 상대적 작다. 따라서 체육시설을 건설하기 위한 토지상품은 입지와 이용자의 규모를 고려하여 계획해야 한다.

한편, 체육시설용지의 공급방법은 지방정부 등 공공기관인 경우에는 수의계약으로 공급하며, 일반실수요자를 대상으로 공급하면 경쟁입찰 방식으로 최고가 매수신청인과 계약하게 되는데, 이는 체육시설이 유료로 이용하는 영리시설인 특성을 반영한 것이다.

6.5.10 복지시설용지

복지시설용지는 사회복지시설을 설치할 수 있는 토지상품이다. 사회복지시설이란 『사회복지사업법』에 따라 사회복지사업을[127] 하기 위한 목적으로 설치하는 시설을 말한다.

『도시 · 군계획시설의 결정 · 구조 및 설치기준에 관한 규칙』 제108조는 사회복지시설은 특성에 따라 인근의 토지이용현황을 고려하고, 인구밀집지역에 설치하는 것이 부적합한 시설과 주거환경에 좋지 아니한 영향을 미치는 시설은 도시의 외곽에 설치하도록 하고 있다. 자료 6-98은 복지시설용지 건설 사례이다.

자료 6-98 복지시설용지 건설 사례 – 동탄2신도시(한국향토문화전자대전 누리집)

127 사회복지사업이란 『사회복지사업법』 제2조 제1호 각목의 법률에 따른 보호·선도 또는 복지에 관한 사업과 사회복지상담, 직원지원, 무료 숙박, 지역사회복지, 의료복지, 재가복지, 사회복지관 운영, 정신질환자 및 한센병력자의 사회복귀에 관한 사업 등 각종 복지사업과 이와 관련된 자원봉사활동 및 복지시설의 운영 또는 지원을 목적으로 하는 사업을 말한다.

택지개발사업에 복지시설용지를 계획하는 것은 도시 내 취약계층의 삶의 질을 향상시키는 공공시설이자 도시기반시설의 토대를 마련하는 기능을 한다. 사회복지시설은 노인, 아동, 장애인, 저소득층 등 사회적 약자 · 소외계층을 보호하고 지원함으로써 사회적 불균형을 완화하고 사회적 안정망으로 작용한다. 또한 주민의 기본적인 복지 수요인 주거, 의료, 돌봄, 급식 등을 충족시켜주는 역할을 하여 삶의 질을 제고한다. 따라서 사회복지시설의 입지와 분포는 도시공간의 형평성과 접근성을 확보하는 측면에서 중요한 요소로 작용한다. 자료 6-99는 복지시설용지의 지구단위계획 사례이다.

자료 6-99 복지시설용지 지구단위계획도 – 동탄2신도시(LH 매각공고)

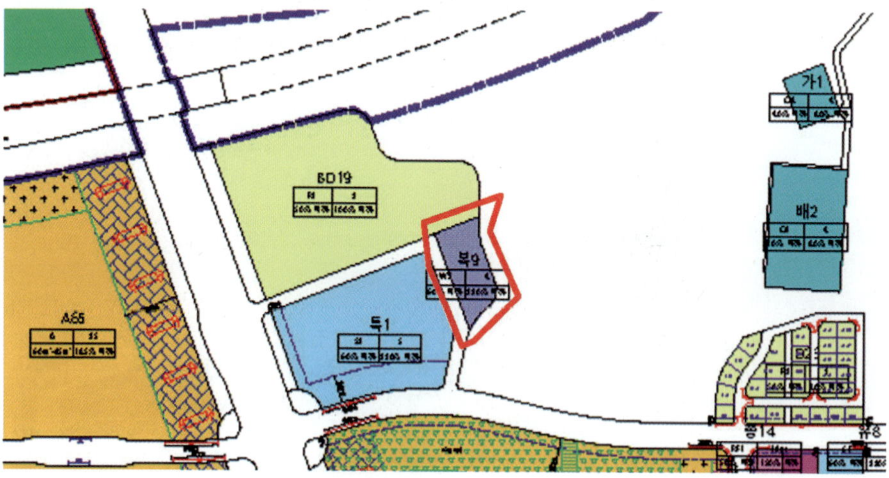

복지시설용지의 입지는 수요자에 인접성과 접근성이 중요하다. 근린지역에 계획된 복지시설용지는 보행자 중심 설계로 고령자나 장애인 등 교통약자의 접근성을 보장하고, 상업 · 업무지역에 계획된 복지시설용지는 대중교통 이용이 편리한 위치에 있어야 한다. 또한 사회복지시설의 이용자의 특성을 고려하여 이용자 수요조사와 인구통계 빅데이터에 기반한 입지계획이 필요하다. 자료 6-100은 복지시설의 지구단위계획 시행지침 사례이다.

자료 6-100 복지시설용지 지구단위계획 시행지침 – 동탄2신도시(LH 매각공고)

< 복지시설용지에 관한 사항 >

제12조(건축물의 용도, 건폐율, 용적률, 높이)

복지시설용지의 건축물의 용도, 건폐율, 용적률, 높이는 <표Ⅱ-8-5>에 의하며, 획지별 세부기준은 지구단위계획 지침도에 따른다.

<표Ⅱ-8-5> 복지시설용지의 건축물의 용도, 건폐율, 용적률, 최고층수

구 분		복지시설용지		
건축물 용도	도면표시	W1 (보육시설)	W2 (경로당)	W3 (장애인복지시설)
	허용용도	•「영유아보육법」 에 의한 보육시설 •노유자시설 •교육연구시설 중 유치원	•「노인복지법」 에 의한 노인여가복지시설 •제1종 근린생활시설 중 마을회관 •노유자시설 •교육연구시설 중 유치원	•「장애인 복지법」 에 의한 장애인복지시설 •노유자시설
	불허용도	•허용용도 이외의 용도	•허용용도 이외의 용도	•허용용도 이외의 용도
건폐율(%)		60% 이하	60% 이하	60% 이하
기준용적률(%)		180% 이하	180% 이하	230% 이하
최고층수		3층	3층	4층
해당블록		복 1~3, 6, 11, 14	복 4, 5, 10, 12, 15	복 9

복지시설용지는 주거밀도가 높은 도시의 다양한 계층의 편리하고 쾌적한 주거환경을 만드는 기반시설의 토대이다. 따라서 저렴하고 안정적인 토지상품을 공급하여야 하며, 인근 주민과의 갈등을 최소화하면서 공원, 문화시설 같은 지역 커뮤니티 기능과 연계할 수 있는 장소에 계획하는 것이 이상적이다.

6.5.11 의료시설용지

의료시설용지는 『의료법』에 따른 병원, 한방병원, 또는 요양병원과 종합병원 등 종합의료시설을 건설할 수 있는 토지상품이다.

의료시설용지는 이용하는 주민, 특히 구급 환자가 쉽게 접근할 수 있도록 도심부에 설치하고, 각종 교통기관과 연결되도록 해야 한다. 또한 인근의 토지이용계획을 고려하여 의료행위에 지장을 주는 매연 · 소음 · 진동 등의 저해 요소가 없고, 일조 · 통풍이 잘 되는 장소에 설치해야 한다. 자료 6-101은 종합의료시설용지의 건설 사례이다.

자료 6-101 **의료시설용지 건설 사례**(세종특별자치시 누리집)

의료시설은 도시기반시설이지만 의료행위를 통한 영리가 실현되는 특성이 있으므로 일반경쟁입찰 또는 추첨분양의 방식으로 공급한다. 자료 6-102, 6-103은 의료시설용지의 지구단위계획 사례이다.

자료 6-102 **의료시설용지 지구단위계획도 – 파주운정신도시**(LH 매각공고)

자료 6-103 의료시설용지 지구단위계획 시행지침 – 파주운정신도시(LH 매각공고)

제 2 절 공공건축물 및 기타 시설별 시행지침

〈 종합의료시설에 관한 사항 〉

제 26 조 (건축물의 허용용도, 건폐율, 용적률, 높이)

① 종합의료시설의 건축물의 허용용도, 건폐율, 용적률, 높이는 아래 〈표 II-21〉에 따른다.

〈표 II-21〉 종합의료시설 허용용도 · 건폐율 · 용적률 · 높이

택지용도	건축물의 용도표시	허용용도	건폐율(%)	용적률(%)	높이(층)
종합 의료시설	의	• 건축법시행령 별표1의 9에 해당하는 병원 중 종합병원 및 부수용도(격리병원 제외)	60	300	-

제 27 조 (차량 출입구 및 주차시설)

① 종합의료시설의 차량출입은 외래이용자 및 응급환자의 이용에 용이하도록 한다.

제 28 조 (조경)

① 인접도로와 접해서 녹지가 설치되어 있지 않을 경우, 대지 경계선으로부터 5m의 공공조경을 설치한다.

② 차량출입 허용구간에 지정된 공공조경은 차량출입구를 제외한 구간에 설치한다.

6.5.12 공급시설용지

공급시설용지는 수도공급설비, 전기공급설비, 가스공급설비, 열공급설비 등을 설치할 수 있는 토지상품이다. 공급시설은 택지개발의 규모, 지역 여건 등에 따라 설비가 정해지므로, 각 사업의 개발계획 및 실시계획을 고려하여 토지이용계획에 반영한다. 또한 토지의 공급은 공공기관에 매각하므로 조성원가 수준에서 수의계약으로 매각하는 방법이 일반적이다. 자료 6-104는 공급시설용지의 건설 사례이다.

자료 6-104 공급시설용지 열공급설비 사례(한국지역난방공사 누리집)

공급시설용지는 공급설비의 종류에 따라 토지의 형태가 방형·선형 등으로 다를 수 있다. 예컨대, 발전소 등 열공급설비는 방형의 토지에 설치할 수 있지만, 수도공급설비는 광역수도관이 지하에 연결되어 길게 매설되므로 선형으로 필지가 구성된[128] 토지이용계획이 수립될 수 있다.

128 이처럼 지하에 매설되는 공급시설용지는 지상을 공공공지 또는 녹지로 조성하기도 한다.

자료 6-105 공급시설용지 지구단위계획 시행지침 사례 – 동탄2신도시(LH 매각공고)

< 공급처리시설에 관한 사항 >

제24조 (건축물의 용도, 건폐율, 용적률, 높이)

① 공급처리시설의 건축물의 용도, 건폐율, 용적률, 높이는 <표II-8-12> 및 <표II-8-13>에 의하며, 획지별 세부기준은 지구단위계획 지침도에 따른다.

② 공급처리시설은 「도시계획시설의 결정·구조 및 설치기준에 관한 규칙」에 따라 건축하여야 한다.

<표II-8-12> 공급처리시설용지 등의 건축물의 용도, 건폐율, 용적률, 최고층수-1

구 분		공급처리시설		
건축물 용도	도면표시	Q1	Q2	Q3
	허용용도	•전기공급설비 중 변전시설	•전기공급설비 중 송전선로	•수도공급설비 중 배수지
	불허용도	•허용용도 이외의 용도	•허용용도 이외의 용도	•허용용도 이외의 용도
건폐율(%)		60% 이하	20% 이하	20% 이하
기준용적률(%)		200% 이하	80% 이하	80% 이하
최고층수		4층	4층	4층
해당블록		변 1~4	전 1, 2, 3, 4	배 1, 2

<표II-8-13> 공급처리시설용지 등의 건축물의 용도, 건폐율, 용적률, 최고층수-2

구 분		공급처리시설			방재시설
건축물 용도	도면표시	Q4	Q5	Q6	Y
	허용용도	•수도공급설비 중 가압장	•하수도 중 오수중계펌프장	•폐기물처리시설	•유수지 중 저류시설
	불허용도	•허용용도 이외의 용도	•허용용도 이외의 용도	•허용용도 이외의 용도	•허용용도 이외의 용도
건폐율(%)		40% 이하	20% 이하	20% 이하	20% 이하
기준용적률(%)		80% 이하	80% 이하	80% 이하	80% 이하
최고층수		4층	4층	-	4층
해당블록		가 1	하수 1	폐 1	저류 1

공급시설용지는 택지개발사업 별로 그 구성이 다를 수 있다. 예컨대, 지구단위계획 시행지침에서 동탄2신도시는 공급시설로 전기공급설비, 송전선로, 수도공급설비, 하수설비, 폐기물처리시설, 저류시설 등이 계획되어 있고, 위례신도시는 열공급과 전기공급설비, 변전소, 배수 설비, 가압장 등이 계획되어 있어 신도시 규모의 택지개발사업이라도 개발사업 대상지역의 기존 여건 등에 따라 기반 시설의 계획 및 구성이 다를 수 있다.

자료 6-106 공급시설용지 지구단위계획 시행지침 – 위례신도시(LH 매각공고)

<표Ⅱ-8-5> 공급처리시설용지의 허용용도, 건폐율, 용적률, 높이

구 분		공급처리시설용지	
건축물 용도	도면표시	Q1	Q2
	허용용도	열공급설비	•건축법시행령 <별표1>에 의한 다음의 용도 – 제1종 근린생활시설 아목 도시가스배관시설 – 제1종 근린생활시설 나목 휴게음식점, 마목 탁구장 및 체육도장 – 제2종 근린생활시설 파목 중 체력단련장, 에어로빅장, 놀이형시설, 그 밖에 이와 비슷한 것
건폐율		60% 이하	60% 이하
용적률		400% 이하	200% 이하
최고층수		–	–
해당블록		열1	가1

구 분		공급처리시설용지			
건축물 용도	도면표시	Q3	Q4	Q5	Q6
	허용용도	전기공급설비	변전소	배수지	가압장
건폐율		60% 이하	60% 이하	20% 이하	20% 이하
용적률		200% 이하	200% 이하	50% 이하	50% 이하
최고층수		–	–	–	–
해당블록		전1	전2	수도2 ~ 수도4	수도5 ~ 수도6

택지개발사업은 종합적인 도시계획에 따라 공급시설이 선제적으로 배치되므로 도시 전체의 기능과 조화를 이룬다. 또한 기반시설이 먼저 시공되고, 토지의 이용이 기반시설의 용량을 고려하여 계획적으로 이루어지므로 무질서한 난개발을 방지하고 상하수도, 전기, 가스, 통신 등 여러 종류의 기반시설이 일관성 있게 구축된다.

최근에는 스마트시티, 친환경 도시, RE100 등 친환경 첨단기술이 적용된 미래도시를 구축하는 것이 도시의 발전 방향으로 주목받는데, 이러한 기술을 적용하여 실현시킬 수 있는 설비를 구축할 토지상품이 공급시설용지이다. 따라서 단기적인 시각보다 거시적인 시각에서 공급설비에 대한 고찰과 계획이 필요하다.

6.5.13 도로용지

도로용지는 도로를 건설하는 토지상품이다. 개별입지에서는 건축을 위한 도로용지를[129] 거래하는 사례가 있으나, 계획입지에서는 사업시행자가 기존의 도로용지를 무상귀속하고 새로 건설한 택지개발지구에서 도로용지를 도로관리청에 기부채납하는 방식이다.

'도로'는『도로법』제2조에 따른 차도, 보도(步道), 자전거도로, 측도(側道), 터널, 교량, 육교, 지하도, 궤도(軌道), 지하통로, 도선장(渡船場) 및 도선의 교통을 위하여 수면에 설치하는 시설 등으로 정의된다.

도로의 종류와 구분은『도로법』제10조에 따른 도로의 종류는 고속국도, 일반국도, 특별시도 · 광역시도, 지방도, 시도, 군도, 구도로 구분한다. 그리고『도시 · 군계획시설의 결정 · 구조 및 설치기준에 관한 규칙』제9조에서는 도로의 사용 및 형태별 구분으로 일반도로, 자동차전용도로, 보행자전용도로, 보행자우선도로, 자전거전용도로, 고가도로, 지하도로로 구분하고, 규모별[130] 구분으로는 광로, 대로, 중로, 소로로 구분하며, 기능별 구분으로 주간선도로, 보조간선도로, 집산도로, 국지도로, 특수도로로 구분한다.

택지개발로 인하여 증가하는 교통량에 대한 대책은 광역교통개선대책으로 수립하며, 이는 택지개발사업지구의 외부와 연결하는 교통체계에 대한 개발을 수반한다. 이는 택지개발지구 내 설치되는 도로 건설과 더불어 지역의 교통체계가 질서 있고 쾌적한 환경을 유지할 수 있도록 유도한다. 자료 6-107은 광역교통개선대책의 사례이다.

---

129 『건축법』제2조 제1항 제11호 및 제44조에 따라 건축물의 대지는 2미터 이상이 폭 4미터 이상의 도로에 접하여야 한다.

130 규모별 구분은 광로, 대로, 중로, 소로를 다시 1류, 2류, 3류로 세분하여 도로의 폭을 정하고 있다. 광로에서 소로 순서로, 1류에서 3류 순서로 규모가 작아지는 위계적 구분이다.

자료 6-107 광역교통개선대책 사례 – 위례신도시(관보)

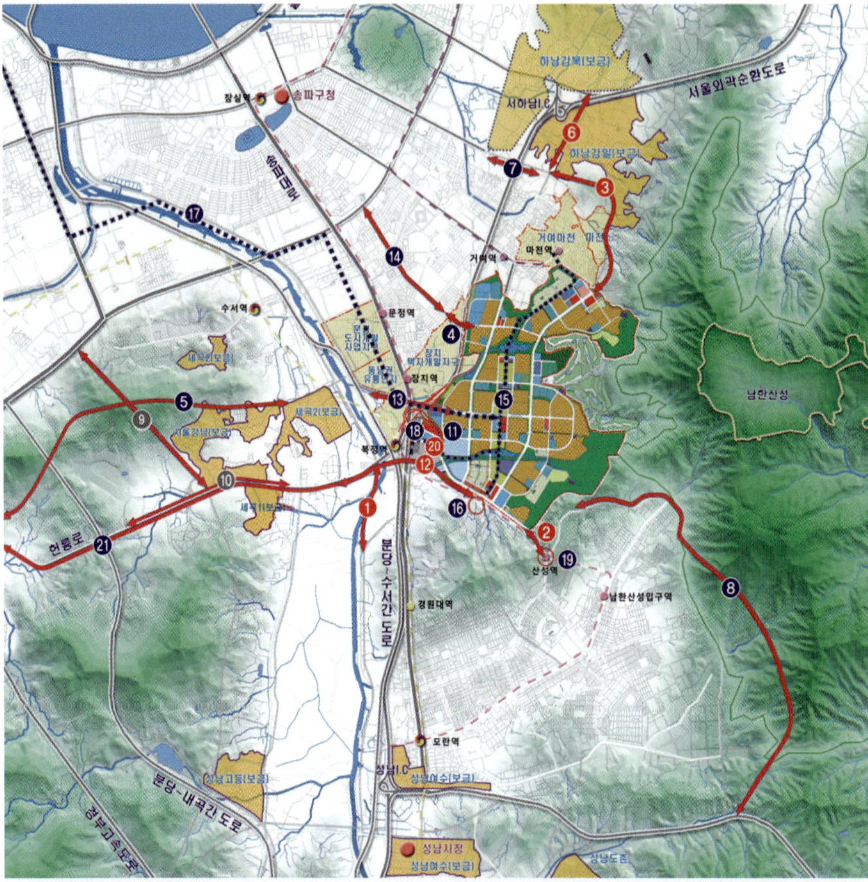

구 분	연장(km)	차로수	완료시기	총사업비(억원)	LH부담	시행주체
계				38,558	16,816	
도로				15,270	6,910	
① 탄천변도로신설	1.1	4	2020	1,450	1,450	LH
② 우남로확장	0.4	6→8	2019	220	220	LH
③ 지구북측도로신설	2.5	6	2022	2,460	2,460	LH
④ 장지동길신설	0.4	4	2022	380	380	SH
⑤ 제2양재대로신설	5.2	4	미정	3,200	750	서울시
⑥ 감일~초이간도로	1.3	6	2022	1,130	420	LH(감일지구)
⑦ 위례성길연결로확장	1.0	4→6	2012	310	310	서울시
⑧ 성남외곽순환도로확장	6.9	4→6, 4	1단계 2023 2단계 미정	3,200	920	성남시
⑨ 헌릉로~삼성로간신설	3.7	4	미정	1,900	-	서울시
⑩ 헌릉로확장	2.5	6→8	2012	1,020	-	서울시
접속시설				4,070	3,356	
⑪ 송파IC개선			2022	1,380	1,206	도로공사

구 분	연장(km)	차로수	완료시기	총사업비(억원)	LH부담	시행주체
⑫ 복정사거리입체화	2.3	4	2014	1,590	1,590	LH
⑬ 장지교삼거리입체화	1.1	4	2017	1,080	540	SH
⑭ 장지동길TSM	2.6		2020	20	20	서울시
철도시설				17,423	5,470	
⑮ 신교통수단도입(위례선)	5.44		2025	2,640	2,640	서울시
⑯ 우남역신설			2021	530	530	철도공사
⑰ 위례 신사선	14.83		2027	14,253	2,300	민자
대중교통시설				1,675	960	
⑱ 환승센터설치(복정역)			2026	1,010	377	서울시
⑲ 환승센터설치(산성역)			2013	165	83	성남시
⑳ 공영차고지이전			2024	500	500	LH
중앙버스전용차로				120	120	
㉑ 헌릉로	9.7		1단계 2022 2단계 2025	120	120	서울시

택지개발에서 '도로시설'은 가로변 식재, 가로변 포장, 자전거도로, 보행자전용도로 등으로 구성된다. 자료 6-108은 도로시설의 지구단위계획 시행지침 사례이다.

자료 6-108 도로시설 지구단위계획 시행지침 – 운정신도시(LH 매각공고)

제 Ⅳ 편 공공부문 시행지침

제 1 장 도로시설

< 가로변 식재에 관한 사항 >

제 1 조 (가로수 식재 기본원칙)

① 보차도 구분이 있는 노선폭 15m 이상 도로로서 보도폭 2.5m 이상인 도로에는 원칙적으로 가로수를 식재를 원칙으로 하되, 도로의 여건에 따라 융통성 있게 조정 할 수 있으며, 동일노선에는 동일수종의 식재를 원칙으로 한다. 노선폭이 15m 미만이더라도 교통영향분석 개선대책 차로운영계획에서 제시된 가로수 식재계획이 있을 경우 식재를 반영하여 계획한다.

② 가로수 식재 간격은 성장시 인접 수관이 서로 닿지 않도록 6~8m 내외를 기준으로 한 열식을 원칙으로 한다.

③ 가로수 식재 후 수목보호를 위해 주요 간선도로변에는 철제 지주대 또는 지주목을 설치한다.

④ 간선도로를 따라 파주시의 상징수와 상징화를 식재하거나, 구간별 주제를 정하여 주제에 적합한 나무, 꽃을 식재하도록 한다.

1. 파주시의 상징수 및 상징화 : 은행나무, 코스모스
2. 상징가로 : 문화 및 예술성의 상징과 이벤트가로로서 역할수행 및 녹음을 제공할 수 있는 수종
3. 가로수조성 및 관리규정에 의거 특색있는 가로수 식재(은행나무거리, 단풍나무거리, 벚꽃나무거리 등)

제 2 조 (가로수 식재방법)

① 간선도로의 교차부분, 버스 및 택시 정차대 주변 등은 운전자와 보행인이 쉽게 인식할 수 있도록 수목 식재를 배제하여 시야를 개방한다.

② 보행밀도가 높은 곳의 가로수는 생육환경을 유지하기 위해 수목 보호대를 폭 1~2m이하로 설치한다.

파주운정지구 택지개발사업 지구단위계획 105

제 3 조 (중앙분리대 식재)

① 중앙분리대의 식재는 가로수와 동일한 수종을 식재한다.

② 주거지와 인접한 가로구간의 중앙분리대는 관목류 위주의 식재 패턴을 도입한다.

③ 기본적으로 마운딩 후 잔디를 식재하고 소교목으로 요점식재를 하거나 화관목 등을 군식하여 쾌적한 도로분위기를 연출한다.

제 4 조 (기타구간 식재)

① 버스 및 택시 정차대 전후구간에는 가로수로 인하여 운전자의 시야가 가리거나 승하차시 장애가 되지 않도록 식재를 배제하거나 부분적으로 이격시켜 식재하여야 한다.

② 주요 간선도로의 교차부분에서는 운전자나 보행인이 도로의 변화를 인지하고 충분한 주의를 기울일 수 있도록 수종, 식재간격 등을 변화있게 적용하여야 한다.

③ 파주운정3지구 주진입부, 주요 공공시설 입구부 등 인식성 제고가 필요한 구간에서는 요점식재 및 향토수종을 활용한다.

제 5조 (차선도색형 교통섬의 식재)

① 차량의 주행에 이용되지 않는 교차로·지하차로 상부·고가차도 하부·터널 입구 등에 위치한 차선도색형 교통섬 및 안전지대에는 녹지대를 설치하여야 한다.

② 차선도색형 교통섬의 식재는 교통소통 및 안전에 지장이 없도록 중교목과 화관목 위주로 식재하며, 횡단보도에 면한 곳에는 보행속도가 느린 노약자와 장애자, 어린이가 쉬어 갈 수 있도록 휴게공간을 연계하여 조성하여야 한다.

파주운정지구 택지개발사업 지구단위계획 106

③ 교차로의 교통섬 및 터널입구 상단부에는 경관수목의 식재 또는 조형물의 설치 등을 통해 통과차량들의 지표적 역할을 할 수 있도록 하여야 한다.

< 가로변 포장에 관한 사항 >

제 6 조 (포장원칙)

① 포장재료는 보행 및 차량의 하중을 감안하여 내구성 있는 재료가 선정되어야 하며, 미끄럼과 눈부심이 방지될 수 있는 재료이어야 한다.

② 보도부분의 포장패턴은 단순한 형태미를 갖는 패턴의 반복을 기본으로 하되, 가로수 식재 및 시설물의 배치 등과 연계하여 일체적 가로 분위기를 조성할 수 있어야 한다.

제 7 조 (차도포장)

① 차도부분은 아스팔트 또는 콘크리트 포장을 원칙으로 한다.

② 보차혼용도로 등 보행자의 안전이 요구되는 지점에는 거친 재질을 이용하여 서행운전을 유도하고 보행특성에 따라 포장재료의 질감을 다르게 한다.

③ 버스전용차로, 보행 및 자전거도로와의 교차접속구간, 스쿨존 등 시인성 제고가 필요한 구간은 투수성콘크리트, 소형고압블록 등 이질적인 재료를 사용할 수 있다.

④ 차량소음이 큰 구간의 차도 소음을 최소화하기 위해 일정구간을 차도 자체 흡음능력을 지닌 저소음 다공성 포장재(다공성 아스팔트 포장)로 포장하여 소음저감대책을 수립한다.

제 8 조 (보도포장)

① 대로변 보도는 가로수 식재 간격인 6 ~ 8m를 기본 모듈로 한 단순한 형태미를 갖는 패턴의 반복을 기본으로 하되 시각적 흥미유발과 방향성을 제공할 수 있도록 가로위계별, 장소별 특화를 도모하여야 한다.

② 파주운정3지구의 진입부, 상업지역, 커뮤니티가로, 결절부, 학교 주변지역 등의 일정 구간은 재질, 색상, 패턴 등에 변화를 주도록 한다.

③ 상기 주요 지점의 포장패턴은 파주운정3지구의 이미지를 부각시킬 수 있는 독특한 디자인을 개발하여 사용하도록 한다.

④ 횡단보도 주변에는 시각장애자용 점자블록과 턱없는 경계석을 설치한다.

< 자전거도로에 관한 사항 >

제 9 조 (기본원칙)

① 파주운정3지구내 자전거를 통해 통근, 통학, 쇼핑, 레져를 즐길수 있는 자전거도로 및 자전거 주차장 설치하며, 자전거도로의 순환체계가 이루어 질 수 있도록 대중교통시설과의 환승체계가 구축되어 효율적 이용이 이루어질 수 있도록 한다.

② 자전거 도로는 통행목적 및 입지여건에 따라 공원내 자전거도로, 녹지변 자전거도로, 보도변 자전거도로로 분류하여, 각각의 기능에 맞게 설치되어야 하며, 차량 및 보행동선과 분리되어야 하며, 적절한 부대시설을 도입함으로써 자전거이용의 안전성과 쾌적성이 확보되어야 한다.

③ 자전거보관대는 교통영향분석·개선대책에서 제시된 위치, 규모, 배치형태를 준수하여 설치하여야 하며, 자전거도로변에 이용자의 편의 및 안전을 도모하여 배치하여야 한다.

제 10 조 (일반구간에 관한 사항)

① 자전거도로변에 식재되는 교목은 지하고(枝下高)가 2.5m이상이 되도록 하여 자전거통행에 방해가 되지 않아야 한다.

② 관목은 측가지가 너무 벌어져 자전거 통행에 방해를 주지 않는 것이어야 한다.

③ 자전거용 포장은 투수성콘크리트 등 빗물의 배수가 원활한 투수성 포장재의 사용을 원칙으로 한다.

④ 투수성 포장재를 사용하지 않는 구간의 자전거도로 포장은 표면배수를 위한 구배를 유지하는 한편, 미끄럼이 방지되도록 하며, 자전거도로 주요 진입부에는 이용의 편의를 위해 단차를 배제한다.

③ 조명등을 충분히 배치하여 야간이용시 안전성을 부여하고 범죄발생을 억제할 수 있도록 하여야 한다.

<표 Ⅳ-1> 보행자전용도로 조성방안

조 성 방 향	주 요 도 입 시 설
·차도와 보행로를 분리하여 보행자의 안전성 쾌적성 확보 ·보행공간내에 다양한 공간을 조성하여 보행의 질 향상 ·보행로의 곡선화 및 다양한 휴게 및 휴식시설의 도입 ·실개천과 연계하여 놀이, 교육, 학습기능 강화	·보행로, 자전거도로, 실개천, 징검다리, 목교, 안내판, 열주, 파고라, 벤치 등

④ 보행자전용도로 내에는 보행안전성 및 가로미관 개선을 위하여 분전반(변압기/개폐기)을 설치하지 않는 것을 원칙으로 한다.

1. 분전반은 건물의 대지내 공지에 발십시키거나 부득이 보도상에 설치할 경우 통합식재대를 조성하여 차폐하도록 한다.
2. 분전반의 재질 및 형태는 주변 건축물 및 바닥포장, 가로시설물과 조화로운 색채 및 형태를 고려하여 설치한다.

< 기타 사항 >

제 16 조 (교차접속부 처리)

① 횡단보도는 주요도로의 교차접속부 및 지침도상의 지정된 장소에 「도로교통법」 및 동법시행규칙에 따라 설치하도록 하며, 설치간격은 특별한 경우를 제외하고 최소 200m 이상이 되도록 한다.

② 횡단보도구간에는 휠체어와 보행자의 통행에 도움이 되도록 경계석의 턱을 낮추어 설치하고, 시각장애자를 위한 벨신호기와 횡단보도로 유도하는 점자블록을 설치하여야 한다.

③ 보행우선 도로의 험프의 경사도는 5-10%로 설정하며, 10cm 내외의 높이를 기준으로 한다.

④ 험프와 보도 연결횡단부는 단차 없이 설치되도록 하며, 차량진입 방지를 위해 볼라드를 설치하여야 한다.

⑤ 노선의 이용특성상 야간에 빈번한 이용이 예상되는 구간에 대해서는 안전성과 범죄예방을 위하여 조명시설을 배치하여야 한다.

제 11 조 (교차접속구간에 관한 사항)

① 자전거도로와 간선가로와의 교차부에서는 횡단보도 측면에 자전거 횡단구간을 표시하여야 한다.

② 중심녹지축의 입체교차시설부에는 자전거가 원활하게 이용할 수 있도록 경사로를 설치 운영하여야 한다.

③ 입체교차시설에 설치하는 경사로는 줄눈 등 미끄럼 방지를 위한 시설을 설치하여야 한다.

④ 간선도로의 자전거 횡단구간에는 자전거 형태를 도식하여야 하며, 자전거도로와 차도와의 경계부에는 턱이 없는 경계석을 설치하여야 한다.

⑤ 교차접속부에는 볼라드를 설치하여 안전성을 확보한다.

⑥ 자전거보관대는 환경과 조화를 이루면서 좁은 공간을 최대한 활용할 수 있도록 설계하여야 한다.

< 보행자전용도로에 관한 사항 >

제 12 조 (기본원칙)

① 보행자 뿐만 아니라 자전거 및 휠체어 이용에 불편이 없도록 계단 및 단차가 없도록 하며, 부득이하게 계단을 설치한 경우 경사로를 동시에 설치하여야 한다.

② 보행자전용도로의 공간구성, 식재, 시설물배치는 입지여건 및 이용특성에 따라 기능, 형태, 식재기법 등에 있어 유형별로 특화한다.

③ 보행자전용도로와 인접한 시설 중 공원 및 어린이놀이터 등과 같은 오픈스페이스 요소 뿐만 아니라 학교와 같은 다중이용시설과의 연계성 향상을 위한 통로를 적극적으로 확보하도록 한다.

④ 8m 이상 보행자전용도로 내부에는 적정간격으로 낙엽교목을 식재하여 녹음을 조성하고 휴게.편익시설을 설치하여 보행활동을 지원한다.

파주운정지구 택지개발사업 지구단위계획 109

한편, '가로경관' 시행지침은 가로의 유형과 특화, 가로별 경관연출에 관한 사항을 정하고 있다. 자료 6-109는 가로경관에 대한 지구단위계획 시행지침 사례이다.

자료 6-109 가로경관 지구단위계획 시행지침 – 위례신도시(LH 매각공고)

제 Ⅳ 편 공공부문 시행지침

제 1 장 도로시설

< 가로변 식재에 관한 사항 >

제 1 조 (가로수 식재 기본원칙)

① 보차도 구분이 있는 노선폭 15m 이상 도로로서 보도폭 2.5m 이상인 도로에는 원칙적으로 가로수를 식재를 원칙으로 하되, 도로의 여건에 따라 융통성 있게 조정 할 수 있으며, 동일노선에는 동일수종의 식재를 원칙으로 한다. 노선폭이 15m 미만이더라도 교통영향분석 개선대책 차로운영계획에서 제시된 가로수 식재계획이 있을 경우 식재를 반영하여 계획한다.

② 가로수 식재 간격은 성장시 인접 수관이 서로 닿지 않도록 6~8m 내외를 기준으로 한 열식을 원칙으로 한다.

③ 가로수 식재 후 수목보호를 위해 주요 간선도로변에는 철제 지주대 또는 지주목을 설치한다.

④ 간선도로를 따라 파주시의 상징수와 상징화를 식재하거나, 구간별 주제를 정하여 주제에 적합한 나무, 꽃을 식재하도록 한다.

1. 파주시의 상징수 및 상징화 : 은행나무, 코스모스
2. 상징가로 : 문화 및 예술성의 상징과 이벤트가로로서 역할수행 및 녹음을 제공할 수 있는 수종
3. 가로수조성 및 관리규정에 의거 특색있는 가로수 식재(은행나무거리, 단풍나무거리, 벚꽃나무거리 등)

제 2 조 (가로수 식재방법)

① 간선도로의 교차부분, 버스 및 택시 정차대 주변 등은 운전자와 보행인이 쉽게 인식할 수 있도록 수목 식재를 배제하여 시야를 개방한다.

② 보행밀도가 높은 곳의 가로수는 생육환경을 유지하기 위해 수목 보호대를 폭 1~2m이하로 설치한다.

105

파주운정지구 택지개발사업 지구단위계획

< 가로별 경관연출에 관한 사항 >

제 2 조 (주간선도로 : 유형A)

① 서측에서 청량산 쪽으로 향하는 횡축 간선가로의 중앙분리대는 녹지로 조성하고, 가로수는 2열 식재를 함으로써 시각적 녹지축의 연장과 녹시율 증대를 유도한다.

② 조망축 선상의 도시구조물, 입체보행교차로의 상부 디자인은 과도하지 않도록 단순화시키며 친환경적 이미지를 담도록 디자인한다.

③ 각 종축간선가로는 계절감을 부여하여 도시의 주요 경관가로로서 특화하도록 한다.(L5, L6 '제12장 경관특화구역지침 참조)

④ 가로경관요소별 가로형성은 '<표Ⅳ-6-2> 가로유형A 경관구성요소별 가로형성방안에 따른다.

<표Ⅳ-6-2> 가로유형A 경관구성요소별 가로형성방안

구분	시설	구성요소	가로형성방안
공공부분	도로	- 차도, 보도, 자전거도로	- 입체적 보행연계체계 형성 - 차도, 자전거도로, 보도 분리
	수목	- 가로수 및 식재	- 중분대 식재, 가로수 2열 식재
	도시구조물	- 교량, 방음벽, 옹벽, 지하차도 등	- 단순한 디자인, 친환경적 이미지(남한산성 이미지 차용, 친환경재료 사용)
	가로시설물	- 가로등, 보호주 등 가로조명	- 수목을 부각시킨 단순한 디자인
		- 안내판, 인포메이션 등 정보체계	- 진입부 가변 정보 시스템 설치 - 주거단지 진입부 유도
		- 휴게의자, 데크 등 휴게 시설	- 공원화된 완충녹지부에 배치
		- 화장실, 주차장 등 편의시설	
	녹지, 옥외공간	- 경관녹지, 완충녹지, 공공공지 등	- 휴먼링을 제외한 녹지는 식생이행대로서 역할을 하도록 조성
		- 공개공지, 공공조경의 지정	- 조망회랑 시각축 결절부 공개공지 조성 - 상징수종의 식재
		- 전면공지 조성방안	
		- 대지내 조경	
		- 주차장 및 차량출입구	
		- 울타리 등 대지 경계부	
민간부분	건축물	- 건축물의 배치 및 규모	- 가로변 개방감 확보를 위한 배치, 일률적 높이 지양
		- 건축물의 용도	
		- 건축물의 형태	- 상층부 디자인 다양화 - 가장자리부 가로벽 형성
	옥외광고물	- 옥외광고물의 위치, 수량, 형태 등	
	야간조명	- 건축물 조명 및 옥외공간 조명	- Light level1, 가장자리부 건축물 조명

134
위례 택지개발사업 지구단위계획

<그림IV-6-2> 가로유형A 사례예시

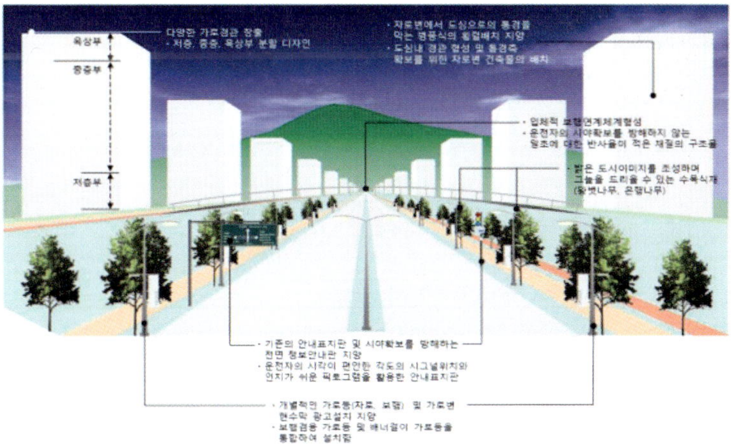

제 3 조 (보조간선도로 : 유형B)

① 독특한 형태의 건축물디자인계획 및 쌈지공원, 소규모광장을 교차로별로 조성하여 차별화를 두고 수목조명, 건축물 조명 등 야간경관을 형성함으로써 장소성 부여와 가로에 대한 위치 인식에 도움이 되도록 한다.

② 공동주택단지변은 식생이행대를 두어 친환경이미지를 부여한다.

③ 서측에서 청량산으로 향하는 횡축도로는 청량산 조망경관회랑의 역할을 수행하도록 과도한 건축물 및 도시구조물의 설치를 지양한다.

④ 공원이나 녹지는 가로에서의 접근이나 이용이 용이한 구조로 계획되어야 하고, 안전을 위하여 개방적 구조로 디자인한다.

⑤ 학교나 공원변에 안전울타리를 설치할 경우 투시형으로 하거나, 생울타리나 목재와 같은 자연친화적 재료를 사용한다.

⑥ 블록간 이동시 발생하는 도로횡단수단은 보행에 편리하고 쾌적한 구조를 가지고 있어야한다.

⑦ 가로경관요소별 가로형성은 '<표IV-6-3> 가로유형B 경관구성요소별 가로형성 방안'에 따른다.

<표Ⅳ-6-3> 가로유형B 경관구성요소별 가로형성방안

구분	시설	구성요소	가로형성방안
공공부분	도로	- 차도, 보도, 자전거도로	- 입체적 보행연계체계 형성 - 차도, 자전거도로, 보도 분리
	수목	- 가로수 및 식재	
	도시구조물	- 교량, 방음벽, 옹벽, 지하차도 등	- 단순한 디자인, 녹화등을 통한 친환경적이미지 부각
	가로시설물	- 가로등, 보호주 등 가로조명	- 수목을 부각시킨 단순한 디자인
		- 안내판, 인포메이션 등 정보체계	- 진입부 가변 정보 시스템 설치 - 주거단지 진입부 유도
		- 휴게의자, 데크 등 휴게시설	- 공원화된 완충녹지부에 배치
		- 화장실, 주차장 등 편의시설	
	녹지, 옥외공간	- 경관녹지, 완충녹지, 공공공지 등	
		- 공개공지, 공공조경의 지정	- 조망회랑 시각축 결절부 공개공지 조성 - 상징수종의 식재
		- 전면공지 조성방안	- 전면공지폭 통일, 보도와 동일한 문양으로 조성
		- 대지내 조경	
		- 주차장 및 차량출입구	- 학교의 차량진출입부 연접하여 설정
		- 울타리 등 대지 경계부	- 학교 부지 경계부 생울타리 또는 공지조성
민간부분	건축물	- 건축물의 배치 및 규모	- 가로변 개방감 확보를 위한 배치, 일률적 높이 지양
		- 건축물의 용도	
		- 건축물의 형태	- 탑상형, 판상형, 연도형, 기타 다양한 유형의 건축물 배치 권장
	옥외광고물	- 옥외광고물의 위치, 수량, 형태 등	
	야간조명	- 건축물 조명 및 옥외공간 조명	-Light level3, 주거단지 건축물 조명 지양

<그림Ⅳ-6-3> 가로유형B 사례예시

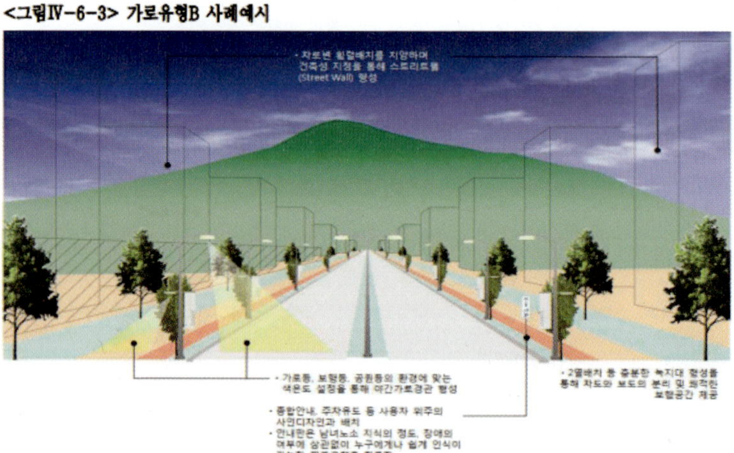

136

위례 택지개발사업 지구단위계획

제 4 조 (집산도로 : 유형C)

① 집산도로변 양측 블록의 차량동선에 영향을 미치지 않도록 진출입허용구간을 정하고, 보차분리와 보행우선구조를 취하도록 한다.

② 원칙적으로 노면주차는 불허하며, 노외주차장은 식재 등을 통해 차폐하도록 하고 주차장 진입부와 차량 진출입부분의 바닥문양은 보도와 일체화시킨다.

③ 가로시설물의 통합화를 통해 가로시설물의 최소화를 유도하고 보행공간을 확보하여 정돈된 도시이미지를 창출한다.

④ 가로표지판은 이해하기 쉬운 픽토그램을 활용하여 가독성을 높이고 통일성있는 경관을 창출한다.

⑤ 가로경관요소별 가로형성은 '<표Ⅳ-6-4> 가로유형C 경관구성요소별 가로형성 방안'에 따른다.

<표Ⅳ-6-4> 가로유형C 경관구성요소별 가로형성방안

구분	시설	구성요소	가로형성방안
공공부분	도로	- 차도, 보도, 자전거도로	- 보행우선구조, 도로노면포장 구분
	수목	- 가로수 및 식재	- 부피감이 적은 가로수종 선정
	도시구조물	- 교량, 방음벽, 옹벽, 지하차도 등	
	가로시설물	- 가로등, 보호주 등 가로조명	- 수목을 부각시킨 단순한 디자인 - 가로시설물 통합설계
		- 안내판, 인포메이션 등 정보체계	- 픽토그램 활용, 노면표시 - 차량주출입 및 주차유도, 시설 안내판 등의 배치
		- 휴게의자, 데크 등 휴게 시설	- 가로시설물과 통합설계
		- 화장실, 주차장 등 편의시설	
	녹지, 옥외공간	- 경관녹지, 완충녹지, 공공공지 등	
		- 공개공지, 공공조경의 지정	
		- 전면공지 조성방안	- 전면공지폭 통일, 보도와 동일한 문양으로 조성
		- 대지내 조경	
		- 주차장 및 차량출입구	- 보도와 통일성 있는 바닥문양 - 안내판 설치
		- 울타리 등 대지 경계부	- 학교 부지 경계부 생울타리 또는 공지조성
민간부분	건축물	- 건축물의 배치 및 규모	- 가로변 개방감 확보를 위한 저층 배치
		- 건축물의 용도	- 공동주택이 부대복리시설 가로변 배치
		- 건축물의 형태	- 저층부 보행환경 고려한 기단부 형성 : 아케이드, 캐노피, 고정차양, 상가현관 등
	옥외광고물	- 옥외광고물의 위치, 수량, 형태 등	- 세로형, 돌출형 간판 불허
	야간조명	- 건축물 조명 및 옥외공간 조명	- Light level4, 주거단지 건축물 조명 지양

<그림Ⅳ-6-4> 가로유형C 사례예시

제 5 조 (보행자도로 : 유형D)

① 보행자도로변 건축물은 최소 6m 이상 이격 배치하여 보행자에게 시각적 압박감을 줄이고 저층 및 연도형 건축물 배치를 하도록 한다. 단, 불가피하게 고층건축물 배치를 할 경우 시각적 개방감을 확보하는 건축물 배치를 한다.

② 공공시설, 부대복리시설 등의 경우 건축물 전면이 가급적 보행로를 향하도록 하며, 공개공지 · 공원과 연접할 경우 바닥포장, 식재 등이 일체화되도록 공간을 조성한다.

③ 보행자도로변으로는 가급적 담장설치를 불허하며, 부득이한 경우 친환경적인 재료(생울타리 등)의 울타리를 설치하도록 한다.

④ 가로시설물은 통합설계를 하며 바닥문양과 연결되도록 배치한다.

⑤ 조명시설은 가로등 사용을 지양하고, 시각적 사각지대 및 은닉장소가 발생하지 않도록 바닥조명을 권장한다.

⑥ 보행자도로의 보도문양은 도로보행로까지 연속되도록 하여 보행자도로와 연접 배치된 공공공간에 대한 인지도를 높이고 보행동선의 연속성을 도모한다.

⑦ 가로경관요소별 가로형성은 '<표Ⅳ-6-5> 가로유형D 경관구성요소별 가로형성방안에 따른다.

<표Ⅳ-6-5> 가로유형D 경관구성요소별 가로형성방안

구분	시설	구성요소	가로형성방안
공공부분	도로	- 차도, 보도, 자전거도로	- 활동성을 고려한 도로 포장
	수목	- 가로수 및 식재	- 다층식재, 수목터널 형성 유도
	도시구조물	- 교량, 방음벽, 옹벽, 지하차도 등	
	가로시설물	- 가로등, 보호주 등 가로조명	- 가로등의 사용 지양, 다양한 바닥조명의 사용
		- 안내판, 인포메이션 등 정보체계	- 픽토그램 활용, 노면표시
		- 휴게의자, 데크 등 휴게 시설	- 가로시설물과 통합설계 - 바닥 문양과 연계된 디자인
		- 화장실, 주차장 등 편의시설	
	녹지, 옥외공간	- 경관녹지, 완충녹지, 공공공지 등	
		- 공개공지, 공공조경의 지정	
		- 전면공지 조성방안	- 보행로변 전면공지폭 통일, 보행로와 일체화된 바닥 문양, 식재
		- 대지내 조경	- 보행로와 연계된 배치
		- 주차장 및 차량출입구	- 보행로와 연접한 배치 지양
		- 울타리 등 대지 경계부	- 학교 부지 경계부 생울타리 또는 공지조성
민간부분	건축물	- 건축물의 배치 및 규모	- 가로변 개방감 확보를 위한 저층 배치
		- 건축물의 용도	- 공동주택이 부대복리시설 가로변 배치
		- 건축물의 형태	- 연도형 권장
	옥외광고물	- 옥외광고물의 위치, 수량, 형태 등	- 세로형, 돌출형 간판 불허
	야간조명	- 건축물 조명 및 옥외공간 조명	- Light level5, 주거단지 건축물 조명 지양

<그림Ⅳ-6-5> 가로유형D 사례예시

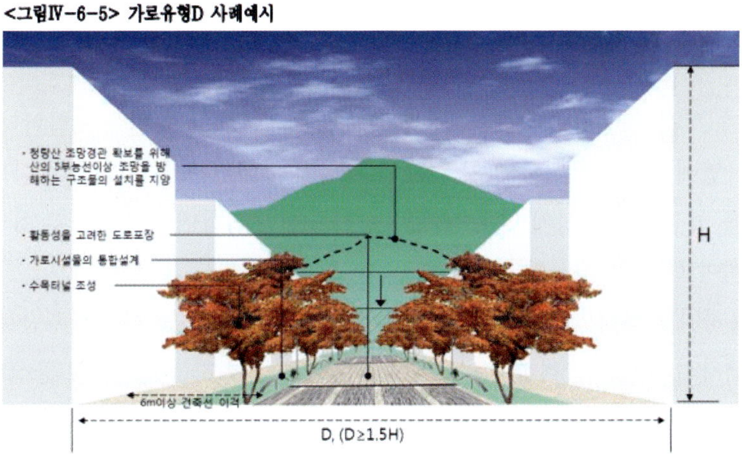

택지개발로 설치하는 사업지구 외부 연결 교통체계, 사업지구 내부 도로 및 도로 시설과 경관은 그 자체로는 거래하는 토지상품이라고 하기 어렵다. 그러나 도로를 기반으로 하는 교통체계는 광역적 수준에서 신도시 전체의 가치에 영향을 미치고, 지역적 수준에서 신도시 내 개별적인 토지상품으로의 접근성과 가시성을 결정하여 토지의 경제적 가치에 직접적인 영향을 미친다.

예컨대, 신도시에 광역교통 연결이 하나인 경우보다 여러 도로로 연결된 경우가 외부로 접근성이 우수하며, 신도시 내 토지상품은 하나의 도로에 접한 토지보다 여러 토지에 접한 토지가 접근성 및 가시성이 좋아 더 높은 경제적 가치를 보이는 사례가 여러 연구에서 입증되었다.

이처럼 도시기반시설로서 토지는 그 자체로 상품으로 경제적 가치를 구별하기 어렵지만, 도로의 위계에 따라 광역적 또는 지역적, 개별적으로 토지의 가치에 영향을 미치는 중요한 토지상품이다.

6.5.14 공원용지

공원용지는 공원을 설치할 수 있는 토지상품이다. 공원용지는 사업시행자가 조성하여 관리자인 시장·군수 등 지방정부에 기부채납한다. 공원은 『도시공원 및 녹지 등에 관한 법률』 제15조에 따른 도시공원으로 국가도시공원, 생활권공원, 주제공원이 있으며, 도시지역 외 지역에 이 법을 준용하여 설치하는 공원을 포함한다.[131]

개발사업에서 공원용지는 입지 분포와 사업지구 여건 등을 고려하여 공원의 성격과 주제를 설정하고 특성에 맞는 식재와 시설들을 도입하며 시각적으로 차폐되지 않도록 하여야 한다.

공원용지의 조성 시 공원으로 이어지는 보행자전용도로, 공공공지, 횡단보도 등 주요한 보행자의 동선을 고려하여 어느 장소에서나 접근이 가능한 구조로 조성해야 주민들이 편리하게 이용할 수 있다. 또한 주변에 녹지, 하천, 학교, 단지 내 녹지 등이 연접한 경우는 이용자의 공원녹지 체감을 높일 수 있도록 연계하여 활용하는 것이 효율적이다.

131 도시공원 이외에 『자연공원법』에 따른 국립공원, 도립공원, 군립공원 및 지질공원 등은 개발사업과 별개로 보전 및 관리를 위한 성격의 공원으로 보아야 한다.

공원용지에는 효용을 높이기 위해 공원시설을 설치할 수 있다. 공원시설이란 『도시공원 및 녹지 등에 관한 법률』 제2조 제4호에 가목 내지 카목에 따른 도로 · 광장, 화단 · 분수 · 조각 등 조경시설, 그네 · 미끄럼틀 등 유희시설, 테니스장 · 수영장 · 궁도장 등 운동시설, 식물원 · 동물원 · 수족관 · 박물관 · 야외음악당 등 교양시설, 주차장 · 매점 · 화장실 등 이용자를 위한 편의시설, 관리사무소 · 출입문 · 울타리 · 담장 등 공원관리시설, 실습장 · 체험장 · 학습장 · 농자재 보관창고 등 도시농업을 위한 시설, 내진성 저수조 · 발전시설 · 소화 및 급수시설 · 비상용 화장실 등 재난관리시설, 그 밖에 시설[132] 등이 있다.

택지개발사업 지구단위계획에서는 공원 및 녹지에 관하여 시행지침에서 정하고 있다. 자료 6-110은 공원시설의 지구단위계획 시행지침 사례이다.

자료 6-110 공원용지 지구단위계획 시행지침 – 동탄2신도시(LH 매각공고)

제4조 (공원별 조성방향)

<그림 Ⅴ-8-3> 공원, 녹지의 종류

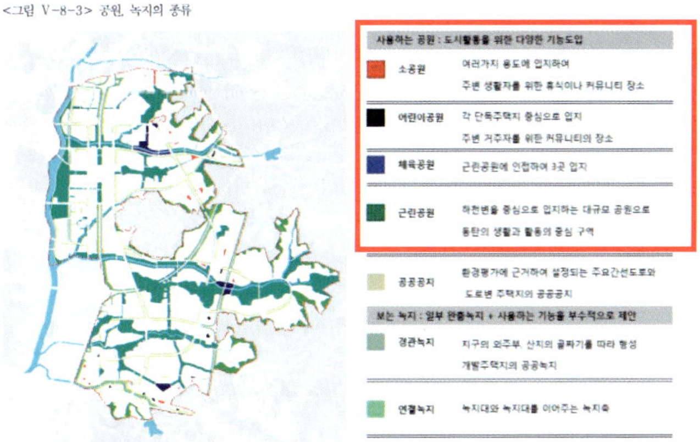

① 소공원 : 각 공동주택에 인접해서 입지, 주변 거주자를 위한 휴식이나 커뮤니티의 장소로 활용한다.

② 어린이 공원 : 단독주택지내에 입지, 주변 거주자를 위한 어린이 놀이장소 또는 커뮤니티의 장소로 적용

③ 체육공원 : 각 생활권별 근린공원에 인접해서 입지한 체육시설 중심의 활동 장소

④ 근린공원 : 하천변을 중심으로 입지하는 대규모 공원으로 동탄(2) 신도시 경관의 주축이 되는 것 외에 지구 전체에서의 이용과 주차 광장 등 공원의 규모와 이용자의 특성을 고려하여 조성한다.

132 그 밖에 시설은 국토교통부령으로 정하는 시설로, 장사(葬事)시설, 역사 관련 시설, 동물놀이터, 보훈회관, 무인동력비행장치 조종연습장, 국제경기장 등이 있다.

공원은 접근성과 이용빈도를 고려하여 도로의 위계와 보행자 동선을 고려하여 공간계획을 수립한다. 또한 공원의 근린생활권과 접근성에 기반하여. 마을의 중심공간 또는 지역의 중심공간으로 계획한다. 자료 6-111은 공원의 접근성과 중심공간을 보여주는 지구단위계획 시행지침 사례이다.

자료 6-111 공원용지 지구단위계획 시행지침 – 동탄2신도시(LH 매각공고)

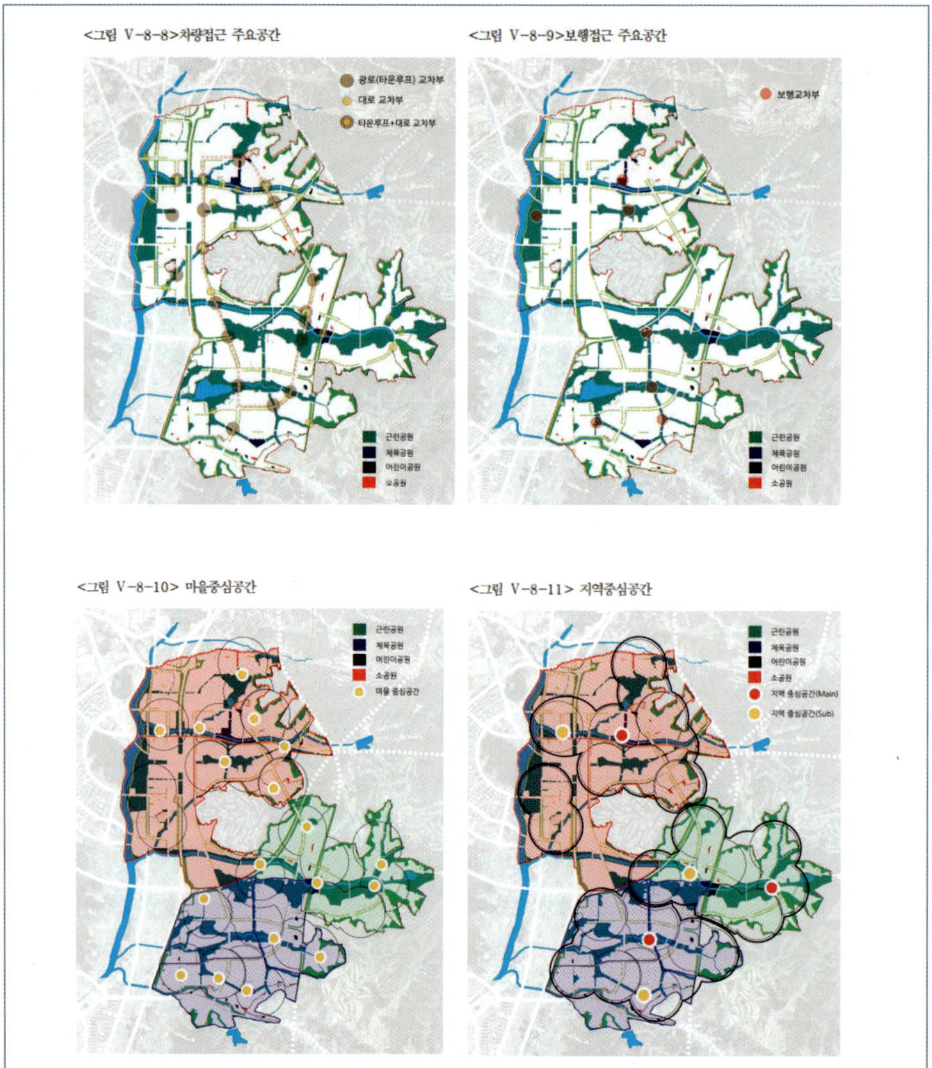

6.5.15 녹지용지

녹지용지는 녹지를 설치하는 토지상품이다. 녹지란 『국토의 계획 및 이용에 관한 법률』 제2조 제6호 나목에 따른 공간시설로써 도시지역에서 자연환경을 보전하거나 개선하고, 공해나 재해를 방지함으로써 도시경관의 향상을 도모하기 위하여 『도시공원 및 녹지 등에 관한 법률』 제35조에 따른 완충녹지, 경관녹지, 연결녹지 등과 도시지역 외의 지역에서 이 법을 준용하여 설치하는 녹지를 의미한다. 공원과 마찬가지로 녹지는 시장 · 군수 등 지방정부의 장이 설치 · 관리해야 한다. 택지개발 시에는 사업시행자가 조성하여 관리자인 지방정부에 기부채납한다.

녹지는 그 기능에 따라 세분한다. 완충녹지는 대기오염, 소음, 진동, 악취, 그 밖에 이에 준하는 공해와 각종 사고나 자연재해, 그 밖에 준하는 재해 등의 방지를 위하여 설치하는 녹지이다. 경관녹지는 도시의 자연적 환경을 보전하거나 이를 개선하고 이미 자연이 훼손된 지역을 복원 · 개선함으로써 도시경관을 향상시키기 위하여 설치하는 녹지이다. 연결녹지는 도시 안의 공원, 하천, 산지 등을 유기적으로 연결하고 도시민에게 산책공간의 역할을 하는 등 여가 · 휴식을 제공하는 선형(線型)의 녹지이다

택지개발사업의 지구단위계획에서는 녹지에 관한 사항을 계획에 포함하고 있다. 녹지의 식재는 가로수, 공원 등 인접 시설과 연계하여 계획하며 녹지의 폭과 녹지 내 인접하게 될 시설들을 고려하여 구성한다. 녹지의 교차지점에는 차량 및 보행자의 시각적 개방감을 확보하고, 인근에 주거용지 등 민간시설이 있는 경우 녹지 내부 공간과 연계하기도 한다. 또한 녹지 가로변의 휴게공간, 결절부, 버스정류장 등에는 갑작스러운 기후 변화에 따른 악천후 및 그늘 제공을 위한 식재나 시설을 설치하기도 한다. 자료 6-102는 녹지의 지구단위계획 시행지침 사례이다.

자료 6-112 녹지 지구단위계획 시행지침 – 동탄2신도시(LH 매각공고)

제7조 (녹지별 조성방향)

<그림 V-8-12> 공원유형

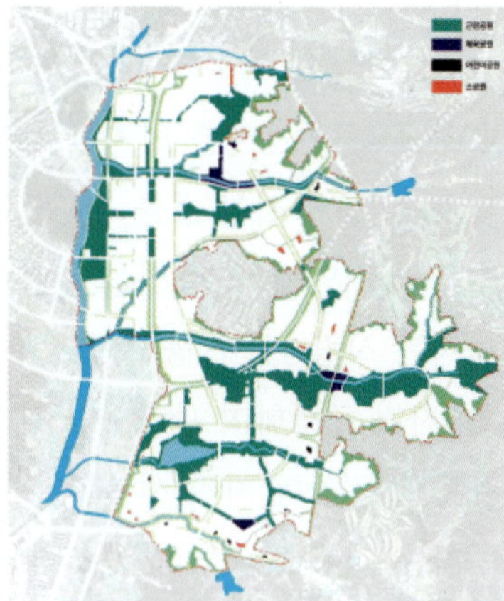

① 경관녹지 : 지구의 외곽부에 주로 입지하며 개발구역과 자연구릉지를 연결하는 녹지

1. 자연구릉과 연결된 녹지는 원지형의 보전을 위해 인위적인 조성은 지양하도록 한다.

② 공공공지 : 대부분 간선도로에 인접한 주거용지 주변에 계획되어 완충기능을 하는 공지

1. 차음 및 차폐 등 지정목적에 부합하는 범위 내에서 가로의 녹음공간을 확보하되 가로변 인접부에서는 보행자가 인식될 수 있도록 한다.
2. 주요 도심부는 상징성이 강한 수종을 고려하고, 하천권역이나 산지권역 등에는 교목 및 관목 등 다양한 복수의 수종을 식재하여 가로에서 연출되는 계절감을 느낄 수 있도록 한다.
3. 주변과 단절된 공간이 아니라 가로수 등의 녹음을 활용하며, 보행자가 활용할 수 있는 친자연적인 공간으로 조성한다.
   - 보행자 공간을 확장시켜 이용이 가능한 산책로나 자전거 동선을 조성한다.
   - 버스정류장 및 간선교통의 정류장 등 주요동선상에 인접하는 녹지는 보행자가 이용이 가능한 공간으로 조성하여 보행동선 등이 연결되도록 한다.
4. 도로변 공공공지의 식재수종은 분진, 매연, 소음 등 환경오염 등을 고려하여야 한다.

③ 연결녹지 : 소생물의 서식지 및 생태이동통로 제공 등을 목적 및 부족한 녹지 면적의 확대 역할을 하는 보행자 중심의 성격으로 계획됨

1. 환경생태기능의 녹지는 생태적 기능을 고려하여 다양한 수종의 식재를 통해 인위적인 조성은 지양하도록 한다.
2. 보행자 중심의 연결녹지는 숲속길의 산책로와 같이 도시와 자연의 연결통로로서 기능을 충분히 고려하도록 한다.

녹지는 공원과 더불어 그 자체로는 거래되는 상품이 아니지만, 도시기반시설로써 인근의 부동산 가치를 제고하며, 쾌적한 생활환경을 제공하고, 환경적 가치로 인한 경제적 효과를[133] 가져온다.

133 환경적 가치는 미세먼지 저감, 열섬현상 완화, 쾌적한 주거환경으로 인한 거주민 건강증진 등으로 발생하는 도시환경 유지비용 절감 효과와 건강과 관련한 사회적 비용 절감 효과 등 경제적 효과로 이어진다.

6.6 산업단지 등 토지상품의 분류

『산업입지 및 개발에 관한 법률』은 산업입지의 원활한 공급과 산업의 합리적 배치를 통하여 균형 있는 국토개발과 지속적인 산업발전을 촉진함으로써 국민경제의 건전한 발전에 이바지함을 목적으로 한다.

『산업입지 및 개발에 관한 법률』 제2조 제8호에서 산업단지란 제7호의2에[134] 따른 시설과 이와 관련된 교육 · 연구 · 업무 · 지원 · 정보처리 · 유통 시설 및 이들 시설의 기능 향상을 위하여 주거 · 문화 · 환경 · 공원녹지 · 의료 · 관광 · 체육 · 복지 시설 등을 집단적으로 설치하기 위하여 포괄적 계획에 따라 지정 · 개발되는 일단의 토지로서 다음 국가산업단지 · 일반산업단지 · 도시첨단산업단지 · 농공단지를 말한다.

국가산업단지는 국토교통부장관이 지정한다. 국가산업단지는 국가기간산업, 첨단과학기술산업 등을 육성하거나 개발 촉진이 필요한 낙후지역이나 둘 이상의 특별시 · 광역시 · 특별자치시 또는 도에 걸쳐 있는 지역을 산업단지로 개발하기 위하여 지정된 산업단지이다.[135]

일반산업단지는 시 · 도지사 또는 대도시 시장이 지정한다. 다만, 면적이 30만제곱미터 미만의 산업단지는 시장 · 군수 또는 구청장이 지정할 수 있다. 일반산업단지는 산업의 적정한 지방 분산을 촉진하고 지역경제의 활성화를 위하여 지정된 산업단지이다.[136]

도시첨단산업단지는 국토교통부장관, 시 · 도지사 또는 대도시 시장이 지정하며, 시 · 도지사가 지정하는 경우는 시장 · 군수 또는 구청장의 신청을 받아 지정한다. 다만, 면적이 10만제곱미터 미만이면 시장 · 군수 또는 구청장이 직접 지정할 수 있다. 도시첨단산업단지는 지식산업 · 문화산업 · 정보통신산업, 그 밖의 첨단산업의 육성

134 산업시설용지란 공장, 지식산업 관련 시설 문화산업 관련 시설, 정보통신산업 관련 시설, 재활용산업 관련 시설, 자원비축시설, 물류 시설, 교육 · 연구시설, 그 밖에 에너지 공급설비, 신 · 재생에너지 설비, 산업단지 안으로 위치를 변경하는 대학시설, 양식시설(농공단지에 입주하는 경우로 한정한다.), 수직농장 · 식물공장 등을 의미한다.

135 국가산업단지의 지정에 관하여 『산업입지 및 개발에 관한 법률』 제6조에서 규정하고 있다.

136 일반산업단지의 지정에 관하여 『산업입지 및 개발에 관한 법률』 제7조에서 규정하고 있다.

과 개발 촉진을 위하여 도시지역에 지정된 산업단지이다.[137]

농공단지는 『농어촌정비법』 제2조 제1호에 따른 농어촌지역에 농어민의 소득 증대를 위한 산업을 유치 · 육성하기 위하여 지정된 산업단지이다.[138]

산업단지는 계획입지로 토지이용계획이 수립된다. 산업단지의 토지상품은 체계적인 도시계획에 따라 입지, 규모, 용도, 교통 및 산업에 필요한 인프라가 종합적으로 계획되어 조성된다. 이처럼 계획적인 개발계획으로 무질서한 산업시설의 난개발을 방지하고 환경과 산업시설의 조화를 도모한다.

토지이용계획은 산업단지의 기반시설인 도로, 상하수도, 전력, 통신, 열공급설비 등과 더불어 유상으로 매각하는 토지상품의 기능적 분화를 포함한다. 산업단지의 토지상품은 공장, 창고, 연구소, 물류시설, 업무시설 등을 건설할 수 있는 토지상품과 근로자를 위한 주거시설, 근린생활시설 등을 건설할 수 있는 토지상품으로 구성된다.

산업단지는 택지개발지구와 같이 산업시설 등에 필요한 기반시설의 계획적 설치가 수반된다. 기반시설은 지하에 매설하여 설치되며, 택지지구와 달리 열공급 설비, 전력 설비, 통신설비, 상하수도 등의 용량이 산업시설의 건설계획을 고려하여 계획된다.

산업단지 개발사업이란 산업단지를 조성하기 위하여 시행하는 다음의 사업을 말한다. 첫째, 도시첨단산업단지 시설의 용지조성사업 및 건축사업, 둘째, 첨단과학기술산업의 발전을 위한 교육 · 연구시설용지 조성사업 및 건축사업, 셋째, 산업단지의 효율 증진을 위한 업무시설 · 정보처리시설 · 지원시설 · 전시시설 · 유통시설 등의 용지조성사업 및 건축사업, 넷째, 산업단지의 기능 향상을 위한 주거시설 · 문화시설 · 의료복지시설 · 체육시설 · 교육시설 · 관광휴양시설 등의 용지조성사업 및 건축사업과 공원조성사업, 다섯째, 공업용수와 생활용수의 공급시설사업, 여섯째, 도로 · 철도 · 항만 · 궤도 · 운하 · 유수지 및 저수지 건설사업, 일곱째, 전기 · 통신 · 가스 · 유류 · 증기 및 원료 등의 수급시설 사업, 여덟째, 하수도 · 폐기물처리시설 · 그 밖의 환경오염방지시설 사업, 아홉째, 그 밖에 첫 번째부터 여덟째까지의 사업에 부

137 도시첨단산업단지의 지정에 관하여 『산업입지 및 개발에 관한 법률』 제7조의2에서 규정하고 있다.

138 농공단지의 지정에 관하여 『산업입지 및 개발에 관한 법률』 제7조의2에서 규정하고 있다.

대하는 사업이다.

자료 6-113, 6-114는 국가산업단지의 토지이용계획 및 조감도 사례이다.

자료 6-113 국가산업단지 토지이용계획 사례 – 광주 빛그린 산업단지(LH 매각공고)

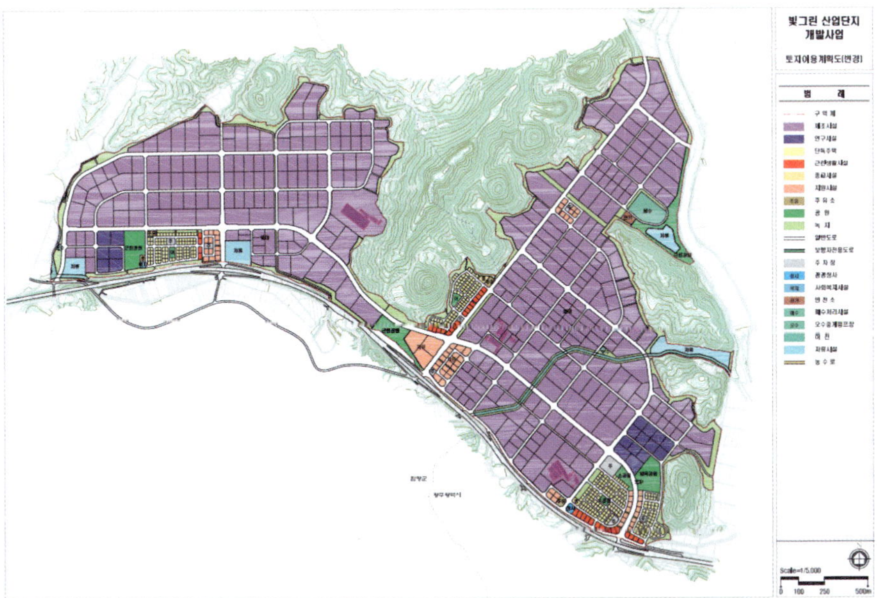

자료 6-114 국가산업단지 조감도 사례 – 광주 빛그린 산업단지(LH 공지)

산업단지 개발의 경제적 효과

산업단지 개발로 인한 경제적 이점은 다음과 같다.

첫째, 산업단지 개발로 산업의 활성화 및 지역경제 발전을 제고한다. 기업들이 산업단지에 입주함으로써 일자리 창출에 기여하고, 지역경제를 활성화하며, 지방정부의 세수 증가로 이어지는 환류 효과로 지역의 경제발전에 도움이 된다.

둘째, 산업단지의 토지이용계획으로 관련 산업, 물류 및 연구시설 등의 집적은 산업시설 간에 시너지 효과, 공급망의 집적으로 인한 기업의 생산성과 경쟁력 향상을 제고하는 집적의 경제가 실현된다.

셋째, 산업단지의 토지상품은 산업시설 등을 위한 파생적 수요로써 토지상품이면서 동시에 부동산 자산이다. 산업단지 개발 초기에는 상대적으로 낮은 토지가격으로 공급된 토지는 기반 시설이 완비되고, 기업들이 입주하고 난 이후에는 토지의 가치가 상승하여 기업의 자산 가치가 상승한다.

넷째, 산업단지의 토지상품을 매입하여 입주하면 세제 감면, 금융지원, 규제 완화 등 기업의 경제적 부담을 완화하고 정책적 지원으로 유인(incentive)을 제공하여 기업의 유치를 촉진하게 된다.

반면, 산업단지 개발로 인한 경제적 위험(risk)은 다음과 같다.

첫째, 산업단지를 계획하면서 수요예측이 부정확하면 토지상품의 매각이 되지 않아 분양이 실패하고, 미매각된 유휴지가 증가하며, 지역 경제에 악영향 등 부작용이 발생할 위험이 있다.

둘째, 산업단지는 토지를 매입하고, 환경영향평가, 교통영향평가 등을 거쳐 대지 조성공사를 위한 개발계획 및 실시계획 승인 후 착공하기 때문에 투자금 회수까지 오랜 기간이 소요된다. 그런데 초기에 토지매입과 착공을 위한 막대한 투자 비용이 발생하므로 재무적 위험이 발생하므로 경제적 사업타당성 분석과 재무관리 계획이 필요하다.

셋째, 산업단지는 주거지역 개발을 위한 택지개발과 달리 모든 지역에 설치할 수 없다. 특정한 지역에만 산업단지가 집중되는 경우, 다른 지역의 경제적 발전은 상대적으로 둔화하거나 퇴보할 수 있어 지역 간에 경제적 불균형을 심화할 수 있다.

넷째, 산업단지는 공장에서 생산하는 과정에서 오염물 또는 수자원과 같은 특정 자원의 막대한 사용으로 인한 환경 문제를 유발할 수 있다. 이로 인하여 인근 지역의 생활환경에 악영향을 미치거나, 갈수기 수자원의 부족 문제 등 문제를 유발할 수 있다.

산업단지의 토지이용계획

『산업입지의 개발에 관한 통합지침』[139] 제13조 제1항은 『산업입지 및 개발에 관한 법률』에 따른 산업단지개발계획의 주요내용과 작성 요령을 정하고 있는데, 동조 제1항 제1호는 토지이용계획을 설명한다.

자료 6-115 산업단지의 토지이용계획 용지분류[140]

시 설	용 도	비 고
산업시설용지	제조시설용지, 연구시설용지, 물류시설용지	『산업입지법』 제2조 및 제7조의2에 따른 산업시설
복합용지	복합용지	『산업입지법』 제2조 및 제7조의3에 따른 복합용지
주거시설용지	단독주택용지, 공동주택용지, 근린생활시설용지, 준주거용지	산업단지 내 근로자의 정주 여건 확보를 위한 주거시설
상업시설용지	상업시설용지	
공공시설용지	도로, 공원, 주차장, 학교 등 도시계획시설용지	『국토계획법』 제2조 제7호에 열거한 시설
지원시설용지	행정·교육·금융·고용·의료 등 공공지원시설, 정보처리·전시·유통 등 생산지원시설, 문화·관광·체육·생활편의·복지회관 등 후생복지시설	산업시설의 생산활동을 지원하기 위한 시설
기타시실용지	산업단지 지정권자가 결정한 시설	

139 국토교통부 고시 제2025-168호 [시행 2025.3.31].

140 『산업입지의 개발에 관한 통합지침』 제13조 제1항 제1호 가목.

산업단지의 토지이용계획은 자료 6-115에서 정하고 있는 용지분류에 따른 배치 구상과 『국토의 이용 및 계획에 관한 법률』 제36조에 따른 용도지역계획을 포함한다. 본 절에서는 택지개발사업에서 포함되지 아니한 산업시설용지와 지원시설용지를 중심으로 산업단지의 토지상품을 설명한다.

6.6.1 산업시설용지

산업시설용지는 『산업입지 및 개발에 관한 법률』 제2조 제7의2호에 따른 공장, 지식산업 관련 시설, 문화산업 관련 시설, 정보통신산업 관련 시설, 재활용산업 관련 시설, 자원비축시설, 물류 시설, 교육 · 연구 시설, 그리고 그 밖에 대통령령으로 정하는 시설을 건설할 수 있는 토지상품이다.

대통령령으로 정하는 시설이란 『에너지법』 제2조 제6호에 따른 에너지 공급설비, 『신에너지 및 재생에너지 개발 · 이용 · 보급 촉진법』 제2조 제3호에 따른 신 · 재생에너지 설비, 『대학설립 · 운영 규정』 제2조의7에 따라 산업단지 안으로 위치를 변경하는 대학시설, 『양식산업발전법』 제2조 제10호에 따른 양식시설로써 가목 및 나목의 요건을 모두 충족하는 시설, 『스마트농업 육성 및 지원에 관한 법률』 시행령 제4조 제1항 제5호에 따른 수직농장 · 식물공장으로서 각 목의 요건을 모두 충족하는 시설, 지식산업 관련시설, 문화산업 관련 시설, 정보통신산업 관련 시설, 재활용산업 관련 시설, 자원비축시설 및 물류 시설 등과 유사한 시설로써 국토교통부장관이 인정하여 고시하는 시설을[141] 의미한다.

법령과 행정규칙에 나열된 산업시설의 종류는 이처럼 다양하며 산업과 직접적으로 관련 있는 대부분 시설이 산업시설에 해당한다. 산업시설용지는 산업시설을 건설할 수 있는 산업기반으로 산업단지의 핵심적인 토지상품이다.

산업시설용지의 분양가격은 『산업입지 및 개발에 관한 법률』 시행령 제40조 제1

141 『산업시설용지 입주허용 시설 고시』 제1조 제1항 내지 19항에 나열된 시설을 의미한다. 국토교통부고시 제2023-963호[시행 2023.12.27].

항에 따라 원칙적으로 산업단지 조성원가로 공급한다. 또한 동조 제2항에서는 사업시행자에 따라 조성원가로 공급하는 용지에 적정 이윤을 합한 금액으로 분양가격을 정할 수 있다.

동조 4항에서는 기업을 보다 효율적으로 유치하기 위한 경우이거나 이주대책으로[142] 산업시설용지를 공급하는 경우, 그리고 스마트그린 산업단지 조성에 기여하는 각 목의 해당하는 자 및 스마트그린 산업단지 조성에 기여한다고 인정하는 자에게는 조성원가 이하로 공급할 수 있도록 정하고 있다.

산업단지가 지정 · 고시된 경우에는 『산업입지 및 개발에 관한 법률』 제23조 제1항에 따라 『국토의 계획 및 이용에 관한 법률』 제51조에 따른 지구단위계획구역의 지정 또는 해제가 있는 것으로 본다. 자료 6-116은 산업시설용지의 지구단위계획도 사례이다.

자료 6-116 산업시설용지 지구단위계획도 – 빛그린 산업단지(LH 매각공고)

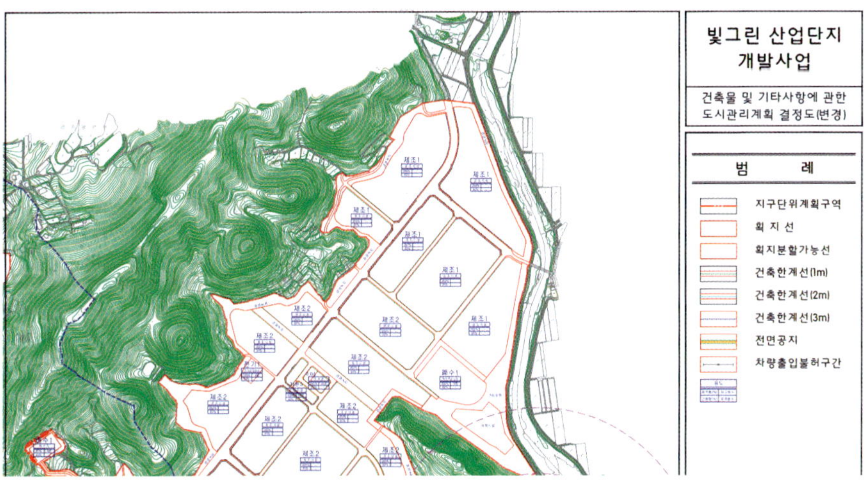

142 공익사업의 시행으로 이전하는 공장이나 물류 시설을 소유하고 있는 자에게 산업시설용지를 원활하게 공급하기 위한 경우를 의미한다.

산업단지의 산업시설용지는 허용용도와 불허용도 등 건축 용도와 규모를 지구단위계획에 관한 도시관리계획 결정조서에서 규정하고 있다. 자료 6-117은 지구단위계획에 관한 도시관리계획 결정조서 사례이다.

자료 6-117 산업시설용지 지구단위계획 결정조서 – 빛그린 산업단지(LH 매각공고)

가) 제조시설용지(변경없음)

도면번호	위치	구 분		계 획 내 용
제조1 ~ 제조8	제조 시설 용지	용도	허용용도	•「산업집적활성화 및 공장설립에 관한 법률」 제2조에 따른 공장(별표1의 유치업종계획에 따른다) •상기 시설의 운용.관리.지원하는 부대시설
			불허용도	•허용용도 외 용도
		건 폐 율		•80% 이하
		용 적 률		•350% 이하
		높 이		•국토법, 건축법령 및 각 지자체 건축조례 등에 따른다. •단, 광주광역시 기념물 제23호 외곽경계로부터 500m까지는 최고 높이 60m이하(지침도 참조)
		배치 및 건축선		•제조시설용지내 건축한계선이 지정된 획지는 건축물의 지상부분이 도로의 경계선으로부터 지침도상에 표기된 폭 이상으로 후퇴하여 건축하여야 한다. •전면공지에는 "전면공지 조성방법" 에 따라 조성하여야 한다.
		형태 및 외관		•제조시설용지내 건축물 외벽면의 의장, 재료는 주변 건물과의 조화를 유지하여야 하며, 동일 건축물에서 서로 다른 외벽재료를 사용할 경우에는 재료간의 조화를 고려하여야 한다.

한편, 지구단위계획에 관한 도시관리계획 결정조서의 허용용도에는 '별표 1의 유치업종계획에 따른다'는 규정이 있는데, 이는 산업시설용지의 구분에 따라 전략산업을 분류하고, 각 전략산업에 따라 유치업종을 별도로 정하는 것이다. 따라서 토지상품을 매각공고할 경우, 각 필지의 지구단위계획에 관한 도시관리계획 결정조서 별표에 표시된 유치업종을 명확히 표시하여 매수인이 전략산업에 따라 적정한 업종을 인식할 수 있도록 표시해야 한다. 자료 6-118은 산업시설용지의 전략산업 구분에 따른 유치업종에 관한 별표 1 내용이다.

자료 6-118 산업시설용지의 허용용도 – 빛그린 산업단지(LH 매각공고)

< 별표1. 유치업종계획(변경) >

구분	전략산업	유치업종(한국표준산업분류 중분류)
제조2 제조5	자동차	· 고무제품 및 플라스틱제품 제조업(22) · 비금속 광물제품 제조업(23) · 금속가공제품 제조업;기계 및 가구 제외(25) · 전자부품, 컴퓨터, 영상, 음향 및 통신장비 제조업(26) · 전기장비 제조업(28) · 기타 기계 및 장비 제조업(29) · 자동차 및 트레일러 제조업(30)
제조1 제조8	디지털정보가전	· 전자부품, 컴퓨터, 영상, 음향 및 통신장비 제조업(26) · 의료, 정밀, 광학기기 및 시계 제조업(27) · 전기장비 제조업(28) · 자동차 및 트레일러 제조업(30)
제조3 제조7	첨단부품소재	· 비금속 광물제품 제조업(23) · 1차금속 제조업(24) / 존치공장에 한함 · 전자부품, 컴퓨터, 영상, 음향 및 통신장비 제조업(26) · 의료, 정밀, 광학기기 및 시계 제조업(27) · 전기장비 제조업(28) · 기타 기계 및 장비 제조업(29) · 자동차 및 트레일러 제조업(30) · 기타 운송장비 제조업(31)
제조4 제조6	광산업	· 펄프, 종이 및 종이제품 제조업(17) / 존치공장에 한함 · 비금속 광물제품 제조업(23) · 전자부품, 컴퓨터, 영상, 음향 및 통신장비 제조업(26) · 의료, 정밀, 광학기기 및 시계 제조업(27) · 전기장비 제조업(28) · 기타 기계 및 장비 제조업(29)
연구1 연구2	연구개발	· 연구개발업(70)

주) 존치공장에 한해 광산업 부문에 펄프, 종이 및 종이제품 제조업(17)과 첨단부품소재업 부문에

6.6.2 지원시설용지

지원시설용지는 입주기업 종사자 등의 일·가정 양립을 지원하기 위하여 산업단지 내 또는 산업단지 인근지역에 주거·문화·복지·교육·아동복지·보육시설 등을 위한 지원시설을 건설할 수 있는 토지상품이다. 자료 6-119는 지원시설용지의 지구단위계획도 사례이다.

자료 6-119 지원시설용지 지구단위계획도 – 빛그린 산업단지(LH 매각공고)

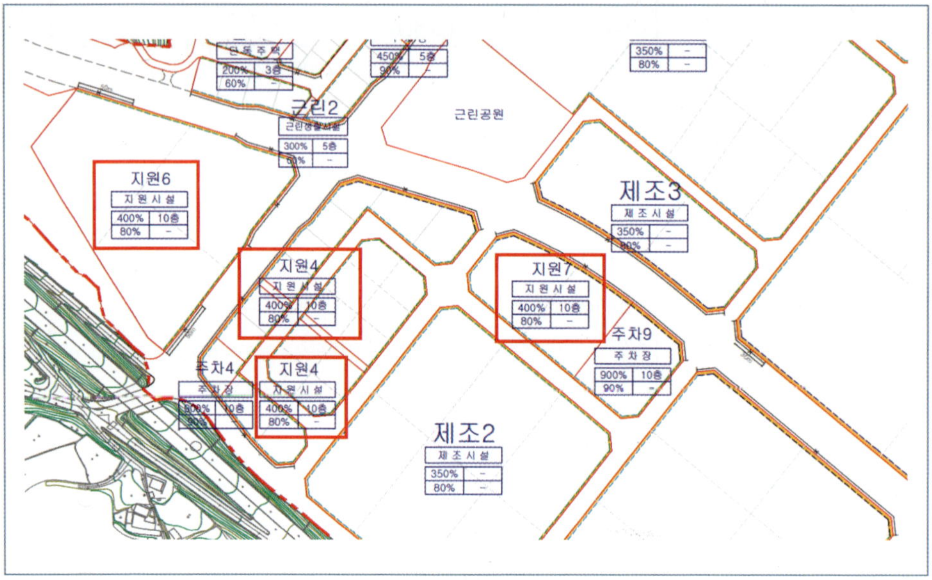

지원시설용지는 제1종 및 제2종 근린생활시설, 문화 및 집회시설, 판매시설, 의료시설, 교육연구시설, 노유자 시설, 운동시설, 업무시설, 숙박시설, 자동차 관련 시설 등 영리를 목적으로 하는 시설이 허용되는 토지상품이다.

지원시설용지의 매각방식은 경쟁입찰방식으로 감정평가한 금액을 입찰 예정가격으로 하고 경쟁입찰을 실시하여 최고가 금액을 신청한 수요자와 계약하는 방법이다. 지원시설용지뿐 아니라 산업단지 내 주차장용지, 근린생활시설용지도 같은 방법으로 공급한다. 자료 6-120은 지원시설용지의 지구단위계획에 관한 결정조서 사례이다.

자료 6-120 지원시설용지 지구단위계획 결정조서 – 빛그린 산업단지(LH 매각공고)

마) 지원시설용지(변경없음)

도면번호	위치	구 분		계 획 내 용
지원1 ~ 지원7	지원 시설 용지	용도	허용용도	• 「건축법 시행령」 별표1에 의한 다음의 용도 1. 제2호 공동주택 중 라. 기숙사 2. 제3호 제1종근린생활시설 - 단, 다음 항목은 제외한다. 라. 안마원 사. 마을회관 아. 변전소·양수장·정수장·대피소, 그 밖에 이와 비슷한 것 3. 제4호 제2종근린생활시설 - 단, 다음 항목은 제외한다. 마. 총포판매소, 차. 장의사, 파. 옥외철탑이 있는 골프연습장 너. 제조업소, 더. 단란주점, 그 밖에 이와 비슷한 것 러. 안마시술소, 그 밖에 이와 비슷한 것 4. 제5호 문화 및 집회시설 중 라. 산업전시장 및 박람회장 5. 제7호 판매시설 중 다. 상점(단, 해당 산업단지내에 소재하는 공장에서 생산되는 제품을 판매하는 시설에 한한다.) 6. 제9호 의료시설 중 가. 병원, 치과병원, 한방병원 7. 제10호 교육연구시설 중 가. 유치원, 다. 직업훈련소, 라. 학원, 기타 이와 유사한 시설 8. 제11호 노유자 시설(단, 노인복지주택 제외) 9. 제13호 운동시설(단, 옥외철탑이 있는 골프연습장 제외) 10. 제14호 업무시설 11. 제15호 숙박시설(지원4, 5에 한함) 12. 제20호 자동차관련시설 중 가. 주차장, 나. 세차장, 바. 정비공장 • 「도시.군계획시설의 결정.구조 및 설치기준에 관한 규칙」 제62조의 유통업무설비(지원6에 한함)
			불허용도	• 허용용도 외 용도
		건 폐 율		• 80% 이하(단, 지원1은 60% 이하)
		용 적 률		• 400% 이하(단, 지원1은 360% 이하)
		높 이		• 10층 이하(단, 지원1은 6층 이하)
		배치 및 건축선		• 지원시설용지내 건축한계선이 지정된 획지는 건축물의 지상부분이 도로의 경계선으로부터 지침도상에 표기된 폭 이상으로 후퇴하여 건축하여야 한다. • 전면공지에는 "전면공지 조성방법"에 따라 조성하여야 한다. • 건축물의 전면: 둘 이상의 도로와 면하고 있는 대지는 위계가 높은 도로에 면하여 정하도록 하며, 20m 이상 도로에 2면 이상 동시에 면할 경우 임의로 선택할 수 있다.

6.7 계획입지 토지상품의 가치

택지개발지구와 산업단지에서 공급하는 토지상품의 건축용도와 건축규모를 기반으로 토지상품을 구분하여 계획입지의 토지상품을 설명하였다. 단, 복합시설용지의 사례만 별도로 구성하지 아니하였는데, 복합시설용지의 사례는 앞서 살펴본 토지상품의 용도가 둘 이상 복합적으로 혼합된 토지상품으로의 특성을 가진다는 점을 고려하면 계획입지의 토지상품을 대부분[143] 살펴보았다.

토지상품은 개별적으로는 건축 허용용도와 건축 가능 규모를 통해 토지의 이용가치가 결정된다. 이에 더하여 해당 지역의 도시기반시설의 종류와 규모가 연접성과 외부효과로 토지의 경제적 가치에 영향을 미친다. 이처럼 토지상품 계획은 토지이용계획과 지구단위계획에서 개별필지 단위의 건축용도와 규모가 규정된다. 건축용도와 규모는 토지의 생산성을 결정짓는 변수이므로 토지의 경제적 가치를 추정하는 변수이다. 개별 요인에는 인접한 기반 시설도 포함된다.

또한 택지개발지구의 입지와 광역교통체계도 택지개발지구 토지의 가치에 영향을 미친다. 수도권에서는 서울의 3핵 도심인 서울도성(CBD), 강남 업무지구(GBD), 여의도 금융지구(YBD)로부터 상대적 거리는 수도권 택지개발지구의 경제적 가치에 영향을 미치는 것이 여러 연구에서 입증되었다. 이는 수도권이 다핵도시임을 설명하며, 서울의 3핵 도심으로부터 가까울수록 택지개발지구의 토지의 가격이 높은 것으로 실증 분석한 연구를 살펴보았다.

공동주택용지, 단독주택용지, 상업용지 등을 실증 분석한 연구에서 토지상품의 매각가격에 거시경제 요인도 영향을 미치는 것으로 나타나 부동산시장의 경기변동으로부터 토지상품의 경제적 가치가 독립적이지 않다는 점도 입증되었다.

143 일부 토지상품은 택지개발지구의 특수한 상황에 따라 해당 개발사업에 한정적으로 적용되어 공급 사례에서 다루지 아니한 경우가 있다.

국어사전[144]에서 '패러다임(paradigm)'의 정의는 어떤 한 시대 사람들의 견해나 사고를 근본적으로 규정하고 있는 테두리로서의 인식의 체계, 또는 사물에 대한 이론적인 틀이나 체계이다.[145]

'패러다임의 전환'은 사회 공동체 구성원들이 공유하는 믿음, 가치, 기법 등의 총체로서 상대적인 개념인 패러다임이 혁명적으로 변할 때 사용하는 용어이다. 미국의 과학철학자 '토마스 쿤(Thomas Kuhn)'은 새로운 패러다임이 과학혁명을 통해서 새로운 정상과학으로 인정받고 수용되는 과정을 통해서 발전한다고 보았다. 오늘날에는 과학뿐 아니라 사회의 변화에도 적용할 수 있는 개념이다.

대한민국 사회는 짧은 역사 속에서 역동적으로 변화하고 발전하였다. 사회가 변화 · 발전하는 과정에서 토지의 이용 양태도 급격히 변화하였다. 현대에 이르러 우리나라는 선진국의 반열에 올라섰고 앞으로 우리 사회는 더욱 변화 · 발전할 것이며 토지상품 또한 새로운 사회의 요구에 따라 변화할 것이다.

토지상품은 시대가 변화하고 산업이 발전함에 따라 상품 가치도 따라서 변하였다. 산업혁명 이전 사회에서 동서양을 막론하고 농경에 적합하고 단위 면적당 생산량이 더 많은 토지가 가장 높은 상품 가치를 가졌다.

산업혁명 이후로 토지의 가치는 농경지로서 가치에 더하여 생산지와 소비자가 모여있는 도시지역 간의 관계로 발전하였다. 이러한 지역 간의 관계는 생산물의 종류와 소비자의 규모, 교통수단과 교통체계의 변화와 연결되어 경제적 문제로 귀결되면서 수요와 입지의 경제적 가치에 대하여 주목하게 되었다.

그렇다면 미래의 토지상품 가치는 어떤 요인으로부터 영향을 받을 것인가? 사회는 시대와 함께 변화할 것이며, 현재의 변화는 미래의 오늘이 되어 현실로 나타날 것이다. 따라서 다음 장에서 역사적으로 토지의 가치에 영향을 미쳤던 인구, 토지이용체계, 기술 혁신을 기반으로 미래의 토지상품 가치를 유추하고자 한다.

---

144 국립국어원의 표준국어대사전이다.

145 미국의 과학철학자이자 물리학자인 '토마스 쿤(Thomas S. Kuhn)'이 1962년 그의 저서 『과학혁명의 구조』에서 처음으로 제안한 개념이다. 원래 그리스어 중 패턴, 예시, 표본 등을 의미하는 '파라데이그마(*παράδειγμα*)'를 영어식으로 만들어 낸 신조어이다.

02

토지상품의 가치변화와 미래

7

토지상품의 가치변화와 미래

7.1 토지상품 패러다임의 변화

우리나라 토지상품 패러다임의 변화는 크게 세 시기로 요약할 수 있다.

첫째, 해방 이후 산업화 이전에는 토지가 단위 면적당 농업 생산력에 의해 가치가 결정되었으나, 1970년대 이후 산업화가 진행되면서 생산지와 소비지가 결합된 '도시지역' 간의 관계가 토지 가치 형성의 핵심으로 부상하였다. 알론소(Alonso), 무쓰(Muth), 밀스(Mills) 등이 제시한 교환모형(trade-off model)은 교통비용과 토지 임대료 간 상호교환을 통해 도시 내 토지 이용자가 최적의 입지를 선택하는 과정을 설명하였으며, 이는 도시 토지 분포와 가치 체계의 토대를 마련했다.

둘째, 1990년대에는 대형 상업시설을 중심으로 한 '집중적' 토지 이용 패러다임이 지배적이었다. 대형할인점의 등장과 백화점 · 쇼핑몰 등 대형매장의 입지 경쟁력은 주변 교통망과 집객력에 기반하여 상업용지 가치를 견인했다.

셋째, 2000년대 중반 이후, 온라인 쇼핑과 스마트물류의 부상으로 토지상품 패러다임이 다시 전환되고 있다. 과거 도심 주요 상권에 자리 잡았던 대형매장은 온라인 플랫폼에 수요를 내주고 있으며, 대신 간선도로 · 물류거점 인근의 대규모 물류창고용 토지 가치가 증가하였다.

이처럼 우리나라 토지상품의 패러다임은 '농경 중심 → 도시-교통 중심 → 디지털-물류 중심'으로 진화해 왔으며, 가까운 미래에는 스마트시티, 복합개발, 디지털 프론티어[1]라는 새로운 틀 안에서 토지 가치가 재편될 것으로 전망한다.

7.2 토지상품 가치와 미래

토지상품의 가치는 인구, 기술 혁신, 국토이용체계의 변화에 따라 변화할 것이다.

먼저, 향후 토지상품 가치에 가장 먼저 영향을 미칠 것은 인구 구조의 변화이다. 고령화 사회로 진입함에 따라 주거용지 수요는 대형 평형에서 소형 · 고령자 맞춤형 평면으로 재편될 것이며, 이에 따라 도심 접근성이 좋고 의료 · 돌봄 시설이 인접한 토지의 가치가 상대적으로 상승할 것이다.

반면, 출생률 저하로 인하여 가구 수는 꾸준히 증가하겠지만 1인 · 2인 가구 비중이 커짐에 따라 중소형 주택용지와 셰어하우스용 토지, 도시형 생활주택용 토지 등 소규모 단위의 토지상품이 새롭게 부상할 것으로 보인다. 또한 버제스(Burgess)가 지적한 대로, 인구 유동과 연령 구성의 변화는 상권 흡인력과 주거지 · 상업지 토지 가치의 공간적 분포에 큰 영향을 미치며, 세대별 주거 · 소비 행태의 차이가 토지 수요 패턴을 더욱 세분화시킬 것이다.

둘째, 기술 혁신은 토지 이용의 물리적 · 공간적 경계를 허물고 있다. 온라인 유통 경쟁자들의 스마트물류 · 고객행동분석 기반 물류창고용 토지 가치 상승 사례처럼, 자율주행 배송, 드론 물류, 5G · IoT 기반 스마트시티 서비스 등은 기존 상업 · 물류 · 주거용 토지 간 경계를 허물며, 이로 인하여 첨단 물류 · 데이터센터 · 스마트팜(smart farm)용 토지의 희소성과 경제적 잠재력이 크게 높아질 것이다. 더 나아가, 증강 · 확장현실, 메타버스 플랫폼 등 가상공간과의 연계를 고려한 '디지털 프론티어' 토지상품이 등장해 새로운 시장을 형성할 가능성도 있다.

마지막으로, 우리나라 국토이용체계의 변화는 토지의 가치를 시장에 빠르게 반영

1 가상 · 증강현실 기반 메타버스(metaverse) 플랫폼에서의 '가상토지' 개념이 현실 공간의 가치 판단에도 영향을 미치며, 현실과 가상을 연결하는 데이터센터, 서버팜(server farm)의 입지용 토지가 새로운 토지상품이 될 가능성을 의미한다.

하는 실질적인 변화를 주도할 것이다. 2003년 『국토의 계획 및 이용에 관한 법률』 제정 이후, 국토종합계획 · 지역계획 · 부문별계획 등 다층적 계획체계가 정교해졌다. 예컨대 광역교통망(GTX) 노선 발표 시점에 역세권 토지 가치가 즉각 상승하는 현상은, 이러한 다층적 계획체계 변화가 토지 가치에 미치는 영향력을 보여준다.

한편, 학계에서는 '국토이용 및 도시계획 체계 개편'에 대한 연구가 진행되고 있으며,[2] 국토연구원에서는 '국토이용체계에 대한 변화 · 발전'에 대해 논의가 있었다.[3] 이러한 논의에 기반하여 예상컨대, 향후 국토이용체계의 방향은 '생활권 단위의 통합계획 → 권역별 맞춤형 관리 → 유연한 거버넌스'로 변화할 것으로 예상된다. 또한 기존의 행정구역 중심 계획에서 벗어나 생활권(메가 · 수도권 · 중소권역 등)을 단위로 삼는 통합계획이 보편화되어, 광역교통 · 환경 · 산업 · 복지기능이 유기적으로 결합한 복합계획이 수립될 것으로 전망한다.

이처럼 인구 · 세대 구조의 세분화, 기술 혁신에 따른 공간 재편, 그리고 국토이용체계의 변화는 각각 토지상품의 수요 · 공급과 가치 결정에 복합적으로 작용하며, 새로운 토지상품의 탄생과 기존 상품의 재편을 유발할 것이다. 앞으로 토지상품의 변화는 이 세 가지를 통합적으로 고려하여 토지의 잠재적 가치를 선제적으로 포착 · 관리해야 할 것이다.

2 대한국토 · 도시계획학회, 2014, 국토이용 및 도시계획 체계 개편 연구, 국토교통부.

3 국토연구원, 2004, 계획적 국토관리를 위한 정책수단의 운용실태 및 개선방안 연구, 국토교통부.

마치며

토지는 어떻게 상품이 되는가

자연의 일부로 존재하던 토지는 인류가 그 위에 거주하고 생산활동을 펼치면서 비로소 사회적 · 정치적 · 경제적 의미를 획득하게 되었다. 선사시대 인류는 물과 비옥한 토양이 풍부한 지역을 중심으로 농경과 목축을 영위하였고, 이에 따라 특정 지역의 토지는 생존과 번영의 터전으로서 가치를 인정받았다. 이와 같은 자연발생적 가치는 토지를 '살아 있는 공간'으로 인식하게 하는 첫걸음이었으나, 그것만으로 토지가 현대적 의미의 상품으로 전환되기에는 충분치 않았다.

인간사회가 발전하면서 토지에 대한 소유권과 이용 규범이 체계화되었다. 소유권 개념의 등장은 토지에 '배타적 지배권'을 부여함으로써, 토지를 단순한 자연물에서 사회 구성원 간의 법적 · 경제적 거래 대상으로 변화시켰다. 소유권이 확립된 이후 토지는 수요(demand)와 공급(supply)이 만나는 시장(market) 속에서 임대 · 매매되는 경제적 재화로 자리매김하였으며, 토지이용의 대가로서 지대(rent)가 발생하게 되었다.

이후 산업화와 도시화 과정을 거치면서 토지의 물리적 · 입지적 특성, 그리고 인문 · 사회적 · 제도적 요인이 복합적으로 작용하여 토지의 경제적 가치가 한층 정교하게 형성되었다. 도로 · 철도 · 공원 · 학교 등 도시기반시설의 확충은 인접 토지의 외부효과를 극대화하였고, 도시계획 · 용도지역제도 · 개발사업의 공고 및 고시 등의 법적 절차는 토지상품의 기대 가치를 현재의 가격에 반영시키는 역할을 하였다. 동시에 토지의 희소성, 고정성, 이질성 등의 물리적 특성은 토지상품의 독특한 속성으로 작용하며, 이용 전환이나 개발계획이 실행될 때마다 토지의 가치가 재조정되었다.

이처럼 자연 상태의 토지는 물리적 환경 위에 쌓여온 인간 활동과 법 · 제도의 틀을 매개로 '상품'으로 진화해 왔다. 토지는 더 이상 단순한 지표면이 아니라, 인류의 역사와 미래의 기대 가치가 교차하는 복합체로서, 사회적 · 경제적 가치를 끊임없이 생성하고 재생산하는 자산으로 존재한다. 이러한 메커니즘을 이해하는 것은 토지상품 연구의 출발점이자, 향후 정책과 실무에 실질적인 통찰을 제공할 것이다.

이 책이 세상에 나오기까지 많은 응원과 지지가 있었다. 먼저, 가족의 사랑과 헌신이 없었다면 이 책의 저술을 감히 시작도 하지 못하였을 것이다. 건국대학교 부동산과학원이라는 학문의 전당에서 배움을 입은 시간은 형용할 수 없는 은혜였다. 부족한 아들을 위해 평생을 기도로 길러주신 부모님의 믿음과 사랑은 힘들 때마다 다시 일어나는 힘이 되었다. 감사한 마음을 일일이 글로 적지 못함은 직접 찾아뵙고 인사하는 것으로 대신하려 한다.

이 책이 독자들에게 토지상품을 이해하고 학문과 실무의 영역에서 도움이 되기를 바라면서 글을 마친다.

참고문헌 (가나다 順)

단행본

국부론, 2016, 애덤 스미스(이종인易), 현대지성

경제학원리, 2010, 알프레드 마셜(백영현易), 한길사

단지계획, 2016, 대한국토 · 도시계획학회, 보성각

단지계획, 2020, 대한국토 · 도시계획학회, 보성각

도시개발 이론과 실무, 2020, 김석명, KSCE PRESS

도시계획론 제6정판, 2021, 국토 · 도시계획학회, 보성각

도시계획 · 도시설계 패러다임, 2022, 원제무 · 원홍식, 박영사

도시경제학, 2021, 노형규 · 정의철, 한국방송통신대학교 출판부

도시경제학, 2022, Arthur O'Sullivan(이번송 외 공역), 박영사

도시생태학과 도시공간구조, 2002, 황희연 외, 보성각

부동산 경제론, 2022, 권호근, 형설출판사

부동산 경제학, 2020, 김경환 · 손재영, 건국대학교 출판부

부동산 개발과 시장분석, 2022. 정창무, 다산출판사

부동산 입지론, 2022, 조덕훈, 부연사

부동산학원론, 2021, 유선종, 박영사

자본론, 1894, 카를 마르크스(김정로 · 전종덕 易), 모두의책

자본주의, 2013, EBS 자본주의 제작팀, 가나출판사

죽은 경제학자의 살아있는 아이디어, 2023, 토드 부크홀츠, 김영사

토지경제학, 2019, 이정전, 박영사

토지이용 용어사전, 2024, 국토교통부(도시정책과)

도지이용계획론 제4정판, 2023, 국토 · 도시계획학회, 보성가

표준국어대사전, 2025, 국립국어원

해방일기1 : 해방은 도둑처럼 왔던 것인가, 2011, 김기협, 너머북스,

Merriam-webster's Dictionary, 2025

Principles of Marketing(19th Edition, Global Edition), 2023, Philip T. Kotler · Gary Armstrong · Sridhar Balasubramanian, Pearson Education

Real Estate Market Analysis: Methods and Case Studies, 2009, Deborah L. Brett · Adrienne Schmitz, Urban Land Institute

Urban Economics and Real Estate Markets, 1996, Denice DiPasquale · William C. Wheaton, Prentice Hall

Urban Land Use Planning(3rd edition), 1979, F. Stuart Chapin · Edward J. Kaiser, University of Illinois Press

학술논문

강재원 외, 2022, 중심지 위계별 통행네트워크분석을 적용한 지방중소도시 생활권 설정연구 : 나주시를 사례로, 대한국토 · 도시계획학회, 국토계획 제57권 제3호

김광수, 2022, 애덤 스미스의 지대이론에 대한 재조명과 정책적 시사점, 한국경제연구학회, 경제학연구 제70권 제2호

김미영, 2019, 호텔과 조국 근대화 : 1960-70년대 서울을 중심으로, 서울연구원, 서울도시연구 제20권 제1호

김미영 · 신종칠, 2022, 택지개발지구 근린생활시설용지 낙찰가격 결정요인에 관한 연구, 한국부동산분석학회 학술발표논문집 2022권

김서기, 2016, 공동주택으로서 주상복합아파트의 법적 정의와 성립요건, 한국집합건물법학회, 집합건물법학 제20집

구동회, 2017, 크리스탈러 중심지이론에서의 Range 개념, 국토지리학회, 국토지리학회지 제51권 제4호

박철수, 2004, 아파트 발코니 공간의 설계 관행 탈피방안 연구 - 법령정비 방향과 그 내용을 중심으로, 대한건축학회 논문집 제20권 제4호

방경식, 2008, 토지평가의 가격형성요인 일고찰, 한국감정평가학회, 감정평가학논집 제7권 제1호

손동욱 · 박현신, 2011, 택지개발사업구역 내 도시지원시설용지의 계획과 공급을 위한 제도정비방안 연구, 한국도시설계학회지 제12권 제3호

송미령, 1997, 서울 공간구조의 변화와 특징 : 1980~1990 고용과 사무실 공간의 분포를 중심으로, 대한국토 · 도시계획학회, 국토계획 제32권 제4호

양성돈 · 최내영, 2003, 한강시민공원이 주변 아파트가격에 미치는 영향에 관한 연구 : 뚝섬지구 한강시민공원을 중심으로, 대한국토 · 도시학회, 국토계획 제38권 제3호

오덕성 · 김정태, 1992, 주상복합주택의 유형과 계획방향에 관한 연구, 대한건축학회, 논문집 제8권 제10호

유광민 · 김남조, 2011, 국내 리조트 입지확산과 공간상품화, 한국관광학회, 관광학연구 제35권 제8호

윤춘섭 외, 2016, 신도시 블록형 단독주택지 타운하우스의 변화양상, 대한건축학회, 논문집 제32권 제11호

이성호, 2006, 분당 신도시 초고층 주상복합아파트 지구의 형성과 주거지 선택 요인에 관한 연구, 서울대학교 국토문제연구소, 지리학논총 제48권

이유경 · 김기호, 2016, 지구단위계획지침에 따른 중상복합의 기능분석 : 1기신도시와 2기신도시 주상복합건축물 비교를 중심으로, 한국도시설계학회, 학회지 제17권 제6호

장현수 · 송종석, 1992, 다가구주택의 합리적 개발 · 건설방식에 관한 연구, 대한건축학회, 학술발표대회 논문집 제12권 제1호

최기헌 · 이상엽, 2017, 택지개발지구 공동주택용지의 매각결정 요인에 관한 연구, 한국부동산분석학회, 부동산학연구 제23권 제2호

최상철, 1993, 서울도시계획(1966년 기본계획-2000년 장기구상) : 한 계획가의 체험과 교훈, 서울시정개발연구원, 한국미래학회編

황경식 · 이상엽, 2023, 택지개발지구 상업용지 매각가격 영향요인 연구 : 수도권 LH 택지개발지구를 중심으로, 대한국토 · 도시계획학회, 국토계획 제58권 제2호

황경식, 2024, 택지개발지구 점포겸용 단독주택용지 경쟁입찰 매각가격 영향요인 연구 : 수도권 LH 택지개발지구를 중심으로, 대한주택학회, 주택연구 제32권 제4호

Huff, David L. (1964). *'Defining and Estimating a Trade Area.'* Journal of Marketing, Vol. 28

G. Stacy Sirmans · David A. Macpherson and Emily N. Zietz (2005), *'The Composition of Hedonic Pricing Models'*, journal of Real Estate Literature, 13(1)

Sherin Rosen (1974), *'Hedonic Prices and Implicit Markets: Product Differentiation in Pure Competition'*, the Journal of Political Economy, 82(1)

학위논문

김상조, 2014, '용도지역에서 건축물과 토지 특성을 고려한 허용용도 설정 연구', 서울시립대학교 도시공학 박사학위논문

김하나, 2013, '근대 서울 공업지역 영등포의 도시 성격 변화와 공간 구성 특징', 서울대학교 건축학 박사학위논문

김혜영, 2024, '1960년대 후반 이후 서울도시구조 형성에 대한 연구-1978년 서울도시기본계획을 중심으로', 건국대학교 건축설계학 박사학위논문

유광민, 2011, '리조트 입지결정구조에 대한 비판적 실재론적 분석', 한양대학교 관광학 박사학위논문

최준영, 2020, '서울시 다핵도시공간구조 검증에 관한 연구 - 3도심의 형태적 · 기능적 측면 및 균형적 관점에서, 홍익대학교 도시계획학 박사학위논문

황경식, 2024, '공공택지개발지구 상업용지 매각 관련 요인에 관한 연구', 건국대학교 부동산학 박사학위논문

연구 및 정책 자료

계획적 국토관리를 위한 정책수단의 운용실태 및 개선방안 연구, 2004, 국토연구원

국토계획 및 이용에 관한 연차보고서, 2023, 국토교통부

국토이용 및 도시계획체계 개편 연구, 2014, 국토교통부

서울시 도시기본계획, 1966, 서울시

서울시 도시기본계획 조정수립, 1970, 서울시

서울특별시 지구단위계획 수립기준 전면개정, 2020, 대한국토 · 도시계획학회 도시정보 2020년 10월호 (No.463)

신도시 자족기능용지 관리방안, 2015, 경기연구원
신수요에 부응한 전용단독주택지 조성방안에 관한 연구, 2000, 대한국토 · 도시계획학회(한국토지공사 발주)
주상복합건물의 계획적 관리 방향, 2011, 서울시정개발연구원 SDI정책리포트
지속가능한 신도시계획기준, 2007, 국토교통부
지역맞춤형 국토 · 도시계획체계로의 개편, 2015, 대한국토 · 도시계획학회 도시정보 2015년 1월호 (No.394)
한국경제연구, 2006.12, 제17권, 한국경제연구학회
(2000년대를 향한) 서울도시기본계획, 1990, 서울시
2030 서울플랜, 서울시
2040 서울플랜, 서울시

법률 및 행정규정 등

건축법
경찰청과 그 소속기관 직제 [대통령령]
공간정보의 구축 및 관리 등에 관한 법률
공공주택특별법
공공주택업무처리지침 [국토교통부훈령]
공유수면 관리 및 매립에 관한 법률
공익사업을 위한 토지 등의 취득 및 보상에 관한 법률
국가경찰과 자치경찰의 조직 및 운영에 관한 법률
교육환경 보호에 관한 법률
국토의 계획 및 이용에 관한 법률
국토기본법
개발제한구역 지정 및 관리에 관한 특별조치법
농공단지의 개발 및 운영에 관한 통합지침 [국토교통부고시, 환경부고시]
도로법

도시 및 주거환경정비법
도시 · 군 계획시설의 결정 · 구조 및 설치기준에 관한 규칙 [국토교통부령]
대학설립 · 운영 규정 [대통령령]
사회복지사업법
산업입지 및 개발에 관한 법률
산업입지의 개발에 관한 통합지침 [국토교통부]
수도권정비계획법
스마트농업 육성 및 지원에 관한 법률
신에너지 및 재생에너지 개발 · 이용 · 보급 촉진법
에너지법
지역 경찰의 조직 및 운영에 관한 규칙 [경찰청예규]
주차장법
체육시설의 설치 · 이용에 관한 법률
택지개발촉진법
택지개발업무처리지침 [국토교통부훈령]
하천법
학교시설사업 촉진법
환경정책기본법
헌법

언론 기사

대한경제, 2023.04.21. 기사 : [건설로 읽는 현대사](11) - 서울 종암아파트
오마이뉴스, 2008.12.02. 기사 : 1960년대엔 여기가 연예인 아파트였지 - 단수 위기에 떨고 있는 2008년 동대문 아파트
중앙일보, 2025.05.20. 기사 : 창원 S-BRT 시행 1년 - 버스 이용자 웃고, 자출족 울었다
헤럴드경제, 2016.03.10. 기사 : [꼬마아파트가 사라진다 ②] 서민주택, 붉은벽돌 연립주택도 역사의 뒤안길로

누리집

강남구청 https://www.gangnam.go.kr/

강남구 디지털강남문화대전 https://gangnam.grandculture.net/gangnam

교육부 중앙교육연수원 https://www.neti.go.kr/

국가유산포털 https://www.heritage.go.kr/main/

국토교통 통계누리 https://stat.molit.go.kr/portal/main/portalMain.do

국토교통부 택지정보시스템 http://jigu.go.kr

국토연구원 https://www.krihs.re.kr/

대구시 대구역사문화대전 https://daegu.grandculture.net/daegu

대구광역시 농업기술센터 https://daegu.go.kr/agri/index.do

매경닷컴 매일경제용어사전 https://www.mk.co.kr

법원경매정보 https://www.courtauction.go.kr/

법제처 http://www.moleg.go.kr

서울기록원 https://archives.seoul.go.kr/main

서울시 VisitSeoul https://korean.visitseoul.net/

서울연구데이터서비스 https://data.si.re.kr/data/

서울정책아카이브 https://seoulsolution.kr/ko/content/강남개발계획

서울특별시장 https://mayor.seoul.go.kr/oh/

영등포구청 https://www.ydp.go.kr/

한경 경제용어사전 https://dic.hankyung.com/

한국관광공사 대한민국구석구석 https://korean.visitkorea.or.kr/

한국토지주택공사 씨리얼 https://seereal.lh.or.kr/

한국토지주택공사 청약플러스 https://apply.lh.or.kr/

한국향토문화전자대전 https://www.grandculture.net/korea

저자 약력

황 경 식, Ph.D.
건국대학교 부동산학박사
건국대학교 부동산학석사
연세대학교 경영학사

저자는 2006년 한국토지공사 입사 후 신도시 등 택지개발 사업관리, 토지판매, 주택(상가)판매, 토지보상 등 개발업무와 임대주택 공급 및 매입 등 주거복지업무, 국유지 및 정책토지를 비롯한 우리나라 국토 및 주택 정책 관련 업무를 담당하였다.
건국대학교에서 부동산학박사 취득 후 건국대학교 부동산대학원 등에서 겸임교수로 강단에 서고 있다.

한국토지주택공사 근무
건국대학교 부동산대학원 겸임교수
한양사이버대학교 부동산학과 겸임교수
부동산개발전문인력[부동산개발업법]
자산운용전문인력[부동산투자회사법]

토지상품론: 자연에서 상품으로

초판발행 2025년 9월 30일

지은이 황경식
펴낸이 안종만·안상준

편 집 우석진
기획/마케팅 정성혁
표지디자인 BEN STORY
제 작 고철민·김원표

펴낸곳 (주) 박영사
서울특별시 금천구 가산디지털2로53, 210호(가산동, 한라시그마밸리)
등록 1959. 3. 11. 제300-1959-1호(倫)
전 화 02)733-6771
f a x 02)736-4818
e-mail pys@pybook.co.kr
homepage www.pybook.co.kr
ISBN 979-11-303-2406-7 93330

정 가 32,000원